System der rechtsgeschäftlichen Staatsakte.

Verwaltungs- und prozeßrechtliche Untersuchungen zum allgemeinen Teil des öffentlichen Rechts.

Von

Dr. Karl Kormann.

Von der juristischen Fakultät der Universität Freiburg i. B. mit dem Preis der Dr. Rudolf Schleiden-Stiftung gekrönt.

Manuldruck 1925

Berlin.
Verlag von Julius Springer.
1910.

ISBN-13: 978-3-642-98481-5 e-ISBN-13: 978-3-642-99295-7
DOI: 10.1007/978-3-642-99295-7

Dem Meister deutscher Verwaltungsrechtswissenschaft

Otto Mayer

in dankbarer Verehrung.

Vorwort.

Als ich vor drei Jahren meine Erstlingsschrift — über eine engbegrenzte Spezialfrage aus dem Grenzgebiet zwischen öffentlichem und privatem Recht — dem Urteil der wissenschaftlichen Welt übergab, da wäre es mir wohl schwerlich in den Sinn gekommen, mir im Vorwort die Nachsicht dieses Urteils zu erbitten. Es ist eben das angenehme Vorrecht des Spezialisten, selbstbewußt auftreten zu können. Wer dagegen Forschung treibt auf weitem und zugleich wenig erkundetem Gebiet, der lernt dabei von selbst Bescheidenheit.

So glaube ich denn zunächst schon einige Worte der Entschuldigung oder doch mindestens der Rechtfertigung darüber sagen zu müssen, daß dieses Buch überhaupt geschrieben worden ist.

Es war nicht meine Absicht, es zu schreiben. Nicht als ob ich mich nicht schon früher mit den Problemen befaßt hätte, die darin erörtert werden. Denn bereits zu einer Zeit, als ich mich noch vorwiegend rezeptiv mit dem Verwaltungsrecht beschäftigte, waren diese Probleme mir aufgefallen; schon damals empfand ich ein tiefes Gefühl der Unbefriedigung über den Stand der landläufigen verwaltungsrechtlichen Literatur, die eine Fülle von feinen und feinsten Fragen achtlos mit plumpem Fuß niedertrat, und schon damals empfand ich den Wunsch, einmal in einem „allgemeinen Teil des öffentlichen Rechts" die vielen Fragen ohne Antwort, zu deren Sammlung mir jene Studien Gelegenheit boten, im Zusammenhang zu erörtern. Und dieser Wunsch wurde auch nicht vermindert, sondern eher verstärkt durch das Studium des „Deutschen Verwaltungsrechts" von Otto Mayer. Wohl bot mir das mit der bewunderungswürdigen Gestaltungskraft des juristischen Künstlers aufgebaute Werk Mayers eine unendliche Fülle von Genuß und Anregung; die folgenden Untersuchungen werden ja zeigen, wie ich fast auf jeder Seite an Mayer anzuknüpfen hatte und wie viel ich ihm selbst dort, wo ich glaubte von ihm abweichen zu müssen, zu verdanken habe, und es ist mir darum eine besondere Freude, daß ich das vorliegende Buch als kleines Zeichen einer großen Verehrung gerade ihm widmen darf, der mir erst gezeigt hat, wie Verwaltungsrecht als Wissenschaft aussieht. Aber der erwähnte Wunsch wurde trotzdem in mir nicht vermindert, weil ich sah, daß selbst die glänzendste Leistung der deutschen Verwaltungsrechtswissenschaft nicht auf alle Fragen Antwort gab, die ich mir stellte; der Wunsch wurde sogar verstärkt, da mir scheinen wollte, daß Mayers Werk vorwiegend die geniale Intuition eines geistvollen Juristen darstellt, dagegen, gezwungen durch den Mangel ausreichender Vorarbeiten in der Spezialliteratur, nicht genügend positivrechtlich fundiert ist, um auf die Praxis den bestimmenden Einfluß zu gewinnen, den es verdient, aber wohl nur in der sächsischen Praxis besitzt. So trug ich mich allerdings schon damals mit dem Gedanken, einmal ein Buch von ähnlicher Art wie dieses ist zu schreiben. Indessen sollte es — so war damals meine Absicht —, nicht an den Anfang, sondern an das Ende meiner wissenschaftlichen Tätigkeit für das Verwaltungsrecht gestellt werden; erst wollte ich die speziellen Teile des preußischen Verwaltungsrechts gründlich durchforschen, und danach erst wollte ich, aufbauend auf den Ergebnissen dieser Spezialstudien, die Gestaltung jenes allgemeinen Teils versuchen.

Da kam das Preisausschreiben der Rudolf Schleiden-Stiftung vom Jahre 1906, das eine Arbeit über „die allgemeine Lehre von den Verwaltungsakten" forderte. Das Ausschreiben bestätigte mir, daß man auch sonst das Bedürfnis nach allgemeinen Lehren für das Verwaltungsrecht empfand, und es bewies mir zugleich, daß man in maßgebenden wissenschaftlichen Kreisen schon die Gegenwart für reif hielt zur Bearbeitung dieser Lehren. Nach einiger Überlegung entschloß ich mich, anknüpfend an mein bereits gesammeltes Material, die Lösung der Aufgabe zu versuchen, wobei ich übrigens, in diesem Punkte bewußt über das gestellte Thema hinausgehend, aus Gründen, die in dem Buch selbst dargelegt werden, die Untersuchung auch auf die Gerichtsakte ausdehnte. Die Anerkennung, die meine im August 1909 preisgekrönte Arbeit bei der Freiburger Juristenfakultät gefunden hat, ließ mich auch in der übrigen juristischen Welt auf eine günstige Aufnahme der Veröffentlichung hoffen. Diese Veröffentlichung verzögerte sich allerdings noch etwas. Da ich bei der Ablieferung der Arbeit im Dezember 1908 noch nicht alles gesuchte Material zusammen hatte und nicht einmal in der Lage gewesen war, alles gesammelte Material schon zu verarbeiten, da ich insbesondere die bedeutsame Schrift von Walter Jellinek noch nicht hatte berücksichtigen können, so ergab sich die Notwendigkeit starker Nachträge, die das Manuskript noch um etwa $^1/_3$ seines ursprünglichen Umfangs erweitert haben. Neu hinzugekommen sind insbesondere: § 33 über die rechtlichen Schwebezustände, wo diese ursprünglich nur zerstreut behandelten Rechtserscheinungen auch im Zusammenhang eine Darstellung gefunden haben, und § 44, auf dessen Ausführung ich ursprünglich wegen Zeitmangels hatte verzichten müssen; wesentlich erweitert wurde zum Beispiel die Lehre von der Unrichtigkeit und Berichtigung (S. 209 f.), von der Verbindlichkeit (S. 199 f., 220 f.), vom Geschäftsirrtum (S. 299 f.). An den Grundauffassungen habe ich an keiner Stelle etwas geändert, und auch in Einzelfragen sah ich mich nur an sehr wenigen Stellen zu Berichtigungen veranlaßt, so daß also die Nachträge fast ausschließlich sich lediglich als Ergänzungen und Vertiefungen derjenigen Meinungen darstellen, die ich bereits der Freiburger Fakultät vorgelegt hatte.

Aus diesen Angaben über die Entstehungsgeschichte des Buches erhellt bereits, daß ich mir über die Mängel des Geschaffenen völlig klar bin. Noch heute bin ich der Auffassung, daß der Weg, den ich ursprünglich einschlagen wollte, zwar sehr viel weiter und umständlicher, aber doch auch sicherer und darum prinzipiell richtiger war als der, den das Freiburger Preisausschreiben gewiesen hat. Denn bei dem heutigen Stand der verwaltungsrechtlichen Einzelforschung erscheint es mir noch ganz unmöglich, wirklich festgegründete allgemeine Lehren aufzustellen, zumal in vielen Punkten das letzte Wort überhaupt nicht der Wissenschaft zustehen dürfte, sondern dem Gesetzgeber und dem „allgemeinen Teil" einer verwaltungsrechtlichen Kodifikation, für die indes alles, was inzwischen die Wissenschaft darüber schreibt, dankenswerte und zum Teil unentbehrliche Vorarbeit bedeutet. Ich mache auch kein Hehl daraus, daß mir an mehr als einer Stelle noch bei der letzten Durchsicht vor der Drucklegung die stärksten Bedenken gekommen sind, die, wenn ich sie alle hätte beschwichtigen wollen, die Veröffentlichung auf eine nicht absehbare Zeit verschoben hätten. So weiß ich wohl, daß ich hier nichts Vollkommenes biete. Ganz selbstverständlich ist ja, daß man mich in Einzelheiten berichtigen wird. Aber auch über die Leistung im ganzen gebe ich mich keinen Täuschungen hin. Verwunderlich würde es mir nur erscheinen, wenn es bereits diesem ersten Versuch eines Systems der rechtsgeschäftlichen Staatsakte gelingen sollte, eine endgültige Lösung der behandelten Probleme zu bieten. Das würde mir jedenfalls sehr viel verwunderlicher erscheinen, als wenn sich im Gegenteil herausstellen sollte, daß wenig oder nichts davon auf die Dauer der Kritik standhalten kann. Ich selbst betrachte diese Schrift nur wie einen vorläufigen Entwurf, von dem mir klar ist, daß er vor seiner Annahme durch die Wissenschaft noch eingehendster Beratungen bedarf und noch mancherlei Änderungen erfahren muß und erfahren wird. Ich bin darum auch auf alle Angriffe gefaßt; so gut es geht, will ich mich dagegen schon verteidigen; aber ich werde auch kein Bedenken tragen, dort, wo ich einen Irrtum einsehe, ihn zu berichtigen. Ich werde mich übrigens selbst an der Nachprüfungsarbeit recht eifrig beteiligen, indem ich, soweit Zeit und Kraft ausreichen, auf den ursprünglich geplanten Weg wieder zurückkehren will, um festzustellen, ob er zum gleichen Ziel führen wird. Und wenn ich dann durch alle diese Nachprüfungsarbeit genötigt würde, mich so weit zu berichtigen, daß, sei es in einer neuen Ausgabe dieser Schrift, sei es in der Schlußabteilung eines Preußischen Verwaltungsrechts, kein Stein von dem System, wie ich es hier gestaltet habe, auf dem anderen bliebe; selbst dann glaube ich, daß ich mich dessen nicht zu schämen brauchte; denn es wäre das nur ein Beweis dafür, daß die Wissenschaft dann weiter wäre als sie heute ist, — wobei ich mir bewußt sein dürfte, an diesem Fortschritt auch ein Stückchen mitgearbeitet zu haben.

Und damit komme ich auf die Frage, weshalb ich trotz aller offen zugestandenen Mängel des Buchs mit seiner Veröffentlichung der Wissenschaft doch meine einen Dienst zu tun. Es ist das erstemal, daß hier ein bis in Einzelheiten durchgeführtes System der rechtsgeschäftlichen Staatsakte entwickelt wird. Konnte bisher unsere verwaltungsrechtliche Spezialliteratur die vorhin erwähnte Nichtachtung feinster juristischer Fragen damit entschuldigen, daß sie, anders als die zivilistische Literatur, nicht an allgemeine Lehren anknüpfen konnte, so ist ihr für die Zukunft diese Entschuldigung genommen. *Niemand, der den Anspruch erheben will, wissenschaftlich über verwaltungsrechtliche Fragen zu schreiben, wird umhin können, zu den Ergebnissen der folgenden Untersuchung in irgend einer Weise Stellung zu nehmen.* Ob dies in zustimmendem oder ablehnendem Sinn geschieht, ist natürlich für die Wissenschaft gänzlich unerheblich. Es ist aber auch mir persönlich ziemlich gleichgültig; denn meines Erachtens darf der wissenschaftliche Forscher seinen Ruhm nicht darin suchen, daß er stolz von sich sagen kann, er habe nie geirrt, sondern lediglich darin, daß er mitgearbeitet hat an dem Fortschritt der Wissenschaft. Diesem Fortschritt aber dürfte die vorliegende Schrift auf jeden Fall dienen; gelingt es ihr nicht unmittelbar dadurch, daß sie neue positive Ergebnisse schafft, so wird es ihr doch in beschränkterem Maße mittelbar dadurch gelingen, daß sie die übrige Literatur zu jener klaren Stellungnahme für oder wider, zum frischen fröhlichen Kampf zwingt: denn *πολεμος πατης πανιων*. Recht günstig für die Klärung dieser Streitlage ist es übrigens, daß ungefähr zur gleichen Zeit, als ich meine Untersuchungen abschloß, die Schrift von Walter Jellinek erschien, die wenigstens zum Teil dieselben Probleme erörtert; die Hauptmasse meiner Arbeit, nämlich das, was ich seinerzeit der Freiburger Fakultät einreichte, ist, wie schon erwähnt, unabhängig von Jellinek niedergeschrieben worden; um so größer ist unter diesen Umständen die Wahrscheinlichkeit, daß in den Punkten, in denen beide Untersuchungen zu gleichen Ergebnissen gekommen sind, bereits im wesentlichen die wissenschaftliche Wahrheit ermittelt ist; in den Punkten aber, in denen ich zu abweichenden Ergebnissen kam und in denen ich auch bei der Revision der Schrift keinen Anlaß zur Berichtigung fand, ist für die Folge wenigstens die Fragestellung erleichtert, indem in diesen Punkten bereits die Gründe für und wider in der Hauptsache zusammen getragen sein dürften, so daß man sich bei der Entscheidung dieser Streitfragen vielfach auf eine bloße Abwägung der gegenseitigen Argumente wird beschränken können. Mag man also ihre Ergebnisse annehmen oder mag man sie verwerfen, in jedem Fall darf ich hoffen, daß diese Schrift nicht umsonst geschrieben wurde.

Nach dem Gesagten wird man es auch verstehen, daß ich, in bewußtem Gegensatz z. B. zu Georg Jellineks „System der subjektiven öffentlichen Rechte", eine *Fülle von Einzelheiten* in das Buch aufgenommen habe, die ihm einen, durch die technische Gestaltung (großes Format und kleinen Druck) allerdings etwas verdeckten, sehr viel größeren Umfang gegeben haben, als an sich wohl nötig gewesen wäre. Es wäre natürlich für mich selbst einfacher und bequemer gewesen, weniger Einzelheiten zu bringen. Es wäre auch vielleicht klüger gewesen, da dann selbstverständlich auch die Angriffsfläche, die das Werk bietet, kleiner gewesen wäre. Aber, da mir der Ruhm der Unfehlbarkeit wenig galt, so hatte ich an dieser Verkleinerung der Angriffsfläche keinerlei Interesse. Andererseits aber durfte ich hoffen, gerade durch eine Verbreiterung der Angriffsfläche die wissenschaftliche Erörterung lebhafter und damit fruchtbarer zu gestalten. Zugleich kam es mir darauf an, zu zeigen, daß die behandelten Fragen keineswegs bloße Doktorfragen sind, die lediglich das Interesse des Theoretikers anziehen können, sondern daß sie größte praktische Bedeutung haben und daß darum auch der Praktiker, wenn er nicht zum juristischen Handwerker herabsinken will, nicht gut umhin kann, zu ihnen Stellung zu nehmen. Endlich erachte ich umgekehrt für den Juristen, der vorwiegend theoretisch arbeitet, die Anwendung einer kasuistischen Darstellung, also ein Anknüpfen an konkrete Fälle zur Gewinnung und Erläuterung seiner allgemeinen Theorien für zweckmäßig, — schon um deswillen, weil er auf solche Weise stets am rauschenden Strom des praktischen Lebens und seiner belebenden Einwirkung ausgesetzt bleibt; das aber ist der sicherste Schutz gegen die bekannte Erkrankungsgefahr des Theoretikers, gegen die Gefahr der Verknöcherung zum Stubengelehrten, — eine Gefahr, die ja schließlich jede Wissenschaft und selbst eine so eminent praktische wie die unsere in sich birgt.

Eigentlich hätte ein Buch, das insgeheim auch auf das Interesse solcher juristischen Praktiker hofft, denen juristische Praxis nicht als Handwerk und Routine, sondern als wissenschaftlich fundierte Kunst erscheint, wohl auch ein Register gebraucht. Da indes ein schlechtes Register mir wertlos zu sein schien, während die Beifügung eines wirklich guten die Veröffentlichung abermals nicht unwesentlich hinausgeschoben hätte, so habe ich davon Abstand genommen, zumal die sehr ausführliche Inhaltsübersicht wohl einigen Ersatz bietet.

So sende ich denn diese Schrift hinaus, wohl im Bewußtsein ihrer Mängel, aber auch nicht ohne Zuversicht zu ihrem Wert, — mit kühner Bescheidenheit. Worum ich aber meine Leser und besonders meine Kritiker bitte, das ist weniger Milde und Schonung, sondern eher das Gegenteil, daß sie nämlich scharf kritischen Sinnes sich mit den folgenden Untersuchungen auseinandersetzen, um dann in dem Kampf um die Klärung der streitigen Probleme irgendwie, gleichviel ob für oder gegen mich, Partei zu ergreifen. Allen, die dieser Bitte Gehör schenken, und insbesondere auch meinen künftigen Gegnern, gebührt mein Dank, da sie alle mir dazu helfen, das, was in diesem Buch sich findet an Ergebnissen von bleibendem Wert, loszulösen von den Irrtümern und Schwächen, die dem ersten Versuch anhaften; und ihnen rufe ich daher zum Gruße zu:

Feci, quod potui; faciant meliora potentes!

Groß-Lichterfelde, Ostern 1910.

Dr. Kormann.

Inhaltsübersicht.

Einleitung.

Seite

Erster Abschnitt.

Die begrifflichen Grundlagen.

II. Arten der Verwaltungsakte.

Dritter Abschnitt.

Der Geschäftsabschluß.

Einleitung.

§ 1.

1. Die Aufgabe.

I. Die Aufgabe der folgenden Untersuchung soll es sein, die allgemeinen Lehren über das, was man herkömmlicherweise meist als Verwaltungsakte bezeichnet, zusammenzustellen und damit einen Beitrag zu dem kommenden „allgemeinen Teil des öffentlichen Rechts" zu liefern.

Die Aufgabe bot erhebliche Schwierigkeiten. Denn einerseits war ein unendlich weitschichtiges Material (Gesetze, Verordnungen, Entscheidungen von Verwaltungsbehörden und Gerichten sowie Literatur) zu bewältigen; es galt nicht mehr und nicht weniger, als einen enzyklopädischen Ritt durch das gesamte weite Gebiet des Verwaltungsrechts und einiger Grenzgebiete zu machen. Andrerseits aber war die Ausbeute, die man davon mitbrachte, doch verhältnismäßig gering, da die Gesetze wie die Schriftsteller sich zumeist über die uns angehenden Fragen ausschweigen; was Jellinek[1]) in dieser Hinsicht bezüglich des objektiven Vertragsrechts bedauert, trifft für das objektive Recht der Verwaltungsakte überhaupt zu.

Aber Schwierigkeiten sind dazu da, daß sie überwunden werden, und nicht von den Schwierigkeiten, die der Lösung ihrer Aufgabe entgegenstehen, soll die Einleitung einer Untersuchung reden, sondern von dem Wert, den die glückliche Lösung haben würde und der den Versuch rechtfertigt.

II. Wir wollen also einen Beitrag liefern zum allgemeinen Teil des öffentlichen Rechts.

1. Worin der Wert des allgemeinen Teils für eine Rechtsdisziplin besteht, ist klar und bedarf keiner langen Auseinandersetzung.

Wer möchte sich heute das Strafrecht oder das bürgerliche Recht vorstellen ohne seinen allgemeinen Teil! Wer möchte im bürgerlichen Recht insbesondere die Lehre von den Rechtsgeschäften

[1]) S. 223.

missen! Gerade die Lehre von den Verwaltungsakten aber scheint berufen, für das öffentliche Recht eine ähnliche Bedeutung zu gewinnen, wie die Lehre von den Rechtsgeschäften sie für das bürgerliche Recht besitzt. Groß und reizvoll darum scheint uns die Aufgabe zu sein, aus dem Chaos von einzelnen Gesetzesparagraphen, das unser öffentliches Recht aufweist, die allgemeinen grundsätzlichen Rechtsgedanken herauszudestillieren; groß und reizvoll erscheint die Aufgabe, wie es einst die Aufgabe der romanistischen Wissenschaft war, die ja auch erst vor etwa zwei Jahrhunderten aus den Einzelsätzen des Corpus iuris den heute unentbehrlichen Begriff des Rechtsgeschäfts gebildet hat[2]).

Wer je Spezialuntersuchungen über öffentlich-rechtliche Akte unternommen hat und dabei sich nicht in den ausgetretenen Geleisen der publizistischen Durchschnittsliteratur bewegen wollte, die nur das vom Gesetzgeber selbst Gesagte etwas weitschweifiger wiederholt, wer tiefer eindringen wollte, wer wissen wollte, welche Wirkungen der Verstoß gegen eine gesetzliche Vorschrift hat, ob ein Akt nichtig sein kann im Sinne der privatrechtlichen Nichtigkeit, wann er das ist, ob er zurückgenommen werden kann usw., — der wird stets das Bedürfnis zur Anlehnung an allgemeine Erörterungen dieser Fragen gehabt, wird empfunden haben, wie „mühevoll, wenig ertragreich und dazu gefährlich" die „kasuistische Behandlung der einzelnen Spezies"[3]) auch im öffentlichen Recht ist, und er wird mit Neid an den zivilistischen Einzelforscher gedacht haben, der überall die Anlehnung an allgemeine Lehren hat. Es ist kein Zweifel, daß unsere publizistische Kommentarliteratur erheblich an wissenschaftlicher Tiefe gewinnen könnte, wenn sie sich mehr auf allgemeine Untersuchungen stützen könnte. Bernatzik[4]) und Störk[5]) haben also nur einem weitverbreiteten Empfinden Ausdruck gegeben, indem sie nach einem allgemeinen Teil des Verwaltungsrechts riefen.

2. Ansätze zu einem solchen finden sich übrigens bereits.

Wenn man das System dieses allgemeinen Teils ganz knapp und roh mit wenigen Strichen skizzieren will, so könnte man ihn im Anschluß an den alten Caius etwa in drei Abschnitte gliedern: personae, res, actiones, — unter den res freilich die subjektiven Rechte verstanden und unter den actiones nicht bloß Handlungen, sondern die Gesamtheit von Rechtsereignissen begriffen[6]).

Über die beiden ersten Abschnitte besitzen wir schon gute Untersuchungen. Bezüglich des ersten kommen alle Arbeiten über die Körperschaften des öffentlichen Rechts, über „Organpersönlich-

---

[2]) Vgl. Manigk 16 f. und im allgemeinen Zitelmann bei Grünhut **33**, 1 f.

[3]) Manigk 16—19.

[4]) In der Vorrede IV, V.

[5]) Bei Grünhut **12**, 195. Über ähnliche Wünsche von seiten der Prozessualisten vgl. Ötker 30 und u. S. 6/8. Vgl. aber auch andererseits neuestens Hatschek in J. ö. R. **3**, 1 ff.; er leugnet 53, 54 überhaupt die Möglichkeit allgemeiner Lehren für das öffentliche Recht!

[6]) Die Lehre vom objektiven Recht ist hier nicht angeführt, weil sie der „allgemeinen Rechtslehre", d. h. dem allgemeinen Teil des Rechts überhaupt angehört. Es ist daher nicht bloß, wie Zitelmann bei Grünhut **33**, 2 behauptet, eine Äußerlichkeit, sondern innerlich wohl begründet, wenn manche Schriftsteller des bürgerlichen Rechts diese Lehre nicht in ihrem „allgemeinen Teil", sondern in einer besonderen „Einleitung" erörtern.

keit" usw. in Betracht; es sei nur an die Schriften von Gierke und Rosin erinnert. Dem zweiten Abschnitt ist vor allem Jellineks glänzendes System der subjektiven öffentlichen Rechte gewidmet.

Aber stiefmütterlich ist der dritte Abschnitt über die actiones behandelt.

Schon ein flüchtiger Blick auf den äußeren Umfang der Literatur, deren innerer Wert hier zunächst noch ganz unberücksichtigt bleiben soll, lehrt das. — Die Handbücher des Staats- und Verwaltungsrechts beschränken sich im wesentlichen auf eine Übersicht über die „Arten der Verwaltungsakte", über deren rechtliche Behandlung sie wenig oder nichts sagen; eine rühmliche Ausnahme macht allein Otto Mayers Verwaltungsrecht, das ja überhaupt von allen verwaltungsrechtlichen Gesamtdarstellungen, — Labands verwaltungsrechtliche Partien nicht ausgeschlossen — die einzige ist, die den Versuch einer wissenschaftlichen Durchdringung des Stoffs gemacht hat und über eine Paraphrase der Gesetze hinausgekommen ist. — Als Spezialuntersuchungen über das Recht der Verwaltungsakte können nur genannt werden Bernatziks Schrift über Rechtsprechung und materielle Rechtskraft sowie Tezners Handbuch des österreichischen Administrativverfahrens, — beides bemerkenswerterweise Schriften von Österreichern. Dazu kam dann neuestens noch die Schrift von Walter Jellinek über den fehlerhaften Staatsakt. — Erwähnt werden dürfen hier auch noch zwei systematische Darstellungen eines Teils unseres Verwaltungsrechts, nämlich des Arbeiterversicherungsrechts; einmal das Werk von Rosin, der in erfreulichem Gegensatz zu dem Weylschen Lehrbuch den Versuch gemacht hat, im ersten Band die allgemeinen, aus den drei Einzelgesetzgebungen abstrahierten „Grundlagen" festzustellen; dann aber und vor allem die Darstellung des österreichischen Rechts von Menzel, der schärfer und bewußter als Rosin gerade auch die uns hier interessierenden allgemeinen Lehren über publizistische Rechtsgeschäfte erörtert hat. — Erwähnen wir noch, daß auch die Schriften über subjektive öffentliche Rechte, vor allem Jellinek und Dantscher, die Verwaltungsakte als Entstehungs- und Verlustgrund öffentlicher Rechte behandeln, so müssen wir diese Literaturübersicht schon schließen, wenn wir nicht Arbeiten zitieren wollen, die mit unserem Problem nur mehr in losem Zusammenhang stehen.

Hier klafft also unzweifelhaft noch eine Lücke in der Literatur zum System des allgemeinen Teils. Gelingt es, sie auszufüllen, so sind wir aber vielleicht gar nicht mehr so weit von diesem allgemeinen Teil entfernt, wie es zunächst noch scheinen mag. So dürfte es denn wohl gerechtfertigt sein, wenn wir den Versuch machen, gerade diese Lücke wenigstens teilweise auszufüllen; — freilich nur teilweise, indem nur diejenigen actiones erörtert werden sollen, die in Handlungen bestehen und selbst von diesen nur ein Teil, der im § 3 näher umgrenzt werden wird.

III. Ich sagte vorhin mit voller Absicht, daß diese Untersuchung einen Beitrag liefern solle zum allgemeinen Teil des öffentlichen Rechts. Es ist nicht richtig, wenn man wie Bernatzik[7]) nur von einem

[7]) a. a. O. IV, V.

allgemeinen Teil des Verwaltungsrechts spricht, es ist auch nicht richtig, von einem allgemeinen Teil des Staats- und Verwaltungsrechts zu reden. Vielmehr würde eine allgemeine Lehre von den Verwaltungsakten für alle diejenigen Rechtsgebiete Bedeutung haben, in denen Verwaltungsakte vorkommen, d. h. außer für das Staats- und Verwaltungsrecht auch für das Recht des Zivil- und Strafprozesses, sowie der freiwilligen Gerichtsbarkeit, d. h. für das gesamte formelle [8]) innerstaatliche [9]) öffentliche [10]) Recht. Den Nachweis für die Richtigkeit dessen, was hier zunächst nur als nackte Behauptung hingestellt wird, müssen die folgenden Ausführungen selbst erbringen. Nur darauf sei schon hier hingewiesen, daß ein anderer Abschnitt unseres „allgemeinen Teils", nämlich die Lehre von den subjektiven öffentlichen Rechten, bereits heute die Grundlage für das Zivilprozeßsystem eines unserer scharfsinnigsten Prozessualisten, Hellwigs, geworden ist, dessen System vollständig auf der Theorie des Rechtsschutzanspruchs aufgebaut ist.

§ 2.

2. Methode und Plan der Untersuchung.

Wenn hier zunächst einige Worte über die Methode der folgenden Untersuchung gesagt werden sollen, so geschieht das mehr der Erläuterung als der Rechtfertigung wegen. Denn die Rechtfertigung einer Methode muß in ihren Ergebnissen selbst liegen; gerade in Fragen der Methode gilt das Wort: an ihren Früchten sollt ihr sie erkennen!

I. Da wollen wir nun an die Spitze den Satz stellen, daß wir uns durchaus zu einer positivistischen Methode bekennen.

1. Wir werden überall bemüht sein, den strengsten Anschluß an die positiv-rechtlichen Bestimmungen zu nehmen. Insbesondere in dem Abschnitt über die Rücknahme von Verwaltungsakten werden wir ein reiches Material an solchen Bestimmungen zusammentragen, wie es in gleicher Vollständigkeit noch nicht gesammelt und gesichtet worden ist. In diesem Punkte gerade liegt der hauptsächlichste Unterschied unserer Untersuchung von der Walter Jellineks, der bewußt und gewollt [1]) mit einem unzulänglichen positiven Material gearbeitet hat und dadurch verleitet worden ist, in größerem Umfang, als nötig war, die Geltung allgemeiner Grundsätze zu leugnen [2]).

---

[8]) Im Gegensatz zum materiellen Strafrecht.

[9]) In wieweit die Ergebnisse auch für das Völkerrecht Bedeutung gewinnen können, lasse ich dahin gestellt. Im folgenden wird das Völkerrecht daher nicht berücksichtigt werden.

[10]) Zu weit geht Ötker 30, der dasselbe meint wie wir, darin aber eine Aufgabe der „allgemeinen Rechtslehre", also des allgemeinen Teils des Rechts überhaupt erblickt. — Zitelmann 232 (197) neigt zu der Auffassung, daß gewisse Vorschriften des Privatrechts über Rechtsgeschäfte einer „allgemeinen Rechtslehre" angehören.

[1]) Walter Jellinek 3.

[2]) Vgl. a. a. O. 158, 163.

2. Freilich nicht überall ist dieser Anschluß an positive Bestimmungen in gleichem Maße möglich. Es ist nicht zu verkennen, „daß es gerade die zweifellosesten Rechtssätze sind, welche das Gesetz nicht unmittelbar auszusprechen pflegt“ [3]). In solchen Fällen, wo der Gesetzgeber uns im Stiche läßt, werden wir zwar Deduktionen „aus der Natur der Sache“ nicht vermeiden können, indes stets bestrebt sein, dabei Anschluß an die bisherige Literatur sowie an die Praxis der Verwaltungsbehörden und der Gerichte und an das in diesen Äußerungen hervortretende allgemeine Rechtsbewußtsein zu suchen. Wir werden den Zusammenhang mit der vorhandenen Literatur fast ängstlich zu wahren suchen, wie eben naturgemäß jeder, der in einem weiten wenig bekannten und wenig durchforschtem Gebiete reist, sich sorgsam nach den Spuren seiner Vorgänger umsehen wird; den Sport, neue, von allem bisher Gesagten abweichende Auffassungen aufzustellen, wird sich nur leisten können, wer entweder Detailforschung auf kleinem Gebiet oder aber Forschung in langbekannten Gebieten treibt.

3. Geschichtliche Erörterungen wollen wir nicht geben, obschon es sicher ist, daß z. B. in der Frage der Rücknehmbarkeit von Verwaltungsakten die Entwickelung des Polizeistaats zum Rechtsstaat nicht ohne tiefgreifende Folgen geblieben ist, und obwohl daher mindestens in dieser Frage die geschichtliche Betrachtung nicht unfruchtbar sein würde.

4. Zu politischen Erörterungen lag noch weniger Anlaß vor als zu geschichtlichen.

Ein Recht der politisierenden Methode kann man freilich für rechtsgeschichtliche und rechtsvergleichende Arbeiten anerkennen. Es ist daher nicht viel dagegen zu sagen, wenn erst neuestens wieder Rosegger in seiner Darstellung des Petitionsrechts in ganz bewußter Weise diese Methode angewandt hat, da eben der Schwerpunkt seiner Darstellung in dem historischen und vergleichenden Teil liegt. Freilich kann man zweifeln, ob Rosegger sich dabei wirklich der Grenzen der Berechtigung dieser Methode richtig bewußt war. Wäre er es gewesen, so hätte er [4]) schwerlich das Wort des alten Moser wieder ausgegraben: „ein Staats-Recht ohne politische mit-unterlauffende Betrachtungen leistet bey manchen Materien ebenso vile Dienste, als eine Glocke ohne Schwengel“. Denn nicht auf die Art der Materie kommt es für unsere Frage an, sondern darauf, ob man Rechtsgeschichte und Rechtsvergleichung oder aber ob man Rechtsdogmatik bieten will.

Für rechtsdogmatische Darstellungen nämlich läßt sich, wie Laband längst und treffend dargetan hat, die politisierende Methode in keiner Weise rechtfertigen. Und da nun doch die Rechtsdogmatik der eigentliche Kern der Rechtswissenschaft, die Rechtswissenschaft κατ’ εξοχην ist, der gegenüber Rechtsgeschichte und Rechtsvergleichung nur untergeordnete Hilfswissenschaften sind, so ist es auch berechtigt, die nichtpolitisierende Methode Labands als die spezifisch

[3]) Schwarz bei Grünhut 33, 50.

[4]) Im Vorwort.

„juristische Methode“ zu bezeichnen. Völlig verfehlt und geradezu ungeheuerlich ist der Vorwurf Störks [5]) gegen diese Methode, daß sie „zweifellos (!) in das flache Gebiet der reinen Paraphrase der Reichs- und Landesgesetzblätter“ führe. Dabei ist übersehen, daß die positivistische Methode bei richtiger Anwendung von selbst ihre Ergänzung durch die konstruktive Methode fordert, worauf wir alsbald werden zu sprechen kommen [6]), und daß das Wesen der „juristischen Methode“ eben in dieser Verbindung positivistischer und konstruktiver Methode besteht. Man wird den folgenden Untersuchungen schwerlich nachsagen können, daß sie eine „reine Paraphrase der Reichs- und Landesgesetzblätter“ darstellten; und doch arbeiten sie mit einer Methode, die nach Störk [5]) „zweifellos“ in dieses flache Gebiet führen muß! Im schärfsten Gegensatz zu Störk muß vielmehr betont werden, daß gerade die Anhänger seiner politisierenden Methode dort, wo ihre Darlegungen nicht politischer, sondern juristischer Natur sind, meist sich auf die einfache Wiedergabe der Gesetzestexte beschränken, ohne den Versuch einer geistigen Durchdringung des Stoffs und einer Durcharbeitung der juristischen Feinheiten zu machen. Gerade die politisierende Methode ist es, welche die Aufmerksamkeit von diesen Aufgaben ablenkt und die darum schuld ist an dem andauernden traurigen Tiefstand der Verwaltungsrechtswissenschaft gegenüber der Privatrechtswissenschaft.

II. Im Gegensatz zu der bisher üblichen lokalisierten und spezialisierten Methode werden wir versuchen, die Lösung des Problems dadurch zu gewinnen, daß wir die Untersuchung auf breitester Basis führen. Damit meinen wir folgendes:

1. In sachlicher Beziehung werden wir uns nicht beschränken auf das Verwaltungsrecht, sondern wir werden auch das Zivil- und Strafprozeßrecht heranziehen.

Ganz kurz sei hier hingewiesen auf die offensichtlichen Nachteile der spezialisierenden Methode.

Man kann sie im allgemeinen so kennzeichnen, daß bei dieser Methode gleichartige Dinge getrennt und ungleichartige zusammen geworfen werden.

Es dürfte doch wohl kaum zu bezweifeln sein, daß zwischen Straf- und Zivilprozeß einerseits, Verwaltungsstreitverfahren andererseits eine größere Verwandtschaft besteht als zwischen Zivilprozeß und Konkursverfahren. Sicher ist das Konkursverfahren Verwaltungsverfahren [7]). Auch die Zwangsvollstreckung hat man als solches bezeichnet [8]).

Vor allem aber ist dem Verwaltungsrecht das Recht der freiwilligen Gerichtsbarkeit nahe verwandt. Denn unter diesem freilich viel umstrittenen Begriff wird man richtiger Ansicht nach nichts anderes zu verstehen haben als „die tatbestandsverändernden Prozeduren des Verwaltungsrechts“, soweit sie sich nämlich nicht auf die öffentliche,

---

[5]) Bei Grünhut 12, 158, 159.
[6]) Vgl. u. S. 8.
[7]) Ötker 19.
[8]) a. a. O. 31. Vgl. Jellinek Gesetz und Verordnung 220.

sondern auf die private Rechtsordnung beziehen [9]). Es ist Ötker [10]) durchaus beizupflichten, wenn er gegen Auffassungen polemisiert, die die freiwillige Gerichtsbarkeit dem Privatrecht zuweisen wollen. Bezüglich des Vormundschaftsrechts insbesondere hat Glässing [11]) mit scharfer, manchmal vielleicht sogar zu scharfer Betonung dessen öffentlichrechtliche Natur trotz seiner Einordnung in das BGB. dargetan.

Welche Vorteile die entgegengesetzte Methode zu bieten im stande ist, müssen unsere späteren Ergebnisse dartun. Wir werden dann sehen, daß z. B. die Lehre von der Nichtigkeit der Verwaltungsakte durchaus anknüpfen muß an das, was die prozessualische Literatur bereits über Nichtigkeit von Zivil- und Strafurteilen geschrieben hat. Wir werden ferner sehen, wie oft Rechtssätze, die für das Verwaltungsrecht zwar auch schon behauptet worden sind, ihrer positiven Anerkennung in diesem aber noch ermangeln, eine solche im FGG. gefunden haben.

Übrigens hat schon bisher eine Opposition gegen die herrschende spezialisierende Methode nicht gefehlt. So hat von Verwaltungsrechtlern Prazak [12]) bezüglich einer anderen Frage aus dem allgemeinen Teil des öffentlichen Rechts, nämlich der Frage nach dem Einfluß der Parteiwillkür im öffentlichen Recht, die Mitberücksichtigung des Prozeß- und des Strafrechts neben dem Staats- und Verwaltungsrecht gefordert. Von Prozessualisten hat Ötker in seinem tiefgründigen Werk über konkursrechtliche Grundbegriffe es als sehr bedauerlich bezeichnet, daß eine „vergleichende Betrachtung des Prozesses im weiteren Sinne und der Dezisivakte des Verwaltungsverfahrens, des letzteren und der administrativen Bestandteile des Prozesses [im engeren Sinn, worunter er Zivil- und Strafprozeß versteht]," bisher fehlt [13]); insbesondere hat er dann noch die Nachteile einer „Lokalisierung der Untersuchung" bezüglich der sogenannten Prozeß- oder Urteilsvoraussetzungen betont [14]). Auch Walter Jellinek, der ursprünglich von prozessualen Fragen ausging [15]), ist von da aus zu derselben generalisierenden Methode, die ich vom verwaltungsrechtlichen Standpunkt aus befürworte, gekommen. Ein über den Durchschnitt noch hinausgehendes Maß von Verkennung des Zusammenhangs zwischen Verwaltungs- und Prozeßrecht zeigt auf der anderen Seite die Arbeit von Michel über Nichtigkeit von Urteilen [16])

2. In räumlicher Beziehung ist natürlich in erster Linie das Reichsrecht und das preußische Recht berücksichtigt worden. Aber auch das Recht von Bayern, Sachsen, Württemberg, Baden und Hessen ist systematisch auf das Vorhandensein von Rechtssätzen allgemeiner Bedeutung durchsucht worden. Die Rechte der kleineren

---

[9]) Ötker a. a. O. 31, 32.
[10]) S. 33 (1).
[11]) Im A. ö. R. **16**, 161 ff.
[12]) a. a. O. 4, 231 in der Besprechung einer Schrift von Radnitzky.
[13]) Ötker 30.
[14]) a. a. O. 45.
[15]) Walter Jellinek, Vorwort VII.
[16]) Bes. S. 17.

Staaten sind insoweit herangezogen worden, als sie mir zufällig durch Spezialstudien auf einzelnen Rechtsgebieten näher bekannt waren. Nicht übergangen werden durfte das österreichische Recht schon wegen der oben erwähnten Tatsache, daß die österreichische Literatur des Verwaltungsrechts den Fragen unseres allgemeinen Teils eine lebhaftere Teilnahme entgegenbringt als die reichsdeutsche. Endlich hat auch das schweizerische Recht Berücksichtigung, wennschon in geringerem Maße, gefunden.

3. In zeitlicher Beziehung haben wir uns nicht ängstlich auf das geltende Recht beschränkt. Oft ist bewußtermaßen älteres Recht dort, wo es Rechtssätze von allgemeiner Bedeutung auszusprechen schien, herangezogen worden. Auch im übrigen ist die Frage, ob ein Gesetz noch formell in Kraft steht, nicht näher untersucht worden. Es kann daher wohl vorgekommen sein, daß Irrtümer über die fortdauernde formelle Geltung untergelaufen sind; doch würde ich dies für kein Unglück erachten, da die dargestellten allgemeinen Grundsätze unabhängig sind von der Geltungsdauer des einzelnen Rechtssatzes, der sie ja nicht schafft, sondern nur anerkennt.

III. Die Anwendung unserer beiden ersten methodologischen Gesichtspunkte bedingt die Herbeischaffung eines unendlich weitschichtigen positiven Materials. Soll dies Material uns aber nicht bloß eine erstickende Fülle zahlloser Einzelheiten sein, so müssen wir es geistig beherrschen, müssen es zu einer Einheit gliedern. Das Mittel dazu gibt uns die konstruktive Methode.

1. Da diese Methode bis auf Laband dem öffentlichen Recht so gut wie fremd war und auch heute noch ihre feinste Ausbildung im Privatrecht gefunden hat, so ist es natürlich, wenn wir nach Labands Vorbild überall Anlehnung an das Privatrecht suchen, Anlehnung an seine Kategorien und Anlehnung an seine Terminologie: ausgerüstet mit umfassendem zivilistischen Wissen muß, wer an dem allgemeinen Teil des öffentlichen Rechts arbeiten will, an seine Aufgabe herantreten.

Wenn wir zunächst die Anlehnung an privatrechtliche Kategorien befürworten, so soll damit selbstverständlich nicht gesagt sein, daß die öffentlich-rechtlichen Erscheinungen hineingezwängt werden sollten in diese Kategorien. Die Anlehnung ist vorerst eine rein äußere; sie hat aber den Zweck und den Erfolg, uns eine öffentliche Rechtserscheinung anschaulicher zu machen und uns die Fragestellung zu erleichtern. Da nun einmal das Privatrecht eine bessere Durchbildung gewonnen hat als das öffentliche und da infolge dessen zumeist unser ganzes juristisches Denken unter dem Einfluß privatrechtlicher Kategorien steht, so werden wir uns vielfach von einem Verhältnis des öffentlichen Rechts ein anschaulicheres Bild machen können, wenn wir zum Vergleich eine entsprechende Erscheinung des Privatrechts heranziehen; als z. B. Laband[17]) seinen Vergleich zog zwischen dem deutschen Kaiser und dem Direktor einer Privatkorporation, da wollte er selbstverständlich nicht sagen, daß der Kaiser dasselbe sei wie ein Bankdirektor, sondern er wollte damit nur

---

[17]) I. 208.

ausdrücken, daß das Verhältnis des Kaisers zum Reich dem des Bankdirektors zu seiner Aktiengesellschaft entspreche, — und das hatte meines Erachtens seinen guten Sinn, und Störk ist Laband bei seiner Polemik gegen diesen Vergleich[18]) schwerlich gerecht geworden. Die Erleichterung der Fragestellung tritt vielleicht besonders deutlich dort hervor, wo es sich um Systematisierung rechtlicher Erscheinungen handelt; hier besteht die Anlehnung an das Privatrecht darin, daß wir die bereits von der zivilistischen Wissenschaft gefundenen Kategorien zur Grundlage unserer Fragestellung nehmen, indem wir fragen: sind gleiche Kategorien auch im öffentlichen Recht vorhanden? Die Antwort kann auf ja, sie kann ebenso gut auch auf nein, sie kann auch dahin lauten, daß die privatrechtlichen Kategorien nicht erschöpfend sind für das öffentliche Recht; wie immer sie aber auch lauten mag, fast stets ist durch diese Anknüpfung an ein schon Vorhandenes unsere Fragestellung und damit unsere Untersuchung überhaupt nicht unwesentlich erleichtert worden; es ist darum vielleicht kein Zufall, daß die wohl beste und erschöpfendste Systematisierung der Verwaltungsakte nicht von einem Publizisten, sondern von einem Zivilisten, Eltzbacher, herrührt [19]).

Auch in der Terminologie lehnen wir uns meist an das Privatrecht an. Diese Anlehnung erscheint zum großen Teil wünschenswert; wenn wir z. B. sehen, daß auch im öffentlichen Recht wahre Bedingungen im Sinne der Bedingungen des Privatrechts vorkommen, so ist es sicher richtig, die Bezeichnung „Bedingung" für diese Fälle zu verwenden, sie dagegen nicht zu gebrauchen, wo Auflagen nach dem zivilistischen Sprachgebrauch in Rede stehen, selbst wenn der Gesetzgeber hier den Ausdruck „Bedingungen" sanktioniert haben sollte; oder wenn wir sehen, daß auch bei den Verwaltungsakten eine Nichtigkeit im Sinne des BGB. vorkommt, so dürfte es zweckmäßig sein, die Bezeichnung „Nichtigkeit" ausschließlich auf diese Fälle zu beschränken und andererseits diese Fälle ausschließlich mit jener Bezeichnung zu belegen. Daß aber die Entlehnung zivilrechtlicher Ausdrücke auch für solche verwaltungsrechtliche Begriffe, die den privatrechtlichen nicht wie die oben genannten gleich, sondern nur mehr oder minder ähnlich sind, vielfach sich nicht umgehen läßt, hat schon Otto Mayer [20]) dargetan.

2. Von dieser rein äußeren Anlehnung an privatrechtliche Kategorien und Terminologien völlig verschieden ist die Frage, ob und inwieweit privatrechtliche Sätze im öffentlichen Recht analog angewendet werden dürfen.

Anerkannt werden muß zunächst ihre grundsätzliche Zulässigkeit.

Dahingestellt bleiben mag, ob man zum Beweis das Völkerrecht heranziehen darf, dessen Normen, besonders die über Verträge und Rechtsgeschäfte, ja im Grunde nichts andres sind als ein Extrakt aus dem Privatrecht. Wenn Jellinek[21]) hierauf beweiseshalber hingewiesen hat,

---

[18]) Bei Grünhut 12, 132 f.
[19]) Vgl. u. S. 53 f.
[20]) I. VIII, IX; 137 (3).
[21]) S. 223.

so könnte ihm immerhin leicht der Einwand entgegengesetzt werden, daß doch zwischen Völkerrecht und Privatrecht eine engere Verwandtschaft bestehe als zwischen diesem und dem innerstaatlichen Recht, insofern nämlich dieses aufbaut auf dem Grundsatz der Ungleichheit, Völkerrecht und Privatrecht aber beide auf dem der Gleichheit der beteiligten Rechtssubjekte.

Doch sei es hiermit wie es wolle, sicher ist jedenfalls, daß auch die Verwaltungsgesetze wiederholt ausdrücklich die Bestimmungen der bürgerlichen Gesetze für anwendbar erklärt haben, so die Bestimmungen über Verjährung [22]) und Fristen [23]).

Auch in Literatur und Praxis wird die grundsätzliche Zulässigkeit der Analogien aus dem Privatrecht anerkannt. Hier seien nur einige Beispiele bezüglich der uns besonders angehenden allgemeinen Grundsätze über Rechtsgeschäfte [24]) erwähnt; auf Einzelheiten werden wir später wiederholt zurückzukommen haben. — In der Literatur hat z. B. Jellinek [25]) die Frage aufgeworfen, woher das objektive Vertragsrecht der öffentlich-rechtlichen Verträge stamme, und — freilich mehr genial als klar — ihre „Lösung" in der Erkenntnis gefunden, „daß der Vertrag eine allgemeine Rechtsform ist und daher gewisse [26]) allgemeine Elemente des Vertrages vorhanden sind, die auch ohne ausdrückliche Anerkennung durch den Gesetzgeber objektives Vertragsrecht bilden [27])." Schärfer als Jellinek und besonders weitgehend hat Schelcher [28]) diese Gedanken so formuliert: „es gibt eine ganze Reihe von Rechtsverhältnissen, die ebenso im Gebiete des öffentlichen wie in dem des Privatrechts vorkommen können (... Rechtsgeschäft, Vertrag ...), und für diese sind die — wenn auch zunächst nur für das Privatrecht ausgebildeten — allgemeinen Rechtsvorschriften insoweit anzuwenden, als dies nicht entweder durch das positive Gesetz oder durch das Wesen des Verhältnisses selbst ausgeschlossen wird" [29]). — Sehr weit geht auch, unter dem unverkennbaren Einfluß von Schelcher, die sächsische Praxis. Interessant ist insbesondere die Entscheidung des sächsischen Ministeriums des Innern vom 20. Dezember 1899, auf die wir später

---

[22]) So namentlich eine ganze Reihe von Finanzgesetzen, aus denen ich willkürlich herausgreife: Bad. G. v. 27. VII. 39 (in der Fassung der Bek. v. 26. IX. 1899) Art. 2.

[23]) S. Enteign.-G. § 89 I. CPO. 222. Pr. ALVG. 52 I 2. Vgl. Schepp 27. OVG. **38**, 447, **42**, 150.

[24]) Im übrigen vgl. Schönborn im A. ö. R. **24**, 128 und die dankenswerte Zusammenstellung von Jebens „OVG. und BGB." in VBl. **25**, 227 f, 243 f., wo sich eine ganze Reihe von Beispielen nebst Angaben über die Rechtsprechung findet. — Vgl. ferner neuestens die wesentlich ablehnende Schrift von Spiegel, Die Verwaltungsrechtswissenschaft (Leipzig 1909).

[25]) S. 222, 223.

[26]) „Gewisse"!? Welche es sind, sagt er nicht, so daß seine „Lösung" doch eigentlich in etwas merkwürdigem Lichte erscheint.

[27]) Die spezielleren und weitergehenden Bemerkungen Jellineks auf S. 66 sollen sich wohl nur auf das öffentliche Vermögensrecht beziehen.

[28]) Gesetz S. 37.

[29]) Vgl. auch Kohler in A. c. P. **97**, 13.

nochmals zurückkommen [30]), sowie die Begründung [31]) zum sächsischen Baugesetz, die stark zu der Auffassung hinneigt, daß die „Bestimmungen in §§ 116—144 des BGB hinsichtlich der Gültigkeit, Nichtigkeit und Anfechtbarkeit von Willenserklärungen mit Rücksicht auf ihren allgemeinen Charakter schon von selbst eine über das Privatrecht hinausgehende Bedeutung haben."

Ohne hier erörtern zu wollen, wie weit man im einzelnen in der analogen Anwendung privatrechtlicher Normen gehen darf, wollen wir uns darauf beschränken, als Grundsatz festzustellen, daß dabei eine gewisse Vorsicht jedenfalls angebracht erscheint. In Anwendung dieses auch von Menzel [32]) richtig betonten Gedankens werden wir stets, so oft wir Analogien aus dem Privatrecht gebrauchen, uns bemühen, nachzuweisen, daß diese Analogie mindestens in irgend einer Beziehung vom Gesetzgeber selbst positiv anerkannt ist. Freilich muß auch hier noch einmal an die bereits früher [33]) festgestellte Tatsache erinnert werden, daß vielfach gerade die zweifellosesten Sätze vom Gesetzgeber nicht ausdrücklich ausgesprochen werden.

3. Im übrigen werden unsere Konstruktionen auf den öffentlichrechtlichen Normen aufzubauen haben, aus denen sie bald im Wege der Analogie, bald mit Hilfe des argumentum e contrario die allgemeine Lehre von den Verwaltungsakten abzuleiten hat. Ein völlig sicherer Weg ist das bekanntlich nicht. Dieselbe Bestimmung läßt ebenso die Analogie wie das argumentum e contrario zu und häufig kann es zweifelhaft sein, welchen Weg man einschlagen soll. Ob man das Richtige trifft, ist guten Teils Sache des juristischen Taktes, — es handelt sich da um eine Art „wissenschaftlicher Intuition", oder, wie Fleiner in seiner geistvollen Rede über die Umbildung zivilrechtlicher Institute durch das öffentliche Recht es ausdrückt, um ein freies Gestalten „aus der Gesamtanschauung der Verhältnisse und Rechtssätze .... heraus [34])." Die Entscheidung, ob eine wissenschaftliche Ansicht das Richtige getroffen hat, kann nur der Erfolg bringen, d. h. die Nachfolge, die sie auf die Dauer in Literatur und Praxis und schließlich auch beim Gesetzgeber, der die von diesen Faktoren entwickelten Gedanken annimmt, finden wird.

4. Auch das ist wesentlich eine Sache wissenschaftlicher Intuition, wie weit man im Differenzieren und Begriffsbilden gehen darf, ohne dem Vorwurf haarspaltender Methode zu verfallen. Wir wollen klare, scharfgeschliffene Begriffe, wie sie das Privatrecht hat, auch für das Verwaltungsrecht zu gewinnen suchen. Aber wir wollen praktisch brauchbare Begriffe und darum uns hüten vor scholastisch-unfruchtbarer Spitzfindigkeit. Darum wollen wir als Leitsatz uns das Wort stets gegenwärtig halten, das Kohler seiner Schrift

---

[30]) Vgl. u. S. 381 (11).

[31]) Bei Rumpelt 83.

[32]) S. 113.

[33]) S. o. S. 5.

[34]) Fleiner 24. Seine weitere Bemerkung „und aus dem Abwägen der Interessen heraus" möchte ich mir freilich nicht zu eigen machen.

über den Prozeß als Rechtsverhältnis vorangestellt hat: „wir konstruieren nicht, um zu konstruieren, sondern um das Innere der Rechtsverhältnisse zu erforschen. Die Konstruktionen sind die Schachte, welche in die Tiefe führen.“

* * *

Über den **Plan und Gedankengang** der folgenden Untersuchung ist an dieser Stelle nicht viel zu sagen. Wir werden uns zunächst die „begrifflichen Grundlagen“ in Abschnitt 1 zu schaffen suchen und werden von dieser festen Grundlage aus dann weiter den Inhalt (Abschnitt 2), das Werden und Wirken (Abschnitt 3), die Mängel (Abschnitt 4) und das Vergehen (Abschnitt 5) des Verwaltungsaktes an uns vorüberziehen lassen.

Erster Abschnitt.

Die begrifflichen Grundlagen.

§ 3.

I. Begriff und rechtliche Natur der Verwaltungsakte.

Was verstehen wir unter dem Wort Verwaltungsakt?

1. Knüpfen wir an die natürliche Wortbedeutung an, so können wir ihr als Begriffsbestimmung entnehmen: Verwaltungsakt ist jede Verrichtung der staatlichen Verwaltung. Hierbei ist sowohl das Wort Verwaltung in seinem weiteren, die Rechtsprechung und die eigentliche Verwaltung umschließenden Sinn genommen; und ebenso ist das Wort Verrichtung im weitesten, auch das passive Verhalten, vornehmlich die Entgegennahme von Erklärungen, umfassenden Sinne[1]) gedacht.

2. Vereinzelt ist in der bisherigen Literatur der Begriff in solcher Weise formuliert worden. So vor allem von Gareis[2]), der allerdings von „Verwaltungshandlungen" spricht. Auch für Jellinek[3]) ist Verwaltungsakt gleichbedeutend mit jeder Tätigkeitsäußerung der Verwaltung.

3. Als Beispiele für den Begriff in diesem Sinn kann man etwa folgende nennen, die ich völlig willkürlich und wahllos zusammenstelle: ein Urteil, eine Schankkonzession, der Befehl des Unteroffiziers, die Erteilung eines Patents, die Beurkundung eines Erbvertrags, eine Ehelichkeitserklärung, die Enteignung eines Grundstücks, die Genehmigung eines Ortsstatuts, die Schließung eines Vereins, der Bau einer Straße, der Unterricht eines staatlichen Lehrers, die Festnahme eines Verbrechers, die Berichterstattung einer Unterbehörde, die statistische Erhebung des statistischen Amts, der Abschluß eines Kaufvertrags. Man sieht, wie unendlich mannigfaltig die Dinge sind, die dieser Katalog aufzuzählen hat.

* * *

---

[1]) Vgl. FGG. 35 und dazu Fuchs 117 (4).
[2]) S. 184.
[3]) Gesetz u. Verordnung 221 f.

Nun hat aber ein rechtswissenschaftlicher Begriff nur dann praktische Bedeutung und also Wert, wenn alle Erscheinungen, die unter ihm zusammengefaßt werden, unbeschadet ihrer Besonderheiten doch bestimmten allgemeinen Rechtssätzen unterstehen. Wir können darum der Frage nicht aus dem Wege gehen: Unterstehen alle vorhin als Verwaltungsakte bezeichneten Erscheinungen gleichartigen Rechtssätzen, haben sie, anders ausgedrückt, gleiche rechtliche Natur? Man braucht nur einen Blick auf den obigen Katalog zu werfen, um die Frage zu verneinen. Es sind in ihm vielmehr Akte von völlig verschiedenartiger Rechtsnatur enthalten. Man kann vier Gruppen daraus bilden.

I. Da sind zunächst die privatrechtlichen Akte, als deren Vertreter in unserem Katalog der Kaufvertrag einer Verwaltungsbehörde mit einem Privatmann figurierte. Bei diesen Akten ist zwar das öffentliche, vornehmlich das Verwaltungsrecht, keineswegs unbeteiligt; aus ihm ergeben sich die Normen, die darüber entscheiden, unter welchen Voraussetzungen der Staat oder eine andere Person des öffentlichen Rechts ein bestimmtes privatrechtliches Geschäft abzuschließen hat, durch welche Organe er dabei vertreten wird, ob diese dabei der Genehmigung anderer, insbesondere übergeordneter Instanzen bedürfen usw. [4]). Aber jene Akte selbst sind doch durchaus privatrechtlicher Natur; privatrechtlich sind die Vorschriften über die Art des Abschlusses wie über die Wirkungen des Aktes [5]); privatrechtlich sind auch die Vorschriften, welche die privatrechtlichen Wirkungen einer den Vorschriften des Verwaltungsrechts nicht entsprechenden Verwaltungshandlung, etwa einer Veräußerung ohne die vorgeschriebene Genehmigung eines höheren Organs, regeln [6]). Daher erscheint es gerechtfertigt, diese privatrechtlichen Akte für unsere Untersuchung, die dem öffentlichen Recht gewidmet ist, auszuscheiden.

II. Es kommen als zweite Gruppe in Betracht die rein tatsächlichen Akte.

Verschiedene Beispiele sind in unserem Anfangskatalog genannt: besonders gehört dazu auch die tatsächliche Festnahme des Verbrechers, die natürlich scharf zu scheiden ist von dem ihr etwa zugrunde liegenden und völlig anders gearteten Haftbefehl [7]). Überhaupt sind alle Akte hierher zu rechnen, die Anwendung unmittelbaren Zwangs darstellen, wie z. B. noch die Tötung von Tieren nach Viehseuchen G. § 24, die ebenfalls scharf zu scheiden ist von der ihr zugrunde liegenden und völlig anders gearteten „Anordnung" der Tötung. Als weiteres Beispiel sei erwähnt die Vornahme von Ausästungen durch die Telegraphenverwaltung nach Tel.-Wege-G. § 4, Abs. 2, Satz 2, 3. Zahlreiche Beispiele bietet die Betätigung der Aufsichtsgewalt etwa gegenüber den Selbstverwaltungskörpern; man denke an Besichtigung von Anstalten, Einsicht in Urkunden, Prüfung der Kassenbestände usf.

---

[4]) Vgl. Kormann 14. Die dortigen Ausführungen beziehen sich zwar zunächst nur auf das Kirchenrecht, haben aber allgemeinere Bedeutung für das öffentliche Recht überhaupt.

[5]) a. a. O. 13.

[6]) a. a. O. 14.

[7]) Diese scharfe Trennung läßt Ulbrich 29 vermissen.

Weitere Beispiele haben Gareis[8]) und Hänel[9]) aufgezählt. Man kann sie ohne Nachdenken noch erheblich vermehren.

Was die rechtliche Stellung dieser Akte anlangt, so ist es zwar nicht ganz genau, wenn Gareis[10]) sagt, sie seien ohne alles juristische Interesse. Es können sich an sie z. B. staatliche Entschädigungspflichten anknüpfen, wie in dem erwähnten Fall aus dem Viehseuchen-Gesetz[11]). Indes ist richtig, dass sie als Gesamtheit keinen gemeinsamen Rechtssätzen unterliegen und jedenfalls mit den übrigen Verwaltungsakten unseres Katalogs nicht verglichen werden können, daher in unsern weitern Erörterungen über Verwaltungsakte auszuscheiden sind. Aus diesem Gedanken heraus erklärt es sich auch, wenn Otto Mayer[12]) Jellineks weitherzige Begriffsbestimmung dadurch ad absurdum führen will, dass er meint, danach sei ja auch die Herrichtung von Schulzimmern ein Verwaltungsakt. Aus dem gleichen Gedanken erklärt sich ferner die eigentümliche Behauptung von Radnitzky[13]), es gebe eine Reihe von Handlungen der Staatsorgane, die weder als Äußerungen ihrer Privatpersönlichkeit noch als Äußerungen ihrer Organqualität aufzufassen seien, so wenn der Monarch repräsentiere, Audienzen abhalte, mit Ministern konferiere, wenn ein Richter an einem Urteilsentwurf arbeite, wenn ein Beamter eine Dienstreise unternehme; meines Erachtens liegt hier in der Tat eine Äußerung der Organpersönlichkeit vor, wie sich schon daraus ergibt, daß ein Staatsorgan dazu verpflichtet sein kann und daß seine Organfunktionen lediglich in der Vornahme rein tatsächlicher Akte bestehen können: der richtige Grundgedanke in der Behauptung von Radnitzky aber ist der, daß hier etwas völlig anderes vorliegt als bei den Akten, denen wir uns nunmehr zuwenden.

III. Den schärfsten Gegensatz zu den rein tatsächlichen bilden die rechtsgeschäftlichen Verwaltungsakte.

1. Bereits in der bisherigen Literatur begegnet man der Bezeichnung und dem Begriff des publizistischen Rechtsgeschäfts.

Für den Begriff sind eingetreten z. B. Gareis[14]), Laband[15]), Otto Mayer[16]), Ulbrich[17]), ferner Leuthold[18]), Rehm[19]), Dantscher[20]), Brockhausen[21]), Menzel[22]), Rosin[23]), Triepel[24]), Schelcher[25]), Schön-

[8]) S. 184.
[9]) I. 124.
[10]) S. 184. — Dagegen Ulbrich 29.
[11]) Vgl. Viehseuchen-G. 66.
[12]) I. 95 (1).
[13]) Bei Grünhut **31**, 473, 474.
[14]) Er spricht S. 184, 185 von negotia iuris.
[15]) II. 175 f.
[16]) A. ö. R. **3**, 44. Theorie 22. VR. I. 101.
[17]) S. 302.
[18]) In Annalen **1884**, 357. VR. 193.
[19]) In Annalen **1885**, 113.
[20]) III. 70 f.
[21]) S. 58; vgl. S. 57 über Beispiele.
[22]) S. 111 f.
[23]) S. 23, 24.
[24]) S. 61, 62.
[25]) Bei Fischer **20**, 48, 49.

born [26]); ferner von Prozessualisten Kohler [27]), Ötker [28]), Schmidt [29]), Beling [30]); Trutter hat ein besonderes Buch über prozessuale Rechtsgeschäfte geschrieben; von Zivilisten neigen zu dem Begriff des öffentlichrechtlichen Rechtsgeschäfts z. B. Zitelmann[31]), Kuntze[32]), Regelsberger[33]) und Eltzbacher [34]). Vereinzelt redet auch die Praxis von „öffentlichen Rechtsgeschäften" [35]). Übrigens verbinden die Genannten keineswegs alle den gleichen Begriff mit dem gleichen Ausdruck und sollen auch gar nicht als Kronzeugen für die im folgenden vertretenen Auffassungen zitiert werden. Insbesondere ist die Schrift von Trutter für sie nicht verwendbar, da sie nur nichtamtliche publizistische Rechtsgeschäfte, also Parteihandlungen mit rechtsgeschäftlichem Charakter, anerkennt, dagegen richterliche prozessuale Rechtsgeschäfte für unmöglich erklärt mit der freilich etwas merkwürdigen Begründung, daß dem Gericht die Prozeßfähigkeit im Sinne der CPO. fehle [36]) [37]). In den umgekehrten Fehler einer allzu weiten Ausdehnung des Rechtsgeschäftsbegriffs ist Beling verfallen, der nicht nur den Unterschied zwischen Rechtsgeschäften und den nachher zu erwähnenden Rechtshandlungen völlig verwischt hat [38]), sondern sogar rein tatsächliche Akte wie die Durchsuchung den Rechtsgeschäften zurechnet [39]).

Andererseits hat es auch nicht an Widerspruch gegen den Begriff gefehlt. So haben sich Meyer [40]), Störk [41]), Bernatzik [42]), Zorn [43]), ferner von Prozessualisten Bülow [44]) und Michel [45]), von Zivilisten Gierke [46]) und Manigk [47]) gegen ihn erklärt. Es ist das teilweise ohne

[26]) In A. ö. R. **24**, 134.
[27]) S. 34 f.
[28]) S. 45.
[29]) S. 358 f. — Hier werden übrigens 361 prozessuale, d. h. publizistische Rechtsgeschäfte wie Prorogation, Klagzurücknahme u. a. mit privatrechtlichen im Prozeß abgeschlossenen Rechtsgeschäften wie Verzicht und Vergleich zusammengeworfen.
[30]) Bennecke-Beling 281 f.
[31]) S. 232 (197).
[32]) S. 30 vgl. S. 37, 56 f. 80 f.
[33]) I. 542, 543.
[34]) S. 129.
[35]) BVGH. **24**, 25.
[36]) Trutter 132.
[37]) Gänzlich unbrauchbar für unsere Zwecke ist der Begriff der Prozeßrechtsgeschäfte bei Bunsen in ZCP. **35**, 401 f. Bunsen versteht darunter nur außerprozessuale Handlungen mit prozeßrechtlichen Wirkungen, teilt diese Handlungen dem Privatrecht zu und stellt sie in Gegensatz zu den „Prozeßhandlungen rechtsgeschäftlicher Art."
[38]) Vgl. Bennecke-Beling 281 (1), wo der Zeugeneid als Rechtsgeschäft erscheint, und im allgemeinen 282, wo Beling die Scheidung des BGB. zwischen Rechtsgeschäften und Rechtshandlungen ausdrücklich ablehnt.
[39]) a. a. O. 283. Dagegen Michel 18 (34).
[40]) In Annalen **1878**, 383.
[41]) Bei Grünhut **12**, 148.
[42]) S. 10 (7).
[43]) I. 305. Zorn kann sich unter dem Begriff offensichtlich nur das zweiseitige Rechtsgeschäft vorstellen.
[44]) S. 156 f.
[45]) Bes. S. 23.
[46]) I. 283 (2).
[47]) S. 19 u. 19 (2).

Angabe von Gründen geschehen. Soweit aber Gründe angeführt worden sind, erscheinen sie nicht stichhaltig.

Manigk hat von der Verwendung des Werts für die publizistischen Akte abgeraten mit der Begründung: andernfalls „müsste man sich bewußt bleiben, daß von den vom Privatrecht für die Rechtsgeschäfte als solche (!) gegebenen Normen keine auch für jene ‚Rechtsgeschäfte' anwendbar sein würde.“ Das ist wenig überzeugend. Es mag hier einstweilen dahin gestellt bleiben, ob nicht tatsächlich durch Analogie manche Bestimmungen des BGB. für die publizistischen Rechtsgeschäfte zu verwerten sind; dies festzustellen wird die spätere Aufgabe unserer Untersuchung sein. Jedenfalls ist es ein gut Stückchen zivilistischer Anmaßung zu sagen, die Sätze des BGB. seien die Bestimmungen für die „Rechtsgeschäfte als solche“; in Wahrheit sind sie eben die Bestimmungen für die privatrechtlichen Rechtsgeschäfte, was aber natürlich im Gesetz nicht ausdrücklich gesagt zu werden braucht, da es dies ja schon in seinem Titel als eines bürgerlichen GB. zum klaren Ausdruck bringt. Will Manigk uns etwa auch verbieten, die Bezeichnung Genehmigung im öffentlichen Recht zu verwenden, um deswillen, weil darauf ja nicht die Vorschriften des BGB. bezogen sind? Man sieht, daß Fleiner [48]) unsere Zivilisten leider noch etwas überschätzt, wenn er uneingeschränkt sagt: „wir haben gelernt, daß bestimmte Rechtsformen im öffentlichen Rechte ebenso zur Anwendung gelangen wie im Privatrecht, und daß aus der zeitlichen Priorität ihres Auftretens auf dem Boden des Privatrechtes nicht auf eine ihnen innewohnende privatrechtliche Natur geschlossen werden darf.“

Auch für Michel ist das zivilistische Rechtsgeschäft das Rechtsgeschäft an sich. Während aber Manigk von diesem Gedanken ausgehend nur aus Gründen terminologischer Zweckmäßigkeit die Verwendung dieses Terminus im öffentlichen Recht widerrät, operiert Michel mit ihm wie mit einem logisch zwingenden Grunde. Er stellt fest, daß das Wesen der Rechtsgeschäfte des BGB. in „ihrer Macht zur Umgestaltung der Privatrechtsordnung“ liegt; er stellt weiter fest, daß keine einzige Prozeßhandlung, besonders auch nicht das Urteil, „irgend welchen Einfluß auf ein Privatrecht“ hat, sondern daß ihre Wirkung ausschließlich „auf publizistischem Gebiete“ liege; folglich — sagt er — sind Prozeßhandlungen keine Rechtsgeschäfte. In Wahrheit ist damit aber offensichtlich nur bewiesen, daß sie keine zivilistischen Rechtsgeschäfte sind, was freilich kaum zu beweisen verlohnt hätte. Indes auf den Gedanken, zu untersuchen, ob es nicht vielleicht auch publizistische Rechtsgeschäfte geben könne, auf diesen naheliegenden Gedanken kommt Michel gar nicht.

Wichtiger sind die Einwendungen von Bülow. — Sein sachliches Hauptbedenken ist die Unselbständigkeit der einzelnen Prozeßhandlungen. Nun ist ja allerdings der Zusammenhang der einzelnen Handlungen untereinander nicht abzuleugnen; auch Kohler [49]) hat deshalb den prozessualen Rechtsgeschäften eine Reihe von unselbständigen Akten als „adminikulierende Rechtsakte“ gegenübergestellt. Aber diese Un-

---

[48]) S. 23.
[49]) S. 34.

selbständigkeit ist kein Grund, den genannten Akten den Charakter der Rechtsgeschäfte abzusprechen. Denn auch das Vertragsanerbieten und die Annahmeerklärung sind Rechtsgeschäfte im Sinne des BGB. [50]), und trotzdem sind sie auch wiederum nur „Bestandteile des einen, ganzen, erst durch die Vereinigung der sämtlichen einzelnen Tatbestandsstücke [d. h. von Anerbieten und Annahme] zustande kommenden Rechtsgeschäfts“ [51]). — Im übrigen meint Bülow: es ist zweifelhaft, ob der Begriff „rechtserhebliche Bedeutung, also auch einen rechtswissenschaftlichen Wert“ hat [52]); „das wäre doch nur anzunehmen, wenn man angeben könnte, welche spezifischen Rechtsfolgen mit der Rechtsgeschäftseigenschaft . . verbunden seien“ [53]). Hierin ist Bülow vollkommen beizustimmen, insbesondere auch darin, daß Trutters Buch darauf die Antwort schuldig geblieben ist [54]). Ob aber nicht vielleicht durch die Erörterung des Problems auf der breiten Basis des öffentlichen Rechts überhaupt der rechtswissenschaftliche Wert des für die prozessualen Parteihandlungen allerdings wohl untergeordneten Begriffs sich erhöhen würde? Gerade das soll unsere Untersuchung später nachweisen.

2. Hier ist zunächst nur die Frage zu beantworten: was verstehen wir unter publizistischem Rechtsgeschäft?

Unser Begriff entspricht dem des bürgerlichen Rechts.

Das BGB.[55]) nennt Rechtsgeschäfte die „Handlungen mit Rechtsfolgen, die, weil sie gewollt sind, eintreten.“ Man hat auch so definiert: Rechtsgeschäfte sind solche juristische Handlungen, bei denen der Wille des Handelnden auf Eintritt bestimmter Rechtswirkungen gerichtet ist[56]). Diese Rechtswirkungen aber bestehen keineswegs, wie in den meisten Begriffsbestimmungen gelehrt wird, bloß in der Erzeugung von Rechten und Rechtsverhältnissen, sondern sind äußerst mannigfaltig [57]), wie wir das bezüglich der publizistischen Geschäfte ebenfalls sehen werden [58]). Überhaupt werden wir jene Begriffsbestimmung auch für das publizistische Rechtsgeschäft verwenden mit der Maßgabe, daß ein Rechtsgeschäft als privatrechtlich zu kennzeichnen ist, wenn der Erklärende die Willenserklärung als Träger privater Rechte und Pflichten abgibt, als publizistisch aber, wenn er sie als Träger öffentlicher Rechte und Pflichten abgibt [59]). Auch Rosin [60]) versteht unter dem publizistischen Rechtsgeschäft „einen bestimmten Tatbestand, nämlich eine auf das Eintreten einer Rechts-

---

[50]) Dagegen will Gierke I. 283 (2) in diesen Akten nur Willenserklärungen, keine Rechtsgeschäfte sehen. Es hängt das mit der Frage zusammen, ob im BGB. Willenserklärung und Rechtsgeschäft gleichbedeutend sind; vgl. darüber u. S. 19.

[51]) Bülow 158.

[52]) a. a. O. 157 (2).

[53]) a. a. O.

[54]) Auch Mayer I. 101 macht den Gegnern des Rechtsgeschäftsbegriffs die Polemik leicht, indem er 101 (9) davon sagt: „Der Name ist wohl geeignet, die Sache anschaulich zu machen; einen größeren Wert brauchen wir ihm deshalb nicht beizulegen.“

[55]) Motive I. 127.

[56]) Vgl. Manigk 15.

[57]) a. a. O.

[58]) S. u. § 8 ff.

[59]) Menzel 111 f.

[60]) S. 23, 24.

wirkung gerichtete Willenserklärung, welche Ursache für das Eintreten dieser Rechtswirkung ist". Dagegen erscheint es zu eng, wenn Menzel[61]) von einer auf die Entstehung oder Veränderung von subjektiven Rechten gerichteten Willenserklärung spricht.

Immerhin bedarf unsere Begriffsbestimmung noch einer einschränkenden Erläuterung: Nicht Rechtsgeschäft ist die Rechtssetzung, also das Gesetz und die Rechtsverordnung. Vereinzelt hat man allerdings Neigung gezeigt, auch die Gesetzgebung dem Begriff des Rechtsgeschäfts zu unterstellen; so Zitelmann [62]) und Otto Mayer [63]), der ja überhaupt dem Begriff keine große Bedeutung beimißt [64]) und ihn ziemlich verflüchtigt hat. Dagegen haben besonders Rosin [65]), Dantscher [66]) und Gareis [67]) die Rechtssetzung dem Rechtsgeschäft, die normae agendi den negotia iuris [67]) entgegen gestellt. Dieser Auffassung schließen wir uns an; denn wenn nicht auch unser Begriff dem besprochenen Vorwurf Bülows [68]), er sei rechtlich bedeutungslos und daher wissenschaftlich wertlos, verfallen soll, so müssen wir ihn auf solche Rechtsakte beschränken, die gemeinsamen Normen unterstehen; das ist aber zwischen Rechtssetzung und Rechtsgeschäft z. B. in der Lehre von der Anfechtung ganz und gar nicht der Fall, indem ein Gesetz nur nichtig oder gültig, niemals aber anfechtbar sein kann.

Aus diesen Bemerkungen über den Unterschied zwischen Rechtsgeschäft und Rechtssetzung ergibt sich ohne weiteres das Verhältnis, in dem der Begriff des publizistischen Rechtsgeschäfts zu dem der publizistischen Willenserklärung steht. — Es mag unerörtert bleiben, ob die beiden entsprechenden zivilistischen Begriffe sich decken. Das BGB. scheint sie einander in der Tat gleichzustellen [69]), die Wissenschaft hat zum Teil die Zulässigkeit dieser Gleichstellung bestritten [70]). — Für das öffentliche Recht ist jedenfalls zu sagen, daß die publizistische Willenserklärung ein weiterer Begriff ist als das publizistische Rechtsgeschäft. Willenserklärung ist auch das Gesetz und die Verordnung; ganz treffend hat man das Gesetz den „Ausdruck des allgemeinen Rechtswillens" genannt [71]). Ob der Begriff der publizistischen Willenserklärung praktische Bedeutung und also wissenschaftlichen Wert hat, d. h. ob sich für ihn allgemeine Rechtsnormen feststellen lassen, wollen wir nicht im Vorbeigehen entscheiden; es mag dies zutreffen für die Auslegungsgrundsätze; im übrigen erscheint es jedenfalls für das preußische Recht im Hinblick auf VU. 106 ziemlich zweifelhaft. Im folgenden werden dementsprechend die publizistischen Willenserklärungen, soweit sie nicht

---

61) S. 111 f.
62) S. 232 (197).
63) A. ö. R. **3**, 44. Theorie 22.
64) Vgl. Mayer **I**. 101 (9).
65) S. 23; S. 24 (44).
66) S. 71.
67) Gareis 185.
68) S. o. S. 18.
69) Motive z. BGB. **I**. 126.
70) Vgl. besonders Manigk 1 f., auch Gierke **I**. 283 (2).
71) Blumer **II**. 77. Weniger bildlich Danz² 51: Rechtsnorm ist „eine Willenserklärung des Gesetzgebers".

Rechtsgeschäfte sind, nicht weiter erörtert werden; auch die Verwaltungsverordnungen, die allerdings wohl Rechtsgeschäfte sein können [72]), werden zweckmäßigerweise wohl besser im Anschluß an die Rechtsverordnungen behandelt und sollen daher für die Folge gleichfalls ausgeschieden werden. — Terminologisch mag noch bemerkt werden: Da der Begriff der publizistischen Willenserklärung weiter und also auch flacher ist als der Rechtsgeschäftsbegriff, so empfiehlt sich der Sprachgebrauch von Löning [73]), Stengel [74]), Menzel [75]) und Tezner [76]) nicht; diese Schriftsteller sprechen nämlich grundsätzlich von Willenserklärungen und Willensakten dort, wo sie rechtsgeschäftliche Verwaltungsakte meinen. Dagegen wird selbstverständlich nichts einzuwenden sein, wenn man die Bezeichnung Willenserklärung oder gleichartige wie Willensentschluß oder Willensaktion [77]) gelegentlich zur Kennzeichnung eines Verwaltungsakts verwendet, wie dies in Literatur und Praxis häufig geschieht [78]).

Fassen wir das Ergebnis der bisherigen Betrachtungen über den Begriff des publizistischen Rechtsgeschäfts zusammen, so können wir feststellen: Gemeinsam sind den Akten, die wir so bezeichnen, zwei Momente, ein positives und ein negatives. Das positive Moment ist das Willensmoment: Jedes Rechtsgeschäft ist Willenserklärung. Das negative Moment ergibt sich daraus, daß wir aus dem Kreis der Rechtsgeschäfte die Rechtssetzung ausschließen: Nicht jede Willenserklärung ist Rechtsgeschäft. Aber dieses negative Moment ist das einzige, das für uns die Gleichung Rechtsgeschäft gleich Willenserklärung durchbricht; denn nach Ausscheidung derjenigen Willenserklärungen, die Rechtssetzung darstellen, erkennen wir alle anderen Willenserklärungen als Rechtsgeschäfte in unserm Sinn an; das Willensmoment allein genügt uns, ebenso wie im Privatrecht den Verfassern des BGB. für die Abgrenzung unseres Rechtsgeschäftsbegriffs, und wir verlangen nicht, daß zu ihm noch irgend etwas anderes hinzutrete, um die Willenserklärung zum Rechtsgeschäft zu machen: jede Willenserklärung, die nicht Rechtssetzung ist, ist Rechtsgeschäft in unserem Sinn. Damit stimmt auch unsere vorhin [79]) gegebene Begriffsbestimmung überein; denn Willenserklärung im juristischen Sinn ist ja nicht jede Äußerung eines Tatwillens, sondern Willenserklärung im juristischen Sinn ist nur die Äußerung eines Erfolgwillens, d. h. eine Handlung, bei der der Wille des Handelnden auf den Eintritt bestimmter Rechtsfolgen gerichtet ist [79]).

Weshalb wir unseren Rechtsgeschäftsbegriff gerade so und nicht anders [80]) begrenzen, können wir natürlich an dieser Stelle noch nicht voll-

---

[72]) Vgl. Gareis 185.

[73]) S. 240 f.

[74]) In WB. **II.** 797.

[75]) S. 164 f.

[76]) S. 33 f.

[77]) Rosin, Genossenschaft 126 f.

[78]) Vgl. z. B. Mayer I. 271, 273, 275, 367, 433. Bornhak I. 134. Rosin a. a. O. OVG. **5**, 374.

[79]) Vgl. o. S 18.

[80]) Vgl. über anderweitige Abgrenzungen des Rechtsgeschäftsbegriffs bei Menzel u. S. 50, bei Mayer u. S. 51, bei Ulbrich u. S. 52, bei Walter Jellinek u. S. 55.

ständig begründen. Die volle Begründung kann nur die folgende Untersuchung in ihrer Gesamtheit durch den Nachweis liefern, daß tatsächlich für all die Erscheinungen, die wir unter unserem Begriff zusammenfassen, gemeinsame Grundsätze gelten und daß insbesondere in all den Punkten, in denen sie anderen Grundsätzen als die nachher zu besprechenden rechtshandlungsmäßigen Verwaltungsakte folgen, es das Willensmoment und nichts anderes ist, auf dem diese Unterschiedlichkeit beruht. Sollte also jemand hier zunächst die tiefere Begründung unseres Rechtsgeschäftsbegriffs vermissen, so können wir diesen Mangel selbst ihm nicht bestreiten. Er sei aber daran erinnert, daß an dieser Stelle vorläufig billigerweise nicht mehr erwartet werden darf als eine Widerlegung der gegen unserem Begriff überhaupt erhobenen Einwendungen [81]), eine scharfe Begrenzung unseres Begriffs, eine Betonung der unserem Begriff wesentlichen Momente und im übrigen eine Verweisung auf die späteren Untersuchungen.

Zur Veranschaulichung unseres Begriffs mögen hier kurz einige Beispiele aufgezählt werden. Es gehören hierher die Erteilung von Konzessionen, die Ernennung von Beamten, ihre Entlassung, die Verleihung der Staatsangehörigkeit, die Entlassung daraus, die Ehelichkeitserklärung, die Enteignung. Eine systematische Gliederung der rechtsgeschäftlichen Verwaltungsakte werden wir in § 6 ff. versuchen.

3. Die rechtsgeschäftlichen Verwaltungsakte sind die Verwaltungsakte im eigentlichen Sinn. Doch ist der Begriff des publizistischen Rechtsgeschäfts weiter als der Begriff des Verwaltungsakts im eigentlichen Sinn.

Das publizistische Rechtsgeschäft zerfällt nämlich in zwei Arten. Der Unterschied zwischen beiden liegt in der Verschiedenheit der Person, die ihren Geschäftswillen erklärt. Nimmt der Staat oder überhaupt eine obrigkeitliche Verbandsperson das Geschäft vor, so haben wir es zu tun mit einem „amtlichen publizistischen Rechtsgeschäft“ oder mit einem eigentlichen Verwaltungsgeschäft, d. h. mit dem, wovon unsere bisherigen Erörterungen sprachen. Daneben gibt es aber Rechtsgeschäfte, die von Privaten vorgenommen werden; das sind die „nichtamtlichen publizistischen Rechtsgeschäfte“. Beispiele geben vor allem die zahlreichen Anträge von Privaten an staatliche Behörden ab, so die Klageerhebung [82]), das Gesuch um Erteilung einer Konzession, um Erlaubnis der Namensänderung, um Entlassung aus dem Staatsverband; ferner die Erklärung des Verzichts auf ein subjektiv-öffentliches Recht [83]); ferner eine ganze Reihe von Erklärungen aus dem Arbeiterversicherungsrecht, so die Erklärung des Betriebsunternehmers, eine Betriebskrankenkasse errichten zu wollen [84]), aber auch die Zustimmung des erkrankten Arbeiters zur Unterbringung in einem Krankenhaus [85]); ferner die Unter-

---

[81]) S. o. S. 17 f.
[82]) Kohler 35.
[83]) Dantscher **III.** 71.
[84]) Menzel 112.
[85]) Menzel 113 will daraus ein „Privatrechtsgeschäft“ machen.

werfungserklärungen im Finanzstrafrecht [86]). Alle diese Geschäfte sind publizistische Rechtsgeschäfte, aber sie sind nicht Verwaltungsakte; Verwaltungsakte heißen nur die amtlichen publizistischen Rechtsgeschäfte.

Die Literatur hat allerdings bereits wiederholt zu den nichtamtlichen publizistischen Rechtsgeschäften Stellung genommen [87]). Das Buch von Trutter ist sogar, da er die Möglichkeit amtlicher prozessualer Rechtsgeschäfte leugnet, ihnen ausschließlich gewidmet. Trotzdem gehört auch die allgemeine Lehre von ihnen ebenso wie die allgemeine Lehre von den Verwaltungsakten noch zu den ungeschriebenen Abschnitten des allgemeinen Teils des öffentlichen Rechts. Die Untersuchungen von Trutter insbesondere können nicht als glücklich bezeichnet werden; sie kranken vor allem daran, daß sie gleichartige Dinge auseinander reißen und ungleichartige zusammen werfen. Trutter unterscheidet nämlich im Anschluß an Kohler Rechtsgeschäfte und Rechtsakte [88]), indem er aber unter letzteren Begriff keineswegs bloß unsere „Rechtshandlungen" [89]), sondern auch Willenserklärungen wie z. B. die Prozeßanträge rechnet [90]).

Die nichtamtlichen publizistischen Rechtsgeschäfte sind nicht ohne Bedeutung für unsere Untersuchung. Wenn sich nämlich zeigen sollte, daß der Gesetzgeber gewisse Normen des Privatrechts bezüglich dieser Art publizistischer Rechtsgeschäfte verschiedentlich als analog anwendbar positiv anerkannt hat, so wird in dieser Feststellung ein wichtiger Stützpunkt liegen für unsere Beweisführung, daß diese Normen auch auf die andere Art der publizistischen Rechtsgeschäfte, d. h. auf unsere Verwaltungsakte analog angewendet werden dürfen. Indem wir daher grundsätzlich unsere Erörterungen auf die Verwaltungsakte beschränken, behalten wir uns doch vor, auch auf die andere Klasse der Rechtsgeschäfte zurückzugreifen.

IV. In der Mitte zwischen den rein tatsächlichen und den rechtsgeschäftlichen Akten steht eine letzte Gruppe, die der rechtshandlungsmäßigen Verwaltungsakte.

1. Der Begriff entspricht dem der Rechtshandlungen im Privatrecht.

Das BGB. versteht unter Rechtshandlungen im Gegensatz zu den Rechtsgeschäften diejenigen erlaubten Handlungen, an die sich rechtliche Wirkungen ohne Rücksicht auf den Willen des Handelnden anknüpfen [91]). Trotz neuerer Angriffe dagegen [92]) scheint die Wissenschaft doch an dem Begriff festhalten zu wollen [93]).

Auch für das öffentliche Recht können wir jene zivilistische Begriffsbestimmung annehmen. — In der publizistischen Literatur hat

---

86) Vgl. H.Eink.St.G. Art. 32; H.Rent.St.G. Art. 29.
87) Vgl. o. Anm. 82—85.
88) Trutter 12.
89) Vgl. u. Z. IV.
90) Trutter 63 f.
91) Vgl. Motive I. 127.
92) Eltzbacher 158, 159.
93) Vgl. Manigk, Willenserklärung 643, 644.

namentlich Dantscher[94]) den Begriff der Rechtshandlung herauszuarbeiten versucht; da er aber die Frage nach dem Begriff falsch gestellt hat, nämlich ob eine Handlung vom Standpunkte der Erlangung und des Verlustes öffentlicher Rechte ein Rechtsgeschäft sei, mußte er zu abwegigen Ergebnissen kommen[95]). — Auch Klein[96]) hat Ansätze dieses Begriffes entwickelt; freilich nur für die Parteihandlungen, die er als Erklärungen bezeichnet und in Willenserklärungen einerseits, Erklärungen in eigener Sache oder Behauptungen andrerseits einteilt. Die Willenserklärungen, zu denen er namentlich die Anträge rechnet, entsprechen unseren Rechtsgeschäften. Die Behauptungen gehören zu unseren Rechtshandlungen. Für unsere weiteren Zwecke ist Kleins Einteilung allerdings nicht zu gebrauchen, da sie nur die nichtamtlichen Rechtsakte berücksichtigt; ganz abgesehen davon, daß Klein in dem Zwitterbegriff der „Dispositiverklärungen", die den Übergang von den Anträgen zu den Behauptungen darstellen, ihrer inneren Struktur nach aber „reine Behauptungen und nicht etwa Willenserklärungen, Antragsvarietäten" sein sollen, offenbar verschiedenartige Dinge wie einerseits Geständnisse, andrerseits Einwilligung in Klagerücknahme und Klageänderung zusammenwirft. — Endlich hat auch Schönborn[97]) den Unterschied zwischen Rechtsgeschäften und Rechtshandlungen für das öffentliche Recht anerkannt, ohne ihn aber weiter zu verfolgen.

2. Als Beispiele seien zur Veranschaulichung des Begriffs einstweilen die Beurkundungen und die Mitteilungen genannt. Weitere Beispiele werden in § 17 zusammengestellt werden, wo auch der Versuch einer Systematisierung der Rechtshandlungen gemacht werden wird.

3. Die Abgrenzung dieser Gruppe gegenüber den beiden anderen Gruppen von Verwaltungsakten ist nicht immer ganz leicht, worauf schon Dantscher[98]) hingewiesen hat.

Bei der Abgrenzung gegenüber den Rechtsgeschäften können namentlich zwei Gesichtspunkte die Entscheidung erleichtern.

Den einen ergibt folgende Überlegung. Da der Unterschied zwischen Rechtsgeschäft und Rechtshandlung in der Bedeutung des Erfolgswillens liegt, so muß die rechtliche Natur eines Verwaltungsaktes klar werden, wenn man sich fragt: welchen Einfluß hat es, wenn der Handelnde ausdrücklich erklärt, er wolle den Eintritt von Rechtsfolgen nicht. Bei dem Rechtsgeschäft wird diese Willenserklärung das Rechtsgeschäft aufheben, bei einer Rechtshandlung wird sie ein leerer Protest gegen das ja nicht vom Handelnden, sondern nur vom Gesetzgeber gewollte, sie wird ein Schlag ins Wasser sein. Wenn ein Beamter innerhalb der Grenzen seiner Amtsbefugnisse in der vorgeschriebenen Form eine Urkunde aufgenommen hat, so hat er damit eine öffentliche Urkunde geschaffen [99]) und sie ist ein taugliches Objekt zu einer Urkundenfälschung

94) III. 69.
95) S. u. S. 98, 117.
96) S. 17 f., 20 f., 107 (127).
97) In A. ö. R. 24, 135.
98) III. 112.
99) CPO. 415.

nach StGB. 267, auch wenn der Beamte erklärt haben sollte, sein Machwerk solle keine öffentliche Urkunde sein. Wenn dagegen ein Richter ein Urteil spräche, gleichzeitig aber hinzusetzte, dies Urteil solle keine Wirkungen haben, so wird man annehmen müssen, daß die beiden Willenserklärungen, ihre Gleichzeitigkeit vorausgesetzt, einander aufheben, mithin ein Urteil gar nicht zustande gekommen ist.

Noch auf einen anderen Gesichtspunkt führt uns die verschiedene Bedeutung des Erfolgswillens bei den beiden Handlungsgruppen. Bedingungen nämlich können zwar auch bei Rechtsgechäften positiv-rechtlich unzulässig sein, begrifflich aber sind sie möglich; dagegen sind sie bei Rechtshandlungen schon begrifflich undenkbar. Denn „wo der Wille die Wirkung überhaupt nicht bestimmt, dort kann er auch nicht eine bedingte Wirkung bestimmen" und „nur dort, wo der Erfolgswille die Wirkungen einer Handlung überhaupt bestimmt, d. h. bei den Rechtsgeschäften, können diese Wirkungen weiterhin modifiziert werden [100])." Um ein in der Literatur bereits erörtertes Beispiel zu wählen, so wäre beim prozessualen Geständnis, wenn es Rechtsgeschäft wäre, eine Bedingung nicht ausgeschlossen; da das Geständnis aber bloße Rechtshandlung ist, an welche das Gesetz selbst die Rechtsfolgen anknüpft, so gibt es kein bedingtes Geständnis [101]), so wenig wie im Privatrecht ein bedingter Wohnsitz denkbar wäre.

Hinsichtlich des Verhältnisses zu den rein tatsächlichen Verwaltungsakten muß bemerkt werden, daß ein Verwaltungsakt nur dann als Rechtshandlung anzusprechen ist, wenn er an sich Rechtsfolgen nach sich zieht, nicht aber dann, wenn die Rechtswirkung bloß dadurch vermittelt wird, daß die rein tatsächlichen Akte, z. B. das Reinigen von Bureauräumen, das Heizen von Öfen usw. im vorliegenden Fall in Ausübung eines Rechts [102]) oder in Erfüllung einer Verpflichtung geschehen ist. — Hieran kann auch der Widerspruch von Manigk [103]) nicht irre machen, der solchen Handlungen im Privatrecht, soweit sie als solutio in Betracht kommen, sogar den Charakter von Rechtsgeschäften aufprägen will. Er begründet dies [104]) damit, daß der Erfüllende den Erfolgswillen haben müsse, daß die bloße Erfüllung, „das bloße corpus ohne den animus" nicht genüge. Selbst von einer rein tatsächlichen Handlung wie z. B. bei der Erfüllung einer conductio gelte der Satz: „Zur Solution wird sie allein durch den Willen des Schuldners, mit ihr seine Schuld zu tilgen. Durch seinen entgegengesetzten Willen könnte der Handelnde seiner Handlung zweifellos den Solutionseffekt nehmen. Dieselbe Arbeit oder Leistung, die er seinem Gläubiger schuldet, könnte er wissentlich zum Vorteil einer dritten Person oder für sich allein vornehmen." Diese Auffassung halte ich für unrichtig aus zwei Erwägungen. — Wenn mein Dienstbote auf Grund eines Dienstvertrages verpflichtet ist, meinen Ofen zu heizen, und er tut

---

[100]) Manigk 296.

[101]) Bülow 260—269. — Trutter 367 f. freilich will das Geständnis zum Rechtsgeschäft stempeln, wogegen mit Recht auch Klein bei Grünhut **19, 436, 437.**

[102]) a. M. Ulbrich 29.

[103]) S. 40 ff.

[104]) S. 41.

das, sagt dann aber, ich solle machen, daß ich aus dem Zimmer käme, den Ofen habe er für sich selber geheizt: so müßte ich nach Manigk ihn auf Leistung verklagen; natürlich wird das kein vernünftiger Dienstherr tun, sondern er wird den Diener hinauswerfen und gegebenenfalls wegen Hausfriedensbruchs Strafantrag stellen. Wenn ich meine Uhr dem Uhrmacher zur Reparatur gebe, er macht sie auch, aber nur zu seinem eigenen Vorteil, indem er sie dem bösgläubigen A verkauft, dann werde ich sicherlich nicht auf Vornahme der Reparatur klagen, sondern die Uhr von A vindizieren. Etwas anders scheint die Sache freilich zu liegen, wenn ich mit dem Tischler einen Vertrag auf Herstellung eines Aktenständers aus seinem Material schließe; hat er den Ständer fertiggestellt, so kann ich allerdings gleichwohl nicht mit Erfolg auf Übergabe klagen, wenn mir der Tischler entgegenhält, der Ständer sei für den A gefertigt; dies hängt aber nur damit zusammen, daß bei einem solchen Werkvertrag auf Herstellung eines Werks aus einem vom Unternehmer zu beschaffenden Stoff die Vertragserfüllung wegen mangelhafter Individualisierung der Leistung ausnahmsweise nicht in der tatsächlichen Herstellung allein besteht; in vielen Fällen dieser Art besteht sie überhaupt sogar ausschließlich in der Übereignung der fertig gestellten Sache, also in einem Rechtsgeschäft[105]). — Weiter! Wäre die Auffassung von Manigk richtig, so müßten auf die Erfüllung auch die Vorschriften über Geschäftsunfähigkeit Anwendung finden. Wenn also der Uhrmacher, der meine Uhr repariert, bei der Reparatur geisteskrank war, so hätte er nicht erfüllt!

V. Gibt es auch Verwaltungsakte, die den unerlaubten Handlungen des Privatrechts entsprechen?

Sicher ist, daß Handlungen von Staatsorganen unerlaubte Handlungen des Privatrechts selbst sein können. Aber diese Handlungen unterliegen, ganz ebenso wie die vorhin betrachteten privatrechtlichen Rechtsgeschäfte, den Normen des bürgerlichen Rechts, d. h. besonders BGB. 89, 839 und GBO. 12. Diese unerlaubten Handlungen scheiden daher ebenso wie die privatrechtlichen Rechtsgeschäfte aus unserer weiteren Betrachtung aus.

Dagegen müßten wir solche Verwaltungsakte noch des näheren erörtern, die sich als unerlaubte Handlungen des öffentlichen Rechts darstellten. Gibt es solche? Da unerlaubte Handlung des öffentlichen Rechts gleichbedeutend ist mit kriminellem Unrecht, da unser Recht aber keine Deliktsfähigkeit juristischer Personen kennt, da endlich der Staat kein Unrecht gegen sich selbst tun kann, so ist die aufgeworfene Frage zu verneinen. Es gibt wohl kriminelle Handlungen von Personen, die Beamte sind, aber es gibt keine, die diese Personen in ihrer Eigenschaft als Staatsorgane, die sie also als Verwaltungs-, d. h. Staatsakte vollbringen.

* * *

Ich fasse das Ergebnis der bisherigen Erörterung über Begriff und rechtliche Natur der Verwaltungsakte zusammen.

---

[105]) Vgl. BGB. 651.

I. Wir können einen vierfachen Begriff des Verwaltungsakts unterscheiden.

Verwaltungsakt im weitesten Sinn ist der Verwaltungsakt, von dem unsere Erörterungen ausgingen.

Der Verwaltungsakt im weiteren Sinn ergibt sich, wenn wir aus diesem weitesten Begriff die privatrechtlichen und die rein tatsächlichen Akte ausscheiden. Dem Verwaltungsakt in diesem Sinn entspricht so einigermaßen das, was die Schriftsteller im Durchschnitt mit der Bezeichnung Verwaltungsakt belegen [106]). Freilich nur annähernd. Denn einerseits werden „privatrechtliche Verträge" vielfach auch hineinbezogen, merkwürdiger und unfolgerichtiger Weise aber nicht die einseitigen privatrechtlichen Rechtsgeschäfte wie Vollmachtserteilung, Kündigung, Ausstellung von Inhaberpapieren, an deren Dasein unsere Publizisten gar nicht zu denken scheinen [107]). Andererseits werden von ihnen die Akte der Justiz ausgeschieden [108]).

Der Verwaltungsakt im engeren oder eigentlichen Sinn ist der rechtsgeschäftliche Verwaltungsakt, der sich durch Aussonderung der Rechtshandlungen aus dem weiteren Begriff ergibt.

Der Verwaltungsakt im engsten Sinn endlich ergibt sich, wenn wir aus dem engeren Begriff noch diejenigen Rechtsgeschäfte ausscheiden, die nicht von eigentlichen Verwaltungsbehörden, sondern von der Justiz ausgehen. — In diesem Sinne gebraucht Otto Mayer [109]) das Wort; ihm ist Verwaltungsakt „ein der Verwaltung zugehöriger obrigkeitlicher Ausspruch, der dem Untertanen gegenüber im Einzelfall bestimmt, was für ihn rechtens sein soll." Damit sind scharf die Beurkundungen, welche die Hauptart der bloßen Rechtshandlungen darstellen, aus dem Begriff ausgeschieden. Andere Rechtshandlungen wie Mahnung, Drohung, Benachrichtigung nennt Mayer [110]) selbst als nicht zu seinen Verwaltungsakten gehörig. — Auch die „Verfügungen" von Löning [111]) decken sich so ziemlich mit dem Begriff des Verwaltungsakts in diesem engsten Sinn. — Laband kann nicht hierher gerechnet werden, da er, wenn auch nur beiläufig, die Beurkundung zu den Verfügungen rechnet [112]).

II. Der Wert dieser vier verschiedenen Begriffe ist aber nicht der gleiche.

---

[106]) Vgl. z. B. Meyer 647 f., Meyer VR. I. 31 f., Laband II. 175 f., überhaupt alle als Vertreter des „alten Systems" unten S. 50, 51 genannten.

[107]) Das konventionelle Schema ist: Verwaltungsakte sind
1. einseitige Akte, worunter dann immer nur staatsrechtliche aufgeführt werden;
2. zweiseitige Akte:
   a) völkerrechtliche Verträge,
   b) staatsrechtliche "
   c) privatrechtliche "

So z. B. Gareis 184, 185. Laband II. 175, 178. Ulbrich 9, 10.

[108]) Vgl. z. B. Meyer, VR. I. 34.

[109]) I. 95; vgl. auch Theorie 91, 140, 141..

[110]) I. 96. Mahnungen und Quittungen nennt er I. 401 „Rechtsakte".

[111]) S. 240.

[112]) Laband II. 179.

Wertlos, weil zu sehr verflüchtigt, ist der Begriff im weitesten Sinne.

Umgekehrt kann ich aber auch dem Begriff im engsten Sinn, dem Mayerschen Verwaltungsakt, keinen allzugroßen Wert beimessen, weil er aus dem Zusammenhang gleichartiger Erscheinungen herausgerissen und dadurch der Möglichkeit einer Erklärung durch diese entzogen ist. Ich nehme Bezug auf das, was ich vorhin über die Nachteile der lokalisierenden und spezialisierenden Methode gesagt habe [113]).

Am wichtigsten erscheinen, ebenso wie im Privatrecht, so auch im öffentlichen Recht die Rechtsgeschäfte, die Verwaltungsakte im eigentlichen Sinn. Die Richtigkeit dieser Behauptung wird die spätere Darstellung des näheren zu ergeben haben.

Den Rechtshandlungen wiederum dürfte nur eine mehr untergeordnete Bedeutung zukommen. Soweit man sie aber mit zu den Verwaltungsakten rechnet, empfiehlt es sich, sie nicht mit den Rechtsgeschäften zusammen, sondern in Gegensatz zu ihnen zu stellen, da ihre rechtliche Natur und demgemäß, wie wir noch sehen werden, auch ihre rechtliche Behandlung von der der Rechtsgeschäfte erheblich abweicht. Der Begriff der Verwaltungsakte im weiteren Sinn ist somit wesentlich nur ein Sammelname ohne praktische Bedeutung.

III. Hieraus ergibt sich als Folgerung für unsere weiteren Untersuchungen.

Zu Grund legen werden wir ihnen den Begriff des rechtsgeschäftlichen Verwaltungsakts, des Verwaltungsakts im engeren oder eigentlichen Sinn. In Sonderheit werden auch die Urteile der Verwaltungs- wie der bürgerlichen und Strafgerichte insoweit mitberücksichtigt werden, als ihre rechtliche Behandlung auf Rechtssätzen beruht, die allen verwaltungsrechtlichen Rechtsgeschäften gemeinsam sind, bisher aber meist nur in der Literatur über die Urteile erkannt und gewürdigt worden sind; dies gilt vor allem von der Nichtigkeitslehre. Dagegen sollen sie von näherer Untersuchung ausgeschlossen werden, insofern sie eine Sonderstellung gegenüber den sonstigen Rechtsgeschäften einnehmen, wie in der Lehre von der Anfechtung. Im Hinblick auf diese Aufgabenstellung habe ich auch im Titel dieser Schrift das Wort „Verwaltungsakt", obschon es geläufiger und einfacher ist und obschon es in dem Buch selbst fast ausschließlich verwendet wird, durch das Wort „rechtsgeschäftlicher Staatsakt" ersetzt; denn hinter dem Wort Verwaltungsakt hätten unsere Prozeßrechtsspezialisten ja schwerlich ihre Urteile vermutet.

Die rechtshandlungsmäßigen Verwaltungsakte sollen nur mehr anhangsweise behandelt werden.

Zu dieser Beschränkung veranlaßt nicht nur ihre untergeordnete Bedeutung gegenüber den Rechtsgeschäften, sondern auch eine Zweckmäßig-

---

[113]) S. o. S. 6, 7.

keitserwägung. Unsere Untersuchung lehnt sich stark an die zivilistische Lehre an. Da nun aber selbst in dieser bisher die Theorie der Rechtshandlungen zu den kaum durchforschten Gebieten gehört, so schien es allzu kühn und gewagt, bereits jetzt für das öffentliche Recht eine ausreichende Theorie dieser Handlungen aufzustellen. Um daher unsere ohnehin nicht leichte Aufgabe nicht noch weiter zu erschweren, haben wir unseren Untersuchungen den Begriff der Verwaltungsakte im eigentlichen Sinn zugrunde gelegt, neben denen die Rechtshandlungen nur anhangsweise und kürzer behandelt werden sollen.

Andererseits wollten wir die Rechtshandlungen auch nicht völlig ausschalten, da wir den Berechtigungsnachweis für unseren Rechtsgeschäftsbegriff nicht besser als dadurch erbringen konnten, daß wir durch stete Betonung der Verschiedenartigkeit der Rechtsgrundsätze für Rechtsgeschäfte einerseits und Rechtshandlungen andererseits die eigentümliche Rechtsstellung der rechtsgeschäftlichen Verwaltungsakte klar legten.

II. Arten der Verwaltungsakte.

§ 4.

1. Übersicht.

Man kann die Verwaltungsakte ebenso wie die Akte des Zivilrechts nach zahlreichen und verschiedenenartigen Gesichtspunkten einteilen. Die Haupteinteilung haben wir eben zu Ende geführt; sie ist die nach der rechtlichen Natur und geht eigentlich schon über die Grenzen einer bloßen Einteilung hinaus, indem sie dazu führte, verschiedene engere und weitere mit dem Wort Verwaltungsakt zu bezeichnende Begriffe zu erkennen. Von ihr abgesehen, kann man der Artenbildung noch eine Reihe anderer Gesichtspunkte zugrunde legen, über die wir uns hier zunächst nur einen Überblick verschaffen wollen, da wir diesen einzelnen Arten im Lauf unserer weiteren Betrachtungen so wie so wieder begegnen werden. Diese Einteilungsgesichtspunkte sind in erster Linie auf die rechtsgeschäftlichen Verwaltungsakte berechnet; zum Teil gelten sie aber auch für die rechtshandlungsmäßigen, wie sich im weiteren Verlauf ebenfalls zeigen wird.

1. Nach der Zahl der beteiligten Personen sind zu unterscheiden die *einseitigen und die mehrseitigen Verwaltungsakte*. Davon werden wir alsbald im folgenden Paragraphen zu handeln haben.

2. Nach den Voraussetzungen sind zu unterscheiden *selbständige und unselbständige Verwaltungsakte*. Die ersteren sind von Amtswegen zulässig, die anderen nur auf Antrag. Bezüglich dieses Unterschieds ist auf die Lehre vom Geschäftsabschluß zu verweisen.

3. Die ganze mannigfaltige Fülle der Verwaltungsakte wird uns ihre *Systematisierung nach ihrem Inhalt* erkennen lehren.

4. Nach dem Verhältnis des Geschäftsinhalts zum Willen des Handelnden sind zwei Einteilungen zu bilden.

Die eine ist die in freie und unfreie Verwaltungsakte. Frei nennen wir sie dann, wenn ihre Vornahme oder ihr Inhalt oder beides mehr oder minder im Ermessen des Staatsorgans steht, unfrei dann, wenn dieses hier gebunden ist. Zu vergleichen die Lehre vom Geschäftsabschluß.

Weiter ist zu unterscheiden zwischen unbedingten und bedingten Verwaltungsakten. Jene sind zum Teil auch unbedingbar, besonders die actus legitimi. Hierüber in der Lehre von der Bedingung.

5. Nach der Form sind zu unterscheiden förmliche und formlose Verwaltungsakte. Davon wird § 22 handeln.

6. Nach den Voraussetzungen des Wirksamwerdens kann man einteilen in empfangsbedürftige und streng einseitige Verwaltungsakte. Auch bezüglich dieser Einteilung ist wieder auf die Lehre vom Geschäftsabschluß zu verweisen.

7. Eine Sonderstellung nehmen schließlich noch ein die adminikulierenden (S. 17, 18), die vollstreckbaren (§ 24), die schwebend wirksamen (§ 33), die anfechtbaren (§§ 25, 40 f.) und die Formalakte (§ 39).

§ 5.

2. Einseitige und mehrseitige Rechtsgeschäfte.

Das Privatrecht kennt einseitige und mehrseitige Rechtsgeschäfte; die letzteren, deren Haupttypus die Verträge sind, überwiegen. Im öffentlichen Recht ist das ganz anders. Die einseitigen Rechtsgeschäfte stehen jedenfalls in dem uns hier allein berührenden innerstaatlichen Recht durchaus im Vordergrund. Ja man könnte fast versucht sein, in der Einseitigkeit der Verwaltungsakte ihren grundlegenden äußeren Unterschied von den Privatakten zu erblicken. Bei näherem Zusehen aber ergibt sich doch, daß dies falsch wäre: Auch das öffentliche Recht kennt wie das private einseitige und mehrseitige Rechtsgeschäfte. Die neuere Literatur [1]) hat bei den letzteren Verträge und Vereinbarungen voneinander scheiden wollen.

* * *

Der Begriff des Vertrags entspricht dem privatrechtlichen Begriff. Hier wie dort handelt es sich um eine auf die Herbeiführung wechselseitiger rechtsgeschäftlicher Folgen gerichtete Willenserklärung zweier Personen.

I. Die Existenz von öffentlichrechtlichen Verträgen, wenn wir absehen von den ja ein für alle mal ausgeschie-

---

[1]) Vgl. die Angaben bei Jellinek 208 (2), wo übrigens Mayer falsch zitiert ist; es muß heißen Mayer I. 137 (3), II. 431 (16). Hinzuzufügen ist die Schrift von Brockhausen über Vereinigung und Trennung von Gemeinden S. 53 f, 64.

denen völkerrechtlichen Akten, ist freilich lebhaft bestritten. Von vielen werden sie bekanntlich als begrifflich unmöglich erklärt, da Verträge nur denkbar seien zwischen rechtlich gleichgeordneten Personen, eine solche Gleichordnung aber im Verwaltungsrecht (i. w. S.) nicht vorhanden sei. Wir können in diesem Streit neue Argumente nicht vorbringen, sehen daher davon ab, uns in ihn einzumischen, und begnügen uns damit, kurz unsere Stellung zu der Frage zu präzisieren.

1. Es kann zunächst nicht geleugnet werden, daß öffentlich-rechtliche Verträge zwischen gleichgeordneten Personen möglich sind und auch wirklich vorkommen. Auf sie trifft ja das erwähnte, aus der begrifflichen Undenkbarkeit der Verträge zwischen nicht gleichgeordneten Personen hergeleitete Bedenken nicht zu. Sie sind in dem ganzen Streit oft übersehen worden; wo sie aber berücksichtigt wurden, da hat auch ein so entschiedener Vertragsgegner wie Preuss [2]) sie selbstverständlich als möglich anerkannt. Sie zerfallen in zwei Gruppen.

Es gibt einmal öffentlich-rechtliche Verträge von Privatpersonen untereinander. Denn wie es für das publizistische Rechtsgeschäft überhaupt unwesentlich ist, ob dabei als Handelnder eine Behörde wie beim Verwaltungsakt oder aber eine Privatperson auftritt wie beim nichtamtlichen publizistischen Rechtsgeschäft, so ist dies auch beim publizistischen Vertrag bedeutungslos. Auch bei ihm kommt es nur darauf an, daß der Handelnde als Träger öffentlicher Rechte und Pflichten handelt; tut er dies, so handelt er publizistisch, und wenn er einen Vertrag abschließt, so ist das ein publizistischer Vertrag. Als Beispiel für einen publizistischen Vertrag zwischen Privatpersonen muß vor allem der Prozeßvertrag genannt werden wie namentlich die Prorogationsverträge nach CPO. 38, FGG. 164. Sie sind durchaus publizistische Rechtsgeschäfte [3]). Für zulässig sind Parteiverträge mit öffentlich-rechtlicher Wirkung nur auf Grund besonderer gesetzlicher Anerkennung zu erachten [4]).

Zur zweiten Gruppe der publizistischen Verträge gehören diejenigen zwischen gleichgeordneten juristischen Personen des öffentlichen Rechts, d. h. zwischen Kommunalverbänden oder öffentlichen Korporationen und Anstalten.

Es handelt sich hier vornehmlich um solche Fälle, wo durch Vertrag eine Modifikation öffentlichrechtlicher Verpflichtungen geschaffen werden soll [5]). Auch sie dürfen als zulässig nur auf Grund besonderer gesetzlicher Anerkennung erachtet werden; andernfalls kann höchstens

---

[2]) S. 85. Vgl. indes u. Anm. 5.

[3]) Jellinek 349 verb. m. 348. Vgl. die ausführliche Darstellung von Kohler „Über prozeßrechtliche Verträge und Kreationen" bei Gruchot **31**, 276 ff. 481 ff. Völlig verkannt wird das publizistische Rechtsgeschäft von Ehrenzweig bei Grünhut **18**, 229, 241 f. und Pollack ebenda **18**, 72.

[4]) Vgl. Nußbaum 31.

[5]) Jellinek 347. — In Bl. f. adm. Pr. **1873**, **274** wird offenbar aus Abneigung gegen den Vertragsbegriff von einem Vergleich zwischen den beteiligten Ortschaften über die ihnen obliegende Wegeunterhaltung behauptet: er sei kein privatrechtlicher Vertrag, sondern eine „administrative Verhandlung" (?) zur Befriedigung eines polizeilichen administrativen Bedürfnisses.

ein privatrechtlicher Vertrag ohne öffentlichrechtliche Wirkungen zustande kommen, — ein privatrechtlicher Vertrag, der die öffentlichrechtliche Verpflichtung, z. B. die Wegebaulast, gänzlich unberührt läßt und höchstens dem öffentlichrechtlichen Verpflichteten einen privatrechtlichen Anspruch auf finanzielle Schadloshaltung gewährt [6]).

Das Hauptanwendungsgebiet dieser Verträge bilden das Armen-, Schul- und Wegerecht [7]). Es sei hier namentlich verwiesen auf die „Einigung" der Armenverbände über die Behandlung von Hilfsbedürftigen nach Unt.Wohns.G. 55, wo Eger [8]) freilich einen privatrechtlichen Vertrag anzunehmen scheint. Ferner auf die „Vereinbarung" der Schulverbände über die Vergütung für gastweise Zuweisung von Schulkindern oder die „Vereinbarung" über Bau- und Unterhaltsverpflichtung bei gemeinsamen Gebäuden zwischen Schulverband und kirchlichen Beteiligten (Pr. Schul-Unterh.G. $5^{V\,2}$, 30^{IV}). Ferner auf die „Vereinbarungen" zwischen den Kommunalverbänden nach der preußischen WgO. für Posen §§ 18^{II}, 21, 47 über die Erfüllung gemeinsamer Wegebaulast, über die Deklassierung von Wegen, über die Übertragung der Verpflichtung zu Hand- und Spanndiensten; ferner auf die „Verständigung" der Wegebaupflichtigen über die gemeinschaftliche Unterhaltung von Grenzwegen usw. nach der preußischen Wg.O. für Sachsen § 17^{III} [9]). Aus dem Arbeiterversicherungsrecht sei noch die „Vereinbarung" der Berufsgenossenschaften über gemeinsame Tragung der Entschädigungsbeiträge nach Gew.Unf.V.G. 51 und aus dem Finanzrecht die „Einigung" der beteiligten Gemeinden über die Zuschußleistung der Betriebsgemeinde nach P.Kom.Abg.G. 53^{III} genannt. Dagegen wird man wohl die Vereinigung von Gemeinden, die Brockhausen [10]) als Vertrag kennzeichnet und für die ein Beispiel aus neuester Zeit sich in den Eingemeindungs-„Verträgen" zwischen der Stadt Hannover und ihren Vorortsgemeinden [11]) findet, eher als „Vereinbarung" in dem nachher zu erörternden Sinn zu kennzeichnen haben; das gleiche hätte dann auch zu gelten hinsichtlich der Fusion von Innungen [12]).

---

[6]) Vgl. Germershausen I. 175; 456; 452. RG. Jur. W. 27, 582, Z. 36. BVGH. **22.** 133. B. ob. LG. v. 22. II. 84 bei Reger **5**, 470; ob diese Entscheidung übrigens bezüglich der Rechtsfolgen des (zutreffend als privatrechtlich gekennzeichneten) Vertrags haltbar ist, kann bezweifelt werden; heute wären wohl die Grundsätze des BGB. über nachträgliche Unmöglichkeit bei gegenseitigen Verträgen anzuwenden. — Sehr weit gehen in der Zulassung öffentlichrechtlicher Verträge, indem sie es nämlich auf die aufsichtliche Bestätigung des Vertrags abstellen: Mayer **II.** 288, 289; OVG. v. 17. III. 99 in DJZ. **4**, 443; BVGH. **18**, 298 (womit die eben erwähnte Entscheidung desselben Gerichts **22**, 133 zu vergleichen ist).

[7]) Vgl. im allgemeinen Jellinek 347; Mayer **I.** 137 (3), **II.** 430, der hier allerdings lieber von Vereinbarungen sprechen möchte, doch ohne daß er damit einen scharfen Begriff verbindet. Fälle aus dem österreichischen Recht hat Tezner im A. ö. R. **9**, 492 zusammengestellt.

[8]) Unterst.Wohns.G. S. 294. Bezüglich der (unzulässigen und wegen Unmöglichkeit nichtigen) Verträge nach Unt.Wohns.G. 64 sagt er a. a. O. 340, 341 ausdrücklich, daß sie privatrechtlich wären.

[9]) Vgl. Germershausen **I.** 452.

[10]) S. 52 ff.

[11]) Die Verträge sind abgedruckt als Anhang des Pr. G. v. 19. Juni 1907 (G. S. 152 f.).

[12]) OVG. **25**, 306.

2. Neben den öffentlichrechtlichen Verträgen zwischen gleichgeordneten Personen, deren zweite Kategorie zu unseren Verwaltungsakten zu zählen ist, mögen ausnahmsweise auch solche z w i s c h e n n i c h t g l e i c h g e o r d n e t e n P e r s o n e n vorkommen. So hat Ernst Meier[13]) schon treffend betont, das sei „ausnahmsweise" besonders dort der Fall, „wenn diese Untertanen [mit denen der Vertrag geschlossen werde] aus früherer Zeit den Besitz einzelner Landeshoheitsrechte sich bewahrt haben, so daß ihnen eine Art von Unterlandeshoheit zukommt", wie den früher Reichsunmittelbaren; es handelt sich hier also um Verträge mit solchen Personen, die eine dauernde (vererbliche) öffentlichrechtliche Sonderstellung einnehmen, aus dem Privatrecht gewissermaßen herausragen und die man daher geradezu als „physische Personen des öffentlichen Rechts" bezeichnen kann [14]). Auch sonst noch mögen singuläre rudimentäre Gebilde vorkommen, die nicht anders gekennzeichnet werden können denn als publizistische Verträge nicht gleichgeordneter Personen; vielleicht muß hierher auch Pr.Kom.Abg.G. 68$^{II\,2}$ gerechnet werden, wo die Rede ist von den überkommenen „vertragsmäßigen" Festsetzungen über Anrechnung von Spanndiensten auf Handdienste [15]).

II. Wenn wir hiernach aber auch die Existenz verwaltungsrechtlicher Verträge grundsätzlich anerkennen, so möchten wir doch die G r e n z e n f ü r d i e A n w e n d u n g d i e s e s B e g r i f f s möglichst eng gezogen sehen. Man wird bei zahlreichen Erscheinungen, die Gesetzgebung, Praxis und Wissenschaft als verwaltungsrechtliche Verträge bezeichnen, bei näherem Zusehen erkennen, daß sie ohne Schwierigkeit anderen Rechtsbegriffen zu unterstellen sind. Der Vertrag nicht gleichgeordneter Personen ist, — darin ist den Vertragsgegnern durchaus beizustimmen —, in der Tat etwas Abnormes; auch ein Vertreter der Vertragslehre, Jellinek [16]), räumt ja offen ein, daß die einseitige Verfügung den Vertrag im modernen Recht zu verdrängen die Tendenz habe. Wenn nun auch solche Abnormitäten in Wirklichkeit vorkommen, so muß man sich doch jedesmal genau überlegen, ob irgend ein Zwang vorliegt, im gegebenen Fall einen Rechtsakt als Abnormität aufzufassen. Man wird solche zweifelhaften Fälle namentlich nach zwei Richtungen hin zu prüfen haben.

1. Einmal nämlich wird man die Frage aufzuwerfen haben: Liegt hier überhaupt ein publizistisches Rechtsgeschäft vor oder nicht vielleicht ein p r i v a t r e c h t l i c h e r V e r t r a g ? Ob das eine oder

---

[13]) S. 77.

[14]) Vgl. K o r m a n n 23. Nach heutigem Recht gehört dazu nur der Monarch: a. a. O. Über Überbleibsel aus früherer Zeit a. a. O. Anm. 2 a. E. Darüber, daß der Begriff der „physischen Personen des öffentlichen Rechts" auch im positiven Recht anerkannt ist: a. a. O. Anm. 1.

[15]) Auf die „Verträge" zwischen Steuerpflichtigen und den die Steuer r e c h t s s ä t z e bestimmenden Faktoren, z. B. zwischen Gemeinden und Eisenbahngesellschaften zugunsten der letzteren über die Höhe künftiger Gemeindesteuern, gehe ich nicht ein, da sie dem positiven Recht fremd sind. Vgl. OVG. **12**, 120; RG. **12**, 272. M a y e r **I**. 426 (12) will hier Nichtigkeit wegen Unsittlichkeit annehmen.

[16]) S. 220.

das andere vorliegt, kann vielfach zweifelhaft und nur durch genaue Untersuchung des einzelnen Akts festzustellen sein.

Einen allgemeinen Anhaltspunkt für die Entscheidung dürfte der Satz bilden, daß ein öffentlichrechtliches Rechtsgeschäft immer dann vorliegt, wenn es auf den Eintritt öffentlichrechtlicher Wirkungen gerichtet ist. Allerdings wäre es nicht richtig, den Unterschied zwischen dem publizistischen und dem privaten Rechtsgeschäft überhaupt in der publizistischen oder privatrechtlichen Natur ihrer Wirkungen zu suchen; es gibt allerdings publizistische Rechtsgeschäfte mit privatrechtlicher Wirkung wie den Zuschlagsbeschluß oder die Enteignung; aber Ehrenzweig geht fehl, wenn er [17]) daraus umgekehrt folgern will, daß es auch private Rechtsgeschäfte mit publizistischen Wirkungen gebe; vielmehr muß mit Jellinek [18]) betont werden, daß „öffentliches Recht niemals [unmittelbar [19])] das Objekt privater Rechtsgeschäfte bilden kann".

Im einzelnen mag zur Erläuterung dieser allgemeinen Sätze auf folgende Beispiele verwiesen werden.

Gänzlich unzweifelhaft ist der privatrechtliche Charakter bei den gewöhnlichen Kauf-, Miet-, Pacht- usw. Verträgen des Fiskus.

Auch der Anleihevertrag bei Ausgabe von Staatspapieren dürfte unbedenklich als privatrechtlich zu kennzeichnen und mit dem Vertrag über Ausgabe von Schuldverschreibungen einer Aktiengesellschaft, mit dem er auch in unseren handelsrechtlichen Lehrbüchern zusammen erörtert wird, gleichzustellen sein, obwohl Löning [20]) ihn als einen gemischten Vertrag bezeichnet und ihn unter den öffentlich-rechtlichen aufführt [21]).

Privatrechtlich ist auch ein Vertrag zweier Gemeinden oder einer Gemeinde mit einem Grundbesitzer, wenn er die Art der Ausübung gemeinsamer privatrechtlicher Aneignungs- [22]) oder sonstiger Rechte zum Gegenstande hat. — Privatrechtlich sind ebenso die Jagdpachtverträge nach P. Jagd O. 21 f.; diese ihre Rechtsnatur wird selbstverständlich auch durch die positive Zuständigkeitsbestimmung des § 24^{II}, (früher § 7 des Jagdverwaltungsgesetzes v. 4. Juli 1905), wonach Streitigkeiten über die Nichtigkeit der Verträge dem Verwaltungsstreitverfahren unterliegen, nicht berührt; sie kommt darin zum klaren Ausdruck, daß die Zuständigkeit der Verwaltungsgerichte nur durch die Klausel des § 24^{II} gedeckt ist und aufhört, wo diese Klausel sie nicht mehr deckt, wie z. B. bei den vor Inkrafttreten des Gesetzes geschlossenen Pachtverträgen [23]).

---

[17]) Bei Grünhut 18, 229, 241 f.

[18]) S. 348.

[19]) Das Wort „unmittelbar" findet sich bei Jellinek nicht. Ich habe es eingefügt, weil ich nicht so im Vorbeigehen die Möglichkeit leugnen will, daß jemand sich privatrechtlich zu einer öffentlichrechtlichen Leistung verpflichten kann. Eine derartige Verpflichtung soll nach Benkard in VA. 17, 366, 368 bei den Verträgen über Ausnahmen vom statutarischen Bauverbot (s. u. Anm. 25) auf seiten der Gemeinde vorliegen.

[20]) Löning, Haftung 131.

[21]) Richtig Freund 55 f.

[22]) P. Fisch.G. 9 a. E.

[23]) OVG. 52, 359.

Weniger sicher ist die Entscheidung bei den „Verträgen", „Vereinbarungen" und „Einigungen", die ohne gleichmäßige Terminologie und ohne gleichmäßige Rechtsnatur im Wegerecht vorkommen. Wir lernten vorhin schon publizistische Verträge über die Wegebaulast kennen, betonten aber schon damals, daß es auch privatrechtliche gebe. Als privatrechtlich aber wird man alle diejenigen Rechtsgeschäfte zu betrachten haben, welche die öffentlich-rechtlichen Verpflichtungen unberührt lassen [24]). So ist es in der kommunalen Praxis ein beliebtes Mittel, um die Straßenbaukosten von der Gemeindekasse auf die Anlieger abzuwälzen, auf Grund von § 12 P. Fluchtlinien G. ein Bauverbot für gewisse Straßen aufzustellen, denjenigen aber, die ein Gesuch um Bauerlaubnis bei der Baupolizeibehörde einreichen, durch diese, die ja meist mit der kommunalen Behörde identisch ist, eröffnen zu lassen: die Gemeinde sei bereit, von dem Bauverbot eine Ausnahme zu machen, wenn der Baulustige sich verpflichte, bei Fertigstellung der Straße der Gemeinde Straßenland unentgeltlich abzutreten, an den Straßenbaukosten in bestimmter Höhe sich zu beteiligen usw.; die Rechtsprechung hat dieses Verfahren für zulässig erachtet [25]), doch kommt hier immer nur ein privatrechtlicher Vertrag zwischen der Gemeinde und dem Baulustigen zustande [26]). Ebenso verhält es sich in folgendem Fall [27]): vielfach gewähren Kreise ohne gesetzliche Verpflichtung Beihilfe an die Wegeunterhaltungspflichtigen nach Maßgabe von „Reglements"; wenn dann eine Gemeinde, um die Beihilfe zu erlangen, sich den Bedingungen des Reglements unterwirft, so werden dadurch vertragsmäßige und zwar privatrechtlich-vertragsmäßige Festsetzungen getroffen, die darum auch einer Anfechtung im Verwaltungsstreitverfahren nicht unterliegen [28]). Auch wenn sonst eine Gemeinde sich gegenüber dem Kreis gegen Gewährung einer Prämie zum Ausbau eines Weges verpflichtet, ist das ein privatrechtlicher Vertrag [29]); und das gleiche gilt natürlich, wenn sich ein Privatmann gegenüber der Kommune dazu verpflichtet. In der „gütlichen Vereinbarung" zwischen Gemeinde und Fabrikbesitzer nach P. G. vom 18. Juni 1902 §§ 4, 6 hat man ebenfalls einen privatrechtlichen und daher zur Zuständigkeit der Zivilgerichte gehörenden Vertrag erblickt [30]).

Auch die im Beamtenrecht zulässigen „Verträge" können zu erheblichen Zweifeln Anlaß geben. So hat vor allem Preuß [31]) behauptet, die Vereinbarungen oder „Festsetzungen" über die Gehaltsansprüche [32])

---

[24]) Vgl. Germershausen I. 175, 452, 456.

[25]) OVG. 23, 27; vgl. auch RG. Jur. W. 22, 319, Z. 51. Aus der Literatur neuestens Benkard in VA. 17, 360 f.

[26]) OVG. a. a. O.

[27]) Germershausen I. 399, 400.

[28]) Germershausen a. a. O. sagt zwar nicht ausdrücklich, daß diese „vertragsmäßigen Festsetzungen" privatrechtlich seien. Doch versteht er offenbar unter Vertrag schlechthin immer den privatrechtlichen Vertrag; vgl. a. a. O. I. 456, 514.

[29]) Germershausen I. 456. RG. Jur. W. 27, 582, Z. 36.

[30]) Germershausen I. 445, 446; 514, 515.

[31]) S. 445.

[32]) Vgl. z. B. P. Kom.-Beamt.-G. 3, 5, 12 I II, 15.

seien wenigstens insoweit privatrechtliche Geschäfte, als sie sich auf bereits entstandene Ansprüche bezögen; und er hat dies damit begründet, daß die Gehaltsansprüche selbst privatrechtlicher Natur seien [33]). Wäre dieser Begründungssatz richtig, so hätten wir nach unserem vorhin aufgestellten allgemeinen Grundsatz hier allerdings privatrechtliche Akte anzunehmen. Ob er freilich richtig ist oder ob nicht die Gehaltsansprüche des Beamten als publizistische Ansprüche aufzufassen sind, kann hier nicht so im Vorbeigehen entschieden werden; es ist eine schwierige und bekanntlich stark umstrittene Frage [34]).

Bezüglich einer anderen Kategorie von Verträgen neigt auch Ernst Meier zu einer Gleichstellung von vermögensrechtlichem und privatrechtlichem Anspruch. Er will nämlich unter den vorhin erwähnten Verträgen mit „natürlichen Personen des öffentlichen Rechts" solche mit „publizistischem" Inhalt, die allein wahre öffentlich-rechtliche Verträge sein sollen, den, offenbar privatrechtlich gedachten, Verträgen mit finanziellem Inhalt gegenüberstellen [35]), was aber schwerlich richtig sein dürfte.

Überhaupt soll man in der Zuweisung an das Privatrecht nicht zu weit gehen und nicht vergessen, daß eine unverkennbare Entwicklungstendenz darauf hinzielt, das Gebiet des privaten zugunsten des Verwaltungsrechts einzuengen [36]). Schon früher [36a]) ist darauf hingewiesen worden, daß es nicht angeht, die Prozeßverträge oder die „Einigung" nach Unt. Wohns. G. 55 als privatrechtliche Akte aufzufassen. Unerfindlich ist auch, weshalb Leuthold [37]) ohne weitere Begründung die Verträge oder genauer gesprochen die Vereinbarungen zwischen verschiedenen Ortsarmenverbänden über gemeinsame Armenanstalten aus dem „Verwaltungsrechte im strengeren Sinne" ausscheiden, d. h. doch wohl dem Privatrecht zuweisen will.

2. Haben wir aber erkannt, daß ein sogenannter „Vertrag" nicht privatrechlich ist, so werden wir weiter eingehend zu prüfen haben, ob eine Notwendigkeit besteht, ihn als publizistischen Vertrag zu erklären oder ob er vielleicht überhaupt kein Vertrag, sondern ein einseitiger, wenn auch eigenartiger Verwaltungsakt ist.

Folgende leitenden Gesichtspunkte werden wir bei dieser Untersuchung nicht aus den Augen lassen dürfen.

Zu allererst den Grundsatz, daß die Form, in der ein Akt uns entgegentritt, insbesondere die Bezeichnung, die ihm das handelnde Staatsorgan, ja selbst die Bezeichnung, die ihm der Gesetzgeber angehängt hat, für seine rechtliche Natur gänzlich unerheblich ist, daß diese viel-

---

[33]) Preuß 440 f.

[34]) Vgl. Jellinek 181 f. und die Angaben 181 (2, 3), ferner Schelcher bei Fischer **20**, 100. Für öffentlich-rechtlich erklärt die Ansprüche des Beamten RG. **53**, 423; **68**, 214. Vgl. aber auch RG. **25**, 325, bes. S. 330, wo sich geradezu Gleichstellung vermögensrechtlicher und privatrechtlicher Ansprüche findet. Über das Verhältnis des BGB. zu der Frage vgl. Schepp 47.

[35]) S. 76.

[36]) Vgl. Fleiner 10 f., bes. 14, 15.

[36a]) S. o. S. 30, 30 (3), 31.

[37]) S. 195.

mehr nur nach inneren Merkmalen zu bestimmen ist [38]). „Wie der Taufnahme, mit dem die Kontrahenten einen Vertrag ausrüsten, nicht über dessen juristischen Gehalt entscheidet, so vermag auch eine äußere Form oder Bezeichnung nicht einem hoheitlichen Akt die Bedeutung eines Privatvertrages zu geben [39])". Auch ein als Vertrag, Vereinbarung, Einigung, Übereinkunft oder unter einem ähnlichen Pseudonym auftretender einseitiger Verwaltungsakt bleibt einseitiger Verwaltungsakt. So hat sich ja auch die Wissenschaft nicht gescheut, die Grundstückszusammenlegung, obwohl sie von verschiedenen Gesetzen ausdrücklich als Tausch bezeichnet wird [40]), diesen Benennungen zum Trotz als etwas vom Tausch durchaus verschiedenes zu konstruieren [41]); und ebensowenig hat sie sich gescheut, die Enteignung als öffentlich-rechtlichen Akt zu kennzeichnen, obschon manche Gesetze sich völlig in der Terminologie der alten Zwangskauftheorie bewegen; und ebensowenig hat sie Bedenken getragen, der CPO. 753 und freilich auch der in diesem Punkt rückständigen Rechtsprechung des Reichsgerichts [42]) zum Trotz, den „Auftrag" an den Gerichtsvollzieher nicht als privatrechtlichen Auftrag, sondern als öffentlich-rechtlichen Antrag zu behandeln [43]).

Ferner müssen wir uns immer gegenwärtig halten, daß Vertrag etwas anderes ist als bloße Willensübereinstimmung. Darauf haben namentlich Otto Mayer [44]) und Dantscher [45]) mit Recht aufmerksam gemacht. Ja schon der alte Gönner [46]) hat es als eine Folge schwerer Irrtümer der Rechtslehrer bezeichnet, wenn sie glaubten, daß ein „Einverständnis zweier Subjekte über Rechte und Verbindlichkeiten das ganze Wesen eines Vertrages" ausmache. Die Willensübereinstimmung kann Vertrag sein, aber sie braucht es nicht. So wird im Privatrecht niemand auf den Gedanken kommen, von einem Vertrag zu sprechen, wenn ein Dritter mit Zustimmung des Eigentümers dessen Sache beschädigt oder sie veräußert, belastet usw. [47]). Für das öffentliche Recht hat Dantscher [48]) treffend betont, daß man bei gegenteiliger Auffassung zu dem Ergebnis kommen müsse, jede dem Ansuchen einer Partei entsprechende Verfügung sei Vertrag. Das, was hinzutreten muß, um die Willensübereinstimmung zum Vertrag zu erheben, ist die rechtliche Gleichwertigkeit der beteiligten Willen; sie aber gerade fehlt nach der

---

38) Vgl. besonders die ausführliche „Begründung" zum S.-Bau-G. (bei Rumpelt 82), wo weitere Verweisungen namentlich auf die Praxis der Behörden und Gerichte.

39) Seiler 38.

40) Zusammenstellung bei Diez 12 (1).

41) Diez 12 f.

42) Vgl. z. B. RG. **9**, 361; **16**, 396; **18**, 389. Richtig Schmidt 915f., Hellwig **II.** 106f. Vgl. im übrigen die Angaben bei Gaupp-Stein **II. 462** (3).

43) Über den sogenannten Thronverzicht s. u. S. 171.

44) Im A. ö. R. **3**, 45 f.

45) **III.** 86.

46) S. 84. Etwas naiv bemerkt Seydel I. 275 (13) zu den Angriffen gegen die Gleichsetzung von Vertrag und Willensübereinstimmung: „Es wäre aber schwer zu sagen, was man in solchem Falle denn anders [als einen Vertrag] annehmen soll".

47) BGB. 185.

48) a. a. O.

modernen staatsrechtlichen Auffassung in dem Verhältnis zwischen dem Untertan und dem überragenden Inhaber des imperium. Hiernach ist also scharf zu scheiden zwischen Vertrag einerseits und einer solchen einseitigen Verfügung, die nach dem Gesetz nur mit Zustimmung des Betroffenen zulässig ist, andererseits.

Auch der Umstand, daß der Betroffene die Wirkungen eines ihn ergreifenden Akts ablehnen kann, macht aus diesem Akt keinen Vertrag. So hat noch niemand daran gedacht, von einem Vertrag zwischen dem Testator und dem Testamentserben oder zwischen dem Gewählten und seinen Wählern oder zwischen dem Gericht und dem trotz gesetzlicher Ablehnungsgründe bestellten Vormund [49]) zu sprechen.

Noch weniger natürlich kann ein Verwaltungsakt bloß um deswillen zum Vertrag gestempelt werden, weil er dem Betroffenen Rechte verleiht und nicht widerruflich ist.

Wie sind nun, wenn wir diese Gesichtspunkte für unsere Entscheidungen zugrunde legen, die einzelnen sonst wohl als publizistische Verträge angesprochenen Akte rechtlich zu kennzeichnen?

Es scheiden zunächst aus dem Vertragsbegriff diejenigen Akte aus, die Otto Mayer früher [50]) in unglücklicher, weil irreführender Terminologie als öffentlich-rechtliche Verträge bezeichnet und die er später in „Verwaltungsakte auf Unterwerfung" umgetauft hat [51]). Hierher gehören vor allem Naturalisation und Beamtenernennung. Sie sind mit der wohl herrschenden Meinung [52]) gegen Laband, Jellinek u. a. als einseitige Verwaltungsakte aufzufassen, de en Besonderheit nur darin beruht, daß sie nicht ergehen dürfen ohne einen darauf gerichteten Antrag des Beteiligten und daß der Mangel dieses Antrags gewisse später zu erörternde Folgen nach sich zieht.

Keinen anderen Charakter als diese Akte hat aber auch eine zweite Gruppe von Akten, die man als unechte Verträge κατ᾽ ἐξοχήν bezeichnen kann, weil sie durchweg vom Gesetzgeber selbst mit dem Titel von Verträgen, Vereinbarungen, Verabredungen, Einigungen usw. geschmückt werden; es handelt sich hier um Akte, die auf Modifizierung öffentlicher Rechte und Pflichten abzielen und die der Gesetzgeber vielfach, wo es ihm zweckmäßig schien, das regelmäßig zwingende ius publicum zu einem ius dispositivum abzuschwächen, für zulässig erklärt hat. — Im einzelnen kommen hier in Betracht die „Verträge" über Steuerabfindungen [53]), wie die „Vereinbarungen" über Fixierung und Pauschalierung von Steuern nach P.Kom.Abg.G. 13 II, **43**; ferner

---

[49]) Hier tritt übrigens wegen der Form der Bestellung (= Rechtsgeschäft unter Anwesenden) der Unterschied zwischen einseitiger Ernennung und folgender einseitiger Ablehnung nach positivem Recht BGB. 1789 [2] meist nicht deutlich hervor.

[50]) Im A. ö. R. **3**. 3 ff.

[51]) Mayer I. 98.

[52]) Vgl. Meyer 501 und die Angaben 501 (18); über die entgegengesetzte Auffassung die Angaben 500 (16). Über die Rechtsprechung Gierke, Gen. Theorie 195, 196 Anm.

[53]) Jellinek 734.

die „Vereinbarung“ über die Regelung der Wegebaupflicht [54]) nach P. Kleinb.G. 6; ferner Entschädigungsfeststellungen ausserhalb des regelmäßigen Entscheidungsverfahrens oder in Abweichung von den feststehenden Gebührentarifen, wie z. B. die „Vereinbarung“ über die Entschädigung, die von der Provinz dem untergeordneten Verband nach P.Wg.O. für Sachsen 47 „überwiesen“ wird, oder das „Übereinkommen“ zwischen Gericht und allgemein vereidigten Sachverständigen nach § 15 Geb.O. f. Zeugen oder der „Vertrag“ nach ALR. Einl. 71 über die Entschädigung bei Privilegienentziehung; ferner sind hierher auch zu rechnen die auf Abänderung von dispositivem Beamtenrecht gerichteten „Verträge“, soweit man sie nicht mit Preuß [55]) für privatrechtlich halten will, also mindestens die „Vereinbarung“ über die Pensionszahlung nach P.St.O. 65, von der Preuß [56]) selbst einräumen muß, daß sie nichts Privatrechtliches mehr an sich habe. — Hinsichtlich ihrer rechtlichen Natur sind alle diese Akte den vorhin erwähnten Verwaltungsakten auf Unterwerfung durchaus gleichartig. Ihr Unterschied von diesen besteht lediglich in ihrem andersartigen Inhalt; das, was sie schaffen, ist ein anderes, ihre Rechtswirkungen sind andere als bei jenen; aber nicht ist die Kraft, durch die sie dies schaffen, nicht ist ihr Rechtsgrund und ihre Rechtsform, ihre Rechtsnatur eine andere. Auch sie wirken nicht durch vertragsmäßige Willensübereinstimmung, sondern durch ihre eigene publizistische Kraft als einseitige publizistische Willenserklärungen, deren Besonderheit ebenso wie die der Verwaltungsakte auf Unterwerfung nur darin besteht, daß nicht sie ergehen dürfen ohne die Zustimmung des Betroffenen und daß der Mangel dieser Zustimmung gewisse später zu erörternde Folgen nach sich zieht. — Vereinzelt ist diese Rechtslage auch von dem Gesetzgeber selbst klar formuliert worden; so im P. Pensions-G. 24, wo eine von der gesetzlichen Norm abweichende Festsetzung des Pensionseintritts getattet wird, aber nur „mit ausdrücklicher Zustimmung“ des Beteiligten; ebenso in KVG. 7 Ziff. 1 und Inv.V.G. $18^{II\,2}$, wonach statt der normalen Versicherungsleistungen auch ein Heilverfahren in einem Krankenhaus gewährt werden kann, aber in gewissen Fällen nur mit Zustimmung des Versicherten. In diesen drei Fällen hätte der Gesetzgeber sicher ebenso gut von einer „Einigung“ oder ähnlichem sprechen können, wie in den anderen vorhin genannten Fällen; er hat diese Ausdrucksweise vermieden und er hat dabei Dank verdient, da sie unklarer ist als die von ihm gewählte und geeignet, die im Umlauf befindlichen Irrtümer und falschen Vorstellungen von verwaltungsrechtlichen Verträgen zu nähren; scharf aber muß betont werden, daß der Unterschied zwischen St.O. 65, Kom.Abg.G. 13^{II}, 43 usw. einerseits, Pens.G. 24, KVG. 7 usw. andererseits nur ein Unterschied im Ausdruck ist, aber kein sachlicher Unterschied. In allen Fällen handelt es sich nicht um Vertrag, sondern um einseitige, aber nur mit Zustim-

[54]) Über ihren öffentlich-rechtlichen Charakter („Titel des öffentlichen Rechts“) Germershausen I. 177.

[55]) S. o. S. 34, 35.

[56]) S. 461.

mung des Betroffenen zulässige Verfügung, was Otto Mayer [57]) für die sogen. Abfindungsverträge übrigens schon früher dargetan hat, was aber verallgemeinert werden muß.

Es kommen dann weiter die Eisenbahnkonzessionsbedingungen in Betracht, aus denen Schelcher [58]) einen Vertrag hat machen wollen. — Wie unrichtig dies aber ist, ergibt sich aus Schelchers eigenen Ausführungen an anderer Stelle. Geschähe nämlich die Feststellung der Bedingungen durch Vertrag, so hätte die Zustellung des sie enthaltenden Konzessionsdekrets, sofern die Bedingungen nicht etwa schon vorher angenommen worden wären, den Charakter eines Vertragsangebots; ein solches aber könnte entweder sogleich von der Behörde zurückgenommen werden oder doch mindestens, wenn man eine dem BGB. 147 ^{II} analoge Bestimmung über die bindende Kraft des Antrages auch im öffentlichen Recht für vorhanden erachten wollte, nach Ablauf einer gewissen Frist, innerhalb deren nämlich „der Antragende den Eingang der Antwort unter regelmäßigen Umständen erwarten darf.“ Wie aber verträgt es sich damit, daß, wie Schelcher [59]) selbst richtig ausführt, die „Unterwerfung unter die Bedingungen“, d. h. also genauer die Annahme des „Vertragsantrags“, formlos geschehen kann und so, daß sie gar nicht gegenüber dem „Vertragsgegner“ erklärt zu werden braucht! — In Wirklichkeit haben wir es hier nicht mit einem unnatürlichem Vertrag, — unnatürlich, weil der andere „Kontrahent“ gar nicht wissen kann, ob er zustande gekommen ist —, zu tun, vielmehr stellt sich das rechtliche Verhältnis folgendermaßen dar: Der Konzessionssucher beantragt die Erteilung der Konzession und zwar einer Konzession ohne andere als die gesetzlichen „Bedingungen“ oder, um schon hier diesen ungenauen Ausdruck durch den genaueren zu ersetzen, ohne andere Auflagen; die Behörde erteilt die Konzession, fügt aber solche Auflagen hinzu. Der Bewerber ist selbstverständlich nicht genötigt, diese Konzession, die etwas anderes ist, als das von ihm Beantragte, „anzunehmen“ und die in den Auflagen für ihn enthaltenen, von ihm nicht vorausgesehenen, Verpflichtungen damit zu übernehmen; diese Rechtslage ist dort völlig klar, wo eine Pflicht des Konzessionärs zur Benützung der Konzession nicht besteht, da hier, wie wir noch sehen werden [60]), die Entstehung der Auflageverpflichtungen gesetzlich bedingt ist durch die Benützung der Konzession; etwas verwickelter ist die Rechtslage dort, wo eine solche Pflicht besteht; wenn hier der Konzessionssucher erklärt, daß er die Konzession in solcher Weise nicht „annehme“, so bedeutet das juristisch, daß die Erteilung der Konzession nicht mehr durch den Antrag des Konzessionswerbers gedeckt ist, und die Rechtslage ist ebenso, wie wenn eine Konzession ohne vorangegangenen Antrag erteilt worden wäre, wovon wir noch später eingehend zu handeln haben [61]). Der Konzessionswerber kann ferner, wie wir in der Lehre von den Nebenbestim-

---

[57]) I. 426 f.

[58]) Bei Fischer 20, 117 verb. m. 102 ff.

[59]) a. a. O. 118, 119.

[60]) S. u. S. 144, 145.

[61]) S. u. S. 272 f.

mungen noch sehen werden [62]), die Auflagenbeifügung anfechten, sofort oder auch erst später. Aber verfehlt wäre es, aus der Nichtgebrauchsmöglichkeit oder den Anfechtungsrechten des Konzessionswerbers auf die Vertragsnatur des fraglichen Aktes schließen zu wollen; die Auflage wie die Konzessionserteilung mit einer Auflage sind einseitige Verwaltungsakte, deren Besonderheit nur darin besteht, daß der Betroffene entweder die Erfüllung der gesetzlichen Bedingungen, sei es der Wirksamkeit, sei es der Gesetzmäßigkeit des Verwaltungsakts, verhindern oder aber auch den Verwaltungsakt anfechten kann [63]).

Was die Eisenbahnkonzessionen selbst anlangt, so sind sie früher sehr häufig in Vertragsform gekleidet worden [64]). Als typisch kann in dieser Richtung die Eisenbahnkonzession von Wallis vom 22. Januar 1853 bezeichnet werden, in der es heißt: „Zwischen dem Kanton Wallis einerseits und Herrn Adrian von La Valette in Paris ... andererseits ist folgender Vertrag abgeschlossen worden [65])“. Heute kann die früher vielvertretene Lehre von der Vertragsnatur der Eisenbahnkonzessionen als überwunden bezeichnet werden [66]). Die Konzession ist ein einseitiger Verwaltungsakt.

Was von der Eisenbahnkonzession und den Eisenbahnkonzessionsbedingungen gilt, das gilt in gleicher Weise von anderen Konzessionen und Konzessionsbedingungen und erst recht von gewöhnlichen Polizei-, z. B. Gewerbeerlaubnissen und den Erlaubnisbedingungen.

Es ist ferner kein Grund vorhanden, in gewissen anderen, die Machtsphäre des Untertanen erweiternden Akten Verträge zu sehen. Der „Vertrag“, durch den sich der Staat verpflichtet, jemanden künftig ein Amt zu übertragen, darf nicht mit dem Reichsgericht [67]) als öffentlich-rechtlicher Vertrag, sondern muß als einseitige, zwar empfangsbedürftige, aber nicht annahmebedürftige Verpflichtungserklärung aufgefaßt werden. Weshalb Jellinek [68]) und das Reichsgericht [69]) in der Stundung einen Vertrag erblicken, ist nicht erfindlich; sie ist einseitiger Akt, bedarf zwar, wie jeder Verwaltungsakt, des Empfangs, aber nicht der Annahme. Dasselbe gilt von dem der Stundung ähnlichen Verzicht, der zwar im Privatrecht zum Teil als Verzichtsvertrag ausgestaltet ist, aber z. B. auch im Völkerrechte [70]), ja selbst schon im Privatrecht im Fall BGB. 875, einseitiger, nicht annahmebedürftiger Akt ist.

Scharf zu scheiden vom Vertrag sind ferner einseitige Erklärungen von Privatpersonen. So ist die Übernahme von Verpflichtungen „in baupolizeilichen Angelegenheiten“ gemäß S.-Bau-G. 2 kein Vertrag,

---

[62]) S. u. S. 138.

[63]) Vgl. auch vorm. S. Ober-Appellations-G. Dresden v. 23. Sept. 1873 in seinen Annalen **20**, 219.

[64]) Schelcher bei Fischer **20**, 44 f.

[65]) Abdruck bei Seiler 37, 38.

[66]) Gute Übersicht über den Streit und die Entwickelung der Meinungen von Schelcher bei Fischer **20**, 42 f. Auch E. Meier scheint zu der Vertragstheorie zu neigen; vgl. S. 61, 63 f.

[67]) RG. **53**, 423.

[68]) S. 347.

[69]) Bei Gruchot **34**, 1123.

[70]) Heilborn bei Kohler **II**. 1006.

was auch von dem Sächsischen Oberverwaltungsgericht [71]) anerkannt worden ist. Wie die Begründung [72]) zu diesem Gesetz treffend betont hat, darf die „vertragsähnliche" Form nicht täuschen, und es ist nicht zu billigen, wenn die Verordnung des Ministeriums des Innern vom 5. Juni 1902 [73]) auf diese Akte wieder die irreführende Bezeichnung „öffentlich-rechtliche Vereinbarungen" angewendet hat. Vielmehr handelt es sich um eine einseitige Verpflichtungserklärung des Bauherrn, die weder einer ausdrücklichen [74]), noch überhaupt einer Annahme seitens der Behörde bedarf. Das gleiche gilt auch von dem Verzicht gegenüber dem Staat, den Dantscher [75]) ohne triftigen Grund als öffentlich-rechtlichen Vertrag bezeichnet, obschon er grundsätzlich den Bestand solcher Verträge leugnet; ohne hier die schwierige und noch lange nicht geklärte Lehre vom Verzicht auf subjektive öffentliche Rechte aufrollen zu wollen, glauben wir doch sagen zu dürfen, daß der Verzicht, soweit er als echter Verzicht zulässig ist, sich als einseitiger nicht annahmebedürftiger Akt darstellt; dort aber, wo es der Zustimmung des Staates zu dem „Verzicht" bedarf, wie bei dem „Verzicht" auf die Staatsangehörigkeit oder auf das Amt, liegt gar kein Verzicht im echten Sinn, überhaupt keine Handlung des Verzichtenden mit rechtsvernichtender Wirkung, sondern vielmehr ein Akt des Staates, nämlich die „Entlassung", vor.

III. Wenn wir zum Schluß dieser Erörterungen über den publizistischen Vertrag noch einen kurzen Rückblick tun auf die Bedeutung dieses Rechtsinstituts, so dürfen wir das Ergebnis wohl dahin zusammenfassen: Abgesehen von den Verträgen zwischen gleichgeordneten Personen, von denen aus dem Bereich der Verwaltungsakte noch dazu die nichtamtlichen ausscheiden, bleiben nur vereinzelte rudimentäre Gebilde mit Vertragscharakter übrig; weitaus die meisten sonst noch hierher gerechneten Akte erweisen sich bei näherer Prüfung als einseitige, wenn auch zum Teil besonders geartete, Verwaltungsakte.

* * *

Den Verträgen hat man als zweite Art der mehrseitigen Rechtsgeschäfte die Vereinbarungen gegenübergestellt.

I. Der Begriff verdankt seine Entstehung erst der neueren Literatur [76]). Besonders wichtig sind die eingehenden Erörterungen von Triepel, dem wir auch für die Frage der Begriffsbestimmung im wesentlichen folgen werden. Triepel [77]) hat als Beispiele für seinen Begriff vor allem genannt: Die Einigung mehrerer Minister über gemeinsamen Erlaß einer Verordnung, ferner die Vereinbarung mehrerer deutscher Staaten über die Bildung gemeinschaftlicher Sachverständigenvereine, über Sitz und Anstellung der Vorstandsbeamten einer Versicherungsanstalt, die Vereinbarung mehrerer Strafgerichte über die Verbindung

---

[71]) Bei Fischer **26**, 65.
[72]) Bei Rumpelt 82.
[73]) Nicht veröffentlicht; inhaltlich mitgeteilt von Rumpelt 86.
[74]) SOVG. **1**. 128.
[75]) **III**. 166.
[76]) Vgl. die Angaben von Jellinek 208 (2) und dazu oben S. 29 (1). Aus der neuesten zivilistischen Literatur ist Eltzbacher 165 f. nachzutragen.
[77]) S. 55.

von Strafsachen, die an sich bei mehreren anhängig sind, zur Verhandlung bei einem nach St.P.O. 13.

II. Klarer als durch eine eigentliche Schuldefinition dürfte das, was man unter dem Wort Vereinbarung zu verstehen hat, dadurch werden, daß wir sein Verhältnis zu ähnlichen Rechtsbegriffen, vornehmlich zu dem Vertrag, betrachten.

1. Auch die Vereinbarung ist Rechtsgeschäft [78]). Denn jedenfalls handelt es sich bei ihr, ebenso wie beim Vertrag, um ineinandergreifende, auf Eintritt bestimmter Rechtswirkungen gerichtete Willenserklärungen [79]); und das genügt zum Rechtsgeschäftsbegriff in unserem vorhin entwickelten Sinn [80]). Die gegenteilige Auffassung von Gierke [81]) beruht auf seinem zu engen Rechtsgeschäftsbegriff.

2. Vor allem wichtig ist aber das Verhältnis der Vereinbarung zum Vertrag. An diesem Gegensatz haben die Vereinbarungstheoretiker ihren neuen Begriff entwickelt. Worin der Unterschied bestehen soll, ist von den einzelnen Schriftstellern verschieden und keineswegs immer sehr glücklich formuliert worden. Brockhausen [82]) hat bereits nachgewiesen, wie wenig befriedigend die Unterscheidungsmerkmale der älteren Schriftsteller sind. Glücklicher ist Triepel [83]) gewesen. Er hat ausgeführt: Beim Vertrag müssen, wenn beide Kontrahenten durch ihn zur Leistung verpflichtet werden, diese in Handlungen verschiedenen Gehalts bestehen; wenn aber nur eine Partei zur Erfüllung verpflichtet ist, muß ihre Leistung von der Art sein, „daß sie von dem Vertragsgegner nach der ganzen Anlage des Vertrags nicht gleichfalls vorgenommen werden könnte". Bei den Vereinbarungen ist das anders; nicht jede begründet überhaupt Rechte und Pflichten der Vereinbarenden zu künftigem Handeln, beispielsweise nicht der Beschluß eines Gerichts; aber wenn sie es tut, so wird entweder einer der Vereinbarenden berechtigt oder verpflichtet, an Stelle aller Vereinbarenden (nicht für die anderen!) zu handeln, anders ausgedrückt, eine Handlung vorzunehmen, die an sich auch von einem oder allen anderen vorgenommen werden könnte; oder aber wenn mehrere oder alle Teilnehmer der Vereinbarung zu handeln berechtigt oder verpflichtet werden, so müssen ihre Handlungen gleichen Inhalts sein. Eltzbacher [84]) hat dann noch bezüglich des letzten Punkts darauf hingewiesen, daß es nicht sowohl abzustellen sei auf die äußere Gleichheit des Erklärungsinhalts als vielmehr darauf, daß den Erklärungen eine gleiche Bedeutung für die Beteiligten zukomme.

3. Die Grenzen des Begriffs im übrigen wird man ziemlich eng zu ziehen haben.

Wenig empfehlenswert ist die maßlose Ausdehnung, die Jellinek [85])

---

[78]) Vgl. Triepel 61.
[79]) Vgl. Jellinek 204, 208.
[80]) S. o. S. 20.
[81]) I. 283 (2). Dagegen mit Recht Triepel 61 (2).
[82]) S. 64 f.
[83]) S. 58 f.
[84]) S. 165, 166; 167.
[85]) S. 204 f.

ihm hat geben wollen. Insbesondere darf man nicht mit Jellinek die Zustimmung als Vereinbarung auffassen und mit den Beschlüssen eines Kollegiums auf gleiche Stufe stellen, da zwischen diesen Akten doch erhebliche Verschiedenheiten obwalten. Während bei den Beschlüssen eines Kollegiums der Beschluß als eine einheitliche Willensaktion aller Beteiligten nach außen hin auftritt und die Abstimmung, d. h. die Vereinbarung, rein intern ist, während daher auch Überstimmung hier möglich ist, bleiben bei dem mit Zustimmung ergehenden Staatsakt dieser selbst und die Zustimmung von einander gänzlich getrennt, der Akt ergeht als Willensäußerung der Hauptperson[86]), der Wille dieser Hauptperson und der Wille des oder der Zustimmenden müssen vorhanden sein, eine Überstimmung ist begrifflich auch da, wo mehrere Personen zuzustimmen haben, unmöglich. Wäre insbesondere das parlamentarische Gesetz Vereinbarung, so müßte es in dem Augenblick, wo beide beteiligte Faktoren übereinstimmen, materiell vorhanden sein, und soweit seine Wirksamkeit an königliche Verkündung geknüpft ist, müßte das Verhältnis ähnlich liegen wie nach der herrschenden Meinung das Verhältnis des Kaisers zu dem durch „Übereinstimmung" [87]) der Reichstags- und Bundesratsbeschlüsse geschaffenen Reichsgesetz, d. h. es bestünde eine zwar nicht erzwingbare, aber doch rechtliche Verpflichtung des Monarchen zur Verkündung; eine solche ist aber sicherlich nicht vorhanden.

Die übrige Literatur ist auch meist nicht so weit gegangen in der Ausdehnung des Vereinbarungsbegriffs. Schon Kuntze[88]) hat das Mißliche der Methode erkannt, unter den von ihm sogenannten Gesamtakt sowohl den „äqualen" wie den „inäqualen" Gesamtakt zu bringen. Vor allem hat Brockhausen [89]) der Vereinbarungstheorie entgegengehalten, daß sie völlig disparate Erscheinungen, die mit einander nichts gemeinsam haben als die negative Eigenschaft, keine Verträge zu sein, unter dem Vereinbarungsbegriff zusammenzwänge. Triepel [90]) hat daher auch außer den Wahlen die Zustimmungen, Genehmigungen und Bestätigungen aus dem Begriff ausgeschieden, freilich die „Gesetzesvereinbarung" im konstitutionellen Staat darunter belassen [91]), indem er übersah, daß auch sie nichts anderes ist als ein Willensakt des Monarchen mit Zustimmung der Volksvertretung [92]).

4. Kurz sei noch das Verhältnis der Vereinbarung zum Gesamtakt berührt. Es wird von diesem häufig in dem gleichen Sinn wie von der Vereinbarung gesprochen [93]). Das ist aber nicht richtig. Vielmehr ist der Gesamtakt, wenn er zu einer Vereinbarung in Beziehung steht, deren Erfüllung [94]), wie z. B. der Erlaß der vereinbarten Ver-

---

86) Vgl. die Eingangsformel unserer Gesetze: „Wir ... verordnen, mit Zustimmung beider Häuser des Landtags."
87) RV. 5 I².
88) S. 49.
89) S. 58 f.
90) S. 52 (1).
91) S. 54.
92) Vgl. o. Anm. 86.
93) So z. B. Menzel 115 f.
94) Triepel 58 f.

fügung. Dies hat Eltzbacher [95]) übersehen, der nur an den eigentlichen Gesamtakt gedacht und darauf die Behauptung aufgebaut hat, Vertrag und Gesamtakt seien nicht gleichgeordnet und keine Unterarten des mehrseitigen Rechtsgeschäfts [96]).

III. Der Wert des Vereinbarungsbegriffs ist von den meisten Schriftstellern erheblich überschätzt worden [97]). Bei seiner Bewertung müssen wir wie bei der jedes anderen Rechtsbegriffs ausgehen von der Frage: Unterliegen die darunter fallenden Erscheinungen einer rechtlichen Behandlung, die nicht nur für alle gleichartig, sondern auch eigenartig, d. h. von der Behandlung anderer Kategorien, in unserem Fall besonders des Vertrags, verschieden ist? Diese Frage aber hat noch keiner der Vereinbarungstheoretiker gestellt, geschweige denn beantwortet. Sie haben sich alle damit begnügt, festzustellen, daß die Vereinbarungen einen anderen Inhalt haben als das, was bisher unter dem Begriff Vertrag zusammengefaßt wurde; die Frage der rechtlichen Behandlung der Vereinbarung und den Unterschied dieser Behandlung von der des Vertrags hat keiner auch nur mit einem Wort berührt. Nun kann man ja allerdings aus jener Verschiedenartigkeit der Begriffe vielleicht folgern, daß dann auch die Behandlung der Vereinbarung eine andere sein müsse als die des Vertrags; dies aber doch nur dann, wenn ein ausgebildetes objektives Vertragsrecht mit bestimmten, gerade auf Verträge und nicht auf sonstige, namentlich sonstige zweiseitige Rechtsgeschäfte berechneten Rechtssätzen besteht. So ist die Lage der Dinge im Privatrecht; man denke an das BGB., das erst allgemeine Bestimmungen über „Geschäftsfähigkeit" und „Willenserklärung" (§§ 104—115, 116—144) aufstellt und ihnen dann besondere über den „Vertrag" (§ 145—157) folgen läßt; hier mag also in der Tat der Vereinbarungsbegriff eine Vermutung für seine Brauchbarkeit und praktischen Wert für sich haben. Im öffentlichen Recht, — wir sprechen auch hier nur von dem innerstaatlichen und nicht von dem Völkerrecht, für das in dieser Frage ähnliches wie für das Privatrecht gelten mag —, fehlt ein solches objektives Vertragsrecht; hier erscheint darum der Wert des Vereinbarungsbegriffs recht problematisch und es müßte erst noch nachgewiesen werden, daß es kein für die mehrseitigen Rechtsgeschäfte überhaupt geltendes Recht, sondern nur ein Recht der Verträge und ein davon getrenntes Recht der Vereinbarungen gibt.

* * *

Was nun die Stellung unserer weiteren Untersuchungen zu den Verträgen und Vereinbarungen anlangt, so werden wir sie nur insoweit berücksichtigen, als es sich um Rechtssätze handelt, die dem Recht aller, der einseitigen wie der mehrseitigen Rechtsgeschäfte, gemeinsam sind. Die Klarstellung des besonderen Vertrags- und Vereinbarungsrechts geht über die Grenzen unserer Aufgabe hinaus.

---

[95]) S. 165 (1).
[96]) S. 168.
[97]) Ähnlich Brockhausen 58.

Zweiter Abschnitt.

Der Geschäftsinhalt.

§ 6.

I. Das Verhältnis des Geschäftsinhalts zum Gesetz und zum Verwaltungswillen.

Aufgabe des folgenden Kapitels ist die Darlegung des Geschäftsinhalts der Verwaltungsakte. Wir werden zunächst im vorliegenden Paragraphen das Verhältnis des Geschäftsinhalts zum Gesetz sowie zum Verwaltungswillen im allgemeinen untersuchen; dabei verstehen wir unter Verwaltungswillen den Willen des handelnden Organs, — er entspricht dem, was man im Privatrecht den Parteiwillen nennt; man könnte ihn auch mit Ulbrich [1]) als Geschäftswillen bezeichnen. Wir werden dann in § 7 ff. weiter im einzelnen den Inhalt der Verwaltungsakte zu gliedern und darauf ein System der Verwaltungsakte aufzubauen versuchen. Wir werden endlich in § 17 f. die bei Verwaltungsakten vorkommenden Nebenbestimmungen, insbesondere die Bedingungen, Befristungen und Auflagen untersuchen.

Wenn wir für die Formulierung unserer Aufgabe das Wort „Geschäftsinhalt" gewählt haben, so ist damit schon angedeutet, daß dieses Kapitel im wesentlichen sich nur auf die rechtsgeschäftlichen Verwaltungsakte bezieht, nicht aber auf die rechtshandlungsmäßigen. Insbesondere kann von einem nicht rein negativen Verhältnis des Verwaltungswillens zum Inhalt der Rechtshandlungen schon begrifflich nicht die Rede sein. Auch die Grundsätze über Nebenbestimmungen können im allgemeinen nur für die Rechtsgeschäfte gelten. Einen Inhalt haben natürlich auch die Rechtshandlungen, nur daß dieser Inhalt eben kein Geschäftsinhalt ist; er wird in § 16 ebenfalls zu zergliedern und darauf ein System der rechtshandlungsmäßigen Verwaltungsakte aufzubauen versucht werden. Somit ist die Überschrift dieses Kapitels freilich nicht genau; wir glaubten sie trotzdem wählen zu dürfen, da nach unserem vorhin aufgestellten Untersuchungs-

---

[1]) S. 9.

plan [2]) unserer Erörterung der Begriff der rechtsgeschäftlichen Verwaltungsakte zugrunde liegt und die Berücksichtigung der rechtshandlungsmäßigen gewissermaßen nur in einer Note geschieht.

* * *

Das Verhältnis des Gesetzes zum Geschäftsinhalt kann recht verschieden gestaltet sein.

I. Fragen wir nach den möglichen Grundformen, so können wir etwa folgende aufstellen.

Zunächst ist es denkbar, daß das Gesetz den Willen des Handelnden vollständig bindet, d. h. ihm weder hinsichtlich der Vornahme noch hinsichtlich des Inhalts seiner Willenserklärung Freiheit läßt.

Den vollen Gegensatz hierzu bildet der Fall, daß das Gesetz dem Willen des Handelnden Freiheit nach beiden Richtungen, hinsichtlich der Vornahme wie hinsichtlich des Inhalts seiner Erklärung gewährt.

Zwischen diesen beiden Fällen steht eine dritte Möglichkeit, daß das Gesetz zwar Freiheit hinsichtlich der Vornahme gibt, aber eine Bindung hinsichtlich des Inhalts aufstellt.

Der umgekehrte Fall, — Bindung hinsichtlich der Vornahme, aber Freiheit hinsichtlich des Inhalts —, kommt zwar nicht in seiner vollen Reinheit, aber doch in modifizierter Form vor, insofern die Inhaltsbestimmung wenigstens nach einzelnen Richtungen hin dem Willen des Handelnden überlassen wird.

Endlich ist es nicht selten, daß das Gesetz sich damit begnügt, negativ zu bestimmen, daß ein gewisser Inhalt nicht zulässig sein solle.

II. Die Anwendung dieser Formen ist durchaus verschieden im öffentlichen und im Privatrecht.

1. Das Privatrecht beruht auf dem Grundsatz der Vertragsfreiheit.

Völlig durchgeführt ist dieser im Recht der Schuldverhältnisse. Nur vereinzelt hat hier der Gesetzgeber negativ gewissen Parteivereinbarungen die Anerkennung versagt wie durch BGB. 134, 138.

Auch im Sachenrecht und im Erbrecht ist dem Parteiwillen ein sehr weiter Spielraum gelassen.

Anders ist es im Familienrecht. Hier gilt in hohem Maße als Grundsatz: Freiheit in der Vornahme des Rechtsgeschäfts, aber Bindung in seinem Inhalt. — So ist es dem Willen der Parteien überlassen, ob sie eine Ehe schließen wollen; tun sie aber, so sind sie bezüglich des Inhalts ihres Vertrags der Hauptsache nach, d. h. wegen der personenrechtlichen Wirkungen, gebunden und nur in Nebenpunkten, d. h. hinsichtlich des Ehegüterrechts, sind sie frei. — Noch weiter geht das Gesetz in der Normierung der Stellung des Vormunds. Man könnte daran denken, in ihr ein Beispiel der vollständigen Willensbindung im Privatrecht zu finden: Der Vormund ist verpflichtet die Vormundschaft zu „übernehmen“ und gesetzlich ist auch der Inhalt seiner Rechte und Pflichten genau bestimmt. Aber das Beispiel wäre falsch. Denn

---

[2]) S. o. S. 27.

gerade hier ragt das öffentliche Recht in das BGB. hinein; der Vormund „übernimmt“ ja gar nicht durch privates Rechtsgeschäft sein „Amt“, sondern er wird dazu „bestellt“.

Überhaupt widerspricht dem eigentlichen Privatrecht eine Bindung des Geschäftswillens nach den beiden Seiten der Vornahme und des Inhalts.

Auch dort, wo das Gesetz den Inhalt eines Rechtsgeschäfts bestimmt, hat diese Bestimmung im Zweifel nur die Bedeutung von ergänzendem Recht. Es ist bloß das Normalrecht, das der Parteiwille jederzeit durch andere Bestimmungen ersetzen kann.

2. Im öffentlichen Recht ist das alles anders.

Es gibt hier kein allgemeines, dem Grundsatz der Vertragsfreiheit entsprechendes Prinzip. Freilich kommen Fälle vor, wo die Behörde sowohl hinsichtlich der Vornahme wie hinsichtlich des Inhalts des Verwaltungsakts völlig freie Hand hat. Da es nicht richtig wäre, anzunehmen, daß jeder Verwaltungsakt nur auf Grund eines bestimmten Rechtssatzes ergehen kann [3]), so gibt es ein gesetzfreies Gebiet, und auf diesem ist es ja gar nicht anders möglich, als daß der Verwaltungsakt frei ist [4]). Immerhin wird man zu sagen haben, daß es der Tendenz des Rechtsstaats entspricht, dieses gesetzfreie Gebiet mehr und mehr einzuengen und daß die Freiheit des Verwaltungsaktes nicht die Regel, wie beim Privatrechtsgeschäft, sondern die Ausnahme darstellt.

Auch davon kann nicht die Rede sein, daß das öffentliche Recht, wenn es den Inhalt eines Verwaltungsakts bestimmt, damit nur Normalrecht schaffen, Abweichungen von dem gesetzlichen Normalrechts kraft Verwaltungswillens aber nicht ausschließen will. Dieser Grundsatz des Privatrechts ist eine Folge des dort geltenden Grundsatzes der Vertragsfreiheit; er steht und fällt mit diesem; er gilt in seiner Reinheit schon im Privatrecht dort nicht, wo öffentliches Sozialrecht wie im Familienrecht hineinspielt und daher der Grundsatz der Vertragsfreiheit eingeschränkt ist. Er kann daher auch im öffentlichen Recht nicht als allgemeines Prinzip anerkannt werden. Wir werden auf diese Fragen des näheren in der Lehre von den Nebenbestimmungen eingehen.

Sehr häufig sind die Fälle einer teilweisen Freiheit und gleichzeitiger teilweiser Bindung der Behörden. — So steht es der Aufsichtsbehörde frei, die Genehmigung zu Akten der Kommunen [5]) zu verweigern oder zu erteilen; tut sie aber letzeres, so kann ihre Willenserklärung nur den einen Inhalt haben und nicht mit irgend welchen Nebenbestimmungen verknüpft werden [6]). So steht es ferner der Behörde frei, jemanden zum Beamten zu machen; tut sie es aber, dann darf sie nicht abweichen von den durch das Gesetz aufgestellten Rechtsnormen; z. B. darf die preußische Stadtge-

---

[3]) Mayer I. 97 und über gegenteilige Meinungen 97 (3). Vgl. auch Bornhak I. 444 f.

[4]) Vgl. Mayer I. 97 und 97 (4).

[5]) Vgl. z. B. P. St.O. 33.

[6]) S. u. S. 154 f.

meinde, von gewissen gesetzlich vorgesehenen Ausnahmen abgesehen, ihre Beamten nicht auf Kündigung anstellen [7]. Ebenso hat die Behörde Freiheit in der Frage, ob sie den Ausländer naturalisieren will [8]; tut sie es aber, so muß sie ihm „alle mit der Staatsangehörigkeit verbundenen Rechte und Pflichten" verleihen und auferlegen; sie kann weder bestimmen, daß der Naturalisierte keinen Anspruch auf Schutz im Ausland haben noch auch daß er von der Wehrpflicht frei sein solle [9]. — Sehr häufig wird ein bestimmter Geschäftsinhalt vom Gesetz für unzulässig erklärt. So dürfen nach Gew.O. 40 die dort genannten Approbationen und „Genehmigungen" nicht mit einer Befristung versehen werden; so muß nach Gew.O. 32^{II} die Erlaubnis zum Betrieb eines Schauspielunternehmens gewissen Personen versagt werden; ebenso sollen nach St.AG. 8 gewisse Ausländer nicht naturalisiert und nach St.AG. 15^{II} wehrpflichtige Deutsche nicht aus der Staatsangehörigkeit entlassen werden; so erklärt BGB. 1780, 1781 die Bestellung gewisser Personen zum Vormund für unzulässig.

Im Unterschied vom Privatrecht sind aber im öffentlichen Recht auch die Fälle alltäglich, wo eine vollständige Bindung des Geschäftswillens durch das Gesetz stattfindet.

Beispiele dieser unfreien Verwaltungsakte bieten die meisten Urteile: wenn A vom Richter die Verurteilung des B zur Zahlung von 100 Mark Kaufpreis verlangt, so ist dem Richter, wenn anders die Behauptungen des Klägers richtig und die Formalien des Prozesses in Ordnung sind, genau sein Handeln vom Gesetz vorgezeichnet; er muß den B verurteilen und er muß ihn zur Zahlung von 100 Mark verurteilen; weder in der Vornahme noch in dem Inhalt seiner Willenserklärung ist er frei. Die Urteile sind ein Hauptfall dieser unfreien Verwaltungsakte, aber sie sind nicht die einzigen. Ja nicht einmal alle Urteile gehören dazu; in all den zahlreichen Fällen, wo der Anspruch des Klägers nicht von vornherein ziffernmäßig feststeht, sondern gerade erst vom Richter festgestellt werden soll wie der Anspruch des Verletzten auf Schadenersatz, des unehelichen Kindes auf Unterhalt usw., ist der Inhalt des Urteils nicht vom Gesetz fest bestimmt, sondern erst vom Richter nach „freiem Ermessen" zu bestimmen. Andererseits aber sind zahlreiche Verwaltungsakte, die nicht Urteile sind, hinsichtlich der Vornahme und des Inhalts genau so unfrei wie das Urteil in dem erwähnten Fall der Kaufklage. So ist es, wenn ein Deutscher unter der Voraussetzung von St.AG. 15^{I} seine Entlassung aus der Staatsangehörigkeit beantragt; und das gleiche gilt, wenn die Aufnahme nach St.AG. 7 oder die Wiederaufnahme nach St.AG. 21^{V} verlangt wird. Auch die Verleihung des Enteignungsrechts ist nach den einzelnen Enteignungsgesetzen als unfreier Verwaltungsakt ausgestaltet worden.

Mag man nun die unfreien Verwaltungsakte wegen dieser Gebundenheit Entscheidungen nennen, wie das namentlich bezüglich der Ver-

[7] P. Kom.B.G. 8^{I}.

[8] Vgl. St.A.G. 6, 8 verb. m. 7.

[9] St.A.G. 10.

leihung des Enteignungsrechts häufig geschehen ist, oder mag man es für richtiger halten, den Begriff der Entscheidung enger zu fassen: in jedem Fall muß man sich klar darüber sein, daß die Verschiedenheit zwischen unfreien und freien Verwaltungsakten nur eine graduelle und keine grundsätzliche ist. Auch die unfreien Verwaltungsakte erklären keineswegs bloß den Willen des Gesetzgebers, sondern sie erklären ebenso wie die freien den eigenen wahren Willen der handelnden Behörde, für die der Wille des Gesetzgebers eben nur Beweggrund ist; bezüglich der Enteignung hat Otto Mayer[10]) die Richtigkeit dieses Satzes treffend gegen Bernatzik dargetan.

3. Wenn wir versuchen, auf Grund dieser einzelnen Betrachtungen die Verschiedenartigkeit des Verhältnisses des Gesetzes zum Geschäftsinhalt für die beiden Rechtsgebiete allgemein zu kennzeichnen, so können wir sagen: für den Inhalt des publizistischen Rechtsgeschäfts ist die Bedeutung des Gesetzeswillens größer und die des Geschäftswillens kleiner als für das publizistische Rechtsgeschäft. Hierin liegt der richtige Kern der seit den Zeiten des Corpus iuris oft geübten Gleichsetzung von ius publicum und ius cogens einer-, von ius privatum und ius dispositivum andererseits. Es empfiehlt sich, diesen Grundsatz hier am Eingang unserer Betrachtungen in aller Schärfe zu formulieren. Aus ihm erklärt sich manche Verschiedenheit in der Behandlung des publizistischen und des zivilistischen Rechtsgeschäfts und wir werden Gelegenheit haben, auf ihn zurückzugreifen.

III. Wie im Privatrecht, so kann natürlich auch im öffentlichen Recht ein Widerspruch zwischen Gesetz und Geschäftswillen des Handelnden hinsichtlich des Geschäftsinhalts vorkommen, der selbstverständlich auch im öffentlichen Recht nicht ohne Einfluß auf die Gültigkeit des mangelhaften Rechtsgeschäfts sein kann. Von welcher Art dieser Einfluß und ob er von derselben Art ist wie im Privatrecht, wird später in der Lehre von der Nichtigkeit und Anfechtbarkeit zu untersuchen sein.

II. Der Inhalt der Verwaltungsakte im einzelnen.

§ 7.

1. Das System der Verwaltungsakte in der Literatur.

Schon in der bisherigen Literatur war es üblich, die Verwaltungsakte nach ihrem Inhalt zu einem System zu ordnen. Es erscheint zweckmäßig, zunächst einen Überblick über diese Versuche zu gewinnen, zu dem Zweck, um feststellen zu können, ob es überhaupt nötig ist, einen neuen Versuch zu machen oder ob wir einfach eines der vorhandenen Systeme übernehmen dürfen.

* * *

[10]) Im A. ö. R. 1, 720, 721 in der Besprechung von Bernatziks Schrift.

Gemäß dieser engen Begrenzung des verfolgten Zwecks brauchen wir keine vollständige dogmengeschichtliche Darstellung von den Ansichten der einzelnen Schriftsteller zu geben, sondern können uns begnügen mit einem kurzen Überblick über die Leitgedanken dieser Systeme. Hiernach lassen sich drei Gruppen unterscheiden.

I. Da ist zunächst ein System, von dem Dantscher [1]) als von „dem" System schlechthin spricht. Wir nennen es das alte System.

Es läßt sich kurz dahin kennzeichnen, daß es vier Hauptarten der Verwaltungsakte neben einander stellt: Beurkundungen, Entscheidungen, Befehle und konstitutive Verfügungen. Die Terminologie der einzelnen Schriftsteller ist freilich nicht die gleiche, manche haben auch diese vier Arten unter sich wieder zu Oberbegriffen zusammengestellt, und andere haben die letzte Art, die konstitutiven Verfügungen, in mehrere Unterarten aufgelöst. Indes, ob man nun das Wort Verfügungen für alle genannten Verwaltungsakte anwendet [2]) oder ob man unter Verfügungen außer den Befehlen auch die Erlaubniserteilungen und sonstige konstitutive Akte nennt [3]), oder ob man Beurkundungen und Entscheidungen zu dem Gesamtbegriff der „Urteile i. w. S." zusammenstellt [4]) oder ob man rechtsbegründende Verwaltungsakte und Erlaubniserteilungen getrennt an die Stelle des einheitlichen Ausdrucks der konstitutiven Akte setzt [5]): alles dies sind offenbar nur graduelle und nicht wesentliche Abweichungen, die es nicht hindern, daß wir diese Einteilungen sämtlich zum gleichen System rechnen.

Dieses System ist unter dem Einfluß von Georg Meyer [5a]) ziemlich verbreitet worden. Unter anderen vertreten es Bernatzik [6]), Dantscher [7]), Stengel [8]), Tezner [9]).

Auch Menzel [10]) ist darüber nicht hinausgekommen, wennschon seine Einteilung etwas anders aussieht. Er unterscheidet einerseits [11]) „rechtliche Willensakte" und teilt sie in 5 Gruppen: Verwaltungsverordnungen, Verwaltungsbefehle, Beurkundungen, „Rechtsgeschäfte", d. h. die „auf die Entstehung, Veränderung und Aufhebung subjektiver Rechte gerichteten Willensakte", endlich Verwaltungsakte, welche Statusänderungen herbeiführen wie Ernennung und Wahl von Behörden; man erkennt hier deutlich die Gruppen des alten Systems wieder; wenn man absieht von seinen Verwaltungsverordnungen, die in diesem Zu-

---

[1]) II. 49.

[2]) Stengel in seinem WB. II. 797. Dagegen Bernatzik 11 (7). Rosin 12 (2) läßt es dahingstellt, inwieweit sich dieser Sprachgebrauch empfiehlt.

[3]) Bernatzik 12. Tezner 190.

[4]) Bernatzik 12.

[5]) Meyer in WB. II. 670. VR. I. 33. St.R. 648.

[5a]) Meyer VR. I. 32 f. und 34 (7). In St.R. 647 f. sind die Entscheidungen weggefallen.

[6]) S. 12.

[7]) II. 49; vgl. III. 72.

[8]) In WB. II. 797.

[9]) S. 190 f.

[10]) S. 163 f.

[11]) S. 164.

sammenhang, wo nur von den speziellen Verwaltungsakten die Rede ist, ausscheiden, so finden wir die Befehle und Beurkundungen des alten Systems mit den alten Namen und die konstitutiven Verfügungen des alten Systems unter den neuen Namen der beiden letztgenannten Gruppen wieder; die Entscheidungen freilich sind ohne ersichtlichen Grund verschwunden. Diesen „Willensakten" stellt Menzel [12]) dann auf der anderen Seite gegenüber die „Verwaltungsakte, welche eines unmittelbaren rechtlichen Effektes entbehren"; als Beispiele hebt er hervor die Wahrnehmungen, die Überwachung und die Mitteilungen; von ihnen sagt er, daß sie einer einheitlichen Charakteristik entbehrten und widersprächen.

Auch Laband [13]) führt die Beurkundung unter den Verfügungen auf und ist daher ebenfalls zu den Vertretern des alten Systems zu rechnen.

II. Während das alte System unterschiedslos die rechtshandlungsmäßigen Beurkundungen neben die übrigen rechtsgeschäftlichen Akte stellte, hat ein zweites System die Beurkundungen aus diesem unnatürlichen Zusammenhang ausgeschieden und ist dadurch zu einem System der rechtsgeschäftlichen Verwaltungsakte geworden. Im einzelnen sind die hierher gehörigen Systeme sehr verschieden; sie dürfen aber unter einem einheitlichen Gesichtspunkt zusammengefaßt werden, da sie infolge der Erkenntnis des tiefgreifenden Unterschieds zwischen Rechtsgeschäften und Rechtshandlungen selbst dann als ein gewaltiger Fortschritt gegenüber dem alten System anzusehen sind, wenn ihre Systematik nicht sehr eindringend ist.

Hierher gehört nun zunächst Otto Mayer. Wir stellten bereits früher fest [14]), daß für ihn der Begriff des Verwaltungsakts eine sehr prägnante Bedeutung hat und daß er ihn nur auf rechtsgeschäftliche Akte (in unserem Sinn) anwendet. Hieraus ergibt sich, daß auch seine Einteilung der Verwaltungsakte nicht zu dem alten System passen kann. Er kennt nur zwei Arten von Verwaltungsakten. Einerseits die Entscheidungen; es sind ihm die „Verwaltungsakte mit rechtlich gebundenem Inhalt" [15]). „Alle übrigen Verwaltungsakte sind Verfügungen" [16]); er teilt diese dann weiter in „öffentlich-rechtliche Rechtsgeschäfte", die ein bestimmtes Rechtsverhältnis zur öffentlichen Gewalt selbst erst neu erzeugen [17]), und „Anweisungen", die nur „in Geltendmachung einer umfassenderen Macht" Folgerungen aus einem vorhandenen Rechtsverhältnis ziehen [18]). Eine weitere Einteilung nach dem Inhalt hat Mayer nicht gegeben, wennschon ihm die einzelnen Rechtsbegriffe, denen wir im folgenden begegnen werden, durchaus geläufig sind.

---

[12]) S. 166.
[13]) II. 179.
[14]) S. o. S. 26.
[15]) Mayer I. 100.
[16]) a. a. O. 101.
[17]) a. a. O. 101.
[18]) a. a. O. 101, 102.

Auch Gareis[19]) führt unter den „speziellen Verfügungen" nur Verwaltungssentenzen, „Einzelverfügungen" und administrative Befehle auf. Unter dem farblosen Ausdruck „Einzelverfügungen" verstecken sich wohl die konstitutiven Verwaltungsakte, unter den beiden anderen Bezeichnungen sind ohne weiteres die Entscheidungen und Befehle des alten Systems wieder zu erkennen. Die Beurkundungen sind dagegen weggefallen.

Auch Hänel wird hier genannt werden dürfen. Er unterscheidet zunächst zwei große Hauptgruppen von „Vollziehungsakten": Die Entscheidungen einerseits und die Akte, welche die „Verwirklichung der getroffenen Entscheidung" enthalten, andererseits[20]). Die letzte Gruppe aber gliedert er, von den „technischen Verrichtungen" und den privatrechtlichen Akten abgesehen, in Befehle und „Ermächtigungen", unter letzteren die positiven konstitutiven Verfügungen des alten Systems verstanden. Wenn man sich nicht an der, logisch natürlich unanfechtbaren, aber praktisch völlig wertlosen Unterscheidung in Entscheidungen und ihre Verwirklichung stoßen will, so findet man hier gegenüber der unrichtigen Vierteilung der publizistischen Handlungen eine Dreiteilung in Entscheidungen, Befehle und Ermächtigungen. Auch die letzteren sind noch weiter gegliedert.

Am eingehendsten hat von älteren Schriftstellern Löning[21]) das System der rechtsgeschäftlichen Verwaltungsakte behandelt. Er nennt Verfügungen im engeren Sinne, d. h. im Gegensatz zu den auch die publizistischen Verträge umfassenden Verfügungen im weiteren Sinn, alle „einseitigen staatlichen Willenserklärungen, durch welche der Staat nach Maßgabe der von ihm anerkannten Rechtskraft seiner Herrschaftsgewalt bestimmte Rechtswirkungen hervorruft"[22]). Diese Verfügungen gliedert er in fünf Klassen: Befehle, Ermächtigungen, d. h. „Willenserklärungen, durch welche die Befugnis zur Vornahme von Handlungen erteilt wird"[23]) und die er dann noch im einzelnen unterscheidet, ferner rechtsaufhebende Verfügungen, dann die auf Schaffung neuer Rechtspersönlichkeiten gerichteten Akte, endlich die auf Feststellung und Anerkennung streitigen subjektiven öffentlichen Rechts abzielenden Willenserklärungen.

Beachtenswert ist weiter das System von Ulbrich. Er unterscheidet zunächst Entscheidungen und Verfügungen[24]); die letzteren teilt er dann weiter in rechtsschöpferische oder konstitutive Verfügungen und in gewaltrechliche Befehle; die rechtsschöpferischen Verfügungen sind entweder Ausnahmeverfügungen (Dispens, Wiedereinsetzung in den vorigen Stand, subjektive Privilegien) oder hoheitliche Rechtsgeschäfte (z. B. Ernennung zu öffentlichen Ämtern, Naturalisation, Verleihungen, Zustimmung, Anerkennung, Verzicht, Auflösung von

---

[19]) S. 184.

[20]) Hänel I. 123, 124.

[21]) S. 240 f.

[22]) S. 240 a. a. O.

[23]) S. 242 a. a. O. Sie entsprechen im wesentlichen den sonst sog. konstitutiven Verfügungen; vgl. a. a. O. 242, 243.

[24]) Ulbrich 9.

Rechtsverhältnissen) oder endlich negative Verfügungen, wie die Ablehnung eines Verleihungsgesuchs [25]. Namentlich wegen der Erkenntnis dieses letzten Begriffs, der sich bei keinem der anderen Verwaltungsrechtler findet, haben wir Ulbrich hervorgehoben.

Endlich dürfen wir Schollenberger [26]) nicht vergessen. Er hat am bewußtesten und klarsten von allen, Löning etwa ausgenommen, die Gleichstellung der Entscheidungen mit den sonstigen Verfügungen durchgeführt. Er scheidet zunächst die Feststellungen und die Beurkundungen, die nur eine „Konstatierung und Bezeugung von Tatsachen" enthalten, von den „Verfügungen". Die letzteren sind unsere Rechtsgeschäfte; Schollenberger nennt sie im Gegensatz zu den bloß bezeugenden Beurkundungen „verbindlich", womit wohl angedeutet werden soll, daß es sich hier um Willenserklärungen mit Rechtsfolgen handelt [26a]. Er gliedert sie in vier Gruppen; sie sind entweder verpflichtend oder berechtigend oder rechtsaufhebend oder richtend.

III. Wir können neben dem alten System und dem System der rechtsgeschäftlichen Verwaltungsakte aber noch ein drittes erkennen. Dieses System muß einerseits dem zweiten System folgen, indem es nicht wie das alte verschiedenartige Dinge, nämlich Rechtsgeschäfte und Rechtshandlungen, vermengt; es muß andererseits über das bloße System der Rechtsgeschäfte hinausgehen, — es darf, ohne die von dem zweiten System erkannte Grenzlinie auszulöschen oder zu verwischen, sich nicht auf die rechtsgeschäftlichen Verwaltungsakte beschränken. Dieses dritte System ist das System der Verwaltungsakte überhaupt.

1. Bis vor kurzem mußte man sagen, daß erst einmal der Versuch eines solchen allgemeinen Systems gemacht worden ist, und zwar gemacht worden ist nicht von einem Publizisten, sondern gemacht von einem Zivilisten im Anschluß an eine Systematisierung des rechtswirksamen Handelns im Privatrecht. Wir sehen hier, wie wertvoll die Methode der Anlehnung publizistischer Untersuchungen an privatrechtliche werden kann. Eltzbacher [27]) hat nun das gesamte rechtswirksame Verhalten von Behörden in fünf große Gruppen gegliedert.

An erster Stelle stehen [28]) die „maßgebenden amtlichen Willensäußerungen, also amtliche Äußerungen eines auf bestimmte Rechtsfolgen gerichteten und diese bestimmenden Willens." Sie sind entweder selbständig oder unselbständig oder abhängig. Die unselbständigen „gehen nur darauf, daß durch sie selbst in Verbindung mit anderen Willenserklärungen eine bestimmte Rechtsfolge eintreten soll, stellen sich aber immerhin diesen ebenbürtig zur Seite" [29]); Beispiele bilden die zweitinstanzlichen Urteile [30]). Die abhängigen Willens-

---

[25]) a. a. O. 301—305.

[26]) III. 194, 195.

[26a]) Vgl. u. S. 199 f.

[27]) S. 248 f. Die Einteilung der „öffentlichen Rechtshandlungen" bei Kohler, Bürg. R. I. 545, 546 ist von ihm selbst nicht als System, sondern nur als Aufzählung der Hauptarten gedacht und für uns nicht verwertbar.

[28]) Eltzbacher 249, 250.

[29]) a. a. O. 162.

[30]) a. a. O. 250.

äußerungen aber „gehen überhaupt nicht unmittelbar auf eine bestimmte Rechtsfolge, sondern nur darauf, daß durch sie die Rechtswirksamkeit anderer Tatsachen, die nicht einmal Willenserklärungen zu sein brauchen, irgendwie beeinflußt werden soll, sie lehnen sich also an diese Tatsachen an, stellen sich nicht ebenbürtig neben sie“[31]; hierher gehören die Zustimmungen und Genehmigungen[32].

Die zweite Gruppe[33] wird gebildet durch die unmaßgeblichen amtlichen Willensäußerungen, d. h. solche, an die sich nicht eine als gewollt erklärte, sondern eine beliebige Rechtsfolge knüpft, weil sie gar nicht auf eine Rechtsfolge, sondern auf etwas rein tatsächliches gerichtet sind“. Sie werden eingeteilt in solche, die auf ein fremdes Tun und in solche, die auf ein eigenes Tun oder Lassen gehen. Zu letzteren werden gerechnet: Die „Zusage des Amtsgerichts, die in der Bestimmung eines ordentlichen Gerichtstages liegt“[34], ferner die Strafandrohung nach CPO. 890, sowie Verweigerungen. Zu den Willensäußerungen, die auf ein fremdes Tun gehen, gehören die Rückforderung des Erbscheins nach BGB. 2366, die Bestimmung der Inventarfrist nach BGB. 1994, das Verbot nach KO. 118.

Als dritte Gruppe[35] folgen die Vorstellungsäußerungen, zu denen sowohl die gewöhnlichen Mitteilungen wie auch die „in fester Form für einen größeren Menschenkreis niedergelegten [Mitteilungen], d. h. Beurkundungen“ gehören.

Die vierte Gruppe nennt Eltzbacher[36] amtliche Handlungen ohne Äußerungsgehalt. Darunter versteht er[37] solche Handlungen, die entweder keine seelische Tatsache zum Ausdruck bringen oder doch keine solche zum Ausdruck bringen sollen. Von bloßen Naturtatsachen unterscheiden sie sich dadurch, daß sie eben Handlungen sind; so ist der Aufenthalt an einem Ort entweder ein gewollter Zustand, d. h. Handlung, oder bloße Naturtatsache, wenn man sich unfreiwillig, etwa bewußtlos, dort befindet[38]. Diese Handlungen sind[39] entweder solche, die sich auf eine bestimmte Sache beziehen, so wenn der Gerichtsvollzieher nach CPO. 819 den Erlös der Versteigerung in Empfang nimmt oder die Polizeibehörde nach BGB. 976 die gefundene Sache; oder es sind Handlungen, die keine bestimmte Sache betreffen wie die Gegenwart von Beamten bei der Auflassung, Eheschließung, Testamentserrichtung nach BGB. 925, 1317, 2231.

Den Schluß macht[40] das „amtliche Verhalten rein seelischer Art“. In Betracht kommen Tatsachen des Vorstellungslebens; so der Umstand, daß die Behörde den zum Empfang der Sache Berechtigten

---

31) a. a. O. 162.
32) a. a. O. 250.
33) a. a. O. 251.
34) CPO. 500.
35) Eltzbacher 252, 253.
36) a. a. O. 253.
37) a. a. O. 207.
38) a. a. O. 208. — Auch im öffentlichen Recht ist übrigens gerade dieser Unterschied anerkannt in Unt.Wohn.G. 12.
39) a. a. O. 253, 254.
40) a. a. O. 254—256.

im Fall BGB. 983 nicht kennt; so weiter in allen Fällen des Kenntnisnehmens, z. B. nach BGB. 130, 976, 1317. Ausnahmswe se kommt auch ein Verhalten des Willenslebens in Betracht, so im Fall BGB. 1317, wo der Beamte zur Entgegennahme der Erklärungen bereit sein muß.

2. Zu dieser Systematisierung des Zivilisten ist dann neuerdings noch eine eingehend begründete Systematisierung von publizistischer Seite durch Walter Jellinek getreten. Als Grundlage dienen ihm die Fähigkeiten und Tätigkeiten des Menschen [41]). Für die Akte der Justiz und der Verwaltung ergeben sich von hier aus nach den möglichen Kombinationen der psychologischen Tatsachen des Wahrnehmens, des Denkens und des Wollens drei Hauptabteilungen [42]).

Die erste Gruppe bildet die Entgegennahme von Erklärungen: Das staatliche Organ nimmt wahr und an diese Wahrnehmung allein knüpft die Rechtsordnung Folgen. Ein Beispiel bietet die Wahrnehmung der eingelaufenen Berufungsschrift durch die Gerichtsperson [43]).

Die zweite Gruppe bilden die Urteile: Das staatliche Organ nimmt nicht nur wahr, sondern verarbeitet außerdem diese Wahrnehmungen gedanklich zu Urteilen und erklärt das letzte Urteil mündlich oder schriftlich [44]). Sie werden weiter gegliedert in Feststellungs- [45]) und Handlungsurteile [46]); die ersteren wiederum in Tatsachenurteile, zu denen als sog. Wahrnehmungsurteil auch die Beurkundung gerechnet wird [44]), in Zweckmäßigkeitsurteile [46]) und rechtliche Feststellungsurteile [46]).

Die dritte Gruppe bezeichnet Jellinek als Handlungen: Sie beruhen auf Wahrnehmungen und einer Summe unausgesprochener Urteile, indem sie, sich stets an ein (gedachtes) Handlungsurteil anschließend, den in diesem enthaltenen Gedanken verwirklichen [47]). „Je nachdem die Handlungen auf die Welt der rechtlichen Beziehungen oder unmittelbar auf die Welt der wahrnehmbaren Tatsachen einzuwirken bestimmt sind, hat man zu sondern Rechtsgeschäfte und Handlungen im engeren Sinne“ [48]).

Die Rechtsgeschäfte werden gegliedert in drei Abteilungen: solche, die die rechtlichen Beziehungen zwischen dem Staat als solchem und dem Untertanen unberührt lassen, wie die Erhebung des Konflikts [48]); sodann machterweiternde Rechtsgeschäfte, durch die der Staat eine zwischen ihm und dem Untertanen bestehende Schranke, wie z. B. durch Zurücknahme einer Approbation, beseitigt [49]); endlich machteinschränkende Rechtsgeschäfte, durch die der Staat seinem freien Handeln ein Hemmnis setzt [49]) und die weiter in frei widerrufliche und nicht frei widerrufliche zerfallen (Dispense, Ermächtigungen, Patenterteilung, Gewerbekonzession, Amtsübertragung) [49]).

---

41) S. 6.
42) S. 26 f.
43) S. 26.
44) a. a. O.
45) S. 26, 27.
46) S. 27.
47) S. 27, 28.
48) S. 27.
49) S. 28.

Die Handlungen im engeren Sinn sind entweder Taten, durch die das handelnde Organ einen Erfolg in der Außenwelt mit eigener körperlicher Bewegung herbeiführt, oder aber Befehle, die den Eintritt oder Nichteintritt eines Erfolgs in der Außenwelt durch die körperliche Tätigkeit eines anderen veranlassen sollen [49]).

* * *

Wir sehen von einer Kritik dieser Systeme, soweit Einzelheiten in Frage kommen, grundsätzlich ab, obschon sie in manchen Punkten sehr nahe läge. Inwiefern wir insbesondere von Löning, Ulbrich und Schollenberger abweichen, wird sich nachher aus unserer positiven Darstellung von selbst ergeben. Hier handelt es sich nur darum, die Grundfehler zu erkennen, die Fehler, die nicht sowohl bei der Ausgestaltung der architektonischen Einzelheiten als vielmehr in der Anlage des ganzen Systembaues bisher gemacht worden sind. Welches aber diese Grundfehler sind, das hat uns schon die dogmengeschichtliche Entwicklung angedeutet.

1. Das alte System krankte an zwei Fehlern. Es warf einerseits verschiedenartige Dinge zusammen. Und es blieb anderseits doch unvollständig; von den Rechtshandlungen berücksichtigte es zwar die Beurkundungen, aber z. B. nicht die Mitteilungen, Mahnungen usw.; und selbst die rechtsgeschäftlichen Verwaltungsakte gehen in seinen Kategorien keineswegs restlos auf, selbst wenn man in den „konstitutiven Verfügungen" ein Asyl für obdachlose Rechtserscheinungen eröffnete.

2. Das zweite System vermied zwar den ersten Fehler; es zog eine scharfe Trennungslinie zwischen Rechtsgeschäften und Rechtshandlungen. Aber unvollständig war es ebenso wie das alte System; auf die Systematisierung der Rechtshandlungen verzichtete es von vornherein; und was die Rechtsgeschäfte anlangt, so gilt von ihm grundsätzlich das gleiche wie von dem alten System.

3. Aber auch das System Eltzbacher können wir nicht einfach übernehmen. Von Einzelheiten, auf die wir erst später eingehen werden, abgesehen, sind es vor allem drei Punkte, in denen wir Eltzbacher nicht folgen können.

Zunächst haben wir uns vorhin für einen Rechtsgeschäftsbegriff erklärt, der viel weiter ist als der Eltzbachers; für uns ist Rechtsgeschäft jede auf den Eintritt von Rechtswirkungen gerichtete Willenserklärung, soweit sie nicht Gesetz oder Verordnung ist. Daher müssen wir Eltzbachers Begriff der unmaßgeblichen amtlichen Willensäußerungen verwerfen; von einigen wenigen anders gearteten Fällen sind sie sämtlich als Rechtsgeschäfte in unserem Sinn aufzufassen. Daß für eine Unterscheidung dieser Akte von den Rechtsgeschäften übrigens gar kein Grund vorliegt, muß Eltzbacher selbst einräumen, indem er andeutet, daß auf diese unmaßgeblichen Willensäußerungen im bürgerlichen Recht dessen für Rechtsgeschäfte erlassene Bestimmungen Anwendung finden [50]). Auch in der zivilistischen Literatur hat diese Kategorie mit dem unglücklichen Namen lebhaftes Befremden erregt [51]).

Aber auch wenn wir aus den beiden ersten Gruppen des Eltzbacherschen Systems unsere Rechtsgeschäfte bilden wollten, so könnten wir doch seine Einteilung nicht einmal als Untereinteilung dei rechtsgeschäftlichen Verwaltungsakte verwenden. Sie ist, ebenso wie seine Einteilung in selbständige, unselbständige und abhängige Willenserklärungen, an praktischer Bedeutung — und das ist für uns ein für allemal gleichbedeutend mit dem wissenschaftlichen Wert eines Rechtsbegriffs — gar nicht zu vergleichen mit der von den Publizisten geschaffenen Gliederung in verpflichtende, berechtigende usw. Verfügungen. Wir werden daher hinsichtlich der rechtsgeschäftlichen Verwaltungsakte nicht an Eltzbacher, sondern an das zweite System anknüpfen, dessen Grundgedanken wir durchaus übernehmen, indem wir es nur in Einzelheiten weiter ausgestalten.

Endlich ergibt sich noch ein, allerdings mehr äußerlicher Unterschied gegenüber Eltzbacher daraus, daß er [52]) den Begriff der Rechtshandlungen verwirft, wir aber ihn anerkennen. Hierdurch wird unserer weiteren Darstellung der Weg vorgezeichnet, indem wir uns zunächst den rechtsgeschäftlichen Verwaltungsakten zuzuwenden haben, um dann von ihnen getrennt die rechtshandlungsmäßigen zu untersuchen.

4. Es sind zum Teil die gleichen Bedenken, die auch gegen das System Walter Jellineks sprechen.

Sein System ist zunächst mehr psychologisch als juristisch und darum gilt von seiner Einteilung ebenso wie von der Eltzbachers, daß sie an praktischer Bedeutung und also rechtswissenschaftlichem Wert in keiner Weise sich messen kann mit den überlieferten Einteilungen. Insbesondere sei hier noch verwiesen auf seine Gliederung in widerrufliche und unwiderrufliche Rechtsgeschäfte. Was soll man mit dieser Unterscheidung anfangen! Ob ein Verwaltungsakt widerruflich ist oder nicht, ist leider in den Gesetzen zumeist nicht gesagt; die Widerruflichkeit ist ebenso wie die Unwiderruflichkeit keine durch den Gesetzgeber positiv bestimmte Größe, sie entspricht vielmehr, um in dem begonnenen Bilde der Mathematik zu bleiben, einer gesuchten Größe X. Aufgabe eines praktisch brauchbaren Systems wäre es nun offensichtlich, die Verwaltungsakte so zu gliedern, daß man für die einzelnen Gruppen wenigstens grundsätzlich bestimmen kann, ob sie zur Größe X (widerrufliche Verwaltungsakte) oder zur Größe Y (unwiderrufliche Verwaltungsakte) gehört. Eine solche Gliederung läßt sich, wie wir später in der Lehre vom Widerruf noch sehen werden, auch ganz gut im Anschluß an die überlieferte Systematisierung der Verwaltungsakte nach ihren Wirkungen gewinnen. Dagegen bietet das System Jellineks als einzige Lösung dieser Aufgabe die, daß es seine Gruppen selbst mit den Namen der gesuchten Größen X und Y bezeichnet.

---

[50]) Vgl. Eltzbacher 183. Die nähere Ausführung dieser Andeutung müssen wir von dem noch nicht erschienenen zweiten Band des Eltzbacherschen Werkes erwarten.

[51]) Vgl. Manigk, Willenserklärung 636.

[52]) S. 158, 159.

Ebenso wie von Eltzbacher unterscheidet uns auch von Walter Jellinek unser erheblich weiterer Rechtsgeschäftsbegriff.

Endlich unterscheidet uns von ihm auch die Anwendung des Rechtshandlungsbegriffs. Und zwar handelt es sich hier nicht bloß, wie gegenüber Eltzbacher, um einen äußerlichen Unterschied. Denn während Eltzbacher nur diesen Begriff verwirft, aber im übrigen sich der Sonderstellung der unter ihm zusammengefaßten Akte gegenüber den Rechtsgeschäften und unmaßgeblichen Willensäußerungen durchaus bewußt ist, finden wir bei Jellinek wieder einen Rückfall in das „alte System", indem die Sonderstellung der rechtsgeschäftlichen Verwaltungsakte gegenüber den rechtshandlungsmäßigen wieder verwischt worden ist. So finden wir unter den Urteilen nach Bernatziks Vorgang die Beurkundungen wieder, und dem Befehl ist die „Tat" gleichgeordnet, während die Urteile einschließlich der (befehlenden) Leistungsurteile von den Befehlen getrennt sind.

Dahin gestellt bleiben mag, ob Jellineks System nicht auch die anderen Fehler des „alten Systems" teilt, daß es des erschöpfenden Charakters entbehrt. Jedenfalls ist nicht mit Deutlichkeit erkennbar, wo die Mitteilungen, Mahnungen und ähnliches Platz finden sollen. In Betracht kommt nur die Gruppe der „Taten". Es erscheint aber doch zweifelhaft, ob jene Akte wirklich nur auf „die Welt der wahrnehmbaren Tatsachen" oder nicht auch auf „die Welt der rechtlichen Beziehungen" einwirken.

2. System der rechtsgeschäftlichen Verwaltungsakte.

§ 8.

a) Allgemeine Vorbemerkungen. Schema des Systems.

Daß die rechtsgeschäftlichen Verwaltungsakte einen ungemein verschiedenartigen Inhalt aufnehmen können, ist schon oft hervorgehoben worden [1]). Es ist darum nicht möglich, sie in ein erschöpfendes kurzes System zu bringen. Man muß vielmehr ziemlich viel Teilungen und Unterteilungen vornehmen. Um die Übersichtlichkeit zu erleichtern, sehen wir von der sonst von uns geübten Form fortlaufender entwickelnder Darstellung ab, werden vielmehr unser System der Verwaltungsakte zunächst in einem kurzen Schema vorführen und dann erst dessen einzelne Kategorien mit Beispielen belegen und, soweit erforderlich, in ihrer Notwendigkeit begründen.

I. Vorausgeschickt seien einige allgemeine Vorbemerkungen.

1. Es gilt zunächst die Begrenzung unserer Aufgabe nach einigen Richtungen.

Selbstverständlich ist es, daß wir es nur zu tun haben mit den formellen Verwaltungsakten. Die materiellen in Gesetzesform ergehenden Verwaltungsakte wie der Staatshaushaltsetat scheiden für uns aus.

Ebenso haben wir bereits ausdrücklich die Verordnungen, seien es Rechts-, seien es Verwaltungsverordnungen, aus dem Gebiet unserer

[1]) Vgl. z. B. Mayer I. 97, 99. Jellinek 333 (1).

Untersuchungen ausgewiesen [2]). Ob ein Verwaltungsakt im einzelnen Fall Verordnung oder Verfügung ist, läßt sich nicht immer von vorneherein bestimmen; nicht selten kann er, sei es nach der Verschiedenheit der Gesetzgebung der einzelnen Staaten, sei es nach dem Willen der handelnden Verwaltungsbehörde, bald das eine, bald das andere sein. Zu einer Reihe von nicht ganz zweifelsfreien Fällen wollen wir gleich hier Stellung nehmen.

Als Verordnung muß jeder Akt aufgefaßt werden, der Ausnahmen von einer gesetzlichen oder verordnungsmäßigen Vorschrift nicht bloß wie der Dispens für einen einzelnen Fall, sondern allgemein macht. Ein solcher Verwaltungsakt ist contrarius actus des Gesetzes, also selbst materielles Gesetz und formell Rechtsverordnung. Daher gehören zu unseren Verwaltungsakten nicht die Sistierung der Verfassung und nicht die Erklärung des Belagerungszustandes nach P.G. v. 4. Juni 1851. Dementsprechend kann nach österreichischem ebenso wie nach französischem Recht, wo ein Gesetz vom 3. April 1878 dies ausdrücklich vorgeschrieben hat, die Erklärung des Belagerungszustandes nur durch formelles Gesetz, in Österreich unter Umständen auch durch kaiserliche Verordnung erfolgen [3]).

Aus gleichem Grund ist auch die Außerkurssetzung von Geld nicht zu unseren Verwaltungsakten zu rechnen. Sie ist eben „materielles Gesetz“ [4]); die „Vorschriften“, von denen Münz.G. 14 spricht, sind Verordnungen, wie sie nach 14 II denn auch der Bekanntmachung bedürfen. Wir brauchen daher im folgenden auf die Außerkurssetzung nicht mehr zurückzukommen und können es dahingestellt sein lassen, ob man sie besser als rechtsvernichtenden, nämlich die Geldeigenschaft entziehenden Akt [5]) oder als einen „Befehl der Staatsgewalt“ [6]), d. h. als ein Verbot zu kennzeichnen hätte.

Auch die „Vorschreibung“ [7]), „Festsetzung“ [8]), und „Aufstellung“ [9]) von Taxen nach Titel 5 der Gew.O. muß man als Verordnung auffassen. Eine solche ist ganz offensichtlich z. B. die preußische Bekanntmachung vom 15. Mai 1896 betr. Erlaß einer Gebührenordnung für Ärzte und Zahnärzte.

Ebenso ist die „Festsetzung“ des ortsüblichen Tagelohns nach KVG. 8 Verordnung [10]). Dem entspricht auch das Erfordernis ihrer Bekanntmachung in dem für die amtlichen Bekanntmachungen überhaupt bestimmten Blatt.

Als Verordnungen sind auch alle diejenigen Akte zu bezeichnen, die über die Bildung von Bezirken Bestimmung treffen. Sie dürfen nicht verwechselt werden mit den Verwaltungsakten, durch die eine juristische Person geschaffen wird. Als Beispiele sind zu nennen die

---

[2]) S. o. S. 19, 20.
[3]) Dantscher **III**. 155, 156, 157.
[4]) Laband **III**. 162.
[5]) Vgl. Bornhak **III**. 390.
[6]) Laband **III**. 162.
[7]) Gew.O. 72.
[8]) Gew.O. 76, 80.
[9]) Gew.O. 77.
[10]) Menzel **164**.

Bildung von Steuerbezirken wie z. B. der Voreinschätzungsbezirke nach preuß. Eink.St.G. 32 III oder der Veranlagungsbezirke nach § 34 dieses Gesetzes; ferner die „Gleichstellung" der nächsten Umgebung eines Orts mit diesem in gewerbepolizeilicher Hinsicht nach Gew.O. 55[11]).

Auch die Festsetzung der Bureaustunden einer Behörde ist Verordnung. Keine andere Rechtsnatur hat aber auch die von Eltzbacher[12]) sog. „Zusage des Amtsgerichts, die in der Bestimmung eines ordentlichen Gerichtstages liegt." Mindestens dann muß hier von einer Verordnung gesprochen werden, wenn die Bestimmung durch die „Geschäftsverteilung" des aufsichtsführenden Amtsrichters getroffen ist. Soweit man aber keine Verordnung annehmen will, liegt doch jedenfalls kein Akt vor, den man berechtigt wäre, mit Eltzbacher[13]) dem Erlaß eines Verbots nach KO. 118 gleichzusetzen; während dies Verbot eine Verpflichtung der betroffenen Personen schafft, also ein Rechtsgeschäft ist, stellt sich die Bestimmung eines ordentlichen Gerichtstages als eine bloße Mitteilung dar, die sich in nichts von der Mitteilung eines Ministerialdezernenten auf eine Anfrage, wann er zu sprechen sei, unterscheidet.

Keine Verordnungen im üblichen Sinn, aber doch den Verwaltungsverordnungen durchaus gleichartig sind die „Anweisungen"; sie stehen den Verordnungen weit näher als unseren Verfügungen[14]) und sollen daher im folgenden nicht weiter berücksichtigt werden. In Betracht kommen vor allem zwei Gruppen. Einmal diejenigen, die über die Pflichten des Unternehmers eines öffentlichen Unternehmens Bestimmung treffen und die als Regulative, Betriebsvorschriften u. ä. bezeichnet zu werden pflegen[15]). Auf der anderen Seite stehen die „Anstaltsordnungen" öffentlicher Anstalten wie Bibliotheken usw.; auch sie führen sehr verschiedene Namen als Hausordnungen, Regulative, Reglements, Statuten[16]).

Weniger sicher ist der Verordnungscharakter der „Festsetzung" über Zahl, Zeit und Dauer von Messen und Märkten nach Gew.O. 65 I. Landmann[17]) spricht freilich davon, daß die Behörde „Verfügung" zu treffen habe darüber, wann und wie oft solche Veranstaltungen stattfinden dürften, doch scheint er dies Wort dabei nicht in technischem Sinn genommen zu haben; an anderer Stelle kennzeichnet er[18]) dann die Festsetzung als „Genehmigung auf Antrag" des Interessenten, womit er aber nur sagen will, daß eine Verpflichtung zur Marktabhaltung dadurch nicht geschaffen wird. Schenkel[19]) spricht sehr

---

[11]) Vgl. Landmann I. 489 und Schenkel I. 413 über das Erfordernis der von den Motiven als selbstverständlich vorausgesetzten Bekanntmachung.

[12]) S. 251; vgl. o. S. 54.

[13]) S. 251; vgl. o. S. 54.

[14]) Vgl. Tezner 190 über Wirtschaftpläne.

[15]) Mayer II. 309.

[16]) a. a. O. 338.

[17]) I. 528.

[18]) I. 528, 529.

[19]) II. 16.

verschwommen von „Verwaltungsentschließung“, Schicker [20]) dagegen von einer Konzession. Ich möchte trotzdem eher geneigt sein, hier eine Verordnung anzunehmen; der Ausdruck „Anordnung“ in Absatz 2 scheint ebenfalls darauf hinzudeuten und auch die freie Rücknehmbarkeit [21]) der „Anordnung“, d. i. Verordnung, stimmt damit durchaus überein.

Auch die „Bestimmung“ über den Maßstab der Kostenverteilung nach Gew.O. 103 l I 1 ist hier sowohl wie in zahlreichen gleichartigen Fällen Verordnung. Sie ist natürlich scharf zu scheiden von der auf ihrer Grundlage weiter ergehenden „Festsetzung“ der Umlagen selbst [22]).

Sowohl Verordnung wie Verfügung kann die Erlaubniserteilung nach Gew.O. 59 II sein, je nachdem die handelnde Behörde es für zweckmäßig hält, die Erlaubnis im allgemeinen oder nur für den einzelnen Fall zu gewähren. So kam eine Verfügung in Betracht in dem Fall der dem pr. Min.Erl. vom 29. Januar 1885 [23]) zugrunde lag. Dagegen hat das badische Ministerium des Innern in einer Verordnung vom 6. Januar 1885 [24]) das Feilbieten von Sand durch Inländer allgemein gestattet.

Ist die Feststellung des Fluchtlinienplans Verordnung oder Verfügung? Man kann zweifelhaft sein. — Germershausen [25]) hat im Anschluß an die Reichsgerichtsentscheidung vom 28. November 1891 [26]), den Fluchtlinienplan einen „Teil der Gemeindeverfassung“ genannt; Walz [27]) hat darauf hingewiesen, daß der Baufluchtlinienplan eher mit polizeilichen „Vorschriften“ als mit polizeilichen „Verfügungen“ zu vergleichen sei; Tezner [28]) hat ihn geradezu unter den Verordnungen aufgeführt, da er sich „der Bedeutung einer lokalen Polizeiverordnung nähert“; das Reichsgericht [26]) hat den Fluchtlinienplan unzweideutig als Rechtsnorm gekennzeichnet. Dieser Auffassung entspricht vollkommen das sächsische Recht, indem nach S.Bau-G. 15 der Bebauungsplan, der aber nichts anderes ist als „eine Summe von Fluchtlinien nach einheitlichem Plan“ [29]), „ortsgesetzlich“ festzustellen ist [30]). Im übrigen kann es als gemeines deutsches Recht bezeichnet werden, daß die Verkündung des Baufluchtlinienplans in gleicher Weise wie die von Polizeiverordnungen erforderlich ist [31]), was sicher sehr dafür spricht, ihm die Natur einer Verordnung beizumessen. Dafür spricht ferner der Umstand, daß ein gesetzwidriger oder unter Verletzung bestimmter Verfahrensvorschriften zustande gekommener Plan absolut nichtig,

---

20) I. 344.
21) Vgl. Schenkel **II.** 16, Schicker **I. 344.**
22) Vgl. Pr. V. d. H. M. v. 26. V. 1900, Z. III VI (M.Bl. 216).
23) Pr. M.Bl. **1885,** 53.
24) Bei Reger **5,** 400.
25) I. 689; vgl. Friedrichs 30.
26) RG. in V.Bl. **13,** 342.
27) S. 57 f.
28) S. 190.
29) Born 335.
30) Vgl. S. OVG. **1,** 231, wo wie auch sonst häufig dementsprechend von dem Bebauungsplan als von der „Festsetzung einer Rechtsnorm“ die Rede ist.
31) Vgl. Pr. Baufluchtlinien-G. 8. Bad. Bau-G. Art. 2, Z. 6. Hess. Bau-O. Art. 7.

aber nicht anfechtbar ist [32]), also, wie wir in der Lehre von den Geschäftsmängeln noch sehen werden, den Vorschriften über die Verordnungen, nicht denen über die Verfügungen folgt. — Aber diese Konstruktion versagt dort, wo Festsetzungen in Frage kommen, die sich nur auf einzelne Grundstücke beziehen, da hier keine allgemeine Verkündung nötig, sondern Mitteilung an die Betroffenen ausreichend ist [33]). Wir werden daher insoweit den Baufluchtlinienplan als Verfügung aufzufassen und später auf ihn zurückzukommen haben.

Dagegen wird man wohl ohne jede Einschränkung den Rayonplan nach Rayon G. 9 nicht als Verordnung, sondern als Verfügung zu betrachten haben, da der Inhalt des Rayonplans im Gesetz genau vorgeschrieben ist und da dem Plan also durchaus der Charakter einer „Feststellung" oder Entscheidung zukommt, der sich mit dem Charakter eines materiellen Gesetzes kaum vertragen dürfte.

Nicht näher sollen im folgenden die zweiseitigen Verwaltungsakte, von denen bereits die Rede war, erörtert werden. Das System ist auf die einseitigen Verwaltungsakte berechnet. Manche Kategorien sind auch bei den zweiseitigen zu finden, doch zeigen diese keine so große Mannigfaltigkeit ihrer Wirkungen.

2. Das gewählte Einteilungsprinzip ist das der Verschiedenheit der erzeugten Rechtswirkungen. Zwischen internen und äußeren Verwaltungsakten, von denen erstere sich innerhalb des Organismus der Verwaltung bewegen, während bei den äußeren die Verwaltung in Beziehung zu anderen Rechtssubjekten tritt, haben wir nicht näher unterschieden, obschon diese von Meyer [34]) bei seiner Systematisierung zugrunde gelegte Einteilung keineswegs ohne praktische Bedeutung und wissenschaftlichen Wert ist. Doch entbehren die internen Verwaltungsakte der reichen Gliederung, wie wir sie bei den äußeren Verwaltungsakten finden. Es genügt daher, wenn wir sie zunächst einfach in das allgemeine System einreihen, soweit sie in dessen Kategorien auftauchen. Nur erschien es nötig, auf ihre Sonderstellung gegenüber den äußeren Verwaltungsakten bereits hier im allgemeinen hinzuweisen, da wir in der Folge noch einige Male darauf zurückzukommen haben.

3. Endlich sei noch in terminologischer Hinsicht bemerkt, daß wir, namentlich bezüglich des Worts „Verfügung", irgend einem auch nur annähernd festen Sprachgebrauch nicht gegenüberstehen. Bereits die dogmengeschichtliche Übersicht hat uns das, soweit die Wissenschaft in Betracht kommt, gezeigt. Aber auch die Praxis hat einen festen Sprachgebrauch sich nicht geschaffen. So hat die Rechtsprechung unter den polizeilichen Verfügungen von Pr. ALVG. 127 unter anderem verstanden: Gebote, Verbote, tatsächliche Eingriffe, Erteilung und Versagung von polizeilichen Erlaubnissen, Versagung von Bescheini-

---

[32]) OVG. **28**, 371, **33**, 425.

[33]) So auch im sächsischen Recht bei dem beschränkten Bebauungsplan nach S. Bau-G. 27. Ferner Hess. Bau-O. Art. 7. Vgl. auch Pr. Baufluchtl.G. 7 II und dagegen 8.

[34]) VR. I. 29. StR. 646.

gungen, sonstige Verweigerungen [35]). Wie wenig technisch der Ausdruck Verfügung ist, zeigt sehr deutlich ALVG. 50 I, wo diesem Wort in Klammern die Worte Bescheide und Beschlüsse beigefügt werden. Ebenso ist es im FGG., das bald von Verfügungen, bald von Entscheidungen, bald von Anordnungen, bald von Beschlüssen spricht, ohne daß dieser Verschiedenheit der Bezeichnung irgend eine sachliche Verschiedenheit zugrunde liegt [36]). Da somit ein fester Sprachgebrauch mangelt, so haben wir in unserer Terminologie völlig freie Hand und es ist nicht nötig, näher zu rechtfertigen, weshalb wir gerade den Ausdruck „Verfügung", der uns von den in Betracht kommenden der sprachlich weiteste zu sein schien, dem Schema der rechtsgeschäftlichen Verwaltungsakte zugrunde gelegt haben. Da er zugleich der einfachste ist, so scheint er uns auch der zukunftsreichste zu sein, und wir zweifeln insbesondere nicht, daß ein „Verwaltungsgesetzbuch" der Zukunft, zu dem wir ja sicher einmal, wenn auch erst nach einem oder zwei Menschenaltern, nämlich erst nach gründlicher wissenschaftlicher Erforschung des Verwaltungsrechts und namentlich seiner allgemeinen Lehren, kommen werden, in seinen „allgemeinen Teil" das Wort Verfügungen aufnehmen wird, da die Worte „rechtsgeschäftliche Verwaltungsakte" oder „amtliche publizistische Rechtsgeschäfte" wohl in der Sprache der Wissenschaft, aber nicht in der des Gesetzgebers angängig erscheinen.

II. Danach können wir folgendes Schema aufstellen.

A. Positive Verfügungen.
  1. Rechtsbestimmende Verfügungen (Feststellungen).
  2. Rechtsschaffende Verfügungen.
    a) Personenrechtliche; sie gehen auf
      α) Schaffung von Verpflichtungen und Lasten (verpflichtende Verfügungen),
      β) Schaffung von Erlaubnissen, Rechten und Fähigkeiten (konstitutive Verfügungen i. e. S.),
      γ) Schaffung von Rechtsverhältnissen,
      δ) Schaffung von Rechtslagen.
    b) Sachenrechtliche.
  3. Rechtsverändernde Verfügungen.
  4. Rechtsvernichtende Verfügungen,
    a) personenrechtliche,
    b) sachenrechtliche.

B. Negative Verfügungen (Verweigerungen).

§ 9.

b) Die negativen Verfügungen.

I. Wir haben einander zunächst gegenübergestellt die positiven und die negativen Verfügungen. Die Begriffe, die wir mit diesen Bezeichnungen verbinden, sind klar. Positiv nennen wir eine Verfügung dann, wenn sie eine Änderung des Rechtszustands hervorruft;

---

[35]) Vgl. die Zusammenstellung bei Brauchitsch I. 178 f.

[36]) Vgl. Nußbaum 48.

diese Änderung selbst braucht nicht positiv zu sein, sondern kann auch in der Vernichtung eines bestehenden Rechtszustands liegen. Negativ nennen wir dagegen eine Verfügung dann, wenn sie den Willen erklärt, eine Änderung irgend welcher, rechtlicher oder tatsächlicher Art nicht vornehmen zu wollen; regelmäßig werden negative Verfügungen sich als Abweisungen von Anträgen darstellen, in welchem Fall man sie als „Verweigerungen" bezeichnen kann.

II. Die Berechtigung des Begriffs der negativen Verfügungen ist von Bernatzk [1] geradezu bestritten worden, indem er ausführte: „Ablehnung . . ist keine Form behördlicher Tätigkeit, sondern im Gegenteil die Form, in welcher sich die Absicht der behördlichen Untätigkeit manifestiert"; demgemäß ist in seinem System der Verwaltungsakte [2] auch kein Platz für die negativen Verfügungen offen gehalten. Die übrigen publizistischen Schriftsteller haben zwar nicht mit Bernatzik die Notwendigkeit des Begriffs ausdrücklich bestritten, aber tatsächlich ihn nicht berücksichtigt, mit alleiniger Ausnahme von Ulbrich [3]. — In der Praxis dagegen war die negative Verfügung, wenn man sie auch nicht so nannte, ein alltäglicher Begriff; das Oberverwaltungsgericht hat in einer ganzen Reihe von Entscheidungen die Verweigerungen als polizeiliche Verfügungen im Sinne von ALVG 127 anerkannt [4]. — Die Gesetze tun des Begriffs der Verweigerung oft in der Weise Erwähnung, daß sie bestimmen: gegen eine „Verfügung, durch die der Antrag auf Vornahme eines Verwaltungsakts zurückgewiesen wird", solle der Verwaltungsrechtsweg offen stehen oder ein sonstiges Rechtsmittel gegeben sein [5]. Vor allem aber ist der Begriff der Verweigerung im FGG. 18^{I} ausgebildet; auf diese Bestimmung, an der sich die praktische Bedeutung und der wissenschaftliche Wert des Begriffs erhärtet, werden wir in der Lehre vom Widerruf zurückzukommen haben [5a].

III. Die Zahl der Beispiele für negative Verfügungen kann leicht ins ungemessene gesteigert werden. — Vor allem zahlreich sind die Verweigerungen und davon wieder namentlich die Verweigerungen von rechtsgeschäftlichen Verwaltungsakten [6]; aber auch die Verweigerung von Rechtshandlungen gehört hierher wie z. B. die Versagung der Bescheinigung über eine erfolgte Anmeldung nach VG. 5, Gew.O. 15 und in ähnlichen Fällen [7]. — Ein besonderer Typus der negativen Verfügungen sind die „Verweisungen auf den Rechtsweg" So werden insbesondere bei Erteilung polizeilicher Erlaubnisse die von Interessenten gegen die Erteilung vorgebrachten Einwendungen, soweit sie auf privatrechtlichen Titeln beruhen, auf den Rechtsweg verwiesen, z. B. nach

---

[1]) S. 76.

[2]) Bernatzik 12; vgl. o. S. 50.

[3]) S. 304; s. o. S. 53.

[4]) Vgl. z. B. OVG. **2**, 440, **3**, 215, **9**, 400, **12**, 363, **23**, 336, **24**, 410, **39**, 355, ferner OVG. v. **4**. III. 86 in VBl. **8**, 5.

[5]) Vgl. z. B. KVG. 12^{V}, 14^{IV}, 43^{VI}, 43a; ferner Hilfsk.G. 4^{II}, Gew.O. 100 b ^{III}.

[5a]) S. u. S. 353.

[6]) Vgl. die Fälle der vorigen Anmerkungen 4 und 5.

[7]) Vgl. OVG. **22**, 396.

Gew.O. 19 oder nach S.BauG. 154. Das Besondere dieser Fälle ist, daß hier mit der Willenserklärung, nicht einschreiten zu wollen, zugleich eine Rechtsbelehrung verbunden wird. Es ist ebenso, wie wenn der Staatsanwalt auf den Strafantrag des Beleidigten nach St.PO. 156^{II}, St.GB. 194 dem Antragsteller mitteilt, zur Erhebung der öffentlichen Klage liege nach St.PO. 416 kein Grund vor und er stelle dem Beleidigten die Erhebung der Privatklage anheim. — Das Beispiel einer negativen Verfügung ohne Antrag findet sich in der Erklärung der Steuerbehörde nach P. Eink.St.G. $76^{IV\,2}$, daß sie von der vorläufigen Festsetzung der Strafe absehe. — Die Aussetzung des Verfahrens, die sich ebenfalls als eine, und zwar als eine vorläufige, negative Verfügung darstellt, kann sowohl von Amtswegen (nach CPO. 148 f, 578, 681, P. Disz.G. 4^{II}) wie auch auf Antrag (nach CPO. 148 f, 681) erfolgen.

IV. Ihrer rechtlichen Natur nach sind die negativen Verfügungen ebenso wie die positiven Willenserklärungen und müssen daher, da für uns alle Willenserklärungen, die nicht Gesetz sind, Rechtsgeschäfte sind, als solche bezeichnet werden. Auch Ulbrich [8]) hat die negativen Verfügungen auf gleiche Stufe mit den Ausnahmeverfügungen und den hoheitlichen Rechtsgeschäften gestellt; er unterscheidet sich also von uns nur in der Terminologie, aber nicht in der Sache. Auch Walter Jellinek[9]) betont richtig den Rechtsgeschäftscharakter einer öffentlichrechtlichen Konzessionsverweigerung ebenso wie der Ablehnung eines privatrechlichen Vertragsanerbietens. Bezüglich der privatrechtlichen Weigerungserklärungen hat, wenigstens soweit es sich um die Versagung von Genehmigungen und Erlaubnissen handelt, auch Manigk[10]) hervorgehoben, daß ihnen rechtsgeschäftliche Natur zukomme. Gegen die Auffassung von Eltzbacher[11]), der die Verweigerung der Vertragsgenehmigung nach BGB. 1829 sowie die Verweigerung der Urkundenmitteilung nach CPO. 432 als unmaßgebliche amtliche Willensäußerungen kennzeichnet, haben wir uns schon vorhin ausgesprochen[12]).

§ 10.

c) Die rechtsbestimmenden Verfügungen.

Unter den positiven Verfügungen, denen wir uns nunmehr zuwenden, haben wir uns zunächst den alten Unterschied zwischen Entscheidungen und eigentlichen Verfügungen (Gruppe A_1 bezw. A_{2-4} unseres Schemas) völlig fallen lassen und im Anschluß an Löning und Schollenberger [1]) die rechtsbestimmenden Verfügungen den rechtsschaffenden, rechtsverändernden und rechtsvernichtenden Verfügungen als gleichartig beigeordnet.

I. In terminologischer Hinsicht muß zunächst folgendes bemerkt werden. Als allgemeine Bezeichnung scheinen die Worte

---

[8]) S. 301, 302, 304. S. o. S. 52, 53.
[9]) S. 51.
[10]) Willenserklärung 731 f.
[11]) S. 251; vgl. auch 184 f. über die privatrechtlichen Verweigerungen.
[12]) Vgl. dagegen o. S. 56.
[1]) S. o. S. 52, 53.

rechtsbestimmende Verfügung und Feststellung besser als das meist übliche Wort Entscheidung. Feststellung ist nach unserem Sprachgebrauch wohl ein weiterer Begriff als Entscheidung, bei der man unwillkürlich an zwei einander entgegengesetzte Behauptungen und Ansprüche denkt, zwischen denen der Beurteiler sich „entscheiden“ soll [2]). Wir möchten also die Feststellung nur dort Entscheidung nennen, wo sich gegensätzliche Behauptungen und Ansprüche entgegenstehen, daher wir das Anerkenntnisurteil nach CPO. 307 z. B. als Feststellung bezeichnen würden. Praktische Bedeutung hat diese terminologische Nüanzierung natürlich nicht.

II. Feststellung und Urteil sind zwei Begriffe, die man nicht miteinander verwechseln darf. Der Urteilsbegriff ist teils enger, teils auch weiter als der Feststellungsbegriff.

1. Er ist enger als dieser, indem man als Urteil nur die Feststellungen bezeichnet, die von Gerichten, seien es bürgerliche, Straf- oder Verwaltungsgerichte, ausgehen [3]). Hierauf beruht es auch, daß häufig das Urteil dem Verwaltungsakt gegenübergestellt wird [4]). Es gibt aber neben den Feststellungen durch die Gerichte noch eine Unmenge von völlig gleichgearteten Feststellungen durch die Verwaltungsbehörden. Wir werden nachher einen Katalog solcher behördlichen Entscheidungen mitteilen. Hier soll zunächst nur festgestellt werden, daß zwischen ihnen und den Urteilen ein inhaltlicher Unterschied nicht vorhanden ist.[5]) Daß materiell kein Unterschied zwischen beiden Begriffen vorliegt, zeigt sich namentlich bei denjenigen Bestimmungen des preußischen Rechts, nach denen über gewisse Angelegenheit zunächst die Verwaltungsbehörde „beschließt“, daß aber dieser Beschluß auf Antrag des Betroffenen durch ein gerichtliches Urteil ersetzt werden kann; so z. B. bei dem Beschluß über die Gültigkeit einer Wahl nach ALVG. 11^{II}, so in dem Verfahren zur Durchführung von Entwässerungsanlagen nach ZG. 77, 78, 82, 84, 86, 91.

2. Andererseits aber ist der Urteilsbegriff auch weiter als der Feststellungsbegriff. Das Urteil kann nämlich den allerverschiedensten Inhalt in sich aufnehmen. Schon das gewöhnliche Leistungsurteil enthält keineswegs bloß eine Feststellung, vielmehr ist es „Deklaration und Leistungsbefehl (Schaffung eines Vollstreckungstitels)“ [6]). Noch weniger aber kann bei den sogen. konstitutiven Urteilen von einer bloßen Feststellung die Rede sein; so ist z. B. das Scheidungsurteil nach BGB. 1574 rechtsvernichtende Verfügung. Das gleiche gilt von Urteilen, durch die das Recht zum Gewerbebetrieb entzogen wird, wie z. B. nach dem noch heute geltenden [7]) § 63 der P. Steuer-O. vom 8. Februar 1819 [8]). Auch jedes auf Freiheitsstrafe lautende Urteil

[2]) A. M. Ötker 96 (2).
[3]) Vgl. Bernatzik 8.
[4]) Z. B. von Mayer **II**, 222, Jellinek 329; vgl. auch Mayer, Theorie 91.
[5]) Vgl. Mayer **I**, 170 und vor allem die Schrift von Bernatzik, wo dieser Gedanke mit großer und wohl zu großer Schärfe herausgearbeitet und in seinen Konsequenzen durchgeführt wird.
[6]) Hellwig **II**, 39; vgl. Laband **III**, 351 f.
[7]) KG. **17**, 358.
[8]) Über österreichisches Recht vgl. Dantscher **III**. 140, 141.

ist eine rechtsvernichtende Verfügung. Eine ermächtigende Verfügung ist das Urteil, in dem nach St.G.B. 362 II auf Überweisung an die Landespolizeibehörde erkannt wird; denn „die Landespolizeibehörde erhält dadurch die Befugnis", in gewisser Weise mit der verurteilten Person zu verfahren. Die Ausschlußurteile nach dem neunten Buch der CPO. sind wiederum rechtsvernichtende Verfügungen. Ein bedingtes Versprechen ist das bedingte Endurteil nach CPO. 460; es enthält keineswegs selbst eine Verurteilung oder Freisprechung; insbesondere kann von einer Verurteilung zur Eidesleistung natürlich keine Rede sein; es heißt zwar in dem Urteil, daß „der Kläger folgenden Eid zu leisten hat", aber das ist nur eine etwas ungenaue Bezeichnung des Bedingungsereignisses; das Wesen der Sache dagegen wird deutlich in den folgenden Sätzen ausgesprochen: „wenn der Kläger den vorbezeichneten Eid leistet, so wird der Beklagte . . . verurteilt werden; wenn er ihn nicht leistet, so wird die Klage abgewiesen werden." Endlich kann ein Urteil auch inhaltlich ein Dienstbefehl sein; hierher gehören viele Revisionsurteile, z. B. das Urteil nach ALVG. 99, durch welches das Oberverwaltungsgericht die Wiederholung oder Ergänzung des Verfahrens „verordnet" [9]); auch das Urteil im Verteilungsverfahren nach CPO 880 hat gleiche Natur, indem es nicht nur über einen erhobenen Einspruch zu entscheiden hat, sondern auch „zugleich zu bestimmen, an welche Gläubiger und in welchen Beträgen der streitige Teil der Masse auszuzahlen ist." So bleiben als reine Feststellungen eigentlich nur die Feststellungsurteile nach CPO. 256 übrig.

3. Wir können diese Erörterungen über das Verhältnis von Feststellung und Urteil auf die Formel bringen: Feststellung ist ein materieller Begriff, Urteil aber ein reiner Formalbegriff. Es gibt kaum einen Verwaltungsakt, der nicht die Form eines Urteils annehmen könnte. Damit soll natürlich keineswegs gesagt sein, daß der Urteilsbegriff wertlos sei; er ist genau so wertvoll wie der Begriff des Gesetzes im formellen Sinn. Die Bedeutung des Urteilsbegriffs liegt vor allem darin, daß ein Verwaltungsakt, der die Form des Urteils angenommen hat, sich nicht auf eine Änderung der bestehenden Rechtsverhältnisse, z. B. auf die Scheidung der Ehe, beschränkt, sondern zugleich die unanfechtbare Feststellung über das Vorhandensein der Voraussetzungen seiner Zulässigkeit und Richtigkeit in sich schließt [10]); es ist das, was man als materielle Rechtskraft zu bezeichnen pflegt.

III. Man kann vor allem drei Arten der Feststellungen unterscheiden; sie sind entweder Feststellungen über Rechtsfragen oder Feststellungen über Tatfragen oder Feststellungen über Präjudizialpunkte. Eine Sonderbehandlung verdienen die Planfeststellungen, die Anerkenntnisse und die rechtsbestimmenden Verfügungen im engeren Sinn.

1. Feststellungen über Rechtsfragen sind die meisten Urteile der Gerichte, der bürgerlichen wie der Verwaltungsgerichte. — Fest-

---

[9]) Vgl. auch CPO. 565 I, II.
[10]) Vgl. Bernatzik 74.

stellungen über Rechtsfragen sind auch zahlreiche Verfügungen der freiwilligen Gerichtsbarkeit. So z. B. die Feststellung, daß andere Erben als der Fiskus nicht vorhanden sind, nach BGB. 1964; sie ist keine rechtsvernichtende Verfügung, da sie nur die Vermutung begründet, daß der Fiskus Erbe sei, ohne aber den wahren Erben mit seinem Recht auszuschließen. Ferner sei z. B. noch genannt die Entscheidung nach FGG. 150 über die vom Dispacheur bestrittene Verpflichtung zur Aufmachung der Dispache. — Als Entscheidungen von Verwaltungsbehörden auf dem eigentlichen Privatrechtsgebiet mögen als Beispiel dienen die Entscheidungen in Gesindesachen nach P. Ges.O. vom 8. November 1810 §§ 33, 83. — Auch die Entscheidung einer Verwaltungsbehörde darüber, ob das Eigentum an Inseln in schiffbaren Flüssen dem Staat zustehe [11]), gehört hierher. Der Auffassung von Bernatzik [12]), der hier nur einen „in amtlicher Form erhobenen Eigentumsanspruch" anerkennen will, kann nicht beigetreten werden. Bernatzik begründet seine Meinung damit, daß gegen das Erkenntnis binnen sechs Wochen der Rechtsweg zulässig sei. Aber das ist kein durchschlagender Grund; andernfalls müßte man jedem Urteil und jeder Verwaltungsentscheidung, gegen die ein Rechtsmittel möglich ist, den Charakter der Entscheidung absprechen. Das wesentliche ist vielmehr, daß, wie Bernatzik ebenfalls anerkennt, nach Ablauf der sechs Wochen die Eigentumsansprüche Dritter ausgeschlossen sind; es ist ebenso wie wenn der Betroffene gegen eine sonstige Entscheidung kein Rechtsmittel eingelegt hat. — Strafrechtliche Entscheidungen von Verwaltungsbehörden sind keine Seltenheit. Ein Hauptfall ist die polizeiliche Strafverfügung nach St.PO. 453. In umfassenden Maße kommen sie auch im Zoll- und Finanzstrafrecht vor, z. B. nach Zoll-G. 165, pr. Eink.St.G. 76^{II}, Kom.Abg.G. 81^{II}, 82. — Entscheidungen sind auch die Feststellungen über die Gültigkeit einer Wahl [13]), einerlei ob diese Feststellung in der Form der Legitimationsprüfung nach RV. Art. 27 oder P. VU. Art. 78 oder ob sie durch Beschluß einer Verwaltungsbehörde wie nach ALVG. $11^{II\,2}$ oder durch Urteil eines Gerichts wie nach ALVG. $11^{II\,3}$ erfolgen. — Dieselbe Natur hat im Beamtenrecht der Defektenbeschluß nach Beamt.G. 134 f., 141 oder die Entscheidung bei Gehaltsstreitigkeiten nach Beamt.G. 150. — Es seien als weitere Entscheidungen aus dem Gebiete der inneren Verwaltung erwähnt: Aus dem Gewerberecht die Entscheidungen nach Gew.O. 75 a. E., 89^{IV}, $98a^{IV}$, 100 h, 100 k, $103\,n^{II}$. Aus dem Arbeiterversicherungsrecht die Entscheidungen über Streitigkeiten nach KVG. 57 b, 58; ferner [14]) die Feststellungen über die berufsgenossenschaftliche Zugehörigkeit eines Betriebs nach Gew.Unf.VG. 58 und die Veranlagung und Abschätzung der Betriebe nach Gew.Unf.VG. 49; bei den Feststellungen der Fürsorgeansprüche nach Gew.Unf.VG. 73 und noch mehr bei der „Feststellung des konkretisierten Beitragsanspruchs" nach Gew.Unf.VG. 101, die von Rosin [15]) ebenfalls als Ent-

[11]) Nach Ö. Hof-Kzl.Dekr. v. 19. April 1842; vgl. Bernatzik 69 (8).
[12]) a. a. O.
[13]) Vgl. Seydel, Abhandlungen 197. Jellinek 165 (5).
[14]) Vgl. Rosin I. 749 f.
[15]) a. a. O.

scheidungen gekennzeichnet werden, überwiegt schon der Charakter der rechtsschaffenden gegenüber der rechtsbestimmenden Verfügung, indem es sich im ersten Fall um die mit der Feststellung verbundene Gewährung eines Rechts, im zweiten Fall aber um einen auf Grund der bereits geschehenen Feststellung ergehenden Zahlungsbefehl handelt. Erwähnt seien weiter die Entscheidungen aus dem Enteignungsrecht nach P. Enteign.G. 14, Viehseuchen-G. 67; aus dem Bergrecht nach P. Berg-G. 61; aus dem Wasserrecht nach P. ZG. 77, 78, 82, 84, 86, 91; aus dem Deichrecht nach P. DG. 7, 22; aus dem Fischereirecht nach P. Fisch.G. 8 a. E.; aus dem Jagdrecht nach P. Wildsch.G. 9; aus dem Straßen- und Wegerecht nach P. Baufluchtl.G. 8, 9, nach P. Wg.O. für Posen 6^{II}, 7, 12^{III}, 20^{II}, 21^{II}, 21^{III}, 32, nach P. Wg.O. für Sachsen 11^{II}, 12, 20^{II}; aus dem Baurecht nach Rayon-G. 41; aus dem Telegraphenrecht nach Tel.Wg.G. 8^{IV}, 13^{II}; aus dem Recht der öffentlichen Unternehmungen nach P. Wanderarbeitsst.G. 5^{III}. 6^{II}, 8^{III} — Eine gute Übersicht über die Entscheidungen auf dem Gebiet der Heeresverwaltung findet sich in WO. 28. — Im Gebiet der Finanzverwaltung taucht die Feststellung namentlich unter dem Namen Veranlagung auf [16]). Die Veranlagung ist keineswegs Befehl; sie ist zu scheiden von der „Heranziehung" zur Steuer, d. h. dem Befehl, die veranlagte Steuer zu bezahlen. Die Veranlagung ist zwar oft mit der Heranziehung äußerlich verbunden, aber begrifflich trotzdem von ihr verschieden. Diese Verschiedenheit gibt sich vor allem darin zu erkennen, daß die Veranlagung fast immer sich auf einen längeren Zeitraum erstreckt als die Heranziehung, der konkrete Steuerbefehl; so erfolgt nach P. Eink.St.G. die Veranlagung auf ein Jahr [17]), dagegen der Steuerbefehl nach § 67 nur auf ein Vierteljahr; ebenso erfolgt nach P. Kom.Abg.G. 64 die Veranlagung für ein oder auch für mehrere Jahre, der Steuerbefehl aber nach § 66 für eine kürzere Zeit. Auch äußerlich getrennt erscheinen Veranlagung und Steuerbefehl, wenn die Bekanntmachung der Veranlagung in der Form von P. Kom.Abg.G. 69^{II}, Z. 1 erfolgt. Meist nichts anderes als eine Sammlung von Veranlagungen sind die Steuerkataster [18]); doch können sie auch bloß die Bedeutung einer Beurkundung haben wie nach dem württ. Grund-St.G. [19]). Die Kontingentsfeststellung [20]) ist entweder nur eine Maßnahme des inneren Geschäftsbetriebs und dann ohne weitere rechtliche Bedeutung oder sie ist eine Oberveranlagung wie nach P. Kreis- u. Prov.Abg.G. 11, 28, was sich auch darin ausdrückt, daß hier den durch die Kontingentierung betroffenen Gemeinden und Kreisen Rechtsmittel gegen die Kontingentsfeststellung gewährt sind. Außer den Veranlagungen finden sich auch sonstige Akte mit Feststellungsnatur; es sei z. B. noch hingewiesen auf P. Eink.St.G. 71, Z. 4, $77^{II\,3}$, Gew.St.G. 35, Kom.Abg.G. 70, 71, 72, 73, 74, 83. — Es wäre ein leichtes, diese Beispiele weiter bis ins ungemessene zu

---

16) Vgl. Mayer I. 396, 399, 400.
17) Vgl. pr. Eink.St.G. 25.
18) Mayer I. 396 f.
19) S. u. S. 366, 367.
20) Vgl. Mayer I, 393, 394.

vermehren [21]). Auch wo die Gesetze nicht ausdrücklich den Behörden die Zuständigkeit zu Entscheidungen zuweisen, muß angenommen werden, daß ihnen die Entscheidung über Streitigkeiten wegen öffentlichrechtlicher Ansprüche zukommt, wofern diese Entscheidung nicht nach der Enumerativmethode oder durch eine Generalklausel den Gerichten überwiesen ist [22]).

2. Als Feststellungen über Tatfragen seien genannt das Urteil über die Echtheit einer Urkunde nach CPO. 256 sowie die Feststellung des Zustands einer Sache nach CPO. 488, FGG. 164, P. Enteign.G. 35.

3. Als Feststellungen über Präjudizialpunkte kommen z. B. in Betracht die Urteile bei Erhebung des Konflikts nach EG. 11^{II} GVG. oder im Fall des Kompetenzkonflikts nach GVG. 17, ferner die Feststellungen nach Off. Pens.G. 40, Unterkl.Pens.G. 43, Mil.Hinterbl.G. 36, 46, 51. Auch die Entscheidung R.Anw.O. 10 gehört hierher.

4. Eine Unterart der Feststellungen sind ferner die Planfeststellungen. Iher Besonderheit liegt darin, daß sie über solche Rechtsverhältnisse Bestimmung treffen, die eine größere Zahl von Personen angehen. Hierher gehört die Aufstellung des Rayonplans, der, im Gegensatz zu dem später zu besprechenden rechtsschaffenden Baufluchtlinienplan, nur rechtsbestimmend wirkt, da sein Inhalt in Rayon-G. 2—7 genau vorgeschrieben ist [23]); immerhin ist er nicht bloße Beurkundung, wie Laband [24]) anzunehmen scheint. Hierher gehört ferner die Planfeststellung im Enteignungsverfahren [25]). Ebenso die Katasterfeststellung nach Quart.Leist.G. 6 über den „Umfang, in welchem die Quartierleistungen gefordert werden können". Gleiche Rechtsnatur hat auch der Plan über Herstellung und Kostenverteilung nach P. Kom.Abg.G. 9. Aus der CPO. ist als Beispiel der Verteilungsplan im Verteilungsverfahren nach § 874 zu nennen. Dagegen gehört zu den Planfeststellungen die Steuerveranlagung selbst dann nicht, wenn ihre Veröffentlichung „durch Auslegung der Hebelisten" erfolgt wie etwa nach P. Kom.Abg.G. 69^{II} Z. 1; denn hier sind die einzelnen Veranlagungsbeschlüsse nur äußerlich zusammengefaßt und ohne inneren Zusammenhang, was sich bei der Beschwerde zeigt, die sich nur gegen den speziellen Beschluß richten kann; dementsprechend werden dem Interessenten auch nicht die gesamten Hebelisten zur Einsicht vorgelegt, sondern nur der ihn angehende Teil.

5 Zu den Feststellungen rechnen wir auch die Anerkennungen. — Anerkenntnis ist nichts anderes als eine Feststellung in eigener Sache, und zwar die Feststellung einer eigenen Verpflichtung. Eine Verwandtschaft zwischen Anerkenntnis und Urteil haben auch schon andere

---

[21]) Über zahlreiche weitere Fälle aus dem österreichischen Recht vgl. Bernatzik 132, 133, 258 f.; Mayrhofer I. 1146 ff.

[22]) Vgl. die Begründung zum Entwurf des Sächs. Bau-G. S. 53; ferner Mayrhofer I. 1146.

[23]) Vgl. Mayer II. 170 (7).

[24]) Laband IV. 316.

[25]) Vgl. Schelcher, Gesetz 43, Vitzthum von Eckstädt bei Fischer 28, 6.

Schriftsteller erkannt. So Menzel [26]), der in dem Feststellungsbescheid der Versicherungsanstalt über den Unfallversicherungsanspruch einerseits eine „vorläufige Entscheidung“, andererseits eine Anerkennung findet, die er dann freilich ohne allen Grund als privatrechtlich ausgibt. Schärfer haben Rosin [27]) und Schollenberger [28]) die Verwandtschaft der beiden Begriffe erkannt. Man muß aber über diese Schriftsteller noch hinausgehen und das Anerkenntnis als Unterart der Entscheidung behandeln. — Beispiele für unseren Begriff finden sich namentlich in den verschiedenen Fürsorgegesetzen; so die Anerkennung der Mitgliedschaft eines Betriebs durch die Berufsgenossenschaft nach Gew.Unf.VG. 59^{III}; so die Anerkennung eines angemeldeten Entschädigungsanspruchs nach Gew.Unf.VG. 73^{I} oder des angemeldeten Rentenanspruchs nach Inv.VG. 112^{IV}; so die „Annahmeerklärung der in Anspruch genommenen Gemeinde“ bezüglich eines ausgewiesenen Fürsorgebedürftigen nach Freiz.G. 6^{II}. Nicht hierher gehören dürften die „Anerkenntnisse“ nach Kriegsl.G. $20^{II, III}$, die man mit Laband [29]) als privatrechtliche, dem Rechtsweg unterliegende, „Schuldurkunden des Reichsfiskus“ wird aufzufassen haben. — Die Anerkennungen sind einseitige Verwaltungsakte [30]). Soweit öffentlichrechtliche Verträge anzuerkennen sind, können freilich auch Anerkennungsverträge vorkommen, wie z. B. Unt.Wohns.G. 55^{III} von einer „in Form eines Anerkenntnisses“ erfolgenden „Einigung“ der Armenverbände spricht; übrigens liegt gerade in diesem Falle eine wahre Anerkennung, d. h. eine rechtsbestimmende Erklärung über eine bereits vorhandene Verpflichtung nicht vor, sondern es handelt sich, wie aus 55^{I} klar hervorgeht, um einen rechtsschaffenden oder rechtsändernden Akt, der aber in die „Form eines Anerkenntnisses“ gekleidet wird, genau so wie auch im Privatrecht eine Schuld durch ein „Schuldanerkenntnis“ nach BGB. 781 neu begründet werden kann.

6. Als rechtsbestimmende Verfügungen im eigentlichen Sinn kann man solche Feststellungen und Entscheidungen bezeichnen, deren Inhalt nicht von vornherein ganz genau feststeht. Einige Fälle haben wir schon früher zu erwähnen Gelegenheit gehabt [31]), nämlich die Urteile auf Schadensersatz, Unterhaltsgewährung sowie auf sonstige nicht bereits ziffernmäßig feststehende Zahlungen. Ebenso gehören natürlich hierher alle verwaltungsbehördlichen Feststellungen, die mit diesen Urteilen gleichen Inhalt haben. Weiter mag hier noch genannt werden die „Genehmigung der Bahnlinie in ihrer vollständigen Durchführung durch alle Zwischenpunkte“ nach P. Eisenb.G. 4; Gleim [32]) hat das Wesen dieser Genehmigung durchaus treffend so gekennzeichnet: sie begründet nicht das Recht und die Pflicht des Unternehmers zum

[26]) S. 333.
[27]) I. 763 und 763 (56).
[28]) S. 297. Mit dieser Auffassung stimmt es dann freilich nicht recht überein, wenn er S. 303 die Anerkennung unter seinen hoheitlichen Rechtsgeschäften aufführt.
[29]) IV. 288, 289.
[30]) Rosin I. 764 (56).
[31]) S. o. S. 48.
[32]) S. 364.

Bahnbau, — das tut die Konzession —, „aber sie gibt diesem Rechte und der damit Hand in Hand gehenden Pflicht die konkrete Gestaltung". Diese rechtsbestimmenden Verfügungen haben die am weitesten gehende Ähnlichkeit mit den entsprechenden privatrechtlichen Akten, nämlich der „Bestimmung der Leistung" nach BGB. 315, 318.

IV. Ihrer rechtlichen Natur nach sind die rechtsbestimmenden Verfügungen ebenso wie die rechtsschaffenden, rechtsverändernden und rechtsvernichtenden Verfügungen als Willenserklärungen, daher als Rechtsgeschäfte in unserem Sinn zu bezeichnen.

1. Die Rechtsgeschäftsnatur der Feststellungen ist freilich bestritten worden. — Bernatzik [33]) hat kategorisch erklärt: „Die Entscheidung enthält keine Willenserklärung, sondern den Ausspruch darüber, was rechtens ist". — Bülow [34]) hat den Rechtsgeschäftscharakter des Urteils zunächst um deswillen bestritten, weil es nicht „die Bestimmung und nicht die Kraft, den bestehenden Privatrechtszustand umzuändern", habe; er hat dann freilich selbst [35]) einräumen müssen, daß dies für die sogenannten konstitutiven Urteile nicht zutreffe, sich darüber aber mit ganz unzulänglichen Gründen hinweggeholfen, indem er meinte, von einer „willkürlichen Disposition über Privatrechte" könne auch hier nicht die Rede sein, als ob der rechtlich gebundenen Willenserklärung dadurch die Natur der Willenserklärung genommen würde [36])! Noch weniger beachtlich ist das Argument Bülows, daß das Gericht nie „Geschäfte" mache, — ein Wortspiel, mit dem man natürlich auch „beweisen" kann, daß die familienrechtlichen Rechtsgeschäfte wie Eheschluß, Adoption keine Rechtsgeschäfte sind [37]), ganz abgesehen davon, daß unserer Gesetzessprache der Ausdruck „Geschäfte" für Staatsakte durchaus geläufig ist [38]). Im übrigen ist es nicht einmal richtig, wenn Bülow meint, nur die konstitutiven Urteile bewirkten eine Änderung des Rechtszustands; jedes gewöhnliche Leistungsurteil ist konstitutiv, insofern als es den publizistischen Vollstreckungsanspruch erzeugt [39]); wenn das Urteil wirklich nichts Neues schaffte, so wäre ja auch gar nicht erfindlich, weshalb der Kläger bei völligem Mangel einer Rechtsbestreitung seitens des Beklagten wie beim Anerkenntnisurteil trotzdem Wert auf den Erlaß eines Urteils legen könnte.

2. In Wirklichkeit muß man jedes Urteil, auch das bloße Feststellungsurteil, auf das allein Bülows Einwand wegen der mangelnden Rechtsänderung vielleicht zutreffen möchte, überhaupt jede Feststellung als Willenserklärung und damit als Rechtsgeschäft in unserem Sinn auffassen. Denn ohne Willenserklärung wäre, worauf

[33]) S. 283.
[34]) S. 89, 90.
[35]) S. 89 (1).
[36]) Vgl. o. S. 48, 49.
[37]) Über ihre Rechtsgeschäftsnatur Manigk 15 (2).
[38]) Vgl. WO. 3 über Ersatzgeschäft mit den Unterabteilungen des Vorbereitungs-, Musterungs- und Aushebungsgeschäfts. Pr. Eink.-St.-G. 60 über Veranlagungsgeschäft.
[39]) Vgl. Hellwig II. 39.

Planck [40]) mit vollem Recht hingewiesen hat, die Feststellung nichts als ein Gutachten. Das Urteil ist etwas anderes als eine bloße logische Denkoperation [41]), es ist mehr als eine Subsumption, die eben so gut jeder andere vornehmen kann, ohne daß dem irgend welche rechtliche Bedeutung zukäme [42]); es ist eben eine staatliche Willenserklärung. Diese Erkenntnis ist auch namentlich unter den Schriftstellern des Staats- und Verwaltungsrechts mehr und mehr zum Durchbruch gekommen; sie liegt insbesondere bei allen denen zugrunde, welche die Beurkundungen aus dem System der Verwaltungsakte entfernt, die Urteile und Entscheidungen aber darin belassen haben [43]). Auch die entsprechenden Akte des Privatrechts, die rechtsbestimmenden Erklärungen nach BGB. 315, 318 werden nicht nur in der Literatur [44]), sondern vom Gesetzgeber selbst als Willenserklärungen anerkannt, indem er in § 318 II die Anfechtbarkeit dieser Akte wegen Irrtums, Drohung oder Täuschung und damit die Anwendbarkeit der Vorschriften über Rechtsgeschäfte auf sie als selbstverständlich voraussetzt und nur besondere Vorschriften trifft über die Person des Anfechtungsberechtigten.

V. Mit dieser rechtlichen Natur der Feststellungen als Willenserklärungen hängt die Erscheinung zusammen, daß die Grenze zwischen ihnen und den Verfügungen in dem bisher meist üblichen Sinn, d. h. den Gruppen A 2—4 unseres Schemas, flüssig ist. Auf diese Tatsache ist schon oft hingewiesen worden [45]). Selbst Bernatzik, dessen ganze Theorie der Verwaltungsakte aufgebaut ist auf der strengsten Scheidung zwischen Verfügung und Entscheidung, hat einräumen müssen, daß zumeist die Entscheidung sich mit einer Verfügung verbinde [46]), und daß es in vielen Fällen sehr schwierig sei, zu erkennen, ob bloß eine Verfügung oder aber eine Entscheidung vorliege, ja daß man manchmal diese Frage „mit einem: non liquet“ werde erledigen müssen [47]). Das ist eine böse Erkenntnis für Bernatziks Trennungstheorie, dagegen eine Bestätigung für unsere Auffassung, die zwischen den rechtsbestimmenden und den übrigen Verfügungen nur graduelle, aber keine grundsätzlichen Verschiedenheiten sieht.

VI. Wir ziehen die Folgerung aus dieser Erkenntnis und erklären im Gegensatz zu Bernatzik: Die praktische Bedeutung und der rechtswissenschaftliche Wert der Unterscheidung von Feststellung und sonstiger Verfügung ist herzlich gering. Denn:

---

40) I. 442; vgl. dagegen Kisch 227 f.

41) Ötker 21.

42) Mayer I. 400 (16).

43) S. o. S. 51 f. Vgl. ferner Ötker 22 (2); 44. Tezner 213 (1); 396. Rosin I. 765 (57 a. E.). Preuß 299. Eltzbacher 128 findet es „ohne weiteres klar“, daß das Urteil die Erklärung eines Willens sei; vgl. a. a. O. 249.

44) Eltzbacher 176.

45) Vgl. Laband II. 179; Tezner 194, 195; Tezner, Theorien 178; Ötker 97 f. — Schanze im A. ö. R. 9, 192 (57) hat aus diesem Grunde den Zwitterbegriff der konstitutiven Entscheidungen geschaffen, zu dem er 175 auch die Patenterteilung rechnet. — Thoma I. 79 sagt umgekehrt von den vollziehenden Polizeiverfügungen, sie seien sowohl Urteil wie Befehl.

46) S. 72, 73; 156.

47) S. 73.

Im allgemeinen gelten für beide Begriffe dieselben Rechtsgrundsätze. Diesen Gedanken hat schon Tezner [48]) in voller Klarheit ausgesprochen, freilich etwas äußerlich damit begründet, daß sich die Grenze gegenüber den Verfügungen zu schwer finden lasse. Für uns ist dieser Gedanke nichts als eine logisch notwendige Folge aus der inneren Gleichartigkeit zwischen Feststellungen und sonstigen Verfügungen, die eben beide zu den publizistischen Rechtsgeschäften gehören und daher beide den allgemeinen Regeln über publizistische Rechtsgeschäfte unterstehen. Dies wird sich in unseren folgenden Betrachtungen bestätigen, sowohl in der Lehre von den Nebenbestimmungen wie in der Lehre vom Geschäftsabschluß wie vor allem in der Lehre von der Nichtigkeit.

Zweifel freilich könnte man hegen hinsichtlich der Lehre von der Anfechtung und Rücknahme. Hier liegt in der Tat der Gedanke nahe, daß ein charakteristisches Institut für die Feststellung die materielle Rechtskraft sei. Bernatzik hat diesen Gedanken mit großer Schärfe vertreten. Er ist damit aber auf berechtigtem Widerspruch gestoßen [49]). Die materielle Rechtskraft knüpft nicht, wie Bernatzik meint, an den materiellen Entscheidungsbegriff an, sondern an den Begriff des Formalakts, zu dem viele Entscheidungen, namentlich die Urteile, gehören; wir werden auf diesen Begriff des Formalakts in der Lehre von der Anfechtung zurückzukommen haben.

§ 11.

d) Die verpflichtenden und belastenden Verfügungen.

Die erste Unterart der rechtsschaffenden Verfügungen bilden die verpflichtenden und belastenden Verfügungen. Man kann sie auch als Aufforderungen im weiteren Sinn bezeichnen. Sie zerfallen in drei Gruppen, je nachdem sie sich an untergeordnete, gleichgeordnete oder übergeordnete Stellen wenden. Die Aufforderungen der ersten Gruppe sind entweder Befehle oder Aufforderungen im engeren Sinn; die der zweiten Gruppe kann man als Ersuchen, die der dritten als Gesuche oder Anträge bezeichnen.

I. In der bisherigen Literatur sind zumeist nur die Befehle beachtet worden, die ja auch die wichtigste, aber doch freilich nicht die einzige Art der verpflichtenden Verfügungen bilden.

1. Was den Begriff des Befehls anlangt, so verstehen wir darunter jede Willenserklärung des Staats, die von dem seiner Gewalt unterworfenen ein Tun oder Unterlassen fordert, zu dem dieser verpflichtet ist. Es kommt nur darauf an, daß der Gewaltunterworfene zu einem bestimmten Verhalten verpflichtet ist; nicht wesentlich, wenn auch das übliche ist dagegen, daß er zu diesem Verhalten gezwungen werden

---

[48]) S. 195.

[49]) Vgl. Schanze im A. ö. R. 9, 199 und die dortigen Zitate. Vgl. auch Löning 245. Vgl. ferner u. S. 202.

kann [1]; so enthält das Urteil auf Wiederherstellung des ehelichen Lebens allerdings den Befehl dazu, obschon diesem Befehl nach CPO. 888 die Erzwingbarkeit abgeht. Nicht unter den Befehlsbegriff gehören natürlich privatrechtliche Akte, z. B. die Aufforderung des Fiskus an den säumigen Schuldner, den Kaufpreis für das gekaufte fiskalische Grundstück zu bezahlen; denn das ist nicht die Willenserklärung des hoheitlichen Staats gegenüber seinem Gewaltunterworfenen, sondern die privatrechtliche Mahnung des Fiskus gegenüber einem Gleichberechtigten [2].

2. Man pflegt die Befehle einzuteilen in Gebote und Verbote; das ist aber eigentlich nur eine terminologische Unterscheidung ohne jeden praktischen Wert. Die Terminologie im übrigen ist wechselnd; die Gesetze sprechen, wie wir nachher bei Aufzählung der Beispiele noch sehen werden, nicht nur von Befehlen, Geboten und Verboten, sondern sehr häufig auch von Anordnungen [3], Bestimmungen, Entscheidungen usw.; ja sogar das Wort „veranlassen" kommt z. B. im S. Bau-G. 160 im Sinn von befehlen vor.

3. Der Befehl ist scharf zu scheiden von der bloßen Mahnung.

Auf diesen Unterschied hat Otto Mayer mit Recht hingewiesen, aber er ist dabei zu weit gegangen. Wenn er [4] dem „mündlichen Befehl" des Schutzmanns, der einen Hausbesitzer zur Straßenreinigung auffordert, den Befehlscharakter abspricht und ihn als bloße „Mahnung und Drohung mit Strafanzeige" kennzeichnet, so wird dem im allgemeinen beizupflichten sein. Dagegen kann seine weitere Polemik gegen Laband, die dahin geht, daß ein mündlicher Befehl des Schutzmanns überhaupt nicht möglich sei, da [5] nur die Behörde befehlen könne, als berechtigt nicht anerkannt werden. Denn wenn ein Schutzmann bei einer Menschenansammlung die Menge zum Auseinandergehen auffordert, so ist das sicher ein Befehl und die Aufforderung zum Ungehorsam dagegen nach St.GB. 110 strafbar.

Aber wo liegt die Grenze zwischen Befehl und Mahnung? Zwei Leitsätze kann man für die Entscheidung dieser Frage aufstellen.

Ein Befehl ist stets dann anzunehmen, wenn eine behördliche Erklärung erst dazu führt, eine gesetzlich schon bestehende, aber doch nur abstrakte, oder eine zwar durch einen anderen Akt, namentlich eine Entscheidung bereits teilweise, aber doch nicht vollständig konkretisierte Verpflichtung endgültig zu konkretisieren. Das erste ist der Fall bei dem Schutzmann, der die Menge zum Auseinandergehen auffordert; er konkretisiert die „allgemeine Untertanenpflicht, die gute Ordnung des Gemeinwesens nicht zu stören" [6], dahin, daß die Leute

---

[1] Ungenau Mayer I. 283 (18), wenn er meint, mit seinem im Text richtig formulierten Begriff sei die Auffassung von Seydel II. 346, der den Zwang als wesentlich betrachtet, gleichbedeutend.

[2] Vgl. Bernatzik 69, 70.

[3] Man kann allerdings vielleicht mit Rosin 14 (14) eine Tendenz der Gesetzgebung feststellen, diese Bezeichnung auf Generalverfügungen zu beschränken.

[4] I. 284 (21).

[5] Vgl. I. 284 (21).

[6] Vgl. Mayer I. 271.

auseinandergehen sollten. Der zweite Fall zeigt sich in großer Klarheit im Militärrecht, wo man deutlich drei Stadien unterscheiden kann; das Gesetz statuiert abstrakt die allgemeine Wehrpflicht aller militärtauglichen Männer; die Aushebung konkretisiert für den einzelnen diese Pflicht, indem sie feststellt, daß er nach dem Gesetz zum Dienst im stehenden Heer verpflichtet ist, — sie ist Entscheidung [7]; der Gestellungsbefehl endlich konkretisiert diese Verpflichtung endgültig, indem er bestimmt, wann, wo usw. der Rekrut sich zur Ableistung seiner Pflicht zu stellen habe, — er ist Befehl [8]).

Wo aber durch Gesetz oder Entscheidung eine Verpflichtung bereits konkretisiert ist, da kommt es auf die Absicht des handelnden Beamten an, ob er nur auf diese Verpflichtung aufmerksam machen, also mahnen oder ob er wirklich befehlen, d. h. Gehorsam für seine eigene Willenserklärung heischen will [9]). Im Zweifel wird man in diesen Fällen, wo die Verpflichtung bereits völlig konkretisiert ist, eine bloße Mahnung anzunehmen haben. So ist es in dem erwähnten Fall, wo der Schutzmann den Hauseigentümer auf die durch eine Polizeiverordnung bereits konkretisierte Pflicht zur Reinigung aufmerksam macht. Es ist aber auch ganz gut der Fall so denkbar, daß der Schutzmann, der vielleicht jene Polizeiverordnung nicht kennt, die Absicht hat, einen wahren Befehl zu geben ähnlich dem an die angesammelte Menschenmenge; ob es so gemeint war, kann nur aus den Umständen des einzelnen Falls entnommen werden [9]) und die Vermutung spricht jedenfalls dagegen; eine andere Frage ist natürlich, ob solch ein Befehl des Schutzmanns zulässig und gültig ist.

4. Der Begriff des Befehls ist ferner zu trennen von dem der rechtsvernichtenden Verfügung. Man kann manchmal zweifeln, ob man einen Akt als Verbot oder als rechtsvernichtende Verfügung zu betrachten hat. So bei der Amtssuspension, der Beanstandung von Beschlüssen, der Beschlagnahme von Gegenständen. Immerhin ist die Grenzlinie nicht so schwer zu bestimmen, wenn man sich an den Grundsatz hält: Eine verbietende Verfügung wird in dem Augenblick zur rechtsvernichtenden, wo sie dem Betroffenen nicht bloß das Dürfen der verbotenen Handlung, sondern auch das Können, die Fähigkeit dazu entzieht.

5. Die zahllosen Beispiele von Befehlen kann man nach der Person des Adressaten in drei Gruppen gliedern.

Der Befehl kann Dienstbefehl sein. Der Dienstbefehl ist eine Ausübung des Aufsichtsrechts der Oberbehörde und das Recht dazu in diesem Aufsichtsrecht enthalten. Damit hängt zusammen, daß es im allgemeinen an gesetzlichen Normen fehlt, die ausdrücklich von ihm sprechen; eine Ausnahme macht P. Pol.Verw.G. 1^{11}. Der Dienstbefehl braucht nicht immer von der eigentlichen vorgesetzten Behörde

---

[7]) Ungenau Meyer VR. I. 32; dagegen richtig Mayer I. 136 (1).

[8]) Der Unterschied zwischen dem zweiten und dritten Stadium ist verwischt bei Laband IV. 128.

[9]) Sehr klar werden die beiden Fälle unterschieden von Bd. VGH. v. 30. V. 95 in Z. f. bd. Verw. 1895, 268.

auszugehen; so ist der Landrat der Vorgesetzte für den Standesbeamten, trotzdem ist in der Registerberichtigung der Standesbeamte nach Pers.-St.G. 11 der Anordnung des Amtsgerichts unterworfen. Daß auch gewisse Revisionsurteile den Charakter von Dienstbefehlen haben, obschon das Obergericht nicht dem Untergericht vorgesetzt ist, wurde bereits erwähnt [9a]).

Die Befehle an öffentlichrechtliche Personen nähern sich bald mehr dem Dienstbefehl [10]) bald mehr dem gewöhnlichen Befehl an Untertanen, je nachdem sie in Ausübung der allgemeinen obrigkeitlichen Gewalt, wie vornehmlich die Urteilsbefehle, oder in Ausübung der besonderen Aufsichtsgewalt ergehen. — Als eigenartige Beispiele kommen die Verpflichtungsübertragungen in Betracht. Das P. Wand.Arb.St.G. bestimmt in § 4: „Kreise, . . . denen . . die von anderen Kreisen derselben Provinz eingerichteten Wanderarbeitsstätten zugute kommen, können durch Beschluß des Provinziallandtags verpflichtet werden, zu den Kosten dieser Wanderarbeitsstätten beizutragen. . Die Höhe des Beitrags setzt der Provinzialausschuß fest." Um etwas ähnliches handelt es sich, wenn nach Gew.Unf.VG. 11 [I] die Berufsgenossenschaft der Krankenkasse die Fürsorge für den Verletzten „überträgt". Um eine Art Dienstbefehl des übergeordneten gegenüber dem untergeordneten Kommunalverband wie im ersten Fall handelt es sich auch in § 47 der P. Wg.O. f. Sachsen, wonach die Provinz die Unterhaltsverpflichtung auf andere Verbände „übertragen" kann; die Besonderheit dieses Falls liegt nur darin, daß nach § 47 [II] die Übertragung „abgelehnt" werden kann, genauer ausgedrückt, daß sie nur zulässig ist mit Zustimmung des Betroffenen [11]). — Der „Dienstanweisung" ähnelt die „Feststellung" des Betriebsplans für die Waldbewirtschaftung seitens des Regierungspräsidenten nach P. Ges. v. 14. VIII. 1876 betr. die Verwaltung der den Gemeinden und öffentlichen Anstalten gehörigen Holzungen § 3.

Zahllos sind die Beispiele von Befehlen an Untertane. Es seien folgende herausgegriffen.

Aus dem Gebiet des BGB., HGB. und FGG. seien genannt die Rückforderung des Erbscheins nach BGB. 2366, die Eltzbacher [12]) unrichtig als unmaßgebliche amtliche Willensäußerung bezeichnet; ferner die „Anhaltung" zu den zahlreichen registerrechtlichen Anmeldungen nach BGB. 67, 71, 74, 76, 78, HGB. 14, 319, 325, die Untersagung des Firmenmißbrauchs nach HGB. 37, die Anordnung der Herausgabe von Schriftstücken im Dispacheverfahren nach FGG. 151; auch wohl die Siegelung eines Nachlasses nach BGB. 1960 [II], wenn man sie nicht lieber als eine bloße Rechtshandlung, nämlich als Kundgabe des davon selbständigen Verbots der Benützung und Öffnung der Nachlaßgegenstände auffassen will.

Aus dem Prozeßrecht gehören von den schon erwähnten Leistungsurteilen abgesehen hierher: Die Ausweisung von einzelnen Zuhörern

---

9a) Vgl. o. S. 67.
10) Vgl. Mayer II. 414.
11) S. o. S. 38 f.
12) S. 252.

nach ALVG. $72^{III, IV}$, der Ausschluß der Öffentlichkeit überhaupt nach ALVG. 72^{II}, auch wohl die Zurückweisung von Winkelkonsulenten nach ALVG. 73^{II}, da man hier wohl nur das Verbot des Verhandelns im einzelnen Fall, nicht etwa die Entziehung einer Fähigkeit anzunehmen hat. Gehören auch die Ladung sowie die Fragestellung und die, von der anders gearteten Abnahme verschiedene, Auferlegung eines Eides hierher? Man muß scheiden: Gegenüber Personen, die zur Antwort und Eidesleistung verpflichtet sind, wie regelmäßig die Zeugen, sind jene Akte allerdings Befehle [13]); gegenüber Personen, die keine Eides- und Antwortpflicht haben, aber doch eine Erklärungslast wie die Parteien nach CPO. 138, 464^{II}, sind sie „Aufforderungen" [14]); gegenüber Personen, die, wie die Zeugen mit Zeugnisverweigerungsrecht, ohne Rechtsnachteil schweigen können, sind sie „Einladungen" in dem später zu erörternden Sinn.

Aus dem Gebiet der inneren Verwaltung seien als Beispiele genannt: Die Abweisung und Ausweisung nach Freiz.G. 4, 5, die Meyer [15]) treffend kennzeichnet als „Gebot, einen bestimmten Ort zu verlassen und das Verbot, ihn wieder zu betreten"; ferner das Verbot der Verbreitung von Druckschriften nach § 14 und das Verbot gewisser Veröffentlichungen nach § 15, schwerlich aber die Beschlagnahme nach § 23 Preß-G., die vielmehr zu den rechtsvernichtenden Verfügungen zu rechnen sein dürfte wie die anderen Beschlagnahmen auch [16]); ferner die Auflösung einer Versammlung, auch wohl die Auflösung eines nicht rechtsfähigen Vereins [17]), dagegen nicht die Auflösung eines rechtsfähigen Vereins, die vielmehr rechtsvernichtender Verwaltungsakt ist. Die „Anordnung" der Behörde, daß der Eigentümer die zum Bau und zur Unterhaltung von Wegen erforderlichen Materialien von seinen land- und forstwirtschaftlichen Grundstücken habe entnehmen zu lassen, nach P. Enteign.G. 50, steht auf der Grenzlinie zwischen Geboten und Entscheidungen [18]). Aus dem Gewerberecht gehören hierher vor allem die Betriebsuntersagungen nach Gew.O. 35, 33 a^{III}; auch die Taxen, die wir vorhin als Verordnungen bezeichneten [19]), würden hier zu nennen sein, wenn man sie entweder überhaupt oder doch, falls sie sich etwa nur auf spezielle Unternehmer bezögen, als Verfügungen betrachten wollte [20]). Ebenso sind Befehle die „Entscheidung" der Bergbehörde nach P. Berg-G. 4^{II} über die Unstatthaftigkeit des Schürfens aus Gründen des öffentlichen Interesses [21]), desgleichen die „Entscheidung" der Bergbehörde nach P. Berg-G. 65, daß der Bergwerksbesitzer aus Gründen des öffentlichen Interesses zum Bergwerksbetrieb verpflichtet sei; ebenso ist hierher zu rechnen der „Einspruch" der Bergbehörde [22])

---

13) Mayer II. 271 (9) will sie nur als „Anforderungen" gelten lassen.

14) Kohler 49 will darin nur „faktische Kognitionsakte" sehen.

15) Bei Stengel II. 670.

16) S. u. S. 117. A. M. Meyer in WB. II. 670.

17) Mayer I. 103.

18) Vgl. Eger II. 530.

19) S. o. S. 59.

20) Vgl. F. F. Mayer 117, der sie in § 35 im Anschluß an die Gebote behandelt.

21) Ebenso Arndt Berggesetz 11.

22) Ungenau spricht Arndt Berggesetz 55 von einer „Genehmigung des Betriebsplans durch Nichtbeanstandung".

gegen den eingereichten Betriebsplan nach P. Berg-G. 68 I. Die gleiche Natur hat der „Einspruch" der Polizeibehörde gegen die Zahlung der Versicherungssumme nach P. G. v. 8. Mai 1837 § 18²; Befehl ist es ferner, wenn nach § 4 dieses Gesetzes die Polizeibehörde von ihrem Recht Gebrauch macht, „den Versicherungsbetrag auf den gemeinen Wert zurückführen zu lassen", da die Rechtsfolge der erlassenen Verfügung die ist, daß der Versicherte und die Gesellschaft „verpflichtet" sind, die erforderlichen Änderungen in den Büchern und der Polize vorzunehmen. Dagegen liegt kein Grund vor, mit Born [23]) und Baltz [24]) die Versagung der Bauerlaubnis als Verbot aufzufassen; es handelt sich hier um eine einfache Verweigerung; das Bauen braucht gar nicht erst verboten zu werden, da es ja schon gesetzlich bei Mangel einer Bauerlaubnis verboten ist.

Aus dem Gebiet der Militärverwaltung wurde der Gestellungsbefehl schon erwähnt [24a]). Eine besondere Art desselben ist die Kriegsbeorderung, der wir in der Lehre von der Bedingung wieder begegnen werden [24b]). Die übrigen militärrechtlichen Befehle gehören zumeist zu den Dienstbefehlen.

Aus dem Gebiet der Finanzverwaltung sind zu den Befehlen die Akte zu rechnen, die Otto Mayer [25]) wegen seines engeren Befehlsbegriffs als „Anforderungen" öffentlicher Gemeinlasten kennzeichnet, ferner die „Auflagen" [26]) von Vorzugslasten, insbesondere von Beiträgen. Befehl ist auch die „Aufforderung" zur Abgabe einer Steuererklärung [27]) nach P. Eink.St.G. 26. Um Verbote handelt es sich bei den gewerblichen Betriebsverboten nach Salz-St.G. 14, Zucker.St.G. 56 usw.

6. Eine Sonderstellung haben die verpflichtenden Verfügungen auf Unterwerfung, d. h. die nur zulässig sind mit Einwilligung des Betroffenen. Wir haben schon in anderem Zusammenhang diese Akte zu erwähnen Gelegenheit gehabt und bereits hervorgehoben, daß durch das Erfordernis der Unterwerfung des Betroffenen ihr einseitiger Verfügungscharakter nicht aufgehoben wird [28]) Inwieweit die Einwilligung des Betroffenen den Mangel einer gesetzlichen Grundlage des Aktes zu heilen imstande ist, haben wir hier nicht zu untersuchen [29]).

II. Den Befehlen haben wir die Aufforderungen im engeren Sinn gegenübergestellt.

1. Was verstehen wir unter diesem Begriff? Wenn der Staat jemanden zu einem Tun oder Unterlassen auffordert, so kann für den Aufgeforderten dies Tun eine verschiedene Bedeutung haben. Es kann für ihn eine Verpflichtung bedeuten; das ist dann der Fall der ver-

---

[23]) S. 76, 77.
[24]) S. 112.
[24a]) S. o. S. 76.
[24b]) S. u. S. 143, 146, 148.
[25]) II. 270, 271.
[26]) Vgl. Mayer II. 280.
[27]) Vgl. a. a. O. I. 433 verb. m. 435 f.
[28]) Vgl. o. S. 37 f.; vgl. auch S. 77.
[29]) Sehr weit gehen Mayer I. 98, II. 281 und Laband II. 181. Dagegen mit Recht Löning 242 (2).

pflichtenden Verfügung oder des Befehls, von dem wir eben sprachen. Es kann aber für ihn auch die Bedeutung haben, daß er zwar nicht dazu verpflichtet ist, daß aber an die Nichtbefolgung der Aufforderung gewisse rechtliche, nicht bloß tatsächliche, Nachteile geknüpft sind wie insbesondere der Ausschluß der weiteren Geltendmachung von Rechten; wir sprechen hier im Anschluß an das im Prozeßrecht übliche Wort Beweislast nicht von Verpflichtung, sondern von Last; die Aufforderungen, die solche Last schaffen, sind belastende Verfügungen oder Aufforderungen im engeren Sinn. Es kann endlich der Fall so liegen, daß an die Nichtbefolgung der Aufforderung keinerlei unmittelbare rechtliche Nachteile geknüpft sind; dann sprechen wir von bloßen „Einladungen“ [30]).

2. Als Beispiele seien zur Erläuterung des Begriffs genannt. — Aus dem BGB. die Bestimmung der Inventarfrist nach §§ 1994, die Eltzbacher [31]) unrichtig als unmaßgebliche amtliche Willensäußerung bezeichnet. — Aus dem Prozessrecht der Zahlungsbefehl nach CPO. 688 f, den Eltzbacher [32]) ebenfalls zu den unmaßgeblichen Willensäußerungen rechnet; ferner, wie schon erwähnt, die Fragestellung und Eidesauferlegung gegenüber solchen Personen, die zwar keine Erklärungspflicht, aber doch eine Erklärungslast tragen wie die Parteien im Zivilprozeß; ferner die Aufforderung zur Zahlung des Kostenvorschußes nach GKG. 81 f; ebenso die Zwischenverfügungen nach GBO. 18 und das „Aufgeben“ der Beschaffung von Unterlagen nach FGG. 87. Die Ladungen gehören hierher, soweit sie eine Erscheinungslast begründen; also nicht, wenn sie eine Erscheinungspflicht begründen wie die Ladung der Zeugen oder die Ladung des Angeklagten; aber auch nicht, wenn an die Nichtbefolgung gar keine unmittelbaren Rechtsnachteile geknüpft sind wie etwa bei Ladung zum Sühneversuch, oder wenn die Nachteile nur tatsächlicher Natur sein können wie in den Fällen ALVG. 68, 90, 119, P. Enteign.G. 25, wo bei Nichterscheinen nach Lage der Verhandlungen erkannt wird; anders dagegen dort, wo bei Nichterscheinen das Versäumnisverfahren wie im Zivilprozeß eintritt oder wo bei Nichterscheinen das Einverständnis des Ausgebliebenen angenommen, d. h. sein Widerspruch ausgeschlossen wird wie nach FGG. 153^{III}. Aufforderung ist auch der „Hinweis“ des Nachlaßgerichts nach FGG. 91^{III}, 93^{II} darauf, daß, wenn der Aufgeforderte nicht binnen einer bestimmten Frist neuen Termin beantrage, sein Einverständnis mit dem Auseinandersetzungsplan angenommen werde. — Im übrigen mögen noch erwähnt werden die Aufforderungen nach P Wg.O. für Sachsen § 29, 37, die Bestimmung einer Frist zur Selbstvornahme einer notwendigen Ausästung nach Tel.Wg.G. 4^{II}; das Verlangen eines Kostenvorschusses in Sachen der Gründung einer öffentlichen Wassergenossenschaft nach P. G. v. 1. April 1879 § 77; vielleicht auch die „Aufforderung“ des Eigentümers zollpflichtiger Waren, sie

[30]) Mayer I. 283 stellt nur Befehle und Einladungen einander gegenüber und sieht das Wesen der letzteren darin, daß „im Falle der Nichtbeachtung keinerlei Zwang oder Nachteil dem Aufgeforderten zugefügt werden soll“

[31]) S. 262.

[32]) S. o. S. 54.

von der Niederlage zu nehmen zur Vermeidung ihres Verkaufs nach Zoll-G. 104 III. — Wie aus dieser Zusammenstellung hervorgeht, haben die Aufforderungen ihren Hauptsitz in den rechtlich geregelten Verfahren.

3. Eine besondere Art der Aufforderungen sind die von Tezner [33]) als Generalverfügungen gekennzeichneten Aufgebote. Es sind solche Aufforderungen, die sich an eine Mehrheit von Personen wenden. Da zum Wesen der echten Aufforderung gehört, daß die Nichtbefolgung Rechtsnachteile im Gefolge hat, so ist das Eheaufgebot kein Aufgebot im wahren Sinn, sondern nur eine Einladung; denn es soll zwar dazu dienen, Ehehindernisse bekannt zu machen; aber durch deren Nichtmitteilung werden sie keineswegs präkludiert; nicht einmal von den aufschiebenden Ehehindernissen gilt das, da sie der Standesbeamte auch ohne Anmeldung, falls sie ihm bekannt sind, berücksichtigen muß; erst durch die Eheschließung selbst, aber nicht durch die Nichtbefolgung des Aufgebots werden sie ausgeschlossen. Dem Eheaufgebot ähnlich ist das Aufgebot zum Zweck der Todeserklärung nach CPO. 964; auch dieses ist Einladung. Als Beispiele des echten Aufgebots seien genannt CPO. 981, 986, 995, 1002, 1008, Gew.O. 17 II, P. Ans.G. 16 I, Rayon-G. 11 III, P. Priv.Fl.G. 21.

III. Als Ersuchen bezeichnen wir die Willenserklärungen, die eine gleichgeordnete Behörde zu einem Tun oder Unterlassen auffordern. Sie sind also interne Verwaltungsakte und insoweit den Dienstbefehlen gleichartig. Trotzdem ist es keineswegs bloß gesellschaftliche Höflichkeit, das Ersuchen vom Befehl zu scheiden; vielmehr besteht zwischen beiden ein scharfer juristischer Unterschied [34]) nicht nur insofern, als es wohl ein allgemeines Befehlsrecht, nämlich als Teil des Aufsichtsrechts, aber kein allgemeines Ersuchensrecht gibt, sondern auch insofern, als der rechtswidrige Befehl allerdings unter Umständen den Untergebenen von der Verantwortlichkeit für sein Handeln befreien kann, aber nicht das rechtswidrige Ersuchen den Ersuchten. Auch das Ersuchen muß, ebenso wie der Befehl, geschieden werden von der bloßen Einladung; die Grenze zwischen Ersuchen und Einladung liegt dort, wo die rechtliche Pflicht der ersuchten Behörde, sich mit dem Ersuchen zu beschäftigen, und ihm entweder zu entsprechen oder einen ablehnenden Bescheid zu erteilen, aufhört; wenn die Behörde das „Ersuchen" unbesehen in den Papierkorb oder zu den erledigten Akten werfen kann, handelt es sich nicht mehr um ein Ersuchen, sondern um eine Einladung. Als Beispiele von Ersuchen seien genannt: die „Ersuchen" um Eintragung nach GBO. 39, Zw.VG. 19, 22, 34, 91 II, 130, 158 II, CPO. 941, P. Enteign.G. 33; die „Ersuchen" um Rechtshilfe nach GVG. 158, FGG. 2, ALVG 49, Gew.Unf.VG. 144, Inv.VG. 172, Börs.G. 26; das „Erfordern" von Auskunft nach KVG. 76 a; der „Antrag" der Staatsanwaltschaft nach St.PO. 160, 177, die Anklageerhebung der

[33]) S. 215.

[34]) Ihn hat Freund im A. ö. R. 1, 358 f. nicht klar erkannt, wenn er es so darstellt, als ob das Einschreiten des Gerichts auf Antrag der Staatsanwaltschaft nach StPO. 160 dem Handeln auf Dienstbefehl entspreche. Vgl. dagegen StPO. 160 II.

Staatsanwaltschaft nach St.PO. 197, das „Verlangen" des Gerichts nach St.PO. 171.

IV. Kein grundsätzlicher innerer Unterschied wie zwischen Dienstbefehl und Ersuchen besteht dagegen zwischen Ersuchen und Gesuch oder Antrag. Bei manchen Akten kann man sogar zweifeln, ob man sie als Gesuch oder als Ersuchen kennzeichnen soll; so bei den eben erwähnten „Anträgen" der Staatsanwaltschaft an das Gericht, besonders bei der Klageerhebung. Es liegt hier in der Tat wohl nur ein äußerlicher Unterschied vor. Die Grenzlinie zwischen Gesuch und bloßer Einladung, die man hier vielleicht als Bitte bezeichnen könnte, ist genau so zu ziehen wie die zwischen Ersuchen und Einladung. Als Beispiele kommen in Betracht alle jene Fälle, wo eine untergeordnete Behörde oder eine öffentlich-rechtliche Körperschaft, insbesondere eine Gemeinde die Genehmigung der Aufsichtsbehörde zu einem genehmigungsbedürftigen Akt, besonders auch zu privatrechtlichen Rechtsgeschäften, nachsucht. Auch Petitionen der genannten Stellen [35]) gehören hierher, soweit sie nicht etwa auf bloßer Petitionsfreiheit, sondern auf einem echten Petitionsrecht mit Erledigungspflicht des Adressaten beruhen [36]). Im übrigen seien noch genannt die „Einholung" der Genehmigung nach BGB. 83 oder der höheren Entscheidung nach ALVG. 24 oder Gew.O. 27. Der Unterschied zwischen den Gesuchen von Unterbehörden und denen von selbständigen juristischen Personen ist der allgemeine Unterschied zwischen internen und äußeren Verwaltungsakten.

§ 12.

e) Die konstitutiven Verfügungen i. e. S.

I. Die zweite Gruppe der rechtsschaffenden Verfügungen hat zum Inhalt die Schaffung von Erlaubnissen, Rechten und Fähigkeiten. Man kann sie mit dem Sammelnamen der konstitutiven Verfügungen im engeren Sinn bezeichnen, — eine Bezeichnung, die ja freilich nicht ganz genau ist, indem auch die übrigen Verfügungen, selbst die rechtsbestimmenden nicht vollständig ausgenommen [1]), „konstitutiv" wirken [2]). Immerhin wollen wir sie wählen, da wir einen besseren zusammenfassenden Ausdruck nicht wissen, andererseits aber ein Bedürfnis zur Zusammenfassung wegen der Gleichartigkeit all dieser Akte in der Frage der Rücknehmbarkeit vorhanden ist; seine Ungenauigkeit deuten wir durch den Zusatz „im engeren Sinn" an.

1. Aus unserer dogmengeschichtlichen Übersicht [3]) entsinnen wir uns, daß schon in der bisherigen Literatur Begriff und Bezeichnung der konstitutiven Verfügungen durchaus bekannt und üblich waren. Wir sahen damals auch, daß man unter der gleichen B zeich-

---

35) Rosegger 41, 42.
36) Vgl. darüber a. a. O. 21 ff.

1) Vgl. o. S. 66, 67 und Laband III. 352.
2) Bernatzik 11; Mayer im A. ö. R. 3, 43, 44.
3) S. o. § 7.

nung keineswegs allseitig den gleichen Begriff meinte, daß insbesondere die Erlaubniserteilungen vielfach einer besonderen Klasse überwiesen wurden. Im allgemeinen aber wird man doch sagen können, daß unter den Begriff recht verschiedenartige Dinge einmütiglich nebeneinander gestellt wurden. Zur Veranschaulichung greifen wir Dantscher heraus, der [4]) folgende Fälle als Beispiele von konstitutiven Verfügungen erwähnt: Verleihung von Orden und Ehrenzeichen, Adelsverleihung, Ernennung zum Beamten, Begnadigung von den Rechtsfolgen eines rechtskräftig gewordenen Urteils, Legitimation, Erteilung von Ehekonsensen, Niederlassungs- und Auswanderungsbewilligung, Bewilligung der Vereinsbildung, der Abhaltung einer Versammlung, Verleihung von Konzessionen und Gewerbeberechtigungen, Erteilung von Hausier-, von Waffenpatenten, Bautenbewilligungen, Genehmigung von Waldteilungen und Rodungen in Privatwäldern, Verleihung von Schürfbewilligungen, Verleihung von Titeln, Ehrenbürgerrecht, Anerkennung als Gesamtpersönlichkeit, Ausstellung von Schutzbriefen, Verleihung der Staatsbürgerschaft. Man sieht: dieser Katalog ist ebenso umfangreich wie sein Inhalt verschiedenartig.

2. Unser Begriff ist enger. Vor allem scheiden wir nicht nur die rechtsändernden und vernichtenden Verfügungen, die man [5]) ebenfalls als konstitutive bezeichnet hat, aus unserem Begriff aus, sondern auch die Beamtenernennung und die Staatsangehörigkeitsverleihung, die man bisher sogar als Haupttypen der konstitutiven Verfügungen betrachtet hatte. Wir weisen sie einer besonderen Klasse zu, nämlich den auf Schaffung von Rechtsverhältnissen gerichteten. Aber auch dann bleiben als konstitutive Verfügungen im engeren Sinn noch recht ungleichartige Dinge übrig. Es gilt daher, hier noch weitere Unterarten zu bilden.

II. Da bereits in der bisherigen Literatur auf die Verschiedenartigkeit der konstitutiven Verwaltungsakte wiederholt hingewiesen worden ist, so kann unsere Einteilung hieran anknüpfen.

1. Jellinek [6]) hat scharf unterschieden zwischen Dürfen und Können. Worin der gewaltige Unterschied zwischen beiden Begriffen besteht, zeigt besser als jeder Versuch einer Schuldefinition folgender Satz von Jellinek [7]). „Es wäre nicht richtig zu sagen, der Geschäftsfähige dürfe keinen Vertrag schließen, er kann es vielmehr nicht, was immer er auch tue, es kommt kein Vertrag zustande.“ Auf diesen Unterschied von Dürfen und Können hat Jellinek [8]) dann weiter die Einteilung der von ihm sogen. rechtsbegründenden Verwaltungsakte in „Erlaubnisse“ und „Verleihungen“ aufgebaut. Die Verleihungen sind solche, die ein Können gewähren; zu ihnen rechnet er die Zulassung zur Rechtsanwaltschaft und ähnlichen Berufen, die nicht in der Ausübung natürlicher, sondern in der Ausübung vom Staat gewährter Handlungsfreiheit bestehen, ebenso alle Dispensationen, durch welche

[4]) **III**, 73. Vgl. auch noch weitere Beispiele **II**. 49.
[5]) Bernatzik 11.
[6]) S. 46 f.
[7]) S. 47.
[8]) S. 109 f.

nichtige Handlungen zu rechtsbeständigen gemacht werden. Diesen Verleihungsbegriff Jellineks übernehmen wir ungeändert; wir können allerdings aus Gründen, die sich sofort zeigen werden, nicht von Verleihung schlechthin sprechen, sondern werden dafür die Bezeichnung „Fähigkeitsverleihung" verwenden. Den Verleihungen hat Jellinek dann als Erlaubnisse diejenigen Akte gegenübergestellt, die nur ein Dürfen gewähren; als Beispiele hat er genannt die Gewerbekonzessionen, die Eisenbahnkonzessionen, die Verleihung von Bergwerkseigentum, die Erlaubnis zum Jagen, Waffentragen, Bauen. Diesen Erlaubnisbegriff Jellineks können wir nicht unverändert übernehmen; denn es geht doch wirklich nicht an, die Verleihung des Bergwerkseigentums mit der Bauerlaubnis auf gleiche Stufe zu stellen; es muß also innerhalb des Jellinekschen Begriffs noch eine weitere Unterteilung vorgenommen werden."

2. Darauf, wo die gesuchte Grenzlinie zu ziehen ist, weist uns nun eine andere Unterscheidung hin, die im französischen Recht ausgebildet, von F. F. Mayer[9]), freilich mit mißverständlicher Anwendung[10]), übernommen, im übrigen aber namentlich im deutschen und österreichischen Wasserrecht[11]) allgemein anerkannt worden ist. Das ist die Unterscheidung zwischen „Konzession" und „Autorisation". Unter jener versteht man die Verleihung neuen Rechts[12]), wie bei der Verleihung von Wasserbenützungskonzessionen an öffentlichen Flüssen[11]). Dagegen steht bei der bloßen Autorisation nur eine Wiederherstellung der natürlichen, im einzelnen Fall aber durch besonderen Rechtssatz beschränkten Handlungsfähigkeit in Frage, wie z. B. bei den Wasserbenützungskonzessionen an Privatflüssen[11]) und überhaupt bei den gewöhnlichen Gewerbekonzessionen[13]); ungenau ist es, wenn Prazak[14]) diese Wiederherstellung der natürlichen Handlungsfreiheit als deklaratorisch bezeichnet, da er selbst[14]) zugeben muß, daß die „Ausübung [des Benützungsrechts] vor Erteilung der behördlichen Genehmigung nicht gestattet ist".

3. Was nun das Verhältnis dieser Unterscheidung zwischen Konzession und Autorisation zu Jellineks Unterscheidung zwischen Fähigkeitsverleihung und Erlaubnis anlangt, so läßt sie den Begriff der Fähigkeitsverleihung völlig unberührt. Dagegen zeigt sie, daß der Erlaubnisbegriff Jellineks in der Anwendung, die er bei Jellinek gefunden hat, verfehlt ist. Sie zeigt, daß zwischen der echten Erlaubnis, die in der Tat nur eine rechtlich mögliche, aber ver-

---

[9]) Vgl. §§ 36—38 einerseits, § 39 andererseits. Vgl. auch Otto Mayer **II.** 138.

[10]) F. F. Mayer 130 findet das Wesen der eigentlichen Konzession darin, daß sie abzuleiten sei „nicht mehr aus dem individuellen Rechte, sondern aus der Übertragung durch die . . Behörde, vermöge der gesetzlichen Ermächtigung, besondere Rechte zu erteilen oder von gesetzlichen Vorschriften ausnahmsweise frei zu machen". Hierzu rechnet er aber S. 131 auch die Erlaubnis zum Wandergewerbebetrieb.

[11]) Vgl. Randa 10; Prazak, Kompetenzfragen 33; Schenkel, Wasserrecht 48, 339; Schelcher bei Fischer **24**, 62. — A. M. Näf 22, 23.

[12]) Prazak a. a. O.

[13]) F. F. Mayer 128.

[14]) Prazak a. a. O.

botene Handlung erlaubt macht, die also wirklich nur ein Dürfen gewährt, einerseits und der Verleihung eines Rechts andererseits ein Unterschied besteht; denn die „Autorisation" ist ja nichts anderes als eine echte Erlaubnis, die Gewährung eines Dürfens, und die „Konzession" nichts anderes als die Verleihung eines Rechts. Diese Erkenntnis zeigt dann auch weiter, weshalb die ja schon auf den ersten Blick befremdliche Gleichstellung der Verleihung des Bergwerkseigentums mit der Erteilung der Erlaubnis zum Jagen, Waffentragen, Bauen verworfen werden muß; dem Muter nämlich wird das Bergwerkseigentum, also ein (Aneignungs-) Recht verliehen; der Jagdberechtigte, Eigentümer usw dagegen hat nicht nur die physische Möglichkeit zu jagen, die Waffe zu tragen und zu bauen, sondern auch die rechtliche [15]) Macht, das Wild sich anzueignen, mit seiner Waffe oder seinem Grundstück „nach Belieben zu verfahren" [16]); nur darf er ohne polizeiliche Erlaubnis dieses vorhandene Recht nicht ausüben; durch Erteilung der Erlaubnis aber wird ihm nicht das Recht verliehen, sondern nur seine Ausübung gestattet.

4. Wir fassen das Ergebnis dieser Erörterungen zusammen, indem wir Jellineks Zweiteilung von Verleihung und Erlaubnis eine Dreiteilung gegenüberstellen. — Wir haben zu den konstitutiven Akten zunächst die Verleihung von Fähigkeiten zu rechnen; sie entspricht Jellineks Begriff der Verleihung schlechthin. — Ihr schließt sich an die Verleihung von Rechten. Das Recht hat mit der Fähigkeit das gemein, daß auch das Recht ein Können ist Während aber die Fähigkeit ein Können ohne Beziehung auf ein bestimmtes Rechtsobjekt ist, bezieht sich beim Recht das Können auf ein derartiges bestimmtes Rechtsobjekt, sei dies eine Sache oder eine Person; so ist die Geschäftsfähigkeit ein absolutes Können, insofern sie ihren Träger befähigt, alle nur irgend erdenkbaren Rechtsgeschäfte, soweit die Rechtsordnung nichts anderes bestimmt, mit rechtlicher Wirksamkeit vorzunehmen; dagegen ist das Eigentum nur ein relatives Können, eine Rechtsmacht über einen bestimmten Gegenstand, über ein Pferd, ein Buch usw ; ebenso ist ein Forderungsrecht nur ein relatives Können, indem es mir Rechtsmacht gibt über den Willen meines Schuldners, und ebenso das familienrechtliche, indem es mir Rechtsmacht gibt nur über eine bestimmte Person kraft elterlicher, eheherrlicher usw Gewalt. — Als dritte Gruppe kommen dann endlich die Erlaubnisse in Betracht, die nicht ein Können wie die Fähigkeits- und die Rechtsverleihung, sondern nur ein Dürfen gewähren. — Verleihung von Fähigkeiten, Verleihung von Rechten, Erteilung von Erlaubnissen: das also sind die drei Gruppen, die wir im folgenden gesondert zu betrachten haben.

III. Die Fähigkeitsverleihungen können sich sowohl auf abstrakte Fähigkeiten wie insbesondere die Geschäftsfähigkeit als auch auf konkrete Fähigkeiten zu einem bestimmten Handeln im Einzelfall beziehen wie die Genehmigung zu einem Rechtsgeschäft.

---

[15]) Diesen Unterschied zwischen rechtlicher und physischer Macht übersieht Jellinek. Vgl. S. 46 a. E., wo er nur von dem Gegensatz des Nichtdürfens zu dem physischen, nicht aber zu dem rechtlichen Können spricht.

[16]) BGB. 903.

Aber auch in den letztgenannten Fällen ist der Grenzlinie gegenüber den Rechtsverleihungen nicht verwischt; denn die verliehene Rechtsmacht bezieht sich auch hier nicht auf ein bestimmtes Rechtsobjekt, sie ist kein Recht; die Genehmigung gibt kein Recht einen Vertrag abzuschließen, der Dispens von einem trennenden Ehehindernis kein Recht zum Eheschluß, weil dem hierdurch verliehenen Können kein Sollen einer anderen Person entspricht [17]. Ein grundsätzlicher Unterschied zwischen abstrakten und konkreten Fähigkeitsverleihungen läßt sich nicht behaupten. Im einzelnen gehören unter unseren Begriff folgende Erscheinungen.

1. Zunächst die Verleihung der Rechtsfähigkeit.

Da die Rechtsfähigkeit der natürlichen Personen vom modernen Gesetzgeber als selbstverständlich und dem Menschen angeboren anerkannt wird, so kommt nur die Verleihung der Rechtsfähigkeit an juristische Personen, die Schaffung juristischer Personen durch Verwaltungsakt in Betracht. Ein Beispiel dafür bietet BGB. 22. Auch die Schaffung von Wegeverbänden nach P. Wg.O. für Sachsen § 18, sowie die „Vereinigung“ zu Gesamtschulverbänden nach P. Schul-Unterh.G. 1 II gehören hierher [18].

Mit der Verleihung der Rechtsfähigkeit dürfen nicht äußerlich ähnliche Rechtserscheinungen verwechselt werden. — Scharf zu trennen von der Schaffung juristischer Personen durch schöpferischen Verwaltungsakt ist der Fall, daß die Schaffung durch einen Willensakt der Beteiligten erfolgt und daß der Staat lediglich die Genehmigung oder Bestätigung zu diesem Kreationsakt erteilt und ihn dadurch rechtswirksam macht. Daher gehört nicht in diesen Zusammenhang P. Wass.Gen.G. 4, 78, 82, wonach das Statut der gegründeten Wassergenossenschaft vom Staat zu bestätigen ist, und es ist ungenau, wenn Nieberding [19] im Anschluß an die ungeschickte Formulierung des § 4 sagt, die Genossenschaft werde „durch Beschluß der staatlichen Behörde“ gebildet. Das ist ebenso wenig richtig, als wenn man sagen wollte, das gemeindliche Ortsstatut, das der staatlichen Bestätigung bedarf, werde „durch Beschluß der staatlichen Behörde“ erlassen. Richtig hat schon F. F. Mayer [20] darauf hingewiesen, daß die Ein- und Ausgemeindung sich in doppelter Weise vollziehen könne; entweder durch freie Übereinkunft der beteiligten Gemeinden unter Zustimmung der Regierung [21] oder durch einseitige Verfügung der Staatsbehörde. — Ebenso darf natürlich mit der Schaffung einer juristischen Person nicht die Amtserrichtung verwechselt werden. Das Amt ist richtiger Ansicht nach keine juristische Person. Zudem dürfte hier auch nicht sowohl eine Verfügung als vielmehr eine organisatorische Verordnung vorliegen [22]. — Das gleiche gilt von der Schaffung von Verwaltungsbezirken.

---

[17]) Vgl. Trutter 13 (4).

[18]) Über weitere Fälle vgl. die Zusammenstellung bei Rosin, Genossenschaft 129 (5).

[19]) S. 205.

[20]) S. 276.

[21]) Über eine solchen Fall aus neuester Zeit vgl. o. S. 31.

[22]) Vgl. Preuß 368 f.

Die Verleihung der Rechtsfähigkeit ist nach ihrer rechtlichen Natur Verwaltungsakt. Die Ansicht von Gierke [23]), daß der Staat kein Rechtssubjekt produziere, sondern einen das Dasein eines Rechtssubjekts bejahenden Rechtssatz entweder schaffe oder konstatiere, hat berechtigten Widerspruch gefunden [24]).

2. Fähigkeitsverleihung ist auch die Verleihung der Geschäftsfähigkeit. Sie kommt in zwei Formen in Betracht: als Volljährigkeitserklärung von Minderjährigen nach BGB. 3 und als Aufhebung der Entmündigung von Volljährigen nach BGB. 6^{II}.

3. Hierher gehören weiter aber auch die Verleihungen „individueller Qualifikationen“[25]) wie die Erklärung der Fähigkeit zum Richteramt nach GVG. 2, die Befähigungserklärung nach P. Vorbereitungs-G. (für den höheren Verwaltungsdienst) § 13, die Erteilung des Berechtigungsscheins zum einjährig-freiwilligen Dienst [26]). Auch die sogen. Wiederverleihung des „Rechts zur Wiedererlangung“ von verlorenen Ehrenzeichen nach Anlage 8 zur HO. Z. 4^{III} gewährt wohl eher eine Fähigkeit als ein Recht. Die Zulassung zur Rechtsanwaltschaft nach Rechtsanw.O. 3 wurde bereits als ein Beispiel Jellineks für seinen Verleihungsbegriff erwähnt.

4. Ebenso wurden im Anschluß an Jellinek bereits die Dispense erwähnt, die ein Können gewähren. Ein Beispiel ist die Befreiung von dem Ehehindernis des Ehebruchs nach BGB. 1312^{II}. Dagegen gehören die meisten übrigen Dispense, so die Ehedispense nach BGB 1313^{II}, 1316^{III}, zu den bloßen Erlaubnissen, indem sie nicht etwas rechtlich unmögliches möglich, sondern nur etwas verbotenes erlaubt machen. Diesen Unterschied hat Steinitz in seiner Schrift über die Dispensationen völlig übersehen.

5. In diesen Zusammenhang gehören auch die Genehmigungen. Sie sind mit den fähigkeitsverleihenden Dispensen völlig gleichartig: wie der Dispens von einem gewöhnlichen Verbot, d. h. von einem ein reines Nichtdürfen darstellenden Rechtssatz, eine Erlaubnis ist, so ist der Dispens von einer Nichtigkeitsnorm, d. h. von einem ein Nichtkönnen darstellenden Rechtssatz, eine Genehmigung. Es ist sachlich genau dasselbe, ob der Gesetzgeber sagt: „ein Rechtsgeschäft bestimmter Art ist nichtig [27]); von dieser Vorschrift kann die Behörde Befreiung erteilen“ [28]), oder ob er sagt: „dieses Rechtsgeschäft bedarf der Genehmigung der Behörde.“ So hätte daher das BGB. seinen § 1312 statt in der von ihm gewählten Weise ohne sachlichen Unterschied auch so formulieren können: „der Abschluß einer Ehe zwischen einem wegen Ehebruchs geschiedenen Gatten und demjenigen, mit welchem der geschiedene Ehegatte den Ehebruch begangen hat,

---

[23]) Theorie 21.

[24]) Mayer **II.** 389 (3).

[25]) Vgl. Jellinek 337 über den Begriff. Über die Rechtsnatur dieser Akte abweichend von unserer Auffassung Walter Jellinek 165.

[26]) Laband **IV.** 172 scheint hier nur eine (aber doch wohl konstitutive) Entscheidung annehmen zu wollen.

[27]) Vgl. BGB. 1312^{I} verb. m. 1328.

[28]) Vgl. BGB. 1312^{II}.

bedarf ... der Genehmigung". Es sind oft rein äußerliche und zufällige Gründe, die dazu führen, ein Rechtsgeschäft als „unzulässig", d. h. unwirksam, zu kennzeichnen, es aber doch mit Genehmigung für „zulässig", d. h. wirksam, zu erklären; so sprechen die Kanonisten nicht anders als von „Veräußerungsverboten" hinsichtlich der res ecclesiasticae, deren Veräußerung nur „zulässig" sein soll mit bischöflicher Genehmigung [29]); trotzdem haben diese sogen. „Veräußerungsverbote" mit „Erlaubnis"vorbehalt gar keine andere Rechtsnatur als die Vorschriften, daß die Kommunen zu gewissen Veräußerungen der aufsichtsbehördlichen Genehmigung bedürfen [30]).

Wie wir bereits begrifflich die Genehmigungen als Fähigkeitsverleihungen scharf von den Erlaubnissen als Gewährungen eines Dürfens geschieden haben, so möchten wir auch terminologisch die Bezeichnung Genehmigung auf die Fälle der Fähigkeitsverleihung beschränken, obschon die Gesetze freilich häufig von Genehmigungen im Sinne von Erlaubnissen reden, wie z. B. die Gew.O., die grundsätzlich ihre Erlaubnisse als Genehmigungen bezeichnet [31]), ja sogar in einem Atem hintereinander von Genehmigung erst im Sinn der echten Genehmigung und dann im Sinn der Erlaubnis sprechen, wie z. B. das preußische Privileg für die bergisch-märkische Eisenbahn vom 11. März 1850, wo in § 4 die Rede ist einerseits von der (echten) Genehmigung zur Kündigung der Obligation, andererseits von der Genehmigung, d. h. Erlaubnis zur Verstärkung des Amortisationsfonds. — Aus dem gleichen Grund möchten wir Mayer widersprechen, der [32]) die aufsichtsrechtliche Genehmigung ein Seitenstück der Erlaubnis nennt. Mayer [32]) erkennt selbst, daß die mangelnde Genehmigung kein Verbot für den Selbstverwaltungskörper bedeutet, sondern daß die vorgenommene Handlung ohne Genehmigung eben einfach „ungültig", d. h. wirkungslos ist. Daher aber möchten wir nicht einmal von einem Vergleich beider Rechtsinstitute sprechen.

Gegenstand der Genehmigung können nur Willenserklärungen sein, aber auch alle Willenserklärungen: nichtrechtsgeschäftliche wie alle gesetzgeberischen Akte, vom Staatsgesetze bis zum Ortsstatut; nicht minder rechtsgeschäftliche, und zwar publizistische, etwa die Wahl des Bürgermeisters, ebenso wie privatrechtliche, etwa der Verkauf eines städtischen Grundstücks. Dagegen können tatsächliche Handlungen nicht Gegenstand der Genehmigung, sondern nur Gegenstand der Erlaubnis sein, da sie wohl verboten, aber nicht rechtlich unmöglich sein können. — Die Genehmigung kann sich entweder nur auf die Rechtmäßigkeit des genehmigten Akts erstrecken oder auch auf seine Zweckmäßigkeit. Es ist sowohl von verwaltungs- wie auch von prozeßrechtlicher Seite, nämlich von Rosin [33]) und von Nußbaum [34]), der Vorschlag gemacht

---

[29]) Vgl. Kormann 5 f.

[30]) Vgl. a. a. O. 126 und 126 (1), 149 f.

[31]) Vgl. die Überschrift von Ziffer II. des Titels 2 „Erfordernis besonderer Genehmigung".

[32]) II. 414.

[33]) Genossenschaft 138, 139.

[34]) S. 49.

worden, den Begriff der Genehmigung [35]) auf die letztgenannten Fälle zu beschränken, in denen eine Prüfung der „Genehmheit" des Akts stattfinde [33]); im übrigen solle man von Bestätigung [35]) sprechen. Das ist recht beachtenswert. Freilich kommt der Sprachgebrauch des Gesetzgebers dieser terminologischen Unterscheidung nur unvollkommen nach [36]).

Die Genehmigung hat dieselbe Rechtsnatur wie die Einwilligung oder Ermächtigung. Beide, Genehmigung und Einwilligung, fallen unter den Oberbegriff der Zustimmung, und ihr Unterschied besteht nur darin, daß die Genehmigung nach der Vornahme des Hauptakts, die Einwilligung aber vorher erfolgt [37]). Trotzdem wäre es im allgemeinen unrichtig, dort, wo das Gesetz Genehmigung verlangt, auch die Einwilligung zuzulassen; die Einwilligung im Sinn der vorhergehenden Zustimmung ist im öffentlichen Recht etwas singuläres und wird, wo sie zulässig sein soll, vom Gesetz ausdrücklich vorgeschrieben, wie in Hand.Kam.G. 31. Der Grund für die Unzulässigkeit des Ersatzes der Genehmigung durch die Einwilligung liegt wohl darin, daß die Aufsichtsbehörde bei der Genehmigung den genehmigungsbedürftigen Akt nach allen Seiten hin, insbesondere auch hinsichtlich seiner Formalien prüfen soll, wozu sie aber nicht imstande wäre, wenn sie ihre Zustimmung erteilte, bevor sie ihn fertig gesehen hätte. Aus dieser Auffassung von der Unersetzbarkeit der Genehmigung durch die Einwilligung ergibt sich als Folgerung: ist ein nichtiger Gemeindebeschluß genehmigt worden, der später durch einen gültigen Beschluß ersetzt wird, so ist eine neue Genehmigung erforderlich, und man kann nicht mit dem bayerischen Verwaltungsgerichtshof [38]) ohne weiteres sagen, in solchem Falle werde der Beschluß vom Tag seiner gültigen Fassung ab verbindlich.

Daß der Genehmigung Rechtsgeschäftsnatur zukommt, hat für das Privatrecht Manigk [39]) treffend hervorgehoben. Man muß Manigk auch beistimmen, wenn er [39]) sagt, daß durch die Genehmigung ein Rechtsverhältnis nicht geschaffen werde. Wenn er aber weiter meint [39]), daß die beabsichtigte Wirkung nur in der Wirksamkeit des genehmigten Geschäfts bestünde, so übersieht er dabei unseren Begriff der Fähigkeitsverleihung.

---

[35]) In einem anderen Sinne spricht Meyer in WB. I. 190 von Genehmigung und Bestätigung. Die letztere Bezeichnung wendet er dort an, wo sie Bedingung der Rechtswirksamkeit eines Akts ist; unter der Genehmigung versteht er a. a. O. 571 unsere Erlaubnisse, nur daß er von letzteren den unglücklichen Ausdruck gebraucht, sie gewährten die rechtliche Möglichkeit (soll heißen: das Dürfen) der konzessionierten Handlung. — Ähnlich wie Meyer auch Gluth in A. ö. R. **3**, 597.

[36]) Vgl. Nußbaum 49, 200. Weitere Beispiele: P. St.O. 33. LGO. 84.

[37]) Vgl. BGB. 183, 184.

[38]) BVGH. **11**, 436 in der Überschrift. Der Rechtsfall selbst lag etwas anders, als es nach der Überschrift scheinen kann: die Genehmigung wurde in der Tat nochmals erteilt, aber in der Weise, daß es bei der alten Genehmigung sein Bewenden haben sollte; hierunter kann man allerdings wohl eine Genehmigung mit einer auf den Tag gültiger Beschlußfassung rückwirkenden Kraft verstehen, so daß man im Ergebnis mit der Entscheidung des Gerichtshofs übereinstimmt.

[39]) S. 15, 93 f.

Die Beispiele für den Genehmigungsbegriff liegen auf der Straße. Man schlage irgend ein Gesetz, das es mit den Rechtsverhältnissen öffentlicher Körperschaften zu tun hat, auf und man wird fast auf jeder Seite Beispiele finden. Es hat keinen Zweck, hier Beispiele zu häufen. Wahllos greifen wir heraus: BGB. 1741, FGG. 67, 68, 91, 93, 155, P. Pol.Verw.G. 4^{II}, ALVG. 37^{II}, P. LGO. 84, P. St.O. 33, P.Wg.O. für Sachsen 17^{III}, P. Wass.Gen.G. 51, P. Kom.Abg.G. 8, 9^{III}, 13^{II}, 18, 20^{II}, 23^{VI}, 31^{II}, 39, 43, 55, 56^{V}, 58, 68^{II}.

Auch die ministerielle Gegenzeichnung, die meist [40] nur als Form betrachtet wird, gehört hierher; sie hat eben eine doppelte Bedeutung, eine materielle und eine formelle; materiell ist sie Zustimmung des Ministers, woraus folgt, daß sie wirkungslos ist, wenn sie wegen Willensmängeln nichtig ist [41]; andererseits freilich ist sie auch Form, woraus folgt, daß die formlose, nicht durch Gegenzeichnung erfolgende, Einwilligung wirkungslos ist; ihre Bedeutung als Form springt mehr in die Augen, darum darf aber ihre materielle Bedeutung nicht übersehen werden.

Auch die Genehmigung zur Ausgabe von Inhaberpapieren nach BGB. 795 gehört hierher [42].

6. Als letzte Art der fähigkeitsverleihenden Verfügungen sind die Ermächtigungen zu nennen.

Ihre Gleichartigkeit mit den Genehmigungen hatten wir schon bei deren Besprechung zu erwähnen Gelegenheit.

Als Beispiele mögen genannt werden [43]: die Ermächtigung zur Berufung von Versammlungen nach dem G. v. 4. Dezember 1899 betr. die gemeinschaftlichen Rechte der Besitzer von Schuldverschreibungen § 4, BGB. 37, HGB. 254, FGG. 145, Gen.G. 45; aber auch die Bewilligung der öffentlichen Zustellung [44]. Vor allem indes die Zuständigkeitsverleihungen, z. B. nach GVG. 75, P. FGG. Art. 21^{I}, ALVG. 58, 59, 116; auch die sonstigen Delegationen, von denen wir in der Lehre vom Geschäftsabschluß noch werden zu handeln haben, gehören hierher. Es erscheint richtig, diese Akte als Fähigkeitsverleihungen aufzu fassen und nicht als Rechtsverleihungen, da sie nicht über ein bestimmtes Rechtsobjekt Macht verleihen und da überhaupt Zuständigkeiten keine Rechte, sondern Fähigkeiten des Beamten sind; auch im Privatrecht spricht man nicht von einem subjektiven Recht des Vertreters [45]. — Auch die Überweisung an die Landespolizeibehörde nach St.GB. 362^{II} wird man aus gleichem Grund, obschon sie allerdings Macht über ein

[40]) Vgl. z. B. Bornhak I. 134.

[41]) S. u. § 31.

[42]) Bornhak im A. ö. R. 6, 321, (3) gebraucht die farblose Bezeichnung Privileg. Meyer in WB. I. 841, 842 stellt diese Genehmigung mit den Gewerbekonzessionen u. a. zusammen.

[43]) Erheblich weiter ist der Begriff der „Ermächtigung" bei Löning 242, 243. Vgl. o. S. 52.

[44]) Vgl. Walter Jellinek 74.

[45]) Manigk 93 f., der mit Recht gegen Leonhard 314 den Rechtsgeschäftscharakter der Vollmacht verteidigt. Statt von einer „Rechtsveränderung", welche die Vollmacht in der Person des Vertreters bewirkt (Manigk 94), spricht man wohl besser von Fähigkeitsverleihung.

bestimmtes Objekt verleiht, hierher zu rechnen haben. — Nicht ist dagegen BGB. 1321, der von der Zuständigkeitsübertragung auf einen anderen Standesbeamten durch „schriftliche Ermächtigung" des zuständigen handelt, hierher zu rechnen; denn auch der unzuständige Standesbeamte hat die Fähigkeit, eine gültige Eheschließung entgegenzunehmen, da BGB. 1320^{II} bloße Sollvorschrift ist. Also er kann handeln, aber — er darf es nicht ohne die Ermächtigung des § 1321. Diese gewährt ihm also nur ein Dürfen und ist somit bloße Erlaubnis. — Aus einem anderen Grunde wird man wohl auch die Ermächtigung zum sofortigen Vollzug eines Verwaltungsakts, wie sie in der vorläufigen Vollstreckbarkeitserklärung nach CPO. 704 sowie in der Gestattung der vorzeitigen Ausführung von Bewässerungsanlagen nach P. Priv.Fluß-G. 52 liegt, nicht hierher zu rechnen haben; sie dürfte besser als eine Rechtsverleihung an die begünstigte Partei gekennzeichnet werden.

IV. Die Rechtsverleihungen können einen recht verschiedenartigen Inhalt haben. Sie können sich auf öffentliche Rechte ebenso wie auf Privatrechte beziehen, auf Ehrenrechte, auf Ansprüche, auf Sachenrechte, auf Einrederechte, auf alle nur irgend erdenkbaren Rechte, sofern das positive Recht deren Entstehung durch Verwaltungsakt anerkannt hat. Im einzelnen seien folgende Beispiele genannt:

1. Als Verleihung öffentlicher Ehrenrechte sind aufzufassen die Verleihungen von Titeln, Orden und Ehrenzeichen [46]. Auch die Adelsverleihung wird man wohl damit auf gleiche Stufe zu stellen haben [47].

2. Sehr zahlreich sind die Verleihungen öffentlich-rechtlicher Ansprüche, d. h. solcher Rechte, die auf ein staatliches Tun gerichtet sind.

Hierher gehört jedes gewöhnliche Leistungsurteil des Zivilprozesses, insofern es den publizistischen Vollstreckungsanspruch gegen den Staat schafft.

Ein Hauptbeispiel ist die Verleihung des Enteignungsrechts, z. B. nach P. Enteign.G. 2. — Unter Enteignungsrecht verstehen wir in diesem Zusammenhang nicht das Recht des Staates, die Enteignung auszusprechen, also Eigentum zu entziehen und zu begründen [48], aber auch nicht das als Privatrecht [49] gedachte „Recht des Unternehmers, auf Grund der staatlichen Verleihung Dritten das Eigentum gegen Entschädigung zu entziehen" [50]; und unter Verleihung verstehen wir nicht die Übertragung des staatlichen Rechts zur Ausübung [51]. Sondern Enteignungsrecht ist für uns das publizistische Recht des beliehenen Unternehmers gegen den Staat, von ihm die Enteignung, also die Ausübung des staatlichen Enteigungsrechts, zu fordern [52]; es handelt sich hier also um einen publizistischen Anspruch gegen den Staat, in seinem

---

46) Vgl. Braun im A. ö. R. **16**, 540.

47) Vgl. Jellinek 190, 191.

48) Das ist das Enteignungshoheitsrecht im Sinne von Eger **I**. 4.

49) So Eger **I**. 29.

50) So Eger **I**. 4.

51) So noch in neuester Zeit Süpfle 27.

52) So schon Rohland 1, 10. Ebenso Prazak, Enteignung 67 (9). Mayer **II**. 19.

Wesen völlig dem Vollstreckungsanspruch und überhaupt dem Rechtsschutzanspruch gleichartig. Dabei mag es dahingestellt bleiben, ob das verliehene Recht etwas selbständiges ist [53]), oder in unauflöslicher Verbindung mit der Verleihung eines öffentlichen Unternehmens steht [54]). — Die Verleihung des Enteignungsrechts ist ein „konstitutiver Verwaltungsakt" [55]), keineswegs bloß deklarativ, wie Layer [56]) meint; zwar sprechen die Gesetze nicht immer von Verleihung, sondern von Feststellung des Enteignungsfalles und in ähnlichen Wendungen, die geeignet sind, die Auffassung von der deklaratorischen Natur des Aktes wachzurufen; wie wenig technisch aber der Ausdruck „Feststellung" gemeint ist, zeigt z. B. das sächsische Enteignungsgesetz, das im ersten Absatz des § 2 von der „Feststellung der Zulässigkeit der Enteignung", im zweiten und dritten Absatz desselben Paragraphen aber von dem Antrag auf „Verleihung des Enteignungsrechts" spricht.

Weiter gehören hierher die sonstigen publizistischen „Versprechen", die man natürlich scharf zu scheiden hat von den unverbindlichen „Verheißungen", bei denen der Staat keine Verpflichtungsabsicht hat, sondern nur ein gewisses Tun in Aussicht stellt.

Die amtlichen publizistischen Versprechen, von denen allein hier näher zu handeln ist, können sowohl auf Leistungen vermögensrechtlichen Inhalts wie auf die Vornahme obrigkeitlicher Akte gerichtet sein. — Die ersteren kann man als publizistische Versprechen im engeren Sinn bezeichnen. Um Beispiele zu nennen, so kann sich der Staat zur künftigen Übertragung eines Amtes verpflichten, wie das Reichsgericht [57]) anerkannt hat; das ist aber nicht, wie dieses annimmt,. ein öffentlich-rechtlicher Vertrag, sondern ein einseitiges publizistisches Versprechen. Ebenso kann sich der Staat verpflichten zur künftigen Verleihung einer Eisenbahnkonzession, eine Frage, die seinerzeit im Anschluß an Art. 10 der Konzession für die österreichische Kaiser-Ferdinand-Nordbahn lebhaft erörtert worden ist [58]); das ist dann wiederum ein publizistisches Versprechen. Nicht ersichtlich ist, weshalb nicht auch das Versprechen der Erteilung einer Gewerbeerlaubnis möglich sein soll [59]). Auch die Verpflichtung zur Aufnahme in den Heimatverband einer Gemeinde oder zur Naturalisation kann durch publizistisches Versprechen übernommen werden [60]). Das Gegenstück hierzu bildet die Entlassungszusicherung, wodurch der Staat sich verpflichtet, jemanden beim Eintritt einer künftigen Bedingung, etwa beim Erwerb einer fremden Staatsangehörigkeit die Entlassung zu gewähren; die Zulässigkeit einer solchen Zusicherung ist kaum zweifelhaft, wennschon ein vor den Verwaltungsgerichten verfolgbarer Anspruch durch sie in Preußen nicht

---

[53]) Vgl. Gleim, Kleinbahngesetz 61, Fritsch 27 (22).

[54]) So Prazak und Mayer a. a. O.

[55]) Schelcher, Gesetz 41 f. [56]) S. 261 ff.

[57]) RG. **53, 423.** Tezner im A. ö. R. **9, 493** hält freilich solche Versprechen für unzulässig.

[58]) S. u. S. 198. Gleim 190, 110. Meyer, Erworbene Rechte 27 scheint das Versprechen der Konzessionsverleihung nicht für zulässig zu halten.

[59]) A. M. anscheinend OLG. Dresden v. 28. 1. 97 bei Reger **18, 309.**

[60]) Vgl. Mayrhofer **II.** 929 und die Erlasse 929 (1), ferner den Erlaß v. 16. Juni 1884 a. a. O. 990.

geschaffen wird [61]). Hierher dürfte auch die „Zollauskunft“ [61a]) gehören, als das Versprechen der Zollbehörde, daß die auf Grund der Auskunft eingeführten Waren bis auf weiteres nicht höher als angegeben besteuert werden sollen. — Diesen Versprechen der Vornahme obrigkeitlicher Akte kann man die „Bewilligungen“ oder „Gewährungen“ vermögensrechtlicher Ansprüche gegenüberstellen, wenn man sie, was hier nicht näher untersucht werden soll, als öffentlich-rechtlich anerkennt [62]). Beispiele sind die Bewilligungen von Beamtenpensionen u. a. nach Beamt.G. 34 f, P. Kom.Beamt.G. 4 verb. m. P. G. v. 6. Februar 1881, P. Disz.G. 16, ferner von Renten nach den Arbeiterversicherungsgesetzen, ebenso die Gewährung einer „Beihülfe“ seitens des Kreises an den Wegebaupflichtigen nach P. Wg.O. für Sachsen § 20, ferner auch die Verleihung von Stiftungsgenüssen durch eine Behörde, soweit die Verleihung überhaupt Verwaltungs- und nicht privatrechtlicher Akt ist, was sich nur im Einzelfall entscheiden läßt; zum Teil sind hier freilich, wie bei den normalen Beamtenpensionen und Arbeiterrenten, Voraussetzungen und Inhalt des gewährenden Verwaltungsakts gesetzlich festgelegt, so daß diese Akte sich der Feststellung nähern. Den gleichen Charakter wie diese Bewilligungen haben auch die „Anrechnungen“ fremder Dienstzeit bei der Pensions- usw. Festsetzung, z. B. nach Beamt.G. 46 f., Off.Pens.G. 15, 18, 52—56; sie bedeuten rechtlich nichts anderes als eine Pensionserhöhung. Dagegen wird man die Gewährung von Vergütungen an Vormünder und ähnliche Personen, z. B. nach BGB. 1836, nicht hierher zu rechnen haben, da der gewährte Vergütungsanspruch sicherlich nicht ein publizistischer Anspruch gegen den Staat, sondern ein zivilistischer gegen den Interessenten, z. B. gegen das Mündel, ist; diese Gewährung kennzeichnet sich somit als Verleihung eines Privatrechts durch Verwaltungsakt.

Der Begriff des publizistischen Versprechens ist aber weiter; wir haben im vorigen nur Fälle von amtlichen publizistischen Versprechen erwähnt, also solche, die Verwaltungsakte sind; es gibt aber auch nichtamtliche publizistische Versprechen, wie die schon früher [63]) erwähnte Übernahme von Verpflichtungen in baupolizeilichen Angelegenheiten nach S. Bau-G. 2 oder das Versprechen des Sachverständigen zur Abgabe von Gutachten nach CPO. 407 II, das zur Folge hat, daß der Sachverständige die Erstattung des Gutachtens nicht ablehnen darf. In diesen Zusammenhang gehören auch öffentlich-rechtliche Bürgschaften, deren Möglichkeit jedenfalls zuzugeben ist [64]), auch wenn man [65]) die Bürgschaft nach P. Jagd-O. 29 II nicht als öffentlich-rechtlich anerkennen will.

Verwandt sind die Fälle, wo durch Verwaltungsakt eine Verpflichtung, etwa die Wegebaulast [66]), übernommen wird, ohne daß dies gegenüber jemanden geschieht, der aus der Erklärung ein Recht erwirbt. Man wird hier statt von Versprechen von Verpflichtungsüber-

[61]) Vgl. OVG. v. 11. I. 98 bei Reger **19**, 106.
[61a]) RZBl. 84.
[62]) Vgl. o. S. 34, 35.
[63]) S. o. S. 40, 41.
[64]) Vgl. Stier-Somlo in der Inhaltsübersicht.
[65]) Wie Ebner in VA. **14**, 166.
[66]) Vgl. Germershausen **I.** 456, auch 454, 455.

nahme sprechen können. Solche Fälle nähern sich dem später zu besprechenden Verzichtsbegriff, indem beispielsweise der Staat auf die Erfüllung der Wegebaulast seitens der bisher Pflichtigen verzichtet, gleichzeitig aber diese Verpflichtungen selbst übernimmt. — Man könnte daran denken, auch die ministerielle Gegenzeichnung hierher zu rechnen, indem man das Rechtsverhältnis etwa so auffaßt: an sich hat die Volksvertretung das Recht, vom Monarchen selbst Rechenschaft für seine Handlungen zu fordern, und der Monarch die Pflicht, die Rechenschaft zu geben; durch die Gegenzeichnung indes übernimmt der Minister diese Pflicht des Monarchen. Indes wäre diese Auffassung nicht haltbar, da die ministerielle Verantwortlichkeit nicht eintritt durch den Willen des Gegenzeichnenden, sondern durch die bloße Tatsache der (wirksamen) Gegenzeichnung, daher z. B. die Ablehnung der Verantwortlichkeit bei der Gegenzeichnung rechtlich bedeutungslos wäre.

3. Als Schaffung eines Einrederechts kann man vielleicht die Stundung auffassen.

Dies ist jedenfalls die Wirkung der privatrechtlichen Stundung, indem diese die Geltendmachung der gestundeten Forderung vor Ablauf der Stundungsfrist keineswegs an sich, sondern nur dann ausschließt, wenn der Schuldner die Stundungseinrede vorbringt, ein „Gestaltungsrecht" ausübt. Ob man aber diese zivilrechtliche Konstruktion auch auf die öffentlich-rechtliche Stundung anwenden darf oder ob hier nicht vielmehr anzunehmen ist, daß die Stundung ipso iure die Geltendmachung des gestundeten Anspruchs zurzeit unmöglich macht, kann immerhin zweifelhaft sein. Nimmt man letzteres an, so hätte die öffentlich-rechtliche Stundung einen ähnlichen Charakter wie der ebenfalls ipso iure wirkende Verzicht, von dem sie nur dadurch unterschieden wäre, daß sie das Recht nicht für immer vernichtet, sondern es nur veränderte, nämlich seine zeitige Geltendmachung ausschlösse; sie wäre dann in der Lehre von den rechtsverändernden Verwaltungsakten zu erwähnen.

Im übrigen ist hinsichtlich der rechtlichen Natur der Stundung zu bemerken, daß sie ein öffentlich-rechtlicher[67]) Akt ist und zwar ein einseitiger[68]).

Die gewöhnliche Stundung besteht, von äußerlichen Formvorschriften abgesehen, in der Erklärung des Gläubigers, der Schuldner brauche erst nach einer bestimmten Frist zu zahlen. So stellt sich z. B. die Stundung der Gerichtskosten nach ALVG. 109, pr. AG. z. GKG. 30, auch die sog. Bewilligung des Armenrechts nach CPO. 114, St.PO. 419, die nur eine besondere Art der Gerichtskostenstundung ist, dar. Auch die Zollstundung nach Zoll-G. 110, die durch Eintragung der zollpflichtigen Waren in ein fortlaufendes Konto erfolgen soll, ist davon nicht wesentlich verschieden.

Dagegen finden wir im Zollrecht noch zwei eigenartige Stundungsformen.

---

[67]) Vgl. Bernatzik 237 (33) und seine treffende Polemik gegen die dort genannte Entscheidung des Kassationshofes.

[68]) S. o. S. 40 gegen Jellinek 347. Vgl. auch Nippold 18, 19, der scheinbar sowohl einseitige „Stundung" wie auch einen „darüber abgeschlossenen Stundungsvertrag" anerkennen will.

Die Stundung kann nämlich auch dadurch erfolgen, daß dem Zollschuldner die „Genehmigung“ zu einem Privatlager nach dem Privatlagerregulativ erteilt wird [69]).

Sie kann ferner erfolgen durch Ausstellung des sogenannten Begleitscheins II, die nach ihrer rechtlichen Natur nichts anders ist als die vorläufige Entbindung von der Zahlungspflicht hinsichtlich der bereits entstandenen und festgestellten Zollschuldigkeit [70]).

Dagegen gehört nicht hierher die Ausstellung des sogenannten Begleitscheins I. Denn in diesem Fall wird die Zollschuldigkeit noch gar nicht festgestellt, weshalb Mayer [71]) ganz treffend von einer Abschwächung der Steuerpflicht, von einer schwebenden Steuerpflicht redet. Hier wird also nicht wie bei der Stundung von der Zahlungspflicht, die ja noch gar nicht da ist, entbunden, sondern es wird entbunden von der Pflicht, die Sache zur „Abfertigung“ [72]) zu stellen.

Auch der sogenannte eiserne Zollkredit der Weingroßhändler kann nicht als Stundung angesehen werden [73]). Mayer [74]) hat freilich das Gegenteil behauptet. Aber seine Gründe erscheinen nicht stichhaltig. Er argumentiert: Da in § 11 des Weinl.-Rgl. von dem „in freien Verkehr befindlichen fremden Wein des Kreditnehmers“ gesprochen wird, da aber in freiem Verkehr befindlicher Wein nur solcher ist, für den die Zollpflicht bereits entstanden und entweder berichtigt oder gestundet ist, so ist die Zollpflicht hier bereits entstanden, und wir haben es hier also mit Stundung zu tun. Hiergegen ist zu sagen: Wenn diese Auffassung, daß für die Güter in freiem Verkehr eine Zollpflicht schon entstanden sein müsse, richtig wäre, so müßte man auch die öffentlichen Lager hierher rechnen, da nach § 3 III Niederl.Rgl. ausnahmsweise ebenfalls Güter des freien Verkehrs in sie aufgenommen werden dürfen; diese notwendige Folgerung aus seiner Behauptung zieht aber Mayer [75]) selbst nicht. Hiernach kann das Moment, auf das Mayer die Entscheidung der Frage hat abstellen wollen, nicht das maßgebende sein. Vielmehr kommt es ausschließlich an auf § 1 Z. 2 des Weinl.Rgl., wo als Wirkung der Gewährung des sogen. Kredits angegeben ist, „daß für eine dem Umfange des Lagers entsprechende Weinmenge nicht nur die Verzollung, sondern auch die Festsetzung des Zollbetrags ausgesetzt bleibt und erstere, wenn sie späterhin erfolgt, nach dem alsdann gültigen Zolltarife zu bewirken ist“. Hiernach ist ganz offenbar, daß die Gewährung des sogen. eisernen Zollkredits nicht dem Begleitschein II, also der vorläufigen Entbindung von der Zahlungspflicht, sondern völlig dem Begleitschein I, also der Entbindung von der Pflicht der Gestellung zur sofortigen Abfertigung entspricht.

---

69) Vgl. Mayer I. 412 f.
70) Vgl. Mayer I. 411.
71) I. 407.
72) Darunter verstehen wir mit Laband IV. 435 die „Feststellung des Betrages“ der Zollpflicht. — Einen weiteren Begriff verbindet damit v. Mayr bei Stengel II. 956, 957; 958.
73) Ebenso v. Mayr a. a. O. II. 967.
74) I. 413 (17).
75) I. 407.

Nicht zur Stundung gehört auch die sogen. Niederschlagung von Gerichtskosten. Sie wird in den Gesetzen, z. B. ALVG. 109, P. AG. 30 GKG., ausdrücklich der Stundung gegenübergestellt. Als ihre Wirkung wird in dem genannten § 30 das P. AG. bezeichnet: „Durch die Niederschlagung der Kosten wird deren spätere Einziehung nicht ausgeschlossen". Sie soll also kein Recht des Kostenschuldners begründen. Aber wie ist sie positiv zu kennzeichnen? Man wird sie wohl im Gegensatz zur Stundung, die ein äußerer Verwaltungsakt ist, als einen rein internen aufzufassen haben, nämlich als einen Dienstbefehl des Richters an den Gerichtskassenbeamten, die geschuldeten Kostenbeträge einstweilen nicht einzufordern. Will man aber einen äußeren Verwaltungsakt annehmen, so läge eine negative Verfügung des Inhalts vor, daß der Staat einstweilen von seinem Recht keinen Gebrauch machen wolle. Dem Charakter der Niederschlagung als eines internen Verwaltungsakts entspricht es, daß seine Bekanntgabe an den Kostenschuldner im Gesetz nicht vorgeschrieben und in der Praxis nicht üblich ist.

4. Verwaltungsakte können auch Nutzungsrechte an öffentlichen Sachen verleihen.

Dies ist jedenfalls für das Wasserrecht anzuerkennen. Es sei hier beispielsweise auf die „Verleihung" von Wassernutzungsrechten nach Würt. Wass.G. Art. 31 verwiesen [76]). Sie steht in scharfem Gegensatz zu den Fällen einer bloßen polizeilichen Erlaubnis nach Art. 17, 18, 22, 23, 25, 27, 28, 29 und auch, was freilich eine württembergische Besonderheit ist [77]), im scharfen Gegensatz zu den auf Grund der Verleihung und zugleich mit ihr ergehenden, aber doch rechtlich selbständigen wiederum nur polizeilichen „Genehmigungen" hinsichtlich der besonderen Anlagen zur Ausübung jenes Nutzungsrechts; im Gegensatz zu diesen polizeilichen Erlaubnissen, die nur ein Dürfen gewähren, soll die Verleihung eben ein wirkliches Recht schaffen [78]).

Ob man im übrigen ganz allgemein, besonders aber bei den öffentlichen Wegen, die Begründung von Nutzungsrechten durch Verwaltungsakt annehmen darf, ist mindestens zweifelhaft.

Was insbesondere die Begründung von Gebrauchsrechten an öffentlichen Wegen [79]) wie z. B. zu deren Benutzung durch Einlegung von Straßenbahnschienen anlangt, so kann als unbestritten festgestellt werden, daß dazu zwei Akte erforderlich sind, die in ihrer Verschiedenheit vor allem dann in schöner Klarheit hervortreten, wenn der Eigentümer des Wegs nicht zugleich die Wegepolizei ausübt. Dann ist nämlich erforderlich einerseits die „Zustimmung" des Eigentümers, andererseits die „Genehmigung" der Wegepolizeibehörde [80]). Es fragt sich, welche rechtliche Natur der „Zustimmung" und der „Genehmigung" beizulegen ist.

---

[76]) Vgl. auch die Begründung zum Entwurf des P. Wass. G. 98—100, 104.
[77]) Vgl. Nieder 238.
[78]) Vgl. Nieder 236—238; vgl. auch o. S. 84.
[79]) Weitere Beispiele bei Germershausen I. 130, 131.
[80]) Vgl. Germershausen I. 130.

Mayer [81]) hat die Sache so konstruiert, daß die „Verleihung“ der besonderen Nutzungen durch die Wegepolizeibehörde erfolgt, daß aber die „Zustimmung des ordentlichen Vertreters des Herrn der öffentlichen Sache hinzukommen“ muß, „damit die Verleihung gültig und wirksam sei“. Hiernach fände die Verleihung unzweifelhaft durch Verwaltungsakt, und zwar durch einen Akt der Wegepolizeibehörde, statt. Aber diese Konstruktion ist nicht richtig.

Das konstitutive Element unter den zwei erforderlichen Akten ist nicht die „Genehmigung“ der Polizeibehörde, sondern die „Zustimmung“ des Eigentümers. Dies ergibt sich daraus, daß, wie Mayer [81]) ja selbst ganz richtig betont, bei der Verleihung von Nutzungsrechten an öffentlichen Sachen es sich um eine Verfügung über diese handelt und daß eine solche Verfügung eine Ausübung des Eigentumsrechtes ist, aber keineswegs zur laufenden Verwaltung der Sache gehört, also nicht in die Zuständigkeit der Polizeibehörde fällt.

Freilich bedarf es außer diesem konstitutiven, das Recht selbst schaffenden Akt des Eigentümers auch noch einer Handlung der Polizeibehörde, der sogen. Genehmigung. Seinen inneren Grund hat dieses Erfordernis darin, daß die Wegepolizeibehörde darüber zu wachen hat, daß nicht durch solche Verfügungen des Eigentümers die öffentliche Zweckbestimmung der Sache gefährdet wird; daher bedarf es zwar nicht zur Begründung, wohl aber zur Ausübung des von dem Eigentümer begründeten Rechts an der Sache einer „Genehmigung“ oder vielmehr genauer gesprochen einer „Erlaubnis“ der Polizeibehörde, — einer Erlaubnis, die lediglich ein Dürfen gewährt wie die polizeiliche Erlaubnis zur Ausübung des Jagdrechts, Baurechts usw., — einer Erlaubnis, die nicht in diesen Zusammenhang hier, sondern zu den nachher zu besprechenden Erlaubnissen gehört.

Wenn nun aber auch die sogen. Genehmigung der Polizeibehörde nicht als rechtsbegründender Verwaltungsakt in Betracht kommt, so fragt es sich doch noch, ob nicht wenigstens die sogen. „Zustimmung“ des Eigentümers ein solcher sei. Mayer [82]) nimmt dies in der Tat an; von seiner Theorie des öffentlichen Eigentums aus kann er ja auch gar nicht anders. Die sächsische Praxis, die unter dem unverkennbaren Einfluß von Schelcher und dadurch mittelbar von Mayer steht, teilt diesen Standpunkt; er ist erst neuerdings wieder mit großer Schärfe in einer Verordnung des Ministeriums des Innern vom 3. August 1907 [83]) mit aller Deutlichkeit formuliert worden. Auch sonst hat man sich manchmal Mayer angeschlossen [84]). Wir glauben es nicht tun zu sollen.

---

[81]) II. 150.

[82]) Vgl. II. 151.

[83]) Abdruck bei Fischer **33**, 67; daselbst Verweisungen auf frühere Entscheidungen, von denen besonders die vom 20. Juli 1899 (bei Fischer **21**, 53) genannt sein mag. — Vgl. auch noch die V. dess. Min. v. 10. Febr. 1908 bei Fischer **33**, 343 f.

[84]) Vgl. Bettelheim bei Grünhut **34**, 256, 257 und die von ihm besprochene Schrift von Sperl. — Eine merkwürdige „Teilung der öffentlichen Sache nach ihrer zivilrechtlichen und ihrer öffentlich-rechtlichen Seite“ hat H. Schelcher bei Fischer **31**, 1 f. versucht; er muß aber selbst S. 52, 53 die Schwierigkeiten ihrer praktischen Durchführung anerkennen.

Vielmehr sind wir geneigt, in der „Zustimmung“ des Eigentümers ein privatrechtliches Rechtsgeschäft, sei es dingliche Verfügung, sei es obligatorische Verpflichtung, insbesondere Mietvertrag, anzunehmen [85]) und ebenso in den begründeten Rechten keine öffentlichen Rechte am öffentlichen Gut im Sinn des französischen Rechts und der Mayerschen Theorie, sondern gewöhnliche Privatrechte zu erblicken [86]).

5. Als ein letzter Fall von Verleihung öffentlichen Rechts sei genannt die Verleihung von Hebungsrechten etwa nach P. Wg.O. für Sachsen § 27.

6. Verwaltungsrechte können endlich auch Privatrechte begründen.

Hier ist an erster Stelle die Patenterteilung zu erwähnen, die nach richtiger Ansicht [87]) als konstitutiver, nicht bloß als deklarativer Verwaltungsakt aufzufassen ist.

Gleiches gilt von der Verleihung des Bergwerkseigentums [88]).

Auch die Aufhebung des Konkursverfahrens gehört hierher. Sie ist keineswegs Fähigkeitsverleihung, da die Geschäftsfähigkeit des Gemeinschuldners durch die Konkurseröffnung gar nicht beeinträchtigt, sondern ihm dadurch nur das Verfügungsrecht über die zur Konkursmasse gehörenden Eigentumsstücke entzogen worden war [89]). Durch Aufhebung des Konkurses wird ihm daher auch nicht die Geschäftsfähigkeit, sondern dieses zivilistische Verfügungsrecht, — es ist nach seiner rechtlichen Natur ein Teilrecht aus dem Eigentum —, wiedergegeben. Die Konkursaufhebung ist sicher Rechtsgeschäft und nicht bloße Rechtshandlung; wenn Dantscher [90]) sie zu letzteren oder wie er sich ausdrückt zu den „sonstigen juristischen Handlungen“ rechnet, so kommt das nur daher, daß er die Handlungen lediglich nach ihrer Bedeutung für die Entstehung politischer Rechte klassifiziert [91]).

Hierher gehört endlich eine Gruppe von Verfügungen, die man zusammenfassend dahin kennzeichnen kann, daß sie ein Recht zum Eingreifen in Privatrechte gewähren. — Sie stehen meist mit dem Enteignungsrecht in äußerem Zusammenhang, unterscheiden sich von diesem aber dadurch, daß die Ansprüche daraus sich unmittelbar gegen den Privateigentümer und nicht gegen den Staat richten [92]). — Hierher gehört die „Entscheidung“ nach Enteign.G. 53, wonach der Wegebaupflichtige zur Entnahme von Straßenbaumaterialien aus den dazu geeigneten Grundstücken berechtigt sein soll. Daß hier ein Recht verliehen wird, daß es nicht schon ex lege besteht, ist gegen Eger treffend

---

[85]) Vgl. Germershausen I. 132 und die 132 (19) genannten Entscheidungen, auch den 132 mitgeteilten Beschluß des K. G. v. 14. Jan. 1901. A. M. bezüglich des Zustimmungsvertrags nach P. Kleinbahngesetz § 6 Störk, Zustimmungsvertrag 22 f.; vgl. auch 8 f.

[86]) Ebenso Germershausen I. 132.

[87]) Vgl. Laband III. 236, auch Schanze im A. ö. R. 9, 173 f.

[88]) vgl. u. S. 108.

[89]) Vgl. KO. 7.

[90]) III. 102.

[91]) S. o. S. 23.

[92]) Vgl. über diesen Unterschied treffend Mayer II. 171 (9).

von Mayer [93]) dargetan worden, da bei Mangel jener „Entscheidung" den Wegebaupflichtigen, wenn er trotzdem die Materialien entnehmen sollte, die gewöhnliche zivilrechtliche Schadenersatzpflicht trifft. Den Inhalt des Rechts aber möchten wir nicht mit Mayer [94]) als öffentlichrechtliche Grunddienstbarkeit, sondern als ein Recht zum Eingreifen in Privatrechte bezeichnen. — Auch die „Gestattung" von Vorarbeiten z. B. nach pr. Enteign.G. 5 [95]), ebenso die „Entscheidung" über die Zulässigkeit von Schürfarbeiten nach pr. Berg-G. 8^{I}, die der zweite Absatz dieses Paragraphen denn auch ausdrücklich als Ermächtigung bezeichnet, ist in diesen Zusammenhang zu rechnen.

V. Im Gegensatz zu den Fähigkeits- und den Rechtsverleihungen stehen die Erlaubniserteilungen.

1. Über ihre rechtliche Natur haben wir nach unseren einleitenden Erörterungen über die Arten der konstitutiven Verfügungen [96]) hier keine Veranlassung mehr, näher zu sprechen. Insbesondere brauchen wir nicht weiter einzugehen auf den Streit, der namentlich bei den Gewerbekonzessionen und den Baukonsensen ausgefochten worden ist. Wir begnügen uns, festzustellen, daß die Erlaubniserteilungen weder bloße Entscheidungen noch auch Rechtsverleihungen sind, daß sie vielmehr die Verleihung eines Dürfens darstellen. Wenn man dieses Dürfen eine Befugnis nennen will und von diesem Punkt aus weiter argumentieren will, „also" handele es sich um ein „subjektives Recht" [97]), so ist dagegen ja schließlich nicht so sehr viel einzuwenden. Nur muß man sich darüber klar sein, daß dieses Recht nicht nur etwas ganz anderes als ein Privatrecht [98]), sondern auch etwas anderes als die vorhin erörterten publizistischen Rechte darstellt, insofern es unselbständig ist, auf der Grundlage eines echten Rechts, dessen Ausübung es bloß erlaubt macht, beruht, insofern es weiter keinerlei Schutz gewährt gegen solche Angriffe, die aus dem Mangel eines solchen zugrunde liegenden Rechts hergeleitet werden [99]) [100]), insofern es sich endlich auf den rein negativen Anspruch gegen den Staat auf Nichtstörung in der Vor-

---

[93]) a. a. O.

[94]) II. 171.

[95]) a. M. Mayer II. 184 (9).

[96]) S. o. S. 83 f.

[97]) So argumentiert Meyer in WB. I. 842. Vgl. auch die Schrift von Rehm.

[98]) So auch Meyer a. a. O.

[99]) So ausdrücklich Hess. BauO. Art. 73: „Durch die Baugenehmigung wird nur über die polizeiliche Zulässigkeit eines Bauwesens entschieden; sie erfolgt daher unbeschadet der Privatrechte dritter Personen."

[100]) Wir schreiben hier kein System der subjektiven Rechte. Wir können daher nicht näher eingehen auf einen Gedanken, dessen Durcharbeitung vielleicht erheblich zur Klärung des Befugnisbegriffs beitragen könnte. Die Formulierung des Textes weist auf die Ähnlichkeit des durch die Erlaubnis geschaffenen Zustands mit dem privatrechtlichen Besitz, den ja auch manche für ein Recht erklären, sehr deutlich hin. Sollte nicht vielleicht in beiden Fällen es sich um eigenartiges Rechtsinstitut handeln, das mehr ist als bloße Tatsache, mehr als bloßes Innehaben der Sache, mehr als bloßes Geduldetwerden von Handlungen, aber doch weniger als ein wahres Recht, d. h. um das Rechtsinstitut der Befugnis? Und sollte nicht vielleicht auch in dieser Frage die Methode der Anlehnung an das Privatrecht fruchtbar werden können? — Vgl. auch Oertmann 63 (3), der ebenfalls „Recht" und „Befugnis" einander gegenüberstellt, wennschon in etwas anderem Sinn.

nahme der erlaubten Handlung beschränkt, ohne irgendwie gleich den vorhin besprochenen Rechten positiv gefärbt zu sein.

2. Das Gebiet des Erlaubnisbegriffs ist sehr umfangreich. Man hat ihn bisher zumeist auf das Polizeirecht beschränkt [101]). Mayer [102]) hat dann noch den Begriff der Finanzerlaubnis aufgestellt. Aber auch der freiwilligen und der streitigen Gerichtsbarkeit ist der Erlaubnisbegriff durchaus bekannt. Im allgemeinen verdient noch bemerkt zu werden, daß unter ihn auch die meisten „unechten Bescheinigungen" [103]) fallen, d. h. solche Bescheinigungen, deren Bedeutung sich nicht auf eine bloße Beurkundung beschränkt, die vielmehr ein Dürfen gewähren, insofern bestimmte Handlungen ohne den Besitz einer solchen „Bescheinigung" verboten sind; diese unechten Bescheinigungen sind verkappte Erlaubniserteilungen, deren Besonderheit darin besteht, daß sie in die Form einer bloßen Beurkundung gekleidet sind. Die folgende Aufzählung von Beispielen der Anwendung des Erlaubnisbegriffs wird den Umfang seines Geltungsgebiets veranschaulichen.

Es gehören hierher vor allem die zahlreichen sogen. gewerblichen „Konzessionen", namentlich die nach Gew.O. Titel II, Ziffer II erforderlichen „Genehmigungen"; ferner hat diese Natur die Ausstellung des Legitimationsscheins und der Legitimationskarte nach Gew.O. 43, 44a die als Beispiele unechter Bescheinigungen sich nur in der beurkundenden Form etwas von den übrigen unterscheiden [104]). Die Ausstellung des Gewerbescheins nach dem pr. Wander-Gew.St.G. 6 hat eine doppelte Rechtsnatur; sie ist einerseits Beurkundung, nämlich Quittung, d. h. Bescheinigung über Zahlung der Steuer, oder auch Bescheinigung über die Steuerfreiheit; und sie ist andererseits auch eine Erlaubniserteilung, da nach § 8, 18 vor Aushändigung des Gewerbescheins der Gewerbebetrieb verboten ist. Die Approbationen haben keine gleichartige Rechtsnatur; soweit sie, wie auch das Befähigunganerkenntnis nach P. BergG. 73—75, die Erlaubnis zu einer ohne Besitz der Approbation verbotenen Tätigkeit enthalten, sind sie Erlaubnisse in unserem Sinn [105]); soweit sie dagegen nur „die Befugnis verleihen, sich bei Ausübung eines Berufs mit einem gewissen Titel zu bezeichnen" [106]), wie die Approbation der Ärzte nach Gew.O. 29, nähern sie sich denjenigen rechtsverleihenden Verfügungen, die Ehrenrechte begründen; soweit sie endlich die Fähigkeit zur ausschließlichen Vornahme gewisser mit besonderen Rechtswirkungen ausgestatteten Handlungen verleihen, wie vor allem die Vereidigung von Landmessern und ähnlicher Personen nach Gew.O. 36 und vielleicht auch die Approbation der Ärzte, welche die Fähigkeit verleiht, „mit amtlichen Funktionen betraut zu werden" (Gew.O. 29 I 1 a. E.), inso weit liegt eine Fähigkeitsverleihung vor. — Von sonstigen Gewerbekonzessionen außerhalb der Gew.O. mögen genannt sein die Erlaubnis zu Versicherungsunternehmungen nach Vers.Aufsichts-G. 4, die Konzessionen für Aus-

---

[101]) Vgl. die Beispiele von Meyer in WB. I. 841, 842.
[102]) I. 445—447.
[103]) Vgl. u. S. 132.
[104]) Vgl. Schenkel I. 349.
[105]) Ebenso Mayer I. 287 (1).
[106]) Vgl. Mayer a. a. O.

wanderungsunternehmer und Agenten nach Ausw.G. 1, 11 und die Erlaubnis zur Stellenvermittlung für Schiffsleute nach Ges. v. 2. Juni 1902 § 2.

Hieher gehören weiter zahlreiche Wasserbenutzungskonzessionen, soweit sie nämlich nicht die Natur von Rechtsverleihungen haben [107]), also z. B. die Erlaubnisse nach Art. 17, 18, 22, 23, 25, 27, 28, 29 würt. Wass.G.

Nicht anders verhält es sich mit der Ansiedelungsgenehmigung nach P. Ans.G. 13, der als unechte Bescheinigung die „Bescheinigung" des Regierungspräsidenten darüber, daß eine geplante Ansiedelung den Zielen der Ostmarkenpolitik nicht widerspreche (P. Ans.G. v. 10. 8. 1904, § 13 b), rechtlich völlig gleichsteht.

Dieselbe rechtliche Natur haben die Baukonsense [101]) [108]) und die Benutzungskonsense nach den einzelnen staatlichen oder örtlichen Bauordnungen. Ihnen gleichartig sind die „Genehmigungen" zu Bauten nach dem Rayon-G. [101]).

Ebenso gehören hierher der Jagdschein [101]) nach P. JO. 29 sowie der „Einsichtsvermerk" der Festungsbehörde auf dem Jagdschein [109]) nach P. JagdO. 38. Ferner die Körscheine [110]), die „verschämte Polizeierlaubnis" der Sittenpolizei [110]), die Genehmigung zur Errichtung von Privatlehranstalten [101]), zu einer Fischpaßanlage nach P. Fisch.G. 39.

Gleiche Natur kommt ferner dem Schiffszertifikat und dem Flaggenschein nach FlaggenG. 10, 12 zu. Auch sie sind ebensowenig wie etwa der Bauschein bloße Beurkundungen. Zwar besteht das Recht zur Flaggenführung kraft Gesetzes unter den Voraussetzungen von § 2. Aber seine Ausübung ist, ähnlich wie die Ausübung des Bau- oder Jagdrechts, nur zulässig nach Erteilung des Zertifikats oder des Flaggenscheins (§ 11 [II]); diese verleihen somit zwar kein Recht, aber doch ein Dürfen.

Bereits erwähnt wurden die Polizeierlaubnisse, die bei der Begründung von Rechten an öffentlichen Sachen, besonders an öffentlichen Wegen vorkommen. [111]). Nach Mayer [112]) sollen sie auch losgelöst von solchen Verleihungen sehr häufig sein. Dem dürfte nicht beizutreten sein. — Aus den zahlreichen Fällen, die Mayer als Beispiele von bloßen Gebrauchserlaubnissen anführt, müssen zunächst alle diejenigen ausgeschieden werden, wo es sich um verordnungsmäßige Gestattung an einen, wenn auch bestimmbaren, so doch jedenfalls nicht bestimmten Personenkreis handelt, wie bei Droschkenhalteplätzen, bei Gestattung der Uferbenützung zum Ab- und Zugang, zum Ein- und Ausladen oder auch bei der Gestattung von Überbauten über die öffentliche Straße durch Baupolizeiverordnung [113]). — Im übrigen aber muß man

---

[107]) S. o. S. 84.

[108]) Als Kuriosum mag hier die Kennzeichnung des Baukonsenses als „Akt der Gnade", Born 159, erwähnt werden.

[109]) Kunze 58.

[110]) Mayer I 287 (1).

[111]) S. o. S. 97.

[112]) II. 138 f.

[113]) RG. **30, 245.**

annehmen, daß eine wirksame Polizeierlaubnis zur Wegebenutzung nur zulässig ist in Verbindung mit einem rechtsverleihenden Akt des Eigentümers in dem früher festgestellten Sinn[111]). Es muß hier eben beides kumulativ vorhanden sein. Wie einerseits die bloße Verleihung seitens des Wegeeigentümers nicht gegen den Einspruch der Wegepolizeibehörde wegen Polizeiwidrigkeit schützt [111]), so schützt andererseits die bloße Polizeierlaubnis nicht gegen den Einspruch des Eigentümers wegen Rechtswidrigkeit. Vielmehr hat dieser, trotz der erteilten Polizeierlaubnis, das Recht, die Beseitigung der „erlaubten", aber rechtswidrigen Anlagen, etwa des in den Luftraum über der Straße hineinragenden Erkers oder der in die Straße eingelegten Kleinbahnschienen zu verlangen [114]). Und dieses Recht kann als privatrechtliches mit der actio negatoria vor den bürgerlichen Gerichten geltend gemacht werden; das hat das Reichsgericht [115]) übersehen, als es die Klage einer Gemeinde auf Beseitigung von polizeilich genehmigten Anschlagsäulen auf städtischem Boden wegen Unzulässigkeit des Rechtswegs abwies; das Gericht ging dabei von einer ganz falschen Fragestellung aus, indem es annahm, die Polizeierlaubnis werde angegriffen, während die Klägerin in Wahrheit nur geltend machte, daß, unbeschadet der Gültigkeit der Polizeierlaubnis, in ihr Eigentum durch den Unternehmer eingegriffen werde.

Polizeierlaubnis ist ferner die Ausstellung eines Leichenpaßes nach 463 ALR. II. 11, P. Min.Erl. vom 6. April 1888. Daher heißt es denn auch unzweideutig in dem durch Verk.O. 42^{IV} vorgeschriebenen Formular [116]): „Nachdem zu dieser Überführung dem Begleiter der Leiche die Genehmigung erteilt worden ist, ..." — Dagegen hat der gewöhnliche Paß, soweit keine Paßpflicht besteht, nicht die Natur einer Erlaubnis. Freilich ist er auch nicht bloß eine Beurkundung [117]). Vielmehr ist er zu kennzeichnen als ein Ersuchen an andere Behörden, wie sich aus dem üblichen Formular [118]) ganz klar ergibt, wo es heißt: „Das ... Konsulat ... ersucht hiermit alle Militär- und Zivilbehörden, auf Vorzeigung dieses d .... frei und ungehindert reisen,auch nötigenfalls ih ... Schutz und Beistand angedeihen zu lassen."

Zwar keine polizeilichen, aber doch Erlaubnisse sind ferner die Finanzerlaubnisse im Sinn von Mayer [119]), wie insbesondere auch die Befreiungen von Vorschriften der Regulative.

Der Erlaubnisbegriff lehrt uns weiter das Wesen der sogen. Vollstreckungsklausel nach CPO. verstehen. Durch das Urteil wird das Vollstreckungsrecht des Gläubigers geschaffen, aber dieses Recht darf nicht so ohne weiteres ausgeübt werden. Hierzu bedarf es noch einer

---

[114]) Vgl. Germershausen I. 131, 133. OVG. **10**, 198, **28**, 74, **35**, 26; v. 7. I. 99 in VBl. **20**, 332.

[115]) Bei Gruchot **42**, 1007. Richtig RG. **30**, 245.

[116]) Abdruck auch bei König 697, der freilich S. 273, obschon 1909 erschienen, die neue Verk.O. v. 26. Okt. 1899 (RGB. 557) noch nicht kennt, sondern mit der alten von 1892 sowie der nur Einzelheiten ändernden Bek. v. 18. Juni 1902 (RGB. 236) operiert.

[117]) So unrichtig Ulbrich 293.

[118]) Abdruck bei König 411.

[119]) I. 445—447.

besonderen gerichtspolizeilichen Erlaubnis; und das ist eben die Erteilung der Vollstreckungsklausel.

Dieselbe Natur hat die Einweisung in den Besitz nach P. Enteign.G. 32.

Auch die „Zulassung" zur Verteidigung nach St.PO. 138 II wird man vielleicht als Erlaubniserteilung anzusehen haben, durch welche die Ausübung der von dem Angeklagten dem Verteidiger durch privatrechtliches Rechtsgeschäft eingeräumten Rechtsmacht (Vertretungsmacht) zu einer erlaubten Ausübung erhoben wird. Vielleicht ist es aber richtiger, eine Fähigkeitsverleihung anzunehmen und zwar eine Genehmigung des privatrechtlichen Verteidigungsvertrags. Als Rechtsverleihung jedenfalls wird man die Zulassung nicht aufzufassen haben, da es an einem Rechtsobjekt mangelt.

Es gehören hierher ferner die meisten Dispense, soweit sie nämlich nicht zu den fähigkeitsverleihenden Verfügungen zu rechnen sind. Sie kommen auf allen Rechtsgebieten vor. Genannt seien aus dem Gebiet der freiwilligen Gerichtsbarkeit die Befreiungen von dem Ehehindernis der Wartefrist nach BGB. 1313 und des Aufgebots nach BGB. 1316 III. Aus dem Verwaltungsrecht die Befreiungen nach kaiserl. BergV. für die Schutzgebiete § 41 I 2 und die Befreiungen nach pr. Fisch.G. 27 II, 28 III, 35 II, 44 II.

Als Erlaubnisse kommen auch zahlreiche Akte aus dem Beamtenrecht in Betracht. Zum Beispiel die Erlaubnis zur Annahme von Geschenken nach Beamt.G. 15, Kons.G. 5, zur Übernahme von Vormundschaften nach BGB. 1888, Mil.G. 41 [120]). Vor allem gehört die Beurlaubung hierher; schon der Name deutet darauf hin; ein Recht soll sie nicht schaffen; wenn Mayer [121]) die Urlaubsbewilligung als einen „Verzicht auf die Erfüllung der Amtspflicht für bestimmte Zeit" kennzeichnet, so ist dieser Verzicht schwerlich im technischen Sinn gemeint.

3. Zum Schluß ist noch einiger besonders gearteter Erlaubnisformen zu gedenken.

So kann die Erlaubnis in der besonderen Form einer „Ausdehnung" einer bestehenden Erlaubnis auftreten. Ein derartiger Fall findet sich in Gew.O. 60 II. Sachlich ist diese Ausdehnung nichts anderes als eine neue Erlaubnis, wie denn auch Gew.O. 60 III bezüglich der Rücknahme der Ausdehnung auf die für die Konzessionsrücknahme überhaupt geltenden Grundsätze verweist.

Während im allgemeinen und auch in den bisher betrachteten Fällen die Erlaubnis sich als Befreiung von einem bestehenden Verbot kennzeichnet, kommt es vereinzelt auch vor, daß sie Befreiung von einem drohenden, nicht gegenwärtig bestehenden, aber künftig an sich möglichen Verbot gewährt. Ein Fall dieser Art findet sich in St.AG. 23, wo die Rede ist von der Erlaubnis zum Eintritt in fremde Staatsdienste. Ein solcher Eintritt ist nach Reichsrecht im allgemeinen nicht verboten; es bedarf daher auch dazu keiner

---

[120]) Eltzbacher I. 252 nimmt hier ebenso wie bei der Gewerbekonzession eine Rechtsverleihung an.

[121]) II. 226 (11).

Erlaubnis. Aber die Zentralbehörde des Heimatstaats ist an sich berechtigt, dem Deutschen im fremden Dienst dessen Fortsetzung zu verbieten, d. h. ihn nach St.AG. 22 zum Austritt „aufzufordern" und bei Fruchtlosigkeit der Aufforderung aus dem Staatsverband auszustoßen. Dies kann sie aber wiederum nicht tun, wenn sie ihm vorher die Erlaubnis zu seinem Eintritt gegeben hat; diese Erlaubnis ist also eine vor dem Verbot ergehende, während die reguläre erst nach dem Verbot ergeht.

§ 13.

f) Die Rechtsverhältnisse und Rechtslagen schaffenden Verfügungen.

I. Als Verfügungen, die Rechtsverhältnisse schaffen, bezeichnen wir eine Reihe von Akten, die sonst meist mit den konstitutiven Verfügungen einfach zusammengeworfen werden.

1. Wir verstehen unter diesem Begriff solche Verfügungen, die weder bloß Rechte wie die rechtsbegründenden noch auch bloß Pflichten wie die verpflichtenden Verfügungen erzeugen, bei denen vielmehr eine Summe von Rechten und Pflichten, ein Rechtsverhältnis, entsteht. — Seine Rechtfertigung findet der Begriff darin, daß man die hierher gehörigen Fälle nicht, ohne den Dingen Gewalt anzutun oder den Begriff der Rechtsverleihung laienhaft weit zu fassen, unter diesen Begriff zwingen kann. — Damit soll nicht geleugnet werden, daß bei manchen der Rechtsverhältnisse mehr die Rechte, bei anderen mehr die Pflichten überwiegen, was in der Lehre vom Widerruf bedeutsam wird, indem sich die Widerruflichkeit der erstgenannten Verfügungen nach den Grundsätzen über den Widerruf der konstitutiven, die Widerruflichkeit der anderen nach den Grundsätzen über den Widerruf der verpflichtenden Verfügungen richtet. — Es soll ferner nicht geleugnet werden, daß die konstitutiven Verfügungen sich den hier zu erörternden äußerlich ihrerseits nähern können. Wie wir nämlich in der Lehre von den Nebenbestimmungen noch sehen werden, können in der Regel den rechtsverleihenden Verfügungen Auflagen beigefügt werden, durch die der Berechtigte gleichzeitig mit Verpflichtungen belastet wird. Dann liegt auch bei ihnen eine Summe von Rechten und Pflichten, ein Rechtsverhältnis, vor. Aber diese Gleichheit mit unserem Fall ist nur äußerlich. Hier nämlich handelt es sich begrifflich um ein Rechtsverhältnis; der verfügende Akt wäre nicht, was er wäre, wenn er keine Verpflichtungen auferlegte. Dort aber handelt es sich nur um äußerlich beigemischte Verpflichtungen, die Auflage hat eine selbständige Natur und kann ihrerseits unwirksam sein, ohne den Bestand des berechtigenden Hauptakts zu gefährden [1]). Dieser Unterschied tritt deutlich in die Erscheinung bei der Frage der Verzichtbarkeit; auf die durch konstitutive Verfügungen geschaffenen Rechte und Befugnisse kann ich verzichten, wobei etwaige Auflagen dadurch hinfällig

[1]) S. u. S. 161 f.

werden; auf Pflichten und auf Rechtsverhältnisse dagegen kann ich begrifflich nicht „verzichten“.

2. Die Rechtsverhältnisse erzeugenden Verfügungen haben von allen Verwaltungsakten die größte Ähnlichkeit mit den privatrechtlichen Verträgen. Es ist daher kein Wunder, daß gerade die hierher gehörenden Erscheinungen immer die Hauptbelege für den Begriff des verwaltungsrechtlichen Vertrags haben abgeben müssen. Daß und warum wir diesen Begriff im allgemeinen ablehnen, haben wir früher auseinandergesetzt [2]). Wenn wir auf diese Ausführungen noch einmal ausdrücklich Bezug nehmen, so dürften wir wohl keinem Mißverständnis begegnen, wenn wir angesichts der Gegenseitigkeit von Rechten und Pflichten, die durch die in Rede stehenden Akte geschaffen werden, diese kurz als gegenseitige Rechtsgeschäfte bezeichnen; gegenseitig nicht in dem Sinn, daß es sich um ein mehrseitiges Rechtsgeschäft, um einen Vertrag handelt, sondern gegenseitig in dem Sinn, wie man im Privatrecht von gegenseitigen Verträgen spricht als solchen, die gegenseitige Rechte und Pflichten begründen, im Gegensatz zu den einseitigen, d. h. einseitig berechtigenden Verträgen.

3. Zu den gegenseitigen Rechtsgeschäften in diesem Sinn gehören nun im einzelnen folgende Beispiele.

Zunächst die Verleihung der Staatsangehörigkeit, ebenso die Verleihung der Gemeindeangehörigkeit. Was den Charakter dieser „Angehörigkeiten“ anlangt, so ist jedenfalls so viel klar, daß sie kein bloßes Recht darstellen, wie man früher oft sagte und wie eigentlich alle diejenigen annehmen müssen, die von einem Verzicht auf die Staatsangehörigkeit reden, etwa im Fall von St.AG. 21. Aber auch die beliebte Wendung, es handle sich hier um einen Status, ist doch, bei Licht besehen, ziemlich ungenau. Die Lehre vom Status stammt aus dem Privatrecht, wo man mit diesem Namen etwa die Geschäftsfähigkeit, die Rechtsfähigkeit u. ä. bezeichnet. Es geht aber nicht an, die Staatsangehörigkeit mit diesen Fähigkeiten zusammenzustellen Denn diese sind eben nur Fähigkeiten, Träger von Rechten und Pflichten zu werden, Rechtsgeschäfte wirksam abzuschließen usw. Die Staatsangehörigkeit dagegen hat zum Inhalt keineswegs bloß die Fähigkeit zu gewissen Rechten und Pflichten, sondern solche Rechte und Pflichten selbst. Daher durften wir ihre Verleihung nicht unter den rechtsverleihenden, aber auch nicht unter den fähigkeitsverleihenden Verfügungen erwähnen, sondern mußten sie hier zu den gegenseitigen Rechtsgeschäften stellen.

Das gleiche gilt von der Ernennung zum Beamten. Denn auch das Amt ist kein Recht des Beamten, sondern eine Summe von Rechten und Pflichten, ein staatsrechtlicher Zustand, wie Dantscher [3]) es nennt, ein Rechtsverhältnis, wie man es genauer nennen dürfte. — Scharf zu scheiden von der Anstellungsverfügung ist natürlich die Amtserrichtung; diese ist organisatorische Verordnung. Bei der „Übertragung“ der Ortspolizei an besondere Staatsbeamte nach P. Pol.-

[2]) S. o. § 5.
[3]) III. 89.

Verw.G. 2 muß man beides auseinanderhalten; die Amtserrichtung, die das Gesetz im zweiten Satz selbst als eine „Einrichtung" bezeichnet, ist Verordnung; die Amtsübertragung an den bestimmten Beamten ist Verfügung.

Der Beamtenernennung ganz gleichartig ist die Wahl von Abgeordneten öffentlicher Körperschaften usw. Wenn Mayer [4]) hier davon spricht, daß durch die Wahl die „rechtliche Fähigkeit" zur Vertretung des Selbstverwaltungskörpers begründe, so erschöpft das den Inhalt des Rechtsverhältnisses nicht.

Dieselbe Natur hat ferner die Ernennung von Vormündern, Gegenvormündern, Pflegern, Beiständen nach BGB. 1774, 1792^{IV}, 1915, 1694, von Konkursverwaltern nach KO. 78, von Liquidatoren, Revisoren, Verwahrern, Vertretern nach HGB. 146, 192, 266, 268, 295, G. vom 20. April 1892 § 66, Gen.G. 61, FGG. 145, von Dispacheuren nach FGG. 145, HGB. 729, von Sachverständigen nach P. Enteign.G. 27.

Auch die amtliche Verpflichtung von Privatbeamten nach pr. Fisch.G. 46^{IV}, 47 gehört in diesen Zusammenhang.

Die Einstellung in das Heer unterscheidet sich nicht grundsätzlich von der Ernennung zum Beamten und der sonstigen Amtsübertragung wie etwa der Übertragung des Schöffen- oder Geschworenenamts. Nur daß hier die Pflichten die Rechte vollständig überwiegen. Immerhin hat auch der Soldat seinen Alimentationsanspruch auf Löhnung, der sich in seinem Wesen in nichts von dem Alimentationsanspruch des Berufsbeamten unterscheidet. Der Einjährig-Freiwillige hat auf diesen Alimentationsanspruch verzichtet, immerhin sind Reste davon auch für ihn übrig geblieben, so im Fall der Erkrankung der Anspruch auf unentgeltliche ärztliche Hilfe, vor allem aber der Versorgungsanspruch im Fall der Dienstbeschädigung.

Ein wichtiger Fall des gegenseitigen publizistischen Rechtsgeschäfts ist die Verleihung von öffentlichen Unternehmungen.

Der Begriff, den vor allem Otto Mayer [5]) ausgebildet hat, ist nicht etwa ein wissenschaftlicher Phantasiebegriff. Er steht zwar für Mayer in engem Zusammenhang mit seiner Lehre vom öffentlichen Eigentum, aber er ist in seiner Berechtigung keineswegs abhängig von der Richtigkeit dieser Lehre. Er ist unzweifelhaft im positiven Recht anerkannt, so namentlich in den Enteignungsgesetzen [6]), wie denn überhaupt die Gewährung des Enteignungsrechts ein kennzeichnendes Merkmal des öffentlichen Unternehmens zu sein scheint, selbst wenn die Verleihung

---

[4]) II. 398.

[5]) II. 294 ff.

[6]) Vgl. z. B.

P. Enteign.G. 1: Enteignung „aus Gründen des öffentlichen Wohles für ein Unternehmen, dessen Ausführung die Ausübung des Enteignungsrechtes fordert";

würt. Enteign.G. Art. 1: Enteignung „für ein Unternehmen zu allgemeinen Staats- oder Korporationszwecken";

bad. Enteign.G. 1: Enteignung „für ein bestimmtes, dem öffentlichen Nutzen dienendes Unternehmen";

hess. Enteign.G. Art. 1: Enteignung „für ein zum öffentlichen Nutzen dienendes Unternehmen".

jenes Rechts und die Verleihung des Unternehmens formell selbständig nebeneinander hergehen [7]).

Die Verleihung des öffentlichen Unternehmens hat eine große Ähnlichkeit mit der Verleihung des öffentlichen Amts. Darauf hat schon Mayer [8]) mit Recht hingewiesen. Man kann sagen: jedes Amt ist ein öffentliches Unternehmen, und wiederum jedes öffentliche Unternehmen ist ein öffentliches Amt. Beide fallen eben unter einen Oberbegriff; beide stellen eine Gesamtheit von Rechten und Pflichten vor, beide sind Rechtsverhältnisse zwischen der Staatsgewalt und dem Beliehenen. Der Unterschied zwischen ihnen liegt nur darin, daß das Amt in fremdem, die Unternehmung in eigenem Namen geführt wird [9]).

Aus dieser Konstruktion erklärt sich auch, hierdurch ihre Richtigkeit bestätigend, ganz ungezwungen der Rechtssatz, daß das öffentliche Unternehmen, z. B. die Eisenbahnkonzession, nur mit Zustimmung des Verleihers übertragen werden kann. Faßt man die Konzession als eine wahre Rechtsverleihung auf, so erscheint es unnatürlich oder doch mindestens als etwas Außergewöhnliches, daß dieses Recht nicht übertragen werden kann, und man muß, um einen Ausweg zu finden, zu seiner Konstruktion als eines höchstpersönlichen Privilegs [10]) greifen, — eine Konstruktion, die aber wiederum nicht wahr ist, weil doch tatsächlich, wenn auch nur mit Zustimmung des Verleihers, die Konzession übertragen werden kann [11]). Faßt man dagegen das öffentliche Unternehmen als eine Summe von Rechten und Pflichten auf, so ist die Unübertragbarkeit ohne Zustimmung des Verleihers durchaus natürlich, da ihm nicht gegen seinen Willen ein anderer Schuldner aufgedrängt werden darf.

Unter den Beispielen der Verleihung öffentlicher Unternehmen ist an erster Stelle die Eisenbahnkonzession zu nennen. Man hat sie oft mit der gewöhnlichen Gewerbekonzession verwechselt und mit ihr gleichgestellt [12]). Doch hat sich ihre eigenartige Rechtsnatur mehr und mehr in der wissenschaftlichen Erkenntnis durchgesetzt [13]), wenn auch vielfach nur unter der unglücklichen [14]) farblosen Bezeichnung der Konzession als eines Privilegs [15]). Daß es sich bei ihr um Schaffung eines „Rechtsverhältnisses" handelt, hat der bayerische Verwaltungsgerichtshof wiederholt treffend betont [16]). — Dahingestellt mag bleiben, ob man, was bestritten ist, die Kleinbahnkonzessionen nach P. Kleinb.G. 2 den Eisenbahn- oder den Gewerbekonzessionen [17]) hinsichtlich ihrer rechtlichen

[7]) Vgl. o. S. 92 und 92 (53).

[8]) **II.** 147, 148; 294.

[9]) Mayer **II.** 294.

[10]) So Eger, Eisenbahnrecht **I.** 93.

[11]) Gegen die Bezeichnung der Konzession als eines höchstpersönlichen Rechts ebenso Mayer **II.** 313 (8).

[12]) Vgl. z. B. Meyer in WB. **I.** 841, 842; Bornhak **III.** 429. Auch Seiler 34, 36 neigt dazu.

[13]) Mayer **II.** 295 (1). Schelcher bei Fischer **20,** 42 f.

[14]) Vgl. u. S. 120.

[15]) Seiler 39 f.; Tezner in A. ö. R. **9,** 539; Gleim 77; Eger, Eisenbahnrecht **I.** 93; Fritsch 21 (6).

[16]) BVGH. **7,** 207; **19,** 4.

[17]) So Gleim 58 ff. Fritsch 64.

Natur zuzurechnen hat. — Dagegen kann kein Zweifel sein, daß den Eisenbahnkonzessionen unsere kolonialen Landkonzessionen völlig gleichartig sind. Daher sollte man auch bezüglich ihrer die unglückliche [14]) Bezeichnung Hesses [18]) als Privileg aufgeben und genauer von der Verleihung eines öffentlichen Unternehmens sprechen.

Ob man im einzelnen Fall eine Verleihung als Verleihung eines öffentlichen Unternehmens oder als Verleihung eines (privaten oder öffentlichen) Rechts aufzufassen hat, kann manchmal zweifelhaft, es kann auch zeitlich und örtlich verschieden sein. So ist die Verleihung des Bergwerkseigentums sicher auch als Verleihung eines öffentlichen Unternehmens denkbar [19]); trotzdem glaubten wir sie nach ihrer heutigen positiv-rechtlichen Ausgestaltung zu den Privatrechtsverleihungen zählen zu sollen, namentlich im Hinblick darauf, daß die Übertragung des Bergwerkseigentums, von Konsolidationen und Teilungen (P. Berg-G. 41, 51) abgesehen, im allgemeinen freigegeben und die Betriebspflicht nach P. Berg-G. 65 auch nur als etwas singuläres gedacht ist. Die Verleihung von Brücken-, Fähr- oder Wegegeldgerechtigkeiten nach ALR. II 15 § 138 wird man vielleicht eher zu den Verleihungen öffentlicher Unternehmungen rechnen dürfen, insofern den Beliehenen die Wegebaulast trifft [20]) [21]).

Endlich wird man in diesen Zusammenhang auch die Ehelichkeitserklärung nach BGB. 1723, 1736 zu stellen haben. Sie verleiht dem unehelichen Kind die „rechtliche Stellung eines ehelichen". Aber diese Rechtsstellung ist nicht eine Fähigkeit, nicht ein Status in dem Sinn wie die Rechts- oder die Geschäftsfähigkeit, sondern sie ist höchstens ein Status in dem Sinn, wie die Staatsangehörigkeit ein (publizistischer) Status ist, d. h. sie ist ein Inbegriff von Rechten und Pflichten, mögen immerhin die ersteren überwiegen.

II. Die letzte Gruppe der rechtsschaffenden personenrechtlichen Verfügungen in unserem Schema bilden die auf die Schaffung von Rechtslagen gerichteten.

1. Der Begriff der Rechtslagen stammt von Kohler [22]) und ist in dem Verfahrensrecht, nicht bloß in dem Prozeßrecht im gewöhnlichen Sinn kaum zu entbehren. Kohler [22]) nennt die Rechtslage „eine für die Rechtsbildung maßgebende Lage der rechtlichen Dinge"; sie ist nicht selbst Recht; sie unterscheidet sich vom Recht dadurch, „daß in der rechtlichen Situation zwar ein Element, vielleicht ein unabänderliches Element eines Rechtes, aber noch kein fixes Recht erworben ist." Rechtslagen können entstehen ebensowohl durch die Tätigkeit des Richters, wie z. B. durch den Beweisbeschluß [23]), als auch durch ein Tun oder Unterlassen der Parteien wie Zugeständnis von Tatsachen,

---

[18]) I. 345 ff., bes. 357 f.

[19]) Nur mit dieser Einschränkung kann man meines Erachtens die Auffassung Worms bei Grünhut **35**, 380 f. billigen.

[20]) Vgl. Germershausen **I.** 473, 474.

[21]) Weitere Beispiele bei Mayer **II.** 296 f.

[22]) Prozeß 62 f., in seiner Enzyklopädie **II.** 127 f.

[23]) Kohler in seiner Enzyklopädie **II.** 128.

Erklärung auf den Eid, Tatsachenbehauptung [24]), Einlegung eines Rechtsmittels [25]).

2. Als Beispiele des Begriffs mögen genannt sein:

Vor allem die Festsetzung der Baufluchtlinien, soweit sie überhaupt als Verfügung hier mitzuerörtern ist. Sie ist keineswegs eine rechtsbestimmende Planfeststellung wie etwa die Feststellung des äußerlich ihr nicht unähnlichen Rayonplans. Als Wirkung gibt P. Fluchtl.G. 11 an, daß die „Beschränkung des Grundeigentümers, daß Neubauten versagt werden können", endgültig eintritt. Die Feststellung bewirkt also keineswegs an sich ein solches Bauverbot, ja die Polizei ist, wie das Oberverwaltungsgericht in seiner neueren Rechtsprechung in Übereinstimmung mit der Ministerialpraxis und unter Aufgabe seines früheren gegenteiligen Standpunkts annimmt, gar nicht einmal zur Versagung der Bauerlaubnis verpflichtet, sondern nur dazu berechtigt [26]). Auch als eine Eignungserklärung in dem nachher zu besprechenden Sinn, daß nämlich durch die Fluchtlinienfeststellung gewisses Land zur öffentlichen Straße erklärt wird, kann man sie nicht auffassen; denn die Straße entsteht dadurch noch keineswegs, vielmehr bedeutet die Feststellung nur eine gewisse Stufe in dem auf Schaffung einer öffentlichen Straße gerichteten Verfahren; sie schafft noch kein Endergebnis, sondern nur eine vorläufige Rechtslage.

Der Beweisbeschluß wurde schon unter Kohlers Beispielen genannt. Er ist natürlich scharf zu scheiden von den auf seinem Grunde weiter ergehenden Zeugenladungen sowie sonstigen Befehlen und Ersuchen.

Auch die Dringlichkeitserklärung nach P. Enteign.G. 34, ebenso die Erklärung einer Sache zur Feriensache nach GVG. 202^{III} werden als Schaffung von Rechtslagen zu bezeichnen sein.

Ebenso ist die Wiedereinsetzung in den vorigen Stand hierher zu rechnen. Im Unterschied von den vorigen Fällen aber schafft sie nicht sowohl eine neue Rechtslage, sondern stellt vielmehr eine frühere wieder her. Das meint wohl auch Ulbrich [27]), der aber etwas ungenau nicht von der Wiederherstellung einer Rechtslage, sondern von der eines „Rechtes" spricht. Beispiele finden sich in CPO. 233, St.PO. 44, FGG. 22, 92, 137, ALVG. 52^{II}, 112.

§ 14.

g) Die sachenrechtlichen rechtsschaffenden Verfügungen.

I. Den personenrechtlichen haben wir in unserem Schema die sachrechtlichen rechtsbegründenden Verfügungen gegenübergestellt. Auch sie haben personenrechtliche Wirkungen, aber diese sind doch nur mittelbar. Unmittelbar wird durch die Verfügung eine Sache ergriffen, und die Berechtigungen und Verpflichtungen von Personen

---

24) Kohler 65.
25) Kohler in Enzyklopädie II. 129.
26) Vgl. Brauchitsch IV. 460, 461.
27) S. 301.

sind nur Folgerungen aus den an der Sache selbst vorgenommenen rechtlichen Veränderungen.

II. Die sachenrechtlichen Verfügungen entbehren der reichen Gliederung, die wir bei den personenrechtlichen Verfügungen fanden.

1. Zu ihnen gehören zunächst die Eignungserklärungen. Darunter verstehen wir solche Verwaltungsakte, durch die einer Sache eine bestimmte Eigenschaft verliehen, ein bestimmter Charakter aufgeprägt wird. Sie entsprechen den personenrechtlichen Fähigkeitsverleihungen: Fähigkeit ist der Status einer Person, Eigenschaft der Status einer Sache[1]).

Eignungserklärung ist z. B. die Erklärung einer Sache zur öffentlichen Sache. Man kann diesen Fall, um eine kurze Bezeichnung zu haben, im Anschluß an Mayer [2]) Widmung nennen.

Die Widmung ist Verwaltungsakt im eigentlichen Sinn, sie ist publizistisches Rechtsgeschäft [3]). Das meint offensichtlich auch Brinz [4]), wenn er unsere Eignungserklärung „eine Art öffentlicher Stiftung" nennt. Daß Mayer [5]) die Widmung nicht als Verwaltungsakt anerkennen will, weil sie kein Verhältnis des Untertanen zur öffentlichen Gewalt bestimme, sondern nur Voraussetzungen für solche Verhältnisse schaffe, darf uns nicht irre machen. Es hängt damit zusammen, daß Mayer mit dem Wort Verwaltungsakt einen anderen und engeren Begriff verbindet als wir. Jedenfalls erkennt auch er [5]) die Widmung ausdrücklich als eine „Willensäußerung" an, womit gerade das Wesentliche unseres Rechtsgeschäftsbegriffs zugegeben ist.

Die Widmung ist eine sachenrechtliche und keine personenrechtliche Verfügung; sie ergreift unmittelbar die öffentliche Sache und hat nur mittelbar personenrechtliche Wirkungen wie die „Untersagung bestimmter Handlungen und einzelner Rechtsgeschäfte" [6]), — eine Erkenntnis, auf der ja gerade die eben erwähnte Opposition Mayers gegen die Auffassung der Widmung als Verwaltungsakt beruht. Wenn daher Jellinek [6]) in jener „Untersagung" das Wesen der Erklärung einer Sache zur „res extra commercium" erblickt, so ist das recht unvollständig.

Eignungserklärung ist ferner die „Anerkennung" nach P. G. v. 20. Juni 1887 § 12 Z. 3. Danach sollen nämlich als Kunststraßen diejenigen Straßen gelten, „welche auf Antrag des Unterhaltungspflichtigen als solche staatlich von dem Oberpräsidenten anerkannt werden."

Auch die Eintragungen in die Wegekataster können solche Wirkungen einer konstitutiven Eignungserklärung haben. So die Ein-

---

[1]) Auch Kahr I. 398 spricht von einem „Status von Sachen".

[2]) II. 86. — Stengel 53 spricht etwas umständlicher in Übereinstimmung mit unserer allgemeinen Bezeichnung Eignungserklärung von einer „Verleihung der Eigenschaft der öffentlichen Sache".

[3]) Vgl. Stengel 53,54. Ob, wie Stengel weiter meint, eine Ersitzung der Öffentlichkeit von Sachen anzunehmen ist, haben wir nicht zu untersuchen, da wir es hier nur mit den auf Willenserklärung beruhenden Eigenschaften zu tun haben. Daß von einer Widmung durch Gesetz kaum die Rede sein kann, hat Mayer II. 88, 89 gegen Stengel dargelegt.

[4]) I. 467.

[5]) II. 86.

[6]) Jellinek 107, 108.

tragung der Provinzialchausseen in Hannover nach dem G. v. 20. Juni 1851 § 8, G. v. 8. Juli 1875 § 24, ebenso die Eintragung von Haupt- und Nebenlandstraßen in Schleswig-Holstein nach Wg.O. v. 1. März 1842, § 3, 4 [7]). In den meisten Fällen freilich wirkt die Eintragung nicht konstitutiv, sondern nur deklarativ [8]); so insbesondere auch nach pr. G. v. 20. Juni 1887 § 12, und zwar nicht bloß in den Fällen von Ziffer 1 und 2, sondern auch im Fall der Ziffer 3; wenn Germershausen [9]) wenigstens in diesem letzten Fall konstitutive Wirkung annehmen will, so übersieht er dabei daß das konstitutive Moment in der vorhin erwähnten „Anerkennung" durch den Oberpräsidenten liegt, daß diese Anerkennung aber nicht gleichbedeutend ist mit der Eintragung, und daß durch Absatz 2 des fraglichen § 12 die Anlegung und Veröffentlichung eines Verzeichnisses nur instruktionell vorgeschrieben ist.

Als Eignungserklärung hat man ferner die Setzung der Rayonsteine nach Rayon-G. 8 aufzufassen, wenn man sie überhaupt mit Georg Meyer [10]) als „Verwaltungsverfügung" betrachten und nicht vielmehr mit Otto Mayer [11]) darin lediglich die „tatsächliche Benachrichtigung und Kundgabe" einer solchen sehen will.

Verschiedene Beispiele bietet das preußische Quellenschutzgesetz. — Eignungserklärung ist die „Feststellung, ob eine Quelle im Sinne des § 1 als gemeinnützig anzusehen ist", nach P. Quellenschutz G. 2. — Auch die Feststellung des Schutzbezirks gehört hierher. Sie begründet nicht etwa ein Recht des Quelleneigentümers, die beeinträchtigenden Handlungen zu verbieten. Es steht ihm eine Eigentumsbeeinträchtigungsklage nur unter den allgemeinen Voraussetzungen des bürgerlichen Rechts zu; im übrigen ist sein Interesse an der Quelle nur durch die Strafsanktion von § 31 des Gesetzes geschützt. Dem entspricht auch die freie Aufhebbarkeit des Schutzbezirks nach § 12 des Gesetzes.

Keinen anderen Charakter hat die Erklärung zum Schonrevier nach P. Fisch-G. 29.

Ist auch die Erklärung der Mündelsicherheit von Papieren nach BGB. 1807, Z. 4, 5 Eignungserklärung? Man wird die Frage an sich wohl zu bejahen haben. Doch scheidet der Fall um deswillen aus unserer Erörterung aus, weil man hier eine Verordnung und nicht eine Verfügung anzunehmen hat.

2. Außer den Eignungserklärungen kommt als sachenrechtliche rechtsschaffende Verfügung vor allem die Enteignung in Betracht.

Der Enteignungsbegriff ist nur dort gegeben, wo nicht bloß ein negatives Einschreiten der Polizei stattfindet, wie etwa bei der Tötung von Tieren [12]) nach dem Reichs-Viehseuchengesetz oder bei der strafrechtlichen Beschlagnahme. Diese Fälle gehören nicht hierher, sondern zu den rechtsvernichtenden Verfügungen. Dem Enteignungsbegriff ist wesentlich, daß positiv ein neues Recht begründet wird [12]).

---

[7]) Germershausen I. 32.
[8]) Über derartige provinzialrechtliche Bestimmungen a. a. O. 33.
[9]) a. a. O. 736.
[10]) VR. II. 169.
[11]) II. 170 (7).
[12]) Layer 39—41.

Die Enteignung wirkt konstitutiv und keineswegs bloß deklarativ [13]).

Die Enteignung ist eine sachenrechtliche Verfügung, sie geht in rem, nicht in personam [14]), sie gehört zu den „dinglich wirkenden Verwaltungsakten" im Sinne von Otto Mayer [15]). Gerade hier zeigt sich deutlich der Wert unseres Begriffs der sachenrechtlichen Verfügung und ihres Unterschieds von der personenrechtlichen. Wäre das wesentliche bei der Enteignung, daß dem Eigentümer das Eigentum entzogen wird, so müßte auch die Person des Eigentümers wesentlich sein; es müßte also bei Beteiligung eines falschen Eigentümers die Enteignung unwirksam sein. So kann z. B. wenn eine Entziehung der Hebeberechtigung nach den preußischen Wegeordnungen stattgefunden hat, der Hebeberechtigte einwenden, daß die Hebeberechtigung einem Nichtberechtigten entzogen worden sei, daß sie daher noch zu Recht bestehe [16]). Im Enteignungsrecht ist das anders; weil die Enteignung eine sachenrechtliche Verfügung ist, wirkt sie nach richtiger, wennschon nicht unbestrittener Ansicht auch dann, wenn sie gegen den Nichteigentümer gerichtet war [17]).

3. Der Enteignung als dem früher gern so genannten „Zwangskauf" durchaus verwandt ist der „Zwangstausch", die Grundstücksumlegung [18]). Sie unterscheidet sich freilich in ihren Voraussetzungen von der Enteignung. Aber das berechtigt noch nicht, ihre Zusammenstellung mit der Enteignung zu verwerfen [19]). Auch sie ist, ebenso wie die Enteignung, ein Verwaltungsakt; Diez [20]) hat durchaus treffend nachgewiesen, daß sie nicht als Tausch aufgefaßt werden darf, indes positiv hat er die Frage nach der rechtlichen Natur der Grundstückszusammenlegung kaum gefördert, da er nicht aus dem Bannkreis zivilistischer Gedanken herausgekommen ist und die Frage nur so glaubte stellen zu können, welcher Art denn das „Vertragsverhältnis" [21]), das der Zusammenlegung zugrunde liege, sonst sein könne, da es nicht Tauschvertrag sei. Gelöst werden die Schwierigkeiten nur durch die Erkenntnis, daß wir es auch hier, wie bei der Enteignung, mit einem Verwaltungsakt sachenrechtlicher Art zu tun haben. Besonders deutlich tritt diese Gleichartigkeit in dem sächsischen Baugesetz zutage, wo die Umlegung auch in Abschnitt V mit der Enteignung zusammen behandelt wird [22]). Aber auch sonst, namentlich nach preußischem Recht, ist die Natur der Grundstücksumlegung keine andere [23]).

---

13) So Layer 327. Dagegen mit Recht Schelcher, Gesetz 43 und Mayer im A. ö. R. 1, 720, 721.

14) Tezner im A. ö. R. 9, 378.

15) I. 103.

16) OVG. 34, 253.

17) Vgl. namentlich Laband im A. c. Pr. 52, 174 und Mayer II. 32f.; a. M. z. B. Seydel II. 358 (45).

18) Vgl. Meyer VR. I. 312.

19) Wie Mayer I. 146 (16) tut.

20) S. 12 ff.

21) Vgl. Diez 20.

22) Vgl. besonders noch S. BauG. 63, 60, 61.

23) Vgl. Dernburg III. 211.

4. Endlich ist in diesem Zusammenhang auch der Zuschlagsbeschluß zu erwähnen. Er ist ebenso wie die Enteignung einseitiger Staatsakt, durch den das Eigentum des bisherigen Eigentümers vernichtet und das Eigentum des Erstehers begründet wird. Infolgedessen gilt für ihn auch der Grundsatz von der Verbindlichkeit der Verwaltungsakte, so daß ein gegen ein Veräußerungsverbot (BGB. 134) verstoßender Zuschlagsbeschluß keineswegs nichtig ist. Ein bedauerliches Zeichen von der Zähigkeit, mit der wir, und besonders unsere Zivilprozessualisten, noch im Bann privatrechtlicher Konstruktionen leben, ist es freilich, daß auch jetzt, nach dem Sieg der publizistischen Auffassung der Enteignung, noch immer bei dem Zuschlagsbeschluß die herrschende Meinung [24]) das handelnde Staatsorgan einen privatrechtlichen Kaufvertrag abschließen läßt.

§ 15.

h) Die rechtsverändernden und rechtsvernichtenden Verfügungen.

I. Den rechtsschaffenden Verfügungen haben wir in unserem Schema zunächst die rechtsverändernden Verfügungen im engeren Sinn gegenübergestellt.

1. Unter dem Begriff verstehen wir solche Verfügungen, die eine bereits bestehende Rechtsbestimmung oder Verpflichtung oder Berechtigung oder ein solches Rechtsverhältnis nur abändern, die also einen gewissen Rechtszustand als vorhanden schon voraussetzen, nicht etwas von Grund aus neues schaffen wollen. Sie nähern sich übrigens oft den rechtsschaffenden Verfügungen erheblich und man wird nicht selten im Einzelfall zweifelhaft sein können, ob man eine Verfügung als rechtsschaffend oder als rechtsandernd kennzeichnen soll. Der praktische Wert des Begriffs dürfte übrigens nicht so sehr erheblich sein. Wenn wir ihn eingestellt haben, so war dafür nur die Erwägung bestimmend, daß es eine Reihe von Verwaltungsakten gibt, die sich nicht ohne Zwang in eine der übrigen Kategorien einreihen lassen.

2. Im einzelnen entsprechen die rechtsändernden Verfügungen den einzelnen bisher betrachteten Gruppen der positiven Verfügungen.

Die rechtsverändernde Verfügung kann sich auf eine rechtsbestimmende beziehen. Von dieser Art ist jede Verfügung, die eine Feststellung nicht nur aufhebt, sondern gleichzeitig durch eine andere ersetzt. Es kann das sowohl im Rechtsmittel- wie im Wiederaufnahmeverfahren, es kann auch von Amts wegen geschehen.

Die rechtsverändernde Verfügung kann sich auch auf eine Verpflichtung beziehen, indem sie diese durch eine andere ersetzt.

Soweit die alte Verpflichtung ihrerseits auf einer Verfügung beruht, stellt sich die rechtsändernde Verfügung als eine Abänderung einer früheren Verfügung dar. Die Abänderung kann eine Erleichterung

---

[24]) Vgl. Wolff 203 f. und die dort genannten. Rothenberg hat noch 1903 die Kauftheorie in einem eigenen Aufsatz begründet im A. c. Pr. 94, 265 f.

für den Verpflichteten sein, indem sie weniger als die frühere Verfügung von ihm verlangt; dann sprechen wir von erleichternden Verfügungen. Sie kann aber auch eine Erschwerung für ihn sein, indem sie etwa mehr als die frühere Verfügung von ihm verlangt; dann sprechen wir von erschwerenden Verfügungen. Inwieweit erleichternde und erschwerende Verfügungen zulässig sind, werden wir in der Lehre vom Widerruf sehen, wo wir von der Abänderlichkeit der Verfügungen überhaupt sprechen [1]).

Die rechtsändernde Verfügung kann sich aber auch auf solche Verpflichtungen beziehen, die nicht durch Verfügung, sondern durch das Gesetz selbst auferlegt sind, — durch das Gesetz selbst, wobei es einerlei ist, ob dadurch unmittelbar eine Leistungspflicht begründet ist oder ob dadurch nur der Inhalt einer erst durch Verfügung aufzulegenden Verpflichtung bestimmt ist. In solchen Fällen erscheint eine Abänderung des Inhalts nur insoweit zulässig, als das Gesetz sie gestattet. — Als Beispiele seien zunächst genannt P. Eink.St. 28 und P. Kr.-Abg.G. 5^{II}. Nach der ersten Bestimmung soll dem Steuerpflichtigen auf seinen Antrag, soweit es sich um nur durch Schätzung zu ermittelndes Einkommen handelt, „gestattet" werden, in der Steuererklärung statt der ziffernmäßigen Angabe seines Einkommens die erforderlichen Nachweisungen über die Grundlagen der Schätzung aufzunehmen. Nach Kr.Abg.G. 5^{II} kann die Ersetzung von Beiträgen durch Naturalleistungen „gestattet" werden. — Hierher gehört auch der sogenannte „Vergleich" bezüglich der Finanzstrafen; er ist kein Verzicht im eigentlichen Sinn da er den staatlichen Anspruch nicht ganz untergehen läßt. Aber er setzt an Stelle des gesetzlichen Anspruchs, mit Einwilligung des Betroffenen, einen anderen [2]). — Auch die Stundung ist, wenn man sie nicht als Schaffung eines Einrederechts auffassen will, hierher zu rechnen. Sie ersetzt die, durch Verfügung oder durch Gesetz auferlegte, fällige Verpflichtung durch eine erst später fällig werdende Verpflichtung. Da hier nicht eine Änderung des „Inhalts" im ganzen in Frage steht, so erscheint sie auch ohne besonderen gesetzlichen Vorbehalt als zulässig.

Die rechtsändernde Verfügung kann sich auf eine Befähigung beziehen. Auch hier interessiert uns an dieser Stelle nicht die Abänderung von fähigkeitsverleihenden Verfügungen, von der wir in der Lehre vom Widerruf zu handeln haben. Es gibt aber auch solche rechtsverändernden Verfügungen, die sich auf eine nicht durch Verfügung geschaffene Befähigung beziehen. Als Beispiel sei die Veränderung einer juristischen Person durch Umwandlung der Zweckbestimmung bei Stiftungen nach BGB. 87 genannt.

Unter den rechtsändernden Verfügungen, die sich auf eine Berechtigung beziehen, kommen neben Rechtsmehrungen und Rechtsminderungen vor allem die Abfindungen in Betracht.

Einen Hauptfall bilden die Kapitalabfindungen nach den Arbeiterversicherungsgesetzen, z. B. nach Gew.Unf.VG. 95, Inv.VG. 26.

[1]) S. u. §§ 36 f.

[2]) Vgl. Mayer I. 469.

Diese „Abfindung ist die Ersetzung des Bezugsanspruchs auf Rente durch einen Anspruch auf einmalige Kapitalzahlung“ [3]). Die Abfindung ist hier, wie auch sonst im öffentlichen Recht, weder ein privatrechtlicher noch überhaupt ein Vertrag [4]), ist nicht nach dem Willen der Beteiligten, sondern nur in den gesetzlich bezeichneten Fällen zulässig [5]) und geschieht durch einseitigen Verwaltungsakt [6]), den man hier Abfindungsbescheid [7]) nennen mag.

Keine andere Natur als die Kapitalabfindung hat auch die Erklärung [8]) der Krankenkasse oder der Berufsgenossenschaft, daß sie an Stelle der in KVG. 6 oder Gew.Unf.VG. 9, 12 bezeichneten Leistungen die Heilbehandlung nach KVG. 7, Gew.Unf.VG. 22 treten lassen wolle. Sie ersetzt den Anspruch auf die Leistungen der erstgenannten Paragraphen durch den Anspruch auf die der letztgenannten. Die Erklärung ist Verfügung [9]) und zwar rechtsverändernde Verfügung.

In diesen Zusammenhang gehört auch die Ablösung von Steuerbefreiungen nach P. Kom.Abg.G. 21, 22, sowie die Ablösung von Hebungsberechtigungen im Fall des § 31 der P. Wg.O. für Sachsen.

Die rechtsverändernde Verfügung kann sich weiter auf ein Rechtsverhältnis beziehen, wie z. B. die Versetzung in ein anderes Amt von gleichem Rang und Diensteinkommen.

Eine besondere Art der rechtsverändernden Verfügungen bilden die Fristveränderungen. Sie kommen sowohl bei Verpflichtungen und Berechtigungen wie auch bei Rechtsverhältnissen vor. Es wird etwa die Frist zur Erfüllung einer Verpflichtung verkürzt oder verlängert, in welch letzterem Fall wir von Stundung sprechen; oder eine Berechtigung, die nur auf Zeit erteilt war, wird verlängert oder der Ablauf einer Eisenbahnkonzession wird hinausgeschoben. Gerade die Fristverlängerungen nähern sich sehr stark den rechtsschaffenden Verfügungen, wie zum Beispiel die Verlängerung einer Bauerlaubnis vielfach als Neuerteilung sich darstellt [10]). Von der Frage, ob ein Verwaltungsakt sich als Fristverlängerung oder als neuer Verwaltungsakt darstellt, kann die Zuständigkeit abhängen; so erklärt der Erlaß des sächsischen Ministeriums des Innern vom 25. Oktober 1886 [11]), für die Verlängerung eines Reisepasses sei die Behörde zuständig, die den zu verlängernden Paß erteilt hatte; der Erlaß betont im übrigen selbst, daß die Fristverlängerung der Erteilung eines neuen Passes praktisch gleichkomme.

---

[3]) Rosin **II.** 1015; vgl. **I.** 415.

[4]) Unrichtig Menzel 317 f. Auch RVA. **1897.** 468 Z. 1649 spricht von „Vereinbarungen“. — Daß auch das manchmal aufgestellte Erforderns der Zustimmung des Abzufindenden kein Grund für die Annahme eines Vertrags ist, wurde schon früher auseinndergesetzt; vgl. o. S. 36 f.

[5]) RVA. **1897,** 468. Z. 1649.

[6]) Rosin **II.** 1018, 1019.

[7]) a. a. O. 1019 (19).

[8]) Vgl. OVG. **27,** 358; VBl. **15,** 113.

[9]) RVA. **1899,** 441. Z. 1753.

[10]) Vgl. Baltz 321, 322; Born 54, 55; OVG. **30,** 370.

[11]) Bei Reger **7,** 453.

Die rechtsverändernde Verfügung kann sich endlich auf einen sachenrechtlichen Zustand beziehen. Ein Beispiel bietet die Versetzung von Wegen in eine niedere Wegeklasse nach P. Wg.O. für Posen § 21 II.

II. Die letzte Gruppe der positiven Verfügungen bilden die rechtsvernichtenden Verfügungen. Auch sie kann man ebenso wie die rechtsschaffenden zweckmäßig in personen- und sachenrechtliche Verfügungen einteilen. Über ihr Verhältnis zu den Verboten haben wir uns schon vorhin ausgesprochen [12]).

1. Die personenrechtlichen Verfügungen kann man etwa in folgende Gruppen gliedern.

Es kommen zunächst die rechtsvernichtenden Verfügungen im eigentlichen Sinn in Betracht, d. h. diejenigen, die wahre Rechte entziehen.

Die vernichteten Rechte können eigene Rechte des vernichtenden Staates sein. Dann nennt man die rechtsvernichtende Verfügung Verzicht. Der Verzicht kann „Erlaß“ [13]) vermögensrechtlicher Leistungen sein wie nach Zoll-G. 48, Ger.KG. 6 und auch bei der „Entscheidung“ über Anträge auf Freigabe der in Ansiedlungssachen geleisteten Sicherheit nach P. Ans.G. (v. 10. VIII. 04) § 17 b. Er kann Verzicht auf das Strafrecht sein, d. h. Begnadigung [14]), die ebensowohl Verzicht wie Verwaltungsakt ist, da der Verzicht ja als Verwaltungsakt ergehen kann [15]); zur Begnadigung wird man wohl auch die Rückversetzung in die erste Klasse des Soldatenstandes, die sogen. Rehabilitierung, nach HO. 36 Z. 2 II zu rechnen haben. Der Verzicht kann endlich Verzicht im engeren Sinn, d. h. Verzicht auf ein sonstiges Recht des Staates, sein wie z. B. der Verzicht auf Beibringung der Quittung bei Rückgabe von Amtskautionen nach Beamt.Kautions.G. 13 II oder der Verzicht des Staatsanwalts auf das zulässige Rechtsmittel. Dagegen möchten wir nicht mit Jellinek [16]) bei der Dispensation von einem Verzicht reden, da es sich bei diesem „Verzicht auf die Handhabung einer einschränkenden Rechtsnorm“ doch kaum um die Aufgabe eines wahren Rechts handelt; außerdem empfiehlt es sich, den Verzichtsbegriff auf die Fälle einzuschränken, wo ein juristisches Nichts geschaffen wird, wo also nur eine Rechtsvernichtung, nicht aber wie beim Dispens ein Dürfen oder ein Können begründet wird.

Nicht nur eigene, sondern auch fremde Rechte können durch die rechtsvernichtende Verfügung zerstört werden, und zwar Rechte der verschiedensten Art, öffentliche, private, Forderungs-, Aneignungs-, Sachenrechte. Zu diesen rechtsvernichtenden Verfügungen gehören: Das Urteil auf Aberkennung der bürgerlichen Ehrenrechte nach St.GB. 32, die Entziehung von Hebungsberechtigungen nach P. Wg.O. für Sachsen § 30 I, Wg.O. für Posen § 28, die Entziehung des Bergwerkeigentums nach P. Berg-G. 157 oder nach der kais. Berg-V. für die Schutzgebiete § 69, die Ausschlußurteile nach dem neunten Buch der CPO. soweit

---

12) S. o. S. 76.
13) Vgl. Jellinek 333; Mayer I. 429.
14) Jellinek 334.
15) Richtig Jellinek 333 (1) gegen Laband.
16) S. 334.

sie auf Vernichtung vorhandener Rechte gehen, die Beschlagnahme nach St.PO. 325, 332 f., nach P. Forst-Diebst.G. 16, P. Fisch.G. 48 und die sonstigen richterlichen und behördlichen Veräußerungsverbote [17]) nach BGB. 136, da in allen diesen Fällen keineswegs ein bloßes Verbot, das ein Dürfen entzieht, vorliegt, sondern vielmehr eine „Beschränkung der Verfügungsmacht“, d. h. eine Bestimmung, die ein Können entzieht [18]). Keine andere Natur als diese Beschränkungen der Verfügungsmacht hat die Eröffnung des Konkurses, durch die dem Gemeinschuldner die Verfügungsmacht über die zur Masse gehörigen Gegenstände entzogen wird [19]); wenn Dantscher [20]) hier kein Rechtsgeschäft annehmen will, so hängt das wieder damit zusammen, daß er die Frage falsch dahin gestellt hat, ob bei der Konkurseröffnung die Absicht auf Änderung des öffentlichrechtlichen Status gerichtet sei [21]). Auch die Stellung unter Polizeiaufsicht nach St.GB. 38 II wird man als Rechtsentziehung, nämlich als eine Minderung des Persönlichkeitsrechts, des „einen Grundrechts“ „auf Unterlassung gesetzwidrigen Zwanges“ [22]), aufzufassen haben; sie ist zu scheiden von dem Urteil nach St.GB. 38 I, das sie für zulässig erklärt und das sich als eine Ermächtigung kennzeichnet.

Die rechtsvernichtenden Verfügungen können weiter auf die Entziehung von Fähigkeiten gerichtet sein. — So auf die Entziehung der Rechtsfähigkeit bei juristischen Personen. Beispiele bieten BGB. 43, 73, 87, Gen.G. 80, Gew.O. 97, 100 l II. Dagegen ist die „Auflösung“ der Handwerkskammer nach Gew.O. 103 o III nur Entlassung ihrer einzelnen Mitglieder und auf den Bestand der Kammer als solcher ohne Einfluß [23]). — Ferner gehört hierher die Entmündigung als die Entziehung der Geschäftsfähigkeit. Dantscher [24]) kommt natürlich von seiner verfehlten Fragestellung aus zu dem Ergebnis, daß hier kein Rechtsgeschäft, sondern nur eine „sonstige juristische Handlung“ vorliegt [25]). — Auch die Amtssuspension z. B. nach P. Disp.G. 50 wird hierher zu rechnen sein, da sie keineswegs bloß das Verbot an den suspendierten Beamten, Amtshandlungen vorzunehmen, bedeutet, sondern seine Unfähigkeit dazu begründet.

Die rechtsvernichtende Verfügung kann Rechtsverhältnisse zerstören, wobei es für ihr Wesen nicht darauf ankommt, ob sie auf Verlangen oder zur Strafe ergeht. — Hierher gehört die Entziehung der Staatsangehörigkeit, mag sie nun als Entlassung nach St.AG. 14 oder als Verlustigerklärung nach St.AG. 20, 22 erfolgen. — Die gleiche Natur hat die Entlassung des Beamten [26]), mag sie mit oder gegen seinen

[17]) Eltzbacher 252 rechnet sie zu dem unglücklichen Begriff der unmaßgeblichen Willensäußerungen.
[18]) Vgl. Kormann 95, 97—99.
[19]) Vgl. KO. 7 und dazu o. S. 98 sowie Kormann 99 (2).
[20]) III. 119, 120.
[21]) Vgl. o. S. 23 u. 98.
[22]) Anschütz in Kohlers Enzyklopädie II. 535.
[23]) Vgl. Landmann I. 725.
[24]) III. 114, 115.
[25]) Vgl. o. S. 23, 98, ferner zu voriger Anmerkung 21.
[26]) Über ihre Natur als eines einseitigen Staatsakts besonders Preuß 97 f.

Willen geschehen. — In diesen Zusammenhang gehört auch der fälschlich sogen. Thronverzicht. Er ist natürlich kein Verzicht im echten juristischen Sinn, da man auf Rechtsverhältnisse wie die monarchische Organstellung begrifflich nicht verzichten kann. Es ist vielmehr Vernichtung dieses Rechtsverhältnisses durch „Selbstentlassung" des Monarchen. — Der Beamtenentlassung steht gleich die Entlassung der Testamentsvollstrecker, Liquidatoren, Revisoren, Vertreter und ähnlicher Personen nach BGB. 2227, HGB. 146, 295, G. v. 4. Dezember 1899 § 16. — Auch die Entziehung der Ausübung der elterlichen Gewalt nach BGB. 1677 oder 1666 wird man als Vernichtung eines Rechtsverhältnisses aufzufassen haben, da die elterliche Gewalt nach BGB. 1627 nicht ein Recht schlechthin ist, sondern ein Gemisch von Recht und Pflicht, also ein Rechtsverhältnis in unserem Sinn, darstellt [27]).

Die Entziehung von Befugnissen, d. h. eines Dürfens, gehört nicht zu den rechtsvernichtenden Verfügungen, sondern stellt sich als einfaches Verbot dar [28]).

Rechtsvernichtende Verfügungen sind dagegen die Aufhebungen und Beanstandungen von Verfügungen. Sie vernichten unmittelbar ein Rechtsgeschäft, das sie mit unmittelbarer Kraft aus der Welt des Rechts oder doch jedenfalls der rechtswirksamen Erscheinungen beseitigen. Sie sind also nicht bloße Befehle, die nur seine Ausführung verbieten. Das gilt besonders auch hinsichtlich der Beanstandung, z. B. nach Gew.O. 103 h, pr. ZG. 15, P. G. über die Vermögensverwaltung in den kath. Kirchengemeinden § 52, P. Schul-Unterh.G. 53 III. Es ist daher nicht zu billigen, wenn Tezner [29]) die Beanstandung als „Vollzugsverbot" kennzeichnet, — eine Bezeichnung, die freilich durch die ungenaue Formulierung mancher Gesetze, z. B. des eben genannten § 52 des Vermögensverwaltungsgesetzes, „daß die beanstandeten Posten nicht in Vollzug gesetzt werden" „dürfen" (!), geradezu herausgefordert wird [30]). Aber eben wegen dieser Ungenauigkeit des Gesetzgebers muß die Wissenschaft um so peinlicher auf eine Bezeichnung achten, die klar zeigt, daß durch die Beanstandung keineswegs bloß das Dürfen, sondern das Können entzogen wird [31]). Und deswegen möchten wir nicht einmal, wie Otto Mayer [32]), der den tiefgreifenden Unterschied zwischen Vernichtung und Verbot völlig erkennt, es tut, die Beanstandung auch nur vergleichsweise neben das gewöhnliche Verbot stellen.

---

[27]) Meyer, Erworbene Rechte 16 nimmt Entziehung eines Familienrechts an.

[28]) S. o. S. 76.

[29]) S. 238. Auch der von Tezner 235, 237 betonte Umstand, daß die Sistierung den „formellen Bestand einer administrativen Erledigung" nicht berühre, daß die sistierte Verfügung durch Rücknahme oder Aufhebung der Sistierung vielmehr ohne weiteres zur Vollwirksamkeit gelange, rechtfertigt die Kennzeichnung als Verbot nicht, da ja die Rechtsvernichtung nicht unbedingt eine endgültige und vollständige zu sein braucht.

[30]) Ebenso P. G. über die Aufsichtsrechte bei Vermögensverwaltung in den kath. Diözesen. § 4 I 2. — Aus der Literatur ebenso für Gew.O. 103 h. Landmann I. 767.

[31]) Richtig Mayer II. 414; Hinschius Kirchengesetze für 1874, 1875, S. 166, 165.; Leidig 127; Ledermann 225.

[32]) a. a. O.

Es gibt auch sonst noch rechtsvernichtende Verfügungen, die Rechtsgeschäfte vernichten. Hierher gehört namentlich die amtliche „Vernichtung von Versicherungsmarken“ nach Inv.VG. 158. Sie ist keineswegs bloß, worauf Rosin [33]) mit Recht hingewiesen hat, körperliche Zerstörung oder Entfernung der Marke aus der Karte, sondern sie ist „rechtliche Ungiltigkeitserklärung“ [34]), sie bewirkt die „Wiederbeseitigung der Funktion der Marke als Zahlungs- und Beweismittel“ [35]), sie vernichtet das Rechtsgeschäft der durch Einklebung der Marke erfolgten Beitragszahlung.

2. Der Begriff der sachenrechtlichen rechtsvernichtenden Verfügungen entspricht dem der sachenrechtlichen rechtsschaffenden Verfügungen. Sein praktischer Wert liegt in derselben Richtung wie der Wert dieses früher erörterten Begriffs [36]).

Den Eignungserklärungen entsprechen die „Eignungsentziehungen“. — Dem Hauptfall der Eignungserklärungen, der Widmung [37]), entspricht auch als Hauptfall der Eignungsentziehung die Auflassung [38]), Einziehung [39]) oder Schließung [40]) öffentlicher Sachen, besonders öffentlicher Wege, d. h. die Willenserklärung der zuständigen Behörde, daß die Sache nicht mehr öffentliche Sache sein solle [38]). Ihrer rechtlichen Natur nach ist die Auflassung der Widmung ganz gleichartig, also wie diese Rechtsgeschäft [41]). — Eignungsentziehung ist ferner die Aufhebung des Schutzbezirks nach P. Quellenschutz-G. 12. — Auch die „Schließung“ des unbrauchbar gewordenen Arbeitsbuchs durch die Behörde nach Gew.O. 109 wird man hierher zu rechnen haben [42]). Diese Schließung hat wohl nicht bloß die Bedeutung eines Verbots seiner weiteren Benutzung, sondern sie entzieht ihm die Eigenschaft als eines Arbeitsbuchs im Sinne der Gew.O. — Nicht minder gehören die Kraftloserklärungen von Urkunden, soweit sie keine Rechtsentziehung enthalten und als solche zu den personenrechtlichen Verfügungen zu zählen sind, in diesen Zusammenhang. Ein Beispiel ist die Kraftloserklärung des Erbscheins nach BGB. 2361.

Der Enteignung entsprechen diejenigen Fälle, in denen, ohne positive Neubegründung eines Rechts, lediglich Eigentum vernichtet wird, wie bei der strafrechtlichen Einziehung von Druckschriften und Platten, überhaupt der producta et instrumenta sceleris, oder bei der verwaltungsrechtlichen Anordnung der Tötung kranken Viehes.

---

[33]) II. 427, 428.
[34]) Rosin II. 428.
[35]) a. a. O. 427.
[36]) S. o. 109 f, 112.
[37]) S. o. 110.
[38]) Mayer II. 106 f.
[39]) Mayer a. a. O. 107 (25) Vitzthum v. Eckstädt bei Fischer 28, 15 (1). S. BauG. 34 II. Germershausen I. 732.
[40]) S. BauG. 34 I.
[41]) S. o. S. 110.
[42]) Vgl. darüber Schenkel II. 274.

§ 16.

i) Schlußbemerkungen.

1. Mit den vorstehenden Erörterungen haben wir die Kategorien unseres Schemas erschöpft. Immerhin aber dürfen wir noch nicht die rechtsgeschäftlichen Verwaltungsakte verlassen, sondern es bleibt uns noch die Aufgabe, eine Art Nachlese zu halten und Rechenschaft darüber zu geben, weshalb verschiedene Rechtskategorien bisher keine oder genauer gesagt keine zusammenfassende Behandlung gefunden haben. Der Grund dafür liegt im allgemeinen darin, daß diese Kategorien keinen einheitlichen Charakter haben. Damit soll nicht gesagt werden, daß die Zusammenfassung der betroffenen Rechtserscheinungen unter diese Kategorien unberechtigt und diese selbst wertlos seien, was für verschiedene davon jedenfalls nicht zuträfe. Aber ihre Bildung beruht auf anderen Einteilungsprinzipien als unser folgerichtig auf den Rechtswirkungen der einzelnen Akte aufgebautes System und deswegen können sie natürlich auch in dieses System nicht hineinpassen.

2. Das gilt zunächst von dem Privilegienbegriff und ebenso dem Dispensationsbegriff. — Der Begriff des Privilegs gehört so ziemlich zu den verschwommensten und ungeklärtesten des Verwaltungsrechts; man rechnet dazu sowohl wirkliche Rechtsverleihungen wie auch Fähigkeitsverleihungen, z. B. die venia aetatis, die Genehmigung zu Schenkungen an juristische Personen [1], ferner Schaffung von Rechtsverhältnissen z. B. die Eisenbahnkonzessionen [2] und die kolonialen Landkonzessionen [3]; auch die Dispensationen hat man damit zusammen oder darunter gestellt [4]. Der Begriff hat meines Erachtens wesentlich nur den Wert eines geschichtlichen Übergangsbegriffs; eine erhebliche Bedeutung kommt ihm nämlich um deswillen zu, weil er ein Mittel bot, die „gegenseitigen Rechtsgeschäfte" des öffentlichen Rechts aus dem Bann des Vertragsbegriffs zu erlösen und sie als einseitige Verwaltungsakte zu erkennen; so hat die ältere Theorie [5] die Beamtenanstellung, soweit sie deren Charakter als eines einseitigen Staatsakts betonen wollte, gern als Privileg bezeichnet, bis die neuere Theorie [6] nach Erkenntnis des Verwaltungsaktsbegriffs die Krücke des Privilegienbegriffs wegwerfen konnte; es wird aber Zeit, daß man gleiches auch bezüglich der Eisenbahnkonzessionen und sonstiger Verleihungen öffentlicher Unternehmungen tue. — Die Dispensationen ihrerseits aber haben auch noch nicht einmal gleiche Rechtswirkung, sondern zerfallen, wie wir sahen [7], in solche, die ein Dürfen, eine Erlaubnis, und solche, die ein Können, eine Fähigkeit, gewähren; nur solche Dispense, die ein

---

[1] Vgl. Parey II. 55, 56.
[2] S. o. S. 107. Dagegen mit Recht Bornhak III. 429 (13).
[3] S. o. S. 108.
[4] Vgl. Parey II. 54, Steinitz 20.
[5] Vgl. die Zitate bei Laband I. 419 (1).
[6] Vgl. a. a. O. 420.
[7] S. o. S. 87, 103.

Recht gewähren, gibt es nicht, wenn man nicht mit Steinitz [8]), der den Unterschied zwischen Dürfen und Können überhaupt nicht gekannt hat, von dem sehr merkwürdigen subjektiven „Recht zur Eingehung der Ehe" sprechen will; im übrigen kommen als Dispensationen auch unsere Verzichte, namentlich die Begnadigung und der Steuererlaß in Betracht [9]). — Jedenfalls also kann von einer Einheitlichkeit der Privilegien und Dispensationen hinsichtlich ihrer Rechtswirkungen keine Rede sein, so daß sie in unserem System der Rechtswirkungen auseinandergerissen werden mußten.

3. Auch die Rechtsausübungshandlungen sträuben sich gegen eine einheitliche Kennzeichnung. Die Rechtsausübungshandlungen können Rechtsgeschäfte sein; sie können Rechtsgeschäfte sein mit den verschiedensten Wirkungen; in Ausübung seines Rechts kann der Staat rechtsbestimmende Verfügungen wie die Veranlagung treffen, in Ausübung seines Rechts kann er Befehle erlassen, Beamten ernennen, entlassen usw. Die Rechtsausübungshandlungen können auch rein tatsächliche Handlungen sein wie die Verhaftung des Verbrechers, was Ulbrich [10]) dazu bestimmt hat, diese für eine juristische Handlung zu erklären.

4. Gleiches wie von den Rechtsausübungs- gilt auch von den Pflichterfüllungshandlungen. Puplizistische Verpflichtungen können in sehr verschiedener Weise erfüllt werden.

Sie können es durch Vornahme publizistischer Handlungen, so wenn der Staat den Rechtsschutzanspruch des Klägers befriedigt, wenn er dem Angehörigen eines anderen deutschen Gliedstaats die „Aufnahme" gewährt, wenn er eine Konzession oder eine Erlaubnis erteilt, die zu erteilen er verpflichtet war.

Publizistische Verpflichtungen können auch erfüllt werden durch die Vornahme tatsächlicher Handlungen, so wenn der Gerichtsvollzieher in Erfüllung des Vollstreckungsanspruchs der Partei die gepfändete Sache tatsächlich wegnimmt.

Publizistische Verpflichtungen können endlich auch erfüllt werden durch Vornahme zivilistischer Rechtsgeschäfte. Das gilt vor allem von der Zahlung in Erfüllung öffentlich-rechtlicher Geldansprüche; es gilt also z. B. von der Steuerzahlung seitens des Untertanen, es gilt von der dieser ähnlichen Beitragsleistung öffentlicher Körper etwa nach P. Schul-Unterh.G. 17, 18 oder nach P. G. v. 12. Juni 1889 betr. Übertragung polizeilicher Befugnisse § 4. Man muß bei diesen publizistischen Zahlungen eben zweierlei unterscheiden: einerseits die causa, die causa solvendi, die bei den publizistischen Verpflichtungen publizistisch ist und die Zahlung zur publizistischen macht im Gegensatz zu der zivilistischen Zahlung mit zivilistischer causa; andererseits aber das abstrakte dingliche Geschäft, das auf jener causa zwar aufbaut, aber davon doch immer selbständig ist, nämlich die Eigentums-

[8]) S. 20; vgl. dagegen o. S. 85. — Ulbrich 301 rechnet zu den Dispensationen auch die Wiedereinsetzung in den vorigen Stand, die er ihrererseits als Wiederherstellung eines „Rechts" betrachtet. Vgl. dagegen o. S. 109.

[9]) Steinitz 23 f., 33 f.

[10]) S. 29; vgl. o. S. 14.

übertragung an den gezahlten Geldstücken; dieser Vorgang ist nicht nur, wie Jellinek [11]) meint, dem bei der privatrechtlichen Zahlung „gleichartig“, sondern es ist genau derselbe, es handelt sich in beiden Fällen um Eigentumsübertragung, d. h. um ein zivilistisches Rechtsgeschäft, was zur Folge hat, daß darauf die Vorschriften des bürgerlichen Rechts zur Anwendung kommen [12]), was insbesondere zur Folge hat, daß bei Bösgläubigkeit beider Teile mit gestohlenem Geld keine Zahlung, weil kein Eigentumsübergang, bewirkt wird. Da also die Zahlung, insbesondere die Leistung von „Beiträgen“ ein privatrechtliches Rechtsgeschäft ist, konnte sie in unserem System der publizistischen Rechtsgeschäfte natürlich keine Erwähnung finden.

5. Auch die Staatsaufsichtshandlungen widerstreben völlig einer einheitlichen Kennzeichnung. Das hat schon Menzel [13]) treffend betont, indem er die Staatsaufsicht als eine „Summe verschiedenartiger Verwaltungsakte, zusammengehalten durch einen einheitlichen Zweck“, erklärte. In unserem System der Rechtswirkungen mußten sie daher auseinandergerissen werden. Wir begegneten ihnen an den verschiedensten Stellen, bei den Feststellungen, bei den verpflichtenden, bei den befähigenden, bei den rechtsvernichtenden Verfügungen, ja schon bei den rein tatsächlichen Akten.

6. Eine eigentümliche Gruppe von Handlungen, die namentlich im Aufsichtsrecht, aber auch sonst vorkommen, bilden die „Ersatzhandlungen“. Sehen wir ab von der Ersatzvornahme im Sinne von ALVG. 132 Z. 1, die eine rein tatsächliche Handlung ist, sowie von der Ersatzvornahme von Rechtshandlungen wie der Dienstzeugnisausstellung durch die Ortspolizei nach P. Berg-G. 84 II, so zerfallen die übrigbleibenden „Ersatzgeschäfte“ in zwei, sehr verschiedenartige Klassen [14]).

Im einen Fall handelt der Staat oder besser das staatliche Organ als Vertreter der Person, die selbst oder durch ihre regulären Organe nicht handeln kann oder nicht handeln will. So ist es bei der Selbstübernahme der Geschäfte öffentlicher Körper durch den Staat zu eigener oder kommissarischer Verwaltung; so ist es bei der Selbstübernahme nach KVG. 45 V oder Gew.Unf.VG. 46, so ist es auch wenn der Regierungspräsident auf Grund pr. St.O. 33 I einen Regierungsreferendar kommissarisch mit der Wahrnehmung der Bürgermeistergeschäfte betraut [15]). In allen solchen Fällen sind die vorgenommenen Handlungen keine Handlungen des Staates, sondern sie sind Handlungen des betroffenen öffentlichen Körpers, der Krankenkasse, der Berufsgenossenschaft, der Gemeinde. Sie haben daher auch die gleiche rechtliche Natur wie wenn sie vorgenommen worden wären von den ordentlichen Organen des öffentlichen Körpers; sie sind öffentlich-rechtlich, wenn sie einen Befehl, eine Feststellung u. ä. enthalten; sie sind privatrechtlich, wenn es sich um einen Kauf-, Pacht- oder ähnlichen Vertrag handelt. Wir können

---

11) S. 66.
12) Jellinek a. a. O.
13) S. 167.
14) Dieser Unterschied ist von Mayer II. 415, 416 nicht beachtet.
15) Über Fälle aus dem österreichischen Recht vgl. Menzel 172, 173.

diese erste Art von Ersatzgeschäften Geschäftsbesorgungen nennen, weil bei ihnen der Staat nicht eigene Geschäfte erledigt, sondern fremde Geschäfte besorgt.

Im Gegensatz dazu stehen die Ersatzgeschäfte im eigentlichen Sinn. Sie sind Handlungen des Staats, sind wirkliche Ersatzgeschäfte, indem sie in Wahrheit eine an sich erforderliche Handlung einer anderen Person „ersetzen" durch eine Handlung des Staates. Da es sich hier immer um eine staatliche Handlung dreht, so hat sie auch keineswegs die gleiche Natur wie die Handlung haben würde, die von der eigentlich zum Handeln berufenen Person ausgegangen wäre. Die Handlung dieser Person könnte beispielsweise eine privatrechtliche gewesen sein, wenn sie vorgenommen worden wäre; die staatliche Handlung aber, die sie ersetzt, ist immer eine öffentlichrechtliche, da sie in Ausübung obrigkeitlicher Funktionen geschieht; zwar in ihren Wirkungen ist sie jener Handlung des zum Handeln Berufenen gleich, indem es so angesehen wird, als ob dieser gehandelt hätte, aber in ihrem Wesen ist sie davon durchaus verschieden. — Im einzelnen gehören folgende Fälle hierher: die Ersetzung der Ermächtigung nach BGB. 113^{III}, 1358, die „Ergänzung" der Zustimmung nach Gew.O. 108, nach P. Schul-Unterh.G. 3^{I2}, 9^{V2}, P. Kleinb.G. 7. Auch die sogen. Verurteilung zur Abgabe einer Willenserklärung nach CPO. 894 ist gar nichts anderes als solch ein „Ergänzungsbeschluß"; wir brauchen nicht die unwahre Fiktion des Gesetzes, daß die Erklärung „als abgegeben gilt"; sie ist ja in Wahrheit nicht abgegeben und braucht auch gar nicht abgegeben zu werden, da sie ja gerade durch das Urteil ersetzt wird. Auch die Frage nach der rechtlichen Natur der Zwangsetatisierung [11]) wird gelöst durch die Erkenntnis des Begriffs des „Ergänzungsbeschlusses" oder des „Ersatzgeschäfts".

Beiden Klassen aber, sowohl den „besorgten" wie den „ersetzten" Geschäften ist eines gemeinsam, daß nämlich ihre Wirkungen nicht gleichartig sind, sondern sich richten nach den Wirkungen des besorgten oder des ersetzten Geschäfts. Es ist also klar, daß auch sie in unserem System der Rechtswirkungen eine zusammenfassende Betrachtung nicht finden konnten.

7. Was von den Ersatzgeschäften gilt, das gilt in gleicher Weise auch von der Bestätigung eigener anfechtbarer Rechtsgeschäfte der handelnden Behörde. Ein Beispiel bietet die „Belassung" der gesetzwidrig angestellten Beamten in ihrer Stellung [17]) nach P. Ges. v. 21. Juli 1892 § 15. Die Bestätigung des anfechtbaren Rechtsgeschäfts hat die gleiche Natur wie das anfechtbare Rechtsgeschäft selbst.

8. Auch die Zulassung zur öffentlichen Anstalt [18]) ist nicht immer von gleichem Charakter. Sie kann publizistisches Rechtsgeschäft [19]) sein, wie in den Fällen, wo durch einen besonderen Akt, wie Aufnahme in eine Schule oder Ausstellung einer Bibliothekbenützungs-

[16]) Vgl. namentlich Weinreich im VA. **13**, 502.
[17]) Vgl. RG. **57**. 120, bes. 128.
[18]) Vgl. namentlich Mayer **II**. 324 f.
[19]) a. M. Mayer **II**. 326.

karte, die Zulassung ausgesprochen wird. Sie kann aber auch in einem rein tatsächlichen Verhalten bestehen, ja selbst in einem bloßen Dulden oder Nichthindern wie z. B. in der Gestattung des Eintritts in öffentliche Museen [20]). Sie kann endlich auch Privatrechtsgeschäft sein, wie in all den Fällen, wo die öffentliche Anstalt, unbeschadet ihres öffentlichrechtlichen Charakters, ihre einzelnen Dienste durch Privatverträge leistet [21]). Es handelt sich bei all diesen Fragen, bei denen auch viel geschichtliche Zufälligkeiten mitspielen, um eine recht schwierige Lehre, deren Behandlung im Zusammenhang sich sicher gut lohnen würde, die wir aber nicht so im Vorbeigehen erörtern können.

9. In ähnlicher Weise ist auch von der Einleitung eines Verfahrens zu sagen, daß man von dem Versuch einer einheitlichen Kennzeichnung absehen muß. Die Einleitung eines Verfahrens kann sowohl Rechtsverhältnisse wie Rechtslagen schaffen. Sie kann aber auch, wie die Einleitung des „Ermittelungsverfahrens" im Strafprozeß, rein tatsächliche Bedeutung haben.

10. Aus einem anderen Grunde sind die Fristbestimmungen unberücksichtigt geblieben, abgesehen von den Friständerungen, von denen wir bei den rechtsverändernden Verfügungen sprachen. Die Fristbestimmungen haben keine selbständige Natur, sondern lehnen sich an andere Bestimmungen an. Namentlich verbinden sie sich als Fristsetzungen mit Befehlen und Aufforderungen, z. B. in den Fällen BGB. 1994, 2151, 2153 f, 2192 f. Im übrigen kommen wir auf sie in der Lehre von den Nebenbestimmungen zurück.

§ 17.

3. System der rechtshandlungsmäßigen Verwaltungsakte.

Den rechtsgeschäftlichen stehen die rechtshandlungsmäßigen Verwaltungsakte gegenüber. Es dürfte sich bei ihnen im wesentlichen um drei Gruppen handeln, von denen die beiden ersten als aktive Verwaltungsakte der dritten als der der passiven Verwaltungsakte gegenübertreten, nämlich um Mitteilungen, Beurkundungen und Entgegennahme von Erklärungen.

I. Zu den Mitteilungen gehören zunächst alle diejenigen Akte wie Mitteilung, Eröffnung, Bekanntgabe, Veröffentlichung, Zustellung, die erforderlich sind zum Wirksamwerden verwaltungsrechtlicher Rechtsgeschäfte; insbesondere ist auch die Zustellung Rechtshandlung und keineswegs etwa Übereignung des zugestellten Schriftstücks durch einen „Vertreter", sondern vielmehr nur die in gewisser Weise formalisierte Überbringung des Schriftstücks durch einen „Boten". Von diesen Akten wird nachher in der Lehre vom Geschäftsabschluß noch des näheren zu reden sein; hier genügt es, ihre rechtliche Natur festzustellen.— Von ihnen abgesehen, gibt es zwei Arten von Mitteilungen, die man vielleicht

---

[20]) Vgl. Mayer II. 324.
[21]) Vgl. Fleiner 21—23. Jellinek 221. Laband III. 48 f., 77 f.

als Vorstellungs- und als Absichtsmitteilungen einander gegenüberstellen kann.

1. Unser Begriff der Vorstellungsmitteilungen entspricht im wesentlichen dem Begriff, den Manigk [1]) unter Beschränkung der schon früher üblichen [2]) Bezeichnung auf einen engeren Kreis von Handlungen für das Privatrecht aufgestellt hat. Es handelt sich hierbei um Mitteilungen über Tatsachen (im weitesten Sinn) oder genauer gesprochen [3]), um die Mitteilung von Vorstellungen, Urteilen, Ansichten über solche Tatsachen. Im einzelnen kommen hauptsächlich folgende Typen vor.

Um eine eigenartige formalisierte Behauptung handelt es sich bei den „Erklärungen" nach StPO. 472, da bei ihrer Vorlage, selbst wenn entgegenstehende Tatsachen der Staatsanwaltschaft bekannt sind, doch zur Hauptverhandlung geschritten werden muß und nach St.PO. 475 über jene Tatsachen erst in dieser zu verhandeln ist.

Sehr zahlreich sind die Anzeigen von einem bestimmten Geschehnis. Beispiele liefern BGB. 1850, GBO. 55, CPO. 752, Pr.FGG. art. 19, ALVG. 88^{2}, 117 a. E., P. Enteign.G. 24, KVG. 76 b, P. G. über die Hand.Kammern § 27, Börs.G. $2^{I}{}_{4}$.

Mitteilungen über objektives Recht enthalten die Rechtsbelehrungen. Hierher gehören die Vorschriften von ALVG. 64^{IV}, 86^{IV}, 117^{III}, 122^{II}, Gew.Unf.VG. 23^{II}, 76^{IV}, Inv.VG. 22. Ebenso ist die „Überweisung" der versicherungspflichtigen Mitglieder einer aufgelösten Ortskrankenkasse an andere Versicherungseinrichtungen nach KVG. 47^{V} nichts als eine gewöhnliche Rechtsbelehrung [4]). Auch die „Einführung in ein Amt" ist, abgesehen von ihrem Charakter einer Förmlichkeit, materiell Rechtsbelehrung, so z. B. in den Fällen ALVG. 14^{I}, 38^{VI}.

Urteile über bestehende Tatsachen und mögliche Folgen enthalten die zahlreichen „Äußerungen" nach Gew.O. 30, P. Wg.O. für Sachsen § 10^{I}, P. G. v. 12. Juni 1889 betr. die Übertragung ortspolizeilicher Befugnisse § 3^{II} und in sonstigen Fällen, wo eine „Anhörung" gewisser Behörden vor der Vornahme eines Verwaltungsakts vorgeschrieben ist.

Als Auskünfte pflegen Mitteilungen über Tatsachen und als Gutachten Urteile über Tatsachen dann bezeichnet zu werden, wenn sie auf Ersuchen ergehen. Beispiele für die ersteren liefern etwa KVG. 76 a, P. Kom.Abg.G. $62^{I\,II}$, für die letzteren Pat.G. 18, pr. Eisenb.RatsG. 6,14.

2. Den Vorstellungsmitteilungen treten die Absichtsmitteilungen gegenüber. Es handelt sich hier um Mitteilung von Absichten und von Wünschen. Sie ähneln zum Teil sehr stark, aber immer nur äußerlich den verpflichtenden und belastenden Verfügungen, also den rechtsgeschäftlichenVerwaltungsakten, indem sie einen gewissen Druck auf die Entschließungen des Adressaten auszuüben versuchen, sie sind aber innerlich von ihnen doch dadurch gänzlich verschieden, daß sie selbst keinerlei Verpflichtung oder Belastung schaffen. Um diesen Unter-

---

[1]) Willenserklärung 702 f.

[2]) Manigk a. a. O. 702 (816).

[3]) a. a. O. 702. — Übrigens trifft die Verwerfung der Bezeichnung „Tatsachenmitteilungen" durch Manigk unseren Ausdruck „Mitteilungen über Tatsachen" kaum.

[4]) Menzel 408.

schied von den Willenserklärungen nicht zu verwischen, lehnen wir den Ausdruck Willensmitteilungen von Manigk ab, dessen privatrechtlicher Begriff der Willensmitteilungen im übrigen unserem Begriff der Absichtsmitteilungen im wesentlichen entspricht.

Es gehört hierher zunächst Tel.Wg.G. $12^{III}1$, wo bestimmt ist, daß eine „vorherige schriftliche Ankündigung" erforderlich ist, wenn die Beamten und Beauftragten der Telegraphenverwaltung zum Zweck notwendiger Arbeiten Gebäude betreten wollen.

Weiter gehört hierher die Drohung, etwa die Androhung der Vollstreckungsstrafe bei der polizeilichen Zwangsvollstreckung [5]). Die Drohung ist die Mitteilung der Absicht, etwas dem Bedrohten Rechtsnachteiliges tun zu wollen. Sie bezweckt hierdurch, den Bedrohten zu einem bestimmten Handeln zu veranlassen, der Drohende „will', daß der Bedrohte so handle; aber dieser Wille ist nur Motiv für die Drohung, er ist nicht das Wirkende in ihr, sie ist daher nicht „Willenserklärung" im technischen Sinn, also auch nicht Rechtsgeschäft, sondern höchstens Rechtshandlung. Freilich ist es möglich, daß mit der Drohung ein Befehl verbunden ist oder vielmehr genauer gesprochen, daß dem Befehl eine Drohung beigefügt ist [5]); doch wird dadurch die innere Verschiedenartigkeit beider Akte nicht berührt. Beispiele bieten ALVG. 132 Z. 2 d und CPO. 890^{II} [6]).

Der Drohung nahe verwandt ist die Mahnung.

Auf den Begriff und seine Verschiedenheit vom Befehl hat im öffentlichen Recht vor allem Otto Mayer [7]) aufmerksam gemacht. Er [7]) sieht das Kennzeichnende der Mahnung darin, daß sie als eine „amtliche Aufforderung, zu tun oder zu lassen, nach bereits begründeter Gehorsamspflicht und begonnenem Ungehorsam ergeht, um diesem ein Ende zu machen." Genau ist das nicht. Es kommt darauf an, ob die bereits begründete Gehorsamspflicht bei Ungehorsam schon an sich Rechtsnachteile nach sich zieht oder nicht. Wenn ein Hausbesitzer die Beleuchtungspolizeiverordnung übertritt und die Polizeibehörde oder der Schutzmann fordern ihn auf, zu beleuchten, so ist das allerdings im Zweifel bloße Mahnung; es kann freilich auch, worauf wir schon früher hinwiesen [8]), seitens der Behörde als Befehl gemeint sein, der allerdings wohl, weil die Sache durch Verordnung geregelt ist, als Verfügung der Aufhebung unterläge. Wenn dagegen ein Kaufmann die vorgeschriebene Registeranmeldung nicht bewirkt, also einem Gesetzesbefehl gegenüber Ungehorsam beweist, so ist doch gleichwohl die vorgeschriebene Aufforderung durch den Richter keine Mahnung, sondern Befehl, weil der bloße Ungehorsam gegenüber dem Gesetz Strafe noch nicht nach sich zieht.

Die Mahnung ist nach ihrer rechtlichen Natur bloße Mitteilung eines Wunsches, sie ist eine Erinnerung an das, was der Gemahnte auch ohne Mahnung tun muß, sie legt ihm nicht erst diese Verpflichtung

---

[5]) Vgl. Mayer I. 331.

[6]) Eltzbacher 251 spricht auch hier von unmaßgeblicher Willensäußerung.

[7]) I. 284.

[8]) S. o. S. 76.

auf. Sie ist daher nicht Willenserklärung im technischen Sinn, ist nicht Rechtsgeschäft [9]), obschon sie weit mehr noch als die anderen Absichtsmitteilungen sich äußerlich den Willenserklärungen nähert und darum auch oft genug mit diesen verwechselt worden ist [10]).

Als Beispiel öffentlich-rechtlicher Mahnung sei P. V. betr. d. Verw.-Zw.Verf. 7 genannt [11]).

Ebenso gehören in diesen Zusammenhang die früher erwähnten und aus den Rechtsgeschäften ausgeschiedenen Einladungen [12]). Ihr Unterschied von den Befehlen und Aufforderungen liegt darin, daß sie weder eine Pflicht begründen wie die Befehle noch daß sich an ihre Nichtbefolgung auch nur Rechtsnachteile anschlössen. Beispiele bieten gewisse Ladungen, die wir früher im Zusammenhang mit den anderen Ladungen bereits erwähnt haben [13]). Im übrigen wird man wohl auch die Aufforderung zur Äußerung über die Einführung einer Zwangsinnung nach Gew.O. 100a und in den sonstigen Fällen einer ,,Anhörung" [14]) hierher zu rechnen haben, soweit nicht etwa die Äußerung Rechtspflicht sein sollte.

Endlich sei hier noch die Aufstellung von Verwaltungsgrundsätzen, etwa durch einen Krankenkassenvorstand, erwähnt. Sie ist scharf zu scheiden von statutarischen Festsetzungen, wie sich z. B. darin zeigt, daß sie weder der Zustimmung der Generalversammlung noch der Genehmigung der höheren Verwaltungsbehörde bedarf [15]).

3. Welches ist nun die Rechtsnatur der Mitteilungen?

Jedenfalls sind sie keine Rechtsgeschäfte. Dies ist im allgemeinen, wenn man etwa absieht von der bereits betonten Verwechselung von Befehl einerseits, bloßer Mahnung und Einladung andererseits, auch nie verkannt worden. — Daß man in der Literatur sich des Unterschieds zwischen Mitteilungen und Rechtsgeschäften bewußt war, ergibt sich aus der negativen Tatsache, daß die Mitteilungen weder in dem System der rechtsgeschäftlichen Verwaltungsakte [16]) noch auch in dem ,,alten System" [17]) einen Platz gefunden haben. — Die Rechtsprechung hat sogar ziemlich oft positiv auf die Verschiedenheit zwischen Rechtsgeschäften und Mitteilungen hinzuweisen Gelegenheit genommen; das geschah meist anläßlich der Frage, ob der Verwaltungsakt mit Rechtsmitteln anfechtbar sei, was man im allgemeinen nur für rechtsgeschäftliche ,,Verfügungen" annahm, für Auskünfte, ,,Verständigungen", Verheißungen, Belehrungen, Mah-

---

9) Mayer I. 284; vgl. auch Menzel 165. — Über die zivilrechtliche Mahnung vgl. besonders Manigk 94, 95.

10) Hinsichtlich der zivilrechtlichen Mahnung vgl. die Angaben bei Eltzbacher 192 (2). Eltzbacher selbst rechnet 192, 193 die Mahnung zu den unmaßgeblichen Willensäußerungen.

11) Vgl. dazu OVG. v. 26. Juni 1899, mitgeteilt bei Brauchitsch I. 675 (9).

12) Vgl. o. S. 80.

13) Vgl. o. S. 80.

14) Vgl. o. S. 125.

15) Bd. VGH. bei Reger 27, 577.

16) Vgl. o. S. 51 f.

17) S. o. S. 50, 51.

nungen und Drohungen aber verneinte [18]); die ganze Tiefe des Unterschiedes wurde dabei freilich noch nicht erkannt, da es als gar nichts so absonderliches galt, wenn das Gesetz wie z. B. ALVG. 133 Rechtsmittel gegen die „Androhung“ von Zwangsmitteln gewährt, während es in Wirklichkeit mit diesen Rechtsmitteln gegen Rechtshandlungen, wie wir noch sehen werden [18a]), seine eigene Bewandnis hat; immerhin aber lag in jenen Erkenntnissen doch das klare Bewußtsein, daß Mitteilungen etwas anderes seien als Willenserklärungen, daß sie insbesondere keine Verfügungen im Sinne von ALVG. 127 seien, unter denen man eben nur rechtsgeschäftliche Verwaltungsakte zu verstehen hat.

Wenn aber keine Rechtsgeschäfte, so sind darum doch noch nicht alle Mitteilungen Rechtshandlungen.

Sie sind Rechtshandlungen nur insoweit, als an ihre Vornahme vom Gesetz bestimmte Wirkungen geknüpft sind. Als solche kommen vornehmlich in Betracht: das Wirksamwerden eines Rechtsgeschäfts durch die Mitteilung; die durch eine Mitteilung, Äußerung, Gutachten, Rechtsbelehrung bedingte Rechtmäßigkeit eines Verfahrens oder eines einzelnen Verwaltungsakts; die Zulässigkeit des Betretens fremder Grundstücke wie in dem erwähnten Fall des Tel.Wg.Gesetzes nur nach vorheriger Ankündigung; die Zulässigkeit von Zwang oder Strafe nur nach vorheriger Mahnung oder Drohung.

Wo dagegen an die Vornahme der Mitteilungen solche Rechtsfolgen nicht geknüpft sind, haben wir es nicht mit einer Rechtshandlung zu tun, sondern mit einem ganz gewöhnlichen rein tatsächlichen Akt. — So wird es bei den meisten Auskünften sich verhalten. — So verhält es sich auch im Fall Gew.GG. 64, wenn der Vorsitzende des Gerichts, das von einer Partei als Einigungsamt angerufen worden ist, dem anderen Teil hiervon Kenntnis gibt und „dahin wirkt“, daß auch dieser Teil sich zur Anrufung des Einigungsamts bereit findet. — So verhält es sich weiter in dem von Mayer[19]) ausführlich gewürdigten Fall einer Reichsgerichtsentscheidung [20]), wo ein Rechtsanwalt in die Zeitung geschrieben hatte, man solle den polizeilichen Aufforderungen wegen Auskunfterteilung nicht mehr Folge leisten. Mayer sieht in diesen Aufforderungen keine Befehle, da keine Auskunftspflicht dahinter stehe, sondern bloße Einladungen. Für das preußische Recht dürfte das letztere nach der ständigen Rechtsprechung des Oberverwaltungsgerichts [21]) kaum zutreffen; für das reichsländische Recht, um das es sich im Fall der Reichsgerichtsentscheidung handelte, mag es anders sein, was wir nicht so im Vorbeigehen feststellen wollen. Jedenfalls aber, wenn das polizeiliche Ersuchen eine bloße Einladung ist, dann ist sie keine Rechtshandlung, sondern rein tatsächlicher Akt. — Das

---

[18]) Vgl. z. B. OVG. **34**, 429; **43**, 394; **45**, 393; inVBl. **23**, 634, wo der richtige Grundsatz aber meines Erachtens falsch angewandt ist. BVGH. **6**, 59; SOVG. **4**, 326; **3**, 218. Vgl. auch OLG. Karlsruhe in Bad. Annalen **1887**, 22; ferner OVG. **2**, 415.

[18a]) S. u. S. 212 f.

[19]) I. 283 (20).

[20]) Bei Reger **4**, 63.

[21]) Vgl. die Angaben bei Friedel 49 f., aber auch RG. bei Reger **5**, 95.

gleiche gilt auch von der Mitteilung im Fall P. Eisenb.Rats-G. 16, 19, da diese Mitteilung zwar Rechtspflicht ist, aber weder an ihre Vornahme noch an ihre Unterlassung sich irgend welche Rechtsfolgen knüpfen.

Darüber, ob eine Mitteilung Rechtshandlung oder rein tatsächliche Handlung ist, läßt sich, von dem formulierten Leitgedanken abgesehen, etwas Allgemeines nicht sagen. Man muß im einzelnen Fall eben untersuchen, ob besondere Rechtswirkungen sich mit der Mitteilung verbinden oder nicht. Das eine wie das andere zu bestimmen, ist Sache der gesetzgeberischen Willkür.

II. Die Beurkundungen sind mit den Mitteilungen eng verwandt. Sie sind im letzten Grund überhaupt nichts anderes als eine Unterart der Mitteilungen, nämlich die „in fester Form für einen größeren Menschenkreis niedergelegten" [22]) Mitteilungen. Die Zivilisten haben daher aus ihnen gar keine besondere Gruppe gebildet, sondern sie mit den Mitteilungen einfach zusammengeworfen [23]). Für das bürgerliche Recht mag das richtig sein. Im öffentlichen Recht dagegen nehmen die Beurkundungen eine so bedeutsame und teilweise, so hinsichtlich des strafrechtlichen Schutzes, von den gewöhnlichen Mitteilungen so abweichende Stellung ein, daß es immerhin gerechtfertigt sein dürfte, sie getrennt von jenen zu behandeln; in diesem Umstand lag auch der richtige Grundgedanke des „alten Systems", daß es von allen Rechtshandlungen allein die Beurkundungen berücksichtigte.

1. Will man eine Gliederung der zahlreichen Beurkundungen vornehmen, was sich zum Zweck einer besseren Übersicht immerhin empfiehlt, so kann man etwa unterscheiden gewöhnliche Beurkundungen und besondere Abarten, nämlich Eintragungen in öffentliche Bücher oder Listen, Quittungen und sonstige Bescheinigungen. Es muß aber betont werden, daß das nur äußere Unterschiede sind, die eine innere Ungleichartigkeit nicht begründen. Es verlohnt sich daher auch nicht, irgend welchen Scharfsinn auf die Frage zu verwenden, wo genau die Grenzlinie zwischen diesen Gruppen zu ziehen ist und ob man eine bestimmte Erscheinung hier oder dort einzustellen hat.

Die gewöhnlichen Beurkundungen, d. h. die Ausstellung gewöhnlicher Urkunden, also unter Ausscheidung der Quittungen und Bescheinigungen, sind meist schriftlich. Hierher gehören die meisten Beurkundungen nach CPO. 415, hierher auch die Inventarisierung nach BGB. 1960, hierher die Abschrifterteilung nach pr. FGG. Art. 1, FGG. 34, hierher auch die Protokollierung im Zivil-, Straf-, Verwaltungsprozeß, im Enteignungsverfahren nach pr. Enteign.G. 26 und wo es sonst vorgeschrieben oder üblich ist. — Aber auch die Abstempelung gehört hierher [24]), so die nach Maß- und Gewichts-O. 10 erfolgende Stempelung der Maße und Gewichte, die „Angabe des Feingehaltes" von Gold- und Silberwaren nach G. v. 16. Juli 1884. — Die gleiche Natur hat der Merkpfahl oder das Eichzeichen über die Höhe des zulässigen Wasser-

---

[22]) Eltzbacher 252.
[23]) Eltzbacher 252, 253. Manigk Willenserklärung 703.
[24]) Bornhak III. 392 f. spricht hier von amtlichen Beglaubigungen.

staues im Wasserrecht, z. B. nach P. G. v. 15. November 1811 § 1, Bd. Wass.G. 47, Württemb. Wass.G. Art. 47, 48. Die Setzung dieser Zeichen ist lediglich Beurkundung und völlig verschieden von der Feststellung des Staumaßes; beides wird namentlich in dem württembergischen Gesetz ausdrücklich von einander geschieden, indem Art. 48 die „Bestimmung" des Staumaßes nach Absatz 2 der „Anbringung" des Eichzeichens nach Absatz 5 gegenüber stellt [25]). — Ebenso ist die Verlochsteinung nach P. Berg-G. 39 I gewöhnliche Beurkundung. Sie begründet als solche höchstens eine Vermutung ihrer Richtigkeit, enthält aber in Abweichung vom früheren Recht, keine Grenzregulierung [26]), also keine Feststellung in unserem Sinn. — Nichts anderes gilt regelmäßig von sonstigen Vermarkungen. Die Personen, die sie vornehmen, sind nicht Feststellungs-, sondern „Urkundsorgane" [26a]).

Die Eintragungen in öffentliche Bücher und Listen unterscheiden sich äußerlich von den gewöhnlichen Beurkundungen dadurch, daß durch sie eine äußerlich selbständige Urkunde nicht erzeugt wird. Beispiele bieten die Eintragungen in das Standesregister, in das Grundbuch, das Güterrechts-, das Handels-, das Genossenschaftsregister. Auch die Genossenschaftskataster nach Gew.Unf.VG. 58 haben keine andere Bedeutung, da die Eintragung, die auf Grund eines Irrtums geschehen, mit der vorangangenen und ihr unterliegenden Feststellung im Widerspruch steht, keine Änderung der bestehenden Rechtsverhältnisse bewirkt [27]). Gleiches gilt von den Einträgen in die Wegeverzeichnisse, soweit sie nur deklarativ sind [28]), wie z. B. im Fall der pr. Wg.O. für Posen § 15, wo der Eintrag nur eine Vermutung der Richtigkeit, vorbehaltlich des Gegenbeweises, begründet. Auch die Listenführung nach Impf-G. 7, GVG.85—91, WO. 44 ff. gehört in diesen Zusammenhang. Streitig ist die Natur der Wählerlisten, die vielfach aus bloßen Beurkundungen zu Feststellungen erhoben werden [29]).

Die Bescheinigungen sind solche Urkunden, die sich als Urteile über das Sein oder Nichtsein oder Geschehensein oder Nichtgeschehensein von Tatsachen (im weitesten Sinn) darstellen. Sie vor allem ähneln den Willenserklärungen äußerlich und können leicht mit ihnen verwechselt werden.

Ihr Inhalt kann sehr verschiedenartig sein. Sie können sich auf Tatsachen im engeren Sinn, d. h. darauf beziehen, daß etwas geschehen ist; sie können sich insbesondere darauf beziehen, daß dem Bescheinigenden eine geldwerte Leistung gemacht worden ist, in welchem Fall man von Quittungen spricht. Sie können sich aber auch auf Rechtsverhältnisse beziehen; sie können sich darauf beziehen, daß jemandem ein Recht oder eine Zuständigkeit zukommt; sie können sich darauf

---

[25]) Vgl. auch Schenkel, Wasserrecht 406, Pözl 209. BVGH. **16**, 85; in diesem Erkenntnis ist aber jener Unterschied zwischen der Beurkundung und der zugrunde liegenden Entscheidung nicht scharf genug betont; vgl. u. S. 130 (10).

[26]) Klostermann 94, 95,

[26a]) Vgl. BVGH. **17**, 253, bes. S. 254.

[27]) Rosin I. 761, 762; vgl. 766.

[28]) S. o. S. 110.

[29]) Vgl. die Angaben bei Walter Jellinek 106 (1).

beziehen, daß ein Verwaltungsakt voll wirksam ist. Alle diese und sonstige inhaltliche Verschiedenheiten sind aber lediglich äußerlich,

Aus der großen Zahl von Beispielen mögen folgende Bestimmungen hervorgehoben werden. BGB. 2246, 2248, CPO. 118^{II}, 438^{II}, St.PO. 419^{III}, FGG. 31, pr. AG. 16, 19 GBO., St.AG. 15^{II} Z. 1 [30]), Beamt.G. 4 [31]), pr. LGO. 88 Z. 7, Gew.O. 15, 92 b^{II}, 104 h^{II}, 108, pr. Hand.Kam.G. 42^{II}, Gew.Unf.VG. 56^{I}, VG. 3^{II_2}, 5, Preß-G. 9, pr. G. v. 31. Dezember 1842 über die Aufnahme neu anziehender Personen § 8^2, Impf-G. 10, Nahr.Mitt.G. 2^{II}, pr. Schul-Unterh.G. 26^{I}, Kriegsl.G. 4^{V} [32]), WO. 125 Z. 1^{III}, Zoll-G. 39^{II}, 55^{II}, 65^{III}, pr. Wand.Gew.St.G. 6, pr. Wand.-Lager-St.G. 9.

2. Welche Rechtsnatur haben nun diese Beurkundungen?

Zunächst müssen wir feststellen, daß sie keine Rechtsgeschäfte sind. Diese Erkenntnis lag, wie wir schon früher betonten, dem System der rechtsgeschäftlichen Verwaltungsakte im Gegensatz zum „alten System“ zugrunde [33]). Insbesondere stehen die Beurkundungen im scharfen Gegensatz zu den rechtsgeschäftlichen Feststellungen; die Feststellung, namentlich das Urteil, ist Willenserklärung, es wirkt, weil der Erklärende will, es wirkt unabhängig von seiner Richtigkeit, es wirkt, selbst wenn seine Unrichtigkeit sonnenklar ist, es wirkt mit der eigentümlichen Kraft der publizistischen Willenserklärung so lange bis es durch den Gebrauch eines, keineswegs immer zulässigen, Rechtsmittels aus der Welt geschafft ist. Ganz anders die Beurkundung; sie wirkt nicht, weil der Beurkundende will, sie ist keine Willenserklärung; sie wirkt nur, weil, und nur in soweit als sie richtig ist, sie ist reines Beweismittel [34]); daher kann die durch die Beurkundung bezeugte Tatsache auch durch andere Beweismittel bewiesen werden und der Gegenbeweis gegen die Urkunde durch andere bessere Beweismittel ist unbeschränkt, wenn auch natürlich nicht unbeschränkbar, da der allmächtige Gesetzgeber selbstverständlich aus irgend welchen Gründen auch den Gegenbeweis ausschließen kann. Diese grundlegende Verschiedenheit hat namentlich Bernatzik vollständig verwischt, indem er seine Entscheidungen mit den Beurkundungen zu dem Oberbegriff der Urteile i. w. S. zusammenstellte [35]). Als eine bloße Oberflächlichkeit ist es wohl aufzufassen, wenn Stengel [36]) in einem Atem die Verfügungen als Willenserklärungen und die Beurkundungen als Verfügungen bezeichnet; daß er damit die Beurkundungen als Willenserklärungen kennzeichnen wollte, ist doch wohl kaum anzunehmen [37]).

---

30) Rauchalles 67 kennzeichnet dieses „Zeugnis“ ganz richtig als „gutachtliche Äußerung“, setzt aber ohne Grund als weitere Möglichkeit hinzu: „oder aber die Erklärung, daß der Entlassung zugestimmt oder nicht zugestimmt wird“.

31) Über die Verschiedenheit der Urkunde nach Beamt.G. 4 und Kom.Beamt.G. 1 vgl. Preuß 397.

32) Vgl. Laband IV. 288 (5).

33) Vgl. o. S. 51.

34) Gut hervorgehoben hinsichtlich des österreichischen Heimatscheins vom östr. VGH. 1406. Vgl. auch oben S. 130 wegen des Merkpfahls.

35) Vgl. o. S. 50. Ähnlich Walter Jellinek. 26, 27. Vgl. o. S. 55.

36) In WB. II. 797.

37) Dagegen auch Meyer in WB. II. 670.

Wenn aber auch die Beurkundungen von den Willenserklärungen grundverschieden sind, so ist damit doch nicht ausgeschlossen, daß sie äußerlich mit ihnen verbunden sind wie z. B. im preußischen Gewerbeschein, von dem wir bereits sprachen [38]), und ebenso wenig ist damit ausgeschlossen, daß ein publizistisches Rechtsgeschäft, insbesondere eine Erlaubnis, sich in die Form einer Beurkundung kleidet. Man kann hier von unechten Beurkundungen reden, ein Begriff, den Tezner [39]) vollständig übersehen hat. Wir haben schon früher Gelegenheit gehabt, auf derartige Fälle hinzuweisen wie auf den Jagdschein, den Bauerlaubnis- und den Abnahmeschein, die „Zeugnisse" und Legitimationsscheine nach Gew.O. 30^{III}, 30 a, 31, 43, — Fälle, in denen es sich überall um Erlaubniserteilungen handelte [40]). Auch die Anbringung von Vorrats- und Prüfungszeichen bei Schußwaffen nach G. v. 19. Mai 1891, §§ 5, 7 dürfte als unechte Beurkundung, nämlich als Erlaubnis, aufzufassen sein. Als eine fähigkeitsverleihende Verfügung, nämlich als Genehmigung eines Rechtsgeschäfts, wird man die „Bescheinigung" nach pr. Bahneinh.G. 5 zu betrachten haben; über ihre Bedeutung sagt nämlich der genannte Paragraph: „Veräußerungen oder Belastungen einzelner zur Bahneinheit gehöriger Grundstücke sind ungültig, soweit nicht die Bahnaufsichtsbehörde bescheinigt, daß durch die Verfügung die Betriebsfähigkeit des Bahnunternehmens nicht beeinträchtigt wird".

Wenn aber die echten Beurkundungen auch keine Rechtsgeschäfte sind, so ist damit doch noch nicht gesagt, daß sie rein tatsächliche Akte seien, wie Gareis [41]) anzunehmen geneigt ist. An und für sich allerdings sind sie rein tatsächliche Vorgänge [42]), aber das Gesetz hat an sie zumeist gewisse Rechtswirkungen angeknüpft als da sind: das Wirksamwerden der beurkundeten öffentlich-rechtlichen oder auch privatrechtlichen Willenserklärung erst durch die Beurkundung, die höhere Glaubwürdigkeit der öffentlichen Beurkundung, die Zulässigkeit der Geltendmachung gewisser Rechtsverhältnisse nur im Fall der Eintragung in das Güterrechtsregister u. ä. Dadurch, daß das Gesetz an die Beurkundung solche besonderen Rechtswirkungen anknüpft, erhebt es eine rein tatsächliche Handlung zur Rechtshandlung. — Unrichtig wäre es auch, den Beurkundungen den Handlungscharakter abzusprechen. Wenn Nußbaum [43]) meint, zu den Handlungen im Sinn von FGG. 7 gehöre die Urkundsaufnahme so wenig wie die Entgegennahme von Erklärungen, so wird man dem zuzustimmen haben. Aber man darf es nicht mit Nußbaum so begründen, daß die Urkundsaufnahme keine Handlung sei, sondern der Grund ist darin zu suchen, daß man FGG. 7 lediglich auf die rechtsgeschäftlichen Handlungen und nicht auf bloße Rechtshandlungen zu beziehen hat.

---

[38]) S. o. S. 100.
[39]) S. 191, 192.
[40]) S. o. S. 100 f.
[41]) S. 184.
[42]) Vgl. Ulbrich 293.
[43]) S. 48.

III. Als dritte Gruppe der Rechtshandlungen bezeichneten wir die Entgegennahme von Erklärungen. An dem Wort Handlung, mit dem man im allgemeinen ja lediglich ein aktives Verhalten bezeichnet, wird man sich wohl nicht zu stoßen brauchen. Wenn man sich schon einmal entschlossen hat, im Anschluß an die weitverbreitete Bezeichnung Rechtshandlung darunter alles „rechtswirksame Verhalten", soweit es nicht Rechtsgeschäft ist, zu verstehen, so wird man nicht umhin können, auch die Entgegennahme von Erklärungen hierher zu rechnen und jener Bezeichnung zu unterstellen[44]. Diese Gruppe entspricht der Hauptmasse von dem, was Eltzbacher[45] als „amtliches Verhalten rein seelischer Art" kennzeichnet.

1. Sie zerfällt in zwei Untergruppen, die von einander nicht nur äußerlich, sondern auch in ihrem Wesen und dementsprechend, wie wir später in der Lehre von der Nichtigkeit noch sehen werden, in ihrer rechtlichen Behandlung von einander verschieden sind. Auf der einen Seite steht die Annahme rechtsgeschäftlicher Erklärungen, auf der anderen Seite die gewöhnliche Annahme.

Die gewöhnliche Annahme kann man nur negativ kennzeichnen als die Annahme nicht rechtsgeschäftlicher Erklärungen. Im übrigen können diese Erklärungen unter sich sehr verschiedenartig, sie können ebensowohl Erklärungen rein tatsächlicher Natur sein wie z. B. die „Anzeige" eines sechsjährigen Kindes an den Schutzmann, daß irgendwo ein Verbrechen passiert sei, als auch Erklärungen rechtshandlungsmäßiger Natur; zu letzteren ist insbesondere auch die „Anhörung" der unter den Mitteilungen erwähnten[46] rechtshandlungsmäßigen „Äußerungen" zu rechnen. Als weitere Beispiele seien noch genannt: BGB. 2146, 2384, FGG. 146, 148^{I}, 160, Rechtsanw.O. 29, Gew.O. 14, 92 a^{II}, 100 o, 104 c, 104 d^{II}, pr. G. v. 8. Mai 1837 § 18, Seuchen-G. 1, Viehseuchen-G. 9, pr. G. v. 31. Dezember 1842 über die Aufnahme neu anziehender Personen § 8. Auch die Eidesabnahme, einerlei ob es sich um Partei-, Zeugen- oder Beamteneid wie z. B. nach ALVG. 14^{I}, 32^{I} handelt, ist nichts anderes als die Annahme einer Erklärung, nämlich einer durch den Gebrauch einer besonderen Beteuerungsformel stark formalisierten Wahrheitserklärung oder eines (nicht rechtsgeschäftlichen) Versprechens; natürlich ist die Eidesabnahme völlig zu trennen von der Aufforderung zur Eidesleistung, von der wir bereits früher sprachen und die je nachdem sich als Befehl oder als Aufforderung kennzeichnet.

Bei der Annahme rechtsgeschäftlicher Erklärungen kann es sich um zweierlei handeln.

Entweder es soll eine Rechtswirkung hervorgerufen werden gegenüber dem annehmenden Organ bezw. dem von ihm vertretenen Staat. Hierher gehören alle empfangsbedürftigen, einseitigen, publizistischen Willenserklärungen der Individuen an den Staat wie z. B. die Klage,

---

[44]) Manigk Willenserklärung 650 ff. berücksichtigt sie freilich in seinem „System der Rechtshandlungen" nicht.

[45]) S. 254 f.

[46]) S. o. S. 125.

der Antrag auf Erteilung einer Erlaubnis, Genehmigung, Eisenbahnkonzession, auf Naturalisation und Entlassung.

Oder aber es sollen Rechtswirkungen gegenüber Dritten hervorgerufen werden. Hier kann dann die Ausgestaltung des Verhältnisses wieder verschiedenartig sein. — Entweder die Staatsbehörde ist wirklicher Adressat der Willenserklärung, sie ist durch das Gesetz zum Vertreter der Interessenten in der Weise gemacht worden, daß die Erklärung dieselbe Wirkung hat, als ob sie diesen gegenüber abgegeben worden wäre, — wobei diese Stellvertretung dann übrigens meist als notwendige Stellvertretung gestaltet ist, so daß die fragliche Erklärung wirksam überhaupt nur gegenüber der Behörde, nicht gegenüber den Interessenten vorgenommen werden kann. Beispiele bietet allein schon das BGB. in großer Zahl. Es seien genannt: Anfechtung der Ehe nach 1342, Verzicht auf den Anteil am Gesamtgut nach 1491, Aufhebung der fortgesetzten Gütergemeinschaft nach 1492, Anfechtung der Ehelichkeit nach 1597, Anfechtung der Erbschaftsannahme nach 1955, Ausschlagung der Erbschaft nach 1945, Anmeldung von Nachlaßforderungen bei dem Nachlaßgericht oder (!) dem Erben nach 2061, Anfechtung letztwilliger Verfügungen nach 2081, Anfechtung des Erbvertrags nach 2281. Von publizistischen Erklärungen kann man in diesen Zusammenhang die Erklärung des Austritts aus einer Kirchengesellschaft nach Austritts-G. 1 rechnen. — Es kann aber auch die Rechtslage so sein, daß die Behörde nicht sowohl Adressat der Erklärung als vielmehr bloßer Zeuge, natürlich Feierlichkeitszeuge, eines Rechtsgeschäfts ist. Hierher wird man die Tätigkeit des Standesbeamten nach BGB. 1317 zu stellen haben [47]).

2. Was die Rechtsnatur der Erklärungsannahme anlangt, so ist jedenfalls klar, daß wir es hier nicht mit Rechtsgeschäften zu tun haben. Aber keineswegs sind alle Erklärungsannahmen auch nur Rechtshandlungen. Nur in so weit sind sie als solche zu bezeichnen, als das Gesetz an sie bestimmte Rechtswirkungen anknüpft. Als solche Rechtswirkungen kommen, ähnlich wie bei den rechtshandlungsmäßigen Mitteilungen, vornehmlich in Betracht: das Wirksamwerden einer Willenserklärung durch ihre Entgegennahme, weshalb die Annahme aller rechtsgeschäftlichen Erklärungen Rechtshandlung ist; die durch die Annahme einer Erklärung, etwa das Anhören der Partei im Prozeß, bedingte Rechtmäßigkeit eines Verfahrens oder eines einzelnen Verwaltungsakts.

IV. Vielleicht kann man als vierte Gruppe nach Eltzbachers [48]) Vorgang noch die „amtlichen Handlungen ohne Äußerungsgehalt“ anfügen. Sie würden dann freilich ihren Platz besser bei den anderen aktiven Rechtshandlungen, also hinter den Mitteilungen und Beurkundungen erhalten. Ob dieser Begriff noch notwendig ist, wollen wir nicht endgültig entscheiden. Es will uns aber scheinen, als ob er

---

[47]) Dagegen findet Walter Jellinek 40 in der Tätigkeit des Standesbeamten auch noch ein rechtsgeschäftliches Moment, nämlich in der Bereiterklärung zur Annahme der Erklärungen der Verlobten.

[48]) S. 253, 254.

schon die Grenze überschreitet, die das Gebiet der Rechtshandlungen von dem der rein tatsächlichen trennt. Ein Hauptanwendungsfall des Begriffs wäre die tatsächliche Übergabe von Urkunden oder anderen Gegenständen, — die tatsächliche Übergabe, die natürlich scharf zu scheiden ist von einem der Übergabe zugrunde liegenden Rechtsgeschäft.

III. Nebenbestimmungen.

§ 18.

1. Begriff und Wirkungen.

Wie die privatrechlichen, so können auch die öffentlich-rechtlichen Rechtsgeschäfte [1]), insbesondere unsere Verwaltungsakte, Nebenbestimmungen ihrem Hauptgeschäftsinhalt hinzufügen. Es kommen da zwei Gruppen solcher Nebenbestimmungen in Betracht.

Zunächst diejenigen, die der laxe Sprachgebrauch der Praxis, sowohl der gesetzlichen wie der richterlichen wie der behördlichen, und ebenso der meisten Schriftsteller ziemlich gedankenlos Bedingungen nennt. Wir wollen sie Bedingungen im weiteren Sinne nennen, indem wir uns mit Otto Mayer [2]) darüber klar sind, daß sie in vier wesentlich von einander verschiedene Arten zerfallen, nämlich: echte Bedingungen, Befristungen, Widerrufsvorbehalte, Auflagen.

Zu den Nebenbestimmungen sind ferner diejenigen zu rechnen, die auf Ausschluß bestimmter vom Gesetz als Regel vorgesehener Rechtswirkungen gerichtet sind. Diese zweite Gruppe wird meistens unberücksichtigt gelassen, so auch von Otto Mayer.

Unsere weitere Aufgabe wird es sein, zunächst den Begriff der einzelnen Nebenbestimmungen zu umgrenzen, und ihre Wirkungen, ihre Zulässigkeit (§ 19) und den Einfluß unzulässiger Nebenbestimmungen auf das Geschäft (§ 20) zu untersuchen. Da die Rechtswirkungen der einzelnen Nebenbestimmungen verschieden sind nach ihrer Art, so empfiehlt sich, die Fragen nach Begriff und Wirkungen der einzelnen Arten (§ 18) mit einander zu verbinden.

* * *

Da sind zunächst die beiden vielfach vermischten und verwechselten Institute der Bedingung und der Auflage, die wir daher zweckmäßig zusammen betrachten.

I. Das Institut der Bedingung ist nach seinem Wesen im öffentlichen Recht kein anderes als im Privatrecht, wennschon es hier eine ganz andere Rolle spielt als dort.

1. Zunächst ist der Begriff der Bedingung in beiden Rechtsgebieten der gleiche. Die Zivilisten verstehen unter Bedingung eine dem Tatbestande des Rechtsgeschäftes durch Parteiwillen eingefügte Be-

---

[1]) Inwieweit bei Rechtshandlungen Nebenbestimmungen denkbar sind, darüber vgl. u. S. 149, 150.

[2]) I. 296, 297.

stimmung, welche den Eintritt der Rechtswirkung von einem zukünftigen ungewissen Ereignis abhängig macht [3]) Das können wir auch ins öffentliche Recht übernehmen mit der Maßgabe, daß wir statt Parteiwillen Verwaltungwillen sagen.

2. Auch die beiden großen Hauptarten der Bedingungen, wie sie das BGB. unterscheidet, hat man ebenso im öffentlichen Recht zu unterscheiden: die aufschiebende Bedingung macht den Eintritt der Rechtswirkung abhängig von dem Eintritt des bedingenden Ereignisses; die auflösende Bedingung läßt die Rechtswirkung endigen mit dem Eintritt des bedingenden Ereignisses.

3. Wie im Privatrecht, so muß man auch im öffentlichen Recht die conditio juris aus dem Begriff der echten Bedingung ausscheiden [4]).

Das Eigentümliche der echten Bedingung liegt darin, daß der Verwaltungswille zu den gesetzlichen Erfordernissen für den Eintritt einer Rechtswirkung noch seinerseits ein weiteres außerhalb des Geschäftsinhalts befindliches Erfordernis hinzufügt. Bei der conditio juris aber fehlt gerade dieses eigentümliche Moment.

Ein Hauptfall für sie ist die Genehmigung eines Rechtsgeschäfts, sei dieses öffentliches oder privates. Die Genehmigung wird wirksam nur unter der gesetzlichen „Bedingung" oder vielleicht besser „Voraussetzung", daß die genehmigte Willenserklärung nicht etwa Nichtigkeitsmängel in dem später zu erörternden Sinn aufweist; sind solche Mängel vorhanden, so werden sie nicht etwa durch die Genehmigung geheilt, sondern diese ist im Gegenteil wirkungslos [5]). Sie bleibt auch nur wirksam unter der gesetzlichen „Bedingung", daß die genehmigte Willenserklärung später nicht etwa selbst durch Anfechtung oder sonstwie ihre Wirksamkeit wieder verliert [6]).

4. Aus dem Bedingungsbegriff sind ferner, ebenso wie im Privatrecht, die Fälle der Anfechtbarkeit auszuscheiden.

Bei der Bedingung ist der Eintritt der Wirksamkeit des Verwaltungsakts abhängig vom Vorhandensein der bedingenden Tatsache. Bei dem anfechtbaren Verwaltungsakt dagegen ist im Unterschied von der Bedingung davon abhängig nur der Eintritt der Rechtsgültigkeit; über den großen Unterschied zwischen Rechtswirksamkeit und Rechtsgültigkeit, d. h. Rechtsbeständigkeit, werden wir noch später in der Lehre von der Anfechtbarkeit ausführlich zu handeln haben [7]), hier sei zum Verständnis des Gegensatzes zwischen echter Bedingung und Anfechtbarkeit nur darauf hingewiesen, daß ein Verwaltungsakt sehr wohl, wie z. B. die gesetzwidrige Steuerveranlagung, wirksam, d. h. rechtlich vorhanden, und vielleicht sogar vollstreckbar sein kann, ohne deswegen rechtsgültig, d. h. unanfechtbar, zu sein.

---

[3]) Endemann I [9], 374, 375.

[4]) Vgl. Endemann a. a. O.

[5]) Vgl. z. B. Hahn 19, Pohl II. 468, Kahr I. 747, Arndt Berggesetz 160, W. Jellinek 102. — Östr. VGH. 7747; BVGH. 4, 54; 11, 436 SOVG. 1, 240; vgl. auch KG. in OLG. 8, 375.

[6]) OLG. Kassel im Recht 1905, 616 bezüglich der vormundschaftsgerichtlichen Genehmigung.

[7]) Vgl. u. namentlich S. 217 ff.

Ein Hauptfall der Anfechtbarkeit ist gerade für die uns jetzt beschäftigende Lehre von den Nebenbestimmungen der, daß die Rechtsgültigkeit eines Verwaltungsakts, besonders einer Auflage, „bedingt" ist durch die Zustimmung und Unterwerfung des Betroffenen. Wir haben selbst früher es vermieden, in solchen Fällen mit Jellineks[8]) Ausdruck von einer „durch Zustimmung bedingten Verfügung" zu sprechen, haben vielmehr die umständliche Bezeichnung einer „Verfügung, die nur zulässig ist mit Zustimmung des Betroffenen" gewählt[9]); wir wollen an dieser umständlichen Bezeichnung nicht schulmeisterlich festhalten und brauchen das auch nicht, nachdem wir klargestellt haben, daß das Bedingte nicht die Wirksamkeit, sondern die Rechtsgültigkeit des Verwaltungsakts ist, daß es sich dabei also nicht um einen bedingten Verwaltungsakt im technischen Sinn handelt.

5. Auch die Wirkungen der Bedingung entsprechen den Wirkungen im Privatrecht[10]). Solange also die Bedingung, d. h. das bedingende Ereignis noch nicht eingetreten ist, ist ein Schwebezustand, eine rechtliche Ungewißheit, vorhanden. Mit Eintreten der aufschiebenden Bedingung tritt ipso iure die bisher bedingte Rechtswirkung endgültig ein, der bedingte Befehl erzeugt ohne weiteres die Gehorsamspflicht, das bedingte Versprechen ohne weiteres den Anspruch auf seine Erfüllung. Umgekehrt tritt mit Eintreten der auflösenden Bedingung die bedingte Rechtswirkung ohne weiteres außer Kraft, das bedingte Recht erlischt von selbst. In keinem Fall ist die Erfüllung der Bedingung erzwingbar; die Bedingung suspensiert oder resolviert, aber sie zwingt nicht. Ob die Bedingung rückwirkende Kraft hat, d. h. ob der Zustand herzustellen ist, der bestehen würde, wenn das Rechtsgeschäft unbedingt vorgenommen worden wäre, läßt sich wohl nicht allgemein, sondern nur durch Auslegung des fraglichen Rechtsgeschäfts ermitteln. Im allgemeinen wird man nur sagen können, daß bei Mangel einer entgegenstehenden Geschäftsabsicht ebenso wie im BGB. 158, 159 eine Rückwirkung nicht anzunehmen ist. So ist es z. B. zweifellos, daß bei der nachher zu besprechenden Kriegsbeorderung der Befehl erst wirksam werden soll mit dem Augenblick der Mobilmachung; hat also der Reservist bis zu diesem Augenblick die deutsche Staatsangehörigkeit verloren, so ist der Befehl niemals wirksam geworden. Anders mag die Sache vielfach bei vermögensrechtlichen Verpflichtungen liegen.

6. Ihrer rechtlichen Natur nach ist die Bedingung keineswegs bloß eine äußerlich beigefügte Nebenbestimmung, sondern sie ist mit der Willenserklärung, der sie beigefügt ist, innerlich zu einem einheitlichen Ganzen verbunden. Dieser Satz hat zwar für das öffentliche Recht nicht eine so weittragende Bedeutung wie für das Privatrecht[11]). Immerhin ist seine Erkenntnis nicht ohne Wert, da er dazu dient, die Verschiedenheit der Bedingung von der Auflage mit klarzulegen.

---

[8]) S. 220.

[9]) Vgl. o. S. **36** f.

[10]) Vgl. RG. **53,** 83; die Entscheidung behandelt ein nichtamtliches publizistisches Rechtsgeschäft, nämlich den Vollstreckungsantrag; sie beruft sich dafür auf die allgemeinen Grundsätze für bedingte Willenserklärungen.

[11]) Vgl. Endemann **I**^{9}, 376 (8).

II. Die Auflage ist ein wichtiges Institut des öffentlichen Rechts und jedenfalls wichtiger als die Bedingung. Es ist nämlich im öffentlichen Recht genau umgekehrt wie im Privatrecht, wo die Bedingungen häufig und die Auflagen selten sind, und wo das BGB. die Auflage als allgemeines Rechtsinstitut sogar gestrichen hat.

1. Der Unterschied der Auflage von der Bedingung zeigt sich hauptsächlich in zwei Punkten.

Einmal in der verschiedenen rechtlichen Natur. Die Auflage ist im Gegensatz zur Bedingung eine durchaus selbständige, nur äußerlich dem Hauptrechtsgeschäft beigefügte Willenserklärung. Daraus folgt zunächst die Zulässigkeit ihrer selbständigen Anfechtung; wenn z. B. dem Bauherrn eine Bauerlaubnis nur mit Auflagen gewährt wird, so kann er einfach die Bauerlaubnis so hinnehmen wie sie ist, ohne sie anzufechten; er wird dadurch aber nicht gehindert, späterhin, wenn etwa die Polizei ihn an die Erfüllung der Auflage mahnt, diese anzufechten [12]). Es folgt andererseits aus jener Selbständigkeit der Auflage auch, wie wir alsbald sehen werden, ihre Zulässigkeit bei bloßen Rechtshandlungen. Es folgt aus ihr endlich die grundsätzliche Unwirksamkeit der Auflage gegenüber dem Rechtsnachfolger [13]).

Auch in ihren Wirkungen sind Auflage und Bedingung grundverschieden. Die Bauerlaubnis, die Schankkonzession usw., die unter einer Auflage erteilt sind, sie sind keineswegs bedingt, befinden sich keineswegs in einem Schwebezustand, einer rechtlichen Ungewissheit. — Die Rechtswirkung der Erlaubnis ist nicht an eine aufschiebende Bedingung gebunden, sie tritt vielmehr sofort ein; der Erlaubniswerber hat die Erlaubnis, zu bauen, Schankwirtschaft zu treiben usw. sofort mit Erteilung der Erlaubnis, er braucht dazu nicht erst die sogen. Bedingungen erfüllt zu haben. Er hat die Erlaubnis, ist aber freilich dabei gewissen Verpflichtungen, sei es geldwerter, sei es sonstiger Art, oder Beschränkungen, eben den Auflagen, unterworfen; und diese Verpflichtungen können sogar erzwungen werden wie andere Verpflichtungen auch. Also: die Auflage suspendiert nicht, aber sie zwingt. — Und die Auflage resolviert auch nicht im Fall der Nichterfüllung. Während bei der auflösenden Bedingung die Nichterfüllung von Verpflichtungen, an deren Erfüllung der Fortbestand eines Verwaltungsakts gebunden wäre, den Verwaltungsakt ipso iure zum Erlöschen bringen müßte, kommt bei der Auflage in solchem Fall nur ein „Widerruf kraft Verwirkung“ [14]) in Frage, also nicht ein Erlöschen des Verwaltungsakts ipso iure, sondern nur eine Beendigung durch einen neuen Verwaltungsakt.

2. Wie es unechte Bedingungen, conditiones iuris, gibt und wie diese aus dem Bedingungsbegriff auszuscheiden sind so kann man auch von einer unechten Auflage, einem modus iuris, sprechen, der ebenfalls aus dem Auflagebegriff auszusondern ist. Diese unechten Auflagen sind namentlich in der Praxis der Baupolizei durchweg üblich. Es

---

[12]) OVG. **39**, 360; vgl. auch Roth 289.

[13]) OVG. **2**, 355; **20**, 395; **23**, 355; OVG. v. 6. I. 1891 bei Kuntze-Kautz II 259. OVG. v. 6. I. 91 in VBl. **12**, 303. Vgl. aber auch u. S. 200.

[14]) S. u. § **44**.

handelt sich hier um solche Verpflichtungen, die bereits in der anzuwendenden Baupolizeiverordnung speziell geregelt sind und die den Bauherrn ohne weiteres auch dann treffen, wenn sie in der Bauerlaubnis nicht besonders auferlegt werden, daher natürlich auch gegen die Rechtsnachfolger wirken [15]). Solche Auflagen sind rechtlich ganz bedeutungslos. Praktisch erscheinen sie insofern gerechtfertigt, als die Polizei Grund zu der Annahme hat, der Bauherr werde sie aus Unkenntnis nicht beachten; sie sind also ein Hauptfall einer rein tatsächlichen Mahnung [16]).

III. Will man nun feststellen, welche Fälle als Bedingungen und welche als Auflagen sich kennzeichnen, so darf man sich dabei nicht um den Sprachgebrauch weder der Gesetze noch der Praxis noch der Schriftsteller viel kümmern. Dieser ist äußerst lax; wir werden das bei der Betrachtung der einzelnen Fälle sehen; einstweilen mag hingewiesen werden auf Gew.O. 18, wo im zweiten Satz gesprochen wird von den „Bedingungen" der Genehmigung, während der dritte Satz fortfährt, daß zu den „Bedingungen" auch die „Anordnungen" zum Schutz der Arbeiter gehören [17]). Also nicht der gewöhnliche Sprachgebrauch darf für unsere Entscheidung maßgebend sein, sondern allein die Frage: hängt die Wirksamkeit einer Willenserklärung ab von dem Eintritt der als Bedingung oder sonstwie bezeichneten Tatsache, oder aber: ist der Eintritt dieser Tatsache von dem Erklärenden erzwingbar? Im ersteren Fall allein haben wir es mit einer Bedingung, im anderen Fall mit einer Auflage zu tun. Darnach ergibt sich folgendes.

1. Sehr zahlreich sind Beispiele von Auflagen.

Es gehören hierher weitaus die meisten der sogen. Konzessionsbedingungen, sowohl bei den gewöhnlichen Polizeierlaubnissen wie auch bei sonstigen Konzessionen.

So im allgemeinen die Baubedingungen. Auch das S. Bau-G. 152 spricht wie die meisten gleichartigen Gesetze und Verordnungen von den „Bedingungen", unter denen die Erlaubnis zu gewähren ist. Daß aber diese Bedingungen zwingen, also keine Bedingungen sind, ergibt sofort § 158 I, wonach die Behörde darüber zu wachen hat, daß die Ausführung nach dem genehmigten Bauplan und den „vorgeschriebenen (!) besonderen Bedingungen" erfolgt [18]). Es ist auch im übrigen in der Praxis [19]) wie in der Literatur [20]) allgemein anerkannt, daß die Baubedingungen keine Bedingungen im wahren Sinn, sondern daß sie Anordnungen, Anforderungen, Verfügungen oder wie man sie sonst nennen mag, also Auflagen in unserer Ausdrucksweise sind.

---

15) OVG. **2**, 355; **20**, 395.

16) Über ihre Zulässigkeit vgl. OVG. **23**, 327, OVG. v. 26. XI. 1883 in VBl. **5**, 116.

17) Vgl. auch Schenkel, Wasserrecht, der in der systematischen Darstellung S. 47 von Bedingungen, in dem Kommentar 339 aber von denselben Dingen als von Auflagen spricht.

18) Vgl. auch S. BauG. 160 I.

19) OVG. **2**, 351; **23**, 321; **40**, 363. Östr. VGH. 2889.

20) Mayer **I**. 298, Baltz 107, Born 55, Rumpelt 276, Roth 288.

Nichts anderes gilt von den sog. Gewerbekonzessionsbedingungen [21]). Die Gewerbeordnung selbst verwendet allerdings in § 18^2, den Ausdruck Bedingungen, spricht aber ebenso von „Anordnungen" in 18^3, „vorschreiben" in 24, „auferlegen" von Beschränkungen in 60 b. Auch die Ansiedlungsbedingungen nach P. Ans.G. 17 sind Auflagen. Hier vermeidet das Gesetz sogar vollständig die ungenaue Bezeichnung. Es gibt der Behörde in 17^{II} die Macht, bei Erteilung der Ansiedlungsgenehmigung, d. h. genauer Ansiedlungserlaubnis, besondere Leistungen „festzusetzen".

Nicht minder gehören die Eisenbahnkonzessionsbedingungen [22]) und überhaupt die „Bedingungen" bei Verleihung öffentlicher Unternehmungen [23]) in diesen Zusammenhang [24]) ebenso wie die Wasserkonzessionsbedingungen [25]).

Weitere Fälle von Auflagen finden sich z. B. in: pr. Fisch.G. $43^{II\,2}$ bei Erteilung von Dispensen; sächs. Bau-G. 162^{II}, wonach bei Zwangsversteigerung eines vom Grundeigentümer nicht wieder hergestellten baufälligen Gebäudes „die Instandsetzung des Gebäudes zur Bedingung des Zuschlages an den Käufer gemacht wird", wo aber natürlich nur von der Auflage einer Verpflichtung [26]) die Rede sein kann; endlich mag noch WO. 111 Z. 3 erwähnt werden, wonach Reservisten nach außereuropäischen Ländern beurlaubt werden „unter der Bedingung der Rückkehr im Falle einer Mobilmachung."

Auch die negativen Auflagen oder Zweckbegrenzungen gehören hierher. So kann die Bewilligung von Wasserbenützungsanlagen zu bestimmten Zwecken, z. B. zur Errichtung einer Getreidemühle erfolgen; das ist aber, wenn man es nicht überhaupt lieber als Bestimmung und Konkretisierung des Geschäftsinhalts auffassen will, höchstens eine Auflage, aber keine Bedingung, weder eine aufschiebende noch eine auflösende [27]). Jedenfalls gehört in diesen Zusammenhang die bei Erteilung von Zeugnissen und sonstigen Bescheinigungen oft vorkommende Beifügung: „Nur für Militärzwecke gültig"; das ist dann eine negative Auflage, ein Befehl, die Urkunde nicht zu anderen Zwecken zu benützen.

Den Auflagen im gewöhnlichen Sinn wird man auch zuzurechnen haben die Vorbehalte von speziellen Aufsichts- und Genehmigungsrechten bei der Schaffung juristischer Personen [28]). Ihr Unterschied gegenüber den gewöhnlichen Auflagen besteht nur darin, daß es sich bei ihnen um Rechtsbeschränkungen, bei den anderen um eigentliche Verpflichtungen handelt.

2. Aufschiebende Bedingungen kommen im öffentlichen Recht vor, sind aber nicht allzu zahlreich.

---

[21]) Mayer a. a. O. Landmann I. 375.

[22]) Zusammenstellung ihres Inhalts bei Eger, Eisenbahnrecht I. 119—123.

[23]) F. F. Mayer 214.

[24]) Vgl. Schelcher bei Fischer 20, 118.

[25]) Vgl. P. Wasser-Gesetz-Entwurf § 74^{II}; vgl. Mayrhofer V. 1211 (1) und 1210, 1211. Unrichtig Randa 68 verb. m. 66.

[26]) Ebenso Rumpelt 287.

[27]) Vgl. Mayrhofer V. 1211 (1 zu S. 1210.)

[28]) Vgl. darüber (abweichend) Mayer II. 412.

Vor allem sind zu erwähnen die bedingten Versprechen. — Ein Hauptbeispiel ist das bedingte Endurteil. Auch davon haben wir schon früher gesprochen [29]) und insbesondere darauf hingewiesen, daß es sich hier keineswegs um eine bedingte Verurteilung handelt. Vielmehr ist die Rechtslage die, daß der Staat sich verpflichtet, wenn die Bedingung, die Eidesleistung, sich erfüllt, ein Urteil bestimmten Inhalts zu sprechen. — Hierher gehört ferner das bedingte Arrestversprechen [30]) nach CPO. 921, wobei es dahin gestellt bleiben mag, ob daneben auch ein bedingter Arrest zulässig ist[31]). — Ähnlich ist es bei einem Beweisbeschluß folgenden Inhalts: „Als Zeugen sollen geladen werden A, B, C. Die Ladung der Zeugen wird davon abhängig gemacht, daß der Kläger bis zum 30. Januar einen Kostenvorschuß von 20 Mark bei der Gerichtskasse einliefert." Das ist keineswegs ein bedingter Beweisbeschluß. Denn so wenig wie beim bedingten Endurteil durch die Eidesleistung eine Verurteilung oder eine Freisprechung bewirkt, sondern nur die Verpflichtung des Richters zu einem solchen Akt aus ihrem bisherigen Schwebezustand gelöst wird, ebensowenig bewirkt die Zahlung des Kostenvorschusses die Zeugenladung, sondern macht nur die bedingte Verpflichtung des Richters dazu zu einer unbedingten. Voraussetzung für die Anwendung des Versprechensbegriffs ist freilich, daß im fraglichen Fall dadurch wirklich eine Verpflichtung der Behörde begründet wird; beim Beweisbeschluß wird man das wohl bejahen können, da der Richter jedenfalls in Ermangelung erneuter mündlicher Verhandlung zu seiner Abänderung nicht befugt [32]), sondern zu seiner Ausführung verpflichtet ist. — Endlich sei unter dem bedingten Versprechen noch die Entlassungszusicherung erwähnt, durch die sich die Behörde verpflichtet, jemandem bei Erwerb fremder Staatsangehörigkeit die Entlassung aus dem Staatsverband zu gewähren [33]).

Um eine bedingte Verleihung des Vollstreckungsanspruchs handelt es sich bei Urteilen, die gegen Sicherheitsleistung für vorläufig vollstreckbar erklärt werden.

Auch bedingte Erlaubnisse kommen vor. Hierher gehören insbesondere bedingte Bauerlaubnisse, wennschon in den meisten Fällen, wie vorhin betont wurde, die sogen. Baubedingungen Auflagen vorstellen.

Einen derartigen Fall behandelt die Entscheidung des Oberverwaltungsgerichts vom 12. Februar 1896 [34]). Hier war eine Bauerlaubnis erteilt worden unter der Bedingung, daß die Genehmigung der städtischen Behörde, d, h. besser ihre Erlaubnis, zum Bau an der noch nicht fertigen Straße beigebracht werde. Von einer Auflage kann hier natürlich gar keine Rede sein. Aber auch eine schlichte Versagung, bloß mit dem rechtlich bedeutungslosen Anheimgeben, nach eingeholter Zustimmung der Gemeinde das Gesuch zu erneuern, wird man in der

---

[29]) S. o. S. 67.
[30]) Vgl. Gaupp-Stein **II**. 788, 789.
[31]) Vgl. a. a. O. 789 (8).
[32]) Vgl. RG. v. 18. Okt. 1895 in Jur. W. **24**, 538.
[33]) Vgl. o. S. 92.
[34]) OVG. **29**, **395**.

Verfügung nicht zu erblicken haben; auch das Oberverwaltungsgericht will das offenbar nicht tun, obschon es allerdings den Versagungscharakter der Verfügung etwas scharf betont, um zu begründen, daß die Rechtsmittelfrist, was zu billigen ist, schon von Zustellung des Bescheids der Polizei, nicht etwa erst von dem Zeitpunkt der Erklärung der Gemeinde abläuft. Die einzige mögliche Konstruktion, wenn man nicht eine nackte Versagung annehmen will, ist hier eben die echte Bedingung. Ob im einzelnen Fall eine solche Bedingung oder eine „Ablehnung mit Rechtsbelehrung" anzunehmen ist, läßt sich nicht allgemein, sondern nur durch Auslegung des Willens der Behörde bei Erlaß der konkreten Verfügung feststellen.

Mayer [35]), der im allgemeinen die Bedingungen bei Polizeierlaubnissen ebenfalls als Auflagen kennzeichnet, rechnet zu den wenigen Ausnahmen auch einen Fall aus der Praxis des preußischen Obertribunals. Hier war die Bauerlaubnis erteilt unter der Bedingung der unentgeltlichen Abtretung des Vorlandes für die Straße. Der Eigentümer baute, verweigerte aber die Abtretung. Mayer meint im Anschluß an die Entscheidung des Obertribunals: „Die Bedingung war nicht angenommen, also die Bauerlaubnis nicht erteilt". So sicher ist das aber doch wohl nicht. Man kann recht begründete Zweifel haben, ob nicht hier wie bei sonstigen Baubedingungen eine Auflage anzunehmen ist. So ist jedenfalls nach sächsischem Recht zu entscheiden, wo das Gesetz diesen Fall ausdrücklich regelt; es spricht nämlich S. Bau-G. 66 davon, daß die Polizeibehörde „die Erteilung der Bauerlaubnis davon abhängig machen [kann], daß der Bauherr kleinere . . Landstreifen . . abtritt"; diese „Bedingung" des § 66 rechnet aber die Begründung des Gesetzes [36]) zu den Fällen des § 2, wo eine Verpflichtung „von der zuständigen Behörde den Grundstücken auferlegt (!) wird".

Auch bedingte Gewerbeerlaubnisse kommen vor [37]). In den meisten Fällen stellen zwar auch hier die sogen. Konzessionsbedingungen Auflagen vor. Immerhin kann im Einzelfall die Absicht der Behörde auch darauf gerichtet sein, daß vor Nichterfüllung gewisser „Auflagen", z. B. vor der Vornahme gewisser baulicher Veränderungen an dem in Aussicht genommenen Schanklokal, die Gewerbeerlaubnis noch nicht wirksam werden soll [38]). Eine solche Absicht der Behörde wird man in den Fällen vermuten dürfen, wo eine Schankerlaubnis vor Herstellung des Lokals lediglich auf Grund der vorgelegten, mit Bauerlaubnis versehenen Baupläne erfolgt; in solchem Fall „ist die rechtliche Wirksamkeit der erteilten Konzession von der entsprechenden Herstellung der Lokalitäten abhängig" [39]).

Ferner kann z. B. die Polizeierlaubnis zu einer öffentlichen Versammlung bedingt für den Fall der Erfüllung gewisser Anforderungen erteilt werden [40]).

---

35) I. 298 (17).
36) Bei Rumpelt 82.
37) OVG. **1**, 301.
38) BVGH. **19**, 135.
39) BVGH. **28**, 96, bes. S. 102.
40) Seydel **III**. 56.

Zu Zweifeln kann § 21^{III} der pr. Wg.O. für Posen Anlaß geben. Bei Versetzung von Wegen in eine niedrigere Klasse ist der Bezirksausschuß befugt, die Versetzung „davon abhängig [zu] machen, daß ein anderer Weg .... in eine höhere Klasse versetzt wird". Darüber in welcher Weise diese Versetzung in die höhere Klasse geschehen soll, sagt das Gesetz nichts. Man könnte daran denken, daß es einfach durch denselben Beschluß des Bezirksausschusses, durch den die andere Versetzung vorgenommen wird, geschehen soll ohne Rücksicht auf den Willen der Beteiligten. Das wäre aber kaum richtig. Denn nach § $21^{I, II}$ ist dem Willen der Beteiligten in dem ganzen Verfahren ein großer Einfluß eingeräumt, indem Absatz 1 Übereinstimmung derselben, Absatz 2 ein Einschreiten nur auf Antrag vorsieht. Daher ist die Versetzung in die höhere Klasse wohl auch nur in dem Verfahren nach § $21^{I, II}$, d. h. bei Einverständnis oder auf Antrag, möglich. Dann aber liegt eine wahre Bedingung vor, da die Versetzung nicht erzwingbar ist und da andererseits die etwa ausgesprochene Deklassierung bei Nichterfüllung der Bedingung nicht eintritt. Übrigens könnte auch hier das Verfahren so gestaltet werden wie bei den vorhin besprochenen Fällen von bedingten Versprechen, indem nämlich der Bezirksausschuß überhaupt nicht die Deklassierung, auch nicht einmal bedingt, vornimmt, sondern sich lediglich dazu verpflichtet für den Fall des Eintritts der Bedingung.

Bedingte Befehle sind nicht selten.

Ein sehr schöner und zweifelsfreier Fall eines bedingten Befehls, ist die schon vorhin erwähnte Kriegsbeorderung. Sie lautet nach dem üblichen Formular: „Sie werden benachrichtigt, daß Sie sich nach Mobilmachung ohne weiteren Befehl am x ten Mobilmachungstage beim Rgt. Z. zu melden haben". Der Befehl ergeht also nur unter der aufschiebenden Bedingung, daß die Mobilmachung erfolgt.

Hierher gehört weiter auch die bedingte Ladung eines Zeugen, an deren Zulässigkeit kaum ein Zweifel sein kann [41]).

Bedingt kann ferner das Verbot einer Versammlung erfolgen für den Fall, daß gewisse polizeiliche Anforderungen nicht erfüllt werden [42]).

Wenn eine Ansiedlung ohne die erforderliche Ansiedlungsgenehmigung angelegt ist, dann ist es zulässig, daß die Behörde dem Unternehmer der Ansiedlung aufgibt, binnen einer bestimmten Frist entweder die Erlaubnis nachzusuchen oder die errichteten Anlagen wegzuschaffen. „Gegenstand einer derartigen Anordnung ist aber nicht das Nachsuchen der Genehmigung, sondern nur das Wegschaffen der Anlagen ..., welchem der Unternehmer durch Erwirkung der Genehmigung vorbeugen kann [43])". D. h. mit anderen Worten: Die Verfügung stellt sich dar als das Gebot der Wegräumung; dies Gebot soll aber nur gelten, wenn nicht binnen der bestimmten Frist die Ansiedlungserlaubnis nachgesucht wird. Solche Fälle unterscheiden sich von bloßen Einladungen dadurch, daß sie im Fall des Eintritts der Bedingung ohne weiteres erzwingbar werden [44]).

---

[41]) Bennecke-Beling 289.

[42]) Seydel **III**. 56.

[43]) OVG. **43**, **394** und dort genannte weitere Entscheidungen.

[44]) Vgl. OVG. **43**, **394**.

Gehören zu den bedingten Befehlen nicht auch die Auflagen bei Erlaubniserteilungen, also die sogen. Konzessionsbedingungen? Wir haben vorhin auseinandergesetzt, daß diese Bedingungen keine echten Bedingungen sind, d. h. daß bei ihnen nicht etwa das Hauptrechtsgeschäft, die Konzessionserteilung, bedingt ist. Auf diesen Punkt, der erledigt ist, greift unsere Frage nicht zurück; sie ist davon völlig verschieden; sie bezieht sich nicht darauf, ob das Hauptrechtsgeschäft, die Konzession, bedingt ist, sondern darauf, ob das Nebenrechtsgeschäft, nämlich der in der Auflage enthaltene Befehl, bedingt ist. Von einer Bedingtheit dieser Befehle kann man allerdings nach zwei Richtungen reden, ohne daß aber auch nur in einer eine echte Bedingung festzustellen wäre.

Es handelt sich da zunächst um folgendes. — Man hat mit Recht darauf aufmerksam gemacht, daß der Auflagebefehl etwa bei der Bauerlaubnis keineswegs mit seiner Zustellung wirksam wird, — von seiner Rechtsgültigkeit, die wir alsbald besprechen werden, gar nicht zu reden. Man [45]) hat treffend darauf hingewiesen, daß es sich hier nur um eine solche Verfügung handelt, deren Ausführung „abhängig" ist von der Ausführung des genehmigten Projekts, — eine Verfügung, „die nicht ohne weiteres erzwingbar ist, sondern erst praktische Bedeutung mit dem Beginn des Baues erhält". Deutlich ist das gleiche auch ausgesprochen in pr. Ans.G. 17^{IV}, wo bezüglich der vorhin erwähnten Ansiedelungsbedingungen gesagt wird: „Macht der Antragsteller von der Ansiedlungsgenehmigung Gebrauch, so ist er zu den Leistungen verpflichtet." Hiernach ist also in der Tat die Auflage bei der Ansiedlungs- wie bei der Bauerlaubnis „bedingt"; sie ist bedingt dadurch, daß der Gesuchsteller von der Erlaubnis Gebrauch macht, daß er mit der Ansiedelung, mit dem Bauen beginnt; erst in diesem Augenblick erhält sie rechtliche Existenz oder, wie die vorhin genannten Stimmen das etwas sehr ungenau bezeichneten, „praktische Bedeutung". — Das gilt jedenfalls von allen Erlaubnissen und sonstigen Konzessionen, die wie die Bauerlaubnis, nur ein Befugnis bezw. ein wahres Recht gewähren, ohne daß dem eine Verpflichtung zur Vornahme der konzessionierten Handlungen entspräche, da es in allen solchen Fällen dem Beteiligten ganz überlassen ist, ob er von der Konzession Gebrauch machen will und ob er damit die durch diesen Gebrauch „bedingten" Auflagen zur Entstehung gelangen lassen will. Anders kann es sich namentlich bei Verleihung öffentlicher Unternehmungen verhalten, so weit zu ihrer Ausführung der Unternehmer sowohl berechtigt als auch verpflichtet ist. Freilich wird man in der bloßen Bestimmung, daß die Konzession erlöschen solle, wenn nicht innerhalb bestimmter Frist mit ihrer Ausführung begonnen sei, ebensowenig wie bei den gleichartigen Bestimmungen bei Bauerlaubnissen eine Verpflichtung erblicken dürfen, da es sich hier nur um eine „Last" [46]) handelt. Wohl aber wird von einer Verpflichtung zu sprechen sein, wenn der Unternehmer eine „Vertragsstrafe" verspricht für den Fall nicht rechtzeitiger Ausführung. — Indes

[45]) Born 55; Roth 288.
[46]) S. o. S. 80.

auch dort, wo wirklich die Auflage bedingt ist durch die Benützung der Konzession, kann man von einer echten, d. h. rechtsgeschäftlichen Bedingung nicht reden. Vielmehr handelt es sich um eine gesetzliche Bedingung, um eine Voraussetzung, die das Gesetz, wie das Ansiedlungsgesetz ausdrücklich oder wie die übrigen Gesetze stillschweigend, für das Enstehen der Auflageverpflichtung aufgestellt hat.

Von dieser gesetzlichen Bedingung der Wirksamkeit aber muß man scharf scheiden die „Bedingung" der Rechtsgültigkeit, die, wie vorhin betont wurde [47]), nichts anderes ist als Unanfechtbarkeit. Die Verwechslung lag nahe, und man hat viel Neigung dazu gezeigt [48]). Es lag nahe, in dem Gebrauchmachen von der Erlaubnis, also in dem Beginnen des Baues, diejenige Zustimmung des Gesuchstellers als stillschweigende Willenserklärung zu finden, die erforderlich ist zur Rechtsgültigkeit einer ohne besondere gesetzliche Grundlage auferlegten Verpflichtung [49]). Diese Auffassung aber kann nicht richtig sein, da sie im Widerspruch mit verschiedenen anerkannten Rechtssätzen steht. — Wäre sie nämlich richtig, hätte also das Gebrauchmachen von der Erlaubnis nur die Bedeutung einer Bedingung der Rechtsgiltigkeit, dann wäre es ohne alle Bedeutung für solche Auflagen, die im Gesetz selbst, sei es als unmittelbar gesetzlich bestehend, sei es als durch Verwaltungsakt auflegbar, vorgesehen sind; denn für die Rechtsgültigkeit dieser Auflagen bedarf es einer Einwilligung des Betroffenen nicht [50]), sie wirken nicht, weil er zustimmt, sondern weil das Gesetz es will oder der Verwaltungsbehörde die Macht zu ihrer Auferlegung gegeben hat. In Wahrheit aber ist das Gebrauchmachen von der Erlaubnis auch für solche Auflagen von Bedeutung; im pr. Ansiedlungsgesetz ist das ausdrücklich hervorgehoben; aber auch ein in eine Bauerlaubnis aufgenommener „modus iuris" und ebenso eine gesetzlich für zulässig erklärte „Baubedingung" werden wirksam erst dann, wenn der Gesuchsteller von der Erlaubnis Gebrauch macht; denn dieser Gebrauch ist eben keineswegs bloß Bedingung der Rechtsgültigkeit, sondern er ist Bedingung der Wirksamkeit. — Weiter: Läge in dem Baubeginn wirklich die Zustimmung des Beteiligten, durch welche die Auflage rechtsgültig wird, so müßte deren spätere Anfechtung unzulässig oder sie könnte doch höchstens insoweit zulässig sein, als sie auf die Behauptung gestützt ist, die Auflage sei dermaßen gesetzwidrig, daß der Beteiligte sich ihr rechtswirksam überhaupt nicht habe unterwerfen können. Aber auch in diesem Punkt ist das Gegenteil der Fall: Die Anfechtung wegen mangelnder Zustimmung ist auch nach Baubeginn zulässig [51]). — Man sieht also: Der Baubeginn oder allgemeiner gesprochen der Gebrauch der Erlaubnis hat seine selbständige Bedeutung als (gesetzliche) Bedingung der Wirksamkeit des Verwaltungsakts der Auflage und ist keineswegs gleichbedeutend mit der „Bedingung" der Rechtsgültigkeit.

---

[47]) S. o. S. 136.
[48]) Vgl. z. B. Schelcher bei Fischer **20**, 118.
[49]) Vgl. o. S. 39. Auch unten S. 157.
[50]) Vgl. Mayer **I**. 299, 300.
[51]) OVG. **39**, 360.

Es fragt sich noch, wann diese letztere „Bedingung" sich erfüllt. Darüber kann etwas allgemeines nicht gesagt werden. — Klar ist die Sachlage, wenn der Bauherr sich ausdrücklich der Auflage unterwirft; dann ist der Zeitpunkt dieser (empfangsbedürftigen?) Erklärung maßgebend. Das sind aber seltene Fälle. — Im übrigen, also in der Regel, wird es sich nur um eine stillschweigende Zustimmungserklärung handeln. Diese wird man im Zweifel in dem Erlaubnisgebrauch, etwa im Baubeginn, erblicken dürfen, der dann also die doppelte Bedeutung hat, einerseits die „Bedingung" der Wirksamkeit, andererseits die der Rechtsgültigkeit zu schaffen. Aber das gilt, wohlgemerkt, nur im Zweifel, und der Zweifel kann beseitigt werden dadurch, daß der Bauherr nachträglich die Auflage anficht. Hat er sich einmal unzweideutig unterworfen, dann kann er nicht mehr aus dem Grund der mangelnden Zustimmung an sich anfechten, sondern es bedarf dazu anderer Gründe, etwa daß er die Zustimmung gar nicht rechtswirksam habe erteilen können oder daß die Voraussetzungen der Auflage weggefallen seien.

3. Auch auflösende Bedingungen kommen im öffentlichen Recht vor.

Wiederum mag hier auf die Kriegsbeorderung verwiesen werden. Sie ist nicht nur, wie wir schon sahen, ein aufschiebend, sondern zugleich auch ein auflösend bedingter Befehl. In dem üblichen Formular heißt es: „Der vorstehende Befehl verliert seine Gültigkeit, wenn Sie in einen anderen Landwehrbezirk verziehen."

Auch im Polizeirecht kommen solche Fälle bedingter Verwaltungsakte vor. So kann z. B. im Fall Gew.O. 128 die Behörde in ihrer Verfügung die Bedingungen bezeichnen, unter denen ihre Anordnung wieder außer Kraft tritt, etwa wenn ein weiterer zur Anleitung der Lehrlinge befähigter Geselle gehalten wird [52]. Das ist dann ein auflösend bedingtes Verbot.

Wir begegnen weiter bedingten gegenseitigen Rechtsgeschäften.

Ein solches stellt die Damaralandkonzession vom 3. August 1892 dar, die dem Rechtsanwalt Dr. Scharlach u. Genossen unter der Bedingung („Vorbehalt") verliehen worden war, daß sie innerhalb bestimmter Frist eine Gesellschaft zur Verwertung der verliehenen Rechte begründen würden [53].

Ebenso kann in eine Eisenbahnkonzession die Bestimmung aufgenommen werden, die Konzession solle ohne weiteres erlöschen, wenn nicht innerhalb bestimmter Frist die Eintragung des Gesellschaftsvertrags in das Handelsregister erfolgt [54]. Auch hier hat man es dann mit einer auflösenden Bedingung zu tun.

Völlig verfehlt ist es dagegen, wenn man [55] eine „stillschweigende auflösende Bedingung" finden will in der „Nichtbefolgung der dem Konzessionär [z. B. einer Wasseranlage] vorgeschriebenen Einrichtungen,

---

[52] Schicker I. 724.

[53] Vgl. die Einleitung zur Konzession für South West Africa Co. v. 12. IX. 92 bei Hesse II. 224.

[54] Vgl. Mayer II. 307 (23) und Eger, Eisenbahnrecht I. 124.

[55] Näf 32.

Vorkehrungen und sonstigen Auflagen". Hier findet kein Erlöschen ipso iure statt, der Bedingungsbegriff ist also unanwendbar.

In diesen Zusammenhang gehören auch die einstweiligen Verfügungen, d. h. Verwaltungsakte, die nur vorläufig gelten sollen, vorbehaltlich künftiger Verwaltungsakte, die ihrerseits einen endgültigen Rechtszustand schaffen und die vorangegangenen einstweiligen Verfügungen ersetzen sollen. Beispiele bieten nicht nur die einstweiligen Verfügungen und Arreste nach CPO. 916—945, sondern auch die vorläufigen Bauerlaubnisse, etwa für gewerbliche Anlagen nach Gew.O. 19 a oder für elektrische Straßenbahnunternehmungen [56]) oder für sonstige Bauten [57]).

* * *

Weit geringere Schwierigkeiten bieten alle übrigen Nebenbestimmungen.

I. Zu ihnen gehören zunächst die Befristungen.

1. Aus dem Begriff, der dem privatrechtlichen durchaus entspricht, sind verschiedene Rechtserscheinungen von äußerer Ähnlichkeit auszuscheiden.

Nicht zu den Befristungen zu rechnen ist mit Otto Mayer [58]) die unechte Befristung, die insbesondere bei Erlaubniserteilungen vorkommt. Es kann nämlich der Erlaubnis eine Zeitangabe beigefügt sein, durch die das Unternehmen selbst genauer gekennzeichnet wird wie z. B. die Erlaubnis zu einer Sommerwirtschaft; hier handelt es sich nicht um eine zeitlich beschränkte Erlaubnis, sondern um die Erlaubnis für ein seiner Art nach zeitlich beschränktes Unternehmen [59]). Die Ausscheidung solcher Fälle aus dem echten Befristungsbegriff ist wichtig, weil manche Gesetze, z. B. Gew.O. 40, die Befristung verbieten; dies Verbot bezieht sich dann aber nicht auf die unechten Befristungen [60]).

Nicht hierher sind ferner die gesetzlichen Befristungen zu rechnen. Sie sind ziemlich häufig. Sie finden sich durchweg bei den Bauerlaubnissen, sowohl nach den einzelnen preußischen Bauordnungen [61]) wie nach Rayon-G. 28^{I}_{2}. Auch gesetzlich befristete Gewerbeerlaubnisse kennt unsere Gew.O. in 49^{II}. Die Beispiele sind unschwer zu vermehren.

2. Die Zeitbestimmung kann wie im Privatrecht Anfangs- oder Endtermin sein.

Beim Anfangstermin ist die Wirksamkeit oder die Vollziehbarkeit des befristeten oder betagten Rechtsgeschäfts aufgeschoben. Hierher gehört jeder Befehl, an einem bestimmten künftigen Tage etwas zu tun, z. B. die Zeugenladung oder der militärische Gestellungsbefehl, wenn sie nicht sofortigen Gehorsam verlangen.

Beim Endtermin erfolgt durch dessen Eintritt ipso iure das Erlöschen des durch das befristete Rechtsgeschäft geschaffenen Rechts-

---

[56]) Über die sächsische Praxis vgl. Schelcher bei Fischer **20**, 121.

[57]) Vgl. Erl. d. W. M. d. J. v. 27. V. 98 bei Reger **18**, 412 und dazu u. S. 157.

[58]) I. 296.

[59]) Mayer I. 296.

[60]) a. a. O. 296 (14).

[61]) Born 24.

zustands [62]). Solche Befristungen können namentlich bei Erlaubnissen und Konzessionen vorkommen [63]). Beispiel eines hierher gehörigen Befehls ist wiederum die Kriegsbeorderung, die jeweils nur auf ein Jahr lautet und deren Wirksamkeit jeweils mit dem 31. März erlischt.

II. Eine Abart der Befristung kann man den Widerrufsvorbehalt nennen [64]).

1. Sein Unterschied von der Befristung liegt darin, daß die Wirksamkeit des Verwaltungsakts nicht von selbst erlischt wie beim Endtermin oder der auflösenden Bedingung, sondern daß es dazu eines besonderen den Widerruf aussprechenden Verwaltungsakts bedarf.

2. Die Beispiele des Widerrufvorbehalts sind sehr zahlreich, namentlich bei Polizeierlaubnissen, auch bei Konzessionen. Ausdrücklich wird er vom Gesetz z. B. anerkannt in pr. Kleinb.G. 13.

3. Der Widerruf und Widerrufsvorbehalt kann auch in besonderen Formen auftreten.

Eine solche ist die Kündigung und die Kündigungsklausel, z. B. bei den auf Kündigung angestellten Beamten nach Kom.Beam.G. 9. Die Kündigung unterscheidet sich meist von dem Widerruf dadurch, daß sie nicht für sofort, sondern für einen späteren Zeitpunkt erfolgt. Da es aber auch eine sofortige Kündigung gibt und andererseits der Widerruf auch so gestaltet sein kann, daß er erst für einen späteren Zeitpunkt wirkt, so ist der Unterschied nur ein Unterschied des Namens. Und zwar kein sehr glücklicher, da das Wort Kündigung unwillkürlich nicht nur an die Auflösung eines Rechtsverhältnisses, sondern an die eines Vertragsverhältnisses denken läßt. Es empfiehlt sich daher, den Ausdruck Kündigung zugunsten des allgemeineren Widerruf zu vermeiden.

Um nichts anderes als um einen Widerruf handelt es sich auch bei dem sogen. Rückkaufsrecht bei Eisenbahnkonzessionen. Dies Recht ist nichts anderes als ein Widerrufsvorbehalt mit der Maßgabe, daß der Staat das Unternehmen gegen volle Entschädigung selbst übernehmen will. Es wird ausgeübt durch einseitigen Verwaltungsakt; von einem privatrechtlichen Kauf ist keine Rede; das hat schon Otto Mayer [65]) klargelegt. Aber auch die Konstruktion als Enteignung [66]) ist verfehlt, da die eigentümlichen Enteignungsgrundsätze keine Anwendung finden.

III. Was endlich die auf Ausschluß von gesetzlichen Rechtswirkungen gerichteten Nebenbestimmungen anlangt, so läßt sich über ihre Wirkung etwas allgemeines natürlich nicht sagen. Diese Wirkung ergibt sich eben aus ihrem Inhalt im Einzelfall. Beispielshalber mag auf St.AG. 9 I, 11, 19 verwiesen werden, wonach durch besonderen Vorbehalt der kraft Gesetzes eintretende Erwerb oder Verlust der Staatsangehörigkeit infolge Beamtenernennung oder infolge der Naturalisation bezw. Entlassung des Ehegatten und Vaters ausgeschlossen werden kann.

---

[62]) Vgl. ALR. Einl. 67.
[63]) Vgl. Mayer I. 296, 297.
[64]) Vgl. Mayer I. 296, 297.
[65]) II. 317.
[66]) Meyer, Erworbene Rechte 23 f.

§ 19.

2. Die Zulässigkeit von Nebenbestimmungen.

Die Beifügung von Nebenbestimmungen ist nicht schlechthin zulässig. Wir sehen hier ab von den zahlreichen Fällen, wo der Gesetzgeber aus irgend welchen Gründen durch positive Bestimmung eine an sich zulässige Nebenbestimmung ausgeschlossen hat, wie z. B. in Gew.O. 40 I. Es handelt sich für uns hier nur darum, diejenigen Grundsätze festzustellen, nach denen über die Zulässigkeit von Nebenbestimmungen beim Schweigen des Gesetzes zu entscheiden ist.

* * *

Sind Nebenbestimmungen bei Rechtshandlungen denkbar oder sind sie begrifflich auf Rechtgeschäfte beschränkt?

I. Im allgemeinen müssen allerdings Nebenbestimmungen bei Rechtshandlungen für unmöglich erachtet werden.

Bezüglich der Bedingungen und Befristungen hat man[1]) im Privatrecht bereits den Grundsatz aufgestellt: „Wo der Wille die Wirkung überhaupt nicht bestimmt, dort kann er auch nicht eine bedingte Wirkung bestimmen"; „nur dort, wo der Erfolgswille die Wirkungen einer Handlung überhaupt bestimmt, d. h. bei den Rechtsgeschäften, können diese Wirkungen weiterhin modifiziert werden." Gleiches gilt aus gleichem Grunde auch für die auf den Ausschluß gesetzlicher Wirkungen gerichteten Nebenabreden.

Diese Sätze sind nicht auf die privatrechtlichen Rechtshandlungen beschränkt, sondern sind ebenso im öffentlichen Recht anzuwenden. Danach gibt es keine bedingten Mitteilungen, keine bedingten Beurkundungen, keine bedingte Annahme von Erklärungen. Ebensowenig gibt es eine öffentliche Urkunde, der durch den Willen ihres Urhebers ihre erhöhte Beweiskraft genommen worden ist. Auch befristet können alle diese Akte nicht sein. Aber wie! Gibt es nicht befristete Bescheinigungen? Die Frage ist zu bejahen, aber die Bejahung beweist nichts gegen den aufgestellten Grundsatz. Man prüfe diese befristeten Bescheinigungen im einzelnen und man wird finden, daß entweder die Befristung auf Gesetz beruht, das einer Urkunde nur für bestimmte Zeit Beweiskraft zugesteht, oder aber, daß es sich um unechte Bescheinigungen handelt, d. h. um solche, die eine verkappte Erlaubnis oder sonstigen Verwaltungsakt darstellen.

II. Eine Ausnahme und zwar eine wirkliche Ausnahme von dem Grundsatz der Unzulässigkeit von Nebenbestimmungen bei Rechtshandlungen gilt dagegen hinsichtlich der Auflagen. Das ist eine Folge der vorhin[2]) betonten selbständigen Natur der Auflage, die sich darstellt als ein bei Vornahme einer Verwaltungshandlung ergehender und dieser äußerlich angefügter Befehl. Bei der Annahme von Erklärungen freilich ist auch die Auflage begrifflich ausgeschlossen, da diese Annahme eben keine aktive Handlung ist, an die sich ein solcher Befehl anlehnen

---

[1]) Manigk 296.
[2]) S. o. S. 138.

könnte. Dagegen kommt die negative Auflage bei Bescheinigungen, wie bereits erwähnt [3]), gar nicht so selten vor.

* * *

Ihren Hauptsitz aber haben die Nebenbestimmungen ebenso im öffentlichen wie im privaten Recht bei den Rechtsgeschäften. Die Grundsätze, die hier gelten, sind verschieden für die auf Ausschluß von Rechtswirkungen gerichteten Vorbehalte einerseits und für die Bedingungen im weiteren Sinn andererseits; für die letzteren gelten einige allgemeine Sätze und im übrigen besondere Sätze für einzelne Arten. Soweit diese Grundsätze sich auf die Auflagen beziehen, sind sie auch auf die Auflagen bei bloßen Rechtshandlungen anzuwenden.

I. Für die Bedingungen im weiteren Sinn lassen sich zwei allgemeine Sätze aufstellen.

1. Den einen finden wir vom Gesetzgeber selbst positiv ausgesprochen, d. h. nicht sowohl geschaffen als vielmehr anerkannt. Rayon-G. 28^{I}_{2} sagt: „Insoweit nach Maßgabe dieses Gesetzes die Genehmigung nicht zu versagen ist, darf dieselbe auch nicht an Bedingungen [i. w. S.] geknüpft werden.“ Das ist genau dasselbe, was, unabhängig vom Rayongesetz, die Wissenschaft als allgemeinen Grundsatz für alle Polizeierlaubnisse oder besser sogar für alle Verwaltungsakte so formuliert hatte: „Nebenbestimmungen sind nur möglich, soweit der Behörde Spielraum dafür gelassen ist, also jedenfalls nicht, wo schlechthin ein Recht auf die Erlaubniserteilung [oder allgemeiner: auf Vornahme des Verwaltungsakts] besteht [4]). Nur insoweit als ein Recht auf Erteilung des Jagdscheins besteht, also z. B. nicht für die Fälle pr. Jagd-O. 29^{II}, 35, trifft daher die Behauptung von Ebner [5]) zu, daß Bedingungen bei Erteilung des Jagdscheins unzulässig seien. Umgekehrt hat auch Rumpelt [6]) unsern Grundsatz übersehen, wenn er eine Bauerlaubnis auf Widerruf im Fall S. Bau-G. 30^{II} anerkennen will; falls er aber mit Widerruf nur einen solchen meinen sollte, der zulässig sein soll, wenn die bebaute Fläche zur öffentlichen Straße gezogen wird, so ist dagegen zu bemerken, daß ein solcher Widerruf gar nicht erst vorbehalten zu werden braucht, da nach S. Bau-G. 30^{II} der Eigentümer bei Eintritt dieses Falls schon von Gesetzes wegen zur Beseitigung der Gebäude verpflichtet ist; ein solcher Widerrufsvorbehalt wäre also nur ein unechter, ähnlich der conditio iuris.

2. Abgesehen von dieser Unzulässigkeit wegen Unfreiheit des Verwaltungsakts muß aber grundsätzlich die Zulässigkeit von Nebenbestimmungen auch ohne ermächtigenden Vorbehalt des Gesetzes anerkannt werden.

Dieser Satz darf als gemeine Meinung angesehen werden. — Er wird in der Literatur gleichmäßig vertreten für das Gewerberecht [7]),

---

[3]) S. o. S. 140.

[4]) Mayer I. 296. Vgl. auch Tezner 208 (2).

[5]) Im VA. 14, 190. Zu Unrecht beruft er sich auf OVG. **4**, 213.

[6]) S. 276.

[7]) Vgl. Landmann I. 357, 554; Baltz 30 (2).

das Baurecht [8]), das Wasserrecht [9]), das Recht der öffentlichen Unternehmungen [10]), das Bergrecht [11]), das Enteignungsrecht [12]), das Recht der Staatsangehörigkeit [13]). — Auf dem gleichen Standpunkt steht die Praxis der Behörden, besonders der Ministerialinstanzen. So ist es allgemein üblich, im Fall pr. Enteign.G. 5 die Vorarbeiten nur auf Zeit zu gestatten, obschon das Gesetz selbst einen dahingehenden Vorbehalt nicht kennt [14]). So erklären sich auch folgende Erscheinungen: Gew.-O. 105 c^{IV} sagt nichts davon, daß die zu gestattenden Ausnahmen auf Zeit oder mit Widerrufsvorbehalt zugelassen werden dürfen, trotzdem ordnen die ministeriellen Ausführungsanweisungen [15]) durchweg an, daß die Ausnahmen entweder auf kurze Zeit befristet oder die Erteilung für mehr als vier Sonntage mit Widerrufsvorbehalt zu versehen sind; Gew.O. 36 erwähnt nichts über die Zulässigkeit von Nebenbestimmungen bei der Anstellung der dort genannten Personen, trotzdem erkennen die ministeriellen Ausführungsanweisungen [16]) den Widerrufsvorbehalt als unzweifelhaft an; Gew.O. 16^{I}, 18 sprechen nicht von einem Vorbehalt späterer Ergänzung der Auflagen, trotzdem erklärt der Erlaß des württembergischen Ministeriums des Innern [17]) vom 22. Sept. 1888 einen solchen Vorbehalt, wenigstens unter Umständen, für zulässig; das Vogelschutz-G. enthält für die Ausnahmebewilligung nach § 5^{III} keinen Widerrufsvorbehalt, trotzdem heißt es z. B. in Bayr. AV. v. 15. November 1889 [18]) § 3 Z. 3, daß die Bewilligung der Ausnahme nur zulässig sein solle mit Widerrufsklausel; Art. 23 württ. Wass.G. kennt für die Erlaubnis zur Einleitung übelriechender Flüssigkeiten in öffentliches Gewässer keinen Widerrufsvorbehalt, trotzdem heißt es in der Vollz.V. 47: „läßt sich bei Erteilung der Erlaubnis ein sicheres Urteil über die Folgen der Einleitung nicht gewinnen, so empfiehlt es sich, wegen des Widerrufes oder der Erteilung besonderer Vorschriften die geeigneten Vorbehalte zu machen"; im bad. Wass.G. 43 sind allerdings Befristungen ausdrücklich für zulässig erklärt, doch bemerkt die Begründung [19]) dazu, daß diese Zulässigkeit schon nach früherem Recht, trotz Mangels einer gleichartigen Bestimmung, sich „aus der Natur der Sache" ergeben habe. — Auch die Rechtsprechung hat diese Praxis gebilligt und niemals Veranlassung genommen, diese ministeriellen Ausführungsanweisungen für ungültig zu erklären [20]).

---

[8]) Vgl. Roth 22, 23; 301.

[9]) Schenkel, Wasserrecht 386.

[10]) F. F. Mayer 215; Schelcher bei Fischer **20**, 123; Maas im A. ö. R. 7, 494, 495; Meyer, Erworbene Rechte 24 f. bezüglich des sog. Rückkaufsrechts bei Eisenbahnen (vgl. o. S. 148).

[11]) Rauck 3.

[12]) Eger I. 91.

[13]) Rauchalles 106.

[14]) Vgl. Eger I. 91.

[15]) Pr. ME. v. 13. V. 1901, 7. XII. 1901 (H. MBl. 56, 404), S. ME. v. 11. III. 1895 (bei Fischer **16**, 230), Würt. ME. v. 24. VI. 1901 (bei Reger **21**, 366).

[16]) Vgl. vorige Anmerkung sowie P. ME. v. 30. VI. 1876 (MB. 265).

[17]) Bei Reger **9**, 408.

[18]) Ges. u. Ver.Bl. 573.

[19]) Bei Schenkel, Wasserrecht 392.

[20]) Vgl. sonst noch z. B. BVGH. **25**, 119 bei Wasserkonzessionen.

Natürlich gilt unser Grundsatz nicht und erleidet eine selbstverständliche Ausnahme, wenn im einzelnen Fall nach allgemeinen Auslegungsregeln sich die Unzulässigkeit von Nebenbestimmungen im Widerspruch zu unserem Grundsatz ergibt. So sagt das pr. Kleinb.G. nichts darüber, daß die Befristung bei der Konzessionierung von Privatanschlußbahnen unzulässig sein solle. Demgemäß hätte unser Grundsatz Platz zu greifen, d. h. die Befristung müßte für zulässig erachtet werden. Gleim [21]) leugnet diese Zulässigkeit und begründet seine Auffassung mit argumentum e contrario aus § 13 des Gesetzes, wo die Befristung für die Kleinbahnen als zulässig anerkannt ist. Der Ansicht Gleims wird beizupflichten sein. Als wirklicher Widerspruch zu unserem Grundsatz kann sie eigentlich auch gar nicht gelten, da dieser ja selbst nur subsidiäre Geltung für sich verlangt und nicht bloß gegenüber positiven Bestimmungen des Gesetzes, sondern auch gegenüber seiner speziellen Auslegung freiwillig zurücktritt.

Dagegen muß als wirklicher Widerspruch gegen die herrschende Meinung zunächst die Behauptung von Bernatzik [22]) gebucht werden, daß die Widerrufsklausel nur zulässig sein solle, wo das Gesetz sie gestatte. — Auch Menzel [23]) sagt, die Zulässigkeit von Nebenbestimmungen bei Rechtsgeschäften, insbesondere von Bedingungen, verstehe sich für die öffentlich-rechtlichen Willenserklärungen nicht von selbst, „obgleich sie auch zuweilen hier vorzukommen pflegen"; soll damit gesagt sein, daß sie spezieller gesetzlicher Ermächtigung bedürfen? — Ganz unverständlich ist es, wenn Nelken [24]) von der Gewerbekonzession sagt: es „folgt aus der Natur der Genehmigung, daß sie weder auf Zeit noch auf Widerruf erteilt werden kann". Das ist um so sonderbarer, als er [25]) im folgenden Satz bereits erklärt, mit Einwilligung (— er spricht von Antrag —) des Konzessionswerbers sei eine Befristung möglich; diese Einwilligung müßte also die „Natur" der Genehmigung verändern können!

II. Unser Grundsatz der allgemeinen Zulässigkeit von Nebenbestimmungen wirkt aber nur insoweit, als ihm nicht besondere Unzulässigkeitsgründe für die einzelnen Bedingungsarten entgegenstehen. In dieser Beziehung können wir folgende Grundsätze feststellen.

1. Bedingungen im engeren Sinn und meist auch Befristungen nebst Widerrufsvorbehalten sind unzulässig bei den actus legitimi des öffentlichen Rechts, bei denen übrigens teilweise, wie z. B. bei den Urteilen, die Unzulässigkeit von Nebenbestimmungen schon daraus folgt, daß ein Recht auf ihre Vornahme besteht. Daß es actus legitimi des öffentlichen Rechts überhaupt gibt, wird schwerlich bestritten werden. Aber die Frage ist, was dazu zu rechnen ist. Sehen wir ab von den Gesetzen, die ebenfalls bedingungsfeindlich, übrigens nicht gleichzeitig befristungsfeindlich sind, die aber nicht zu

---

[21]) Kleinbahngesetz S. 243.
[22]) S. 287 und 287 (35).
[23]) S. 114.
[24]) I. 540.
[25]) I. 540, 541.

unseren Verwaltungsakten gehören, so werden wir etwa an folgende Fälle zu denken haben, denen allen gemeinsam ist, daß dabei ein fester und gewisser Rechtszustand geschaffen werden soll, der eben deswegen einen Schwebezustand infolge einer Bedingung nach seiner ganzen Natur nicht verträgt.

Hierher gehören zunächst die Feststellungen und Entscheidungen.

Diese Akte sollen etwas „feststellen" im wahrsten Sinn des Worts. Daher sind bedingte Urteile unzulässig, nicht nur im Zivilprozeß [26]), hinsichtlich dessen die Römer sogar soweit gingen, die Möglichkeit eines Urteils über bedingte Ansprüche zu leugnen [27]), sondern ebenso auch im Strafprozeß [28]) wie im Verwaltungsprozeß [29]). Es ist daher nicht zu billigen, wenn Germershausen [30]) dazu rät und das Oberverwaltungsgericht [31]) die Praxis befolgt, im Fall des pr. Vorausleistungs-G. 6 den Fabrikbesitzer nur unter dem Vorbehalt zu verurteilen, daß der Wegebaupflichtige bei der Erhebung des ihm zugesprochenen Beitrags auf die ihm etwa vertragsmäßig zustehende Forderung Verzicht leistet; das widerspricht dem Erfordernis der Bestimmtheit des Urteils. Daß das bedingte Endurteil nichts gegen unseren Grundsatz von der Bedingungsfeindlichkeit der Entscheidungen beweist, haben wir schon früher [32]) dargetan, indem wir zeigten, daß es sich hier gar nicht um ein bedingtes Urteil, sondern um ein bedingtes Urteilsversprechen handelt. Auch die bei der Strafprozeßreform vielfach angestrebte sogen. bedingte Verurteilung würde kein bedingtes Urteil im rechtswissenschaftlichen Sinn sein [33]).

Auch Befristungen wird man bei Urteilen für unzulässig zu erachten haben. Natürlich ist vom befristeten Urteil zu scheiden das Urteil über den befristeten Anspruch, z. B. das Alimentenurteil gegen den unehelichen Vater.

Weiter wird man als actus legitimi die vielfach sogenannten [34]) Statusbestimmungen aufzufassen haben.

Für die Staatsangehörigkeit hat das Oberverwaltungsgericht in seiner berühmten, noch öfter zu erwähnenden, Entscheidung vom 23. Juni 1886 [35]) dies festgestellt, indem es die Unzulässigkeit von Bedingungen bei der Naturalisation verkündete. Gleiches muß auch hinsichtlich der Befristung gelten; wie es keine bedingte, so gibt es auch keine befristete Staatsangehörigkeit. Die nämlichen Gründe, welche

---

[26]) Bülow 263, 264. Vgl. auch RG. bei Bolze **19**, 297.

[27]) Vgl. Bülow 264.

[28]) Bennecke-Beling 290.

[29]) Ebenso Eger, Unterstützungs-Wohns.G. S. 271; BAHW. **4**, 110; RVA. **1894** (S) 120, Z. 350.

[30]) I. 514.

[31]) OVG. **22**, 256; **25**, 276.

[32]) S. o. S. 67. Das übersieht RVA. **1894** (S) 120, Z. 350, wenn es das bedingte Endurteil der CPO. als Ausnahme von dem allgemeinen Grundsatz betrachtet.

[33]) Zutreffend Bennecke-Beling 290 (7).

[34]) Wir verwenden die Bezeichnung der Kürze wegen. Darüber, daß sie nicht ganz genau ist, vgl. o. S. 105.

[35]) OVG. **13**, 408.

die Naturalisation zum actus legitimus machen, stempeln auch die Entlassung dazu, womit natürlich die auflösende conditio iuris des § 18^II St.AG. nicht in Widerspruch steht.

Was von der Staatsangehörigkeit, das gilt auch von der Gemeindeangehörigkeit und dem Heimatrecht [36]). Für erstere insbesondere hat dies Pohl [37]), der freilich nicht scharf genug zwischen echter Bedingung und Auflage unterscheidet [38]), richtig betont; er hat insbesondere treffend hervorgehoben, daß die Verleihung des Gemeindebürgerrechts nicht unter der Bedingung des Erwerbs der bayerischen Staatsangehörigkeit erfolgen könne. Anderer Ansicht freilich ist Seydel [39]), der jene Verleihung überhaupt nur unter solcher Bedingung für möglich hält, — dies mit Rücksicht auf Art. 14 B. Gem.O., wonach die Bürgerrechtsverleihung an Nichtbayern erst mit Erlangung der bayrischen Staatsangehörigkeit „wirksam" wird; aber das ist keine echte Bedingung, sondern conditio iuris.

Für die privatrechtlichen Statusbestimmungen ist unser Grundsatz ausdrücklich vom Gesetzgeber anerkannt worden. BGB. 1724 lautet: „Die Ehelichkeitserklärung kann nicht unter einer Bedingung oder einer Zeitbestimmung erfolgen." Nehmen wir zu diesem Paragraphen, der von einer Statusbestimmung durch Verwaltungsakt handelt, noch die §§ 1317^II, 1598^II, 1742, die von Statusbestimmungen durch Parteiakt reden, hinzu, so können wir sagen: Das BGB. stellt in den drei letztgenannten §§ 1317^II, 1598^II, 1742 den Grundsatz auf, daß Statusbestimmungen actus legitimi sind. Dieser Grundsatz ist zunächst freilich nur ein privatrechtlicher, und es ist die Frage, ob er auf das öffentliche Recht entsprechend angewendet werden darf. Diese Frage wird bejahend beantwortet durch den erstgenannten § 1724. Somit dürfen wir aus den privatrechtlichen Bestimmungen des BGB. als einen allgemeinrechtlichen, insbesondere auch als einen öffentlich-rechtlichen Grundsatz den der Unzulässigkeit von Bedingungen bei Statusbestimmungen ableiten; das ist der erste Fall einer vom Gesetzgeber selbst positiv anerkannten Analogie aus dem Privatrecht, von der wir am Beginn unserer Untersuchung sprachen [40]). Im BGB. also findet die vorhin erwähnte Entscheidung des Oberverwaltungsgerichts und die Auffassung von Pohl ihren positiven gesetzlichen Stützpunkt. Man wird auch kein Bedenken hegen, diesen Grundsatz auf die eigentlichen Statusbestimmungen von BGB. 3, 6, auf Mündigerklärung und Entmündigung, anzuwenden.

Gehören auch die Genehmigungen zu den actus legitimi? Unzweifelhaft ist die Frage nicht.

Man wird sie aber wohl zu bejahen haben [41]). Denn Zweck der Genehmigung ist eine Feststellung, daß nämlich die genehmigte Hand-

---

[36]) BVGH. 5, 194, 230.

[37]) **II.** 130 (39), 147 (57).

[38]) Pohl **II.** 130 (39) rechnet zu den Bedingungen auch die Gebührenforderung, die doch sicher Auflage sein dürfte. Vgl. auch BVGH. **17.** 308; **22,** 170.

[39]) **II,** 80. — Er kennt **II,** 66 auch eine bedingte Heimatverleihung.

[40]) S. o. S. 9, 10.

[41]) Vgl. namentlich Preuß 156, 205. Über den Erl. d. Bd. M. d. I. v. 27. I. 1887 vgl. u. S. 155. A. M. F. F. Mayer 327, 328; Landmann **I.** 655.

lung rechtmäßig vorgenommen worden ist; bei der Bestätigung im Sinne von Rosin [42]) ist das sogar ihr einziger Zweck; bei der sonstigen Genehmigung tritt freilich die Prüfung der Zweckmäßigkeit noch hinzu. Bei dieser Auffassung der Genehmigung als eines actus legitimus hätte die sogen. bedingte Genehmigung, d. h. eine Genehmigung, in der es heißt, sie werde erteilt unter der Bedingung, daß gewisse Änderungen in dem genehmigten Rechtsgeschäft vorgenommen würden, rechtlich lediglich die Bedeutung einer Versagung, verbunden mit der für beide Teile unverbindlichen Verheißung, einem abgeänderten Entwurf werde vermutlich die Genehmigung erteilt werden [43]). Diese Auffassung stimmt auch mit dem früher[43a]) betonten Grundsatz überein, daß eine Genehmigung nicht durch eine vorherige Zustimmung ersetzt werden kann; denn wollte man die bedingte Genehmigung zulassen, so wäre das ja nichts anderes als eine vorherige Zustimmung zu einem etwa von der aufsichtsunterworfenen Gemeinde erst später zu fassenden Beschluß, da natürlich die Bedingung ja gerade darin bestünde, daß die Gemeinde die verlangten Änderungen träfe [44]); damit aber würde wider den Zweck der Genehmigung verstoßen, indem die Aufsichtsbehörde sich dadurch der Möglichkeit selbst beraubt, den späteren Gemeindebeschluß auf seine Rechtmäßigkeit zu prüfen und auf Grund dieser Prüfung gegebenenfalls die Genehmigung zu versagen.

Will man sich aber nicht auf diesen Standpunkt stellen, daß die Genehmigung an sich bedingungsfeindlich ist, so wird man gleichwohl in ihren praktisch wichtigsten Fällen zum gleichen Ergebnis gelangen. — Zunächst käme hier unser allgemeiner Grundsatz [45]) in Betracht, daß Bedingungen bei unfreien Verwaltungsakten ausgeschlossen sind. Durch diesen Grundsatz werden alle Bestätigungen im Sinne Rosins [42]) zu bedingungsfeindlichen Geschäften [46]). — Sodann müßten Bedingungen unzulässig sein in all den Fällen, wo die Genehmigung zu einem seinerseits bedingungsfeindlichen Akt erteilt wird. Denn dessen Bedingungsfeindlichkeit schützt ihn auch vor den durch Dritte geschaffenen Bedingungen. Daher wären Bedingungen unzulässig bei Genehmigung von Ortsstatuten [47]); dagegen müßten Befristungen auch ohne gesetz-

---

[42]) S. o. S. 88, 89.

[43]) Seydel, Abhandlungen 241; er nimmt freilich S. 240 irrtümlich an, daß Versagung nur wegen Rechtswidrigkeit zulässig sei. Preuß 156. OVG. v. 15. VI. 03 in VBl. **25**, 235, womit OVG. v. 17. I. 02 in VBl. **24**, 362 nicht ganz in Einklang steht (vgl. aber auch u. S. 176). Minder klar ist BVGH. **24**, 36. vgl. auch Laband **I.** 280 (1).

[43a]) S. o. S. 89.

[44]) So auch richtig F. F. Mayer 328: „vorbehältlich des Beschlusses der Gemeindeorgane über die Annahme dieser Bedingungen". Von Auflagen kann hierbei natürlich nicht gesprochen werden. Ihre Zulässigkeit richtet sich nach den später darzustellenden Grundsätzen.

[45]) S. o. S. 150.

[46]) Vgl. Erl. d. Bd. M. d. I. v. 27. I. 87 bei Reger **7**, 392.

[47]) Preuß 156. Seydel, Abhandlungen 241. Die Ausf.-Anw. z. P. Kom.Abg.G. 46 a. E. erkennt die Unzulässigkeit des Widerrufsvorbehalts an. — A. M. F. F. Mayer 370, Kahr **I.** 449 und dort genannte bayerische Ministerialerlasse. — In dem Fall der „bedingten" Genehmigung einer Steuerordnung bei Blumer **I.** 287 („Bedingung, daß gewisse Steuern der Nichtkatholiken nicht zur Besoldung der katholischen Geistlichen verwendet werden dürften") handelte es sich um eine Auflage. — Vgl. auch OVG. **31**, 61.

lichen Vorbehalt wie z. B. in pr. Kom.Abg.G. 77 a. E. für zulässig erachtet werden. — Endlich müßten Nebenbestimmungen, die auf eine Endigung des durch das genehmigte Rechtsgeschäft geschaffenen Rechtszustands abzielen, wie auflösende Bedingungen, Endtermine und Widerrufsvorbehalte, in so weit unzulässig sein, als das genehmigte Rechtsgeschäft selbst solche Bestimmungen nicht aufnehmen kann, weil das Gesetz die Endigungsgründe selbst ausschließlich geregelt hat [48]). Dadurch wären also insbesondere die Bestätigungen, d. h. Genehmigungen von Beamtenernennungen und Beamtenwahlen [49]) actus legitimi.

Ferner wird man zu den actus legitimi noch den Enteignungsbeschluß zu rechnen haben. Daß er bedingungsfeindlich ist, dürfte nicht bestritten werden. Begründen läßt es sich in verschiedener Weise. Einmal dadurch, daß der Enteignungsbeschluß, wenn auch keine deklarative Feststellung [50]), so doch ein unfreier Verwaltungsakt ist [51]); dann wäre seine Bedingungsfeindlichkeit nichts besonderes. Sodann könnte man hinweisen auf seinen Charakter als Formalakt [52]), auf seine in pr. Enteign.G. 33^2 ausdrücklich betonte Gleichartigkeit mit dem „Erkenntnisse eines Gerichts": wie dieses, so könnte man sagen, muß auch der Enteignungsbeschluß actus legitimus sein. Endlich könnte man auch darauf hinweisen, daß dem BGB. ein bedingtes oder befristetes Eigentum an unbeweglichen Sachen unbekannt ist und daß BGB. 925^{II} auf den Enteignungsbeschluß entsprechend anzuwenden ist, wie wir bereits vorhin die Sätze des BGB. über die bedingungsfeindliche Natur der Statusbestimmungen im öffentlichen Recht entsprechend angewendet haben.

Als actus legitimus wird allgemein auch der Thronverzicht anerkannt, der weder bedingt noch auf Zeit erklärt werden kann [53]).

Endlich sei als bedingungsfeindliches Rechtsgeschäft noch der Eröffnungsbeschluß des Strafprozesses erwähnt [54]).

2. Nebenbestimmungen über die Endigung der Wirksamkeit eines Verwaltungsakts, also auflösende Bedingungen, Endtermine und Widerrufsvorbehalte erscheinen insoweit unzulässig, als das Gesetz selbst über die Endigung Bestimmung trifft, — dabei freilich vorausgesetzt, daß diese Bestimmungen, was im einzelnen Fall zu untersuchen ist, eine erschöpfende Regelung enthalten wollen.

Für die Polizeierlaubnisse hat schon Otto Mayer [55]) diesen Gedanken als allgemeinen Grundsatz verkündet, allerdings ohne den einschränkenden Beisatz, den wir glaubten beifügen zu müssen.

---

[48]) S. u. unter Z. 2.

[49]) Ebenso Leidig 120, Kautz-Appelius 33, Preuß 205, Ledermann 121. Vgl. auch V. d. P. M. d. 30. XI. 1841 (JMB. 318).

[50]) Vgl. o. S. 112.

[51]) Vgl. o. S. 48.

[52]) Vgl. u. S. 367.

[53]) Abraham 78 f., Frisch 112 f. — Eine Bezeichnung des Zeitpunkts, von dem ab der Verzicht in Kraft treten soll, ist nicht unzulässig: Anschütz bei Kohler II. 574, Abraham 82 (2).

[54]) Bennecke-Beling 290.

[55]) I. 297.

Auf der Anwendung dieses Grundsatzes beruhen folgende Erscheinungen. — Wenn Gew.O. 40 auch nicht die Beifügung einer aufschiebenden Bedingung ausschließt, so bewirkt die Bestimmung doch die Unzulässigkeit auflösender Bedingungen [56]). — Ferner bietet unser Grundsatz die richtige Erklärung für den im Erlaß [57]) des württembergischen Ministeriums des Innern vom 27. Mai 1898 ausgesprochenen Satz, daß vorläufige Gewerbeerlaubnisse nicht erteilt werden dürfen. Dies wird damit begründet, daß die Gew.O. keinen diesbezüglichen Vorbehalt macht. Das Ergebnis ist richtig, die Begründung aber mindestens unzulänglich. Der tiefere Grund liegt darin, daß vorläufige Gewerbeerlaubnisse nichts anderes als auflösend bedingte Gewerbeerlaubnisse [58]) und als solche nach Gew.O. 40 unzulässig sind. — Auf der Anwendung unseres Grundsatzes beruht auch der Erlaß [59]) des preußischen Ministers der öffentlichen Arbeiten vom 29. Juli 1893, der folgendes ausführt: Da der Verlust der einmal erteilten Kleinbahnkonzession nicht die unmittelbare und notwendige Folge einer Versäumnis der Baufrist usw. ist, sondern nach dem Gesetz [60]) in jedem Fall von einer Entschließung der Aufsichtsbehörde abhängen soll, so ist es unzulässig, bei Erteilung der Genehmigung ihren Fortbestand an die Innehaltung der Baufristen usw. als an eine Resolutivbedingung zu knüpfen.

Eine gesetzliche Bestätigung unseres Grundsatzes bietet das Beamt.G. 2, indem es ausdrücklich Nebenbestimmungen bezüglich des Widerrufs und der Kündigung bei der Beamtenanstellung gestattet. Fehlte ein solcher Vorbehalt, so müßten, da das Gesetz selbst über die Endigung des Beamtenverhältnisses erschöpfende Bestimmungen trifft, solche Nebenbestimmungen für unzulässig erachtet werden. So ist es auch z. B., wenn in die Anstellungsurkunde die Klausel aufgenommen würde, der Beamte könne auch in anderen Fällen als in denen der §§ 24, 25 in den einstweiligen Ruhestand versetzt werden; diese Klausel ist durch den Vorbehalt des § 2 nicht gedeckt, also unzulässig [61]).

3. Wie verhält es sich mit der Zulässigkeit von Auflagen?

Als Grundsatz können wir aufstellen: Überall dort, wo die Gewährung eines Verwaltungsakts, mag es sich handeln um eine Erlaubnis, eine eigentliche Rechtsgewährung oder um Schaffung eines mit Rechten des Betroffenen verbundenen Rechtsverhältnisses, überall dort, wo diese Gewährung abhängt vom Ermessen der Behörde, überall dort sind Auflagen zulässig [62]). Freilich bedürfen sie zu ihrer Gültigkeit, wie wir schon früher sahen [63]), der Zustimmung des Betroffenen, soweit sie nicht vom Gesetz selbst für zulässig erklärt sind. Der Grund, aus dem

---

[56]) Vgl. OVG. **1**, 301.

[57]) Bei Reger **18**, 412.

[58]) S. o. S. 147.

[59]) Mitgeteilt von Gleim, Kleinbahngesetz S. 189.

[60]) vgl. die Entstehungsgeschichte des § 23 bei Gleim a. a. O.

[61]) Ebenso Mayer **II**. 228.

[62]) F. F. Mayer 137; Mayer **I**. 298, 299. — OVG. **23**, 355 leugnet freilich eine „Ansiedelungsgenehmigung mit Klauseln".

[63]) S. o. S. **145** u. S. 39.

man sie auch ohne solchen gesetzlichen Vorbehalt bloß auf der Basis der Einwilligung des Betroffenen für zulässig zu erachten hat, liegt darin, daß die Befugnis der Behörde zur gänzlichen Versagung als das maius auch ihre Befugnis zu einer Gewährung mit Auflagen als das minus in sich schließt [64]).

Das gilt indessen nur als Grundsatz, durch den keineswegs alle Auflagen gerechtfertigt werden.

Auflagen können unzulässig sein wegen Unzulässigkeit ihres Inhalts. In dieser Hinsicht ist besonders zu beachten, daß die Auflagen sich nicht mit allgemeinen Rechtsgrundsätzen in Widerspruch setzen und daß sie keine Mehrverpflichtungen über die vom Gesetz selbst in erschöpfender Regelung an den Verwaltungsakt geknüpften Verpflichtungen schaffen dürfen. So dürfen z. B. bei der Erteilung von Wasserkonzessionen keine Auflagen gemacht werden, die mit den Grundsätzen der Gewerbefreiheit im Widerspruch stehen [65]). Auch dürfen die Auflagen nicht gegen den Zweck gesetzlicher Bestimmungen verstoßen [66]); aus diesem Grunde hat man sie z. B. für unzulässig erachtet bei der Kapitalabfindung nach Gew.Unf.VG. 95, weil das Gesetz kein Wiederaufleben der Rente kennt, die doch eintreten müßte, wenn der Abgefundene die ihm gemachten Auflagen nicht erfüllt [67]). Auch der „Grundsatz der Verhältnismäßigkeit" bei polizeilichen Auflagen [67a]) ist in diesem Zusammenhang zu erwähnen. Danach kann die Befugnis der Polizeibehörde zu Auflagen nicht weiter reichen, als der „Zweck ihres Einschreitens es bedingt" [67b]); wenn also durch den Bau eines Stalles und einer Brettschneideanlage auf dem hinteren Teil eines an die Straße angrenzenden Grundstücks die Gefahr einer Verunstaltung der Straße begründet wird, so darf die Polizei nach ALR. I 8 §§ 66, 71, 78 allerdings der Bauerlaubnis Auflagen zur Verhütung dieser Gefahr beifügen; sie darf aber nicht den Bau eines Wohnhauses, sondern nur etwa die Errichtung einer Mauer, eines dichten Zauns oder ähnliches anordnen [67b]).

Auflagen können ferner auch unzulässig sein wegen mangelnden Zusammenhangs mit dem Verwaltungsakt, dem sie beigefügt sind. So darf die Baupolizeibehörde z. B. nicht die Bauerlaubnis benützen wollen zur Geltendmachung kommunaler Verpflichtungen [68]). Es handelt sich hier um eine Art öffentlich-rechtlicher exceptio doli, was namentlich in dem Fall sehr deutlich hervortritt, wo kommunale und Baupolizeibehörde in Personalunion stehen und die Kommunalbehörde ihre Macht als Baupolizeibehörde zur Durchsetzung ihrer kommunalen Wünsche mißbrauchen will. Die Zulässigkeit dieser exceptio doli ist sowohl in der Literatur [69]) wie in der preußischen [68]) und außerpreußischen [70]) Praxis anerkannt.

---

[64]) Mayer I. 298, 299.
[65]) Östr. Ackerbau-Min. v. 24. Febr. 1877 bei Mayerhofer V. 1201.
[66]) Mayer I. 296.
[67]) Rosin II. 1019 (19).
[67a]) Vgl. Mayer I. 299 (19).
[67b]) OVG. 4, 374.
[68]) OVG. 4, 364.
[69]) Mayer II. 282 (6).
[70]) Östr. VGH. 7209; SOVG. 2, 314.

III. Während wir für die Bedingungen i. w. S. wenigstens als Grundsatz, freilich nur als einen durch zahlreiche Ausnahmen durchbrochenen Grundsatz, ihre Zulässigkeit anerkannt haben, ist es bei den auf Ausschluß gesetzlicher Rechtswirkungen gerichteten Nebenbestimmungen umgekehrt.

1. Als Grundsatz muss hier gelten: Soweit das Gesetz die Rechtsfolgen eines Rechtsgeschäftes selbst geordnet hat, ist diese Ordnung zwingendes Recht. Dabei macht es keinen Unterschied, ob die Nebenbestimmung zu gunsten oder zu ungunsten des Betroffenen die gesetzlichen Wirkungen abändern will. Ebenso unerheblich ist es, ob der Betroffene zustimmt oder nicht. Das alles ist eine Folge davon, daß eben im öffentlichen Recht ein Prinzip gleich dem der Vertragsfreiheit fehlt.

Eine Anwendung dieses Grundsatzes haben wir bereits bei Erörterung der Bedingungen gemacht, indem wir sagten, daß Nebenbestimmungen über die Endigung eines Verwaltungsakts dort unzulässig seien, wo das Gesetz darüber selbst Anordnung getroffen hat [71]). — Auf unserem Grundsatz beruht ferner die Unzulässigkeit von Vorbehalten beim Thronverzicht, insbesondere eines Verzichts zu gunsten bestimmter Personen [72]), da die Thronfolge nur den gesetzlichen Bestimmungen, nicht dem Willen des Throninhabers unterliegt. — Mit unserem Grundsatz hängt endlich zusammen die Unmöglichkeit fiduziarischer Rechtsgeschäfte im öffentlichen Recht. Im Privatrecht können die Parteien wohl vereinbaren: „ich räume Dir im Verhältnis nach aussen eine bestimmte Rechtsstellung, etwa als eines Eigentümers, ein; doch im Innenverhältnis zwischen uns soll diese Rechtsstellung ohne Bedeutung sein". Im öffentlichen Recht aber kann eine Gemeinde nicht etwa jemanden als Beamten anstellen und gleichzeitig mit ihm vereinbaren oder einseitig festsetzen, dass er im Verhältnis zu der Gemeinde keine Beamteneigenschaft haben solle [73]).

Eine positive Bestätigung unseres Grundsatzes enthalten alle jene Bestimmungen der Gesetze, die dort, wo sie eine Abänderung des gesetzlichen Normalrechts zulassen wollen, einen ausdrücklichen Vorbehalt in dieser Richtung aufnehmen wie z. B. St.A.G. 9^{II}, 11, 19, Beamt.G. 2, pr. Kom.Beamt.G. 9, pr. Eisenb.G. 49. Man darf diesen Grundsatz auch wohl als allgemein anerkannt bezeichnen [74]).

2. Ausnahmen von ihm können in folgenden Richtungen vorkommen.

Zunächst dann, wenn das Gesetz eine erschöpfende Regelung der Rechtswirkungen gar nicht geben will. Ob das

---

[71]) S. o. S. 156.

[72]) Abraham 78 f., Frisch 112 f.

[73]) Vgl. Preuß 387 f. zu dem Fall Malitz.

[74]) Vgl. o. S. 157, Mayer I. 297 und den o. S. 157 (59) genannten Ministerialerlaß; ferner Preuß 388, Germershausen I. 480; OVG. **46**, 267; vgl. auch 274. — Gleiches meint wohl auch Östr. Heimat-G. v. 3. XII. 1863, § 8: „Die Aufnahme in den Heimatsverband darf weder ... noch unter einer den gesetzlichen Folgen des Heimatrechts abträglichen Bedingung erteilt werden." D. h.: wenn die Wirkungen („gesetzliche Folgen") des Verwaltungsakts gesetzlich festgelegt sind, so ist das zwingendes Recht.

der Fall ist, muß jeweils nach den allgemeinen Auslegungsgrundsätzen festgestellt werden.

Ferner greift er selbstverständlich nicht Platz, wenn das Gesetz selbst ausdrücklich Abweichungen für zulässig erklärt. Es kann sie dabei entweder schlechthin zulassen oder kann sie an die Zustimmung des Beteiligten knüpfen wie in den früher erwähnten Fällen des unechten öffentlichen Vertrags [75]).

Endlich ist es auch möglich, daß sich nach allgemeinen Auslegungsgrundsätzen feststellen läßt, daß das Gesetz der Behörde nur Ermächtigungen verleihen wollte; in solchen Fällen könnte die Behörde wohl weniger, aber nicht mehr Rechte gewähren bzw. auch Pflichten auferlegen als wozu sie ermächtigt ist. Einen Versuch, das Eisenbahnrecht zu zerlegen in Normen solcher Art einerseits, zwingendes und völlig dispositives Recht andererseits hat Otto Mayer[76]) gemacht. Ob der Versuch ganz glücklich gewesen ist oder ob nicht Mayer in der Ablehnung zwingender Normen und der Neigung zur Annahme dispositiver Bestimmungen zu weit gegangen ist, mag dahingestellt bleiben [77]). Für das preußische Eisenbahnrecht bietet jedenfalls § 49 des Eisenbahngesetzes eine positiv-rechtliche Grundlage für verwaltungsmäßige Abänderung der gesetzlichen Rechtswirkungen.

IV. Sind nach den entwickelten Grundsätzen Nebenbestimmungen im einzelnen Fall unzulässig, so werden sie auch durch die Einwilligung des Betroffenen nicht zulässig. Der Grund liegt in dem früher betonten Umstand [78]), daß dem öffentlichen Recht ein Prinzip gleich dem der Vertragsfreiheit fehlt und daß es im Zweifel zwingendes Recht ist [79]). Daher ist es verfehlt, wenn Schenkel [80]) meint, Gew.O. 40 hindere nicht, daß auf Antrag des Gesuchstellers die Gewerbeerlaubnis nur auf Zeit oder auf Widerruf, folgerichtigerweise also auch mit sonstigen Nebenbestimmungen erteilt werden könne.

§ 20.

3. Der Einfluß unzulässiger Nebenbestimmungen auf das betroffene Rechtsgeschäft.

I. Wir haben, bevor wir die Lehre von den Nebenbestimmungen verlassen, noch zu erörtern, welche Bedeutung eine unzulässigerweise beigefügte Nebenbestimmung für das Rechtsgeschäft hat, zu dem es gehört. Versuchen wir zunächst eine etwas genauere Formulierung dieser Frage! Tezner[1]) hat sie so gestellt, „ob die unstatthafte Beschränkung [d. h. Bedingung, Befristung oder Auflage] den Willensakt invalidiere oder als nicht beigesetzt zu erachten sei". Genau ist

[75]) Vgl. o. S. 37 f.

[76]) **II.** 308, 309.

[77]) Vgl. Eger, Eisenbahnrecht **I.** 118, aber auch 94, 95.

[78]) Vgl. o. S. 47, auch u. S. 311.

[79]) OVG. **10**, 288. RG. **37**, 225. Löning 242 und 242 (2). Vgl. auch Rosin **II.** 1019.

[80]) **I.** 308, 309. Dagegen mit Recht OVG. **52**, 374.

[1]) In A. ö. R. **9**, 354.

diese Fragestellung nicht. Es handelt sich nicht bloß um zwei, sondern um drei Möglichkeiten. Entweder nämlich die Nebenbestimmung gilt als nicht beigefügt, d. h. als von selbst nichtig; oder aber sie muß erst angefochten werden, so daß sie erst durch die erfolgreiche Anfechtung unwirksam wird, ohne daß dieses Unwirksamwerden auch das Hauptrechtsgeschäft ergreift; oder endlich die Nebenbestimmung macht das Rechtsgeschäft im ganzen ungültig oder genauer gesagt anfechtbar, so daß also mit ihrer Aufhebung die des Rechtsgeschäfts im ganzen verbunden ist.

II. Als allgemeinen Grundsatz [2]) wird man wohl zunächst den aufzustellen haben, daß von der dritten Möglichkeit nicht die Rede sein kann.

Im Privatrecht freilich gilt BGB. 139: „Ist ein Teil eines Rechtsgeschäfts nichtig, so ist das ganze Rechtsgeschäft nichtig, wenn nicht anzunehmen ist, daß es auch ohne den nichtigen Teil vorgenommen sein würde"; und wenn diese Bestimmung auch für die eigentlichen Bedingungen und Befristungen nicht unmittelbar zu verwenden ist, da diese nicht selbständige „Teile" des Rechtsgeschäfts sind, so gilt doch auch für sie der Satz, daß unsittliche, unmögliche und ähnliche Bedingungen das ganze Rechtsgeschäft infizieren. Und das hat für das Privatrecht seinen guten Sinn und inneren Grund Denn es ist nichts anderes als die Anwendung des allgemeinen Grundsatzes von der Vertragsfreiheit und dem beherrschenden Einfluss des Parteiwillens.

Aber für das öffentliche Recht gelten, wie wir früher [3]) betonten, gleichartige Grundsätze eben nicht; der Gesetzeswille überragt hier den Verwaltungswillen vollständig und bewirkt, daß, wenn dieser einem vom Gesetz gebilligten Hauptgeschäftsinhalt noch eine unzulässige Nebenbestimmung beifügt, nur diese Bestimmung allein der Nichtigkeit oder Anfechtbarkeit unterliegt.

Diese Eigentümlichkeit öffentlichen Rechts und seine Verschiedenheit vom bürgerlichen haben die übersehen, die sich grundsätzlich für die Infizierung des ganzen Rechtsgeschäfts entscheiden. — So namentlich Tezner [4]), der seine Auffassung damit begründet, daß „durch Ignorierung der Beschränkung dem Wollen den Zwang angetan wird"; die Ausnahme aber, die er von diesem Grundsatz machen will [5]), ist noch schlimmer als dieser selbst, da sie eines klaren Unterscheidungsmerkmales völlig entbehrt. — Auch die Auffassung des württembergischen Ministeriums des Innern in seinem Erlaß [6]) vom

---

[2]) Er gilt auch dort, wo aus allgemeinen, in der Lehre von der Nichtigkeit zu besprechenden Gründen eine Nebenbestimmung nichtig ist, wie z. B. die unsittliche oder unmögliche Bedingung oder Auflage.

[3]) S. o. S. 47.

[4]) Im A. ö. R. **9**, 354.

[5]) Nämlich dort, „wo die Beschränkung auf Vereitelung gesetzlicher Einrichtungen oder auf eine gesetzwidrige Belastung des einzelnen gerichtet ist und (!!) die Rücksicht auf die Rechtssicherheit des einzelnen die Aufrechterhaltung des Willensaktes fordert", a. a. O. 355. Das kann man als gesetzgeberisches Prinzip, aber nicht als Rechtssatz gelten lassen.

[6]) Bei Reger **24**, **44**. Übrigens erscheint das Ergebnis dieses Erlasses zutreffend, kann aber auch ohne Antastung unseres Grundsatzes begründet werden. Vgl. u. S. 390, 391.

8. März 1902, daß das, was im Privatrecht gelte, „noch viel mehr" für das öffentliche Recht gelten müsse, geht, wegen Nichtbeachtung der hervorgehobenen Besonderheiten zwischen öffentlichem und privatem Recht, ebenso fehl wie die Beweisführung von Walter Jellinek[7]), daß es viel „natürlicher" sei, die allgemeine Vorschrift vom BGB. 139 für Rechtsgeschäfte als die „singulären Vorschriften über letztwillige Verfügungen" (BGB. 2085) entsprechend anzuwenden. — Daß die Zivilisten[8]) die bedingte oder befristete Ehrlichkeitserklärung für nichtig erachten, kann uns natürlich erst recht nicht stören, zumal diese Auslegung durch das „kann nicht" in BGB. 1724 geradezu herausgefordert wurde, so daß diese publizistisch ungeschulten Schriftsteller an eine andere Möglichkeit gar nicht gedacht haben.

Im übrigen haben Literatur und Praxis, soweit sie zu der Frage überhaupt Stellung genommen haben, überwiegend[9]) die Unwirksamkeit der Nebenbestimmung auf diese allein bezogen, wie wir gleich sehen werden.

III. Für die weitere Erörterung der Frage empfiehlt sich eine getrennte Betrachtung der Auflagen einer- und der sonstigen Nebenbestimmungen andererseits.

1. Bezüglich der letzteren hat man bisher sich durchweg dafür entschieden, sie einfach als nicht beigefügt zu behandeln, wodurch übrigens ihre Anfechtung nicht ausgeschlossen wird[10]) Hiervon verschieden ist natürlich der Fall, wo die unzulässige Bestimmung nicht als Nebenbestimmung, sondern als Hauptsache erscheint. Die Frage, welcher von beiden Fällen vorliegt, kann manchmal zweifelhaft sein[10a]); im Zweifel wird man sich aber eher für die Auffassung als Nebenbestimmung zu entscheiden haben, da dies dem Wesen des öffentlichen Rechts, wonach das von den Beteiligten Gewollte hinter dem vom Gesetz Gewollten zurücktreten soll, besser entsprechen dürfte; wenn daher bei Aushändigung der kommunalen Anstellungsurkunde der Magistrat mit dem Anzustellenden vereinbaren wollte, daß die Aushändigung der Urkunde die Anstellung oder die volle Anstellung nicht zur Folge haben solle, so wird man anzunehmen haben, daß nur dieses beigefügte Rechtsgeschäft mangelhaft ist[10b]); andernfalls käme Nichtigkeit wegen Widersinns[10c]) in Frage, indem die in der Urkundenübergabe liegende Erklärung, der Betroffene solle Beamter sein, wieder aufgehoben wird durch die Erklärung, er solle es nicht sein.

Diese Auffassung beherrscht zunächst die Rechtsprechung.

Das Obertribunal[11]) hatte sich mit einem Fall zu beschäftigen,

---

[7]) S. 92, 93.

[8]) Vgl. z. B. Crome IV. 567 (8), Planck IV. 607, Opet-Blume 647.

[9]) Bennecke-Beling 295 betrachtet ohne Begründung das bedingte Urteil als nichtig.

[10]) RVA. 1894 (S.), 120, Z. 350.

[10a]) Vgl. OVG. 18, 55.

[10b]) Ebenso anscheinend Preuß 393.

[10c]) Vgl. u. S. 281 f.

[11]) Bei Oppenhof 12, 388.

wo bei der Beamtenernennung gesagt worden war, der Beamte solle nicht die Beamtenvorrechte haben. Das Gericht entschied, daß diese Bestimmung als nicht beigefügt zu gelten habe.

Eine preußische Strafkammer in C entschied in gleichem Sinn bezüglich der Klausel, daß einem als Hilfsgerichtsvollzieher bestellten Gerichtsdiener die Zustellung von Amts wegen entzogen worden war [12]).

Den gleichen Standpunkt hat das Reichsgericht in verschiedenen Urteilen vertreten. Es sei verwiesen auf die Erkenntnisse v. 6. Dezember 1888 [13]), 19. September 1892 [14]), 10. Februar 1896 [15]), 9. März 1896 [16]), 12. Mai 1898 [17]), 14. November 1898 [18]), 1. Oktober 1900 [19]).

Auch das Oberverwaltungsgericht [20]) hatte sich mit der Frage zu beschäftigen, ob eine gesetzwidrigerweise zugefügte Kündigungsklausel das Rechtsgeschäft der Anstellung im ganzen hinfällig mache. Der klagende Magistrat behauptete das. Das Oberverwaltungsgericht wies das aber ausdrücklich zurück mit dem Bemerken, „eine solche Erwägung ließe sich vielleicht rechtfertigen bei der Beurteilung vom zivilrechtlichen Standpunkt eines gewöhnlichen Vertragsabschlusses". Aber „dem öffentlichen Rechte gegenüber greift sie nicht Platz". — Das gleiche hat derselbe Gerichtshof [20a]) ausgesprochen bezüglich des gegen Disz.G. 87, Z. 1 verstoßenden Vorbehalts, von dem einem Steuererheber zustehenden Gehalt sollten in Zukunft 100 Mk. wieder in Wegfall kommen, sobald im Interesse des Dienstes die Versetzung zu den Magistratsdienern erfolgen sollte.

Der bayerische Verwaltungsgerichtshof hat wiederholt erkannt, daß die einem Gemeindeausschußbeschluß über die Verleihung des Bürgerrechts unzulässigerweise beigefügte Bedingung, wonach die Wirksamkeit des Bürgerrechts von der vorherigen Zahlung der Bürgerrechtsgebühr abhängig sein soll, rechtsunwirksam ist und als nicht beigefügt gilt, daß vielmehr das Bürgerrecht ohne Bedingung erworben wird [21]). Derselbe Gerichtshof nahm gleiches übrigens auch bei nichtamtlicher publizistischer Willenserklärung an [22]).

Auch in der Literatur hat man sich meist in ähnlichem Sinn geäußert.

Leidig [23]) hat die oben erwähnte Entscheidung des Oberverwaltungsgerichts gebilligt.

---

[12]) Mitgeteilt in A. ö. R. **11**, 147 f.
[13]) Bei Gruchot **33**, 1038.
[14]) RG. **30**, 181.
[15]) RG. **37**, 225.
[16]) RG. **37**, 241.
[17]) Jur. W. **27**, 429, Z. 36.
[18]) Jur. W. **28**, 84, Z. 32.
[19]) Jur. W. **29**, 842.
[20]) OVG. **12**, 48, ebenso OVG. vom 26. Sept. 1885 in VBl. **7**, 225, vom 13. Juni 1893 in VBl. **14**, 497.
[20a]) OVG. **52**, 436. — Dagegen verweist OVG. vom 10. 5. 06 in VBl. **29**, 744 bezüglich der Nebenbestimmungen bei Konzessionen auf BGB. 139.
[21]) BVGH. **7**, 322; **17**, 308.
[22]) BVGH. **8**, 112.
[23]) S. 172 (1).

Otto Mayer [24]) hat den Fall besprochen, daß bei einer Beamtenanstellung der Beamte sich unlösbar auf Lebenszeit zum Staatsdienst verpflichtet. Er meint: „der Fall würde so zu behandeln sein, als wäre über die Dauer nichts bestimmt".

Auch Seydel [24a]) meint: „Beisätze" zu einer Beamtenanstellung, welche mit zwingenden Verfassungsvorschriften im Widerspruch stehen oder die verfassungsmäßigen Rechte des Staatsdieners mindern, „sind als nicht geschrieben zu erachten".

Der Referent, der die erwähnte Entscheidung der Strafkammer zu C. mitgeteilt hat, billigt sie und fügt hinzu [25]), daß die gleichen Grundsätze auch auf eine gesetzwidrig beschränkte Vormundschaftsbestellung anzuwenden seien.

Kohler [26]) erklärt ein Urteil für gültig, „auch wenn zu Gunsten einer Person Vorbehalte gemacht werden, welche sich nicht realisiren lassen", welche also, wie wir in der Lehre von der Nichtigkeit sehen werden, nichtig sind.

Auch Tezner [27]) macht von seinem gegenteiligen Grundsatz eine Ausnahme für den Fall einer Beamtenanstellung unter der „Bedingung", daß der Angestellte bei Erlangung eines Mandats um Urlaub einkomme; diese „Bedingung" soll als nicht beigefügt gelten. Beiläufig sei bemerkt, daß es sich hier nicht um eine Bedingung handelt, sondern, wenn man nicht eine Auflage annehmen will, um eine auf den Ausschluß gesetzlichen Geschäftsinhalts gerichtete Nebenbestimmung.

Auch die Literatur [28]) über den Thronverzicht betrachtet die unzuläßigen Nebenbestimmungen einfach als nicht beigefügt, freilich ohne sich immer der Möglichkeit einer andern Lösung der Frage, nämlich der Unwirksamkeit des Thronverzichts überhaupt, bewußt zu sein.

Wir haben absichtlich ein so ausführliches Referat über die vorhandenen Äußerungen zu der in Rede stehenden Frage gegeben. Die Einmütigkeit, mit der man sich fast überall dafür entschieden hat, die unzulässige Nebenbestimmung einfach als nicht beigefügt zu betrachten, kann für unsere Stellung zu der Frage nicht ohne maßgeblichen Einfluß sein. Wir haben früher betont [29]), daß wir nach Möglichkeit Anschluß an die bestehende Praxis und an die bestehende Literatur-

---

[24]) Im A. ö. R. 3, 73.

[24a]) II, 197. — Dagegen nimmt Mayer II, 228, 228 (21) an, daß eine unzulässige Nebenbestimmung über die Beendigung des Beamtenverhältnisses nur der Anfechtung unterliegt, also jedenfalls nicht einfach als ungeschrieben angesehen werden darf; das steht aber im Widerspruch zu seiner, eben in Anm. 24 erwähnten, Ansicht. — Auch Seydel II, 66 setzt sich zu seiner eben besprochenen Auffassung in Widerspruch durch die Lehre: eine unzulässige Nebenbestimmung mache eine Heimatverleihung, — Seydel sagt: den „Vertrag" —, im ganzen „unwirksam".

[25]) Im A. ö. R. 11, 150.

[26]) Prozeß S. 60.

[27]) Im A. ö. R. 9, 355 verb. m. 354. — Bezüglich der Kommunalbeamten und der Klausel, daß sie ein Mandat nicht übernehmen dürften, vgl. Preuß 447, auch Kautz-Appelius 243.

[28]) Abraham 88 verb. m. 78 f.; bedenklich ist seine Begründung S. 80. Frisch 114 f.

[29]) S. o. S. 5.

meinung suchen. Wir wollen daher auch in dieser Frage nicht von ihr abweichen, sondern uns damit begnügen, festzustellen, daß die Nichtigkeit von Nebenbestimmungen eine anerkannte Ausnahme von dem allgemeinen Grundsatz [30]) ist, wonach unzulässige Verwaltungsakte, von wenigen Fällen abgesehen, nicht nichtig, sondern nur anfechtbar sind und durch Versäumnis der Anfechtung geheilt werden.

Positive Anerkennung hat die herrschende Auffassung im österreichischen Recht gefunden. So bestimmt Östr. Heim.G. 8: „Jede solche [unzulässige zeitliche] Beschränkung oder Bedingung ist nichtig und als nicht beigesetzt zu betrachten.“ Ebenso sagt Östr. Gem.G. vom 24. April 1859 § 41: „Jede solche der Aufnahmsbewilligung beigesetzte [zeitliche] Beschränkung ist nichtig und als nicht beigerückt zu betrachten.“

2. Dagegen wird man an diesem allgemeinen Grundsatz festhalten müssen hinsichtlich der Auflagen. Wir haben schon einmal diese Nebenbestimmungen allen anderen gegenüber zu stellen Gelegenheit gehabt, nämlich in der Frage der Zulässigkeit von Nebenbestimmungen bei Rechtshandlungen. Hier wie dort ist der Grund ihrer andersartigen Behandlung in ihrer Selbständigkeit zu suchen, — darin, daß sie schließlich ja gar nichts anderes sind als Befehle, die sich nur mehr äußerlich einem anderen Verwaltungsakt anhängen. Auf sie findet daher jedenfalls der allgemeine, für alle Befehle geltende Satz [31]) Anwendung, daß die Gesetzeswidrigkeit nur Anfechtbarkeit, keine Nichtigkeit bewirkt. Damit stimmt auch die Rechtsprechung des Oberverwaltungsgerichts überein, wonach die mit gesetzwidrigen Auflagen versehene Bauerlaubnis zunächst, auch hinsichtlich der Auflagen, durch Versäumnis der Anfechtungsfrist für den Betroffenen verbindlich wird [32]), nur daß er im Fall zwangsweiser Durchführung der Auflage das Rechtsmittel nach ALVG. 133^{I} hat [32]). Doch teilt die Auflage diese Möglichkeit späterer Anfechtung mit jedem anderen gesetzwidrigen Polizeibefehl.

---

[30]) Über ihn s. u. S. 217 ff.

[31]) OVG. **12**, 366; vgl. auch die Bemerkungen daselbst über OVG. **4**, 375; vgl. aber auch SOVG. **1**, 209.

[32]) OVG. **23**, 331.

Dritter Abschnitt.

Der Geschäftsabschluß.

§ 21.

1. Die Voraussetzungen des Geschäftsabschlusses.

Aufgabe des folgenden Abschnitts ist es, darzustellen, unter welchen Voraussetzungen und in welcher Weise die Verwaltungsakte, deren Wesen und Inhalt wir in den vorigen Abschnitten kennen gelernt haben, rechtliche Existenz und reale Bedeutung gewinnen. Wir werden zunächst die Voraussetzungen des Geschäftsabschlusses betrachten, sodann untersuchen, in welcher Weise dieser Geschäftsabschluß erklärt werden muß, um wirksam zu werden; und wir werden endlich erörtern, in welcher Weise der so zustande gekommene Verwaltungsakt durchgeführt wird. Wenn wir hierbei vom „Geschäfts"-abschluß sprechen, so ist auch hierzu dasselbe zu bemerken, was wir am Eingang des zweiten Kapitels über das Wort „Geschäfts"inhalt sagten [1]). Auch im folgenden ist, gemäß unserem allgemeinen Untersuchungsplan [2]), der rechtsgeschäftliche Verwaltungsakt Mittelpunkt unserer Erörterungen, und die Rechtshandlungen werden bloß nebenbei berücksichtigt. Es dürfte daher auch hier gerechtfertigt sein, die Bezeichnung Geschäftsabschluß zu wählen, obschon sie die „Vornahme" von rechtshandlungsmäßigen Verwaltungsakten allerdings nicht mit umfaßt.

* * *

Die Voraussetzungen der Verwaltungsakte sind natürlich außerordentlich verschieden für die einzelnen Fälle. Für uns kann es sich nur um die Erkenntnis der allgemeinen Punkte handeln. Als solche kommen in Betracht: Die Stellung des Gesetzes zum Geschäftsabschluß, die Zuständigkeit der abschließenden Behörde, die Mitwirkung anderer Behörden, die Mitwirkung von Interessenten.

I. Die Stellung des Gesetzes zum Geschäftsabschluß hängt eng zusammen mit seinem Verhältnis zum Geschäftsinhalt. Wir

---

[1]) S. o. S. 45, 46.
[2]) S. o. S. 27 f.

haben sie schon bei dessen Erörterung am Eingang des zweiten Kapitels mit betrachtet [3]). Danach kann der Verwaltungsakt ein freier sein, wenn es nämlich in das, natürlich pflichtmäßige, Ermessen der Behörde gestellt ist, ob sie ihn vornehmen will; so ist die Rechtslage bei den meisten Polizeibefehlen. Oder der Akt kann ein unfreier sein, wenn entweder die Behörde schlechthin zu seiner Vornahme verpflichtet ist wie der Staatsanwalt zur Erhebung der öffentlichen Klage im Falle eines Vergehens, oder aber, wenn die Behörde doch wenigstens auf Antrag eines Beteiligten einschreiten muß wie der Richter bei Vorliegen einer Klage. — Diese Sätze gelten auch von den Rechtshandlungen [4]). Nur bei der Annahme von Erklärungen kann von einer Freiheit zu Handeln keine Rede sein, da hier das Handeln ein rein passives Verhalten ist.

II. Die Voraussetzungen die auf seiten der handelnden Behörde gegeben sein müssen, damit ein Verwaltungsakt wirksam und rechtmäßig sei, kann man als Zuständigkeit i. w. S. zusammenfassend bezeichnen. Es gehören dazu einerseits die sachliche und örtliche Zuständigkeit, d. h. die Zuständigkeit im eigentlichen und gewöhnlichen Sinn, andererseits die ordnungsmäßige Besetzung der Behörde. Diese Voraussetzungen finden nicht nur auf die Rechtsgeschäfte, sondern auch auf die Rechtshandlungen Anwendung. Im einzelnen sind folgende Punkte hervorzuheben.

1. Die Behörde muß zuständig sein zum Geschäftsabschluß bezw. zur Vornahme des rechtshandlungsmäßigen Verwaltungsakts. Die Behörde muß sachlich zuständig sein; bei Zentralbehörden kommt es nur auf diese Art der Zuständigkeit an. Die übrigen Behörden mit räumlich mehr oder minder eng begrenztem Herrschaftsbereich müssen außerdem örtlich zuständig sein. Näher braucht hier auf die Zuständigkeitslehre [5]) nicht eingegangen zu werden. Sie gehört in die Lehre von der Behördenorganisation. In dieser sind die allgemeinen Zuständigkeitsgründe, so weit sie nicht für die einzelnen Verwaltungsakte, namentlich die Urteile, gesetzlich besonders geregelt sind, zu behandeln. Für die Lehre von den Verwaltungsakten kommt es nur darauf an, allgemein festzustellen, daß der Verwaltungsakt nur von der sachlich und örtlich zuständigen Behörde vorgenommen werden kann oder darf.

2. Die Zuständigkeitsordnung ist wie das öffentliche Recht überhaupt zwingendes Recht. Das ist wichtig für die Lehre von der Zuständigkeitsübertragung oder Delegation.

Die Vertretung einer Behörde durch eine andere Behörde, — wir verstehen hier unter Behörde einen Beamten in seiner Eigenschaft als Träger eines bestimmten Amts — ist grundsätzlich unzulässig. — Das darf als gemeine Meinung in Praxis [6]) und Literatur [7])

---

[3]) Vgl. o. S. 47.

[4]) Vgl. Ulbrich 293 über das Recht auf Vornahme von Beurkundungen.

[5]) Vgl. über die leitenden Gesichtspunkte Mayrhofer **I**, 1153, 1154.

[6]) OVG. **10**, 203, **28**, 197, **39**, 368.

[7]) Jellinek **345**, Mayrhofer **I**, 1154. Menzel 113, 114 denkt wohl in der Hauptsache an Stellvertretung von Privatpersonen. Eger **I**. 38, 65, 69, 89; **II**. 248. Thoma **I**. 338 f. bezüglich der Verordnungen.

bezeichnet werden. Das ALR. hat es in § 41 f. I. 13 ausdrücklich ausgesprochen. Es folgt aus der zwingenden Natur der Zuständigkeitsordnung und wird bestätigt dadurch, daß das Gesetz dort, wo es eine Zuständigkeitsübertragung ermöglichen will, einen ausdrücklichen Vorbehalt zu seinen Gunsten macht. Beispiele von solchen Vorbehalten bieten: Beamt.G. 8^2, 69^{III}, GVG. 75, BGB. 1321, Off.Pens.G. 19, Unterkl.Pens.G. 27, pr. Kom.Abg.G. 77^{III} a. E., Kais. Berg-V. für die Schutzgebiete § 37^{III}. Solche gesetzlichen Delegationsvorbehalte sind übrigens strikt auszulegen; unzulässig ist daher z. B. im Falle BGB. 1321 die bei der Ermächtigung etwa erteilte Erlaubnis zur eventuellen Weiterübertragung der Ermächtigung [8]). — Nicht im Widerspruch mit unserer Auffassung steht, daß der Monarch seine Zuständigkeiten zumeist durch die Minister oder auch andere Behörden ausüben lassen kann. Dies ist in der Praxis üblich und auch in so weit ganz unbedenklich, als die Zuständigkeit des Monarchen auf allgemeinen Grundsätzen, nämlich auf seiner Stellung als Träger der Staatsgewalt beruht; denn insoweit ist von einer gesetzlich geregelten Zuständigkeitsordnung, die zwingendes Recht wäre, überhaupt keine Rede. Als unzulässig ist die Übertragung monarchischer Zuständigkeiten aber dort zu betrachten, wo diese Zuständigkeiten auf ausdrücklichen gesetzlichen Bestimmungen beruhen [9]). In der Abgrenzung dieser beiden Gruppen von Fällen können sich freilich Zweifel ergeben [10]).

Verschieden von dieser Vertretung einer Behörde durch eine andere Behörde ist die Vertretung des die Behörde repräsentierenden Beamten durch einen anderen Beamten. Der Unterschied ist klar. Im letzteren Fall hat eben immer die durch die Zuständigkeitsordnung berufene Behörde gehandelt, z. B. die Behörde „Oberpräsident", auch wenn die sie repräsentierende natürliche Person selbst gar nicht Oberpräsident und Exzellenz, sondern nur Oberpräsidialrat oder Geheimer Regierungsrat heißt. Im anderen Fall dagegen hat eine andere, durch die Zuständigkeitsordnung nicht berufene Behörde gehandelt, z. B. nicht die Behörde „Regierungspräsident", sondern die Behörde „Landrat". Von Zuständigkeitsübertragung kann man nur bei der Vertretung der Behörde durch eine andere Behörde reden. In unserem jetzigen Falle dagegen wird man im Anschluß an den Sprachgebrauch der Praxis von Vertretung im eigentlichen Sinn und im Gegensatz zur Zuständigkeitsübertragung zu sprechen haben. Das Recht, Vertretung anzuordnen, bedarf keiner besonderen gesetzlichen Grundlage, sondern ist in dem Ämterbesetzungsrecht enthalten.

Endlich ist aus unserem Begriff die notwendige Stellvertretung auszuscheiden. Als solche notwendigen Stellvertreter kommen die „Organe einer Behörde" in Betracht. So ist z. B. der Gensdarm

---

[8]) Schmidt, Familienrecht 83, 84.

[9]) Treffend Thoma I. 339 (16): „Die Unzulässigkeit der Subdelegation beginnt erst da, wo sie das vom Gesetz gewollte Maß von Zentralisation stören würde."

[10]) Vgl. den pr. AErl. v. 28. I. 08 (GS. 38) und dazu Anschütz in J. ö. R. 3, 471.

„Organ der Jagdpolizeibehörde“ [11]), d. h. des Landrats, mit der Wirkung, daß, wenn der Gensdarm unberechtigterweise von jemanden, etwa einem Nichtjagenden, die Vorzeigung des Jagdscheins verlangt, die Klage auf Aufhebung der in diesem Verlangen liegenden jagdpolizeilichen Verfügung gegen den Landrat zu richten ist [11]).

3. Zur ordnungsmäßigen Besetzung einer Behörde gehört insbesondere folgendes.

Bei Kollegialbehörden muß die gesetzmäßige Zahl von Mitgliedern mitgewirkt haben.

Der oder die mitwirkenden Beamten müssen die allgemeinen oder die für ihre besondere Funktion gesetzlich geforderten Eigenschaften besitzen. Hierher gehören auch die Erfordernisse von ALVG. 28.

Endlich darf der handelnde Beamte nicht wegen persönlicher Beteiligung ausgeschlossen sein.

In seiner Bedeutung entspricht dieser Grundsatz etwa dem privatrechtlichen Verbot des Kontrahierens mit sich selbst (BGB. 181). — Er geht aber einerseits erheblich über dieses Verbot hinaus, indem als persönliche Beteiligung auch die bloß mittelbare Beteiligung gilt, wie wir sofort sehen werden. — Er bleibt andererseits hinter dem privatrechtlichen Verbot zurück, indem er sich nur auf die Fälle bezieht, wo das handelnde Staatsorgan zugleich als Individuum auftritt, nicht aber auf die Fälle, wo es beide Male als Staatsorgan, unmittelbares oder mittelbares, auftritt. Daher fallen unter das öffentlichrechtliche Verbot des „Kontrahierens mit sich selbst“, wenn wir diesen freilich ungenauen [12]) Ausdruck verwenden dürfen, nicht die Folgerungen, die sich aus einer Ämterhäufung in derselben Person ergeben. Sind also gesetzlich gewisse Verfügungen vom Minister des Innern und vom Handelsminister gemeinsam zu erlassen, so kann, wenn beide Ministerien in der Hand des X vereinigt sind, X ungeachtet des Verbots des Kontrahierens jene „Vereinbarung“ [13]) mit sich selbst schließen. Ebenso ist es aber auch, wenn A gleichzeitig als Bürgermeister Leiter des städtischen Bauwesens und Leiter der staatlichen Polizeiverwaltung ist, unbedenklich, daß A bei sich selbst die Bauerlaubnis nachsucht und sie sich selbst erteilt; auf die Frage, ob sich aus dieser Doppelstellung nicht unter Umständen strafrechtliche Besonderheiten ergeben können, etwa wenn A Verstöße seiner Gemeindeorgane gegen baupolizeiliche Vorschriften duldet, ob er dann deswegen bestraft werden kann oder ob die Dienstpflicht des A als Polizeiverwalter die Polizeipflicht des A als Gemeindeorgan konsumiert, ist hier als auf eine strafrechtliche Frage nicht einzugehen [14]). Dagegen hat das Reichsversicherungsamt [14a]) allerdings entschieden, daß es ein wesentlicher Verfahrensmangel sei, wenn in dem Verfahren nach

[11]) Kunze 65.
[12]) Vgl. o. § 5.
[13]) Vgl. o. S. 41.
[14]) Vgl. darüber Thoma I. 180, 181.
[14a]) RVA. **1906**, 486, Z. 1269. Vgl. auch die dort genannten preußischen Ausführungsbestimmungen.

Jnv.V.G. 155 eine untere Verwaltungsbehörde entscheidet, obwohl der von ihr vertretene Kommunalverband als Arbeitgeber beteiligt ist.

Was den Inhalt unseres Grundsatzes im einzelnen anlangt, so wird man, in Übereinstimmung mit dem Oberverwaltungsgericht [15]) die Grundsätze von CPO.41, 42, ALVG. 61, B.Verw.GG. v. 8. August 1878, Art. 18, auch bei sonstigen Rechtsgeschäften im gewöhnlichen Verwaltungsverfahren anzuwenden haben, — natürlich entsprechend, so daß z. B. der Ausschließungsgrund aus CPO. 41, Z. 5 (Vernehmung als Zeuge in derselben Sache) nicht anwendbar erscheint und daher in GVG. 156 bezüglich des Gerichtsvollziehers auch nicht angewandt ist. Diesem Grundsatz widersprechen auch nicht Bestimmungen wie pr. St.O. 44, LGem.O 89^{III}, Kr.O. 139^{I}, Pr.O. 54^{I}, da man diese Bestimmungen nicht als erschöpfend wird anerkennen dürfen; wenn die drei letztgenannten Bestimmungen sich nur auf die persönliche Beteiligung des mitwirkenden Beamten selbst, sowie seiner Verwandten und Verschwägerten auf- und absteigender Linie oder bis zum dritten Grad der Seitenlinie beziehen, so würde es doch schwerlich der Absicht des Gesetzes entsprechen, wenn man das Handlungsverbot nicht auch auf die Fälle anwendete, wo die Ehefrau des Beamten persönlich beteiligt ist; erkennt man aber dies an, so wird man sich auch nicht der Buchstabenauslegung anschließen können, die aus dem Wortlaut von St.O. 44 im Gegensatz zur LGem.O. 89^{III} folgert, daß der Stadtverordnete nur wegen eigener Beteiligung, nicht aber wegen Beteiligung seiner Angehörigen, von den Verhandlungen der Stadtverordnetenversammlung ausgeschlossen sei.

Immerhin sind von unserem Grundsatz Ausnahmen anzuerkennen. — Zwar ist es als eine solche noch nicht anzusehen, daß er im allgemeinen für Rechtshandlungen nicht gilt, insbesondere auf die Annahme von Erklärungen [16]) oder auf die Zustellung [17]) keine Anwendung findet. Dies ist keine Ausnahme von unserem Grundsatz, da wir ihn vorhin ausdrücklich nur für die rechtsgeschäftlichen Verwaltungsakte aufgestellt haben und nur für diese unter Ausschluß der rechtshandlungsmäßigen Verwaltungsakte aufstellen durften, weil seine ratio in der Mangelhaftigkeit des Willens des persönlich beteiligten Beamten zu suchen ist, also dort nicht Platz greift, wo ein Wille gar nicht in Frage kommt wie eben bei den Rechtshandlungen. Für diese ist daher, umgekehrt als bei den Rechtsgeschäften, die Unerheblichkeit der persönlichen Beteiligung die Regel, ihre Erheblichkeit dagegen eine, z. B. im BGB. 2234 bezüglich der Mitwirkung beim Testament vorgesehene, Ausnahme. — Eine echte Ausnahme von dem für Rechtsgeschäfte geltenden Verbot des Kontrahierens mit sich selbst wird dagegen in so weit anzuerkennen sein, als das Rechtsgeschäft ausschließlich in der Erfüllung einer Verbindlichkeit besteht. Diese vom BGB. 181 für

---

[15]) OVG. **4**, 326, **16**, 355. OVG. v. 20. IV. 81 in VBl. **2**, 288, v. 13. V. 82 in VBl. **3**, 308.

[16]) Vgl. CPO. 41: „Ausübung des Richteramts", wobei nur an aktives Verhalten gedacht ist. Gaupp-Stein **I**. 119 geht darüber etwas oberflächlich hinweg.

[17]) BVGH. **12**, 153.

das Privatrecht vorgesehene Ausnahmebestimmung kann unbedenklich auch für das öffentliche Recht entsprechend angewendet werden. — Des weiteren gehört in diesen Zusammenhang die Selbstbeurlaubung, zu der einzelne Beamte nach gesetzlicher oder rechtsverordnungsmäßiger Bestimmung [18]), wenn auch jeweils nur auf kürzere Zeit, befugt sind. — In diesen Zusammenhang gehört endlich aber auch der sogen. Thronverzicht des Monarchen. Wenn man überhaupt ernsthaft mit der patrimonialen Auffassung des Mittelalters brechen, die Monarchenstellung nicht mehr als ein patrimonium des Herrschers, sondern als Organschaft, d. h. als eine Summe von Rechten und Pflichten, als ein Rechtsverhältnis auffassen will, so kann man den Thronverzicht natürlich nicht als Verzicht im juristischen Sinn auffassen, da Verzicht auf ein Rechtsverhältnis, d. h. auch auf Pflichten, ja ein Widerspruch in sich selbst ist. Er ist ebensowenig Verzicht wie der früher gern sogen. Verzicht des Beamten auf sein Amt oder des Staatsangehörigen auf seine Staatsangehörigkeit Verzicht im juristischen Sinn ist. Ebenso wie bei diesen beiden anderen „Verzichten" handelt es sich vielmehr auch bei ihm in Wahrheit um Entlassung. Der Unterschied zwischen ihm und den beiden anderen Fällen liegt nur darin, daß bei ihm die Entlassung seitens des Staats durch dieselbe Person (als staatliches Organ) gewährt wird, von der (als Individuum) die Entlassung begehrt wird. Der sogen. Thronverzicht tritt nämlich als „Selbstentlassung" des Monarchen der vorhin erwähnten Selbstbeurlaubung von Beamten zur Seite.

III. Von einer Mitwirkung anderer Behörden ist hier nur insoweit besonderes zu sprechen, als diese Mitwirkung in einer Zustimmung oder in einer Genehmigung besteht. Im übrigen, namentlich so weit es nur auf eine „Anhörung" ankommt, gelten von ihr die gleichen Grundsätze wie von der Mitwirkung der Interessenten.

Der Hauptfall ist die aufsichtsrechtliche Genehmigung von Willenserklärungen, namentlich von Willenserklärungen selbständiger öffentlichrechtlicher Körperschaften.

Solange hier die Genehmigung dieser Willenserklärung fehlt, sind deren Rechtswirkungen nicht eingetreten; die Willenserklärung ist noch nicht vollständig. Ist also von der Gemeinde etwa ein Beamter ohne die erforderliche aufsichtsrechtliche Genehmigung angestellt worden, so fehlt ihm die Beamteneigenschaft [19]), und es gibt gegen ihn keinen strafbaren Widerstand nach St.GB. 113. Ist von der Gemeinde ohne die erforderliche Genehmigung ein Grundstück veräußert worden, so ist, selbst wenn der Grundbuchrichter aus Unkenntnis oder auf Grund einer gefälschten Urkunde oder auf Grund einer echten Urkunde über eine nach allgemeinen Grundsätzen [20]) nichtige Genehmigung den Eigentumsübergang im Grundbuch einträgt, ein solcher doch in Wahrheit nicht eingetreten [21]).

[18]) Vgl. V. d. P. Just.M. v. 14. VI. 09 (Just.MBl. 207 f.) § 5.

[19]) RG. in Jur.W. **20**, 377 (Z. 37), **30** 430 (Z. 21), RG. **57**, 120, in Str. **12**, 419.

[20]) Vgl. u. §§ 27 ff.

[21]) Vgl. Kormann 154. — Vgl. auch Hinschius Kirchengesetze für **1874**, 1875, S. 165. — A. M. in einem ähnlichen Fall für das öffentliche Recht SOVG. **9**, 157.

Wird die Genehmigung nachträglich erteilt, so fragt sich, ob sie rückwirkende Kraft hat. — Man wird die Frage jedenfalls unter entsprechender Anwendung von BGB. 1829, 184 für privatrechtliche [22]) Willenserklärungen zu bejahen haben. — Auf ihrer Bejahung auch für öffentlichrechtliche Willenserklärungen beruht eine schon früher erwähnte Entscheidung des bayerischen Verwaltungsgerichtshofs [23]). Hier war ein nichtiger, durch eine infolgedessen [24]) ebenfalls nichtige Genehmigung bestätigter Gemeindebeschluß später durch einen gültigen Beschluß ersetzt und abermals, d. h. juristisch nunmehr erst, genehmigt worden, und zwar in der Weise, daß es bei der alten (nichtigen) Genehmigung sein Bewenden haben sollte; das Gericht nahm hier an, daß der Beschluß vom Tage seiner Fassung ab rechtsverbindlich sei. — Stellt man sich auf diesen Standpunkt, so ergibt sich daraus: wenn eine genehmigungsbedürftige Kündigung eines Beamtenverhältnisses im Februar zum 1. April erfolgt, ohne daß die Genehmigung bis dahin nachgesucht oder erteilt worden wäre, wenn sie dann aber am 1. Juni nachgeholt wird, so kann der entlassene Beamte für die Monate April und Mai Gehalt nicht fordern [25]) [26]).

Die gleichen Grundsätze gelten im Zweifel auch dort, wo die Zustimmung einer anderen Behörde verlangt ist, etwa in der Weise, daß der Verwaltungsakt nur durch Zusammenwirken zweier Behörden entsteht. Hierher gehört z. B. die Zustimmung des Magistrats zu den Stadtverordnetenbeschlüssen im Falle St.O. 36, so daß die Beschlüsse ohne die Zustimmung wirkungslos sind [27]).

IV. Eine Mitwirkung der Interessenten ist in verschiedener Weise möglich, sowohl bei Rechtsgeschäften wie bei Rechtshandlungen [28]).

1. Sehr häufig ist eine Mitwirkung in der Weise, daß die Behörde an die Zustimmung des oder auch der Beteiligten gebunden ist. Diese Zustimmung kann sich auf den Inhalt des Verwaltungsakts beziehen, namentlich auf einzelne Bestimmungen des Akts. Solche Fälle haben wir schon früher zu erwähnen Gelegenheit gehabt [29]), als es galt, aus den öffentlichrechtlichen Verträgen die durch Zustimmung bedingten einseitigen Rechtsgeschäfte auszuscheiden. Die Zustimmung kann sich aber auch darauf beziehen, daß die Behörde nur mit Zustimmung des Beteiligten und nicht von Amtswegen handeln soll. Diese Zustimmung pflegt sich in die Form eines „Antrags" zu kleiden. Man kann vielleicht das Offizialprinzip als die Regel in Verwaltungssachen bezeichnen, aber es gibt eine Unmenge von Verwaltungsakten,

---

[22]) Kormann 155.

[23]) BVGH. **11**, 436; vgl. dazu o. S. 89; vgl. ferner über die Anwendbarkeit von BGB. 177, 180, 184, BVGH. **24**, 25. Gegen die Anwendbarkeit von BGB. 184 OVG. in VBl. **23**, 806.

[24]) Vgl. o. S. 136.

[25]) Vgl. den Fall Christel in der „Täglichen Rundschau" 1909, Nr. 154.

[26]) Vgl. ferner u. S. 176.

[27]) Vgl. Ledermann 210.

[28]) Über die Beurkundungen vgl. Ulbrich 293.

[29]) Vgl. o. S. 37 f.

namentlich solche rechtsschaffender Natur [30]), die nur auf Antrag ergehen. Ob es zum Einschreiten im einzelnen Fall eines Antrags bedarf, wird jedenfalls im eigentlichen Verwaltungsverfahren nicht so leicht zweifelhaft sein; anders mag es sich im Prozeß und in der freiwilligen Gerichtsbarkeit verhalten, deren Absonderung vom allgemeinen Verwaltungsrecht gerade in diesen Besonderheiten sich rechtfertigt.

2. Die Mitwirkung des oder der Interessenten kann aber auch durch die Vorschrift eines besonderen Verfahrens sichergestellt werden. — Die Regel ist das nicht. Grundsätzlich gibt es im Verwaltungsrecht nur ein formloses „Instruktionsverfahren" [31]), das den Namen eines Verfahrens eigentlich kaum verdient. Nur auf Grund besonderer gesetzlicher Bestimmungen muß der Verwaltungsakt in einem besonderen Verfahren ergehen. Dieses wiederum kann sehr verschieden ausgestaltet sein. Es kann eine ganze Reihe von Stufenbildungen zeigen, von dem primitiven Verfahren einer formlosen „Anhörung" bis zu dem kunstvollen Bau eines kontradiktorischen Verwaltungs-, Zivil- und Strafprozesses. — Soweit ein solches Verfahren in Betracht kommt, können Verwaltungsakte innerhalb des Verfahrens sowie zu seinem Abschluß ergehen. Jene sind die adminikulierenden Handlungen im Sinne von Kohler [32]). Ihre Besonderheit liegt in ihrer Unselbständigkeit, aus der folgt, daß ihre Wirksamkeit beeinflußt wird durch die Mängel, die dem Verfahren, in dem sie ergehen, oder besser dem dasselbe einleitenden Rechtsgeschäft, anhaften. Es muß aber andererseits auch betont werden, daß sie außerdem ihre eigenen Mängel haben können [33]) und daß diese Mängel ebenfalls ihre Wirksamkeit beeinträchtigen. Es erscheint daher richtig, auch sie zu den Rechtsgeschäften, deren Grundsätze über Nichtigkeit auch für sie gelten, zu rechnen [34]).

3. So weit eine Mitwirkung von Interessenten, sei es im eigenen Verfahren, sei es in Gestalt von Anträgen, vorgesehen ist, muß man grundsätzlich auch eine Vertretung der Interessenten anerkennen.

Ihre Zulässigkeit bezieht sich nicht nur, was selbstverständlich ist, auf gesetzliche, sondern auch auf gewillkürte Vertreter [35]). Sie gilt natürlich nicht für höchstpersönliche Handlungen wie namentlich für Wahrheitserklärungen; hier muß die Zulässigkeit der gewillkürten Stellvertretung ausdrücklich vom Gesetz zugelassen sein wie im pr. Eink.St.G. 30^{III} hinsichtlich der Steuererklärung; auch die Unzulässigkeit der Stellvertretung bei der Verhandlung über Vergehen und Verbrechen beruht auf dem Gesichtspunkt, daß die Erklärungen des An-

---

[30]) Vgl. Ulbrich 303. — Die Ausführungsbestimmungen zu BGB. 1322 (bei Schmidt, Familienrecht 85 f.) sehen daher durchweg ein Befreiungsgesuch vor, obschon Opet 46, entsprechend dem Offizialprinzip, meint, die Befreiung könne auch ohne Antrag erteilt werden.

[31]) Vgl. Ulbrich 283 f.

[32]) S. 34.

[33]) Das erkennt auch Kohler 57 an.

[34]) A. M. Kohler 34, der darin „Rechtsakte" sieht. Freilich rechnet er S. 46 darunter sehr verschiedenartige Belege wie Prozeßanträge einerseits, Tatsachenbehauptungen andererseits.

[35]) A. M. Menzel 113, 114.

geklagten höchstpersönliche Handlungen sind. Auch eine Vertretung von Behörden durch Rechtsanwälte und ähnliche Bevollmächtigte ist dort, wo die Behörde nur als Interessent mitwirkt, nicht ausgeschlossen; für das Verwaltungsstreitverfahren ist das vom Oberverwaltungsgericht [36]) ausdrücklich anerkannt worden.

Bezüglich der Person des Vertreters wird man im allgemeinen, so weit nicht besondere Bestimmungen, wie namentlich hinsichtlich des Straf- und des Anwaltszivilprozesses entgegenstehen, pr. ALVG. 73^{I} entsprechend anzuwenden haben, da er einen allgemeinen Grundsatz mehr anzuerkennen denn zu schaffen scheint. Weniger zweifellos ist die Frage, ob man auch ALVG. 73^{II} über die Zurückweisung von Winkelkonsulenten zur Analogie verwerten darf.

Für die Vollmachten gilt, mangels entgegenstehender Bestimmungen, wie namentlich im Grundbuchrecht, der Grundsatz der Formlosigkeit; in Übereinstimmung mit dem Oberverwaltungsgericht [37]) wird man BGB. 167 entsprechend anwenden dürfen. Zutreffend hat daher das Reichsgericht wiederholt erkannt, daß nach St.PO. 156 nur der Strafantrag selbst, nicht aber die Bevollmächtigung zum Antrag der Schriftform bedarf [38]). Natürlich darf aber mit diesem Grundsatz der Formlosigkeit der Vollmacht nicht der Grundsatz von BGB. 164^{II} verwechselt werden, wonach der Wille, als Vertreter zu handeln, dann nicht in Betracht kommt, wenn der Mangel des Willens, im eigenen Namen zu handeln, nicht erkennbar ist. Aus dieser Erkenntnis ergibt sich die richtige Entscheidung eines kürzlich von einer Berliner Strafkammer falsch entschiedenen Rechtsfalles: Wegen eines Hausfriedensbruches in der Wohnung eines Ehepaars war Strafantrag bei der Polizei von der Ehefrau gestellt worden; in der Hauptverhandlung gab diese, die im vorliegenden Fall unzweifelhaft ein selbständiges Antragsrecht nicht hatte, an: sie sei von ihrem Ehemann, der krank gewesen sei, beauftragt worden, für ihn den Strafantrag zu stellen; eine schriftliche Vollmacht habe sie nicht gehabt; auch habe sie dem Polizeibeamten nichts davon gesagt, daß sie im Namen ihres Ehemanns komme. Nach dieser Erklärung mußte natürlich richtigerweise Einstellung des Verfahrens erfolgen gemäß dem auch auf das öffentliche Recht anzuwendenden § 164^{II} BGB.; das Gericht aber prüfte nur die Frage, ob die Vollmacht hätte schriftlich erfolgen müssen, und da es sie, nach BGB. 167 zutreffenderweise, verneinte, kam es zur Verurteilung, ohne die Frage näher zu prüfen, welchen Einfluß die Tatsache, daß die Ehefrau im eigenen Namen auftrat, auf ihren Willen, nur als Vertreterin zu handeln, wohl hätte haben können.

V. Welche Bedeutung der Mangel der erörterten Voraussetzungen, abgesehen von dem schon erörterten Mangel der Zustimmung hat, werden wir in der Lehre von der Nichtigkeit und Anfechtung sehen.

---

[36]) OVG. **1**, 443.
[37]) OVG. **41**, 456.
[38]) RG. in Str. **3**, 425, **19**, 7.

§ 22.

2. Die Form der Verwaltungsakte.

I. Es dürfte richtig sein, daß die Form im öffentlichen Recht eine größere Rolle spielt als im Privatrecht. Sie hat ja schon innerhalb des Privatrechtsgebiets selbst in dessen sozialrechtlichem Teil, namentlich im Familienrecht und im Erbrecht, ja schon im Sachenrecht eine erheblich höhere Bedeutung als im Privatrecht *κατ ἐξοχήν*, d. h. im Recht der Schuldverhältnisse. Trotzdem aber wird man auch im öffentlichen Recht die Formlosigkeit als Grundsatz zu proklamieren haben: Im Zweifel bedarf das publizistische Rechtsgeschäft so wenig wie das privatrechtliche einer besonderen Form. Damit soll natürlich nicht geleugnet werden, daß praktisch die Schriftlichkeit die Regel bildet. Aber gesetzlich notwendig ist das grundsätzlich nicht, woraus folgt, daß eine schriftliche Willenserklärung nicht unbedingt der Unterschrift bedarf [1]), wofern nämlich nur feststeht, daß sie von der zuständigen Behörde willentlich und wissentlich ausgegangen ist und der Betroffene dies erkennen mußte. Der Grundsatz der Formlosigkeit darf als in Wissenschaft [2]) und Praxis [3]) allgemein anerkannt bezeichnet werden.

II. Eine Anwendung [4]) dieses Grundsatzes ist die Zulassung stillschweigender Willenserklärungen, d. h. solcher Willenserklärungen, die nicht ausdrücklich, sondern durch schlüssige Handlungen erklärt werden. Otto Mayer [5]) hat freilich den Satz aufgestellt: „Die Form der stillschweigenden Willenserklärung paßt nicht auf den obrigkeitlichen Akt". Aber das läßt sich in solcher Allgemeinheit doch nicht sagen. Richtig ist nur, daß die stillschweigende Willenserklärung gegenüber der ausdrücklichen an Bedeutung weit zurücksteht. Auch haben im übrigen stillschweigende Willenserklärungen häufig Anerkennung gefunden.

1. Die Praxis hatte sich namentlich mit folgenden Fällen zu beschäftigen.

Die Möglichkeit stillschweigender Beamtenernennung hat vor allem das Reichsgericht in einer ganzen Reihe von Entscheidungen bejaht [6]). Freilich dürfen die schlüssigen Handlungen, aus denen man die Anstellung ableiten will, nicht im Widerspruch mit dem ausdrücklich erklärten Willen stehen [7]). Davon verschieden [8]) ist aber der Fall,

---

[1]) Nußbaum 49, Östr. VGH. 5090, wogegen Tezner 201; vgl. auch Östr. VGH. 2848.

[2]) Meyer bei Stengel **II.** 670, Arnstedt 67, 68, Ulbrich 311, Nußbaum 49, Bendix 16, Ledermann 225.

[3]) Komp. Konfl. GH. v. 12. XI. 1881 in Min.Bl. **1882**, 5, bes. 7. OVG. **52**, 426. OVG. v. 29. IV. 89 in VBl. **10**, **457**, v. 1. II. 96 in VBl. **18**, 103. RG. in Jur.W. **28**, 786, Z. 40. Über nichtamtliche publizistische Willenserklärungen vgl. OVG. **35**, 135.

[4]) Treffend RG. v. 29. III. 97 in VBl. **18**, 402.

[5]) **I.** 280.

[6]) RG. **30**, 181, **37**, 225, in Str. **2**, 189, **16**, 380, in Jur.W. **27**, 184 (Z. 80), **28**, 84 (Z. 32), **28**, 585 (Z. 34), **31**, 373 (Z. 49).

[7]) A. M. Preuß 389 f. Richtig RG. in Str. **16**, 378.

[8]) Das übersieht Preuß a. a. O. So erklärt sich auch RG. **37**, 225.

daß dieser ausdrücklich erklärte Wille sich nicht auf das Hauptverhältnis, sondern nur auf Ausschluß gewisser gesetzlicher Rechtsfolgen gerichtet ist; dann gilt die stillschweigende Beamtenanstellung und für den Ausschluß jener Rechtsfolgen sind die vorhin erörterten Grundsätze über unzulässige Nebenbestimmungen maßgebend[8]). — Auch das Oberverwaltungsgericht leugnet nicht grundsätzlich die Möglichkeit einer Anstellung durch schlüssige Handlungen, wennschon es wesentlich zurückhaltender ist als das Reichsgericht [9]).

Auch die Möglichkeit stillschweigender Genehmigungen ist oft anerkannt worden. — Bei Beamtenernennungen hat sie das Reichsgericht besonders darin gefunden, wenn die Aufsichtsbehörde die Anzeige der Gemeinde über eine geschehene Anstellung „zu den Akten" geschrieben oder wenn sie um Beeidigung des Angestellten ersucht hat [10]). — Das Reichsgericht [11]) hat ferner stillschweigende Genehmigung zugelassen im Fall des § 4 des Privilegs der Bergisch-Märkischen Eisenbahn vom 11 März 1850 [12]). — Das Oberverwaltungsgericht hat ebenfalls wiederholt stillschweigende Genehmigungen bei Gemeindebeschlüssen anerkannt [13]). — Unter diesem Gesichtswinkel wird man auch manchmal die Genehmigungen mit Modifikationen als wirksam anerkennen dürfen. So namentlich in dem Fall, auf den sich die Entscheidung des Oberverwaltungsgerichts vom 17. Januar 1902 [14]) bezog. Hier war eine Steuerordnung genehmigt worden mit der Maßgabe, daß die Ordnung erst mit dem Tag ihrer Veröffentlichung in Kraft treten sollte, während in der von der Gemeindevertretung beschlossenen Steuerordnung ein früherer Termin für das Inkrafttreten vorgesehen war. Nach dem, was wir vorhin über die rechtliche Natur der bedingten Genehmigung sagten [15]), war durch eine solche Erklärung der Aufsichtsbehorde die Genehmigung noch nicht erteilt, die Steuerordnung also, ganz abgesehen von der Verkündung, noch nicht wirksam. Wenn die betroffene Stadtgemeinde aber die Steuerordnung mit jener Änderung veröffentlichte und wenn dies ohne Einspruch der Aufsichtsbehörde, der nach unserer Auffassung zunächst sicher zulässig war, geschah, wenn die Steuerordnung weiter ohne einen solchen Einspruch einige Zeit angewandt wurde, so wird man in diesem Verhalten der Aufsichtsbehörde unbedenklich eine stillschweigende Genehmigung finden können, und da diese nach den vorhin entwickelten Grundsätzen [16]) rückwirkende Kraft hat, so kommen wir, wennschon auf einem anderen Weg, zu dem gleichen Ergebnis wie das Oberverwaltungsgericht, daß nämlich die Steuerordnung vom Tage ihrer Verkündung ab rechtswirksam war.

---

[9]) Vgl. OVG. **18**, 55, ferner OVG. v. 25. X. 89 in VBl. **11**, 53, v. 10. I. 90 in VBl. **11**, 182, v. 28. II. 02 in VBl. **24**, 22.

[10]) Jur. W. **27**, 429 (Z. 36), **30**, 430 (Z. 21).

[11]) RG. vom 29. III. 97 in VBl. **18**, 402. Mit dem daselbst ohne weiteren Zusatz genannten Gesetz vom 11. März 1850 ist nicht das P. Vereinsgesetz, sondern das Bahnprivileg (GS. 207) gemeint.

[12]) Vgl. über diese Bestimmung o. S. 88.

[13]) OVG. **9**, 41, **13**, 174.

[14]) In VBl. **24**, 362; vgl. dazu o. S. 155.

[15]) S. o. S. 155.

[16]) S. o. S. 172.

Stillschweigend kann ferner die Bestätigung eigener anfechtbarer Rechtsgeschäfte erfolgen, wie das Reichsgericht [17]) für die Belassung in einer gesetzwidrig verliehenen Beamtenstelle nach § 15 pr. Ges. v. 21. Juli 1892 zutreffend entschieden hat.

Grundsätzlich besteht selbst kein Bedenken, eine stillschweigende Verleihung der Rechtsfähigkeit zuzulassen [18]). Doch wird man gerade in diesem Fall wirklich „schlüssige" Handlungen, aus denen die Verleihung folgt, nicht so leicht finden. Insbesondere wird man sie bei einer nicht offiziell begründeten Filialkirchengemeinde kaum darin erblicken dürfen, daß beiläufig einmal durch eine allerhöchste Kabinetsorder die erbpachtweise Überlassung eines Landstückes seitens des Domänenfiskus an diese „Kirch- und Schulgemeinde" oder ein für sie ausgesetztes Legat genehmigt wird. Hier wird zunächst nur anzunehmen sein, daß die Kabinetsorder von der Voraussetzung ausgegangen ist, es bestehe bereits eine ordnungsmäßig konstituierte Filialgemeinde. Dagegen läßt sich nicht ohne weiteres behaupten, daß die Kabinetsorder diese Voraussetzung, für den Fall ihres Mangels, selbst schaffen wollte [19]).

Stillschweigend kann auch die Zustimmung der Wegepolizeibehörde erfolgen, die erforderlich ist, um einen Privatweg durch Willenserklärung des Eigentümers zum öffentlichen zu machen [20]). Das gleiche gilt von der Erteilung einer Benutzungserlaubnis an öffentlichen Sachen [21]).

Wenn die Baupolizeibehörde eine Bauerlaubnis erteilt, so kann daraus unter Umständen geschlossen werden, daß sie stillschweigend eine Ausnahme von einer bestimmten baupolizeilichen Bestimmung habe bewilligen wollen [22]).

Auch die Wiedereinsetzung in den vorigen Stand kann nach der Rechtsprechung des Oberverwaltungsgerichts [23]) stillschweigend dadurch geschehen, daß die Behörde sachlich entscheidet, vorausgesetzt, daß sie sich dabei über die Tatsache der Fristversäumnis im klaren war.

Ebenso kann durch schlüssige Handlungen eine Frist gewährt werden [24]).

Von sonstigen Fällen stillschweigender Willenserklärungen seien noch erwähnt: Die Erteilung der Erlaubnis zur Verstärkung des Amortisationsfonds nach dem P. Eisenbahnprivileg vom 11. März 1850 [25]), die Feststellung von Betriebsplänen [26]), die Widmung und Aufhebung öffentlicher Wege [27]), der Widerruf einer Beiladung im Verwaltungs-

---

[17]) RG. in Jur. W. **28**, 201, Z. 65 verb. m. **28**, 735, Z. 29.
[18]) Vgl. u. S. 179 zu 42 ALR. **II**. 19.
[19]) RG. **15**, 237.
[20]) OVG. **27**, 399, RG. in Jur. W. **25**, 89, Z. 102, vom 23. XII. 96 in VBl. **18**, 277.
[21]) RG. in Jur. W. **27**, 59, Z. 49.
[22]) OVG. vom 25. X. 1900 in VBl. **22**, 206, vom 24. XI. 1903 in VBl. **25**. 697.
[23]) Vgl. z. B. OVG. **21**, 244, **26**, 254, **30**, 290, **35**, 135.
[24]) OVG. v. 1. X. 1887 bei Kunze - Kautz **II**. 1185.
[25]) RG. v. 29. III. 97 in VBl. **18**, 402. Vgl. dazu o. S. 176.
[26]) OVG. **16**, 335.
[27]) BVGH. **19**, 4.

streitverfahren [28]), die Abstimmung eines Kollegiums [29]). — Selbst hinsichtlich der Verordnungen hat man stillschweigende Willenserklärungen für zulässig erachtet. In einem schweizerischen Strafprozeß wurde die Rechtsgültigkeit einer Verordnung angefochten, weil sie nicht von der zuständigen Stelle, der Nachgemeinde, sondern vom Landrat erlassen worden war. Der Bundesrat wies das zurück, weil die Verordnung als durch die Nachgemeinde genehmigt zu betrachten sei, indem diese ohne irgend welche Einsprache sie seit 10 Jahren angewendet und in die amtliche Gesetzsammlung aufgenommen, auch ihre finanziellen Ergebnisse darin alljährlich mitgeteilt wurden [30]).

2. Die Literatur steht im allgemeinen auf gleichem Standpunkt. Ötker [31]) hat die Möglichkeit der Willenserklärung durch schlüssige Handlungen für die Akte des Konkursgerichts allgemein anerkannt. Friedländer [32]) erzählt von einem in der Praxis vorgekommenen Fall, daß der Vorsitzende eines letztinstanzlichen Gerichts, ohne vorher auch nur mit den Blicken die Beisitzer zu befragen, Urteil auf kostenfällige Verwerfung des Rechtsmittels verkündete. Zutreffend erklärt Friedländer das Urteil für gültig, weil die Beisitzer durch Stillschweigen ihre Genehmigung erklärt hätten. Er weist ferner darauf hin [33]), daß auch im Zivilprozeß die Fälle häufig sind, wo der Vorsitzende Versäumnis- und Anerkenntnisurteile erläßt, ohne sich vorher der Zustimmung der Beisitzer zu versichern.

Auch im übrigen hat man in der Literatur stillschweigende Willenserklärungen anerkannt, zum Teil im Anschluß an die vorhin genannten Entscheidungen, namentlich im Wegerecht, im Recht der öffentlichen Sachen überhaupt, im Beamtenrecht, im Baurecht [34]).

Freilich darf man mit dem Begriff der stillschweigenden Willenserklärung auch nicht zu verschwenderisch umgehen. — Otto Mayer [35]) betrachtet es als einen Fall stillschweigender Entlassung der Schöffen oder Geschworenen, wenn der Vorsitzende erklärt, die Sitzung sei geschlossen. Wie aber, wenn der Vorsitzende diese Erklärung zwar abgibt, indes zugleich von den Schöffen dienstlich verlangt, sie sollten noch an Gerichtsstelle verbleiben? Dann dürften sie nach Mayer sich nicht entfernen, da sie ja nicht entlassen sind! In Wahrheit endet aber die Dienstpflicht ohne besondere Entlassung von selbst mit Erledigung der Funktionen, d. h. mit Schluß der Sitzung. — Daß auch der in der Literatur gern sogen. stillschweigende Thronverzicht in den seltensten Fällen wirklich eine stillschweigende Willenserklärung ist, hat schon Abraham [36]) betont.

---

[28]) OVG. **52**, 444.
[29]) OVG. v. 4. XI. 92 in VBl. **14**, 147. Vgl. u. Anm. 32, 33.
[30]) Blumer I. 483.
[31]) S. 109, 110.
[32]) Im Gerichtssaal **58**, 352. Vgl. dazu o. Anm. 29.
[33]) a. a. O.
[34]) Germershausen I. 452, 453, 475. Seydel **III**. 301. Mayer **II**. 87, 107. Preuß 387 ff. Born 166. — Ziemlich ablehnend Ebert 64.
[35]) **II**. 207.
[36]) S. 63. Vgl. u. S. 179 a. E.

3. Vereinzelt sprechen auch die Gesetze selbst von der Zulässigkeit stillschweigender Willenserklärungen.

So sagt das Landrecht II. 19, § 42: „Die vom Staat ausdrücklich oder stillschweigend genehmigten Armen.... Anstalten haben die Rechte moralischer Personen." Das bayerische LR. lehnt in der Anmerkung zu Teil V, Kap. 30, § III c die Zulässigkeit einer solchen stillschweigenden Bestätigung von Stiftungen ab, indem es sagt: „Man will sogar die landesherrliche [Bestätigung] nicht für hinlänglich achten, wann solche nur tacite und toleranzweise geschieht, ausgenommen, wann eine Zeit von unvordenklichen Jahren dazu kommt, weil solche vim privilegii et specialis concessionis hat"; es erscheint aber doch fraglich, ob nicht in Wahrheit auch diese Verjährungskonstruktion besser durch die Konstruktion der stillschweigenden Genehmigung nach dem Vorbild des ALR. ersetzt wird.

Im übrigen bejahen sich die gesetzlichen Erwähnungen stillschweigender Erklärungen meist auf nichtamtliche Willenserklärungen. So CPO. 579^{I} Z. 4, wo die Rede ist von der ausdrücklichen oder stillschweigenden Genehmigung der Prozeßführung durch die nicht ordnungsmäßig vertretene Partei. So auch pr. Sperr-G. 11^{II} bezüglich der Gehorsamserklärung von Kirchendienern gegenüber dem Staat, die nach § 6^{II} auch gefunden werden kann in „Handlungen", durch die sie „die Absicht an den Tag legen, die Gesetze des Staates zu befolgen". Diese Fälle durften hier erwähnt werden, da aus ihnen auf die allgemeine Zulässigkeit stillschweigender Willenserklärungen geschlossen werden darf.

Freilich soll man sich nicht durch gesetzliche Terminologien auf falsche Wege leiten lassen. — So handelt es sich z. B. trotz gegenteiliger gesetzlicher Ausdrucksweise nicht um eine stillschweigende Willenserklärung im Fall Östr. Gem.G. v. 17. März 1849, § 12. Es heißt da: „Die Aufnahme in den Gemeindeverband erfolgt entweder a) durch förmlichen Gemeindebeschluß oder b) stillschweigend durch Duldung eines ohne Heimatschein ... sich durch vier Jahre ununterbrochen in der Gemeinde aufhaltenden ... Fremden." Hier handelt es sich gar nicht um eine Willenserklärung, sondern um eine Art Ersitzung, wie denn auch der Ausdruck Ersitzung in Wissenschaft und Praxis durchaus üblich ist [37]). Noch deutlicher wird die wahre Natur der Sache bei den einzelnen Städtestatuten, wo als Fall stillschweigender Aufnahme in den Gemeindeverband bezüglich der Frau auch eine gültig geschlossene Ehe, also eine Handlung des Aufgenommenen, nicht des Aufnehmenden, genannt wird [38]). Im Sprachgebrauch dieser Gesetze ist also die stillschweigende Aufnahme in den Gemeindeverband jeder Gemeinderechtserwerb, der nicht durch „Aufnahme", d. h. Willenserklärung der Gemeinde, erfolgt. — Auch der in den Gesetzen vielfach sogen. stillschweigende Thronverzicht ist zumeist von gleichem Charakter wie die eben besprochene sogen. stillschweigende Aufnahme [39]).

---

[37]) Vgl. Mayrhofer II. 1064 und die dort genannten Entscheidungen.
[38]) Mayrhofer II. 1079.
[39]) Vgl. o. S. 178 a. E.

III. Ausnahmen vom Grundsatz der Formlosigkeit kommen zahlreich vor.

1. Sie können auf ausdrücklicher gesetzlicher Bestimmung beruhen. Beispiele [40]) bieten BGB. 1321, Gew.O. 18, 91 b^{I}, ALVG. 132, Z. 2 d, Vereins-G. 7^{II}, pr. Kom.Abg.G. $63^{II\,2}$. Eine analoge Anwendung von Formvorschriften erscheint kaum angängig, da sie mit dem Grundsatz der Formlosigkeit sich schwerlich verträgt. Es wäre daher schwerlich zu billigen, wenn Eger [40a]) wirklich an echte Formvorschriften gedacht hätte, als er die Behauptung aufstellte, daß auf die Besitzeinweisung nach Ent.G.53 die Formvorschriften von §§ 32, 34 im Weg der Analogie zu beziehen seien.

2. Dagegen erscheint es zulässig, aus gewissen sonstigen Vorschriften stillschweigende gesetzliche Formvorschriften abzuleiten.

So folgt in all den Fällen, wo das Gesetz eine förmliche Zustellung von Verwaltungsakten verlangt, aus der Notwendigkeit der Zustellung die Notwendigkeit der Schriftlichkeit des Verwaltungsakts, da nur ein Schriftstück tauglicher Gegenstand einer förmlichen Zustellung sein kann. Diese Folgerung zieht richtig aus pr. Kom.Abg.G. 70^{II}, die Ausführungsanweisung v. 10. Mai 1894, wenn sie in Art. 45, Z. $2^{II\,1}$ Schriftform des zuzustellenden Beschlusses verlangt, und das Oberverwaltungsgericht [41]) übersieht diesen Zusammenhang, wenn es meint, daß nach dem Gesetz besondere Formvorschriften für den Beschluß nicht gelten, sondern daß diese erst durch die Ausführungsanweisung geschaffen seien.

Ebenso kann man aus dem Erfordernis der Gegenzeichnung für alle Regierungsakte in pr. VU. Art. 44 folgern, daß alle Regierungsakte schriftlich geschehen müssen, da andernfalls eine Gegenzeichnung unmöglich wäre.

Auch das gesetzliche Erfordernis von Gründen wird man hierher zu rechnen haben. Zwar können „Gründe" nicht selbst, wie es manchmal geschehen ist [42]), als Form bezeichnet werden; sie gehören nicht zur Form, sondern zum Inhalt eines Verwaltungsakts, und ihr Mangel bedeutet keinen Formmangel, sondern einen Inhaltsmangel. Wohl aber wird man mit Nußbaum [43]) annehmen dürfen, daß, wenn der Gesetzgeber die Angabe von Gründen der Behörde vorschrieb, er dabei nicht an eine mündliche Begründung gedacht hat, sondern an ihre schriftliche Fixierung. Danach müßten z. B. die Verwaltungsakte nach FGG. 25, pr. FGG. 6, GBO. 77, für die Angabe von Gründen gefordert ist, schriftlich ergehen [44]). Immerhin ist das nicht unzweifelhaft.

3. Möglich ist auch im öffentlichen Recht die gewillkürte Form. So findet sich in den Eisenbahnkonzessionen meist die Bestimmung,

---

[40]) Zusammenstellung von Formvorschriften aus dem österreichischen Recht bei Tezner 198.

[40a]) II. 554. — In Wahrheit nimmt Eger das Wort „Form" a. a. O. wohl nicht im technischen Sinn.

[41]) OVG. 35, 135.

[42]) Vgl. z. B. Eger II. 141, 265, 267, 340.

[43]) S. 49.

[44]) Nußbaum 49

daß die Aushändigung der Urkunde erst erfolgen solle, nachdem das Aktienkapital gezeichnet, Kaution bestellt ist usw. [45]). Man wird anzunehmen haben, daß die Absicht hierbei darauf geht, die Entstehung der Konzession bis zum Zeitpunkt der Urkundenaushändigung hinauszuschieben; diese wäre als gewillkürte wesentliche Form und bis zu ihrer Erfüllung die Konzession als nicht erteilt anzusehen [46]).

IV. Als einzelne Formen kommen hauptsächlich folgende in Betracht.

1. Vor allem die Schriftform, die in verschiedenen Abstufungen, von der gewöhnlichen Schriftform mit [47]) oder selbst ohne [48]) Unterschrift bis zur feierlichen „Ausfertigung" urkundlich unter Siegel, wie z. B. nach CPO. 317^{III}, 725, erscheint. Beispiele bieten BGB. 1321, Gew.O. 18, 91 b^{I}, ALVG. 132, Z. 2 d, Vereins-G. 7^{II}, pr. Kom.Abg.G. $63^{II\,2}$, Kom.Beamt.G. 1^{2}.

2. Auch die Mündlichkeit kann Form sein.

Beispiele finden wir auch im bürgerlichen Recht z. B. bei der Eheschließung, die mündlich erklärt werden muß [49]). Im öffentlichen Recht kommen etwa in Betracht all die Willenserklärungen, die nur in der mündlichen Verhandlung abgegeben werden können und die mündliche Urteilsverkündung nach St.PO. 267.

Doch muß man hier stets untersuchen, ob die Mündlichkeit eine Form des Verwaltungsakts selbst oder, ebenso wie stets die Öffentlichkeit, nur eine Form seiner Kundgabe ist; nur der erstbezeichnete Fall gehört natürlich in diesen Zusammenhang.

Daß hier aber tatsächlich eine Verschiedenheit vorliegt, das zeigt uns ein Vergleich zwischen Zivil- und Strafurteil. Bei beiden ist mündliche Verkündung vorgeschrieben. — Beim Zivilurteil aber ist die Mündlichkeit nur eine Form der Kundgabe. Das Urteil selbst ist bereits dann vorhanden, wenn es in einer äußerlich erkennbaren Weise fixiert ist, etwa in den Akten fertig mit Unterschrift daliegt; bereits in diesem Augenblick ist das Rechtsgeschäft des Urteils genau ebenso weit gediehen wie ein privatrechtlicher schriftlicher Vertragsantrag, den ich einem Boten zur Übermittelung an den A einhändige [50]). Hinzukommen muß zu diesem fertigen Rechtsgeschäft aber noch die Rechtshandlung der Kundgabe, die bei dem Vertragsantrag der Bote durch Übergabe des Schriftstücks, beim Urteil der Richter durch die mündliche Verkündung nach CPO. 310 bewirkt. Aus diesen Voraussetzungen

---

[45]) Eger, Eisenbahnrecht I. 124.

[46]) Das verkennt Eger, Eisenbahnrecht I. 126.

[47]) So bezüglich der Urteile RG. **29**, 366; Jur.W. **1903**, 383 (vgl. u. S. 262).

[48]) Vgl. OVG. **31**, 428 und u. S. 267 (44).

[49]) Wo die Mündlichkeit im Privatrecht Form ist, kann sie durch die Schriftform ebensowenig ersetzt werden wie im öffentlichen Recht. Das übersieht Walter Jellinek 38, und der von ihm als tiefgreifender Unterschied, zwischen privatem und öffentlichem Recht festgestellte Umstand, daß es in letzterem keine „Skala von Formalitäten" gebe, beschränkt sich in Wahrheit darauf, daß für Verwaltungsakte eine dem BGB. 126^{III} gleichartige Bestimmung fehlt, wenn man nicht auch eine solche anerkennen will in dem unstreitigen Rechtssatz, daß die einfache Schriftform auch durch eine feierliche Ausfertigung ersetzt wird.

[50]) Über die Bedeutung dieses Zeitpunktes vgl. BGB. 130^{II}.

hat nun die Rechtsprechung [51]) zutreffend den Schluß gezogen, daß das fertige Urteil unbedenklich auch von anderen Richtern als von denen, die es gefällt haben, verkündet werden kann, da eben mit der „Fällung“ des Urteils im Sinne von CPO. 309, d. h. mit der Beschlußfassung, das Rechtsgeschäft zu Ende und alles weitere nur eine Rechtshandlung ohne inneren Zusammenhang mit der die Willensbildung bestimmenden „dem Urteil zugrunde liegenden Verhandlung“ (CPO. 309) darstellt. — Ganz anders ist es aber beim Strafurteil. Hier ist mit der schriftlichen Fixierung des Urteils das Rechtsgeschäft noch nicht zu Ende; vielmehr erstreckt sich das Rechtsgeschäft bis zu dem Zeitpunkt, wo der Wille des Gerichts in mündlicher Form zum Ausdruck gebracht wird. Infolgedessen kann die Verkündung auch nur durch dieselben Richter erfolgen, die der Verhandlung beigewohnt haben [52]). Im Unterschied vom Zivilurteil ist also hier die Mündlichkeit nicht nur eine Form der Kundgabe, sondern eine Form des Urteils selbst.

Auf die praktische Bedeutung dieser Unterscheidung werden wir später in der Lehre von der Nichtigkeit noch zurückzukommen haben [53]).

3. Endlich sind noch gewisse förmliche Handlungen zu erwähnen. Hierher wird man namentlich die Beeidigung zu rechnen haben, vornehmlich im Fall Gew.O. 36^{I} oder Eisenb.Bau u. Betr.O. § $74^{II\,2}$ [54]). Auch die Einführung in ein Amt kann als Förmlichkeit in Betracht kommen.

V. Die vorgeschriebenen Formen können wesentliche und unwesentliche Formen sein. Die letzteren sind diejenigen, deren Nichtbeachtung keinerlei Bedeutung hat für die Wirksamkeit des Verwaltungsakts; diese unwesentlichen Formen wirken rein deklarativ. Dagegen haben die wesentlichen Formen konstitutive Natur dergestalt, daß vor ihrer Erfüllung der Verwaltungsakt noch gar nicht existiert. Wir werden hierauf in der Lehre von der Nichtigkeit des näheren zurückzukommen haben.

VI. Die Grundsätze über Formlosigkeit und Formen sind auch auf Rechtshandlungen anwendbar. Stillschweigenden Rechtshandlungen allerdings wird man, soweit aktives Handeln in Frage steht, nicht begegnen; denn die Möglichkeit, daß schlüssige Handlungen zu stillschweigenden Willenserklärungen werden, beruht darauf, daß jene Handlungen mit dem ihnen zugrunde liegenden Willen in Verbindung gesetzt werden; gerade an diesem Willensmoment aber fehlt es bei den Rechtshandlungen. Besonders wichtig ist jene Frage der Formen für die Kundgabe von Verwaltungsakten, worauf wir alsbald im folgenden Paragraphen zu sprechen kommen werden [55]).

---

[51]) RG. bei Gruchot **41**, 1187.

[52]) RG. in Str. **3**, 116.

[53]) S. u. S. 268 f.

[54]) Vgl. ferner über bayerisches Recht RG. bei Reger **9**. 212.

[55]) S. u. S. 193 f. und 267 f.

§ 23.

3. Die Erklärung des Geschäftsabschlusses.

Die Lehre von der Erklärung des Geschäftsabschlusses muß ausgehen von folgender Erwägung:

Der rechtsgeschäftliche Verwaltungsakt ist eine Willenserklärung. Es ist also, damit der Wille des Handelnden zur Geltung komme, in jedem Fall nötig, daß er „erklärt", d. h. kundgetan wird, daß er äußerlich irgendwie in die Erscheinung tritt [1]). Solange diese Erklärung nicht geschehen ist, kann der solange noch bloß interne Wille keinerlei Rechtswirkungen äußern. Bei manchen Verwaltungsakten genügt diese Kundmachung schlechthin; das sind die nichtempfangsbedürftigen, streng einseitigen Verwaltungsakte. Bei den meisten Verwaltungsakten aber ist zur Hervorbringung der gewollten Wirkungen weiter erforderlich, daß sie erklärt werden gegenüber einem bestimmten Adressaten; das sind die empfangsbedürftigen Verwaltungsakte. Niemals aber gehört zur „Erklärung" eine „Begründung"; es läßt sich daher kein allgemeiner Rechtssatz des Inhalts nachweisen, daß obrigkeitliche Akte begründet werden müssen; es kann sich hier, soweit nicht besondere gesetzliche Bestimmungen wie in CPO. oder St.PO. ausdrücklich etwas anderes bestimmen, immer nur um eine Dienstpflicht aus dem pflichtmäßigen Ermessen der handelnden Behörde heraus handeln; wenn das Oberverwaltungsgericht [2]) den Grundsatz aufstellt, polizeiliche Verfügungen müßten so weit begründet werden, daß dem Betreffenden die Möglichkeit gegeben sei, die Grundlage der Verfügung anzugreifen, so steht dies nur scheinbar im Widerspruch mit unserer Auffassung, da das Gericht eine Heilung des Begründungsmangels durch nachträgliche Erklärungen der Behörde im Verwaltungsstreitverfahren anerkennt, also in Wirklichkeit nichts anderes meint als das, was wir vorhin feststellten, indem dort, wo wirklich eine Rechtspflicht zur Begründung besteht wie beim Urteil der CPO., die mangelnde Begründung keineswegs vor dem Revisionsgericht nachgeholt werden kann. Bei beiden Arten, streng einseitigen und empfangsbedürftigen Verwaltungsakten, kann die Kundmachung entweder als formlose zulässig sein, so daß es genügt, wenn der Verwaltungsakt, sei es schlechthin, sei es gegenüber dem Adressaten, in irgend einer Weise in die Erscheinung tritt; es können aber auch besondere Kundmachungsformen vorgeschrieben sein. Da die Kundmachung stets erfolgen muß durch Gebrauch bestimmter Worte oder Zeichen oder durch Vornahme bestimmter Handlungen, da diese Kundmachungsmittel aber keineswegs immer einen unzweifelhaften Sinn geben, so sind sie häufig auslegungsbedürftig.

Unsere Aufgabe im einzelnen ist daher festzustellen: Zunächst, welche Akte empfangsbedürftig und welche streng einseitig sind, sowie die Bedeutung des Instituts der Empfangsbedürftigkeit; so-

[1]) OVG. **12**, 48.
[2]) OVG. **7**, 252, **24**, 340, **30**, 109, **45**, 428.

dann, welches die einzelnen Kundmachungsformen sind; endlich, welche Grundsätze die Auslegung der Willenserklärungen beherrschen.

Auch bei Erörterung dieser Fragen legen wir die rechtsgeschäftlichen Verwaltungsakte zugrunde. Es muß aber bemerkt werden, daß die festzustellenden Grundsätze auch für einen großen Teil der rechtshandlungsmäßigen Akte gelten. Denn sie beruhen nicht auf dem Willensmoment in dem Rechtsgeschäftsbegriff, sondern sie beruhen auf seinem Erklärungsmoment. Sie sind daher auf solche Rechtshandlungen, die, wie namentlich die Mahnungen, sich ebenfalls als Erklärungen, wenn auch nicht als Willenserklärungen darstellen, ebenfalls anwendbar.

* * *

Den Gegensatz der empfangsbedürftigen und der streng einseitigen Rechtsgeschäfte kennen wir aus dem bürgerlichen Recht.

I. Wie in diesem, so sind auch im öffentlichen Recht die empfangsbedürftigen Geschäfte die Regel.

1. Das Erfordernis der Empfangsbedürftigkeit ist oft betont worden.

Man hat es als allgemeinen Grundsatz verkündet [3]. Man hat den allgemeinen Grundsatz im einzelnen Fall angewendet, ebenso in der Literatur [4] wie in der Praxis [5]. Auf seiner Anwendung beruht auch der Erlaß des badischen Ministeriums des Innern vom 4. Mai 1889 [6], wo unter Ziffer 4 die Worte des früheren Unf. u. Kr.VG. v. 5. Mai 1886 § 142: „Mit dem Tage ihrer Überweisung" richtig dahin erläutert wurden: mit dem Tage, an dem ihnen die Überweisungsverfügung eröffnet wird. Von diesem Grundsatze ausgehend, bemerkt ferner Otto Mayer [7] treffend zu den Bestimmungen des pr. Gesetzes v. 10. April 1872 § 4 über das Wirksamwerden von Eisenbahnkonzessionen durch Veröffentlichung, daß dies sich nur auf das Verhältnis des Unternehmers zu dritten beziehe: „Das Verhältnis zwischen dem Verleiher und dem Beliehenen tritt unabhängig davon in Kraft schon durch die etwa vorausgegangene Eröffnung an den letzteren."

Der Gesetzgeber hat unseren Grundsatz nicht sowohl geschaffen als vielmehr anerkannt vor allem als allgemeinen Satz in FGG. 16^{I}, wo es heißt: „Verfügungen werden mit der Bekanntmachung an denjenigen, für welchen sie ihrem Inhalte nach bestimmt sind, wirksam"; auch auf St.PO. 35^{I-II} mag verwiesen werden; in zahlreichen Bestim-

---

[3]) Mayer I. 278, Tezner 213, Ulbrich 311, Nußbaum 50. Mayrhofer I. 1173 spricht nur von den „behördlichen Erledigungen, welche den Parteien Gehorsams- oder Anerkennungspflichten auferlegen". Vgl. auch W. Jellinek 67 f.

[4]) Vgl. z. B. Mayer II. 151; im A. ö. R. 3, 61. Seydel II. 194. Rauchalles 106. Caspar 87. — Über nichtamtliche publizistische Erklärungen vgl. Rumpelt 83.

[5]) Vgl. OVG. **12**, 48. OVG. v. 6. X. 02 in VBl. **24**, 362, v. 21. X. 02 in VBl. **24**, 210. OVG. in St. **3**, 95. RG. in Str. **26**, 412. SOVG. **9**, 157. KG. **2**, 280. BVGH. **7**, 51.

[6]) In Arb.Vers. **6**, 451. Zustimmend Rosin **I**. 440.

[7]) **II**. 307 (23).

mungen, wie z. B. in pr. Enteign.G. 44 bezüglich des Enteignungsbeschlusses, ist unser Grundsatz im Einzelfall gesetzlich anerkannt.

Die Notwendigkeit dieses Grundsatzes ergibt sich aus dem Wesen des Verwaltungsakts, der auf den Willen des Betroffenen bestimmend einwirken will [8]). Er muß daher überall als gültig anerkannt werden, wo er nicht durch besondere Gründe unnötig ist.

Solche besonderen Gründe fehlen aber bei den Polizeistrafverfügungen und es muß daher mit Levis [9]), entgegen der herrschenden Meinung [10]) aus unserem Grundsatze die Folgerung gezogen werden, daß die Strafverfügungen wirksam werden nicht mit der Vollziehung der Verfügung [10]), sondern erst mit ihrer Bekanntgabe an den Beschuldigten. Eine Bestätigung dieser Auffassung enthält auch pr. G. v. 23. April 1883 § 8, wo es heißt: „Ist der Amtsanwalt eingeschritten, bevor die polizeiliche Strafverfügung dem Beschuldigten behändigt worden ist, so ist die letztere wirkungslos;" hiermit ist ausgesprochen, daß die Wirkungen der Verfügung erst vom Augenblick der Verfügung ab datieren. — Ob gerichtliche Handlungen zur Unterbrechung der Verjährung nach St.GB. 68 ebenso wie die Strafverfügungen zu behandeln sind, kann immerhin zweifelhaft sein. Von der gemeinen Meinung wird der Zeitpunkt ihres aktenmäßigen Erlasses als maßgebend betrachtet [11]).

2. Adressat der Erklärung ist, wie FGG. 16^{I} sagt, derjenige, für den die Verfügung ihrem Inhalt nach bestimmt ist. Man mag ihn kurz als den Betroffenen bezeichnen.

Betroffen kann eine Person sein, betroffen kann aber auch eine Mehrheit von Personen sein. Hierauf beruht die Möglichkeit, daß ein und derselbe Verwaltungsakt gegenüber verschiedenen Personen zu verschiedenen Zeiten wirksam wird [12]).

Für die Zustellung an juristische Personen gelten die allgemeinen Grundsätze bezüglich der zu ihrer Vertretung berufenen Personen [13]).

Die Bekanntgabe kann nur erfolgen an geschäftsfähige Personen.

Auf die Bedeutung der Geschäftsfähigkeit im öffentlichen Recht werden wir in der Lehre von der Nichtigkeit näher eingehen. Hier wollen wir nur vorläufig den Grundsatz feststellen: Nichtig ist die Bekanntgabe an geschäftsunfähige Personen [14]), sowie auch an geschäftsbeschränkte Personen, so weit sie nicht etwa für die auf ein bestimmtes Rechtsverhältnis sich beziehenden Bekanntmachungen auf Grund einer allgemeinen Genehmigung ihres gesetzlichen Vertreters zur Eingehung

---

[8]) Vgl. Tezner 213.

[9]) In Zeitschr. f. ges. Str.RW. **19**, 345, 346. Vgl. auch das dort genannte, S. 346 (43), Urteil des OLG. Stuttgart.

[10]) Vgl. Friedel 57. Friedländer in Zeitschr. f. ges. Str.RW. **18**, 528, 529 (86 a. E.).

[11]) Auch Levis in Zeitschr. f. ges. Str.RW. **19**, 346 (42) läßt die Entscheidung darüber dahingestellt.

[12]) Vgl. auch u. S. 192.

[13]) OVG. **11**, 15, **14**, 94.

[14]) SOVG. **1**, 195. RVA. **1893**, 206, Z. 1252.

jenes Verhältnisses als geschäftsfähig zu betrachten sind [15]). Als Bekanntgabe ist, wie wir noch sehen werden [16]), auch die Ersatzzustellung zu betrachten, die also nur dann zulässig ist, wenn derjenige für den die Zustellung in Empfang genommen wird, geschäftsfähig ist [17]).

Hieraus ergeben sich unter anderem folgende Erscheinungen: Die einer nicht geschäftsfähigen Person erteilte Naturalisationsurkunde muß, um rechtliche Wirkung zu erlangen, an den Vater, Vormund oder sonstigen gesetzlichen Vertreter ausgehändigt werden [18]). Ebenso ist zu verfahren, wenn der Antrag auf Dienstentlassung von einem geschäftsfähigen Beamten gestellt, dieser aber vor Zugang der Entlassungsverfügung entmündigt wird; dann ist die Verfügung einfach an den gesetzlichen Vertreter zuzustellen und es bedarf keineswegs, wie von Perels-Spilling [19]) angenommen wird, des Zwangspensionierungsverfahrens nach Beamt.G. 62 ff. Auch die Zustellung von Polizeierlaubnissen, z. B. des Jagdscheins, muß an geschäftsfähige Personen erfolgen; an Minderjährige erscheint, falls nicht der gesetzliche Vertreter seine Einwilligung erteilt hat, in entsprechender Anwendung von BGB. 131^{II} die Zustellung nur dann als ausreichend, wenn durch die Erlaubnis dem Minderjährigen lediglich ein rechtlicher Vorteil erwächst, was z. B. bei einem Gebührenpflicht begründenden Jagdschein nicht der Fall ist [20]). Die nämlichen Grundsätze gelten im Arbeiterversicherungsrecht, z. B. für die Zustellung der Anordnung des Heilverfahrens [21]) nach Gew.Unf.VG. 22 oder der Aufforderung, sich zur anderweiten Feststellung der Unfallfolgen (Gew.Unf.VG. 88 ff.) durch einen bestimmten Arzt untersuchen zu lassen [22]).

Außer der notwendigen Zustellung an notwendige Vertreter, von der wir eben sprachen, finden wir auch eine Zustellung an auch gewillkürte Vertreter [23]).

Ihre Zulässigkeit ist jedenfalls dort im allgemeinen unzweifelhaft, wo eine Mitwirkung der Partei, namentlich innerhalb eines Verfahrens, stattfindet und die Partei sich hierbei eines Vertreters bedient hat. Hier wird man eine Prozeßvollmacht im Zweifel dahin auszulegen haben, daß sie auch zu Zustellungen bevollmächtigen soll; doch bleibt es, soweit nicht besondere Vorschriften wie CPO. 83 entgegenstehen, der Partei unbenommen, die Zustellung, etwa von Urteilen, an den Vertreter mit Wirkung nach außen zu verbieten [24]). Aber auch sonst erscheint es unbedenklich, daß die Partei der Behörde einen

---

[15]) Die Frage der Zulässigkeit von Zustellungen an Minderjährige ist übersehen von BVGH. **3**, 360. Vgl. aber u. S. 270, 271.

[16]) S. u. S. 194, 195.

[17]) BVGH. **22**, 6.

[18]) Cahn 106. Walter Jellinek 87 (4). Unrichtig Rauchalles 47.

[19]) S. 144.

[20]) Unrichtig Ebner in VA. **14**, 163.

[21]) RVA. **1899**, 441, Z. 1753.

[22]) RVA. **1899**, 442, Z. 1754.

[23]) Vgl. Tezner 219.

[24]) BAHW. v. 1. XII. 83 in VBl. **5**, 128.

Bevollmächtigten benennt, an den die Behörde befugt ist, rechtswirksam zuzustellen [25]).

Die Befugnis der Behörde, gleichwohl der Partei selbst zuzustellen, wird durch jene Ermächtigung nicht berührt, da diese mangels entgegenstehender Bestimmungen wie z. B. CPO. 176 eine Verpflichtung nicht einschließt. Diesen Grundsatz hat für das Verwaltungsstreitverfahren das Oberverwaltungsgericht verschiedentlich ausgesprochen [26]). Zu der gleichen Auffassung bekennen sich auch das Reichsversicherungsamt [27]), das bayerische Landesversicherungsamt [28]), der bayerische Verwaltungsgerichtshof [29]) und das sächsische Oberverwaltungsgericht [30]). Auch im Strafprozeß findet CPO. 176 keine Anwendung [31]). Selbst für den Geltungsbereich der CPO. hat das Reichsgericht [32]) ausgesprochen, daß CPO. 176 keineswegs auf die Zustellung einstweiliger Verfügungen anwendbar sei, da CPO. 82 zur Zustellung an den Bevollmächtigten des Hauptprozesses nur berechtige, aber nicht verpflichte. Es läßt sich also CPO. 176 sicherlich nicht als eine Vorschrift des „gemeinsamen Prozeßrechts" für Zivil- und Verwaltungsprozeß bezeichnen, da er ja nicht einmal das Verfahren vor den bürgerlichen Gerichten vollständig beherrscht, und damit entfällt jeder Grund für die Auffassung des Bundesamts für Heimatwesen [33]), das mit jenem Hinweis die Zustellung an die Partei selbst statt an ihren Vertreter für unzulässig erklärt hat.

Daß die Benachrichtigung eines falschen Adressaten gegenüber dem gemeinten, aber nicht erreichten Adressaten wirkungslos ist, braucht kaum betont zu werden [34]); Bestimmungen wie Gew.Unf.VG. $72^{I\,2}$ bezüglich des, übrigens nichtamtlichen, Rechtsgeschäfts der Anspruchsanmeldung beruhen auf besonderen Billigkeitserwägungen und sind durchaus singulär. Scharf zu scheiden von der hier erörterten Frage, welche Wirkung die Kundgabe an den falschen Adressaten für den gemeinten, aber nicht erreichten Adressaten hat, ist natürlich die andere Frage, welche Wirkung sie gegenüber dem erreichten, aber nicht gemeinten Adressaten hat; diese zweite Frage gehört nicht in die Lehre vom Wirksamwerden der Verwaltungsakte, sondern in die Lehre vom Irrtum [35]). Wann aber dürfen wir von einem falschen Adressaten sprechen?

Falsch ist der Adressat nicht nur dann, wenn ein gegen den August Müller ergangener Verwaltungsakt dem Otto Müller zugestellt ist.

---

[25]) Erl. d. Württ. Min. d. I. v. 7. II. 83 bei Reger **3**, 333. Vgl. auch SOVG. **4**, 324.

[26]) OVG. **41**, 458; OVG. v. 12. III. 84 in VBl. **5**, 268, v. 29. IX. 95 in DJZ. **1**, 20, v. 3. VII. 00 bei Kuntze-Kautz **II**. 1227. Vgl. ferner OVG. v. 16. X. 00 in VBl. **22**. 513, sowie Friedrichs in VA. **6**, 507 (2).

[27]) RVA. **1887**, 37, Z. 295; **1888**. 334, Z. 615.

[28]) BLVA. bei Reger **12**, 29.

[29]) BVGH. **12**, 153.

[30]) SOVG. **5**. 97.

[31]) RG. Rechtsspr. **6**, 32.

[32]) RG. **45**, 364.

[33]) BAHW. **16**, 175.

[34]) Vgl. RG. **19**, 394.

[35]) Vgl. u. S. 301.

Sondern falsch ist er auch dann, wenn der Akt einem Doppelgänger des August Müller zugeht, d. h. jemandem, der den gleichen Namen wie dieser führt; hierbei ist es einerlei, ob er diesen Namen berechtigter oder betrüglicher Weise führt. Falsch ist der Adressat endlich auch dann, wenn der Akt einem Vertreter zugestellt wird, der überhaupt keine oder nur eine Scheinvertretungsmacht für die Partei hat; um eine Scheinvertretungsmacht handelt es sich insbesondere in dem bekannten, von Hellwig [36]) seinerzeit zuerst behandelten Fall, wo in dem Ehescheidungsprozeß des A gegen Frau A die Klage der unter dem Namen Frau A auftretenden Konkubine C zugestellt wurde, wo diese im Einverständnis mit A einen Rechtsanwalt X bevollmächtigte und wo dieser Rechtsanwalt nun als angeblicher Vertreter der Frau A den Prozeß führte [37]).

Dagegen ist der Adressat nicht falsch, wenn ein Verwaltungsakt, der über den fälschlich unter dem Namen B aufgetretenen A ergangen ist, dem A wiederum unter dem falschen Namen B kundgegeben wird; denn im Gegensatz zu den vorigen Fällen deckt sich hier die Person des gewollten Adressaten mit der des erreichten Adressaten; es liegt nur eine falsche Bezeichnung des sowohl gewollten wie erreichten Adressaten vor, auf die der Satz: falsa demonstratio non nocet anzuwenden ist. So war wohl die Sachlage in dem vom Oberlandesgericht Hamburg am 5. Juni 1888 [38]) entschiedenen Fall: Der Kläger hatte gegen den „Fuhrmann Nalopp" geklagt und ein siegreiches Urteil erstritten; nachher stellte sich heraus, daß der Beklagte Nolof nicht Nalopp hieß; da hier dem Fuhrmann Nolof unter dem Namen Nalopp zugestellt worden war, so war er der richtige Adressat und das Urteil konnte rechtskräftig werden. Ebenso ist die Lage ferner in dem Fall [39]), daß der übelbeleumundete August Müller Friedrichstraße 1, da er unter seinem wahren Namen sofort abgewiesen zu werden befürchtet, unter dem falschen Namen Otto Schulze Wilhelmstraße 10 eine Schankerlaubnis beantragt; sie wird ihn gewährt und ihm unter dem Namen Otto Schulze zugestellt; dann ist jedenfalls die Zustellung wirksam, und ob der Verwaltungsakt selbst wirksam oder unwirksam oder mangelhaft ist, hängt vom Einfluß der Täuschung ab [40]).

Ebensowenig ist der Adressat falsch, wenn in dem letztgedachten Fall die Schankerlaubnis dem echten Otto Schulze Wilhelmstraße 10 zugestellt wird. Denn auch hier fehlt die Verschiedenheit von gewolltem und erreichtem Adressaten. August Müller ist in diesem Fall überhaupt gar nicht als selbständige Rechtspersönlichkeit aufgetreten wie im vorigen Fall, wo Adressat des Verwaltungsakts „August Müller falso (nämlich Otto Schulze) demonstratus" war, sondern nur wie ein falsus procurator des Otto Schulze, als ein Vertreter ohne Vertretungsmacht [41]). Die Zustellung ist darum auch hier wirksam gewesen; ob

[36]) In DJZ. **1906**, 68 f.

[37]) Vgl. Walter Jellinek 73.

[38]) Bei Seuffert **44**, 105. Vgl. Oertmann in DJZ. **1906**, 736.

[39]) Vgl. Walter Jellinek 82.

[40]) Vgl. Walter Jellinek 82 u. u. S. 302, sowie § 40.

[41]) Oertmann in DJZ. **1906**, 735 f. und ähnlich Walter Jellinek 82, 83 stellen einander Personen- und Namenverwechselung gegenüber. Das ist nicht

der Verwaltungsakt selbst wirksam ist, hängt von der Frage ab, welchen Einfluß der Antrag eines Vertreters ohne Vertretungsmacht auf die Wirksamkeit des Verwaltungsakts ausübt [42]).

Endlich ist der Adressat auch dann nicht falsch, wenn ein für „Heinrich Schulze" bestimmter Verwaltungsakt ihm unter der fälschlichen Bezeichnung „Heinrich Schulz" oder „Hermann Schulze" zugestellt wird. Zwar kann in solchen Fällen dann, wenn formelle Zustellung und insbesondere Beurkundung über die geschehene Zustellung vorgeschrieben sind, eine ordnungswidrige und daher nichtige Zustellung vorliegen. Wo aber formlose Kundgabe genügt, da ist die Kundgabe ebenso wirksam geschehen, wie ein privatrechtlicher Akt wirksam geworden ist, wenn auch der Name des Adressaten falsch geschrieben ist. Vielleicht kann übrigens auch von diesem Gesichtspunkt aus die Entscheidung in dem vorhin erwähnten Nalopp-Nolof-Fall gefunden werden.

3. Was den Zeitpunkt des Zugehens der Erklärung anlangt, so kommen für das öffentliche Recht dieselben Fragen in Betracht, die für das gemeine Privatrecht streitig waren und die in den Schlagworten Äußerungstheorie, Vernehmungstheorie und Empfangstheorie ausgedrückt werden. Man wird unbedenklich BGB. 130 auch im öffentlichen Recht anwenden dürfen, so weit nicht, wie im Zustellungswesen (im technischen Sinn) besondere Bestimmungen Abweichungen anordnen. Es genügt hiernach also nicht die bloße Absendung der Verfügung, es ist aber andererseits auch nicht erforderlich, daß der Betroffene wirklich von ihr Kenntnis genommen hat. Es kommt nur darauf an, daß er rechtlich und tatsächlich in der Lage war, von ihr Kenntnis zu nehmen. Dieser Grundsatz ist auch in der Rechtsprechung [43]) wiederholt anerkannt worden, namentlich übrigens bei Zugang nichtamtlicher publizistischer Erklärungen, für die aber in der Frage des Wirksamwerdens keine anderen Grundsätze gelten können als für die amtlichen. Hiernach dürfte auch die Meinung von Tezner [43a]), daß die Aushändigung an einen bloßen Hausgenossen der Partei nur auf Grund gesetzlicher Anerkennung zulässig sei, zu modifizieren sein.

4. Der Zeitpunkt des Zugangs von Verwaltungsakten pflegt urkundlich festgestellt zu werden. Doch erscheint das nicht wesentlich. Steht vielmehr aus anderen Gründen, z. B. durch Geständnis

unrichtig, aber doch wohl ungenau; namentlich mit der Formulierung Jellineks, daß der Betrüger im ersten Fall sage „ich bin der Y", im zweiten Fall „ich heiße X", läßt sich wenig anfangen. Jellinek übersieht und Oertmann würdigt nicht ausreichend, daß die Individualisierung einer Person in der Regel eben durch den Namen sich vollzieht, daß der Betrüger also durch die Namenverwechselung zugleich eine Personenverwechselung begeht; nur dort, wo andere Individualisierungsmomente zu dem Namen hinzutreten, wie Wohnung, Geburtsdaten, Familienstand (Ehefrau), mit Einschränkungen auch Stand und Gewerbe, kommt es nicht mehr ausschließlich auf den Namen an.

[42]) S. u. S. 273, sowie 401, 402.

[43]) Vgl. OVG. **36**, 360 und die dort genannten Entscheidungen, ferner OVG. **5**, 261; SOVG. **3**, 132, 289; BVGH. **6**, 90; RVA. **1900**, 669, Z. 1807; bezüglich des Zivilprozesses vgl. Gaupp - Stein **I**. 469 und die dort genannten Entscheidungen.

[43a]) S. 219. Vgl. auch Walter Jellinek 38, 39.

der Betroffenen, fest, daß die Mitteilung erfolgt ist, wofür beweispflichtig der ist, der sich darauf beruft[44]), so muß dies genügen[45]), — wenigstens im Zweifel. Es gilt jedenfalls dort, wo eine besondere Bekanntgabeform nicht vorgeschrieben ist; so sagt auch FGG 16^{II}, daß in den Fällen formloser Kundmachung, soweit von dieser der Lauf einer Frist beginnt, ein Aktenvermerk darüber eingetragen werden „soll", womit deutlich der bloß instruktionelle Charakter dieser ‚Sollvorschrift' zum Ausdruck gebracht ist. Ausnahmen können gesetzlich vorgeschrieben sein, so vor allem im Zustellungswesen nach CPO. 190, wo das Reichsgericht[46]) entschieden hat, daß die Aufnahme einer Urkunde über die erfolgte Zustellung zum Wesen einer prozessual wirksamen Zustellung gehört.

5. Die Grundsätze über Empfangsbedürftigkeit gelten auch für diejenigen Rechtshandlungen, die eine Einwirkung auf den Willen des Betroffenen bezwecken. Das hat Otto Mayer[47]) bereits für die Drohungen treffend betont und das Reichsgericht[48]) für die Androhung nach CPO. 890^{II} bestätigt.

II. Die Nichtempfangsbedürftigkeit bildet auch im öffentlichen wie im bürgerlichen Recht die Ausnahme.

1. Daraus folgt, daß sie stets der gesetzlichen Grundlage, die sich mindestens, wenn nicht aus ausdrücklichen Normen, aus allgemeinen Erwägungen ergeben muß, bedarf[49]). Fehlt eine solche, so kann die bloße Kundmachung schlechthin nicht als genügend angesehen werden. Dieser Satz ist das notwendige Gegenstück zu dem vorhin aufgestellten, daß grundsätzlich jeder Verwaltungsakt dem dadurch Betroffenen zu eröffnen ist. Ob Verordnungen eine genügende Grundlage bilden, hängt von der Beantwortung der allgemeinen Frage ab, inwieweit Verordnungen Gesetzesstelle vertreten können.

2. Als Fälle der Nichtempfangsbedürftigkeit kommen in Betracht:

Zunächst eine Reihe von Rechtshandlungen, wie vor allem die gewöhnlichen Beurkundungen und die Eintragungen in Listen und öffentliche Bücher. Auf diese Besonderheit der Eintragungen gegenüber dem allgemeinen Grundsatz von FGG. 16^{1} hat Nußbaum[50]) bereits mit Recht hingewiesen.

Es kommen weiter solche Fälle in Betracht, wo individuell bestimmte Personen durch die Willenserklärung gar nicht betroffen werden. Das sind die Willenserklärungen an jeden, den es angeht.

Den Hauptanwendungsfall bilden die Gesetze und Verordnungen, auf die wir aber hier nicht näher einzugehen haben.

---

[44]) BVGH. **6**, 90.

[45]) Tezner 226. Vgl. auch die dort genannte Entscheidung des Östr. VGH. Vgl. ferner OVG. **5**, 261; **26**, 438; auch die Zirk.V. d. OVG. **1**, 437. BVGH. **1**, 385 im Gegensatz zur Entscheidung der Vorinstanz. RVA. **1893**, 172, Z. 1223; **1899**, 446, Z. 724.

[46]) RG. **19**, 423.

[47]) **I**. 331.

[48]) RG. in Jur.W. **25**, 149, Z. 20.

[49]) Vgl. Tezner 214, 216.

[50]) S. 50.

Ihnen verwandt sind die in öffentlicher Sitzung ergehenden Beschlüsse öffentlicher, d. h. parlamentarischer oder parlamentsähnlicher, Körperschaften. Ebenso wie die Gesetze tragen auch sie den Charakter von Willenserklärungen an jeden, den es angeht, in dem Maße, daß sie selbst dort nicht empfangsbedürftig sind, wo individuell bestimmte Personen mindestens stärker betroffen werden als andere. Hierauf beruht es, daß der Beschluß des Kreistages über die Gültigkeit einer Wahl nach pr. Kr.O. 113 alsbald nach seiner Fassung angefochten werden kann und spätestens 14 Tage nach ihr angefochten werden muß, ohne Rücksicht darauf, ob der Beschluß dem Gewählten zugestellt wurde oder nicht; denn der Beschluß tritt, ebenso wie ein Individualgesetz, mit seiner Verkündung „sofort an die Außenwelt“ [51]), d. h. er ist nicht empfangsbedürftig.

Von Verwaltungsakten gehören weiter hierher vor allem die Widmungen und Einziehungen öffentlicher Sachen. Auch diese Handlungen sind Willenserklärungen; es genügt für sie nicht der innere Willensentschluß, sondern es bedarf der äußerlichen Kundgabe dieses Entschlusses. Aber die Kundgabe kann schlechthin erfolgen, sie bedarf keines bestimmten Adressaten [52]).

Ähnliche Natur hat die Verfügung, durch die ein Gewässer zum Schonrevier erklärt wird, wenn man darin nicht überhaupt eine Verordnung erblicken will. Nach pr. Fisch.G. 29^{III} ist die Verfügung öffentlich bekannt und das fragliche Revier nach Möglichkeit durch Aufstellung besonderer Zeichen erkennbar zu machen.

Endlich gehören hierher die Aufgebote, soweit die Interessenten dabei nicht individuell bestimmt sind [53]).

Es kommen weiter in Betracht die Fälle, wo die Interessenten zwar individuell bestimmt sind, aber wegen ihrer großen Zahl nach Gestattung des Gesetzgebers nicht einzeln brauchen benachrichtigt zu werden. Hierher gehört die öffentliche Aufforderung zur Abgabe von Steuererklärungen an die bereits mit mehr als 3000 Mark veranlagten Steuerpflichtigen nach pr. Eink.St.G. 25; hierher ferner die Veröffentlichung über die Steuerveranlagung nach pr. Kom.Abg.G. 65; hierher auch die Einberufung zu Kontrollversammlungen durch öffentliche Bekanntmachung nach WO. 115, Z. 7.

Ziemlich selten sind die Fälle, wo zwar ein einzelner und individuell bestimmter Erklärungsadressat da ist, wo aber trotzdem die Erklärung ihm nicht bekannt gegeben werden muß.

Ein eigentümliches Beispiel einer nichtamtlichen Willenserklärung dieser Art ist die Beitragsleistung im Arbeiterversicherungsrecht durch Einkleben von Marken in die Quittungskarte.

Von amtlichen Willenserklärungen gehörte hierher die Ausweisungsverfügung nach Soz.G. 28 [54]), die Otto Mayer [55]) als „etwas sehr Außergewöhnliches“ bezeichnet.

---

[51]) OVG. **40**, 11.
[52]) Vgl. Mayer **II**. 108.
[53]) Vgl. Tezner 215, 216.
[54]) Vgl. dazu RG. bei Reger 3, 337.

Auch gewisse Aufgebote können hierher gerechnet werden, wenn nämlich der Aufgebotsgegner individuell bestimmt ist. So das Aufgebot des Grundstückseigentümers nach BGB. 927, CPO. 977 f.

Damit verwandt sind die Fälle, wo regelmäßig die Erklärung empfangsbedürftig ist, wo aber unter gewissen Voraussetzungen der Gesetzgeber den Erklärenden vom Nachweis des Zugangs der Erklärung befreit, indem er die Fiktion aufstellt, die Erklärung solle als zugegangen gelten. Hierher gehört die öffentliche Zustellung nach St.PO. 40, CPO. 203. Hierher gehört auch Beamt.G. 144 II, wonach für das Wirksamwerden des Defektenbeschlusses, d. h. für den Beginn der Anfechtungsfrist, grundsätzlich der Tag der Bekanntmachung des Beschlusses an den Beamten maßgebend ist, dann aber, wenn der Beamte an seinem Wohnort nicht anzutreffen ist, der Tag der Abfassung des Beschlusses. Hierher gehörte auch pr. Vereins-G. 17 a. E., wonach das nachträgliche Verbot einer Versammlung unter freiem Himmel grundsätzlich so bekannt zu machen war, daß kein Teilnehmer der Versammlung ohne Kenntnis davon blieb; für den Fall aber, daß das Verbot in der Versammlung selbst bekannt gegeben wurde, hat das Gesetz „eine unwiderlegliche Vermutung aufgestellt, daß jeder, der sich später noch an der Versammlung beteiligt, Kenntnis von dem Verbot habe“ [56]).

III. Es gibt auch Mischformen von Empfangsbedürftigkeit und Nichtempfangsbedürftigkeit.

1. Hierher gehört zunächst der Fall, daß ein Verwaltungsakt für gewisse Wirkungen streng einseitig, für andere empfangsbedürftig ist. Ein Beispiel bietet das Urteil [57]). Mit seiner Verkündung, die nicht immer mit seiner Bekanntgabe an den oder die Betroffenen zusammenfällt, da sie auch in deren Abwesenheit erfolgen kann, ist das Urteil da und äußert bereits gewisse Wirkungen, so wird man von diesem Zeitpunkt ab seine Unabänderlichkeit für den erkennenden Richter anzunehmen haben; so ist insbesondere von diesem Zeitpunkt ab eine Änderung des maßgebenden objektiven Rechts ohne Einfluß auf das Urteil; in diesem Zeitpunkt wird vom Zivilurteil auch die zuwiderlaufende einstweilige Verfügung aufgehoben. Dagegen sind andere Rechtsfolgen, so der Beginn der Rechtsmittelfrist und die Zulässigkeit der Zwangsvollstreckung abhängig von seiner Kundmachung an den Betroffenen, die teilweise sogar in der besonderen Form der Zustellung erfolgen muß [58]). Besonders stark den einseitigen Verwaltungsakten angenähert sind die letztinstanzlichen Urteile.

2. Eine zweite Mischform besteht darin, daß der Verwaltungsakt wirksam wird durch die Bekanntgabe, aber unter Rückbeziehung seiner Wirkungen auf den Tag seines Erlasses.

---

[55]) I. 281 (14).

[56]) Caspar 87.

[57]) Mißverständlich ist es, wenn W. Jellinek 67 die Verkündung des Urteils als „absolut einseitigen Akt“ bezeichnet. Für die Rechtshandlung der Verkündung trifft es freilich zu. Jellinek scheint indes a. a. O. das Rechtsgeschäft des Urteils selbst gemeint zu haben.

[58]) Nußbaum, Prozeßhandlungen 16.

Ein, freilich stark umstrittenes, Beispiel bildet der Konkurseröffnungsbeschluß. Man wird aber wohl mit Ötker [59]) anzunehmen haben, daß, mangels entgegenstehender Bestimmungen, der allgemeine Grundsatz von der Empfangsbedürftigkeit der Verwaltungsakte auch auf ihn Anwendung findet, daß er also nicht schon dann perfekt ist, wenn die fragliche Anordnung vom Richter unterschrieben zu den Akten kommt. Er wird vielmehr erst perfekt durch die Bekanntgabe, doch so, daß auf Grund KO. 108 seine Wirkungen auf den Zeitpunkt seiner Vollziehung durch den Richter zurückbezogen werden.

Hierher gehören als weitere Beispiele auch solche Bestimmungen, wonach der Rang mehrerer Beamten gleicher Kategorie sich nach dem Datum der Anstellungsurkunde richtet u. a. [60]).

Einer gesetzlichen Grundlage bedürfen solche Rückbeziehungen von Wirkungen jedenfalls dann, wenn sie Pflichten begründen oder Rechtsentziehungen, also überhaupt Beschränkungen der Rechtssphäre des Betroffenen enthalten; so namentlich im Fall KO. 108. Auch soweit die Akte Rechte begründen, ist eine Rückbeziehung ihrer Wirkungen nicht zu vermuten. Aber die Behörde wird für befugt zu erachten sein, rechtsgeschäftlich [61]) eine solche Rückbeziehung eintreten zu lassen, vorausgesetzt, daß ihr nicht gegenteilige Bestimmungen wie St.AG. 10, 18 entgegenstehen.

* * *

Die Kundgabe des Verwaltungsakts kann formlos und sie kann förmlich erfolgen. Formlosigkeit und Formen der Kundgabe stehen in gewisser Beziehung zu Formlosigkeit und Formen des Verwaltungsakts selbst, aber sie sind damit nicht gleichbedeutend [62]).

I. Grundsatz ist auch für die Kundgabe Formlosigkeit. Damit ist im einzelnen folgendes gesagt.

1. Dort, wo keine Form für den Verwaltungsakt selbst besteht, kann auch seine Bekanntgabe in jeder beliebigen Weise geschehen durch schriftliche Mitteilung, durch Eröffnung zu Protokoll, durch gewöhnliche mündliche Mitteilung, auch durch Zeichen.

Dies ist allgemeine Praxis, die vom preußischen Oberverwaltungsgericht [63]), ebenso wie vom sächsischen [64]), wiederholt ausdrücklich als zulässig anerkannt worden ist. Die formlose Kundgabe ist sogar dann ausreichend, wenn die kundgebende Behörde selbst irrtümlich eine Form für gesetzlich erforderlich hält; in einem Fall, wo ein Bescheid den Beschwerdeführern zuerst zu Protokoll eröffnet, später aber, nachdem diese Personen einen gemeinsamen Prozeßbevollmächtigten benannt hatten, diesem förmell zugestellt worden war, entschied der

---

[59]) S. 76.

[60]) Vgl. dazu Tezner 213 (2). Vgl. auch die eigentümliche Rückbeziehung der Wirkungen einer Niederlassungsbewilligung auf den Tag des Antrags in der Entscheidung des Schweizer BR. v. 16. VIII. 1887 bei Salis **II. 34.**

[61]) Das übersieht Tezner 213, 214.

[62]) Vgl. u. S. 268 f.

[63]) OVG. **17, 441**; OVG. v. 20. XII. 1901 bei Brauchitsch **I.** 201.

[64]) SOVG. 4, 52.

bayerische Verwaltungsgerichtshof mit Recht, daß die Rechtsmittelfrist vom Tage der Eröffnung zu Protokoll ab laufe [65]).

Otto Mayer [66]) hat freilich gegen diese Praxis Einspruch erhoben und gemeint, das sei nicht im Sinne des Rechtsstaats, das Interesse des Betroffenen erfordere die schriftliche Mitteilung. Aber selbst wenn diese durch jenes Interesse erfordert wird, so wird sie doch jedenfalls nicht, — und darauf kommt es uns im Augenblick allein an — sie wird nicht durch das Gesetz erfordert. Unrichtig ist es übrigens, wenn Mayer [66]) sein Verlangen mit dem Hinweis begründet: „Das Vorbild der Justiz, die immer (!) schriftlich mitteilt, ist auch hier maßgebend"; werden etwa Strafurteile immer oder auch nur in der Regel schriftlich mitgeteilt?

2. Dort, wo der Verwaltungsakt selbst der Schriftform bedarf, scheidet natürlich auch die mündliche Eröffnung zu Protokoll und die gewöhnliche mündliche Mitteilung aus den zulässigen Kundgabearten aus. Aber die Übergabe des Schriftstücks, in dem sich der Verwaltungsakt darstellt, kann in jeder beliebigen Form geschehen.

3. Wo eine besondere Kundmachungsform nicht vorgeschrieben ist, da wird man unter entsprechender Anwendung von BGB. $132^{I\,2}$ jedenfalls stets die Zustellung in den Formen der CPO. für genügend zu erachten haben.

Diesen Satz spricht ausdrücklich das Beamtengesetz in § 133^{I}, verbunden mit St.PO. 37, aus; er hat aber die Bedeutung eines allgemeinen Grundsatzes. Otto Mayer [67]) will jene Übertragung freilich nur in so weit gelten lassen, als die Zustellung der CPO. „zugleich die Elemente einer Mitteilung enthält, wie sie auch natürlichen Rechtes wäre". Daher sollen Besonderheiten wie Hinterlegung auf der Postanstalt unanwendbar sein. Man wird diese Einschränkung fallen lassen müssen, da nach BGB. 132^{I}, St.PO. 37 anzunehmen ist, daß der Gesetzgeber in der Zustellung der CPO. eine Kundmachungsform geben wollte, die eine ganz allgemeine Bedeutung haben, die ebenso für publizistische nichtamtliche Erklärungen (CPO.) wie für zivilrechtliche Erklärungen (BGB.) wie für amtliche publizistische Erklärungen (CPO., St.PO.) gelten soll. Man wird wohl unbedenklich sagen dürfen: Eine Kundmachungsform, die an sich zunächst nur für gewisse amtliche und nichtamtliche, aber jedenfalls publizistische Erklärungen (CPO., St.PO.) bestimmt ist, muß, wenn sie vom Gesetzgeber auch als geeignet für alle privatrechtlichen Erklärungen anerkannt wird, um so mehr für die sonstigen publizistischen Erklärungen als anwendbar und ausreichend angesehen werden. Von diesem Standpunkt aus erscheint Beamt.G. 133^{I} nur als ausdrückliche Bestätigung eines auch an sich schon geltenden Satzes.

Die Bedeutung unseres Grundsatzes im einzelnen zeigt sich vornehmlich in der Zulässigkeit der Ersatzzustellung. Diese Zu-

---

[65]) BVGH. 3, 222.

[66]) I. 280. — Vgl. dagegen Gew.O. 19; FGG. $16^{II\,2}$.

[67]) I. 280. — Bedenken hat auch Tezner 219. — Richtig Walter Jellinek 69 und die daselbst 69 (1) genannte Entscheidung des Braunschw. VGH.

lässigkeit ist wiederholt anerkannt worden [68]); gegen sie spricht auch nicht die Entscheidung des württembergischen Verwaltungsgerichtshofs [69]), die sie im Fall Kr.VG. 58^{I} zwar verneint, aber dies nur darum, weil das Gericht in den Bestimmungen der württembergischen Vollzugsverfügung vom 2. November 1892 Sondernormen erblickt, welche eine besondere Form verlangen und daher die Anwendbarkeit der CPO. ausschließen. Natürlich darf mit der Ersatzzustellung nicht die Zustellung an einen Vertreter ohne Vertretungsmacht verwechselt werden; eine Zustellung „an den Glasmacher Michael L. zu Händen der Frau L. in B" ist keine Ersatzzustellung, sondern Zustellung an einen Vertreter ohne Vertretungsmacht, daher unzulässig und nach unseren früheren Erörterungen unwirksam [70]); ebenso ist es, wenn die Einweisung eines Kranken ins Krankenhaus nach KVG. 7 nur der Ehefrau des Kranken bekannt gegeben wird [71]). Die Vorschriften über öffentliche Zustellung dagegen sind, — darin stimmen wir mit Otto Mayer [67]) überein — nicht ohne besondere gesetzliche Grundlage übertragbar; ihre Übertragung ist auch durch den bezogenen § 132^{I} BGB. nicht gedeckt, sondern beruht auf der Sonderbestimmung von 132^{II}.

4. Aber wenn auch die Bekanntgabe des Verwaltungsakts formlos erfolgen kann, so muß sie doch jedenfalls sich als Bekanntgabe kennzeichnen. Das bloße Erfahren von dem Verwaltungsakt ersetzt nicht die Bekanntgabe; das Erfahren muß, damit von einer Bekanntgabe die Rede sein kann, auf einer Handlung des Erklärenden beruhen, womit natürlich die Übermittelung der Erklärung durch einen Boten nicht ausgeschlossen ist. Diesen Grundsatz wendet die Entscheidung des Oberverwaltungsgerichts [72]) vom 24. März 1902 an, indem sie sagt: Der Lauf einer Rechtsmittelfrist wird nicht eröffnet, wenn die Kundmachung des Verwaltungsakts von der unrichtigen Stelle ausgeht, etwa vom Magistrat statt von der Polizei. Vom gleichen Gesichtspunkt aus erscheint auch das Urteil des bayerischen Verwaltungsgerichtshofs vom 11. Dezember 1896 richtig, wonach ein von dem nichtbevollmächtigten Bräutigam nicht nur beantragter, sondern auch ihm zugestellter Heimatsvorbehalt für seine Braut selbst dann unwirksam ist, wenn die Braut davon Kenntnis erlangt hat [73]).

II. Der Grundsatz der Formlosigkeit der Bekanntgabe gilt nicht ohne Ausnahmen.

Als Formen kommen hauptsächlich in Betracht die Zustellung im technischen Sinne und die Veröffentlichung, seltener die Eröffnung zu Protokoll. Die schriftliche Mitteilung ist nicht hierher zu rechnen; bei ihr handelt es sich um eine Form des Verwaltungsakts selbst, die den Grundsatz der Formlosigkeit der Bekanntgabe, wie wir sehen, zwar etwas modifiziert, aber nicht vernichtet.

---

68) BVGH. **22**, 159; **28**, 50 (auch, und zwar etwas ausführlicher, bei Reger **27**, 279).
69) Bei Reger **27**, 281.
70) RVA. **1893**, 206, Z. 1251.
71) Bd. VGH. bei Reger **26**, 397.
72) OVG. **41**, 382. — Vgl. auch RVA. **1893**, 111, Z. 264; Östr. VGH. 1737.
73) BVGH. **18**, 98 mit falscher Begründung aus zivilrechtlichen Erwägungen.

Wo die Eröffnung zu Protokoll, wie in Vieh-Seuchen-G. 11^{II2}, als gesetzliche Form vorgesehen ist, muß es genügen, wenn einmal der Verwaltungsakt durch das Protokoll inhaltlich festgestellt wird, wenn zweitens in irgend einer Weise, sei es auch nur mündlich, der Verwaltungsakt dem Betroffenen kundgemacht ist und wenn endlich aus dem Protokoll hervorgeht, daß diese Kundmachung geschehen ist; dagegen bedarf es mangels besonderer Vorschriften weder einer Verlesung noch einer Genehmigung des Protokolls durch den Betroffenen [74]).

Zustellung ist die in bestimmter Weise formalisierte Übergabe von Schriftstücken. Sie ist namentlich in den stark formalisierten Verfahrensarten vorgeschrieben, so im Zivilprozeß durch CPO. 208 f., im Strafprozeß durch St.PO. 36^{II},37, im preußischen Verwaltungsprozeß durch die Regulative der einzelnen Verwaltungsgerichtsarten, im Verfahren außer Streitsachen durch FGG. 16^{II1}. Dagegen ist die Zustellung im Sinne von ALVG. 52 nach dem Oberverwaltungsgericht [75]) keine Zustellung im technischen Sinne, und dasselbe nimmt die Rechtsprechung auch von den Zustellungen im Arbeiterversicherungsrecht, wie nach KVG. 58^{I} [76]), Gew.Unf.G. 155 [77]) oder Inv.VG. 170 [78]) an. Über die Verwertbarkeit der Zustellung auch dort, wo sie nicht gesetzlich notwendig ist, haben wir schon gesprochen.

Veröffentlichung kann mündlich geschehen wie die Veröffentlichung der Urteils. Sie kann auch durch den Druck in öffentlichen Blättern nach HGB. 10, BGB. 66, 1562, Börs.G. 38, Preß-G. 14, 15 geschehen. Das Gesetz kann auch auf die „ortsübliche Art" verweisen wie pr. Fluchtl.G. 7.

Ein Verstoß gegen die Formen der Kundmachung bewirkt, soweit die Formvorschriften nicht bloß Sollvorschriften sind [79]), nach den später zu entwickelnden allgemeinen Grundsätzen über Nichtigkeit von Rechtshandlungen in der Regel Nichtigkeit [80]).

III. Die Grundsätze über Formlosigkeit und Formen der Kundgabe gelten auch für die Kundgabe von Rechtshandlungen, soweit diese einer Kundgabe bedürfen.

* * *

Erklärungen bedürfen oft der Auslegung.

I. Als Grundsatz dürfen wir feststellen: Bei der Auslegung einer Willenserklärung ist der wirkliche Wille zu erforschen und nicht an dem buchstäblichen Sinne des Ausdrucks zu haften. So heißt es wörtlich in BGB. 133. Der Satz, der nichts anderes ist als eine gesetzliche Formulierung einer längst erkannten wissenschaftlichen Wahrheit, würde im bürgerlichen Recht auch gelten, wenn er nicht im BGB. stünde.

---

[74]) RG. bei Reger **27**, 332.
[75]) OVG. **17**, **441**.
[76]) LG. Düsseldorf v. 24. VI. 88 bei Reger **9**, 435.
[77]) RVA. **1895**, 246, Z. 1449.
[78]) RVA. **1894** (S) 32, Z. 320.
[79]) Wie im Fall pr. Disz.G. 13; vgl. dazu v. Rheinbaben 109 und die dort genannte, nicht veröffentlichte Entscheidung des OVG. v. 21. X. 91.
[80]) S. u. S. 267 f.

So gilt er auch im öffentlichen Recht, obschon es hier noch keinen § 133 eines „allgemeinen Verw.GB." gibt. Mit Recht hat Danz [81]) BGB. 133 auch auf Gesetze für anwendbar erklärt; mit Recht hat er ferner in der ersten Auflage seiner Schrift über die Auslegung der Rechtsgeschäfte des näheren ausgeführt, der Inhalt der privatrechtsgeschäftlichen Erklärung sei bezüglich der Auslegung nicht anders zu behandeln als eine „Erklärung des Gesetzgebers" [82]). Auch für die Polizeiverordnungen gilt, daß ihr Wortlaut nicht allein maßgebend ist [83]). Überhaupt muß man den Grundsatz auf alle publizistischen Erklärungen anwenden [84]); hier äußert dieser Begriff der publizistischen Willenserklärung einmal seine praktische Bedeutung.

II. Anwendungen und Bestätigungen unseres Grundsatzes finden wir in folgenden Fällen:

1. Aus ihm ergibt sich zunächst die Bewertung der Urteilsgründe. Die Auffassung der pr. AGO., die ihnen alle Bedeutung hatte absprechen wollen, ist heute allseitig aufgegeben. Man ist sich zwar darüber klar, daß die Gründe als solche nicht der materiellen Rechtskraft fähig sind. Aber man erkennt andererseits auch an, daß sie zur Auslegung des Urteils herangezogen werden können und oft herangezogen werden müssen [85]).

2. Aus unserem Grundsatze ergibt sich ferner: falsa demonstratio non nocet.

Daher ist es für die Gültigkeit der Aufforderung nach pr. Eink.-St.G. 26 unerheblich, wenn sich darin eine falsche Bezeichnung des Standes des Steuerpflichtigen findet, wofern nur über seine Person kein Zweifel besteht [86]).

Gleiches muß gelten, wenn der Name des Betroffenen falsch geschrieben ist.

Auch die falsche Bezeichnung des gewollten Geschäfts ist unschädlich. Es kommt grundsätzlich nur auf den Inhalt, nicht auf die Bezeichnung eines Verwaltungsakts an. Dies gilt z. B. bei der Entscheidung der Frage, ob ein Beschluß verwaltungsrechtlicher oder aufsichtsrechtlicher Natur ist [87]), es gilt ebenso von dem Einspruch wie von dem Beschluß nach pr. Komm.Abg.G. 70 [88]). Eine wichtige Anwendung unseres Grundsatzes enthält eine Entscheidung des bayerischen Verwaltungsgerichtshofes [89]) zu Art. 13 des bayerischen Gesetzes vom 8. August 1878; hier ist bestimmt, daß der Gerichtshof nicht zuständig sei für provisorische Maßregeln der Verwaltungsbehörden; das hindert,

---

[81]) S. 52.

[82]) Danz [1], 8 (1). Diese Ausführung wäre in der zweiten Auflage besser stehen geblieben. Denn sie trifft zu, auch wenn man nicht, wie a. a. O. 4 ff., besonders 6, das Rechtsgeschäft selbst für Gesetz erklärt.

[83]) Rosin 58, 58 (12).

[84]) Vgl. W. Jellinek 116.

[85]) OVG. **1**, 87; **19**, 124; **32**, 229; **52**, 359; BVGH. **2**, 282; RG. bei Reger 1. 100; RVA. **1898**, 248, Z. 631. Bernatzik 154 f. Mayer I. 200, 201. Rosin **II**. 780 f.

[86]) OVG. in St. **9**, 266.

[87]) BVGH. **9**, 280.

[88]) OVG. **35**, 135.

[89]) BVGH. **3**, 405.

wie der Gerichtshof zutreffend ausführt, ihn nicht an der Prüfung der Frage, ob eine als provisorisch bezeichnete Maßregel in Wahrheit eine solche ist. Natürlich schließt unser Grundsatz nicht aus, daß dort, wo aus dem Inhalt des Verwaltungsakts sich sein Charakter nicht mit Sicherheit ergibt, die Erklärungen der Behörde als maßgebend anerkannt werden[90]), da sie eben nur dort unerheblich sind, wo sie sich mit dem offensichtlichen Inhalt des Verwaltungsakts in Widerspruch setzen[91]).

3. Aus dem Grundsatz, daß auch der nicht ausdrücklich ausgesprochene Wille der Beteiligten zu berücksichtigen ist, kann man ferner vielleicht mit Otto Mayer[92]) das jederzeitige Austrittsrecht des Beamten, für das sich andere auf ein Gewohnheitsrecht berufen, ungezwungen erklären.

4. Auf ihm beruht auch der Erlaß des Reichskanzleramts vom 27. Februar 1875[93]), wo gesagt wird: Wenn einer Person, die eine Nebenbeschäftigung bereits betreibt, ein Reichsamt verliehen wird, ohne daß ihr dabei die Niederlegung des Betriebs zur „Bedingung" gemacht wird, so schließt diese Anstellung die nach Beamt.G. 16 erforderliche Erlaubnis zur Fortsetzung in sich.

5. Um Auslegungsfragen handelt es sich vor allem bei den bedingten Versprechen wie z. B. in dem Streit der österreichischen Kaiser-Ferdinand Nordbahn wegen Art. 10 ihrer Konzessionsurkunde. Es kam hier darauf an, ob der Wille bei der Konzessionserteilung darauf gerichtet war, eine wahre Verpflichtung zur Konzessionserneuerung zu übernehmen oder ob in Art. 10 nur ein unverbindliches Inaussichtstellen der Erneuerung zu erblicken war. Man hat im allgemeinen mit Recht das letztere angenommen[94]).

6. Auslegungsfragen spielen ferner häufig hinein, wenn es sich um die Feststellung handelt, ob eine behördliche Erklärung Verfügung und also mit Rechtsmitteln anfechtbar oder nur eine Mitteilung und also nicht anfechtbar ist. Sicher ist, daß bloße Mitteilungen die Form von Aufforderungen annehmen können[95]). Die Grenze ist nicht immer leicht zu ziehen[96]). Unrichtig wird sie m. E. vom Oberverwaltungsgericht in seiner Entscheidung vom 17. Januar 1902 gezogen[97]); hier war eine Bescheinigung über die Anmeldung einer Versammlung erteilt worden mit dem Beisatz: „Die Versammlung darf aber nur dann stattfinden, wenn Frauenspersonen, Schüler und Lehrlinge davon ausgeschlossen bleiben"; das Gericht will hierin nicht einen Befehl, sondern nur eine Rechtsbelehrung anerkennen.

III. Auch auf diejenigen Rechtshandlungen, die sich als Erklärungen darstellen, müssen die Auslegungsgrundsätze zur Anwendung kommen. Denn was ausgelegt wird, ist nicht sowohl der rechtsge-

---

[90]) OVG. **6**, 355; **18**, 139.
[91]) OVG. **30**, 109.
[92]) Im A. ö. R. **3**, 72 f.
[93]) Bei Perels 56.
[94]) Vgl. darüber Gleim 109, 110 und die dortigen Verweisungen.
[95]) OVG. **43**, 394.
[96]) BVGH. **6**, 59.
[97]) In VBl. **23**, 634.

schäftliche Wille, sondern es sind die Worte und Schriftzeichen der Erklärung. Daher wird man vor allem bei den Mahnungen, Drohungen u. ä. ebenfalls von dem Haften am äußerlichen Wortsinn abzusehen und vielmehr danach zu fragen haben, was der Erklärende mit diesen Worten für einen Sinn verbunden hat. Die Auffassung von Danz [98]), daß nur Willenserklärungen auslegungsfähig seien, kann daher nicht gebilligt werden.

§ 24.

4. Die Verbindlichkeit der Verwaltungsakte.

I. Die Verbindlichkeit ist eine allgemeine Eigenschaft aller Verwaltungsakte, d. h. aller Verwaltungsakte im eigentlichen Sinne, also aller rechtsgeschäftlichen Verwaltungsakte; auf die Rechtshandlungen findet der Grundsatz der Verbindlichkeit keine Anwendung, womit zusammenhängt, daß Schollenberger [1]) das kennzeichnende Unterscheidungsmerkmal unserer Rechtsgeschäfte gegenüber bloßen Rechtshandlungen gerade darin findet, daß sie „verbindlich" seien.

1. Der Begriff der Verbindlichkeit des Verwaltungsakts ist der Wissenschaft nicht unbekannt; es ist derselbe, den Laband [2]) mit dem Worte Vollstreckbarkeit verbindet und von dem er sagt, daß er eine Eigenschaft aller, auch der bloßen Feststellungsurteile bezeichne. Vollstreckbarkeit in diesem weiteren Sinne Labands, Verbindlichkeit in unserem Sinne bedeutet nichts anderes als die Fähigkeit des Verwaltungsakts, die gewollten Rechtswirkungen zu äußern. Aber das Wort Verbindlichkeit ist dafür eine bessere Bezeichnung als Vollstreckbarkeit, wie denn auch Laband [2]) selbst zugeben muß, daß seine Ausdrucksweise eigentlich zu eng ist für das, was er damit ausdrücken will.

2. Was den Umfang der Verbindlichkeit anlangt, so ergreift die Verbindlichkeit sowohl den durch den Verwaltungsakt betroffenen Untertanen, wie auch den handelnden Staat selbst.

Bezüglich des Betroffenen wird man als Grundsatz aufzustellen haben, daß der Verwaltungsakt nur wirkt gegenüber dem oder den Betroffenen, auf die er sich bezieht [3]). Die Wirkung gegenüber dem Rechtsnachfolger erscheint als die Ausnahme. Sie greift Platz einmal dort, wo der Verwaltungsakt Rechte und Pflichten begründet, die durch Rechtsnachfolge übergehen können; so ist es vor allem bei den Zivilurteilen [4]), wo der publizistische Vollstreckungsanspruch nur als Anhang des ihm zugrunde liegenden Privatrechts erscheint und mit diesem zusammen auf den Rechtsnachfolger übergeht; so ist es ferner etwa bei Wassernutzungsrechten, deren Verleihung z. B. nach württ. Wass.G. Art. 39 auch dem Rechtsnachfolger des Beliehenen zugute kommt [5]); auch die Bestimmung von Gew.O. 46 gehört in diesen

---

[98]) S. 53.

[1]) Vgl. o. S. 53. — Vgl. auch Bernatzik 133 wegen der Beurkundungen.

[2]) III. 353. — Er hat übrigens a. a. O. auch die Bezeichnung „staatsrechtliche Rechtskraft" vorgeschlagen.

[3]) Vgl. Mayer I. 102, 103.

[4]) a. a. O. 102.

[5]) Ebenso nach österreichischem Recht; vgl. Östr.Wass.G. 26 und Randa 56.

Zusammenhang. Sodann kommen solche Fälle in Betracht, wo der ergehende Verwaltungsakt seinen Adressaten nicht als einzelnen im Auge hat, sondern als den „Vertreter bestimmter äußerer Umstände, in welchen er steht, eines Besitzes, Betriebes, Unternehmens“ [6]). Solche Fälle erscheinen aber immer als Ausnahme [7]).

Die Verbindlichkeit erstreckt sich aber andererseits auch auf den Staat. Auch der Staat ist an den ergangenen Verwaltungsakt gebunden. Er ist daran gebunden nicht in dem Sinn, als ob er ihn niemals rückgängig machen könnte; vielmehr besitzt er, wie wir nachher in der Lehre vom Widerruf noch sehen werden, in umfassendem Maße die Möglichkeit des Widerrufs. So lange aber dieser Widerruf nicht erfolgt ist, muß jede staatliche Behörde den Verwaltungsakt als vorhanden ansehen und darf sich nicht ohne weiteres über ihn hinwegsetzen; dies gilt insbesondere auch von der Stellung der Gerichte gegenüber den Verfügungen der Verwaltungsbehörden, und es wird vor allem wichtig bei mangelhaften, anfechtbaren Verwaltungsakten, weshalb wir in der Lehre von den Geschäftsmängeln darauf eingehend zurückkommen werden [8]).

Keine Einschränkung, sondern nur eine Erläuterung unseres Grundsatzes ist es, daß bloße Incidentfeststellungen nicht verbindlich sind: nur das, was der Akt unmittelbar ausspricht, ist verbindlich, nicht aber die stillschweigend dabei vorausgesetzten und gedanklich mitentschiedenen Punkte. Walter Jellinek [8a]) drückt das so aus, daß die Elemente des Staatsakts nicht Teil haben an den Wirkungen des Staatsakts selbst.

II. Eine Unterart der Verbindlichkeit ist die Vollstreckbarkeit.

1. Verbindlich sind alle Verwaltungsakte, aber nicht alle sind vollstreckungsbedürftig. Nur diejenigen bedürfen einer Vollstreckung, d. h. einer äußeren sie ausführenden Handlung, die bestimmend einwirken sollen auf das Verhalten der einzelnen wie die Gebote und Verbote [9]). Dagegen bedürfen der Vollstreckung nicht die negativen Verfügungen wie z. B. die einfache Abweisung eines Bauerlaubnisgesuchs; ebensowenig solche, die schon durch ihren formalen Bestand die gewollte Rechtswirkung ausüben [10]), die also einen „lediglich juristischen Erfolg erstreben“ wie Ermächtigungen, Bestätigungen, Genehmigungen, Wiedereinsetzungen in den vorigen Stand [11]).

2. Zum Wesen der Vollstreckung gehört nicht, daß sie durch Zwang geschehe [12]); Vollstreckung ist es auch, wenn ohne solchen Zwang der Betroffene die Maßnahmen, die von ihm gefordert werden, ausführt, — so, wenn der Schuldner dem Gerichtsvollzieher die Sache gutwillig

---

[6]) Vgl. Mayer I. 103.

[7]) Reichlich weit geht Östr. VGH. 5859, 8816, 4734. Vgl. dagegen o. S. 138 über die Wirkung von Baubedingungen, ferner OVG. v. 4. III. 86 in VBl. 8, 5.

[8]) S. u. S. 220 ff. Vgl. Bernatzik 241 f.

[8a]) S. 46 f. Beispiele s. S. 47, 49.

[9]) Mayrhofer I. 1180. Tezner 397. Nußbaum 72.

[10]) Tezner a. a. O.

[11]) Nußbaum a. a. O.

[12]) Tezner 396, 397.

herausgibt. Immerhin aber wird man von Vollstreckung nur dort sprechen dürfen, wo jedenfalls in abstracto Zwang möglich wäre, wenn er auch im konkreten Fall nicht stattfindet [13]).

3. Als Vollstreckungsmittel kommen in Betracht die Zwangsersatzvornahme, die Vollstreckungsstrafe und die unmittelbare Gewaltanwendung. Diese drei Arten der Vollstreckung, die in ALVG. 132 neben einander gestellt sind, haben eine allgemeinere Bedeutung. Auf Einzelheiten soll an dieser Stelle nicht eingegangen werden, da sie allzu sehr abhängig sind von der Gestaltung der einzelnen positiven Rechte und daher der Erörterung in einer „allgemeinen Lehre" widerstreben [14]).

Die Zwangsersatzvornahme bedeutet, daß die zu erzwingende Handlung auf Kosten des Verpflichteten durch einen Dritten ausgeführt wird. Sie setzt natürlich voraus, daß die Handlung durch einen Dritten überhaupt ausführbar ist. Sie erscheint auch ohne besonderen gesetzlichen Vorbehalt zulässig, da sie keine neue Last auferlegt [15]). Daher ist sie auch im badischen Recht zulässig, obschon sie hier einer ausdrücklichen Regelung entbehrt [16]). Positiv anerkannt ist sie dagegen z. B. in ALVG. 132 Z. 1, CPO. 887.

Die Vollstreckungsstrafe wird sonst gern Ordnungs- [17]) oder auch Ungehorsamsstrafe [18]) genannt. Man wird aber vielleicht zweckmäßig jene Bezeichnung wählen, die besonders die Eigentümlichkeit dieser Strafe andeutet, daß sie nur dem Vollstreckungszweck dient, daher nicht durchzuführen ist, wenn vorher diesem Zweck Genüge geschehen ist oder wenn, sei es auch durch Schuld des Pflichtigen, dem Zweck nicht mehr Genüge geschehen kann [19]). Die Vollstreckungsstrafe bedarf zu ihrer Zulässigkeit besonderer gesetzlicher Grundlage, weil sie einen in dem zu vollstreckenden Befehl nicht schon enthaltenen Eingriff bedeutet [20]). Gesetzliche Ermächtigungen solcher Art enthalten z. B. ALVG. 132 Z. 2, CPO. 888, 890, FGG. 83, pr. FGG. Art. 15, dagegen nicht Impf-G. 14 [21]). Ihren Hauptsitz hat dieses Vollstreckungsmittel bei den Unterlassungen und den nicht durch Dritte ausführbaren Handlungen.

Endlich kann die unmittelbare Gewaltanwendung in Frage kommen. Anerkannt ist sie in ALVG. 132 Z. 3, CPO. 883—885, pr. FGG. Art 17. Mindestens teilweise ist sie in jedem obrigkeitlichen Befehl von selbst enthalten [22]). An welchem Punkt das Erfordernis

[13]) A. M. Tezner a. a. O.

[14]) Grundlegend Mayer I. 326 ff. Vgl. auch Anschütz in VA. 1. 389 ff. und Thoma I. 89 f.

[15]) Mayer I. 337.

[16]) Thoma I. 89.

[17]) Pr. FGG., Art. 15.

[18]) Mayer I. 328. Thoma I. 86, 93.

[19]) Mayer I. 332, 333. Thoma I. 86.

[20]) Mayer I. 329. Vgl. aber auch 330.

[21]) Vgl. darüber neuestens die überzeugenden Ausführungen von Kastner: Der Impfzwang und das Reichs-Impfgesetz (Berlin 1909), S. 21 ff. Hinzufügen möchte ich zu den dortigen Gründen noch, daß m. E. eine Strafpflicht dem Wesen der Vollstreckungsstrafe zuwiderläuft, daher auch aus diesem Grunde die erwähnte Bestimmung nicht auf eine Vollstreckungsstrafe bezogen werden darf.

[22]) Mayer I. 341. Vgl. auch Seydel III. 6.

besonderer gesetzlicher Ermächtigung beginnt, ist eine schwierige Frage, die wir nicht im Vorbeigehen entscheiden wollen [23]).

III. Vollstreckbarkeit ist nicht gleichbedeutend mit Unanfechtbarkeit. Allgemeine Sätze lassen sich in dieser Hinsicht nur schwer aufstellen; was Sarwey [24]) darüber gesagt hat, ist ziemlich willkürlich und trifft weder für das preußische Recht und noch viel weniger für das österreichische Recht [25]) zu. Gerade in dieser Frage kommt es im wesentlichen auf die Bestimmungen der einzelnen positiven Rechte an [26]). Auch ist in diesem Punkte die Sonderstellung des Zivil- und Strafprozesses gegenüber dem eigentlichen Verwaltungsrecht besonders deutlich ausgeprägt. Im einzelnen sind zwei Fragen [27]) zu unterscheiden.

1. Die erste Frage ist: Hindert die Anfechtbarkeit, d. i. die bloße Möglichkeit der Anfechtung, die Vollstreckung des Verwaltungsakts?

Für den Strafprozeß ist die Frage jedenfalls hinsichtlich der Urteile zu bejahen. Vollstreckbar ist nur das unanfechtbare Strafurteil. Das hat seine naheliegenden Gründe.

Im Zivilprozeß gilt grundsätzlich das gleiche. Aber das Institut der vorläufigen Vollstreckbarkeit schafft zahlreiche und wichtige Ausnahmen.

Im Verwaltungsrecht wird man sogar umgekehrt von dem Grundsatz der vorläufigen Vollstreckbarkeit zu reden haben. Das wird jedenfalls für das preußische Recht auf Grund von ALVG. 53 anzunehmen sein.

2. Die zweite Frage ist die nach dem Suspensiveffekt der Rechtsmittel: Hindert die tatsächlich erfolgende Anfechtung die Vollstreckung? Sie kommt wesentlich nur für das Verwaltungsrecht vor. Nach preußischem Recht ist sie auf Grund von ALVG. 53 grundsätzlich, aber unter Anerkennung wichtiger Ausnahmen, zu bejahen. Gleiches gilt nach dem bayerischen Gesetz vom 8. August 1878 Art. 24, das Gegenteil aber nach FGG. 24. Auf Einzelheiten ist hier nicht näher einzugehen; sie gehören in die Lehre von den Rechtsmitteln.

IV. Noch weniger als mit der formellen ist die Vollstreckbarkeit gleichbedeutend mit der materiellen Rechtskraft. Diese ist ein Institut, das seinen Hauptsitz im Recht der Urteile und dort auch seine eigentümliche Ausgestaltung erhalten hat. Es kann nur im Anschluß an diese betrachtet worden, und seine von Bernatzik [28]) behauptete Geltung für alle Entscheidungen ebenso wie seine von Tezner [29]) behauptete Anwendbarkeit auf gewisse Verfügungen wird man zweckmäßigerweise nur in jenem Zusammenhang erörtern können. Da die Urteilslehre als solche aus dem Kreis unserer Untersuchung ausscheidet [30]), müssen wir auch jene Fragen unentschieden lassen.

---

[23]) Vgl. näher Mayer a. a. O. 341 ff., besonders 345, auch Thoma I. 90 f. und Seydel a. a. O.

[24]) S. 642 f.

[25]) Vgl. Östr. Amts-Instr. f. d. Bezirksämter § 93 (bei Mayrhofer I. 1180).

[26]) Vgl. Tezner 448.

[27]) Von Walter Jellinek 146 nicht deutlich getrennt.

[28]) Bes. S. 131 ff.

[29]) S. 339—341.

[30]) Vgl. o. S. 27.

Vierter Abschnitt.

Die Geschäftsmängel und die rechtlichen Schwebezustände.

§ 25.

I. Übersicht.

Unsere Untersuchung tritt nunmehr ein in einen „interessanten wissenschaftlichen Urwald"; so hat Bernatzik [1]) vor mehr als 10 Jahren die Lehre von der Nichtigkeit und Zurücknahme der Verwaltungsakte genannt, und so läßt sie sich heute noch kennzeichnen. Man nehme irgend ein Gesetz zur Hand und blättere es flüchtig durch; da findet man auf jeder Seite Bestimmungen des Inhalts, daß ein Verwaltungsakt unter gewissen Voraussetzungen nicht ergehen darf oder soll oder kann oder unzulässig ist, — daß er nur ergehen soll, wenn er beantragt ist, wenn jemand zustimmt, wenn jemand angehört worden ist, wenn ein förmliches Verfahren ihm vorausgeschickt worden ist, — daß er in einer bestimmten Form ergehen soll oder muß usw., kurz gesagt, man findet auf jeder Seite des Gesetzblatts Bestimmungen über die materiellen und formellen Voraussetzungen, über die wir im vorigen Kapitel eine enggedrängte Übersicht zu geben versucht haben. Wer eine solche Bestimmung liest, dem muß sich nun doch eigentlich unwillkürlich die Frage aufdrängen: Ja, was ist denn die Folge, wenn gegen die Bestimmung verstoßen wird? Die Frage liegt so nahe, so unendlich nahe, und sie ist natürlich keineswegs beantwortet mit dem Hinweis, daß gegen den ungesetzlichen Verwaltungsakt mit Erfolg die vom Gesetz gewährten Rechtsmittel zu gebrauchen sind. Trotzdem aber wird sie von den wenigsten Kommentatoren aufgeworfen. Woher kommt dieses Schweigen? Zum Teil sicher daher, daß ein alltägliches praktisches Bedürfnis zu ihrer Entscheidung nicht vorliegt, da in den meisten Fällen das Rechtsmittelwesen die Abstellung der Mängel herbeiführt. Zum anderen Teil aber sicher auch von der theoretischen Schwierigkeit der Frage, die darin liegt, daß die Einzeluntersuchung sich nicht

---

[1]) S. 291 (37).

an eine allgemeine Lehre anlehnen kann. Daher wäre unsere Untersuchung selbst dann nicht ohne Wert, wenn sie in ihren positiven Ergebnissen sich völlig verirrte, wofern es ihr nur gelänge, auf die vorhandenen Probleme aufmerksam zu machen, die sicher erst in weiteren Einzeluntersuchungen ihre endgültige Lösung finden werden.

* * *

Wenn wir überhaupt wollen hoffen dürfen, in das Dunkel des vor uns liegenden „wissenschaftlichen Urwalds" einiges Licht zu bringen, so ist dafür die erste Voraussetzung eine scharfe klare Begriffsbildung, der eine Terminologie von gleicher Schärfe entsprechen muß. Man sollte es kaum für möglich halten, aber ein auch nur oberflächlicher Blick in die Literatur zeigt es, mit welch verblüffender Naivität die meisten Schriftsteller die Bezeichnungen: „ungültig", „unwirksam", „nichtig", „mangelhaft", „mit unheilbaren Mängeln behaftet", wahllos und ohne Unterschied verwenden, gerade als ob irgend jemand imstande wäre, zu sagen, was mit solchen Bezeichnungen schlechthin eigentlich gemeint ist; nur die wenigsten Schriftsteller machen sich die Mühe, Auskunft zu geben über den Sinn, in dem sie namentlich die Worte „nichtig" und „ungültig" gebrauchen. Wir werden folgende Terminologie verwenden.

I. Unter Mangelhaftigkeit eines Geschäfts verstehen wir ganz allgemein jeden Verstoß gegen eine Vorschrift, der die Gültigkeit des Geschäfts irgendwie nachteilig beeinflußt. Gültigkeit aber bedeutet für uns so viel wie Fehlerlosigkeit und umschließt daher sowohl die Gesetz- wie die Zweckmäßigkeit. Den Gegensatz zur Mangelhaftigkeit bildet die bloße Ordnungswidrigkeit, die lediglich gegen eine Ordnungsvorschrift verstößt, die nicht vorkommen soll, die aber, wenn sie doch vorgekommen ist, die Gültigkeit des Geschäfts selbst in keinerlei Weise beeinträchtigt; um zunächst nur ein Beispiel aus dem bürgerlichen Recht zu erwähnen, so gehört hierher vor allem die konsenslose Eheschließung des Beamten. Statt von Mangelhaftigkeit kann man auch im Anschluß an die zivilistische Wissenschaft von Unwirksamkeit sprechen; doch kann dieser Ausdruck eher zu Mißverständnissen Anlaß geben, indem es nach ihm so scheinen könnte, als ob das mangelhafte Geschäft „ohne Wirkung" sei, was nur für seine eine Klasse zutrifft; immerhin kann man, wofern man nur eine Erläuterung beifügt, die Bezeichnung verwenden, da sie jedenfalls den Vorteil hat, eine Anlehnung an den entsprechenden privatrechtlichen Begriff auch äußerlich darzustellen. Die Mangelhaftigkeit oder Unwirksamkeit kann aber von dreifacher Art sein.

II. Sie kann Nichtigkeit sein.

1. Bezeichnung und Begriff der Nichtigkeit entnehmen wir dem Privatrecht.

Nichtigkeit in unserer Terminologie ist also diejenige Unwirksamkeit, bei der die Mängel des Rechtsgeschäfts so groß sind, daß sie dieses vollständig vernichten; sie bewirken, daß die Rechtslage trotz des Rechtsgeschäfts so ist, als ob dieses nicht abgeschlossen worden wäre; das nichtige Geschäft ist im Rechtssinne gar nicht vorhanden, es ist ein rechtliches Nichts, es ist nur der Schein eines Geschäfts.

In diesem Sinne ist das Wort Nichtigkeit auch von manchen früheren Schriftstellern des öffentlichen Rechts angenommen worden. So ist für Otto Mayer [2] Nichtigkeit die „von selbst bestehende Unwirksamkeit" im Gegensatz zur „Ungültigkeit", die nur ein Grund der Unwirksamerklärung, aber nicht der Unwirksamkeit selbst ist; Mayer stimmt also mit unserer Terminologie hinsichtlich der Nichtigkeit überein, nimmt dagegen die Unwirksamkeit in einem engeren Sinn als wir und die zivilistische Wissenschaft. Im gleichen Sinne nimmt Beling [3]) das Wort Nichtigkeit. Auch Tezner [4]) hält diese Bezeichnung in diesem Sinne für das beste, fügt freilich hinzu, daß dieser Sprachgebrauch nicht allgemein üblich ist. Sehr üblich ist, namentlich auch in der prozessualischen Literatur, der Zusatz: absolut; diese absolute Nichtigkeit, von der auch Bernatzik [5]) spricht, ist nichts anderes als unsere Nichtigkeit schlechthin. Es erscheint zweckmäßig, diesen erläuternden Zusatz beizufügen, wenn man eine nähere Erläuterung nicht geben will; durch ihn werden jedenfalls Mißverständnisse ausgeschlossen. Wir können hier darauf verzichten und halten es für wünschenswert, daß der Nichtigkeitsbegriff auf den Kreis der absoluten Nichtigkeit beschränkt wird; zur Zeit des gemeinen Rechts, das noch die Begriffe der absoluten und der relativen Nichtigkeit für das Privatrecht unterschied, ließ sich die Unterscheidung auch für das öffentliche Recht schließlich ebenso wie für jenes rechtfertigen; nachdem aber das BGB. den Zwitterbegriff der relativen Nichtigkeit beseitigt hat, empfiehlt es sich, daß auch das öffentliche Recht diesem engeren Sprachgebrauch sich anschließt.

Der Umstand, daß die CPO. ein Rechtsmittel gegen ein rechtskräftiges Urteil Nichtigkeitsklage nennt, bildet keinen Grund gegen unserem Sprachgebrauch. Ganz abgesehen davon, daß die CPO. gar nicht das Urteil selbst nichtig nennt, dürfen wir ihre abweichende Terminologie als etwas singuläres gleich der Ehe„nichtigkeit" des BGB. betrachten, die ja auch nur Anfechtbarkeit, keine wahre Nichtigkeit bedeutet.

Wir können uns hiernach also nicht der Terminologie von Nußbaum [6]) anschließen, der zwar selbst zugibt, daß eigentlich das Wort Nichtigkeit die beste Bezeichnung für das „rechtlich nicht vorhandene Urteil" sei, der aber mit Rücksicht auf CPO. 579 dafür lieber „Ungültigkeit" sagt; auf seine weitere Unterscheidung dieser „Ungültigkeit" von der „Unwirksamkeit" in seinem Sinne [7]), die nicht ein rechtliches Nichts, sondern ein vorhandenes, aber der Dezisivkraft entbehrendes Urteil bezeichnen soll, brauchen wir nicht näher einzugehen, da sie nach seinen eigenen Ausführungen [7]) für Akte, die eine

[2]) I. 99, 100 (7). Vgl. auch Schelcher, Gesetz S. 359.
[3]) Bennecke - Beling 292 f.
[4]) S. 239, 248.
[5]) S. 269 (1).
[6]) Prozeßhandlungen S. 2 f.
[7]) Vgl. Nußbaum a. a. O. 7, 8.

Streitentscheidung nicht treffen wollen, außer Betracht bleibt; wir halten im übrigen diese Unterscheidung für unnötig und seinen Vorwurf [8]) gegen die übrigen Prozessualisten, daß sie die „Unwirksamkeit" nicht von der „Ungültigkeit" trennten, sondern als Nichtigkeit zusammenwürfen, nicht für gerechtfertigt.

2. Vom nichtigen Urteil hat Michel [9]) das Nichturteil trennen wollen. Wäre das richtig, so müßte man natürlich allgemein den nichtigen Verwaltungsakt vom Nichtverwaltungsakt trennen. Es kann aber diesem Vorschlag von Michel nicht beigetreten werden. Offensichtlich hat ihm als Vorbild die Unterscheidung der Zivilisten zwischen nichtiger Ehe und Nichtehe vorgeschwebt. Wir haben aber schon vorhin darauf aufmerksam gemacht, daß die sogen. nichtige Ehe im Sprachgebrauch des BGB. gar keine Nichtigkeit im wahren Sinne, sondern nur eine Anfechtbarkeit darstellt. Nichtig im gewöhnlichen Sinne ist nur die sogen. Nichtehe, da nur sie ein rechtliches Nichts ist. Wenn man also das Wort Nichtigkeit im strengen Sinne nimmt, so scheidet der Begriff Nichturteil als Gegensatz zum nichtigen Urteil aus, — er deckt sich vielmehr damit.

3. Wir ziehen die wichtigsten Folgerungen aus unserem Nichtigkeitsbegriff.

Dabei haben wir an die Spitze den Satz zu stellen: Der nichtige Verwaltungsakt bedarf keiner Aufhebung, er kann ohne weiteres von jedem Privatmann [10]), von jeder Verwaltungsbehörde, von jedem Gericht ignoriert werden; soweit im Interesse der Rechtssicherheit eine besondere Nichtigerklärung geschieht, wirkt sie rein deklarativ [11]). Dem nichtigen Befehl kann der Gehorsam verweigert werden [10]); die Entscheidung über die Nichtigkeit erfolgt dann inzident in dem etwa eingeleiteten Strafverfahren. Rechte, die ein nichtiger Verwaltungsakt verleiht, entbehren der Wirksamkeit und gegen Eigentumseingriffe seitens des angeblich Berechtigten hat der Besitzer die Selbsthilfe; die Entscheidung über die Nichtigkeit erfolgt inzident in dem sich daran anschließenden Zivil- oder Strafprozeß. Der nichtige Strafbefehl des Richters kann auch die Verjährung nicht unterbrechen [12]). Wenn sich an den Akt Gebührenpflichten anknüpfen, so kommen sie für den nichtigen Akt nicht in Betracht [13]); die Entscheidung über die Nichtigkeit erfolgt dann inzident etwa bei der Beschwerde gegen die Gebührenfestsetzung. Im Prozeß wird durch das nichtige Urteil die Instanz nicht geschlossen, im Zivilprozeß kann von neuem zur

---

[8]) a. a. O. 21.

[9]) S. 60 f.

[10]) Das leugnet Tezner 247: Das österreichische Recht kenne keine Bestimmung, welche die Parteien von der Gehorsamspflicht gegenüber „einem solchen nichtigen, scheinbar obrigkeitlichen Akt" entbinde oder ihnen ein ius resistendi verleihe. Das ist ja aber auch gar nicht nötig. Ein obrigkeitlicher Befehl liegt in dem nichtigen gar nicht vor, also gibt es auch keinen Widerstand gegen einen „obrigkeitlichen Akt". Tezner hat also den Begriff doch nicht scharf erkannt.

[11]) Tezner 239.

[12]) A. M. bezüglich gewisser Mängel Friedländer im Gerichtssaal 18, 528 (86), der also den Begriff auch nicht scharf genug erkannt hat.

mündlichen Verhandlung geladen, unter den Voraussetzungen von CPO. 256 auch auf Feststellung geklagt werden [13]).

Nach strenger Rechtslogik muß auch das ordentliche Rechtsmittel für unzulässig erklärt werden, da dieses auf Aufhebung eines Verwaltungsakts gerichtet, im Falle der Nichtigkeit aber ein solcher gar nicht vorhanden ist [14]); Unbilligkeiten, die sich aus der Anwendung dieser strengen Rechtslogik ergeben, können durch Niederschlagung der Rechtsmittelkosten, wie sie in GKG. 6 vorgesehen ist, wohl zumeist vermieden werden. Doch besteht in der Literatur auch die Neigung, das Rechtsmittel, das allerdings nicht notwendig sei, doch für zulässig zu erklären [15]). Die Zulassung erscheint ja auch in der Tat im Interesse der Rechtssicherheit ganz erwünscht, und wenn die Praxis sie billigen wird, wozu sie Neigung zeigt [16]), so kann man sich damit zufrieden geben. Nur muß man sich darüber klar sein, daß die angegangene Instanz in solchem Falle lediglich formell, aber nicht materiell über ein Rechtsmittel entscheidet, daß es sich materiell vielmehr um eine, vom Gesetzgeber nicht vorgesehene, sondern von Wissenschaft und Praxis geschaffene Feststellungsklage auf Nichtbestehen eines Verwaltungsakts handelt [17]). Dies kommt zunächst darin zum Ausdruck, daß die angegangene Behörde niemals in der Hauptsache entscheiden darf, sondern stets an die Behörde, von der der nichtige Akt ausging, zurückverweisen muß. Es führt weiter zu der Folgerung, daß der Gebrauch des sogen. Rechtsmittels, richtiger der Feststellungsklage auf die Fälle zu beschränken ist, wo die Rechtslage zweifelhaft ist, also ein rechtliches Interesse [18]) auf Feststellung vorliegt, daher z. B. gegen den Verwaltungsakt des Hauptmanns von Cöpenick nicht zuzulassen wäre.

Es gibt auch keine Heilung der Nichtigkeit [19]). Der Vorbehalt, den Tezner [20]) in dieser Beziehung macht, ist gegenstandslos und Tezner [20]) selbst vermag keine Beispiele für seinen Vorbehalt zu bieten. Eine Heilung des nichtigen Verwaltungsakts eines absolut unzuständigen Beamten [21]) tritt insbesondere auch dadurch nicht ein, daß dieser Beamte später zuständig wird; so war die Rechtslage z. B. in einem Falle, wo der Berliner Polizeipräsident eine Irrenanstalt in Charlottenburg konzessioniert hatte; diese Gewerbeerlaubnis war, wie wir später

---

[13]) Nußbaum, Prozeßhandlungen 19.

[14]) Nußbaum. Prozeßhandlungen 19; Friedländer im Gerichtssaal **58**, 344; RG. **16**, 331, **29**, 366; JW. **1903**, 383. Vgl. auch RG. **19**, **394**, wo aber das Urteil nicht selbst nichtig, sondern nur wegen Mangel der Zustellung noch nicht wirksam geworden war.

[15]) Bennecke-Beling 295. Vgl. auch Walter Jellinek 118 (₂), 124.

[16]) Vgl. namentlich OVG. **31**, 428 und dazu u. S. 261, 262.

[17]) Dies übersieht Bennecke-Beling, wenn er nach geltendem Recht S. 295 die ordentlichen Rechtsmittel für zulässig erklärt, gleichzeitig aber S. 296 de lege ferenda eine Feststellungsklage befürwortet.

[18]) Vgl. die u. S. 261, 262 mitgeteilte Begründung zu OVG. **31**, 428 und auch Walter Jellinek 118, 118 (₂).

[19]) Skedl bei Grünhut **14**, 81, 82. Löffler ebenda **31**, 498.

[20]) S. 248.

sehen werden [21]), nichtig, und sie wurde auch nicht dadurch wirksam, daß der Polizeipräsident durch das Gesetz vom 13. Juni 1900 § 2 Z. 4 die Zuständigkeit für Charlottenburg erwarb; wenn er die Erlaubnis auf Grund dieser Zuständigkeit später bestätigte, so war diese „Bestätigung" in Wahrheit eine erneute Vornahme des nichtigen Verwaltungsakts [22]). Wo der Gesetzgeber wirklich eine Heilung anerkennt, da liegt in Wahrheit nur eine Anfechtbarkeit vor. Hiervon gibt es nur eine Ausnahme [23]), und sie ist eine scheinbare. Es handelt sich da um folgende Erscheinung. Wenn ein nichtiger Verwaltungsakt angefochten wird, das Rechtsmittel des Anfechtenden aber verworfen wird, so wird man, falls nicht andere Bedenken entgegenstehen, diese Rechtsmittelverwerfung nicht für nichtig zu erachten haben; wird sie unanfechtbar, so ist damit auch die Nichtigkeit des von der Rechtsmittelinstanz als gültig anerkannten Verwaltungsakts beseitigt; sie ist es selbst dann, wenn die Verwerfung des Rechtsmittels wegen Ablauf der Rechtsmittelfrist erfolgt ist, da auch dann ja die Gültigkeit des Akts anerkannt ist [23]). Von einer wahren Heilung der Nichtigkeit aber kann hier gar nicht die Rede sein; es handelt sich vielmehr um die Ersetzung eines nichtigen Akts durch einen neuen gültigen Akt; es ist ebenso, wie wenn bei einem unzweifelhaft nichtigen Kauf das Gericht den Käufer zur Zahlung des Kaufpreises oder den Verkäufer zur Übergabe der Sache verurteilt hat, sei es aus materiellen Gründen, sei es durch Versäumnisurteil; auch hier wird es niemanden einfallen, von einer Heilung der Kaufnichtigkeit zu sprechen.

III. Wie das Privatrecht eine abgeschwächte Nichtigkeit in der sogen. relativen Unwirksamkeit, z. B. im Falle des § 135 BGB. bei den sogen. relativen Veräußerungsverboten kennt, so wird man auch im öffentlichen Recht mit einem solchen Begriff rechnen müssen. Er teilt mit dem Begriff der Nichtigkeit die Eigenschaft, daß es zur Geltendmachung der relativen Unwirksamkeit einer besonderen Willenserklärung, einer Anfechtung, nicht bedarf, daß sie vielmehr ohne weiteres, namentlich auch inzidenter, erfolgen kann. Im Unterschied von der Nichtigkeit aber kann sich auf die relative Unwirksamkeit nicht jedermann, sondern nur derjenige berufen, zu dessen Gunsten die relative Unwirksamkeit besteht.

IV. Jede Unwirksamkeit von Rechtsgeschäften, die nicht Nichtigkeit oder relative Unwirksamkeit ist, nennen wir Anfechtbarkeit.

1. Begriff und Bezeichnung entnehmen wir wiederum dem Privatrecht. Das wesentliche Merkmal des Anfechtungsbegriffs liegt darin, daß hier die Unwirksamkeit nicht von selbst wirkt; sie kann nur wegen der Mangelhaftigkeit des Geschäfts durch ein bestimmtes Handeln herbeigeführt werden. Bis aber die Unwirksamerklärung des angefochtenen Geschäfts erfolgt ist, muß es trotz seiner Mangelhaftigkeit als bestehend respektiert werden. Unsere Anfechtbarkeit ist also

---

[21]) Vgl. u. S. 248.
[22]) Vgl. OVG. **40**, 300.
[23]) Nußbaum, Prozeßhandlungen 19, 20.

gleichbedeutend mit der „Ungültigkeit" Otto Mayers [24]). Wir halten aber jene Bezeichnung für besser, nicht nur wegen ihrer Anlehnung an die entsprechende privatrechtliche Erscheinung, sondern auch und vor allem wegen ihrer Unzweideutigkeit; wenn man von anfechtbarem Geschäft spricht, so weiß jeder, daß es kein rechtlich nicht vorhandenes Geschäft ist; wenn man aber von ungültigem Geschäft spricht, so muß man erst hinzufügen: „im Sinne Mayers", wonach es das anfechtbare, oder: „im Sinne Nußbaums", wonach es das nichtige Geschäft bezeichnen soll. Wir würden es für einen erfreulichen terminologischen Fortschritt halten, wenn das unklare Wort Ungültigkeit aus dem öffentlichen Recht ebenso verschwände, wie es aus dem Privatrecht verschwunden ist; daß aber der terminologische auch einen sachlichen Fortschritt bedeutet, wird nicht leugnen, wer bedenkt, wie sehr durch eine einheitliche klare Terminologie das gegenseitige Verständnis gefördert wird, wenn man nicht bei jedem Wort erst fragen muß, „in welchem Sinne" es eigentlich gemeint sei.

2. Auch die Anfechtungsformen sind im öffentlichen Recht keine anderen als im Privatrecht. Diese Behauptung mag im ersten Augenblick frappieren.

Im allgemeinen ist man gewohnt, bei der privatrechtlichen Anfechtung an die Anfechtung nach BGB. 119—121, 123, und bei der öffentlichrechtlichen an die Anfechtung durch Rechtsmittel zu denken. Man ist also geneigt, einander gleichzusetzen: einerseits privatrechtliche Anfechtung und Anfechtung einer eigenen Erklärung, „Selbstanfechtung"; andererseits öffentlichrechtliche Anfechtung und Anfechtung fremder Erklärungen, „Parteianfechtung".

Aber die Gleichsetzung ist falsch. Es gibt einerseits auch im Privatrecht Anfechtung fremder Erklärungen; Beispiele bieten die Anfechtung des Testaments durch den nach BGB. 2080 legitimierten Interessenten und vor allem die Anfechtung des Generalversammlungsbeschlusses durch den Aktionär nach HGB. 271, die eine ganz offensichtliche Ähnlichkeit mit der Anfechtung von Verwaltungsakten durch Rechtsmittel hat. Umgekehrt ist kein Grund einzusehen, warum man nicht auch die Aufhebung eines Verwaltungsakts, die nicht auf Grund eines Rechtsmittels, sondern von Amtswegen in der Gestalt des Widerrufs aus Gründen der Mangelhaftigkeit des Geschäfts, also als „Widerruf kraft Anfechtung", erfolgt, ebenfalls als Anfechtung, „Selbstanfechtung", bezeichnen soll.

V. Eine den Rechtshandlungen eigentümliche Mangelhaftigkeit stellt die Unrichtigkeit dar.

1. Für diesen Begriff, den wir hier nicht in dem allgemein logischen Sinn verstanden wissen, sondern in einem spezifisch juristischen Sinn gebrauchen wollen, sind zwei Momente wesentlich.

Den Unterschied der Unrichtigkeit von der Nichtigkeit erkennen wir am besten durch folgende Gegenüberstellung: Es gibt unzweifelhaft nichtige Urkunden, die nichtig sind in demselben Sinne, in dem wir vorhin von nichtigen Rechtsgeschäften gesprochen haben,

[24]) I. 99.

an die sich also keinerlei Rechtswirkungen anknüpfen, die überhaupt nicht als öffentliche Urkunden anerkannt werden können oder dürfen, die daher insbesondere weder den erhöhten öffentlichen Glauben nach CPO. 415 noch den erhöhten Rechtsschutz nach St.GB. 267 genießen; Nichtigkeit in diesem Sinne muß nach CPO. 415 z. B. dann angenommen werden, wenn der beurkundende Beamte seine Zuständigkeit nicht eingehalten oder wenn er die Urkunde nicht in der vorgeschriebenen Form errichtet hat. Davon verschieden ist die unrichtige Urkunde, d. h. diejenige, die einen Vorgang falsch beurkundet hat; sie ist nicht eine nichtige Urkunde wie die Urkunde in unserem ersten Fall, da sie sowohl den Glauben des § 415 CPO. wie den Rechtsschutz des § 267 St.GB. genießt [25]).

Aber — und damit kommen wir auf den Unterschied der Unrichtigkeit von der Anfechtbarkeit — diese Unrichtigkeit kann jederzeit und in jeder Form geltend gemacht werden durch den einfachen Nachweis des Gegenteils. Das anfechtbare Rechtsgeschäft bewirkt eine Änderung in der Rechtswelt, eine Änderung, die allerdings eben wegen der Anfechtbarkeit des Geschäfts wieder rückgängig gemacht werden kann, die aber, so lange die Anfechtung noch nicht zu einer Aufhebung des Rechtsgeschäfts geführt hat, mindestens vorläufig respektiert werden muß. Dagegen bewirkt die unrichtige Urkunde keine Änderung der falsch beurkundeten Rechtsvorgänge, sondern bewirkt lediglich, daß eine Diskrepanz entsteht zwischen Schein und Wirklichkeit, zwischen der formalen, d. h. urkundlich bezeugten Rechtslage einerseits und der materiellen Rechtslage andererseits. Der Grund dieser Verschiedenheit liegt in dem früher aufgestellten Begriff der Verbindlichkeit, von dem wir schon damals betonten, daß er auf die rechtsgeschäftlichen Verwaltungsakte beschränkt sei [26]).

2. Der Begriff der Unrichtigkeit ist eine nur bei den Rechtshandlungen, nicht aber bei den Rechtsgeschäften sich findende, also den Rechtshandlungen eigentümliche Rechtserscheinung.

Es gibt keine unrichtigen Urteile im Rechtssinn. Wenn man von unrichtigen Urteilen spricht, so vollzieht man damit nur eine logische Kennzeichnung; juristisch aber hat man damit gar nichts gesagt, da logisch unrichtige Urteile ebensowohl mangelhaft wie fehlerlos sein können, jenes, wenn es sich um ein anfechtbares Urteil des Amtsrichters, dieses, wenn es sich um das mit der Verkündung rechtskräftig werdende Urteil der letzten Instanz handelt. Man sieht, wie falsch es ist, von einer rein logischen Gliederung der Verwaltungsakte ausgehend, die Urteile mit den Beurkundungen unter einen gemeinsamen Oberbegriff zu bringen, wie Bernatzik und Walter Jellinek es glaubten tun zu müssen [27]).

Ganz anders liegen die Verhältnisse bei den Beurkundungen und Eintragungen, die zusammen den Hauptanwendungsfall unseres

[25]) Vgl. Walter Jellinek 105 und die daselbst (3) genannte Entscheidung des BVGH.

[26]) S. o. S. 199.

[27]) S. o. S. 50, 55.

Begriffs bilden. — Wenn ein Amtsrichter ein wegen Geschäftsunfähigkeit des Erblassers nichtiges Testament aufnimmt, so ist dadurch kein wirksames Testament zustande gekommen, sondern nur der Schein eines Testaments geschaffen. — Wenn vor dem Grundbuchrichter der A dem B sein Grundstück aufläßt, der Richter trägt aber aus Versehen statt des B den C als Eigentümer ein, so hat er durch diese Eintragung an sich nichts anderes erreicht, als daß das Grundbuch unrichtig geworden ist; eine materielle Änderung ist nicht eingetreten, namentlich der C nicht etwa Eigentümer geworden, da dies nach BGB. 873 nur durch Einigung und Eintragung hätte geschehen können, es im vorliegenden Falle aber an der Einigung fehlt; freilich ist auch schon die bloß formale Rechtsänderung, der bloße Schein einer materiellen Rechtsänderung äußerst gefährlich mit Rücksicht auf den öffentlichen Glauben des Grundbuchs, der nach BGB. 892 bewirkt, daß jener bloße Schein in Verbindung mit anderen juristischen Tatsachen allerdings unter Umständen zu einer Änderung auch der materiellen Rechtslage führen kann, und mit Rücksicht hierauf ist dem Berechtigten in dem Berichtigungsanspruch des § 894 BGB. ein formelles Rechtsmittel zur Beseitigung der falschen Eintragung gegeben. — Wenn der Standesbeamte gemäß einer falschen Angabe der anmeldenden Person den Namen eines Kindes nicht mit Friedrich Eduard, sondern mit Friedrich Edmund eingetragen hat, so hat er damit nicht etwa bewirkt, daß das Kind nun wirklich Friedrich Edmund heißt und verpflichtet wäre, diesen Namen bis zur Berichtigung des Registers zu führen, sondern er hat nur bewirkt, daß das Register unrichtig geworden ist [28]), daher die Berichtigung nach Pers.St.G. 65 zwar zulässig ist [29]), aber nicht rechtsändernd wirkt. — Und nicht anders ist die Rechtslage, wenn in das Geburtsregister die Vornamen Lucifer oder Marat Danton eingetragen werden; da anstößige Vornamen sicher ebenso unzulässig sind wie nach Warenzeichen G. 4 anstößige Warenbezeichnungen, demgemäß auch die Standesbeamten zumeist durch rechtsgültige Verfügungen angewiesen sind, die Eintragung solcher Vornamen abzulehnen, so ist die Beilegung eines anstößigen Vornamens seitens des zur Namensgebung Berechtigten gesetzwidrig, daher nach den allgemeinen Grundsätzen des Privatrechts über die Wirkungen gesetzwidriger Handlungen [30]) nichtig [31]); somit hat das Kind niemals den Namen Lucifer oder Marat Danton erhalten, daher das Register durch die Eintragung unrichtig und somit berichtigungsfähig geworden ist; daher ist im Ergebnis der Verordnung des sächsischen Ministeriums vom 9. Dezember 1882 [32]) beizutreten, ohne daß es zur Begründung nötig oder auch nur angängig wäre, mit Walter Jellinek [33]) die Tätigkeit des Standesbeamten zur Feststellungstätigkeit zu stempeln.

---

[28]) Walter Jellinek 117 (2).

[29]) OLG. Darmstadt v. 22. IV. 99 bei Reger **19**, 460.

[30]) S. u. S. 216, 217.

[31]) Ebenso Walter Jellinek 127.

[32]) Bei Reger **3**, 276. A. M. Erl. des P. Min. d. I. v. 15. XII. 85 bei Reger **6**, 319.

[33]) S. 126, 127.

Ob und inwieweit unser Begriff, abgesehen von den Beurkundungen, auch auf andere Rechtshandlungen anwendbar ist, soll hier, wo die Rechtshandlungen ja nur beiläufig und anmerkungsweise mitbetrachtet werden [34]), nicht näher erörtert werden, da es nicht ohne sehr spezialierte Untersuchung scheint entschieden werden zu können. Einige Andeutungen mögen darum genügen. — Bei der Entgegennahme von Erklärungen ebenso wie bei der Kundgabe von rechtsgeschäftlichen Verwaltungsakten sind allerdings Unrichtigkeiten der Übermittelung der Erklärung denkbar; diese Unrichtigkeit der Rechtshandlung der Erklärung hängt aber so innig mit der Irrtümlichkeit der zugrunde liegenden Willenserklärung zusammen, daß es äußerst zweifelhaft erscheint, ob man sie davon lostrennen darf. In BGB. 120 ist jedenfalls für das Privatrecht die Lostrennung abgelehnt und die unrichtige Übermittelung einer Willenserklärung dem Irrtum in der Willenserklärung gleichgestellt. Daher bin ich geneigt, auch für das öffentliche Recht anzunehmen, daß bei unrichtiger Übermittelung eines Verwaltungsakts die Kundgabe doch als vollzogen angesehen werden muß, daher die Frage, welchen Einfluß die unrichtige Übermittelung auf die Gültigkeit des Geschäfts hat, davon abhängt, welchen Einfluß man dem Irrtum im öffentlichen Recht beimessen will [35]). — Nur die der alsbald zu erwähnenden „Wortberichtigung" unterliegenden „offenbaren Unrichtigkeiten" wie im Falle CPO. 319 dürfen hierher gerechnet werden. — Eher scheint es zulässig, auf Mahnungen, Androhungen und ähnliche Mitteilungen den Begriff der Unrichtigkeit anzuwenden. Ein Beispiel könnte bilden die zu Unrecht ergehende Androhung im Falle ALVG. 132, die sich, unter diesem Gesichtswinkel betrachtet, als eine unrichtige Rechtsbehauptung, nämlich bezüglich des Rechts der androhenden Behörde zur Festsetzung und Ausführung des angedrohten Zwangsmittels, darstellen würde.

3. Mit dem eigentümlichen Begriff der unrichtigen Rechtshandlungen hängt auch die bereits früher [36]) hervorgehobene Erscheinung zusammen, daß es gegen Rechtshandlungen keine Anfechtung gibt. Denn, wenn wir nach dem allgemeinen Sprachgebrauch unter Anfechtung eine auf die Beseitigung zu Unrecht eingetretener Rechtswirkungen gerichtete Willenserklärung verstehen, so können wir schon aus dieser Begriffsbestimmung den Grundsatz ableiten, daß bei Rechtshandlungen die Anfechtbarkeit ausgeschlossen ist, da die Rechtshandlungen ja weder im Falle der Nichtigkeit noch im Falle der Unrichtigkeit Rechtswirkungen hervorrufen, die beseitigt werden könnten.

Damit soll natürlich nicht geleugnet werden, daß nicht doch häufig auch gegen Rechtshandlungen, wie namentlich im Registerrecht gegen die Eintragungen, Rechtsmittel gegeben sind; Beispiele wie die Berichtigung des Grundbuchs oder des Standesregisters haben wir vorhin selbst erwähnt. Aber diese Rechtsmittel gehen nicht auf die

---

[34]) S. o. S. 27, 28.
[35]) S. u. S. 299 f., sowie § 41.
[36]) S. o. S. 127, 128.

Änderung eines Wirklichen, sondern auf Beseitigung eines Scheins, sie verlangen nur, daß die formale Rechtslage wieder in Einklang gebracht werde mit der materiellen Rechtslage, aber nicht, daß materiell eine Rechtslage hergestellt werde, die nicht auch trotz der unrichtigen Rechtshandlung gegolten hätte, wie wir das bei den vorhin besprochenen Registerberichtigungen sahen; sie entsprechen also nicht einer Anfechtungsklage, sondern einer Feststellungsklage. Da nun das Oberverwaltungsgericht die Zulässigkeit von Feststellungsklagen im preußischen Verwaltungsstreitverfahren grundsätzlich verneint [37]), so ist es nur folgerichtig, wenn es die Rechtsmittel aus ALVG. 127 ff., wie wir früher sahen [38]), gegen Rechtshandlungen lediglich dort gewährt, wo das Gesetz sie ausdrücklich eröffnet; als ein derartiger Fall wäre, wenn man die zu Unrecht ergangene Androhung nach ALVG. 132 als eine unrichtige Rechtsbehauptung ansehen will, insbesondere die Bestimmung von ALVG. 133 zu erwähnen, wo die fraglichen Rechtsmittel auch gegen die bloße Androhung von Zwangsmitteln gegeben sind, selbst für den Fall, daß sie bezüglich der zugrunde liegenden „Anordnung“ bereits verbraucht sind; diese Rechtsmittel würden dann einen ganz ähnlichen Charakter haben wie die Feststellungsklage aus CPO. 256: wie nach der CPO. gegen den geklagt werden kann, der sich zu Unrecht eines Anspruchs berühmt, so gibt ALVG. 133 eine Feststellungsklage gegen die Behörde, die zu Unrecht ihre Befugnis zur Festsetzung und Ausführung eines Zwangsmittels behauptet; die Eigentümlichkeit der Klage besteht darin, daß mit der negativen Feststellungsklage zugleich eine Klage auf künftiges Unterlassen verbunden ist in der Weise, daß die Klage gegen die Festsetzung und Ausführung des Zwangsmittels überhaupt nur als Klage auf künftiges Unterlassen gegeben, dagegen nach bereits geschehener Festsetzung oder Ausführung ausgeschlossen ist.

Wie es für den Betroffenen Rechtsmittel gibt, so gibt es in vielen Fällen auch ein Abänderungsrecht der handelnden Behörde. Aber so wenig wie der Gebrauch jener Rechtsmittel echte Parteianfechtung ist, so wenig ist die Ausübung dieses Abänderungsrechts echte Selbstanfechtung [39]); auch hier handelt es sich lediglich um eine Feststellung, nicht um eine materielle Rechtsänderung, sondern nur um die formelle Beseitigung eines gefährlichen Scheins. Unter diesem Gesichtswinkel muß man insbesondere die Abänderung oder Zurücknahme gesetzwidriger Bescheinigungen betrachten, auf die man unbedenklich die Vorschrift von BGB. 2361 über den unrichtigen Erbschein analog anwenden darf. Unter diesem Gesichtswinkel sind ferner die Bestimmungen von FGG. 119, 142, 147, 159, GBO. 54 zu würdigen. In diesem Zusammenhang darf auch die Entscheidung des Oberverwaltungsgerichts vom 29. Oktober 1887 [40]) erwähnt werden: das Zeugnis nach St.AG. 15^{II} Z. 1 war erteilt worden; durch Verschulden des Antrag-

---

[37]) OVG. **23**, 399; 44, 408.

[38]) S. o. S. 127, 128.

[39]) Über diese Begriffe vgl. o. S. 209.

[40]) OVG. **19**, 410.

stellers wurde die Aushändigung der Entlassungsurkunde verzögert; dieser wurde danach ausgehoben und verlangte nunmehr die Entlassungsurkunde; die Ersatzkommission aber hatte inzwischen das „Zeugnis", d. h. ihre gutachtliche Äusserung [41]) zurückgezogen, da sie infolge der Verzögerung der Auswanderung [42]) erkannt hatte, daß das Zeugnis unrichtig war.

Endlich ist an dieser Stelle noch zu erwähnen die Wortberichtigung, d. h. die Berichtigung von Schreibfehlern, Rechnungsfehlern und ähnlichen offenbaren Unrichtigkeiten im Sinn der CPO. 319. Sie enthält keinerlei materielle Änderung, sondern nur die Richtigstellung eines offenbaren Flüchtigkeitsversehens; es handelt sich hier eigentlich nur um die Beseitigung eines den Leser störenden Schönheitsfehlers, nicht darum, daß etwas geschaffen wird, was nicht auch ohne die Beseitigung dieses Fehlers schon Geltung hätte, daher die Rechtsmittelfrist nicht etwa von der Zustellung eines berichtigten Verwaltungsakts ab neu zu laufen beginnt [44]). Die Wortberichtigung ist uneingeschränkt und ohne daß es irgendwelcher gesetzlichen Grundlage bedürfte, jederzeit und von Amtswegen selbst dort zulässig, wo der Grundsatz iudex ne procedat ex officio herrscht [43]). Anerkannt ist sie gesetzlich in CPO. 319 für Urteile, was die Praxis unbedenklich und mit Recht auch auf Beschlüsse ausgedehnt hat [45]). Anerkannt ist sie ebenso, ohne besondere gesetzliche Grundlage, im Strafprozeß [45]), im Verwaltungsprozeß [47]), im Verfahren vor den Knappschaftsschiedsgerichten [48]), im Verfahren vor den Gerichten der Arbeiterversicherung [49]), im Registerrecht [50]), sogar bei den Standesregistern, wo in solchen Fällen das umständliche Berichtigungsverfahren nach Pers.St.G. 65, 66, FGG. 69 nicht eingeleitet zu werden braucht [51]). Die Beseitigung von Rechenfehlern setzt Würt. Eink.St.G. Art. 56^{II} als selbstverständlich zulässig voraus. Im Sinn einer solchen bloßen Wortberichtigung ist auch die Berichtigung von „Irrtümern" im Beschluß über die Feststellung des Enteignungsplans oder die Entschädigungsfeststellung [52]) (pr. Enteign.G. 21, 29) und in der Bergwerksverleihungsurkunde [53]) unbedenklich zuzulassen. Die Wortberichtigung kommt auch bei dem gesprochenen Verwaltungsakt vor, ist hier sogar eine ziemlich häufige Erscheinung, indem etwa der das Urteil verkündende Richter sich verspricht und sich auf der Stelle

---

[41]) Über die rechtliche Natur des Zeugnisses s. o. S. 131.

[42]) Daß es hierauf entscheidend ankam, betont treffend Rauchalles 67.

[43]) Bernatzik 239 (25).

[44]) RVA. **1892**, 329, Z. 1178.

[45]) RG. in Jur.W. **26**, 233 Z. 19, 564 Z. 10.

[46]) RG. in Str. **13**, 267.

[47]) OVG. v. 12. XII. 94 in VBl. **16**, 196; BAHW. **19**, 158. — Gesetzlich anerkannt im S. Ges. über die Verw.Rechtspfl. §§ 59, 68 IV.

[48]) Pr. V. über d. Verf. v. d. Schiedsgerichten v. 29. Nov. 1907, § 27.

[49]) Handb. d. Unf.V. I. 495, 496.

[50]) Fuchs 352. Über Handelsregister bes. Allg. Vf. v. 7. Nov. 1899 (Just.-MB. 313) § 24.

[51]) Ausf.Vorschr. d. Bundesrats v. 25. März 1899 (RGB. 225) § 18.

[52]) Seydel, Enteignungsgesetz S. 151 und dort gen. Rek.Besch. Eger **II.** 140, 267.

[53]) Arndt, Berggesetz 32.

verbessert[54]); nicht mehren . eine Wortberichtigung handelt es sich natürlich, wenn ein Verwaltungsakt bereits fertig abgeschlossen ist; in dem von Walter Jellinek[55]) mitgeteilten Fall, wo ein Schöffenrichter die Urteilsformel: „Der Angeklagte wird wegen Mundraubs mit einem Verweise bestraft" bereits verkündet hatte, während der Verkündung der Urteilsgründe vom Verteidiger unterbrochen und auf das Fehlen des Strafantrags hingewiesen, eine nochmalige Gerichtsberatung veranlaßte und dann als neues Urteil verkündete: „Das Verfahren gegen den Angeklagten wird eingestellt", lag sicher keine Wortberichtigung mehr vor, und das Verfahren war gänzlich gesetzwidrig. Dagegen gehört in diesen Zusammenhang ein vom Oberverwaltungsgericht entschiedener Fall: bei einer Handelskammerwahl waren für den ersten Kanditaten 17, für den zweiten 11, für den dritten 10 von 23 Stimmen abgegeben; der Vorsitzende hatte den ersten und den zweiten Kandidaten für gewählt erklärt, nachher aber, als er merkte, daß bezüglich des zweiten Kandidaten gar keine Mehrheit vorhanden war, seine Erklärung berichtigt und Stichwahl zwischen dem zweiten und dritten Kandidaten angeordnet; das Gericht erachtete eine solche Berichtigung für zulässig, so lange noch nicht der Wahlakt geschlossen und der Wahltermin beendet war[56]).

* * *

Über unseren weiteren Gedankengang ist zu bemerken:

1. Bevor wir die einzelnen Arten der Mangelhaftigkeit gesondert betrachten, werden wir zunächst im allgemeinen die Grenzlinie zwischen den Anwendungsgebieten der einzelnen Geschäftsmängel zu ziehen versuchen, namentlich um die grundsätzliche Verschiedenheit zwischen öffentlichem und privatem Recht in diesen Fragen klar zu legen. Das soll in § 26 geschehen.

2. Wir werden uns dann der Nichtigkeitslehre zuwenden und die einzelnen Nichtigkeitsfälle zu erkennen versuchen. Unschwer läßt sich in sie auch die Lehre von der relativen Unwirksamkeit eingliedern. Die Gründe der Nichtigkeit und der relativen Unwirksamkeit kann man in 4 Gruppen teilen, und wir werden demgemäß behandeln die

Nichtigkeit wegen Unmöglichkeit (§§ 27, 28),
Nichtigkeit wegen Formmängeln (§ 29),
Nichtigkeit wegen Inhaltsmängeln (§ 30),
Nichtigkeit wegen Willensmängeln (§ 31).

3. Alsdann werden wir die Anfechtungslehre ins Auge fassen. Doch wird sie in diesem Kapitel aus Zweckmäßigkeitsgesichtspunkten nur teilweise zur Darstellung kommen, nämlich soweit es sich um die Art ihrer Durchführung und um die Art ihrer Wirkung handelt. Dagegen werden die Anfechtungsgründe nur im allgemeinen gestreift werden; die Lehre von den einzelnen Anfechtungsgründen ist dagegen, soweit es sich um Anfechtung durch Rechtsmittel handelt, in die Lehre

---

[54]) Walter Jellinek 116 und 116 (2).
[55]) a. a. O. 116 (3).
[56]) OVG. 22, 340.

vom Rechtsschutz, die ihrerseits aus dem Rahmen unserer Untersuchung herausfällt, zu verweisen [57]); und, soweit es sich um Selbstanfechtung im Wege des Widerrufs handelt, ist sie zweckmäßig mit der allgemeinen Widerrufslehre zu verbinden, die im folgenden Kapitel zur Darstellung kommen wird.

4. Endlich sollen im Anschluß an die Geschäftsmängellehre noch die rechtlichen Schwebezustände im Zusammenhang erörtert werden. Sie gehören zwar nicht durchweg zu den eigentlichen Geschäftsmängeln, da es auch völlig normale und gewollte Schwebezustände gibt. Sie berühren sich aber doch in mancher Hinsicht mit den Geschäftsmängeln, indem einerseits die Anfechtbarkeit einen Hauptfall der schwebenden Wirksamkeit eines Rechtsgeschäfts darstellt und indem andererseits das schwebend wirksame Rechtsgeschäft mit dem mangelhaften die Eigentümlichkeit einer besonderen Lebensschwäche teilt.

§ 26.

II. Die allgemeine Grenzlinie zwischen den einzelnen Arten der Mangelhaftigkeit.

Wir haben gesehen, daß die privatrechtlichen Begriffe der Mangelhaftigkeit und ihrer einzelnen Arten auch für das öffentliche Recht in Betracht kommen. Wir haben bei der Gestaltung dieser Begriffe gehandelt in Anwendung unseres allgemeinen methodologischen Grundsatzes [1]), nach Möglichkeit eine Anlehnung an entsprechende privatrechtliche Kategorieen zu suchen. Wir haben aber bei der Aufstellung dieses Grundsatzes auch schon betont, daß von solch äußerer Anlehnung die analoge Übertragung privatrechtlicher Sätze durchaus verschieden ist. Das zeigt sich namentlich in der uns jetzt beschäftigenden Frage der Anwendung der besprochenen Rechtsinstitute.

* * *

Es zeigt sich zunächst in dem Verhältnis der Nichtigkeit zur Anfechtbarkeit hinsichtlich ihres beiderseitigen Geltungsgebiets.

I. Hier ist eine grundsätzliche Verschiedenheit von öffentlichem und Privatrecht unverkennbar.

1. Das Privatrecht wird beherrscht von dem Grundsatz, daß das mangelhafte, vom Gesetzgeber mißbilligte Rechtsgeschäft nichtig ist; das entspricht der untergeordneten Stellung der Privatwillenserklärung, die sich über die Willenserklärung des Gesetzgebers nicht nur nicht hinwegsetzen darf, sondern überhaupt nicht hinwegsetzen kann [2]); sie mag tun, was sie will, es ist immer ein Versuch mit untauglichen Mitteln, einen vom Gesetzgeber nichtgewollten Rechtserfolg herbeizu-

---

[57]) Vgl. u. S. 308 f.

[1]) Vgl. o. S. 8, 9.

[2]) Vgl. über diesen Unterschied zwischen Nichtkönnen und Nichtdürfen o. S. 83 f.

führen. Eine Einschränkung erleidet dieser Grundsatz nur in den verhältnismäßig wenigen Fällen, wo der Gesetzgeber die Mangelhaftigkeit des Geschäfts abhängig sein läßt vom Willen der Partei, weil ihm das öffentliche Interesse an der Mangelhaftigkeit nicht groß genug zu sein scheint, um eine Nichtigkeitsnorm zu rechtfertigen; diese Einschränkung entspricht dem im Privatrecht herrschenden Grundsatz der Vertragsfreiheit und der überragenden Herrschaft der Parteiwillkür. Im allgemeinen aber ist im Privatrecht das materiell oder formell gesetzwidrige Geschäft nichtig.

2. Im öffentlichen Recht ist es umgekehrt.

Hier gilt als Grundsatz: die Mangelhaftigkeit des Geschäfts ist Anfechtbarkeit, nicht Nichtigkeit.

Dieser Grundsatz gilt uneingeschränkt bezüglich der Zweckwidrigkeit. — Das zweckwidrige Rechtsgeschäft ist ebenso wie die zweckwidrige Verordnung vielleicht anfechtbar; solange aber die Anfechtung nicht mit Erfolg geschehen ist, müssen beide respektiert werden. — Für die Rechtshandlungen taucht die Frage überhaupt nicht auf. Zweckwidrigkeit bedeutet ja Zweckwidrigkeit der Wirkungen. Bei den Rechtshandlungen aber darf man nicht fragen, ob die Wirkungen zweckwidrig sind, sondern nur, ob die Handlung nach ihren Elementen dem Tatbestand des Gesetzes entspricht; tut sie das, so ist sie ohne weiteres vollgültig; und da nun zu diesem gesetzlichen Tatbestand die Zweckmäßigkeit der Wirkungen niemals gehört, auch nicht dazu gehören kann, weil die Wirkungen ja vom Gesetz selbst normiert sind, das Gesetz aber nicht seine von ihm selbst festgesetzten Wirkungen als zweckwidrig ansehen kann, so kann bei den Rechtshandlungen weder eine Nichtigkeit noch eine Anfechtbarkeit unter dem Gesichtswinkel der Zweckwidrigkeit in Frage kommen.

Bezüglich der Gesetzwidrigkeit muß man unterscheiden. — Was zunächst die Verordnungen anlangt, so gibt es unter dem Gesichtswinkel der Gesetzwidrigkeit nur gültige oder nichtige Verordnungen, aber keine anfechtbaren. Nichtig aber ist die Verordnung wegen jeder Gesetzeswidrigkeit [3]). Sie kann also ungestraft übertreten, es kann ungestraft zum Widerstand und Ungehorsam gegen sie aufgefordert, sie kann formlos als nicht vorhanden ignoriert werden. — Anders aber ist es mit den Verfügungen. Das hängt zusammen mit dem Rechtsmittelwesen. Zwar gibt es auch Verfügungen, die nicht durch Rechtsmittel angefochten werden können, ja sogar solche, die, wie letztinstanzliche Entscheidungen der Gerichte oder Akte höchstinstanzlicher Behörden überhaupt, nicht einmal mit der bloßen Dienstaufsichtsbeschwerde anfechtbar sind; immerhin sind das die Ausnahmen, während grundsätzlich die Geltendmachung der Gesetzwidrigkeit einer Verfügung auf den Weg der Rechtsmitteleinlegung verwiesen ist. Dem entspricht, daß bis zu der erfolgreichen Anfechtung der Verwaltungs-

---

[3]) Vgl. Rosin 235, 300. Dagegen Thoma I. 466 f., der zwischen Nichtigkeit und Rechtsungültigkeit der Verordnungen unterscheiden will. Näher ist auf diese Frage als auf eine Frage des Verordnungsrechts nicht einzugehen.

akt als gültig anzusehen ist. Otto Mayer hat das so ausgedrückt: die obrigkeitliche Gewalt, die in dem Verwaltungsakt erscheint, bezeugt sich selbst als rechtmäßig [4]); der Verwaltungsakt steht auf sich selbst und entlehnt nicht gleich dem privaten Rechtsgeschäft seine Kraft dem Gesetz [5]). Man kann hier von der eigentümlichen publizistischen Kraft des Verwaltungsakts im Gegensatz zum Handeln des Privatmanns sprechen. — Wiederum anders gestaltet sich das Verhältnis bei den Rechtshandlungen. Von einer Gesetzwidrigkeit der Wirkungen kann nicht die Rede sein, da diese Wirkungen ja auf dem Gesetz selbst beruhen. Es kann sich nur fragen, ob die Handlung dem gesetzlichen Tatbestand genügt. Gesetzwidrigkeit von Rechtshandlungen bedeutet also nicht Gesetzwidrigkeit der Wirkungen, sondern Nichterfüllung des gesetzlichen Tatbestands. Gesetzwidrigkeit in diesem Sinn aber kann nur Nichtigkeit, nicht bloße Anfechtbarkeit bewirken. Das tritt besonders deutlich hervor bei der Annahme von Erklärungen, bezüglich deren Walter Jellinek [6]) zutreffend bemerkt: sie kann „nur entweder nichtig oder vollkommen gültig sein; ein drittes ist nicht denkbar". Ähnliches gilt auch von der Zustellung [7]). Bei manchen Rechtshandlungen wie namentlich den Beurkundungen und Eintragungen kommt neben dieser Nichtigkeit bewirkenden Gesetzwidrigkeit noch jene eigenartige, vorhin erörterte Mangelhaftigkeit vor, die wir als Unrichtigkeit bezeichneten [8]); aber, wie wir schon vorhin betonten, auch diese Unrichtigkeit bewirkt keine Anfechtbarkeit, so daß wir die schon früher angedeutete Feststellung nunmehr endgültig treffen können, daß es keine anfechtbaren Rechtshandlungen gibt.

Die Anwendung unseres Grundsatzes ergibt insbesondere die Entscheidung in folgenden Fällen:

Würde die Gesetzwidrigkeit den Beschluß über die definitive Planfeststellung nach P.Enteign.G. 21 nichtig machen, so könnte er natürlich in solchem Fall auch niemals rechtskräftig werden. In Wahrheit aber ist mit seiner Rechtskraft eine Anfechtung selbst wegen Verletzung wesentlicher Gesetzesvorschriften ausgeschlossen, und sogar der Einwand, daß das Enteignungsrecht auf das fragliche Grundstück keine Anwendung finde, ist nicht mehr angängig [9]).

Auch die gesetzwidrige Pfändung durch den Gerichtsvollzieher ist nicht nichtig und wirkungslos, sondern sie erzeugt in der Tat ein Pfandrecht und damit zugleich das strafrechtliche Verbot des Arrestbruchs. Dies ist ebenso als allgemeiner Grundsatz [10]) wie im einzelnen Fall z. B. dann anerkannt worden, wenn entgegen der Vorschrift von CPO. 811 auf einem Landgut die unpfändbaren Getreidevorräte gepfändet worden sind [11]). Aber gleiches muß auch, wenn schon im Widerspruch

---

4) Mayer **I.** 99.
5) a. a. O. 100 (7) und 97 (3). Vgl. auch u. S. 389.
6) S. 125.
7) Vgl. Walter Jellinek 70.
8) S. o. S. 209 f.
9) Eger **II.** 173.
10) RG. in Str. **9.** 403; **10**, 425; **14**, 151; **26**, 287.
11) RG. in Str. **26**, 287.

zu der durchaus herrschenden Meinung [12]), für den Fall angenommen werden, daß entgegen der Vorschrift von CPO. 750 die Pfändung vor Zustellung des Urteils erfolgt ist; die herrschende Meinung wäre richtig, wenn die Pfändung bloße Rechtshandlung wäre, da dann allerdings die dem gesetzlichen Tatbestand nicht entsprechende Pfändung als nichtig anzusehen wäre; wenn man aber, wie es richtiger sein dürfte, in der Pfändung einen rechtsgeschäftlichen Akt erblickt, dann muß man auch auf ihn den allgemeinen Grundsatz anwenden, daß die Gesetzwidrigkeit Nichtigkeit nicht begründet.

Ist eine Gewerbeerlaubnis unter Verstoß gegen die Mußvorschriften von Ausw.G. §§ 4 oder 6 erteilt worden, so liegt zwar eine gesetzwidrige, aber keine nichtige Erlaubnis vor [12a]).

Ist entgegen gesetzlichen Bestimmungen eine Beamtenstelle nicht mit einem Militäranwärter, sondern mit einer anderen Person besetzt worden, so ist diese gesetzwidrige Beamtenernennung doch keineswegs nichtig, sondern es kann sich nur darum handeln, ob jene Gesetzwidrigkeit einen Grund zur Entlassung des gesetzwidrig Angestellten, also einen Anfechtungsgrund abgibt. Etwas anderes meint auch die Rechtsprechung des Reichsgerichts nicht, obschon sie dauernd davon spricht, daß die gesetzwidrige Anstellung „rechtsunwirksam“ oder gar, daß sie „an sich rechtsunwirksam“ sei [13]). Jedenfalls erkennt auch das Reichsgericht an, daß bis zur Ausführung der Entlassung der Angestellte wirklich Beamter ist [14]), so daß es sich also bei der „Rechtsunwirksamkeit“ nur um eine etwas irreführende und daher nicht nachahmenswerte Terminologie, nicht aber um eine sachlich unrichtige Vorstellung handelt.

Das gleiche gilt im allgemeinen, wenn der Ernannte den sonstigen gesetzlichen Voraussetzungen nicht entspricht, etwa das vorgeschriebene Alter noch nicht erreicht hat [14a]).

Auch gesetzwidrige Gerichtsbeschlüsse sind grundsätzlich nicht ohne weiteres nichtig, sind vielmehr zunächst so lange wirksam, bis sie wieder aufgehoben werden [14b]).

Noch weniger vermag natürlich die Unrichtigkeit der Unterlagen und Voraussetzungen eines Verwaltungsakts diesen nichtig zu machen. Hierher gehört folgender Rechtsfall, mit dem sich die Entscheidung des Reichsgerichts [15]) vom 5. Juli 1884 zu beschäftigen hatte. In einem Konkurs hatte die Steuerbehörde einen Anspruch auf Entrichtung der

---

12) Vgl. z. B. RG. in Str. **14**, 151. Weitere Angaben bei Gaupp-Stein **II.** 457 (3). Richtig Kohler in seiner Enzyklopädie **II.** 169 (3), aber mit falscher Begründung.

12a) Stenglein **I.** 678, 679.

13) RG. **57**, 120; RG. bei Gruchot **41**, 1114; in Jur.W. **28**, 269 Z. 29; **28.** 735, Z. 29.

14) Vgl. die gen. Entscheidungen; ferner RG. in Jur.W. **28**, 202, Z. 65.

14a) RG. Rechtspr. **2**, 24. Mayer **II.** 209. Über Ausnahmen vgl. u. S. 239 f.

14b) KG. in R. d. OLG. **13**, 156. OLG. Bamberg bei Seuffert **61**, 336. a. M. RG. **60**. 126, RG. in Jur.W. **16**, 113 Z. 14, wogegen mit Recht Nußbaum, Prozeßhandlungen 14 (10). Vgl. auch Gaupp-Stein **I.** 534, der sich aber **II.** 154 (23) selbst berichtigt.

15) Bei Reger **5**, 472.

Einkommensteuer angemeldet, deren Betrag sie gemäß den gesetzlichen Vorschriften auf Grund des durchschnittlichen Reineinkommens des Gemeinschuldners während der letzten drei Veranlagungsjahre berechnet hatte. Der Konkursverwalter wies nach, daß diese früheren Veranlagungen auf wissentlich unwahren Angaben des Gemeinschuldners beruhten, der seine schlechte Vermögenslage auf solche Weise hatte verheimlichen wollen. Das Landgericht brachte es fertig, den Anspruch der Steuerbehörde ohne weiteres abzulehnen, da er auf einer Freigebigkeit des Gemeinschuldners gegenüber dem Staat beruhe. Das Reichsgericht hob mit Recht auf.

Von unserem Grundsatz aus läßt sich aber weiter auch nicht die Auffassung billigen, daß eine gesetzliche unzulässige Kapitalabfindung im Arbeiterverischerungsrecht ohne weiteres als nicht geschehen angesehen werden dürfte [16]).

Ebensowenig kann der Meinung des bayrischen Verwaltungsgerichtshofs [17]) beigetreten werden, wenn es ohne jede Einschränkung behauptet, ein (gesetzlich unzulässiger) gemeindlicher Aberkennungsbeschluß bezüglich eines gesetzmäßig verliehenen Bürgerrechts entbehre „jeder rechtlichen Wirksamkeit"; daß der Gerichtshof hierbei tatsächlich an absolute Nichtigkeit denkt, ergibt sich daraus, daß weiter gesagt wird, die Wiederbewerbung des Betroffenen um erneute Verleihung des Bürgerrechts sei eine rechtlich bedeutungslose Handlung, da bei fortdauerndem Bürgerrecht weder eine Neubewerbung um dasselbe noch eine Wiederverleihung rechtlich möglich erscheine.

Wenn entgegen P.Ans.G. 13 eine Bauerlaubnis erteilt worden ist, ohne daß die erforderliche Ansiedlungserlaubnis zuvorgegangen ist, so begründet dieser Mangel lediglich Anfechtbarkeit, aber keinesfalls Nichtigkeit. So lange daher die Anfechtung nicht geschehen, d. h. solange die gesetzwidrige Bauerlaubnis nicht zurückgenommen ist, steht dem Bau und der Benützung des Gebäudes nichts entgegen. Diese Selbständigkeit auch der gesetzwidrigen Bauerlaubnis verkennt Born [18]), wenn er meint: „Eine ohne die erforderliche Ansiedelunggenehmigung erteilte Bauerlaubnis und der daraufhin ausgeführte Wohnhausbau sind vorschriftswidrig. Die Benutzung der letzteren ist daher so lange unzulässig, als die Genehmigung nicht nachgeholt ist". In Wahrheit ist nur möglich entweder ein Widerruf der gesetzwidrigen Bauerlaubnis kraft Anfechtung oder ein Einschreiten auf Grund des § 20 des genannten Gesetzes, also die Anordnung der Beseitigung der errichteten Anlagen, aber natürlich nicht wegen mangelnder Bauerlaubnis, sondern wegen mangelnder Ansiedlungserlaubnis [19]) oder endlich, was in der Praxis wohl immer zunächst versucht werden wird [19]), eine vorherige Mitteilung von der Absicht eines Vorgehens aus § 20 zu dem Zweck, den Betroffenen zur Einholung der Ansiedlungserlaubnis zu veranlassen.

Besondere Bedeutung erlangt unser Grundsatz in Verbindung

[16]) RVA. **13**, 468, Z. 1649.
[17]) BVGH **10**, 89.
[18]) S. 294.
[19]) Vgl. OVG. **43**, 395.

mit dem früher besprochenen[20]) Grundsatz der Verbindlichkeit der Verwaltungsakte, der, wie damals betont[20]), auch für die staatlichen Behörden Geltung hat. Hierauf soll daher noch im besonderen eingegangen werden.

Man kann die Bedeutung unseres Grundsatzes in dieser Beziehung allgemein so kennzeichnen, daß nur in so weit, als die Gesetzwidrigkeit Nichtigkeit zur Folge hat, andere staatliche Behörden befugt sind, dem gesetzwidrigen Verwaltungsakt einer ihnen nicht untergebenen Behörde die Rechtswirksamkeit abzusprechen und ihn als nicht geschehen zu betrachten[20a]); denn nur der nichtige Verwaltungsakt unterliegt nicht dem Grundsatz der Verbindlichkeit. Dies gilt namentlich von der Stellung der Gerichte zu den Akten der Verwaltungsbehörden und umgekehrt auch von der Stellung der Verwaltungsbehörden zu den Akten der Gerichte. Eine allgemeine „Befugnis der nachprüfenden Zivil- und Strafgerichte, einem ungültigen [also in unserem Sprachgebrauch[21]): einem anfechtbaren] Verwaltungsakte... für ihr Gebiet die Rechtswirksamkeit von Anfang an abzusprechen", läßt sich meines Erachtens entgegen Otto Mayer[22]) nicht nachweisen, obschon allerdings nicht selten Neigung zu solchen Usurpationen gezeigt wird; was insbesondere die Reichsgerichtsentscheidung anlangt, die Otto Mayer zur Bestätigung seiner Auffassung[22]) heranzieht, so handelte es sich bei ihr in Wahrheit gar nicht um bloße Anfechtbarkeit, sondern um Nichtigkeit wegen absoluter Unzuständigkeit, wie wir nachher sehen werden[23]). Eine Folgerung aus dieser unserer Auffassung ist die Verwerfung der im gemeinen Recht vielfach behaupteten sog. exceptio sub-vel obreptionis, deren Unhaltbarkeit Walter Jellinek[24]) überzeugend dargetan hat. Im übrigen mögen zur Veranschaulichung unseres Grundsatzes folgende Fälle besprochen werden.

Das Oberverwaltungsgericht[25]) hatte sich mit folgendem Fall zu befassen. Der Töpfermeister M. hatte mit Bauerlaubnis des Amtsvorstehers in einer nach den gesetzlichen Vorschriften zur Brandmauer bestimmten Mauer ein Fenster angebracht; später hatte der Amtsvorsteher wegen Gesetzwidrigkeit angefochten und die Bauerlaubnis widerrufen. M. hatte sich, nachdem eine Beschwerde wegen der Widerrufsverfügung vom Landrat zu Recht zurückgewiesen worden war, an den Bezirksausschuß mit der Bitte um Belassung des Fensters gewandt. Diese Bitte war als Dispensgesuch angesehen und der Dispens erteilt worden. Infolge von Beschwerden der Nachbarn verfügte der Regierungspräsident, die Ortspolizei solle diesen Dispens einfach als nicht vorhanden ansehen, da ein Dispens auf einem längst fertig gestellten

[20]) S. o. S. 199 f.

[20a]) Vgl. Binding 231.

[21]) Vgl. o. S. 208, 209.

[22]) I. 305 (27). Richtig Bernatzik 242; vgl aber auch 244, 245 (36).

[23]) Vgl. u. S. 256.

[24]) S. 107 ff. — Um ein Wiederaufleben der exceptio subreptionis handelt es sich bei der Einrede des erschlichenen Patents, die Kohler, Lehrbuch des Patentrechts 162, 163 in den Fällen gewähren will, wo nach Patent-G. 28 die an eine Ausschlußfrist von fünf Jahren gebundene Patentnichtigkeitsklage erloschen ist.

[25]) OVG **29**, 354.

Bau nicht zuläsisg sei, und der Amtsvorsteher ordnete darauf an, daß M. bei Vermeidung polizeilichen Zwangs das Fenster binnen 8 Tagen zu vermauern habe. Dieser Standpunkt des Regierungspräsidenten war natürlich gänzlich unhaltbar. Denn selbst wenn man zugeben will, daß der Dispens rechtlich nicht zulässig war, so durfte er doch keineswegs so formlos ignoriert werden, da er, wie das Oberverwaltungsgericht treffend betont, auch in solchem Fall nicht „ein nichtiger Akt wie etwa der einer völlig unzuständigen Behörde" gewesen wäre. Der richtige Weg, den der Regierungspräsident beschreiten konnte, wäre in solchem Fall der gewesen, daß er bei dem Bezirksausschuß auf Rücknahme des angeblich ungesetzlichen Dispenses kraft Anfechtung hinwirkte und, wenn der Bezirksausschuß sich hierauf nicht einlassen wollte, die Anfechtungsklage aus ALVG. 126 erhob; für die Ortspolizei aber war, wie das Gericht richtig hervorhebt, der einzig mögliche Weg durch Zust.G. 145^{III} vorgezeichnet.

Ähnlich lagen die Verhältnisse in folgendem Fall [26]: Einer Firma war eine Kleinbahnkonzession erteilt, und die Gemeinde hatte der Firma das Recht der Wegebenützung mit der Maßgabe eingeräumt, dass das Recht erlöschen sollte, wenn die Straßenbahn nicht im Laufe eines Jahres in Betrieb gesetzt würde. Dieser Zeitraum wurde nicht inne gehalten. Als nach seinem Ablauf der Bau begonnen wurde und die Baupolizei der Firma dabei bestimmte Baubedingungen vorschrieb, kam es zu einer Klage der Gemeinde gegen jene polizeilichen Festsetzungen. Die Gemeinde führte bei dieser Gelegenheit aus, die Kleinbahnkonzession sei unwirksam geworden, da die nach § 6 des Kleinbahngesetzes erforderliche Zustimmung der Gemeinde zur Straßenbenützung fortgefallen, also der Bau der Bahn unzulässig geworden sei. Das Oberverwaltungsgericht [26] aber verweist die Gemeinde auf den Weg der Anfechtung der Bahnkonzession, indem es bemerkt: „So lange .... die Genehmigung nicht wieder aufgehoben oder abgeändert ist, bildet sie für das Verhalten der örtlichen Polizei die rechtliche Grundlage".

Eine erschlichene Approbation ist sicher gesetzwidrig, daher auch nach Gew.O. 53^{I} dem Widerruf kraft Anfechtung ausgesetzt. So lange aber dieser Widerruf nicht erfolgt ist, muß jede Behörde die Approbation als zu Recht bestehend ansehen, wie Walter Jellinek [27] im einzelnen sehr schön ausführt. Insbesondere muß das Zivilgericht dem Arzt, der eine Honorarforderung nach der für approbierte Ärzte festgesetzten Taxe einklagt, nach dem Klageantrag verurteilen, selbst wenn es stadtbekannt ist, daß die Approbation durch unlautere Machenschaften erlangt ist. Und ebenso muß die Strafkammer diesen Arzt wegen Verletzung von St.GB. 300 verurteilen, wenn er sich eine Verletzung der ärztlichen Geheimnispflicht zu schulden kommen läßt. Dagegen muß er freigesprochen werden, wenn er wegen unbefugter Führung eines ärztlichen Titels angeklagt würde [27].

Nicht anders ist zu entscheiden, wenn jemand sich eines Namens bedient, der ihm auf Grund falscher Vorspiegelungen verliehen worden

---

[26]) OVG. 38, 362, bes. S. 369.

[27]) Walter Jellinek S. 46, 167, 168.

ist. So lange die Verwaltungsbehörde, die den Namen verliehen hat, die Verleihung nicht kraft Anfechtung zurückgenommen hat, führt der Betreffende den Namen zu Recht und kann daher vor dem Zivilrichter mit Erfolg die Abweisung der negatorischen Namensklage, die der berechtigte Kläger dieses Namens gegen ihn auf Grund des § 12 BGB. anstellt, verlangen [28]).

Aus unserem Grundsatz ergibt sich ferner die Entscheidung einer Streitfrage über den § 4 des preußischen Enteignungsgesetzes. In diesem § 4 heißt es: „Vorübergehende Beschränkungen werden von dem Bezirksausschuß angeordnet. Dieselben dürfen wider den Willen des Grundeigentümers die Dauer von drei Jahren nicht überschreiten". Man hat nun gefragt, ob bei Überschreitung dieser Befugnisse des Bezirksausschusses der Rechtsweg zulässig sei. Dies wäre allerdings zu bejahen, wenn die Zuständigkeitsüberschreitung Nichtigkeit der Anordnung bewirkte, da dann in der Tat der Richter inzidenter diese Nichtigkeit feststellen könnte. Da aber die Zuständigkeitsüberschreitung keine absolute Unzuständigkeit in dem später zu erörternden Sinn [29]), sondern nur eine gewöhnliche Gesetzwidrigkeit darstellt, daher keine Nichtigkeit, sondern bloße Anfechtbarkeit begründet, so ist die aufgeworfene Frage mit der herrschenden Meinung zu verneinen [30]).

Eine ungesetzliche Legitimation durch staatliche Ehelichkeitserklärung ist ebenfalls nicht nichtig. Dies gilt im besonderen auch von einer erschlichenen Ehelichkeitserklärung, und mit Recht hat bereits unter der Herrschaft des gemeinen Rechts das Hofgericht zu Dillenburg in einer auch vom Oberappelationsgericht Wiesbaden gebilligten Entscheidung unter Verwerfung der exceptio sub-vel obreptionis erklärt, daß „den Gerichten eine Beurteilung über die Gültigkeit dieser Regierunghandlung nicht zustehe", daß es vielmehr den Beteiligten „überlassen bleibe, gestützt auf die von ihnen angeführten Umstände, eine Zurücknahme der angeblich erschlichenen Legitimation bei dem Landesherrn selbst zu erwirken" [31]).

Ein Wahlprüfungsausschuß kann die Rechtmäßigkeit einer Wahl wegen ungesetzlicher Verleihung des die Voraussetzung für das Wahlrecht bildenden Bürgerrechts nur dann verneinen, wenn diese Ungesetzlichkeit ausnahmsweise Nichtigkeit begründet; also z. B. dann nicht, wenn bei der Verleihung der Grundsatz der Öffentlichkeit der Gemeindeausschußsitzungen verletzt worden ist, da diese Ungesetzlichkeit jedenfalls keine Nichtigkeit des fraglichen Akts zur Folge hat [32]).

Die Verwaltungsbehörde ebenso wie der Verwaltungsrichter sind an das Urteil oder den Strafbefehl des Strafrichters in all den Fällen gebunden, wo das Gesetz einen bestimmten Verwaltungsakt vorschreibt unter der Voraussetzung, daß ein solcher richterlicher Akt vorangegangen

---

[28]) Walter Jellinek 149.

[29]) S. u. S. 247 f.

[30]) Richtig Eger I 76 f und die dort genannten. A. M. Bähr-Langerhans 16, 17.

[31]) Vgl. Seuffert **13**, 3 Z. 4; dazu auch Walter Jellinek 110.

[32]) Im Ergebnis richtig BVGH. **28**, 11, wo indes diese Unterschiede zwischen nichtigem und bloß gesetzwidrigem Beschluß verwischt sind.

ist. Es darf also von ihnen nicht geprüft werden, ob das Urteil des Strafrichters zu Recht ergangen war oder nicht, sondern es ist nur zu prüfen, ob das Urteil nicht etwa ausnahmsweise nichtig ist und nur im letzteren Fall darf es als nicht vorhanden betrachtet werden. Dies gilt insbesondere beim Widerruf der Gewerbe-Approbationen nach Gew.O. 53^{I} und bei der Untersagung des Gewerbebetriebes nach Gew.O. $35^{IV\,2}$. In diesen Fällen ist mindestens der Verwaltungsrichter nicht in der Lage, zu prüfen, ob die bürgerlichen Ehrenrechte dem Inhaber der Approbation zu Recht entzogen sind [33]) oder ob die wiederholten Strafen gegen den Bierkleinhändler gesetzlicherweise zu einer Gesamtstrafe hätten zusammengezogen werden müssen [34]). In einer etwas anderen Lage ist allerdings die Verwaltungsbehörde, aber nur um deswillen, weil sie zu dem Einschreiten gegen den Bestraften nicht verpflichtet, sondern nur berechtigt ist; sie kann also in den Fällen, wo sie von der Ungesetzlichkeit der verhängten Strafe überzeugt ist, aus dieser Überzeugung ein Motiv zum Nichteinschreiten herleiten; dieses Nichteinschreiten mag in solchen Fällen oft zweckmäßig, das Einschreiten zweckwidrig sein, aber gesetzwidrig ist das Einschreiten niemals, und es kann daher vom Verwaltungsrichter die Klage aus Zust.G. 119 ff. in solchen Fällen niemals zurückgewiesen werden.

Ebenso ist die Stellung der Verwaltungsbehörde zu den Akten des Vormundschaftsgerichts. In dem der Entscheidung des Oberverwaltungsgerichts [35]) vom 14. Oktober 1880 zugrunde liegenden Rechtsfall hatte der Vormundschaftsrichter über einen 7 jährigen Knaben, der, wie festzustehen scheint, mit einer fremden Uhr nur gespielt hatte, die Zwangserziehung angeordnet, weil er in jenem Spielen den objektiven Tatbestand des Diebstahls erblickt hatte. Der Landesdirektor verweigerte die Ausführung dieses Beschlusses, da ein Grund zur Zwangserziehung nicht vorgelegen habe. Das war natürlich eine ganz unhaltbare Auffassung der Rechtslage, und das Oberverwaltungsgericht belehrte den Landesdirektor denn auch: „Schon die grundsätzliche Stellung, welche den Verwaltungsgerichten gegenüber den ordentlichen Gerichten gegeben ist, verbietet die Annahme, es sei das Oberverwaltungsgericht zu einer sachlichen Nachprüfung des vom Vormundschaftsrichter gefaßten Beschlusses berufen [35]).

Umgekehrt steht aber auch den ordentlichen Gerichten kein Nachprüfungsrecht gegenüber den Akten der Verwaltungsbehörden zu, wie das Reichsgericht [36]) übrigens in der Entscheidung vom 14. Oktober 1901 anerkannt hat, wonach die Gerichte Verfügungen des Ministeriums nicht einfach als nicht vorhanden betrachten dürfen, wofern nur feststeht, daß jedenfalls keine absolute Unzuständigkeit des Ministeriums und also auch keine Nichtigkeit der Verfügung vorlag [36]).

Mit dieser richtigen Auffassung aber hat sich das Reichsgericht

---

[33]) OVG. v. 5. XII. 01 in VBl. **22**, 425; Bad. VGH. bei Reger **28**, 30.

[34]) BVGH. **28**, 1.

[35]) OVG. **7**, 239, bes. S. 243; vgl. dazu auch die treffenden Bemerkungen von Walter Jellinek 105 und 105 (2).

[36]) Vgl. RG. **50**, 4.

zunächst in den Entscheidungen [37]) in Widerspruch gesetzt, in denen es eine Nachprüfungsbefugnis der Gerichte bezüglich gesetzwidriger Patente in der Weise anerkennt, dass diese Gesetzwidrigkeit inzidenter festgestellt und dann das Patent als nicht vorhanden betrachtet werden kann. So sagt es zum Beispiel [38]): Stimmt der Erteilungsbeschluß mit der Anmeldung nicht überein, „so steht der Richter dem Erteilungsbeschluß und der ihm entsprechenden Patenturkunde mit nicht geringerer Befugnis gegenüber, als einem Gesetze, welches nicht verfassungsmäßig zustande gekommen ist. Ein solches Gesetz ist er, sofern ihm nicht darin eine gesetzliche Schranke gesetzt ist, berechtigt und sogar verpflichtet, als Gesetz nicht gelten zu lassen. Gewiß also hat er auch das Recht und die Pflicht, den mit einem wesentlichen Entstehungsmangel behafteten Akt einer dem Gesetz unterworfenen Behörde nicht als gültig anzuerkennen, durch welchen zu gunsten einer Person ein gegen jedermann gerichtetes Untersagungsrecht begründet werden soll". Ärger als durch diese Gleichstellung von Gesetz und Verordung kann die Eigenart der Verwaltungsakte und das ihnen eigentümliche Institut der Verbindlichkeit kaum verkannt werden. Das Reichsgericht ist denn auch mit dieser Judikatur auf berechtigten Widerstand gestoßen, der namentlich neuestens von Seligsohn [39]) in sehr eingehender Weise formuliert worden ist. Soweit Seligsohn die dieser Reichsgerichtsjudikatur zugrunde liegende Privilegientheorie bekämpft [40]), wird man ihm uneingeschränkt folgen können. Doch muß auf der anderen Seite bemerkt werden, daß auch er die Lehre von der Verbindlichkeit der Verwaltungsakte völlig übersieht, daß er ferner die zivilistischen Rechtsgeschäfte mit dem publizistischen, auch von ihm als solches aufgefaßten [41]), Rechtsgeschäft der Patenterteilung verwechselt [42]) und daß er endlich verkennt, wie man trotz Verwerfung der reichsgerichtlichen Rechtssprechung, die eine vom Zivilgericht inzidenter zu berücksichtigende ipso jure wirkende echte Nichtigkeit annimmt, doch ruhig eine prozessuale unechte Nichtigkeit, das heißt eine Anfechtbarkeit, geltend zu machen durch sogen. Nichtigkeitsklage vor dem Patentamt, aus formellen Anfechtungsgründen zulassen kann, obschon im Gesetz selbst allerdings nur von einer Nichtigkeitsklage aus materiellen Gründen die Rede ist [43]).

In gleicher Weise hat das Reichsgericht mit dem richtigen und von ihm in der Entscheidung vom 14. Oktober 1901 selbst anerkannten

---

[37]) RG. **46**, 175; **50**, 196. Die Entscheidungen selbst erscheinen übrigens richtig, da sie auf der im Text bekämpften Rechtsauffassung nicht beruhen, sondern sie nur beiläufig in ihren Ausführungen bringen. Kohler, Lehrbuch des Patentrechts 166 nimmt echte Nichtigkeit an.

[38]) RG. **46**, 175.

[39]) In den Studien zur Förderung usw. S. 230 ff. Vgl. auch Stenglein I. 70, 71, der mit Recht bemerkt, daß der Strafrichter den Einwand der Patentnichtigkeit nur in der Weise berücksichtigen kann, daß er eine Aussetzung des Verfahrens gestattet.

[40]) a. a. O. 233 ff.

[41]) Vgl. a. a. O. 241

[42]) Vgl. a. a. O. 241, 242.

[43]) Vgl. u. S. 399, 400.

Grundsatz der Verbindlichkeit auch des gesetzwidrigen Verwaltungsakts sich in Widerspruch gesetzt in den zahlreichen Entscheidungen, in denen es die Gehaltsansprüche, namentlich von entlassenen Kommunalbeamten, mit der Begründung anerkannte, daß die geschehene Entlassung gesetzlicherweise nicht hätte erfolgen dürfen, woraus es dann stets den etwas kühnen Schluß zog, daß sie also auch nicht erfolgt sei [44]. — Nach unseren bisherigen Ausführungen vermögen wir diese Entscheidungen für rechtlich haltbar nicht zu erachten. Sie werden natürlich auch nicht dadurch haltbar, daß man sie etwa dahin erläutert, daß das Gericht ja gar nicht über die Rechtmäßigkeit der Entlassung selbst und über die Beamteneigenschaft des Betroffenen entscheide, sondern nur darüber, ob dem Entlassenen die durch seine Anstellung erworbenen vermögensrechtlichen Emolumente entzogen werden durften: zu einer derartigen Auffassung scheint das Reichsgericht allerdings zu neigen, wenn es ausführt [45]: nach gemeinem deutschen Staatsrecht „untersteht zwar der Beamte wegen Dienstwidrigkeiten der Disziplinargewalt seines Konstituenten. Letztere reicht aber nicht so weit, dass der Konstituent nach seinem dienstherrlichen Ermessen auch die aus der Anstellung erworbenen Vermögensrechte durch Entfernung aus dem Amte entziehen könnte"; eine solche Auffassung aber würde die bekämpften Entscheidungen nicht nur nicht rechtfertigen, sondern im Gegenteil ihre Unhaltbarkeit noch deutlicher hervortreten lassen, indem sie eine unzulässige Zerreissung des Amtes nach seiner zivilrechtlichen und nach seiner öffentlich-rechtlichen Seite vornimmt, so daß es also Leute gäbe, die Beamte nur sind nach bürgerlichem Recht, nicht aber nach öffentlichem Recht, also nicht im Staatsrecht, im Strafrecht, im Steuerrecht usw.; in Wahrheit kann jemand entweder nur Beamter sein oder er kann es nicht sein, und nur im ersteren Fall kann ihm der Zivilrichter „Beamten"-gehalt zusprechen. Demgemäß hatte das Reichsgericht [46] auch in einer anderen Entscheidung den richtigen Grundsatz aufgestellt, „daß . . . den Gerichten die Nachprüfung darüber entzogen ist, ob die Verwaltungsbehörde aus zureichendem gesetzlichen Grunde und auf genügend festgestellte Tatsachen hin den Beamten aus seinem Amte entfernt, einstweilig oder definitiv in den Ruhestand versetzt habe" [46]; es begründet dieses richtige Ergebnis allerdings unrichtigerweise nur aus der positiven Bestimmung des § 155 Beamt.G., während es sich in Wahrheit um eine Folgerung aus dem allgemeinen, auch ohne besondere gesetzliche Anerkennung geltenden Grundsatz der Verbindlichkeit handelt. Zu billigen ist daher die Entscheidung des österreichischen Reichsgerichts [47], das in einem Prozeß über einen Gehaltsanspruch auf die Behauptung des Klägers, der Widerruf einer Ernennung sei gesetzwidrig gewesen, gar nicht einging mit der richtigen Begründung, daß die Prüfung dieser Frage nicht in seinen Wirkungskreis falle. — Eine andere Frage ist natürlich, ob die rechtlich nicht haltbare reichsgerichtliche Rechtsprechung

---

[44]) Vgl. z. B. RG. **37**, 225; **37**, 241; bei Gruchot **42**, 131; bei Reger **4**, 466.

[45]) RG. bei Reger **4**, 466.

[46]) RG. **12**, 70; vgl. auch u. S. 352 (117) über eine ähnliche Entscheidung in DJZ. **1903**, 407.

[47]) Östr. RG. 157.

nicht praktisch brauchbar und insofern billigenswert ist. Das ist keine Frage der Rechtswissenschaft, sondern der Rechtspolitik, die man als solche immerhin bejahen kann, mindestens so lange bejahen kann, als es an einem verwaltungsgerichtlichen Schutz gegen gesetzwidrige Entlassung fehlt. Die Bejahung dieser rechtspolitischen Frage ändert nun zwar an der Rechtslage nicht das geringste [48]), sie kann insbesondere das vom Reichsgericht usurpierte Nachprüfungsrecht des Zivilrichters nicht zu einem wohlerworbenen Recht stempeln. Aber sie wird sicher bewirken, daß die Praxis der Zivilgerichte unbekümmert um den Widerspruch der Theorie an dem bisher usurpierten Recht auch weiterhin mindestens so lange festhalten wird, bis eine systematischere Ausgestaltung unserer Verwaltungsgerichtsbarkeit den rechtspolitischen Grund jener Usurpation beseitigt haben wird. So können wir hier die auch sonst [49]) sich findende Erscheinung beobachten, auf die bereits Fleiner hingewiesen hat und die eine sehr bedeutsame Rolle in dem rechtsgeschichtlichen Entwickelungsprozeß gespielt hat, daß nämlich das Bedürfnis nach Rechtsschutz und die ungenügende Ausbildung der Verwaltungsgerichtsbarkeit eine Ausdehnung der zivilgerichtlichen Zuständigkeit weit über diejenigen Grenzen hinaus zur Folge gehabt hat, die sich aus der allgemeinen Abgrenzung zwischen öffentlichem und privatem Recht ergeben würden.

Was von der gesetzwidrigen Beamtenentlassung gilt, das gilt in gleicher Weise auch von sonstigen Fällen eines gesetzwidrigen Widerrufs von Verwaltungsakten. — Es gilt z. B. von dem gesetzwidrigen Widerruf von verliehenen Titeln, Orden und Ehrenzeichen; eine Nachprüfung dieser Zurücknahme, etwa durch den Strafrichter bei einer Anklage aus St.GB. 360, Z. 8 ist nur möglich unter dem Gesichtswinkel der Nichtigkeit [50]); eine solche darf aber nicht schon dann angenommen werden, wenn das anzuwendende Recht überhaupt keine Rücknahme dieser Auszeichnungen aus irgend einem Grunde kennt [51]), sondern nur in den ganz wenigen Fällen, in denen, wie wir in den folgenden Paragraphen sehen werden, die Gesetzwidrigkeit Nichtigkeit nach sich zieht. — Das gleiche gilt weiter auch für den Fall der rechtswidrigen Zurücknahme einer Naturalisation. Sowohl der Zivil- wie der Strafrichter haben den, dem die Staatsangehörigkeit wieder entzogen worden ist, als Ausländer zu betrachten; sie haben es selbst dann zu tun, wenn die Gesetzwidrigkeit der Zurücknahme offensichtlich ist, wofern nur keine Nichtigkeit wie etwa wegen absoluter Unzuständigkeit der Behörde vorliegt. Und auch der Verwaltungsrichter ist in keiner anderen Lage, wenn die Sache bloß inzidenter zu seiner Entscheidung gebracht wird, etwa in einem Streitverfahren wegen einer Ausweisungsverfügung, wie in der berühmten Entscheidung des Oberverwaltungsgerichts vom 23. Juni 1886 [52]); daher

---

[48]) Vgl. die genannte RG.-Entscheidung RG. **12**, 70 a. E. S. **74**, wo ausdrücklich auf die bedauerlichen Folgerungen aus der in der Entscheidung enthaltenen Rechtsauffassung verwiesen wird.

[49]) Fleiner 11, 12, 13, 14, 17.

[50]) Ebenso Walter Jellinek 168.

[51]) A. M. Jellinek a. a. O.

[52]) OVG. **13**, 408.

kann, vorausgesetzt, daß nach den Sätzen des internationalen Verwaltungsrechts der preußische Gerichtshof überhaupt an die Akte des Gothaischen Staatsministeriums gebunden war [53]), diese Entscheidung als richtig nicht anerkannt werden, da die Zurücknahme der Naturalisation, selbst wenn man sie mit dem Oberverwaltungsgericht für unzulässig erachten will, doch jedenfalls nicht nichtig, sondern nur eben gesetzwidrig war [54]). — Ebensowenig ist der Strafrichter befugt, nachzuprüfen, ob die Zurückziehung einer Fischereierlaubnis zu Recht oder zu Unrecht erfolgt ist [55]).

II. Hiernach ist also die Grenze zwischen Nichtigkeit und Anfechtbarkeit im öffentlichen Recht anders zu ziehen als im Privatrecht. Die Frage ist nun: wo ist sie zu ziehen? Mit Recht hat schon Tezner [56]) ihre Beantwortung als sehr schwierig bezeichnet.

1. Die Schwierigkeit liegt offensichtlich darin, daß die wenigsten der einschlägigen Gesetzesbestimmungen die Absicht des Gesetzgebers erschließen lassen [57]).

Ausdrücklichen Nichtigkeitsnormen begegnet man selten. Sehr deutlich sind einige Bestimmungen aus den preußischen Kirchengesetzen, die sich freilich nicht auf staatliche, sondern auf kirchliche Verwaltungsakte beziehen und darum keineswegs ohne weiteres auf diese übertragen werden können. So heißt es im Gesetz vom 11. Mai 1873 § 17, daß die ungesetzliche Amtsübertragung als „nicht geschehen" gilt, also nichtig ist. Ebenso sagt § 4^{III} des Gesetzes über die Verwaltung erledigter Bistümer: „Die vorgenommenen Handlungen sind ohne rechtliche Wirkung", d. h. wiederum nichtig [58]).

In modernen Gesetzen, namentlich in privatrechtlichen, wird vielfach eine Ableitung der Nichtigkeitsnorm aus der Terminologie des Gesetzgebers möglich sein. Wenn er von einem Verwaltungsakt, z. B. der Vormundsernennung in BGB. 1780, sagt, daß er nicht vorgenommen werden „kann", so wird man darin eine Nichtigkeitsnorm zu sehen haben. Wenn er aber im BGB. 1781 fortfährt, daß die Ernennung gewisser Personen zum Vormund nicht erfolgen „soll", so wird man diese Bestimmung als bloßen Anfechtungsgrund, in manchen Fällen übrigens sogar als bloße Ordnungsvorschrift, auszulegen haben. Immerhin muß man mit solchen Schlüssen vorsichtig sein und darf sie nur dort anwenden, wo der Gesetzgeber eine bewußte Terminologie befolgt. In älteren Gesetzen ist das jedenfalls nicht anzunehmen; hier werden: „nicht können", „nicht dürfen", „nicht sollen" [59]) ganz wahllos und ohne Unterschied gebraucht, — ein bedauerliches Zeichen von dem Tiefstand publizistischer Gesetzestechnik.

---

[53]) Vgl. darüber die interessanten Ausführungen von Mayer **II.** 469 (27) und weitergehend Walter Jellinek 171 f.

[54]) Im Ergebnis ebenso Mayer a. a. O. und Walter Jellinek 168 ff. mit verschiedener Begründung.

[55]) KG. 2, 280.

[56]) S. 239 (1); vgl. 248, 249.

[57]) Tezner a. a. O.

[58]) Vgl. dazu Hinschius Kirchengesetze für 1874, 1875. S. 52.

[59]) Vgl. z. B. B.Gem.O. Art. 71 und dazu Pohl **II.** 461 (1) und Kahr **I.** 723.

In vielen Fällen läßt sich auch eine Ableitung der Nichtigkeitsnorm aus den Normen über die Endigung des Verwaltungsakts mit Hilfe folgenden Gedankengangs ermöglichen: Das Gesetz verlangt für den gültigen Verwaltungsakt gewisse Voraussetzungen; es bestimmt weiter, daß bei Wegfall dieser Voraussetzungen der Verwaltungsakt nicht etwa bloß zurückgenommen werden könne, sondern ohne irgend eine Handlung der Behörde ganz von selbst ipso iure seiner Wirkungen beraubt werde. In solchen Fällen muß man annehmen, daß der Verwaltungsakt, dem von vornherein diese Voraussetzungen mangeln, nichtig und nicht bloß anfechtbar ist. Denn selbst wenn man zugeben wollte, daß er wirksam entstanden sei, so würde doch im selben Augenblick ihn schon die Norm ergreifen, daß der Wegfall der Voraussetzungen seine Wirksamkeit ipso iure erlöschen läßt. Ein solcher Verwaltungsakt ist eine Totgeburt, er ist nichtig. Wir werden in der Lehre von der Nichtigkeit wegen Unmöglichkeit eine ganze Reihe solcher Fälle kennen lernen, hauptsächlich aus dem Wahl- und Ernennungsrecht.

Wo aber die Gesetze schweigen, da dürfen wir keineswegs unbedingt annehmen, daß damit die Nichtigkeit von Verwaltungsakten ausgeschlossen sein soll. Man braucht nicht einmal so weit zu gehen wie Friedländer [60]), der meint, es handle sich hier gar nicht um eine Frage des Rechts, sondern um eine Frage der Logik; kein Recht der Welt, sagt er, könne bestimmen, daß jedes Nichturteil als Urteil gelten solle, denn an der Grenze des Unsinns höre auch die Allmacht des Gesetzgebers auf. In Wirklichkeit setzt sich die Lehre von der Nichtigkeit mit dem positiven Recht gar nicht in Widerspruch. Der Gesetzgeber hat einfach unsere Fragen zumeist nicht geregelt, sei es, weil er sie nicht für praktisch bedeutsam genug hielt, sei es auch, weil er sie übersehen hat. Das ist ja doch eine alltägliche Erscheinung, daß die Wissenschaft unausgesprochenen Gesetzeswillen entdecken muß, ohne sich dabei auf den Unsinn als die Grenze gesetzgeberischer Allmacht zu berufen.

2. Wo also die Gesetze schweigen, werden wir nach unserem allgemeinen methodologischen Grundsatz [61]) die Frage im Anschluß an Literatur und Praxis zu beantworten versuchen. In den Ergebnissen, die wir auf diesem Weg gewinnen, dürfen wir uns selbstverständlich auch nicht durch die Beobachtung irre machen lassen, daß manchmal der Gesetzgeber solche Mängel, die wir als Nichtigkeitsgründe ansehen, zu bloßen Anfechtungsgründen herabgedrückt hat, wie dies etwa in CPO. 579 Z. 1 geschehen ist [62]); das sind eben positivrechtliche Ausnahmebestimmungen des allmächtigen Gesetzgebers, durch die der allgemeine Grundsatz als solcher nicht berührt wird.

Die Praxis hat natürlich nur zu einzelnen Fällen der Nichtigkeit Stellung zu nehmen Gelegenheit gehabt. Wir werden sie bei Besprechung der einzelnen Nichtigkeitsarten zu erwähnen haben. Hier

---

60) Im Gerichtssaal 58, 339, 340.

61) S. o. S. 5.

62) Vgl. u. S. 246.

soll nur allgemein darauf hingewiesen werden, daß die älteren, aus der Zeit vor dem durch die Novelle vom 2. August 1880 eingefügten § 70 VGG., jetzigen § 100 ALVG., herrührenden Entscheidungen des Oberverwaltungsgerichts [63]), welche die Möglichkeit einer „Urteilsnichtigkeit“ verneint haben, nicht gegen unsere Auffassung sprechen, da sie lediglich die Nichtigkeitsklage im Sinn der CPO. im Auge haben, also eine „Nichtigkeit“, die nur eine hochgradige Anfechtbarkeit ist.

Was aber die Literatur anlangt, so sind in der verwaltungsrechtlichen Literatur auch immer nur einzelne Nichtigkeitsfälle berücksichtigt worden. Eine allgemeine Theorie der Nichtigkeit von Verwaltungsakten hat die verwaltungsrechtliche Literatur bis neuerdings auf die Schrift von Walter Jellinek über den fehlerhaften Staatsakt nicht hervorgebracht; auch die Ausführungen von Mayer [64]), Laband [65]) und selbst von Tezner [66]) sind über Einzelheiten nicht hinausgekommen. Diese Mangelhaftigkeit zeigt sich besonders darin, daß die Frage nach der Wirksamkeit der Handlungen eines geisteskranken Beamten, deren Beantwortung, ob in bejahendem oder in verneinendem Sinn, wir vorerst noch wollen dahingestellt lassen, nicht einmal erörtert worden ist, was sie doch jedenfalls verdient hätte, selbst wenn man zu dem Ergebnis der Unerheblichkeit der Geisteskrankheit gekommen wäre. Wir hätten somit unseren Weg durch den „wissenschaftlichen Urwald“ uns allein bahnen müssen, wenn wir nicht an die Untersuchungen der Prozessualisten über Urteilsnichtigkeit hätten anknüpfen können. Freilich ist auch unter den Prozessualisten die Frage, ob und inwieweit Urteile nichtig sein können, recht bestritten; immerhin darf behauptet werden, daß die Anerkennung der Nichtigkeit im Vordringen begriffen ist; namentlich in den monographischen Arbeiten hat sie sich mehr und mehr durchgesetzt. Daß wir diese Literatur für unsere Verwaltungsakte verwenden können, wird nach unseren bisherigen Ausführungen, wo überall die Natur der Urteile als Verwaltungsakte aufs schärfste betont worden ist, kaum mehr zweifelhaft sein; gerade hier zeigt sich der Wert einer nicht lokalisierenden Methode aufs deutlichste und wir haben gerade um deswillen die Urteile bisher mitbehandelt, um in der Lehre von der Nichtigkeit an die Literatur über Urteilsnichtigkeit Anschluß nehmen zu können. Noch näher als die Urteile stehen den gewöhnlichen Verfügungen sonstige prozeßrechtliche Bildungen wie der amtsrichterliche Strafbefehl, die Polizeistrafverfügung und die Handlungen des Richters der freiwilligen Gerichtsbarkeit; auch die Literatur hierüber konnten wir für unsere Zwecke benutzen. Im einzelnen werden wir im folgenden zu den Ergebnissen der zu dieser Literatur gehörigen Schriftsteller, von denen namentlich Kohler, Friedländer, Ötker, Lewis und Nußbaum genannt seien, Stellung zu nehmen haben.

* * *

[63]) OVG. **2**, 447; **3**, 46; **4**, 364. Vgl. übrigens u. S. 370.
[64]) I. 100 (7), 305.
[65]) II. 182, 183.
[66]) S 239 (1), 247, 248.

Die Grenzziehung zwischen den in Frage kommenden Rechtsinstituten im übrigen gestaltet sich erheblich einfacher.

I. Was zunächst die Abgrenzung zwischen Nichtigkeit und relativer Unwirksamkeit anlangt, so ist die Bedeutung der letzteren im öffentlichen Recht nicht allzugroß. Sie kann es ja auch nicht sein, da die Vorschriften des öffentlichen Rechts im allgemeinen nicht zu gunsten einzelner Personen, sondern im öffentlichen Interesse erlassen sind.

Das gilt insbesondere bezüglich der rechtsgeschäftlichen Verwaltungsakte von denjenigen Normen, deren Verletzung nicht bloß Anfechtbarkeit, sondern eine ipso iure wirkende Unwirksamkeit zur Folge hat. Wo durch eine gesetzliche Vorschrift nur einzelne Personen geschützt werden sollen, bewirkt ihre Verletzung wie zumeist nur Anfechtbarkeit des Verwaltungsakts; wo der Verstoß aber so stark ist, daß er eine ipso iure-Unwirksamkeit nach sich zieht, sollen durch die fragliche Norm gerade öffentliche Interessen geschützt werden. So ist denn also bei den rechtsgeschäftlichen Verwaltungsakten kein rechter Platz vorhanden für die relative Unwirksamkeit.

Etwas anders liegen die Verhältnisse bei den rechtshandlungsmäßigen Verwaltungsakten. Hier fehlt, wie wir sahen [67]), das Rechtsinstitut der Anfechtbarkeit, hier gibt es nur eine ipso iure wirkende Unwirksamkeit. Hier scheint also in der Tat eher Raum zu sein für die Anwendung der relativen Unwirksamkeit, und tatsächlich werden wir dem Begriff auch in erster Linie bei den Rechtshandlungen, namentlich bei den Zustellungen, begegnen [68]).

II. Daß das Rechtsinstitut der Unrichtigkeit auf die Rechtshandlungen beschränkt ist, haben wir schon vorhin gesehen, als wir diesen Begriff klargestellt haben [69]).

III. Endlich ist hier noch die Frage der teilweisen Mangelhaftigkeit zu berühren, ob nämlich, wenn ein Teil eines Verwaltungsakts mangelhaft ist, dadurch auch seine übrigen Teile mangelhaft werden. In dieser Hinsicht ist zu bemerken, daß die Vorschriften des BGB. ebensowenig übertragbar sind wie die privatrechtlichen Grundsätze über die Grenzen zwischen Nichtigkeit und Anfechtbarkeit. Nach BGB. 139 gilt der Grundsatz, daß die Mangelhaftigkeit eines Teils des Rechtsgeschäfts das ganze Rechtsgeschäft mangelhaft macht. Wir haben aber schon in der Lehre von den Nebenbestimmungen darauf hingewiesen, daß und warum dieser Grundsatz im öffentlichen Recht nicht anwendbar ist [70]). Die Ausschließung des privatrechtlichen Satzes gilt aber ganz allgemein. Bezüglich der Urteile hat auch Friedländer [71]) betont: wenn die Nichtigkeit auf einem Mangel beruht, der nur einem Teil des Urteils anhaftet, so erwachsen die übrigen Teile in Rechtskraft, sofern sie für sich bestehen können. Auch bei anderen publizistischen Willens-

[67]) S. o. S. 212 f.
[68]) S. u. S. 270 f.
[69]) S. o. S. 210 f.
[70]) Vgl. o. S. 161.
[71]) Im Gerichtssal 58, 371. Ähnlich Walter Jellinek 91.

erklärungen hat man angenommen, daß die Nichtigkeit eines Teils nicht die des Ganzen nach sich zieht: eine vom Kantonsrat von Schwyz erlassene Schuldentriebordnung war teilweise nichtig; es wurde beantragt, die Verordnung im ganzen für nichtig zu erklären; Bundesrat und Bundesversammlung verweigerten das [72]). Gleiches gilt endlich auch für Rechtshandlungen; so hat der bayrische Verwaltungsgerichtshof [73]) mit Recht entschieden, daß eine bezüglich einzelner Grenzsteine vorliegende „Ungültigkeit des Vermarkungsgeschäfts" nicht die des ganzen Geschäfts zur Folge habe.

III. Die Nichtigkeit.

1. Nichtigkeit wegen Unmöglichkeit.

§ 27.

a) Übersicht. Die absolute Unmöglichkeit insbesondere.

Ein Verwaltungsakt, der auf einen rechtlich nicht möglichen Rechtserfolg gerichtet ist, muß als nichtig anerkannt werden. Die Richtigkeit dieses Satzes wird schwerlich jemand bestreiten. Aber freilich mit seiner Aufstellung ist wenig gewonnen. Die Schwierigkeit liegt ja gerade darin, festzustellen, was unmöglich ist. Jedenfalls bedeutet nach unseren einleitenden Bemerkungen keineswegs jede Gesetzwidrigkeit eine Unmöglichkeit; die Behörde darf keine Gesetzwidrigkeit begehen und muß, wenn es doch geschehen ist, regelmäßig sie wieder beseitigen; aber sie kann doch immerhin die Gesetzwidrigkeit begehen, so daß also von einer Unmöglichkeit sich nicht reden läßt. Wir müssen daher, um den Begriff und Umfang der Nichtigkeit bewirkenden Unmöglichkeit festzustellen, jeweils die Frage aufwerfen: Kann die Behörde einen Akt nicht vornehmen oder aber kann sie es zwar, darf es aber nicht?

Diese Unmöglichkeit kann nun von doppelter Art sein: sie ist entweder absolute oder relative Unmöglichkeit. Unter absoluter Unmöglichkeit verstehen wir eine solche, die für jeder Verwaltungsbehörde besteht; keine Behörde, auch die höchste nicht, kann das unmögliche Geschäft vornehmen. Ihr steht gegenüber die relative Unmöglichkeit, die nur gewisse Behörden trifft: die handelnde Behörde kann das Geschäft nicht abschließen, aber eine andere kann es, sei es allein, sei es in Verbindung mit jener.

* * *

In welchen Fällen kann man von absoluter Unmöglichkeit sprechen?

I. Zunächst dann, wenn das geforderte oder erlaubte Tun unmöglich ist. Ob es tatsächlich oder rechtlich oder sittlich unmöglich ist, macht keinen Unterschied. Dagegen ist allerdings not-

---

[72]) Blumer I. 485. — Wegen der Polizeiverordnungen im allgemeinen vgl. Rosin 182

[73]) BVGH. 17, 253. Vgl. o. S. 130.

wendig, daß die Unmöglichkeit sich unmittelbar auf das geforderte oder erlaubte Tun bezieht. Daher gehört hierher nicht der Fall, daß die Polizei von einer Straßenbahngesellschaft in Gemäßheit ihrer Konzession die Ausdehnung des Betriebs verlangt, wennschon die Gesellschaft hiezu nicht imstande ist, weil der Wegeeigentümer ihr die Einlegung der Straßenbahnschienen in seine Wege nicht gestattet [1]; anders, nämlich auf Nichtigkeit, wäre zu entscheiden, wenn die Polizei der Gesellschaft den unmittelbaren Befehl zum Einlegen der Schienen in den fremden Straßenkörper erteilte, da in diesem Einlegen der objektive Tatbestand einer strafbaren Handlung, nämlich einer Sachbeschädigung, zu erblicken wäre [2]. Ebensowenig gehört hierher der Fall, daß eine Polizeiverfügung an den Hauseigentümer nicht von diesem ausgeführt werden kann, weil er die Wohnung, auf die sich die Verfügung bezieht, vermietet hat; dagegen wäre wiederum auf Nichtigkeit zu entscheiden, wenn die Polizeiverfügung unmittelbar die gewaltsame Entfernung des Mieters anordnete [3]. Noch weniger gehört hierher der Fall, daß der Erwerber einer Konzession zivilrechtlich zu ihrer Ausübung nicht imstande ist [4], da die Konzession nur eine Befugnis nach der öffentlich-rechtlichen Seite, unbeschadet der privatrechtlichen Verhältnisse gewähren will. Kaum erwähnt zu werden braucht, daß bloße Schwierigkeit oder Kostspieligkeit keine Unmöglichkeit darstellen, daher nicht einmal Anfechtbarkeit, geschweige denn Nichtigkeit bewirken [5]. Im einzelnen sind hierher dagegen folgende Fälle zu rechnen.

1. Zunächst solche Fälle, wo der Verwaltungsakt auf ein tatsächlich unmögliches Tun gerichtet ist [6]. Von solcher Art ist etwa das Urteil, das jemanden verurteilt, ein Gebäude in einer Weise zu errichten, die technisch gar nicht möglich ist [7]. Nimmt man aber einmal an, daß der auf ein unmögliches Tun gerichtete Befehl nichtig ist, so muß das gleiche auch von der auf ein solches Tun gerichteten Erlaubnis angenommen werden; Kohler [8] wird diesem Fall nicht gerecht, wenn er meint, das Gericht gestatte in solchem Fall ein einfaches Nichts, und das sei ganz unbedenklich; man darf doch nicht die an den gültigen Verwaltungsakt vielfach sich anknüpfenden Gebührenforderungen vergessen, und es ist nicht einzusehen, weshalb der, dem ein rechtliches „Nichts" geboten wird, von der Gebührenzahlung befreit sein soll, derjenige aber, dem es erlaubt wird, nicht.

2. Sehr wichtig sind die Fälle, wo der Verwaltungsakt auf ein strafbares, rechtlich verbotenes Tun gerichtet ist. Das sind die einzigen Fälle der Unmöglichkeit, die auch von den Verwaltungsrechtlern öfters berücksichtigt worden sind [9].

---

[1] OVG. **10**, 198.
[2] Vgl. die Fälle u. S. 235.
[3] Vgl. OVG **24**, 385, sowie OVG in VBl. **24**, 439 und dazu u. S. 235.
[4] Vgl. BVGH. **3**, 555 und Landmann I. 459.
[5] OVG. **44**, 422.
[6] Kohler, Prozeß 60, in seiner Enzyklopädie **II**. 143, Friedländer 358, Nußbaum 21. — A. A. Michel 51.
[7] Kohler in seiner Enzyklopädie **II**. 143, 144. Vgl. Ob.Trib. bei Striethorst **6**, 16.
[8] Kohler a. a. O. 144.
[9] Vgl. auch GVG. 159, Rechtshilfe-G. 1, 12, 37.

Es gehört hierher vor allem der Dienstbefehl, der eine strafbare Handlung fordert, sei es Verbrechen oder Vergehen oder bloß Übertretung. Es kann in dieser Frage von besonderen Angaben über Literatur und Praxis abgesehen werden und es braucht bloß auf die ausgezeichneten neuen Untersuchungen von Max Ernst Mayer verwiesen zu werden. Auch er faßt offenbar die Nichtigkeit des „rechtswidrigen" Dienstbefehls als eine Nichtigkeit wegen Unmöglichkeit auf. Er will nämlich unter Rechtswidrigkeit etwas anderes verstanden wissen als die, bloße Anfechtbarkeit begründende, „Rechtsunbeständigkeit" [10]) und er formuliert den Gegensatz so [11]): „Die Verwirklichung eines Gesetzes steht als Realisierung des rechtlich möglichen in einem Gegensatz zu Anordnungen, die potentiell in der Rechtsordnung nicht enthalten sind"; der erstere Fall kann „rechtsunbeständig", d. h. anfechtbar in unserm Sinne, aber niemals „rechtswidrig" im Sinn von M. E. Mayer oder nichtig in unserm Sinn sein [12]). Die Nichtigkeit des Befehls zur strafbaren Handlung ist auch positiv vom Gesetzgeber anerkannt in Mil.St.GB. 47; daß diese Bestimmung keineswegs etwa den Befehl zu bloßen Übertretungen durch deren Nichterwähnung verbindlich machen will, hat Max Ernst Mayer [13]) unwiderleglich gegen die herrschende Meinung [14]) dargetan.

Für nichtig ist auch zu erachten das Urteil, das auf Zwangsarbeit oder auf Prügelstrafe [15]) oder auf eine sonstige rechtlich unmögliche Strafe lautet. Die Beamten, die es vollstrecken wollten, würden sich ebenso strafrechtlich verantwortlich machen wie diejenigen, die einen Dienstbefehl auf eine strafbare Handlung ausführen würden, könnten freilich ebenso wie diese unter Umständen wegen entschuldbaren Irrtums über die Gültigkeit des Urteils straffrei bleiben. Diese Auffassung wird bestätigt durch St.GB. 345, wonach ein Beamter mit Zuchthaus bestraft wird, wenn er eine Strafe vollstreckt, „von der er weiß, daß sie überhaupt nicht oder nicht der Art oder dem Maße nach vollstreckt werden darf". Dagegen scheint mit unserer Auffassung im Widerspruch zu stehen die Bestimmung von CPO. 1041 Z. 2, wonach „Aufhebung" des Schiedsspruchs begehrt werden kann, wenn er zu einer „verbotenen" Handlung verurteilt; hieraus könnte man, wie dies auch in der Tat Schwabach [16]) tut, folgern, daß in solchen Fällen der Schiedsspruch nicht nichtig ist, daher erst recht das richterliche Urteil, das zu einer „verbotenen" Handlung verurteilt, nicht nichtig sein könne; in Wahrheit wird aber nichts gegen unsere Auffassung bewiesen, da das Wort „verboten" nur in dem Sinn von „nicht erzwingbar" gemeint ist [17]).

---

[10]) M. E. Mayer 127.

[11]) a. a. O. 129.

[12]) M. E. Mayer geht freilich in der Annahme der Unverbindlichkeit des Befehls noch wesentlich weiter. Vgl. a. a. O. 128.

[13]) a. a. O. 158 f.

[14]) Vgl. die Angaben a. a. O. 158 (3).

[15]) Friedländer in Gerichtssaal 58, 358. Olshausen II. 1369 (7). W. Jellinek 122. A. M. Michel 49, 50.

[16]) In A. c. P. 63, 130.

[17]) Vgl. Gaupp-Stein II. 920.

Nichtig ist auch jeder sonstige Befehl zu einer strafbaren Handlung. Das würde jedenfalls gelten, wenn jemand durch Polizeiverfügung angehalten, einen Mieter sofort aus der Wohnung zu beseitigen. Vielleicht kann man es auch noch beziehen auf den Fall, daß dies jemandem mit einer Frist von 24 Stunden oder auch von 3 Tagen aufgegeben wird, da es offensichtlich unmöglich ist, in dieser Frist ein vollstreckbares Exmissionsurteil zu erwirken und da der Betroffene mit Recht einwenden kann, daß er sich durch Befolgung der Verfügung des Hausfriedensbruchs schuldig machen würde; nimmt man hier Nichtigkeit an, so würde sich die gerichtliche „Aufhebung" der Verfügung, wie sie das Oberverwaltungsgericht zugelassen hat, bloß als Feststellung auf Feststellungsklage kennzeichnen [18]).

Ferner wäre hierher zu rechnen ein Dispens von dem Ehehindernis der Verwandtschaft. Der Dispens würde die Anwendbarkeit von St.GB. 173 nicht ausschließen.

Sollte etwa unter Außerachtlassung von pr. Berg-G. 4^{III} die Bergbehörde nach § 8 a. a. O. die Erlaubnis zu Schürfarbeiten unter Gebäuden erteilt haben, so ist die Erlaubnis nichtig. So wenig es einen Befehl zu strafbarem Tun gibt, so wenig auch eine Erlaubnis [19]). Wenn der Schürfer die Schürfarbeiten gegen den Willen des Eigentümers doch beginnt, so muß er auf dessen Antrag wegen Hausfriedensbruchs verfolgt, wenn auch vielleicht wegen mangelnden Bewußtseins der Widerrechtlichkeit nach St.GB. 123 freigesprochen werden. Hat sich aber zwischen ihm und dem Eigentümer eine Schlägerei entwickelt und hat dieser ihn verletzt, so steht dem Eigentümer die Berufung auf den Notwehrparagraphen zu.

3. Nichtig sind in gleicher Weise die Verwaltungsakte, die auf ein unsittliches Tun gehen.

Nichtig wäre das Urteil, das dem Gläubiger gestattete, das Pfund Fleisch des Schuldners zu nehmen. Denn das steht „außerhalb des sittlich möglichen" [20]). Es wäre übrigens schon strafrechtlich unzulässig, gehört also in die Reihe der früheren Beispiele.

Gleiches gilt von dem weiteren Beispiel Kohlers [21]), wenn ein Urteil auf Duldung der Päderastie erginge.

Gleiches gilt ferner von der sog. Bordellkonzession. Eine derartige Polizeierlaubnis erzeugt keinerlei Rechtswirkungen; sie kann daher, selbst wenn das nicht vorbehalten ist, jederzeit frei „widerrufen" werden, worin natürlich kein echter Widerruf, sondern nur die deklaratorische Feststellung der Nichtigkeit zu erblicken wäre; aus dem gleichen Grund kann das Strafgericht bei Vergehen gegen St.GB. 180 den Einwand, der Angeklagte besitze eine Bordellkonzession, ohne weiteres übergehen, wie das Reichsgericht wiederholt getan hat [22]).

---

[18]) OVG. **24**, 385 und OVG. in VBl. **24**, 439.

[19]) So erklärt sich auch Mayer **I.** 447 (16) wegen der dort genannten Dispense.

[20]) Kohler in seiner Enzyklopädie **II.** 144 (1). Michel 52.

[21]) Kohler in A. c. Pr. **97**, 14. Bezüglich der entsprechenden nichtamtlichen publizistischen Rechtsgeschäfte (Klage) ebenda 13.

[22]) Vgl. z. B. RG. bei Reger **12**, 47.

Nichtig ist wegen Unsittlichkeit das Urteil, das zum Konfessionswechsel oder zur Eingehung der Ehe verurteilt [23]).

Nichtig ist wegen Unsittlichkeit eine Nebenbestimmung bei der Beamtenernennung, daß der Beamte unlösbar auf Lebenszeit zum Staatsdienst verpflichtet sein soll [24]).

Das gleiche gilt, wenn einer Heimatverleihung Bedingungen beigefügt werden, die den guten Sitten zuwiderlaufen [25]).

Kohler [26]) spricht von dem Fall, daß auf Zahlung einer Geldsumme geklagt wird, die sich darstellt als Bordellmiete oder als Entgelt für ein hoch- oder landesverräterisches Unternehmen. Er bemerkt dazu: „Würde der Richter zur Zahlung verurteilen, so würde er zu einer unsittlichen Handlung verurteilen, — denn auch die Erfüllung eines unsittlichen Vertrages ist unsittlich". Von einer Nichtigkeit des Urteils wegen Unsittlichkeit kann aber, wie auch Kohler anerkennt, jedenfalls dann nicht die Rede sein, wenn der Richter von der unsittlichen causa nichts gewußt hat, aber auch dann nicht, wenn er sie zwar gekannt, aber in dem Urteil nicht erwähnt hat, vielmehr höchstens dann, wenn sich aus dem Urteil selbst, sei es auch nur aus den Gründen der Charakter der Schuld als Bordellmiete ergibt. Wir können das allgemein so formulieren: Ein Urteil, das zu einer unsittlichen Handlung verurteilt, ist nichtig; aber diese Handlung muß als solche nichtig sein, nicht nur wegen ihrer Beziehung zu einer unsittlichen causa; mindestens aber muß die auf der causa beruhende Unsittlichkeit sich aus dem Urteil selbst, meist also aus den Gründen ergeben.

II. Nichtig wegen Unmöglichkeit ist der Verwaltungsakt, der sich auf ein nicht vorhandenes Objekt bezieht, also auf eine nicht vorhandene Person, eine nicht vorhandene Sache, ein nicht vorhandenes Rechtsverhältnis.

1. Einem nicht vorhandenen Rechtssubjekt kann nichts befohlen, nichts erlaubt, kein Recht entzogen noch verliehen werden. Gegen oder für ein nicht vorhandenes Rechtssubjekt ergangene Urteile sind nichtig [27]); doch wird dadurch nicht ausgeschlossen, daß man ein für einen nicht rechtsfähigen Verein ergangenes Urteil umdeutet in ein Urteil für die einzelnen, unter dem Namen des Vereins als unter einem Gesamtnamen aufgetretener Vereinsmitglieder [28]), was freilich bei Strafurteilen nicht in Frage kommen kann. Das gleiche gilt von der Konkurseröffnung über ein solches Rechtssubjekt [29]). Das gleiche gilt von der Auflösung eines nicht bestehenden Vereins, was insbesondere wegen der Kostenfrage bedeutsam ist. Es gilt überhaupt von allen Verwaltungsakten. Rechtlich nicht vorhanden ist für den deutschen

---

[23]) Nußbaum Prozeßhandlungen 22.

[24]) Mayer im A. ö. R. 3, 72, 73 im Ergebnis ebenso.

[25]) Seydel II. 66.

[26]) S. 32, 33.

[27]) Ötker 50. Friedländer a. a. O. 358. Kohler in seiner Enzyklopädie II. 140. Nußbaum Prozeßhandlungen 17. Michel 58. Vgl. auch Bennecke-Beling 294.

[28]) Vgl. Walter Jellinek 84.

[29]) Ötker 68 f., 73.

Richter ebenfalls der Exterritoriale [30]); daher ist das Urteil über ihn nichtig [31]). Gleiches dürfte wohl auch gelten für Landes- und Standesherrn, die ebenso wie die Exterritorialen zu den „eximierten Personen“ [32]) zu rechnen sind [33]). Bedenklich scheint mir dagegen die Behauptung Belings [34]), daß ein Strafkammerurteil über eine aktive Militärperson nichtig sei; sie steht auch im Widerspruch mit EG. 14 Mil.Str.G.O., wo vom Gesetz selbst damit gerechnet wird, daß möglicherweise ein solches Urteil sogar unanfechtbar wird und in Rechtskraft erwächst.

2. Über eine nicht vorhandene Sache kann keine Verfügung getroffen werden. Nichtig ist daher, wie übrigens die Motive zum Zw.VG. selbst hervorheben, ein Zuschlagsbeschluß nach Zw.VG. 82, wenn das Grundstück untergegangen ist; es ist nichtig wie jede Versteigerung einer nicht vorhandenen Sache [35]). Das gleiche muß gelten vom Enteignungsbeschluß.

3. Ein nicht vorhandenes Rechtsverhältnis kann nicht durch Verwaltungsakt aufgehoben, es kann dadurch auch nicht modifiziert werden.

Wir erwähnten schon früher den Fall, daß einem Nichthebungsberechtigten das Hebungsrecht entzogen worden war [36]). Dieser Beschluß war nichtig.

Seckel [37]) hat einen ganzen Katalog solcher Fälle zusammengestellt. Es gehören hierher: Scheidungsurteil über eine Nichtehe, Aufhebung des nicht erfolgten Erbschaftserwerbs durch Erbunwürdigkeitserklärung, Scheidung der durch rechtskräftige Nichtigkeitserklärung vernichteten oder aufgelösten [38]) Ehe, Aufhebung des durch Ausschlagung oder Anfechtung bereits rückwärts vernichteten Erbschaftserwerbs, Aufhebung des Güterstandes nach dem Tod der Gatten. Seckel nennt solche Urteile ganz treffend einen „Schlag ins Wasser“ [39]), sie sind unwirksam, d. h. nichtig [40]).

Verwaltungsakte, die nicht bestehen, können nicht aufgehoben werden; soweit scheinbar eine „Aufhebung“ erfolgt, kann es sich höchstens um die Feststellung der Nichtigkeit handeln, die aber nur zulässig erscheint unter den allgemeinen Voraussetzungen einer Feststellungsklage. Eine Schankerlaubnis, die jemand nicht besitzt, kann ihm auch nicht entzogen werden, und das Oberverwaltungsgericht weist Klagen auf Entziehung in solchen Fällen „als gegenstands-

---

[30]) Nußbaum a. a. O. 17 f.

[31]) a. a. O. — Im Ergebnis ebenso Kohler 54, Friedländer a. a. O. 365. — A. A. Michel 47, 48, W. Jellinek 123.

[32]) Der Ausdruck stammt von Friedländer a. a. O. 58, 365.

[33]) Ebenso Friedländer a. a. O. A. M. Ötker 59, der von Mangel der Rechtsgültigkeit spricht, also keine Nichtigkeit, sondern bloße Anfechtbarkeit (vgl. Ötker 50) meint.

[34]) Bennecke - Beling 294.

[35]) Jäckel 234.

[36]) Vgl. o. S. 112.

[37]) S. 243 (4) (5).

[38]) A. M. Michel 60.

[39]) Seckel 243.

[40]) a. a. O. 244.

los" ab [41]). Gegenstandslos ist ferner eine Klage auf Ungültigkeitserklärung einer bereits auf andere Klage hin für ungültig erklärten Wahl [42]). Aus dem gleichen Grund unterliegen Beschlüsse, die überhaupt nicht imstande sind, Rechtswirkungen zu äußern, nicht der Beanstandung [43]).

Auf ein nicht bestehendes Recht kann nicht verzichtet werden. Ein Verzicht darauf, etwa auf das Verbotsrecht der Gemeinde nach P.Fluchtl.-Gesetz, wofern man hier überhaupt ein „Recht" annehmen will, ist nichtig [44]).

Ein ipso iure bereits erloschenes Patent kann nicht mehr zurückgenommen werden [45]).

Unter dem gleichen Gesichtspunkt läßt sich vielleicht auch eine Entscheidung des bayrischen Verwaltungsgerichtshofs [46]) rechtfertigen. In dem daselbst behandelten Fall hatte eine Gemeindeverwaltung jemandem, der seine Heimat gar nicht in der Gemeinde hatte, in der irrtümlichen gegenteiligen Meinung sein Heimatrecht vorbehalten. Der Gerichtshof nahm hier unrichtigerweise unter Anwendung privatrechtlicher Grundsätze Nichtigkeit wegen Irrtums an. Dagegen hatten die Vorinstanzen Nichtigkeit wegen Unmöglichkeit angenommen, was wohl zu billigen ist, wofern man nicht etwa in dem sog. „Vorbehalt" ein Anerkenntnis sehen will.

Von einem nicht bestehenden Verbot kann nicht Befreiung erteilt werden. Hierauf beruht die Reichsgerichtsentscheidung [47]) vom 20. Mai 1896, die eine nicht erforderliche Gewerbekonzession für rechtlich bedeutungslos erklärt. Denn da die Bestimmungen der Gewerbeordnung über Konzessionspflicht nichts anderes sind als Polizeiverbote mit Erlaubnisvorbehalt, so konnte in solchen Fällen, wo keine Konzession erforderlich war, d. h. kein Verbot bestand, auch keine Konzession erteilt werden.

Auf unserem Grundsatz beruht auch die Nichtigkeit einer Verleihung der Reichsunmittelbarkeit. Bornhak [48]) hat treffend betont: „Keine Macht der Erde kann Reichsunmittelbarkeit und Reichsstandschaft in einem nicht mehr existierenden Staatswesen verleihen".

Hierher kann auch der Fall gerechnet werden, daß jemandem ein Bürgerrecht verliehen wird, das er bereits besitzt [49]). Denn die Begründung derartiger Rechtsverhältnisse setzt begrifflich voraus, daß zwischen dem Verleiher und dem Beliehenen bisher irgend ein Rechtsverhältnis nicht bestand.

II. Den vorigen Fällen, in denen begrifflich schon ein wirksamer Verwaltungsakt undenkbar ist, stehen diejenigen gleich, wo kraft

---

[41]) OVG. vom 2. I. 86 in VBl. **7**, 139.
[42]) OVG. **14**, 37.
[43]) OVG. **24**, 18, **27**, 87; vgl. ferner OVG. **35**, 97 und OVG. in VBl. **17**, 490.
[44]) Vgl. Benkard in VA. **17**, 372.
[45]) OVG. in VBl. **1**, **348**.
[46]) BVGH. **5**, 50. Vgl. u. S. 300.
[47]) Bei Reger **17**, 377.
[48]) **I**. 332.
[49]) BVGH. **10**, 89.

positiver Gesetzesvorschrift bestimmte Personen oder Sachen für unfähig zu gewissen Rechtsverhältnissen oder bestimmte Rechtsverhältnisse, Rechte oder Pflichten für unmöglich erklärt werden. Während aber in den vorigen Fällen eine besondere Nichtigkeitsnorm des Gesetzgebers nicht von Nöten war, da bei ihnen die Nichtigkeit weniger auf Rechtswidrigkeit als vielmehr auf Denkwidrigkeit beruhte, bedarf es in den folgenden Fällen stets einer besonderen gesetzlichen Grundlage. Es handelt sich um Fälle, die der gewöhnlichen Gesetzeswidrigkeit im Wesen gleichartig und höchstens graduell von ihr verschieden sind. Hier aber spricht, wie wir in den einleitenden Bemerkungen hervorgehoben haben, die Vermutung für die geringere Wirkung einer bloßen Anfechtbarkeit und nicht für Nichtigkeit; und dafür, ob im Einzelfall wirklich vom Gesetzgeber die letztere Wirkung statuiert werden sollte, dafür kann eine allgemeine Lehre von den Verwaltungsakten nur mehr einige leitende Gesichtspunkte geben, während sie im übrigen auf die Einzelauslegung verweisen muß. Einige Hauptfälle mögen hervorgehoben werden.

1. Am wichtigsten sind die persönlichen Unfähigkeitsnormen, d. h. solche Bestimmungen, wonach gewisse Personen unfähig sind, Träger gewisser Rechte und Pflichten zu sein. Wir haben schon in den einleitenden Bemerkungen über das Verhältnis der Gesetze zu der Nichtigkeitsanerkennung auf sie hingewiesen; sie ergeben sich teils aus der eigentümlichen und bewußten Gesetzesterminologie [50]), teils aus der Bestimmung, daß beim Verlust gewisser vorausgesetzter Eigenschaften oder beim Eintritt gewisser negativ vorausgesetzter Umstände die Person ipso iure die Trägerschaft der fraglichen Rechte und Pflichten verlieren solle [51]). Im einzelnen seien folgende Beispiele genannt:

Der zum Beamten ernannte frühere Zuchthäusler ist nicht Beamter geworden; die Anstellung ist also nichtig [52]). Der Zuchthäusler ist eben „unfähig" zur Bekleidung öffentlicher Ämter [53]); selbst wenn man annehmen wollte, daß ihn die Ernennung zum Beamten mache, so würde er doch im selben Augenblick nach St.GB. 31 die Beamteneigenschaft wieder verlieren [54]). Der Zuchthäusler, der zum Beamten gemacht wird, entspricht dem ordinierten incapax des Kirchenrechts, dessen ordinatio auch invalida, und nicht bloß illicita ist. Hieraus folgt: der beamtete Zuchthäusler kann keiner Amtsvergehen sich schuldig machen, es gibt gegen ihn keinen strafbaren Widerstand nach St.GB. 113, die von ihm aufgenommene Urkunde entbehrt der Beweiskraft von CPO. 415; wenn gegen einen Angeklagten Anklage aus St.GB. 113 erhoben wird und der Angeklagte gibt alle ihm zur Last gelegten Handlungen zu, beantragt aber Beweiserhebung darüber, daß der Vollstrek-

---

[50]) Vgl. o. S. 228.
[51]) Vgl. o. S. 229.
[52]) Richtig Ebner in VA 8, 297. A. M. RG. bei Bolze **11**, 302 (von Walter Jellinek 86, der dieser Entscheidung zustimmt, irrtümlich als Nr. 302 zitiert) und BVGH. **15**, 81; vgl. auch u. S. 376.
[53]) St.GB. 31.
[54]) Vgl. P.G. v. 11. Mai 1873 § 21. Das übersehen die in Anm. 52 genannten Gegner der Nichtigkeit.

kungsbeamte vor langen Jahren zu Zuchthaus rechtskräftig verurteilt worden sei, so muß der Richter darüber Beweis erheben. Ungenau ist es daher, wenn Mayer [55]) die „Voraussetzungen der Fähigkeit" ganz allgemein als bloße „Bedingung der Gültigkeit" der Beamtenernennung einer Person bezeichnet; es gibt auch Fähigkeiten, deren Verletzung Nichtigkeit nach sich zieht.

Es gehört weiter hierher der Fall, daß einer verheirateten Ausländerin, deren Ehe vielleicht zu Unrecht als geschieden betrachtet worden war, die deutsche Staatsangehörigkeit verliehen würde. Denn im Augenblick des Erwerbs müßte sie die Angehörigkeit wieder verlieren [56]).

Gleiches gilt für die Verleihung des Gemeindebürgerrechts, so weit sie an bestimmte Eigenschaften des Erwerbers, z. B. Staatsangehörigkeit des Heimatstaates, geknüpft und gleichzeitig bestimmt ist, daß der Verlust dieser Eigenschaften ipso iure den Verlust des Gemeinderechts nach sich ziehe. Beispiele bieten die Bayr.Gem.O. Art. 11^{I} verb. m. 18^{I} sowie Östr. Heim.G. 2 verb. m. 15 [58]).

Gleiches gilt auch für Wahlen derart unfähiger Personen [59]). Als Belege mögen dienen: P.St.O. 17 [60]) P.Hand.Kam.G. 18, Bayr.G. vom 28. Mai 1852 die Magistratsräte betr. Art. 8^{III}, Bayr.G. v. 28. Mai 1852 die Landräte betr. Art. 10^{III}, Hess. Hand.Kam.G. v. 17. November 1871 Art. 16, vielleicht auch ALVG. 10^{II} verb. m. 11^{II}, wofern man nicht in 11^{II} eine bloße Rücknehmbarkeit der Wahl statuiert sehen will.

Auf die Bestimmungen des BGB., wonach gewisse Personen nicht zu Vormündern bestellt werden „können", haben wir schon früher hingewiesen [61]).

Nichtig wegen Unmöglichkeit ist auch die Verleihung von Schützenabzeichen an Soldaten zweiter Klasse nach Schießvorschrift vom 16. November 1899 Nr. 129.

Als eine, beiläufig gesagt, sehr singuläre Unfähigkeitsnorm hinsichtlich der Trägerschaft von Polizeierlaubnissen erscheint Hess. V. v. 30. Juni 1894 die Jagdpässe betr. § 8. Nach Absatz 1 Z. 2 ist der Paß denjenigen zu versagen, die innerhalb der letzten fünf Jahre wegen Jagdvergehens rechtskräftig verurteilt worden sind. Absatz 2 fährt fort: „Ungültig ist derjenige Jagdwaffenpaß, welcher an eine innerhalb der letzten fünf Jahre wegen Jagdvergehens rechtskräftig verurteilte Person erteilt ist". Hier ist unter Ungültigkeit sicher Nichtigkeit zu verstehen, wie auch Absatz 3 den Verlust der Erlaubnis ipso iure [62]) eintreten läßt bei späterer Verurteilung wegen Jagdvergehens.

---

[55]) II. 209. Vgl. o. S. 219.

[56]) Bestritten. Richtig Seydel I. 276, 276 (26). Vgl. ferner die dort genannte Literatur zum Fall Bauffremont.

[57]) Gleicher Meinung wohl auch Pohl II. 123, 130 u. Seydel II. 78.

[58]) A. A. wohl die Entsch. d. niederöstr. Statthalterei v. 2. Jan. 1885 bei Mayrhofer II. 990, die von „Behebung" des verleihenden Gemeindebeschlusses spricht.

[59]) Vielleicht ebenso Seydel II. 118, 119; vgl. aber auch 121 a. E.

[60]) Vgl. St.O. 18 verb. mit 7, ferner 75^{I}, sowie Ledermann 72, 76.

[61]) S. o. S. 228.

[62]) Braun-Weber I. 673 (1).

Unter diesem Gesichtswinkel läßt sich auch, wofern man überhaupt eine Unfähigkeit juristischer Personen zum Erwerb von Gewerbeerlaubnissen annehmen will [63]), die Nichtigkeit der an juristische Personen erteilten Gewerbeerlaubnisse rechtfertigen.

Endlich kann man auf diese Weise [64]) vielleicht die von Friedländer und Walter Jellinek [65]) behauptete Nichtigkeit solcher Strafurteile rechtfertigen, die gegen ein Kind unter 12 Jahren, gegen Geisteskranke oder juristische Personen ergehen. Nichtigkeit ist anzunehmen, wenn sich nachweisen läßt, daß das positive Recht diese Personen für unfähig, Träger von Strafduldungspflichten zu sein, erklärt. Ob das der Fall ist, mag dahingestellt bleiben. Gleiches hätte zu gelten von der Verurteilung eines Minderjährigen zu Zuchthaus [66]).

2. Auch bestimmte Rechtsverhältnisse, Rechte und Pflichten können vom Gesetzgeber positiv für unmöglich erklärt werden.

So gibt es nach BGB. 1882 keine Minderjährigkeitsvormundschaft über Volljährige, da eine solche Vormundschaft im Augenblick der erreichten Volljährigkeit von selbst erlischt. Daher würde eine Vormundsernennung über einen, den der Amtsrichter zu Unrecht als minderjährig ansah, nichtig, keineswegs bloß anfechtbar sein [67]).

Hierher mag auch gerechnet werden Unt.Wohn.G. 64, wonach Abänderungen der gesetzlichen Bestimmungen über Erwerb und Verlust des Unterstützungswohnsitzes nicht getroffen werden „können". Eger [68]) nimmt hier wohl mit Recht Nichtigkeit solcher abändernden Willenserklärungen an, die er freilich zu Unrecht für „privatrechtliche Verträge" [69]) hält.

Unter dem gleichen Gesichtspunkt läßt sich ferner vielleicht die von Friedländer [70]) behauptete Nichtigkeit solcher Strafurteile rechtfertigen, die auf eine im positiven Recht nicht anerkannte Strafe lauten. Friedländer führt als Beispiele besonders an (außer der von uns früher schon erwähnten Prügelstrafe und Zwangsarbeit) lebenslängliches Gefängnis, $1\frac{1}{2}$ Tage Gefängnis, Vermögensbeschlagnahme, Verurteilung eines Deutschen zum Verlassen des Reichs. Ob hier wirklich Nichtigkeitsnormen anzuerkennen sind, wollen wir nicht entscheiden [71]).

IV. Auf Rechtshandlungen sind die vorstehenden Grundsätze nicht anwendbar, da bei ihnen überhaupt nach der Natur der Sache von

---

63) Für Unfähigkeit OVG. 9, 286, BVGH. 2, 1; a. M. Erl. d. P. M. d. I. v. 27. VII. 81 bei Reger 2, 8; d. W. M. d. I. v. 17. VI. 81 a. a. O. 1, 349; d. Bd. M. d. I. v. 30. VI. 85 bei Reger 6, 165. RG. bei Reger 2, 5.

64) So Walter Jellinek 90.

65) Im Gerichtssaal 58, 367. W. Jellinek a. a. O., auch 122. — Vgl. dagegen Michel 49, 50, auch RG. in Str. 18, 116 f. — Über einen praktischen Fall ähnlicher Art vgl. Mumm in Goltdammers Arch. 47, 360—363.

66) Walter Jellinek 123.

67) Ebenso ohne nähere Begründung Walter Jellinek 87 (2).

68) Unterst.Wohns.G. S. 340, 341.

69) Auch bezüglich der „Verzichte" der Behörde?

70) Im Gerichtssaal 58, 358. Vgl. auch Olshausen II. 1369 (7).

71) Über einen Fall absoluter Nichtigkeit aus dem Kirchenrecht (annulatio matrimonii trotz gültigen Eheschlusses) vgl. Löning in VA. 7, 5, auch v. Stengel in VA. 3, 228.

absoluter Unmöglichkeit ihrer Wirkungen nicht die Rede sein kann, weil diese Wirkungen ja auf dem Gesetz selbst beruhen [72])

§ 28.

b) Die relative Unmöglichkeit insbesondere.

Die Unmöglichkeit, die Nichtigkeit bewirkt, braucht aber nicht immer eine absolute zu sein. Auch die relative Unmöglichkeit steht ihr gleich.

I. Ein zweifelloser Fall solch relativer Unmöglichkeit ist der Verwaltungsakt des Nichtbeamten [1]).

Nichtig ist daher das Urteil, wenn ein Privatmann sich das Richteramt anmaßen wollte [2]), wie übrigens die Motive zur österreichischen CPO. selbst hervorheben [3]), oder wenn eine Bande von Revolutionären sich als Gericht aufspielt und „Recht spricht" [4]). Nichtig ist auch das Urteil, wenn ein Patronatsherr als solcher, auch falls er gleichzeitig Amtsrichter wäre, urteilte [4]). Nichtig ist das Urteil, wenn drei Anwälte sich als Zivilkammer auftun und als solche richten wollen [5]); ob das mit oder ohne Zustimmung der Gerichtsbehörde geschieht, macht keinen Unterschied [6]). Nichtig ist das Urteil des pensionierten oder suspendierten Amtsrichters [7]). All das gilt nicht bloß von Urteilen, sondern von Verwaltungsakten überhaupt, wie etwa den Befehlen des Hauptmanns von Köpenick [8]). Es findet ausdrückliche gesetzliche Anerkennung in 76, 77 ALR II 10, wonach Handlungen, die jemand unter Amtsanmaßung vornimmt, ohne dazu „qualifiziert" zu sein, „unkräftig" sind. Die Bestimmung des BGB. 1319 wegen der rechtshandlungsmäßigen Akte des Scheinstandesbeamten ist natürlich ganz singulär [9]).

Den vorigen Fällen steht es gleich, wenn jemand zwar in abstracto Beamter ist, aber in concreto nicht als solcher fungiert. Das letztere ist jedenfalls beim suspendierten Beamten [10]) stets anzunehmen. Im übrigen muß im Einzelfall nach Maßgabe aller Nebenumstände entschieden werden.

Nichtausübung obrigkeitlicher Funktionen wird man beispielsweise anzunehmen haben, wenn die drei Mitglieder einer Zivilkammer am Biertisch sitzen und dabei ein Urteil fällen wollten.

Unter dem gleichen Gesichtspunkte läßt sich die Nichtigkeit von Amtshandlungen eines Beamten außerhalb des eigenen Bundesstaates [11])

---

[72]) Vgl. o. S. 217, 218.

[1]) Vgl. Walter Jellinek 54.

[2]) Bennecke-Beling 294. Löffler bei Grünhut **31**, 514, 515.

[3]) Vgl. Löffler a. a. O.

[4]) Friedländer a. a. O. 349.

[5]) Kohler in seiner Enzyklopädie **II**. 139.

[6]) A. M. Kohler a. a. O. Vgl. dagegen ALR. I. 13 § 42 und u. S. 254.

[7]) Walter Jellinek 54.

[8]) Walter Jellinek 45.

[9]) Vgl. Schepp 89, auch W. Jellinek 55.

[10]) Vgl. o. S. 117. Im Ergebnis ebenso Walter Jellinek 54 (5), der aber den suspendierten dem pensionierten Beamten gleichstellt.

[11]) Ebert 34.

oder überhaupt außerhalb seines Amtssitzes rechtfertigen. — Sie wird insbesondere dann anzunehmen sein, wenn der Amtsrichter von A in B einen Beschluß erlassen würde mit der Unterschrift „Königliches Amtsgericht B“ oder auch „B, den 29. Oktober 1900. Königliches Amtsgericht“; denn hier wird man allerdings, im ersten Fall sogar zweifellos, aber wohl auch im zweiten Fall, annehmen müssen, daß er nicht als Amtsrichter von A, sondern als Amtsrichter von B handeln wollte; in dieser Funktion aber ist er so wenig Beamter wie jeder beliebige Einwohner von B. Lautet dagegen die Unterschrift „B, den 26. November 1910. Königliches Amtsgericht A“ oder „Königliches Amtsgericht A. Iudex, Amtsrichter, z. Z. B“, so würde ein solcher Akt weder nichtig noch auch meines Erachtens nur an sich anfechtbar sein[12]), da daraus offensichtlich hervorgeht, daß der Richter als Amtsrichter von A handeln wollte. Daher kann Walter Jellinek [13]) nicht beigetreten werden, wenn er ohne jede Einschränkung behauptet, noch heute gelte in verallgemeinerter Weise der Satz des römischen Rechts: extra territorium ius dicenti impune non paretur. Jellineks Meinung, daß Amtshandlungen außerhalb des Amtssprengels an sich nichtig sind, steht auch, wie Jellinek [14]) selbst zugeben muß, im Widerspruch mit der Praxis; nicht nur bei Monarchen und Ministern, bezüglich deren auch Jellinek die Gültigkeit von Amtshandlungen außerhalb ihres Heimatstaats mit Rücksicht auf ihre Exterritorialität anerkennt, sondern auch im übrigen, wo Jellinek dann stets eine Falschbeurkundung annimmt, ist es durch ausüblich, daß Verwaltungsakte außerhalb des Amtssprengels vorgenommen werden; man denke etwa an Unterschriften, die auf einer Dienstreise, wenn diese den Beamten aus seinem Amtssprengel herausgeführt hat, geleistet werden, oder man denke an die zahlreichen Unterschriften, die ein Richter vom Amtsgericht Berlin-Mitte oder vom Landgericht I Berlin im Amtssprengel des Landgerichts II oder in Charlottenburg oder in Lichterfelde oder sonst einem Berliner Vorort, leistet. Zu Unrecht beruft sich Jellinek [15]) beweiseshalber auf den § 56 des badischen Rechtspolizeigesetzes, wonach Urkunden, die ein Notar außerhalb seines Amtsbezirks aufnimmt, nicht als öffentliche Urkunden gelten sollen, und auf eine Entscheidung [16]) des Kammergerichts aus der Zeit vor dem BGB, nach der die Eheschließung vor einem Standesbeamten außerhalb seines Bezirks völlig unwirksam ist; denn in beiden Fällen handelt es sich um rechtshandlungsmäßige Verwaltungsakte, deren Behandlung keineswegs für die der rechtsgeschäftlichen Verwaltungsakte maßgebend sein kann. — Nichtigkeit von Amtshandlungen außerhalb des Amtssprengels wird man ferner annehmen können, wenn ein Beamter außerhalb seines Amtssprengels solche Amtshandlungen vornimmt, für die er örtlich nicht zuständig ist. Hat der Amtsrichter von A in B einen Verwaltungsakt vorgenommen, für den nicht das Amtsgericht A, sondern B örtlich

---

[12]) An sich! d. h. ohne Rücksicht auf das in Frage stehende Objekt; vgl. hierüber u. S. 247.

[13]) S. 59.

[14]) S. 58.

[15]) S. 57 (1, 2).

[16]) KG. 4, 349.

zuständig ist, so wird man daraus schließen können, daß er als Amtsrichter von B handeln wollte, und aus diesem Grunde erscheint seine Amtshandlung ebenso wie in dem vorhin erwähnten Fall nichtig. Hat der Amtsrichter von A dagegen in B eine Handlung vorgenommen, für die weder A noch B, sondern C zuständig ist, so wird man anzunehmen haben, daß er zwar weder als Amtsrichter von A, noch als Amtsrichter von B, sondern als abstrakter Beamter [17]) handeln wollte, der er aber nicht ist. In beiden Fällen ist indes zu beachten, daß diese Nichtigkeit nicht gilt, wenn sich aus anderen Umständen ergibt, daß der Amtsrichter sich irrtümlicherweise für zuständig hielt; als solche Umstände kommen etwa in Betracht, wenn der Beschluß ausdrücklich unterschrieben ist „Amtsgericht A" oder wenn in den Gründen ausdrücklich die, wennschon objektiv unzutreffende, Feststellung der Zuständigkeit des Amtsgerichts A sich findet.

Unter demselben Gesichtspunkt sind auch die Handlungen des beurlaubten Beamten zu würdigen. Der beurlaubte Beamte steht an sich dem Nichtbeamten gleich. Freilich wird dieser Grundsatz dadurch etwas modifiziert, daß es dem beurlaubten Beamten unbenommen bleibt, „nach eigenem Belieben sich wieder in den Besitz der staatlichen Macht zu setzen" [18]). Zu dieser Besitzergreifung gehört aber natürlich stets eine Handlung, so daß sie jedenfalls dann nicht als gegeben erachtet werden kann, wenn das Verhalten des Beamten rein passiv ist, wie bei der, allerdings nicht rechtsgeschäftlichen, sondern bloß rechtshandlungsmäßigen Erklärungsannahme; hierauf beruht eine Entscheidung des bayerischen Verwaltungsgerichtshofs [19]), der eine Zustellung für unwirksam erklärt, wenn ein für den Armenpflegschaftsrat bestimmtes Schriftstück während der ordnungsmäßigen Beurlaubung des Pfarrers zu Händen von dessen Ehefrau zugestellt worden ist; dem ist beizustimmen, wofern man nicht überhaupt in derartigen amtlichen Dingen eine Ersatzzustellung an die Ehefrau für unzulässig erachten will, eine Frage, über die der Gerichtshof sich doch wohl etwas zu leichtherzig hinweggesetzt hat. Vielleicht kann man mit Walter Jellinek [20]) übrigens noch weiter gehen und sogar verlangen, daß die Besitzergreifungshandlungen ganz unzweideutige sein müssen und daß es insbesondere einem Polizeibeamten ohne Uniform nicht gestattet ist, auf einem Abendspaziergang Verhaftungen vorzunehmen, Befehle zu erteilen u. a.

II. Dem Verwaltungsakt des Nichtbeamten steht teilweise gleich der Verwaltungsakt des Nichtkollegiums [21]). Aber hier muß man scheiden.

1. Es ist möglich, daß statt des Kollegiums ein Einzelbeamter, etwa der Vorsitzende, gehandelt hat.

Dann sind folgende Gesichtspunkte für die Entscheidung maßgebend. Es liegt sicher kein kollegialischer Verwaltungsakt vor.

[17]) Vgl. Walter Jellinek 120.
[18]) Walter Jellinek 31.
[19]) BVGH. 12, 169.
[20]) S. 31. Vgl. auch die a. a. O. (1) genannte Entscheidung.
[21]) Tezner 239 (1). (Die von ihm genannte Entscheidung Östr. VGH. 1498 handelt nur von Anfechtbarkeit.) Kahr II. 38, 39. Eger I. 78.

Aber nichtig braucht der Akt um deswillen nicht zu sein. Er kann wirksam, wenn auch natürlich anfechtbar, sein als Verwaltungsakt des Einzelbeamten. Ob er als solcher anfechtbar oder ob er nichtig ist, hängt davon ab, ob der Einzelbeamte nur seine Zuständigkeit überschritten hat oder ob er absolut unzuständig in dem gleich zu erörternden Sinn war.

Diesem richtigen Grundgedanken hat Walter Jellinek eine falsche Wendung gegeben, wenn er sagt [22]: nicht nichtig sind „die Urteile oder Beschlüsse eines unvollständig besetzten Kollegiums, sofern sie durch den Mund oder die Feder ihres gesetzmäßigen Verkündungsorgans in die Welt der Erscheinungen treten. Denn hier schiebt sich zwischen das Kollegium und die Außenwelt ein selbständiges Einzelorgan; wenn nur dessen Tätigkeit nicht an absoluter Nichtigkeit krankt, ist der Beschluß des Kollegiums gültig, mag auch seine Anfechtbarkeit außer Frage stehen"; hieraus zieht Jellinek [23] dann weiter den Schluß, daß dem mündlichen Verfahren der Nichtigkeitsgrund eines mangelhaft besetzten Kollegiums stets fremd bleiben müsse, da hier immer ein Einzelorgan, wie namentlich der Vorsitzende, den Beschluß des Kollegiums verkünde.

Dieser Auffassung von Jellinek kann nicht beigetreten werden. Jellinek hat übersehen, daß von einem Handeln des Einzelbeamten an Stelle des Kollegiums oder von einem Dazwischentreten dieses Handelns bei rechtsgeschäftlichen Verwaltungsakten doch nur dort die Rede sein kann, wo auch das Handeln des Einzelbeamten rechtsgeschäftlicher Art ist. So ähnlich ist es allerdings in dem Fall [24], wo auf den nur von 11 Geschworenen gefällten Wahrspruch das Urteil der Richterbank folgt. Aber dieser Fall ist keineswegs, wie Jellinek anzunehmen scheint, ein Gegenstück zu dem Fall, wo auf ein Kollegialurteil die Verkündung durch den Vorsitzenden folgt. Denn nur im ersten Fall handelt es sich bei dem zweiten Verwaltungsakt, dem Urteil der Richterbank, um ein Rechtsgeschäft, das, nach dem Grundsatz von der Verbindlichkeit der Verwaltungsakte [25], aus eigener Kraft wirkt und dadurch auch die Mängel des ihm vorangegangenen ersten Verwaltungsakts decken kann; im zweiten Fall dagegen bei der Verkündung steht lediglich eine Rechtshandlung in Frage, für die der Grundsatz von der Verbindlichkeit der Verwaltungsakte keine Geltung besitzt [26]. Daher ist im Gegensatz zu Jellinek zu sagen, daß im Fall der unrichtigen Verkündung eines Verwaltungsakts nicht der vorhin formulierte Grundsatz vom Handeln des Einzelbeamten an Stelle des Kollegiums, sondern daß vielmehr folgende Grundsätze Platz greifen.

Man muß richtigerweise zwei Fälle unterscheiden. — Schon früher [27] erwähnten wir den ersten Fall, daß nämlich der Vorsitzende eines Kollegiums selbstherrlich, aber ohne Widerspruch des Kollegiums, einen

---

[22] S. 64.
[23] S. 65.
[24] Vgl. Walter Jellinek 67.
[25] S. o. § 24.
[26] S. o. S. 199.
[27] S. o. S. 178.

„Kollegialbeschluß" verkündet. Dieser ist wirklich Kollegialbeschluß, da die Beisitzer durch Schweigen ihre Zustimmung zu der Willenserklärung des Vorsitzenden ausgedrückt haben; hier kann also vom Handeln eines Einzelbeamten an Stelle des Kollegiums gar keine Rede sein. — Der zweite Fall ist der, daß die Beisitzer der Verkündung widersprechen, weil der Kollegialbeschluß in solcher Art gar nicht gefaßt worden sei. Dann fehlt es überhaupt an einer ordnungsmäßigen Verkündung; daher ist weder das vom Kollegium beschlossene noch das vom Vorsitzenden gewollte Urteil wirksam geworden [28]). Von einem Handeln des Vorsitzenden für das Kollegium kann auch hier nicht die Rede sein.

2. Hat dagegen zwar ein Kollegium gehandelt, war es aber nicht mit der erforderlichen Mitgliederzahl besetzt, so wird man seinen Beschluß allerdings grundsätzlich als nichtig zu betrachten haben [29]). Dem Mangel der erforderlichen Mitgliederzahl wird es gleich zu achten sein, wenn zwar äußerlich diese Zahl erreicht ist, wenn aber unter den Kollegialmitgliedern jemand war, der überhaupt nicht Beamter oder zu der in Rede stehenden Amtshandlung absolut unzuständig in dem alsbald zu erörternden Sinne war wie etwa der Gerichtsschreiber, der statt des Richters das Strafkammerurteil mit unterschrieben hat [30]). Freilich kann das Gesetz ein anderes bestimmen, und eine solche abweichende Norm wird man wohl in CPO. 579 zu erblicken haben, wo bei nicht vorschriftsmäßiger Besetzung des Gerichts nur die sogen. Nichtigkeitsklage, d. h. bloße Anfechtbarkeit, gegeben ist. Zweifel kann man hegen, ob es zulässig ist, diese Bestimmungen analog auszudehnen [31]). Ziemlich unklar ist eine hierher gehörige Reichsgerichtsentscheidung [32]); sie erklärt, übrigens mit der unrichtigen Begründung, daß es sich hier um wesentliche prozessuale Mängel handle, einen Eröffnungsbeschluß, der statt von der Strafkammer nur von 1 und 2 Richtern beschlossen worden ist, für einem nicht vorhandenen gleichstehend, was doch nur so viel wie „nichtig" bedeuten kann; dann aber fährt sie fort, daß von diesem Fall, der „nicht zu unterscheiden" sei, wenn einer der mitwirkenden Richter von Gesetzeswegen ausgeschlossen sei: „ein solcher Beschluß ist allerdings nicht nichtig, aber jedenfalls anfechtbar".

---

[28]) Ebenso Friedländer in Gerichtssaal **58**, 351, doch mit abweichender Begründung. Vgl. u. S. 299, 300; 301.

[29]) Ebenso, aber mit der unrichtigen Einschränkung S. 65 (s. o. Anm. 23) Walter Jellinek 64 f.; zu Unrecht beruft er sich aber auf RG. **29**, 366, wo nur von der Form des Verwaltungsakts gesprochen ist, während die Mitwirkung der erforderlichen Mitgliederzahl vorausgesetzt ist. — Vgl. auch Seydel **II** 118, 119, der die Fälle, wo bei einer Wahl nicht die erforderliche Wählerzahl abgestimmt hat, den Fällen gleichstellt, wo die Gewählten nicht wählbar sind: über die letzteren Fälle vgl. o. S. 240 (59). — Bedenklich erscheinen BVGH. **10**, 208 und **11**, 123.

[30]) Vgl. Walter Jellinek 67.

[31]) Vgl. Nußbaum Prozeßhandlungen 8 f. und die Zitate 8 (17). Dabei ist freilich zu bemerken, daß die meisten der genannten Schriftsteller die Frage nur gestellt haben bezüglich der Akte eines gesetzlich ausgeschlossenen Richters; über diese Frage vgl. u. S. 278.

[32]) RG. in Str. **10**, 56. Vgl. dazu auch u. S. 278.

III. Nichtig ist auch der Verwaltungsakt einer absolut unzuständigen Behörde. Dieser Satz bezieht sich nur auf obrigkeitliche Akte; dagegen findet er keine Anwendung auf solche Handlungen, die sich nicht als obrigkeitliche, sondern als Parteiakte darstellen; daher kann die von einem einzelnen Gemeindeverwaltungsmitglied für die Gemeinde rechtzeitig eingelegte, aber erst nach Ablauf der Beschwerdefrist durch das gesetzliche Vertretungsorgan genehmigte Beschwerde doch als wirksam anerkannt werden [33]. Im übrigen ist der genannte Satz in der Wissenschaft [34] und auch in der Praxis [35] oft anerkannt worden. Doch ist damit freilich wiederum nicht viel gewonnen; denn die Schwierigkeit ist nicht gelöst, sondern nur verdeckt, indem es sich gerade fragt, worin die „absolute" Unzuständigkeit zu finden ist.

1. Als allgemeinen Grundsatz wird man aussprechen dürfen: Absolute Unzuständigkeit deckt sich im großen und ganzen mit sachlicher Unzuständigkeit [36]. Ganz genau ist das freilich nicht.

Eine Behörde kann sachlich unzuständig, gleichwohl aber absolut zuständig sein. So wird man anzunehmen haben, daß ein amtsrichterliches Urteil, das unter Verletzung von GVG. 70^{II}, Z. 2 auf eine Syndikatsklage ergangen ist, gleichwohl nicht nichtig ist [37]. Es kommt darauf an, ob die Behörde zu einem bestimmten Verwaltungsakt seiner Art nach unzuständig ist [38], was nicht der Fall ist, wenn der Amtsrichter einen Beamten zur Zahlung einer Geldsumme verurteilt oder wenn er unter Verletzung von CPO. 919 einen Arrest über 1000 M. allgemein und ohne Einschränkung auf gewisse im Bezirk des Amtsgerichts befindliche Gegenstände anordnet [39].

Andererseits wird man auch Fälle anerkennen müssen, wo die sogen. örtliche Unzuständigkeit ebenfalls absolute Unzuständigkeit ist. Das ist dann anzunehmen, wenn das Objekt, auf das sich der Verwaltungsakt bezieht, der Herrschaftsgewalt des örtlich unzuständigen Beamten entzogen ist. Es entspricht das dem früher [40] besprochenen Fall, wo ein Verwaltungsakt gegen einen Exterritorialen ergeht, nur daß dieser der Herrschaftsgewalt des deutschen Staats überhaupt, jenes Objekt aber nur der Gewalt einer bestimmten Behörde entzogen ist; im ersten Falle also handelt es sich um absolute, im anderen Falle um relative Unmöglichkeit. Im einzelnen ist hier folgendes zu bemerken:

---

[33] BVGH. **19**, 152. Ebenso BVGH. **24**, 230, 482. In BVGH. **24**, 25 ist die Sonderstellung der nicht obrigkeitlichen Akte gut hervorgehoben.

[34] Laband **II**. 182 (1). Mayer **I**. 99, 100, 100 (7). Tezner 239 (1), 36; vgl. auch Preuß 303. Ziemlich unklar Jellinek 241. Völlig übersehen wird der Unterschied zwischen absoluter Unzuständigkeit und gewöhnlicher Gesetzwidrigkeit von F. F. Mayer 142.

[35] OVG. **13**, 408; **29**, 354 (S. 371). Motive zur Östr. St.PO.; vgl. dazu Löffler bei Grünhut **31**, 532. Vgl. auch Östr. VGH. 2167, 3977.

[36] Vgl. Bernatzik 240 (26), 274, 283. Bennecke-Beling 294 (Vgl. aber u. S. 252 Anm. 68). Binding 231. Löffler bei Grünhut **31**, 529. A. M. Walter Jellinek 96 f. und Kappelmann in VBl. **25**, 2.

[37] Ebenso Walter Jellinek 94.

[38] Nußbaum, Prozeßhandlungen 22. Vgl. auch Walter Jellinek 93.

[39] RG. bei Gruchot **42**, 1211.

[40] S. o. S. 236, 237.

Am deutlichsten tritt die Entziehung eines Objekts aus dem Herrschaftsbereich eines Beamten in dem Fall hervor, wenn er, um den Verwaltungsakt darüber vorzunehmen, seinen Amtssprengel verlassen muß. So ist es bei den Amtshandlungen des örtlich unzuständigen Gerichtsvollziehers, bezüglich deren man daher mit Recht annimmt, daß sie „null und nichtig" sind [41]). Anders verhält es sich freilich in dem Fall, daß der Gerichtsvollzieher ohne Überschreitung seines Amtssprengels lediglich gegen die Bestimmungen der Geschäftsverteilung verletzt; diese Bestimmungen haben nur instruktionellen Charakter und das erkennt § 18^{IV} der P. Gerichtsvollzieherordnung vom 31. März 1900 ausdrücklich mit den Worten an: „Die Gültigkeit einer Amtshandlung wird dadurch nicht berührt, daß sie von einem anderen als dem nach der Geschäftsverteilung zuständigen Gerichtsvollzieher vorgenommen worden ist."

Darüber hinaus aber wird man eine Entziehung zunächst auch dann anzunehmen haben, wenn der Verwaltungsakt ergeht über eine unbewegliche Sache, die außerhalb des Amtssprengels liegt. Nichtig ist daher die Bauerlaubnis der Polizeibehörde von A über einen Bau in B [42]). Das gleiche gilt von der Erteilung einer Gewerbeerlaubnis für ein Gebäude außerhalb des Amtssprengels, etwa einer Schankerlaubnis [42]). Das Oberverwaltungsgericht [43]) hatte sich insbesondere mit dem Fall zu beschäftigen, daß der Polizeipräsident von Berlin eine Irrenanstalt in einem Charlottenburger Gebäude konzessioniert hatte; diese Erlaubnis war nichtig; daher konnte der Polizeipräsident von Charlottenburg ohne weiteres dem Gewerbetreibenden eröffnen, daß er bei ihm die Konzession nachzusuchen habe, widrigenfalls seine gerichtliche Bestrafung und die Schließung der Anstalt erfolgen werde, eine Auffassung, die unhaltbar gewesen wäre, wenn die Gewerbeerlaubnis nur anfechtbar gewesen wäre, da in diesem Fall die Erlaubnis nach dem Grundsatz der Verbindlichkeit nicht so ohne weiteres hätte ignoriert werden können; ferner konnte unter solchen Umständen der Bezirksausschuß die Klage des Polizeipräsidenten von Charlottenburg auf Entziehung der Konzession abweisen mit der Begründung, daß eine entziehbare Konzession ja überhaupt nicht vorhanden sei, — wobei höchstens noch zu untersuchen gewesen wäre, ob man nicht eine Feststellungsklage in dem früher erörterten Sinn [44]) zulassen sollte, eine Frage, die man gegenüber der Klage der öffentlichen Behörde aber wohl mangels eines rechtlichen Interesses an der Feststellung hätte verneinen müssen [44]).

Bewegliche Sachen erscheinen als der Verfügung entzogen nur dann, wenn aus der Verfügung selbst hervorgeht, daß sie sich außerhalb des Amtssprengels befinden und wenn ferner feststeht, daß auch unter keinen Umständen eine Zuständigkeit bezüglich dieser Sachen in Betracht kommen kann; die letztere Feststellung wird fast nie getroffen werden können.

---

[41]) Kohler S. 122. Vgl. auch RG. in Str. **9**, 403; **10**, 425; **26**, 287.
[42]) Walter Jellinek 96, 97.
[43]) OVG. **40**, 300.
[44]) Vgl. o. S. 207.

Von den Personen entsprechen die juristischen Personen den unbeweglichen, die natürlichen Personen den beweglichen Sachen. Daher sind Verwaltungsakte über juristische Personen nichtig, wenn sie von einer örtlich unzuständigen Behörde ausgehen; dies freilich mit der Beschränkung auf solche Verwaltungsakte, die den juristischen Personen eigentümlich sind, d. h. ihrer Natur nach nur bei juristischen Personen vorkommen können, wie namentlich die auf Verleihung und Entziehung der Rechtsfähigkeit gerichteten Akte, während bei den übrigen Verwaltungsakten, die also ebenso bei den juristischen wie bei den natürlichen Personen vorkommen, die allgemeinen auch für diese geltenden Grundsätze anzuwenden sind. Daher ist Walter Jellinek beizupflichten, wenn er sagt [45]: Absolut unwirksam sei es, wenn die Verwaltungsbehörde des Bezirks A verfügt „die Innung im Bezirk B wird genehmigt" oder wenn der Bundesstaat W im Falle des § 22 BGB. verfügt „dem Vereine S im Bundesstaate B wird die Rechtsfähigkeit verliehen". Dagegen sind Verwaltungsakte einer örtlich unzuständigen Behörde über natürliche Personen regelmäßig nur anfechtbar, nicht nichtig. Walter Jellinek [46]) begründet dies damit, daß er sagt, die Gewerbeerlaubnis einer örtlich unzuständigen Behörde habe keinen unsinnigen Inhalt, da mit der Möglichkeit gerechnet werden müsse, daß der Betroffene sich in der fraglichen Zeit doch im Bezirk der Behörde aufgehalten habe und diese daher zuständig gewesen wäre.

2. Die gesetzlichen Bestimmungen bestätigen den aufgestellten Grundsatz.

Wenigstens im allgemeinen.

Besonders wichtig ist FGG. 7, den pr. FGG. Art. 1 übernimmt, in Verbindung mit FGG. 32. Hier ist deutlich der Unterschied zwischen sachlicher und örtlicher Zuständigkeit zu erkennen. Die Handlungen des sachlich unzuständigen Richters sind „unwirksam", d. h. nichtig [47]; die örtliche Unzuständigkeit bewirkt zwar Gesetzeswidrigkeit und der Betroffene kann Aufhebung verlangen [48], aber so lange diese nicht stattgefunden hat, muß die Verfügung als wirksam betrachtet werden [49].

Auch § 10 des pr. G. v. 23. April 1883 kennt als Nichtigkeitsgrund der Polizeistrafverfügung nur die sachliche Unzuständigkeit. Es heißt da: „Ist die polizeiliche Strafverfügung vollstreckbar geworden, so findet wegen derselben Handlung eine fernere Anschuldigung nicht statt, es sei denn, daß die Handlung keine Übertretung, sondern ein Vergehen oder ein Verbrechen darstellt und daher (!) die Polizeibehörde ihre Zuständigkeit überschritten hat." Das ist, wie sich aus dem „daher" deutlich ergibt, sachliche und nicht örtliche Zuständigkeit.

Weiter mag genannt sein § 27 der Vollz.Vfg. zum Württemb. Wass.G. Nach dem Gesetz Art. 17 bedürfen gewisse Einrichtungen

[45]) Walter Jellinek 97.
[46]) S. 98.
[47]) Ebert 34. Nußbaum 30.
[48]) Ebert 35.
[49]) Eine grundsätzlich andere Auffassung dieser Bestimmungen bei Walter Jellinek 98.

der Erlaubnis der Ortspolizeibehörde, nach Art. 29, 31 andere der Erlaubnis oder Genehmigung der Kreisregierung. Dazu bestimmt nun, übrigens nur in Wiederholung der Motive [50]), der genannte § 27: „Die von der Ortspolizeibehörde unzuständigerweise erteilte Erlaubnis ist ungültig und unwirksam", d. h. offenbar nichtig. Auch hier ist nur von sachlicher Unzuständigkeit, nicht von örtlicher die Rede.

Auch die badische Verordnung vom 31. August 1884, auf die wir in der Lehre von der Anfechtung zurückkommen, erkennt in § 43 an, daß örtliche Unzuständigkeit lediglich Anfechtbarkeit bewirkt [51]).

Bedeutungslos für unsere Frage sind jedenfalls St.GB. 110, 113, da sie ein Recht des Widerstands gegen die ungesetzliche, nicht bloß gegen die nichtige Amtshandlungen gewähren. Man kann daher aus ihnen auch nicht mit Seydel [52]) den Satz ableiten, daß, weil diese Bestimmungen nicht zwischen örtlicher und sachlicher Unzuständigkeit unterscheiden, die Amtshandlung auch des örtlich unzuständigen Beamten ohne weiteres nichtig oder, wie Seydel es ausdrückt, keine Amtshandlung sei.

Natürlich kann der allmächtige Gesetzgeber auch unseren allgemeinen Grundsatz durch positivrechtliche Modifikationen abschwächen. Das ist namentlich zugunsten der Urteile der ordentlichen Gerichte geschehen. Auf die Tragweite von GVG. 17 näher einzugehen, haben wir keine Veranlassung, da das eine spezifisch prozessuale Frage ist. Für das österreichische Recht hatte übrigens § 48 der früheren Jurisdiktions-Norm eine Urteilsnichtigkeit wegen sachlicher Unzuständigkeit ausdrücklich anerkannt; sie ist aber durch § 12 des östr. G. v. 18. April 1869 zu einer freilich besonders gearteten Anfechtbarkeit herabgedrückt worden [53]).

3. Zur Veranschaulichung des allgemeinen Grundsatzes und zugleich zum Beweis seiner Anerkennung in Wissenschaft und Praxis mögen folgende Beispiele genannt werden.

Nichtig sind Urteile wegen mangelnder „Gerichtsbarkeit" [54]), welch letztere keineswegs so grundverschieden von der „Zuständigkeit" ist wie Kohler [55]) behauptet; sie ist nichts anderes als die gerichtliche Zuständigkeit im Gegensatz zur verwaltungsbehördlichen.

Doch gehört hierher nicht der Fall, wenn der Richter auf Grund unrichtiger Beurteilung des streitigen Rechtsverhältnisses sich für zuständig gehalten hat und, die Richtigkeit dieser falschen Auffassung einmal vorausgesetzt, sich für zuständig halten mußte. Daher war das Ausschlußurteil des „Kaiserlichen Gerichts erster Instanz" vom 15. April 1896 [56])

---

[50]) Nieder 163.

[51]) Vgl. u. S. 401, ferner Tezner 60 (1). — Vgl. übrigens auch 42, 43 ALR. I. 13.

[52]) Seydel I. 295 (12).

[53]) Vgl. dazu Bernatzik 240 (27). — Jetzt gilt der dem Gesetze v. 1. April 1869 entsprechende § 42^{II} der Jur. N. v. 1. August 1895 (Nichtigerklärung durch den obersten Gerichtshof auf Antrag der obersten Administrativbehörden).

[54]) Kohler 54.

[55]) a. a. O. 53.

[56]) Bei Hesse II. 213.

keinesfalls wegen absoluter Unzuständigkeit nichtig [57]). Selbst wenn nämlich das Gericht nicht zuständig gewesen sein sollte, weil durch den Vertrag vom 25. August 1883 zwischen Lüderitz und Kapitän Josef Frederiks kein privatrechtliches Eigentum, sondern nur öffentlichrechtliche Gebietshoheit übertragen worden wäre, so mußte das Urteil doch als wirksam anerkannt werden, da es, jedenfalls in Z. 1, Bestimmung über Privateigentum, nicht über Landeshoheitsrecht trifft; es wäre also vielleicht ein falsches, aber sicher kein nichtiges Urteil [57]). Etwas anderes ist das Verhältnis freilich bezüglich der Z. 2 des Urteils, wo es heißt: „Die der Firma F. A. E. Lüderitz ... durch Artikel 6 des Schutzvertrages vom 28. Oktober 1884 verliehenen ausschließlichen Rechte, soweit sie durch das vorliegende Aufgebot berührt sind, werden ebenfalls bestätigt und für rechtsgültig erklärt"; wenn hierzu die Urteilsgründe bemerken, daß die Rechte aus dem genannten Vertrag gar nicht der Prüfung des Gerichts unterlagen, so wird man bezüglich dieser Ziffer 2 allerdings wohl Nichtigkeit annehmen können, aber nicht, wie Hesse [58]) meint, Nichtigkeit wegen Unzuständigkeit, sondern Nichtigkeit wegen Widersinns [59]).

Nichtig ist dagegen das Urteil des Amtsrichters, der den Reichskanzler zu einer diplomatischen Aktion verurteilt [60]), nichtig sein Urteil, das über die Thronfolgeberechtigung entscheidet [60]). Michel [61]) hat freilich behauptet, der verurteilte Reichskanzler sei eine rechtliche Möglichkeit: „Selbst Urteilen mit so entlegenen Inhalt muß ... theoretisch volle Wirksamkeit beigemessen werden." An diesem Satz sieht man, wohin man kommt, wenn man die absolute Urteilsnichtigkeit leugnet. Man wird mit Recht mißtrauisch sein gegen den Wert einer Theorie, die zu solchem und sei es auch nur theoretischen Unsinn führt.

Nichtig sind ferner Urteile bürgerlicher Gerichte, die ergehen, obschon das Konfliktsgericht die Zulässigkeit des Rechtswegs verneint und damit die Gerichtsbarkeit des Gerichts vernichtet hat [62]). Sie können ohne weiteres ignoriert werden.

Nichtig sind ebenso die Urteile von Sondergerichten, zu denen diese nicht zuständig waren [63]).

Nichtig sind die Urteile eines Sondergerichts, das ohne gesetzliche Grundlage geschaffen ist [64]), desgleichen die Urteile eines noch nicht eröffneten oder bereits geschlossenen Gerichts [65]).

Nichtig sind die Urteile des beauftragten Richters [66]). Dagegen läßt sich für die Urteile eines ersuchten Amtsrichters gleiches nicht

---

57) Gänzlich verfehlt Hesse I. 90, 91.

58) a. a. O. 93.

59) S. u. S. 281, 282.

60) Kohler in seiner Enzyklopädie II. 140.

61) S. 48.

62) Kohler in seiner Enzyklopädie II. 140.

63) Kohler 54.

64) Nußbaum, Prozeßhandlungen 14.

65) a. a. O. 15.

66) Kohler 55, 56, in seiner Enzyklopädie II. 140. Hellwig II. 78. Nußbaum a. a. O. 15. Friedländer a. a. O. 355.

ohne weiteres behaupten [67]). Richtig ist ja, daß er in so weit die Gerichtsbehörde nicht vertritt. Aber damit ist doch nicht ausgeschlossen, daß er aus eigener Zuständigkeit ein, freilich nicht gültiges landgerichtliches und überhaupt kein landgerichtliches, aber doch wenigstens ein freilich anfechtbares amtsrichterliches Urteil erläßt.

Nichtig sind ferner Urteile wegen mangelnder absoluter [68]) Zuständigkeit in folgenden Fällen:

Wenn das Strafgericht den Dieb zum Schadenersatz verurteilt, so ist das Urteil in so weit nichtig [69]).

Umgekehrt ist das Strafurteil des Zivilgerichts nichtig [70]).

Nichtig ist auch das Todesurteil des Schöffengerichts oder der Strafkammer, überhaupt jedes Urteil des Schöffengerichts, das über eine Schwurgerichts- oder Strafkammersache aburteilt [71]). Wenn Friedländer [72]) hiergegen einwendet, es sei doch undenkbar, daß ein solches Urteil nichtig sei, wenn das Schöffengericht das Vergehen als Übertretung aufgefaßt habe und sich daher auch für zuständig habe halten müssen, so ist der Einwand unerheblich. Denn dann liegt eben keine „Verurteilung wegen Vergehens“ vor.

Nichtig ist auch entgegen der in Literatur und Praxis herrschenden Meinung [73]) das bekannte Ehescheidungsurteil des Amtsrichters.

Das gleiche wie von Urteilen gilt auch von Beschlüssen der Gerichte, die nicht in deren absoluter Zuständigkeit lagen [74]). Dagegen ist der Zahlungsbefehl eines nur örtlich unzuständigen Gerichts nicht nichtig, da er die Verjährung unterbricht [75]).

Auch der amtsrichterliche Strafbefehl ist mindestens unter den gleichen Voraussetzungen wegen absoluter Unzuständigkeit nichtig wie strafgerichtliche Urteile [76]).

Was von den Entscheidungen der Gerichte gilt, das gilt mindestens in gleichem Umfang auch von den Entscheidungen anderer Behörden. Die Entscheidung der sachlich unzuständigen Verwaltungsbehörde ist daher nicht nur nicht der Rechtskraft fähig, sondern überhaupt ohne „rechtliche Wirkung“ [77]), d. h. nichtig.

Die Nichtigkeit von Polizeistrafverfügungen wegen Unzu-

---

[67]) A. M. die in Anm. 66 genannten.

[68]) Ungenau Bennecke-Beling 294, der schlechthin von sachlicher Unzuständigkeit spricht.

[69]) Friedländer a. a. O. 367.

[70]) a. a. O. 354.

[71]) Vgl. Binding 231. Walter Jellinek 123. Ähnlich für österreichisches Recht Löffler bei Grünhut **31**, 550. A. M. Michel 57.

[72]) a. a. O. 345 (1). Vgl. auch Schultzenstein in VA. **15**, 473, 474 (Besprechung einer Schrift von Vossen).

[73]) Kohler 53, 57; Michel 57; wohl auch Hellwig **II**. 177 und 177 (13). Richtig Walter Jellinek 94.

[74]) Vgl. RG. in St. **23**, 416. Dagegen bezieht sich RG. in Jur.W. **16**, 113 Z. 14 auf örtliche Unzuständigkeit. Vgl. o. S. 219 (14b).

[75]) KG. in OLG. **15**, 321.

[76]) Näher kann auf diese sehr bestrittene Frage nicht eingegangen werden. Vgl. einerseits RG. in Str. **4**, 243, **9**, 321, **14**, 358, **28**, 83; andererseits Friedländer in Gerichtssaal **18**, 690 f und die Angaben 690 (57).

[77]) Östr. VGH. 2167.

ständigkeit ergibt sich bereits aus dem vorhin genannten preußischen Gesetz [78]). Levis [79]) will sie nur dann anerkennen, wenn die Verfügung selbst zeigt, daß auch die Polizeibehörde von der Auffassung ausging, es handle sich nicht um eine Übertretung; das hieße also: unter denselben Voraussetzungen, unter denen schöffengerichtliche Urteile nichtig sind. — Unrichtig erscheint die Konstruktion von Leidig [80]), der meint: „Erfolgt eine rechtskräftige Verurteilung wegen eines Vergehens oder Verbrechens, so tritt die Strafverfügung außer Kraft.“ Sie braucht in Wahrheit gar nicht erst außer Kraft zu treten; denn sie existiert gar nicht; sie darf daher auch nicht vollstreckt werden, selbst wenn das Gericht die Sache noch nicht an sich gezogen hat [81]). — Daher kann man auch nicht, wie das Reichsgericht [82]) tut, davon sprechen, daß eine Polizeistrafverfügung „unanfechtbar“ werden könne, durch die jemand bestraft worden war, weil er „mit dem Schlosser K. in Streit sich eingelassen, demselben durch Schlagen mit einem Bierglas eine Wunde am Kopfe beigebracht und so groben Unfug verübt zu haben“ beschuldigt war. Diese Strafverfügung war nach unserer Auffassung schlechthin nichtig, da keine Übertretung von St.GB. 360, Z. 11, sondern gefährliche Körperverletzung, Vergehen gegen St.GB. 223a, vorlag. Daher taucht für uns die vom Reichsgericht verneinte Frage, ob durch jenes Unanfechtbarwerden das gerichtliche Verfahren ausgeschlossen werde, gar nicht auf.

Nichtig ist auch der Konkurseröffnungsbeschluß des Landgerichts ebenso wie der des Gerichtsschreibers. Wenn Ötker [83]) meint, die Unzuständigkeit begründe keine Nichtigkeit, so hat er dabei offensichtlich nur an das örtlich unzuständige Amtsgericht und nicht an das sachlich unzuständige Landgericht gedacht.

Nichtig ist wegen Unzuständigkeit des Gerichtsschreibers, nicht aber wegen Verletzung wesentlicher „Verfahrensvorschriften“, jede Verfügung der freiwilligen Gerichtsbarkeit, die nur vom Gerichtsschreiber „entworfen“ und dann, etwa irrtümlich in der Annahme, sie sei vom Richter unterzeichnet, bekannt gegeben wird [84]).

Nichtig sind auch Handlungen der freiwilligen Gerichtsbarkeit von seiten des Prozeßrichters, so z. B. die prozeßrichterliche Bestellung oder Entlassung eines Vormunds oder des Liquidators einer offenen Handelsgesellschaft [85]). Doch darf damit nicht der Fall verwechselt werden, daß eine Behörde, die gleichzeitig Prozeßinstanz und Instanz der freiwilligen Gerichtsbarkeit ist, in einem Fall als Prozeßinstanz entscheidet, wo sie als Instanz der freiwilligen Gerichtsbarkeit angegangen war; in diesem Falle ist ein Urteil auf Liquidatorenernennung zwar wegen Mangels einer Klageerhebung [86]) gesetz-

---

[78]) Vgl. auch Walter Jellinek 95 wegen Überschreitung des Strafmaßes.
[79]) In Z. f. ges. Str.RW. 19, 355, 356.
[80]) S. 463. Ebenso Arnstedt 600, der aber doch wohl das Richtige meint.
[81]) So wohl auch Arnstedt a. a. O.
[82]) RG. bei Reger 1, 101.
[83]) S. 75.
[84]) Ebert 34.
[85]) Nußbaum, Prozeßhandlungen 22.
[86]) RG. 45, 394.

widrig, aber nicht nichtig; daher ist gegen ein solches Urteil die Einlegung des ordentlichen Rechtsmittels ebenso zulässig [86]) wie notwendig.

Wichtig ist jede ungesetzliche Delegation [87]), da sie vorzunehmen der Beamte absolut unzuständig ist.

Dies ist als allgemeiner Grundsatz unzweideutig in § 42 ALR. I. 13 enthalten. Die Einschränkung, die § 43 macht, ist nur eine scheinbare. Der § 43 wird nämlich bloß auf solche Fälle zu beziehen sein, wo der Beamte, dem delegiert wird, bereits an sich nicht absolut unzuständig, daher auch ohne Delegation zur Vornahme der in Betracht kommenden Amtshandlungen befähigt oder, wie das ALR. sagt, „zur Verrichtung von Amtshandlungen dieser Art an sich qualifiziert" ist, und wo entweder lediglich nach der Geschäftsverteilung der Behörde oder nach der örtlichen Zuständigkeitsordnung die fragliche Amtshandlung nicht in das Dezernat des Substituten fällt; in erster Linie wird hier an solche Fälle zu denken sein, wenn etwa ein Staatsanwalt einen anderen bei derselben Staatsanwaltschaft tätigen sich substituiert. Ich fasse also die Delegation im Falle des § 43 gar nicht als echte Delegation auf, da ja die Wirksamkeit der Amtshandlung des Substituten unabhängig ist von Dasein und Wirksamkeit der Delegation; diese Amtshandlung würde wirksam sein, auch wenn gar keine Delegation erfolgt wäre; sie muß daher auch wirksam sein, wenn eine Delegation zwar (äußerlich) erfolgt, aber nichtig ist. Daher wird durch § 43 auch nicht ausgeschlossen, daß die gesetzwidrige Delegation nichtig ist; denn er sagt nicht, daß die Delegation selbst, sondern nur, daß die Amtshandlung des Delegierten nicht nichtig ist. Es bleibt daher, trotz der in § 43 vorgesehenen Wirksamkeit der Amtshandlung des Delegierten dabei, daß die ungesetzliche [88]) Delegation nichtig ist; es ist ebenso wie mit der dem ermächtigten Standesbeamten [89]) erteilten Erlaubnis zur Weiterübertragung der Ermächtigung, — eine Erlaubnis, die, wie wir früher sahen [89]), ebenfalls nichtig ist, obschon die vor dem subdelegierten Standesbeamten geschlossene Ehe nach BGB. 1320 gleichwohl vollwirksam ist.

Auf dem Grundsatz der Nichtigkeit einer ungesetzlichen Delegation beruhen folgende Erscheinungen. — Zunächst die Nichtigkeit der Verwaltungsakte des Substituten. Wenn daher ein Polizeiverwalter unberechtigterweise einem Sekretär die Festsetzung von Polizeistrafen überträgt, so ist nicht nur diese Delegation, sondern auch die auf ihrem Grund erfolgende Straffestsetzung wegen absoluter Unzuständigkeit nichtig, und wenn der Polizeiverwalter eine von dem Sekretär festgesetzte Strafe vollstreckt, so ist er nach St.GB. 345 strafbar, weil ein Erfordernis der Vollstreckbarkeit, nämlich die Straffestsetzung, nicht vorhanden war [90]). Daß die Nichtigkeit des Verwaltungsakts des Substituten nicht eintritt, wenn seine Amtshandlung auch ohne

[87]) Sehr gewunden drückt sich Tezner 60 aus: Es beeinflusse den vorgenommenen Akt nachteilig!

[88]) Nicht ungesetzlich ist sie im Falle 45 ALR. I. 13.

[89]) Vgl. BGB. 1321 und dazu o. S. 168.

[90]) Ober-Trib. v. 26. VI. 79 bei Goltdammer **27**, 549.

Delegation nicht nichtig gewesen wäre, weil er an sich nicht absolut unzuständig war, ist selbstverständlich und wurde soeben schon bei Besprechung des § 43 ALR. I. 13 betont. — Mit unserem Grundsatze von der Nichtigkeit einer ungesetzlichen Delegation hängt ferner zusammen, daß der mangelhafte Verwaltungsakt einer unzuständigen Behörde auch nicht durch nachträgliche Genehmigung seitens der zuständigen Behörde von seinen Mängeln geheilt wird, denn diese Genehmigung wäre ja nichts anderes als eine nachträgliche Delegation; zu untersuchen ist jeweils nach den Umständen des Falls nur, ob die angebliche Genehmigung nicht in Wahrheit als erneute Vornahme des nichtigen Verwaltungsakts aufzufassen und als solche wirksam, natürlich wirksam ohne rückwirkende Kraft, ist. Auf der Anwendung dieses Satzes beruht die Entscheidung des Reichsgerichts [91]) vom 1. April 1902. Hier handelte es sich um einen Fall, wo einem Polizeidiener gekündigt worden war nicht durch die zuständige Amtsversammlung, sondern durch den unzuständigen Landrat, weshalb das Reichsgericht die Kündigung als nichtig betrachtet; nachträglich war der Antrag des Beamten um Pensionsbewilligung von der Amtsversammlung abgelehnt worden; das Berufungsgericht nahm an, es „sei ... die von der vorgesetzten Behörde für sie nach §§ 228ff. ALR. I. 13 ohne Widerspruch des Klägers gegen die Legitimation der handelnden Behörde vorgenommene Rechtshandlung am 15. Oktober 1898 [— das war der Tag des Zugangs dieses Amtsversammlungsbeschlusses an den Beamten —] mit rückwirkender Kraft genehmigt und gelte das Amt des Klägers demnach mit diesem Tage als beendigt"; mit Recht lehnt aber das Reichsgericht diese Auffassung ab, indem es insbesondere die rückwirkende Kraft des Amtsversammlungsbeschlusses leugnet, andererseits aber zugleich in diesem Beschluß selbst eine wirksame Erneuerung der bis dahin unwirksamen Kündigung anerkennt. — Einen ganz ähnlichen Rechtsfall, wo es sich ebenfalls um Kündigung eines Beamtenverhältnisses durch eine unzuständige Stelle unter nachfolgender Genehmigung der zuständigen Stelle handelte, hat nach sächsischem Recht in gleicher Weise das sächsische Oberverwaltungsgericht [92]) entschieden, indem es treffend betont: „Am allerwenigsten kann es als ein Grundsatz des öffentlichen Rechts anerkannt werden, daß ein Verwaltungsakt, der von einer zur Vertretung der betreffenden Behörde nicht berechtigten Person ausgeht, dadurch zu einem gültigen, Rechte und Verpflichtungen erzeugenden wird, daß die Behörde beschließt, ihn zu genehmigen." — Rechtlich gleichartig ist auch ein Fall, der den bayerischen Verwaltungsgerichtshof beschäftigte [93]). Hier hatte gegen die Erteilung des polizeilichen Verehelichungszeugnisses binnen der 14 tägigen Ausschlußfrist nicht der zuständige Gemeindeausschuß, sondern bloß dessen Vorstand Einspruch angemeldet; erst lange nach Ablauf der Einspruchsfrist faßte der Gemeindeausschuß einen gleichartigen Beschluß; dieser Beschluß war

[91]) Bei Gruchot **46**, 1142.
[92]) SOVG. **9**, 157.
[93]) BVGH. **28**, 145. Vgl. auch den Rechtsfall BVGH. **24**, 25.

offensichtlich bedeutungslos, wenn man erst in ihm die Einspruchserhebung sah, da die Frist hierfür unzweifelhaft abgelaufen war; es konnte sich also nur fragen, ob man in ihm eine wirksame nachträgliche Genehmigung der Einspruchserhebung seitens des Vorstands erblicken dürfte; das Gericht verneinte dies aus dem vorhin dargelegten Grund mit Recht im Gegensatz zu der Vorinstanz.

Nichtig ist die Polizeierlaubnis seitens der sachlich unzuständigen Behörde.

Für die Gewerbekonzession hat das Landmann [94]) richtig betont, es freilich zu Unrecht zurückgeführt auf „Verfahrensmängel".

Gleiches gilt vom Jagdschein. Sachliche Unzuständigkeit macht ihn zu einem nicht „vorgeschriebenen" im Sinne des Gesetzes und bewirkt Strafbarkeit [95]); ein solcher Schein ist also nichtig. Dagegen bewirkt die örtliche Unzuständigkeit zwar „Ungültigkeit" [95]), oder genauer gesagt Anfechtbarkeit der erteilten Erlaubnis, indes keine Nichtigkeit; wer mit einem solchen jagt, ist darum nicht strafbar [96]).

Derselbe Unterschied ist zu machen bei dem sogen. Verehelichungszeugnis des bayerischen Rechts, d. h. der Verehelichungserlaubnis. Ist sie nicht von einer Distriktsverwaltungsbehörde erteilt, so muß sie wegen sachlicher Unzuständigkeit der Behörde als nichtig betrachtet werden. Ist sie aber von einer solchen Behörde erteilt, so ist sie selbst bei Verstoß gegen die örtliche Zuständigkeitsordnung niemals von selbst nichtig [97]).

Nichtig ist auch die Erlaubnis zu einer Ausspielung, wenn sie statt durch die zuständige Kreisregierung durch den nicht zuständigen Bürgermeister erfolgt ist [98]). Das Strafgericht hat, wenn deswegen gegen den Unternehmer Klage erhoben wird, so zu verfahren, als ob keine Erlaubnis erteilt sei. Freilich kann auch hier wie so oft in den Fällen verwaltungsrechtlicher Nichtigkeit Irrtum als Strafausschließungsgrund wirken [99]).

Nichtig sind Zwangsauflagen, die von einer sachlich unzuständigen Behörde ausgegangen sind. Sie unterliegen darum der Aufhebung im Anfechtungsklageverfahren auch dann, wenn sie auf formell unanfechtbar gewordenen Verfügungen beruhen [100]). Im Falle örtlicher Unzuständigkeit dagegen kann die Anfechtungsklage nach Fristablauf keineswegs mehr für gegeben erachtet werden [101]); hier ist der Beschwerde auf den Weg der Vorstellung und Dienstaufsichtsbeschwerde angewiesen.

---

[94]) I. 183. Richtig auch OVG. v. 2. I. 86 in VBl. 7, 139.

[95]) Kunze 9. Ebner in VA. 14, 179; vgl. 183; vgl. auch Walter Jellinek 98, 98 (1).

[96]) Kunze 6; vgl. auch 64, 65. Ob. App.G. bei Goltdammer 17, 428. Ebner a. a. O. 179.

[97]) Seydel III. 104

[98]) Vgl. RG. in Str. 3, 49.

[99]) RG. a. a. O. Vgl. ferner RG. bei Reger 7, 119; 6, 337.

[100]) Vgl. SOVG. 5, 33.

[101]) A. A. SOVG. a. a. O.

Nichtig ist die Patentverleihung, die durch eine andere Behörde als das Patentamt, etwa durch das Ministerium, erfolgt [102]).

Nichtig ist die Verleihung eines Anspruchs auf Alterszulage, wenn sie statt durch Gemeindebeschluß durch Magistratsbeschluß erfolgt ist. Preuß [103]) nennt solche Bewilligung „rechtsunwirksam", was wohl nichtig heißen soll [104]).

Nichtig ist ebenso jede von einem anderen Organ als dem König ausgegangene Verleihung des Enteignungsrechts [105]). Da die ungesetzliche Delegation nichtig ist, so macht es keinen Unterschied, ob jenes Organ auf eigene Faust gehandelt hat oder vom König ermächtigt worden war [105]). Eger [105]) spricht hier von Rechtsunwirksamkeit, was wohl wiederum unserer Nichtigkeit entspricht. Davon verschieden [105a]) ist der Fall, daß der Bezirksausschuß unter ungesetzlicher Anwendung von pr. Enteign.G. 4 seine Zuständigkeit überschreitet und Eigentumsbeschränkungen ausspricht, die zulässigerweise nur durch königliche Verordnung auszusprechen sind.

Nichtig ist ferner die Verleihung des Gemeindebürgerrechts, wenn sie statt von dem zuständigen Gemeindeausschuß nur von dem Bürgermeister und einem Beigeordneten beschlossen wird [106]).

Schon zu erwähnen hatten wir vorhin in anderem Zusammenhang [107]), daß die Kündigung eines Beamtenverhältnisses ebenso wie die Einspruchserhebung durch eine unzuständige Behörde nichtig ist.

Nur unter dem Gesichtswinkel absoluter Unzuständigkeit kommt ferner eine Nichtigkeit ungesetzlicher Dispensationen, besonders ungesetzlicher Steuernachlässe in Betracht. Ein solcher Steuernachlaß ist nichtig nur dann, „wenn der Akt ganz außerhalb der Zuständigkeit des Erlassenden lag. Abgesehen davon bleibt auch der ungültige Akt rechtswirksam, bis er zuständigerweise wieder aufgehoben wird" [108]). Dahingestellt bleiben mag, ob nicht unter Umständen ein Steuererlaß auch „ganz außerhalb der Zuständigkeit" des Monarchen liegen kann, indem nämlich diese Zuständigkeit nur der gesetzgebenden Gewalt, d. h. dem Monarchen unter Zustimmung der Volksvertretung, zukommt [109]); praktisch bedeutsam könnte das etwa werden, wenn die Steuerbehörde trotz des königlichen Steuererlasses, vielleicht ohne ihn zu kennen, die Steuer eingezogen hat und wenn nun hiergegen der Betroffene den ihm vielfach eröffneten Rechtsweg

---

[102]) Kohler, Lehrbuch des Patentrechts 165, 166.

[103]) S. 453.

[104]) A. A. Ebner in VA. **9** 39.

[105]) Eger I. 38.

[105a]) Unklar, aber wohl das richtige meinend Bendix 12 verb. m. 11. Verfehlt Bähr-Langerhans 16, 17.

[106]) BVGH. **4**, 54; vgl. dazu Walter Jellinek 95.

[107]) Vgl. o. S. 255, 256.

[108]) Mayer I. 431.

[109]) So Steinitz 74, 75, 231, wohl auch Bornhak in A. ö. R. **6**, 319, 320. A. M. Mayer I. 431 und 431 (23). Vgl. auch Joel in Annalen **1891**, 417 f.

auf Herausgabe des Gezahlten beschritte [110]; das Gericht könnte den königlichen Erlaß nur ignorieren, wenn er nicht nur gesetzwidrig, sondern auch nichtig ist; wenn er aber nichtig ist, so ist das Gericht zu dieser Ignorierung auch verpflichtet. Nicht hierher gehört jedenfalls der Fall, daß die Dispensation bloß auf falscher Gesetzesanwendung beruht, während unter bestimmten anderen Voraussetzungen die Behörde allerdings zu dem Erlaß zuständig wäre; hier läge eben keine absolute Unzuständigkeit vor.

Nichtig ist die Zwangsetatisierung seitens einer sachlich unzuständigen Behörde [111].

Nichtig sind Petitionen von Gemeinden und Staatsbehörden, in Angelegenheiten, die außerhalb ihres Wirkungskreises fallen, da sie „gar nicht mehr Handlungen der Behörde oder Korporation, sondern ein juristisches Nichts“ darstellen [112].

Vom gleichen Gesichtspunkte aus läßt sich vielleicht auch die nicht unbedenkliche Entscheidung des Reichsgerichts [113] vom 8. März 1900 über die Stellung der Gerichte zu den Entscheidungen des Heroldsamts halten. Danach entbehren die Verfügungen dieser Behörde, die lediglich das Namensrecht einer Person zum Gegenstand haben, der amtlichen Autorität, da sie außerhalb ihrer öffentlichrechtlichen Funktion entgehen, so daß ihre Anfechtung dem ordentlichen Rechtsweg nicht entzogen und die Klage gegen das Heroldsamt auf Anerkennung des Rechts zu einer bestimmten Namensführung zulässig ist. Das Gericht folgert dies daraus, daß das Heroldsamt nur zuständig ist in Adels- und Standessachen, in welcher Beziehung daher auch seine Entscheidungen dem Rechtsweg entzogen seien, daß es dagegen keine Zuständigkeit in der Frage besitze, ob jemand einen bestimmten Namen führen dürfe.

Nichtig ist auch jede Regierungshandlung des Regenten nach Eintritt der Volljährigkeit des Monarchen, da er von diesem Augenblicke an nicht mehr Regent ist [114].

IV. Unzuständig und unfähig zum Alleinhandeln ist eine Behörde auch in den Fällen, wo ein Zusammenhandeln mehrerer Behörden, ein Gesamtakt in dem früher erörterten Sinn, ein Doppeltatbestand vom Gesetzgeber verlangt wird. Der Hauptfall ist der sogen. inäquale Gesamtakt, bei dem als Handelnder nach außen hin nur eine Behörde auftritt, während die andere diesem Handeln lediglich zustimmt. Das Verhältnis der beiden Behörden zu einander kann hier verschieden gestaltet sein [115].

---

[110] Diese Möglichkeit übersieht wohl Mayer I. 431, wenn er für die Regel die Möglichkeit einer Nachprüfung der fürstlichen Steuererlasse leugnet. Rechtlich ist übrigens auch die abhängige Steuerbehörde in der Lage, einen nichtigen Steuererlaß ohne weiteres zu ignorieren.

[111] RG. v. 10. XII. 85 in VBl. 8, 182.

[112] Vgl. Rosegger 41, 42 und die dort genannten.

[113] Bei Gruchot 44, 1130. Ebenso OLG. Celle v. 10. IV. 05 bei Reger 27, 459.

[114] Bornhak I. 209, 210.

[115] Das übersieht Walter Jellinek 63 f., wenn er S. 64 allgemein HGB. 235II entsprechend anwenden will. Er übersieht ferner S. 65 den großen Unter-

1. Es kann so sein, daß die in dem Erfordernis der Zustimmung liegende Beschränkung eine rein interne Beschränkung ist, dergestalt daß sie nach außen gar nicht wirkt, daß vielmehr nach außen hin der Handelnde unbeschränkte Handlungsmacht hat. Die Beschränkung entzieht das Dürfen, aber nicht das Können des Alleinhandelns. So ist es im Zivilrecht bezüglich der Vertretungsmacht des Vorstands einer Aktiengesellschaft nach HGB. 235^{II}, so ist es im Kirchenrecht bezüglich der Zustimmung des Papstes zur Veräußerung von bischöflichem Tafelgut auf Grund des Bischofseides [116]). So ist es auch im Verwaltungsrecht, soweit die Beschränkung auf Dienstinstruktionen beruht, — ein Fall, der dem eben erwähnten kirchenrechtlichen im Grunde völlig gleichartig ist.

2. Die Regel aber ist die reine Innenwirkung nicht. In der Regel muß vielmehr für die auf Gesetz beruhenden Beschränkungen angenommen werden, daß sie nach außen wirkende Beschränkungen sind, die nicht nur das Dürfen, sondern auch das Können des Alleinhandelns entziehen. Das gilt vor allem von den zahlreichen aufsichtsrechtlichen Genehmigungen, die den vormundschaftsgerichtlichen des BGB. durchaus gleichartig sind [117]). Hier ist nun die Sachlage so, daß keine Behörde ohne die andere handeln kann. Daraus folgt:

Ist der genehmigte Verwaltungsakt selbst nichtig, so ist es auch die Genehmigung. Die letztere heilt nicht etwa seine Nichtigkeit, da ja die genehmigte Behörde, wollte man das Gegenteil annehmen, als allein handelnd erschiene, wozu sie nicht fähig ist. Wir haben das schon früher [118]) betont und es damals so formuliert, die Genehmigung werde erteilt unter der gesetzlichen Bedingung der Gültigkeit des genehmigten Akts. Das findet in diesem Zusammenhang seine tiefere Begründung. Aus dieser Erkenntnis ergibt sich aber, daß es nicht richtig sein kann, wenn Seuffert annimmt, einerseits daß Mängel des Zwangsvergleichs im Konkurs wie Geschäftsunfähigkeit, Betrug usw. durch die Rechtskraft des gerichtlichen Bestätigungsbeschlusses gedeckt würden [119]), andererseits aber zugleich, daß der Zwangsvergleich nichts anderes sei als ein bestätigter Vertrag [120]); die erstgenannte Behauptung [119]) Seufferts wird allerdings wohl zutreffen, sie schließt dann aber die zweitgenannte ohne weiteres aus.

Umgekehrt kann der genehmigte Akt, wenn die Genehmigung nichtig ist, keinerlei Wirkungen äußern. Es ist ebenso, als wenn keine Genehmigung erteilt worden wäre. Auch davon haben wir schon früher gesprochen [121]).

V. Die Grundsätze über Unzuständigkeit gelten auch von den Rechtshandlungen. Sie gelten hier sogar in erhöhtem Maße, indem

---

schied zwischen „Zustimmung" und „sonstigen Erklärungen", zu denen er S. 66 auch die passive „Anhörung" rechnet. Vgl. dagegen S. 171.

[116]) Vgl. Kormann 8 (3).

[117]) Vgl. o. S. 90.

[118]) S. o. S. 136.

[119]) Seuffert 427.

[120]) a. a. O. 406 f.

[121]) Vgl. o. S. 171.

hier ein Unterschied zwischen sachlicher und örtlicher Zuständigkeit nicht zu machen ist. Das gilt besonders von Beurkundungen [122]), Bescheinigungen [123]) und von der Erklärungsannahme [124]), vor allem aber von Zustellungen [125]). P.FGG. 39 steht mit unserer Auffassung nicht im Widerspruch, da diese Bestimmung den Urkundsbeamten eben gerade positivrechtlich eine Zuständigkeit auch außerhalb ihres Amtsbezirks verleiht.

§ 29.

2. Nichtigkeit wegen Formmängeln.

Der Mangel „wesentlicher“ Formen begründet Nichtigkeit des Verwaltungsakts [1]). Dieser Satz bedeutet folgendes.

I. Es muß sich zunächst handeln um den Mangel einer „wesentlichen“ Form. Es fragt sich, wann eine Form wesentlich ist und wann nicht. Man [2]) hat manchmal behauptet, das lasse sich nicht allgemein sagen. Das ist zum Teil richtig. Immerhin lassen sich doch wohl unschwer einige allgemeine Sätze aufstellen, die, unbeschadet der Einzelauslegung, doch für die Entscheidung im Einzelfall einigen Anhalt bieten können.

1. Wir verweisen zunächst auf einen Punkt zurück, den wir schon in den einleitenden Bemerkungen hervorgehoben haben [3]). Das ist die Terminologie moderner Gesetze, die bewußtermaßen zwischen Soll- und Mußvorschriften einen äußerlichen klar erkennbaren Unterschied macht.

2. Sodann muß man achten auf die rechtliche Grundlage, auf der die Formvorschrift beruht.

Die Formvorschrift kann enthalten sein in einer Verwaltungsverordnung. Eine solche wirkt nur innerhalb des Beamtenorganismus und nicht nach außen im Verhältnis zu den Untertanen. Eine Form dieser Art muß diesen gegenüber als unwesentlich bezeichnet werden [4]). Von diesem Standpunkte aus unterscheidet Seydel [5]) treffend: Ist die Beeidigung eines Beamten gesetzliches Erfordernis, so sind „Handlungen des nicht vereidigten Beamten keine gültigen Amtshandlungen“; wo hingegen die Beeidigung nur auf Dienstvorschriften sich gründet, da ist die Leistung nur eine Pflicht des Bediensteten gegenüber dem Dienstherrn.

Die Formvorschrift kann enthalten sein in einem Gesetz. Dann

---

[122]) Vgl. CPO. 415. Auch RG. in Str. **12**; 62; **13**, 393; RG. bei Reger **7**, 492.

[123]) Vgl. pr. G. über d. Verm.Verw. in d. kath. Kirchengem. § 51II; pr. G. über d. Aufsichtsrechte bei d. Verm.Verw. in d. kath. Diözesen § 3II.

[124]) BVGH. **3**, 381; **4**, 104. RVA. **1902**, 678. Z. 1966; vgl. daselbst auch über Einschränkungen dieses Grundsatzes durch gesetzliche Sonderbestimmungen.

[125]) OVG. **41**, 382. Tezner 217 (1).

[1]) Vgl. W. Jellinek 103, 104.

[2]) Vgl. z. B. Schelcher, Gesetz 359.

[3]) Vgl. S. 228.

[4]) OVG. **31**, 428.

[5]) **II**. 213.

gilt das Gegenteil. Eine solche Form muß im Zweifel, so weit sich nicht aus der Terminologie des Gesetzes oder nach sonstigen Regeln der Auslegung ein anderes ergibt, als wesentlich erachtet werden [6]). Eine Ausnahme wird man insbesondere müssen gelten lassen, wo offensichtlich dem Betroffenen nur eine Beweisurkunde gegeben werden soll.

Zwischen Gesetz und Verwaltungsverordnung steht die Rechtsverordnung.

Grundsätzlich wird man die dadurch geschaffene Form der auf Verwaltungsverordnung beruhenden gleichzustellen haben, wenn nämlich die Rechtsverordnung eine dem Gesetz, zu dessen Ausführung sie ergeht, unbekannte Form einführt [7]). Denn aus dem Umstand, daß hier das Gesetz selbst keine Formvorschriften gibt, wird man zu schließen haben, daß nach seinem Willen, der dann natürlich nicht durch Verordnung durchbrochen werden kann, der Grundsatz der Formlosigkeit erhalten bleiben soll.

Ausnahmen davon und eine Gleichstellung der rechtsverordnungsmäßigen mit der gesetzlichen Form wird man insoweit anzuerkennen haben, als die Verordnung das Gesetz vertritt. Also zunächst hinsichtlich der vorkonstitutionellen Verordnungen. Sodann hinsichtlich der Verordnungen auf gesetzfreiem Gebiet. Endlich dort, wo das Gesetz wegen der Formen auf die Verordnung verweist.

Eine Form kann endlich als gewillkürte auch auf Rechtsgeschäft beruhen. Wir haben schon früher [8]) bemerkt, daß sie nach dem Willen des oder der Beteiligten im Zweifel gleich der gesetzlichen als wesentlich zu betrachten ist.

II. Mangel einer hiernach wesentlichen Form bewirkt Nichtigkeit, also nicht etwa bloße Anfechtbarkeit.

1. Dieser Grundsatz äußert sich insbesondere in folgenden Richtungen.

Der Verwaltungsakt, der formbedürftig ist, aber der Form entbehrt, ist noch gar nicht fertig geworden. Er äußert keinerlei Wirkungen, legt keine Pflichten auf, gewährt keine Rechte, keine Erlaubnisse, begründet keine Rechtsverhältnisse, kurz er ist nichtig.

Nach strenger Rechtslogik kann ein solcher Verwaltungsakt als solcher, d. h. ohne Beziehung auf eine etwa aus ihm abgeleitete Zwangsandrohung (ALVG. 132), auch gar nicht mit dem Antrag auf Aufhebung angefochten werden, da er eben gar nicht vorhanden ist und das nicht vorhandene auch nicht aufgehoben werden kann. Trotzdem wird der Rechtsprechung des Oberverwaltungsgerichts [9]) zuzustimmen sein, das auch gegen eine wegen mangelnder Form nichtige Polizeiverfügung die Anfechtung zuläßt; es begründet seine Auffassung damit, daß doch möglicherweise auch die nichtige Verfügung zur Grund-

---

[6]) Ebenso Mayer I. 281 und 281 (15). W. Jellinek 103. Vgl. auch OVG. 31, 428.

[7]) Das hebt auch Schelcher Gesetz S. 521 bezüglich der durch die S. Ausf.V. v. 24. Nov. 1902 verlangten Form der Bekanntgabe hervor.

[8]) Vgl. o. S. 181.

[9]) OVG. 31, 428.

lage zwangsweiser Durchführung nach ALVG. 132 f werden kann und daher ein berechtigtes Interesse des Betroffenen an formeller „Aufhebung" anzuerkennen sei; das ist zu billigen, aber man muß ehrlich sein und zugeben, daß das nicht mehr eine Klage aus ALVG. 128 ist, sondern eine durch die Rechtsprechung ohne gesetzliche Grundlage geschaffene verwaltungsrechtliche Feststellungsklage wegen berechtigten Interesses des Betroffenen an der Feststellung der Nichtigkeit einer polizeilichen Verfügung.

Übrigens ließe sich die genannte Entscheidung [9]) auch noch aus einem anderen Gesichtspunkte rechtfertigen, nämlich dadurch, daß man in Fällen dieser Art bei Formmangel keine Nichtigkeit, sondern bloße relative Unwirksamkeit annimmt. Der Entscheidung selbst entspricht aber die Auffassung als Feststellungsklage mehr, da sie gerade auf das für diese so kennzeichnende Moment des rechtlichen Feststellungsinteresses besonderes Gewicht legt. Auch dem Grundgedanken des öffentlichen Rechts scheint uns diese Auffassung mehr zu entsprechen; denn, wie wir schon früher ausführten [10]), ist die relative Unwirksamkeit von rechtsgeschäftlichen Verwaltungsakten etwas singuläres und man sollte sie daher nicht ohne Not annehmen.

2. Die Nichtigkeit eines Verwaltungsakts wegen Formmangel hat in zahlreichen Einzelfällen Anerkennung in Literatur und Praxis gefunden, und es erscheint nicht verständlich, wie Otto Mayer [11]) als allgemeinen Grundsatz für Polizeibefehle aussprechen konnte, die Form sei nur „Bedingung der Gültigkeit", was in seiner Terminologie doch wohl nur bedeuten kann, daß die Formverletzung Anfechtbarkeit begründe. Zur Veranschaulichung und Bestätigung unseres Grundsatzes mögen folgende Beispiele genannt werden.

Das Urteil, das der wesentlichen Form ermangelt, ist nichtig [12]). Denn „das Urteil existiert nur in bestimmter Erscheinungsform" [13]).

Hierher wird man zunächst wohl das verkündete, aber nicht unterschriebene Zivilurteil zu rechnen haben, wenn von ihm feststeht, daß seine vollständige Abfassung, insbesondere seine Unterschreibung nicht möglich ist, etwa wenn der Amtsrichter alsbald nach der Verkündung gestorben ist. — Betrachtet man die Unterschrift des Urteils als wesentliche Form, so wird man kaum umhin können, in solchen Fällen Nichtigkeit anzunehmen. Jene Vorfrage wird auf Grund von CPO. 317 zumeist bejaht [14]). Will man sich dem anschließen, so hat man es in dem angenommenen Fall mit einem Urteil zu tun, das keinerlei positive Rechtswirkungen äußert, das nicht zugestellt werden, infolgedessen aber auch weder rechtskräftig werden noch vollstreckt werden kann; die übliche Bezeichnung für eine solche Wirkungslosigkeit aber ist eben Nichtigkeit. Schwierigkeiten entstehen natürlich auch bei dieser Lösung der Frage. Es handelt sich vor allem darum, was aus den-

---

[10]) S. o. S. 231.

[11]) I. 281.

[12]) A. M. Michel 52.

[13]) Ötker 48.

[14]) RG. **29**, 366; vgl. o. S. 181. RG. in Jur.W. **1903**, 383. Biermann in ZCP. **35**, 206, 207 und dort genannte. Vgl. auch RG. **37**, 400.

jenigen Wirkungen werden soll, die im regelmäßigen Verlauf der Dinge bereits mit der Urteilsverkündung eintreten [15]); doch scheinen mir diese Schwierigkeiten vergleichsweise immer noch kleiner als diejenigen, die sich bei Zugrundelegung einer der sonstigen Auffassungen ergeben. Unbedenklich wird man zunächst wohl annehmen dürfen, daß die sonst mit der Urteilsverkündung eintretende Bindung des Gerichts an das Urteil [15]) in Fällen dieser Art ohne weiteres wieder erlischt; dies läßt sich jedenfalls weit eher annehmen als das Gegenteil, zu dem man bei Leugnung der Nichtigkeit kommen müßte, daß nämlich der neue Richter ein Urteil abfassen müßte, das er nicht gefällt hat. Mit dieser Bindung des Gerichts an das verkündete Urteil fällt auch ohne weiteres die andere Folgerung in sich zusammen, daß vom Augenblick der Urteilsverkündung ab eine Änderung des objektiven Rechts ohne Einfluß auf das ergangene Urteil ist [15]). Somit dürfte als einzige Wirkung des „nichtigen" Urteils die übrig bleiben, daß mit der Verkündung des Urteils etwa eine mit demselben in Widerspruch einstweilige Verfügung außer Kraft getreten ist [15]), von der man kaum wird annehmen wollen, daß sie nunmehr wieder aufleben kann, da eine solche Annahme wegen der Frage, von welchem Zeitpunkte ab das Wiederaufleben stattzufinden hätte, recht willkürlich sein müßte; es soll keinen Augenblick bestritten werden, daß hier in der Tat eine erhebliche Schwierigkeit für die Nichtigkeit befürwortende Auffassung vorliegt, indem wir nämlich vor der merkwürdigen Erscheinung stehen, daß ein Akt, den wir nichtig nennen, doch eine gewisse Wirkung äußern kann; immerhin erscheint es nicht ganz unmöglich, über diese Schwierigkeit hinwegzukommen durch die Annahme, daß es sich bei Urteilen der erwähnten Art um zwei, freilich äußerlich voneinander nicht deutlich getrennte Willenserklärungen handelt, nämlich einerseits um die Hauptwillenserklärung, d. h. das eigentliche Urteil, und andererseits um eine damit verbundene, regelmäßig nicht einmal ausdrücklich ausgesprochene Nebenerklärung, die gerichtet ist auf die Aufhebung der mit dem Urteil im Widerspruch stehenden einstweiligen Verfügungen, — zwei Willenserklärungen, von denen die erstere nach den allgemeinen Grundsätzen über die Form von Urteilen zu behandeln ist, daher insbesondere auch wegen mangelnder Unterschrift nichtig sein kann, während die andere die Eigentümlichkeit aufweist, daß sie der Schriftform nicht bedarf und lediglich durch mündliche Verkündung wirksam wird. Man wird daher, der CPO. 312 zum Trotz, annehmen dürfen, daß ein Urteil, von dem feststeht, daß es nicht vollendet werden kann, wegen Formmangel nichtig ist. Man wird dies um so eher tun können, da ja auch sonst die absolute Nichtigkeit von Urteilen unserem Prozeßrecht keineswegs so fremd ist, wie Buchstabeninterpreten es sich vorstellen [16]). Eine abweichende Behandlung mag zulässig sein bei den letztinstanzlichen Urteilen, die, wie wir schon früher betonten [17]), den streng einseitigen Verwaltungsakten besonders stark angenähert sind, bei denen die münd-

---

[15]) Vgl. o. S. 192.
[16]) Das übersieht Biermann a. a. O. 210.
[17]) S. o. S. 192.

liche Verkündung wesentlich einschneidendere Folgen nach sich zieht und bei denen man vielleicht annehmen kann, daß für sie die Schriftform keine wesentliche Form ist; bezüglich dieser Urteile ist es vielleicht angängig, die alsbald zu besprechende Auffassung von Biermann [18]) zu verwenden. Für die gewöhnlichen Urteile ist dagegen die Meinung dieses Schriftstellers unbedingt zu verwerfen; er vertritt nämlich die Anschauung, das verkündete, aber nicht mehr schriftlich fixierbare Urteil sei, da infolge der Unmöglichkeit der Zustellung ein Rechtsmittel nicht zulässig sei, sofort mit der Verkündung rechtskräftig; er untersucht dabei zu einseitig die Brauchbarkeit dieser Lösung bloß vom Standpunkte der Vollstreckbarkeit aus, die er durch Gewährung einer Judikatsklage mit gebundenem Inhalt [19]) ermöglichen will; er übersieht aber ganz, daß von seinem Standpunkt aus die Parteien ohne jeden Grund um eine oder zwei, bei Versäumnisurteilen sogar unter Umständen um volle drei Instanzen gebracht werden können, daß daher seine Ansicht nur für solche Urteile annehmbar erscheint, die wie die letztinstanzlichen Urteile auch schon im gewöhnlichen Verlauf der Dinge alsbald mit der Verkündung rechtskräftig werden. — Will man aber die Nichtigkeit derartiger Urteile wegen Formmangels nicht anerkennen, so bleibt nur übrig, entweder in solchen Fällen ausnahmsweise die Zustellung eines unvollständigen Urteils, also die Zustellung des bloß die Urteilsformel enthaltenden Protokolls, für zulässig zu erachten oder aber überhaupt mit der herrschenden Auffassung, wonach die Unterschrift wesentliche Form des Urteils ist, zu brechen. Beides würde freilich gegen das Gesetz verstoßen und mit CPO. 317 nicht in Einklang zu bringen sein; die erstgenannte, nicht selten vertretene [20]) Auffassung wäre außerdem noch unfolgerichtig und willkürlich.

Hierher gehört auch der entsprechende Fall aus dem Strafprozeß, den Friedländer [21]) besprochen hat und von dem er mitteilt, daß er sich tatsächlich ereignet habe. Ein Schöffenrichter [22]) starb am Tage nach einer Schöffensitzung, in welcher auch gegen einen nichterschienenen Angeklagten nach St.PO. 232 Urteil ergangen war. Die schriftliche Abfassung des Urteils war tatsächlich und wohl auch rechtlich [23]) unmöglich, so daß die erforderliche Zustellung des Urteils nicht erfolgen konnte. Ich nehme hier Nichtigkeit des Urteils wegen Mangels der Schriftform an, die, wie aus der Notwendigkeit der Zustellung des Urteils sich ergibt [24]), im Falle einer Verhandlung gegen Abwesende für das Urteil wesentlich ist. Friedländer [21]) leugnet diese Nichtigkeit zwar, gibt aber gleichzeitig selbst zu: „Es blieb nichts anderes übrig als die Hauptverhandlung zu wiederholen.“ Was sollte nun aber in

[18]) In ZCP. **35**, 208 ff.
[19]) a. a. O. 216, 217.
[20]) Vgl. die Zitate a. a. O. 206.
[21]) Im Gerichtssaal **58**, 342.
[22]) Friedländer a. a. O. bemerkt dazu, daß es theoretisch einfacher sei, in den Fall den Richter als Einzelrichter einzusetzen, etwa nach EG. 3 III St.PO.
[23]) Vgl. Löwe 669.
[24]) Vgl. o. S. 180.

dieser wohl geschehen? War etwa das neue Gericht an das alte Urteil gebunden? Das läßt sich für den Strafprozeß noch weniger annehmen als für den Zivilprozeß; denn hier ist es ja nicht einmal zulässig, daß die Urteilsverkündung durch andere Richter als diejenigen, die das Urteil selbst beschlossen haben, geschieht [25]; wollte man aber annehmen, daß die Hauptverhandlung zwar nochmals vollständig wiederholt werden müßte, daß aber trotzdem das neue Gericht an das frühere Urteil gebunden wäre, selbst wenn es dieses Urteil für vollständig verfehlt erachtete, so wäre dies nicht nur eine höchst eigenartige Zumutung an das erkennende Gericht, sondern die erneute Hauptverhandlung wäre auch zur reinen Farce herabgewürdigt, und in beiden Beziehungen stünde ein solches Verfahren im schärfsten Widerspruch mit den Grundprinzipien unseres Strafprozesses. Erkennt man aber, wie hiernach unbedingt notwendig ist, an, daß das neue Gericht an das frühere Urteil nicht gebunden ist, dann äußert doch in der Tat dieses Urteil keinerlei Rechtswirkungen; es kann und muß ohne weiteres ignoriert werden; der Ausdruck für diesen Zustand ist aber gerade Nichtigkeit. Dieser Fall steht also keineswegs, wie Friedländer [21]) meint, dem von ihm vorher behandelten Fall [26]) gleich, daß vor Zustellung an den abwesenden Verurteilten dieser exterritorial wird; denn in diesem Falle äußert das Urteil in der Tat seine Wirkungen; es ist tatsächlich vorhanden, und nur seine Zustellung und sein Vollzug sind vorläufig gehemmt, werden aber nach Beendigung der Exterritorialität sofort möglich.

Der amtsrichterliche Strafbefehl ist bei Fehlen der Schriftform nichtig [27]).

Gleiches muß natürlich erst recht gelten von dem nicht schriftlichen oder nicht unterschriebenen Haftbefehl.

Die Polizeistrafverfügung bedarf landesrechtlich durchweg auch besonderer Formen, deren Mangel sie nichtig macht [28]).

Nichtig ist jeder königliche Regierungsakt, der nicht vom Minister gegengezeichnet ist. Denn die Gegenzeichnung ist nicht nur materielle Zustimmung, sondern zugleich auch wesentliche Form dieser Zustimmung. Die Regierungshandlung, die nicht in solcher Form gegengezeichnet ist, muß, selbst wenn die Zustimmung materiell vorhanden wäre, als ebenso wirkungslos bezeichnet werden, als wenn sie überhaupt nicht ergangen wäre [29]). Das gilt insbesondere auch von der königlichen Verordnung, die auf Grund von pr. Enteign.G. 2 das Enteignungsrecht verleiht [30]), daher ihre Ordnungsmäßigkeit in dieser Richtung der Prüfung der Behörden unterliegt [31]); aus diesem Gesichts-

---

25) S. o. S. 182.
26) Friedländer im Gerichtssaal **58**, 341, 342.
27) Friedländer in Z. f. ges. Str.R. **18**, 522, 523.
28) Levis in Z. f. ges. Str.R. **19**, 356.
29) Bornhak **I**. 134, 138. Seydel **II**. 224.
30) Eger **I**. 37.
31) Vgl. den a. a. O. mitgeteilten Rek.Besch. d. Min. d. öff. Arb. v. 17. Juli 1885.

punkte ist auch ein Anrufen der Gerichte denkbar [32]), das sonst grundsätzlich, mindestens im preußischen Recht, ausgeschlossen ist [33]).

Nichtig ist auch die Kommunalbeamtenanstellung, wenn sie unter Verletzung der Formvorschrift von pr. Kom.Beamt.G. 1 nicht durch Aushändigung einer Anstellungsurkunde geschehen ist [34]). Ob die Anstellungsurkunde des Reichsbeamten die gleiche Bedeutung oder nur die geringere einer bloßen Beweisurkunde hat, mag dahin gestellt bleiben; die Rechtsprechung des Reichsgerichts [35]) ist in diesem Punkte nicht ohne Widersprüche.

Die Beeidigung ist zwar nicht bei der eigentlichen Beamtenstellung, wohl aber bei der Anstellung der in Gew.O. 36^{I} bezeichneten Personen wesentliche Form, bei deren Nichterfüllung diese Personen eben nicht angestellt worden sind [36]). Gleiches muß auch gelten z. B. im Falle Eisenb.Bau u. Betr.O. v. 4. November 1904 § 74^{II2}, wo es heißt: „Die Vereidigung oder eidliche Verpflichtung verleiht dem Bahnpolizeibeamten die Rechte des öffentlichen Polizeibeamten."

Daß der Dienstbefehl bei Mangel der wesentlichen Form nichtig ist und eine Gehorsamspflicht nicht erzeugt, ist oft betont worden [37]).

Gleiches gilt auch auf dem weiten Gebiete des Polizeirechts.

Eine mündlich erteilte Bauerlaubnis ist ungenügend und schützt nicht vor Strafe, wenn Schriftform vorgeschrieben ist [38]). Daher kann noch weniger die stillschweigende Duldung der Bauausführung die schriftliche Erlaubnis ersetzen [39]).

Wenn der Bescheid nach Gew.O. 18, 19 der Schriftform entbehrt, also bloß mündlich eröffnet wird, so ist er nichtig, ist rechtlich nicht vorhanden. Das zeigt sich darin, daß die Rekursfrist nach § 20 erst vom Tage der „Eröffnung", genauer der schriftlichen Zustellung ab läuft [40]). Welchen Sinn es hat, einerseits einzuräumen, daß der mündliche Bescheid „die im Gesetze bezeichneten Rechtswirkungen" nicht hat, andererseits aber zu behaupten, der mündliche Bescheid sei „nicht ausgeschlossen" [41]), das ist unerfindlich. Mit gleichem Recht kann man ja auch sagen, der mündliche Erbvertrag sei „zwar nicht ausgeschlossen", aber nichtig.

Auch der Bescheid nach Gew.O. 63 muß schriftlich ergehen. Ebensowenig wie hinsichtlich des § 18 kann man hinsichtlich des § 63 Schen-

---

[32]) Eger I. 37. Meyer, Expropriation 313, 314. Vgl. auch Prazak, Enteignungsrecht 198. — Einen Rückschritt bedeuten Seydel, Enteignung 250, 251, 213, sowie Fritsch 362 (179), die ganz allgemein die Gerichte ausschließen wollen.

[33]) Gleiches gilt natürlich auch bei Formverletzung hinsichtlich der behördlichen Anordnung nach Enteign.G. 4. Vgl. Eger I. 78.

[34]) OVG. **42**, 68.

[35]) Vgl. die Zusammenstellung bei Kamptz-Delius I. 5, 6 (unter 2).

[36]) RG. bei Reger **9**, 13, 212. Vgl. auch Schicker I. 188.

[37]) Vgl. z. B. Laband I. 434 und 434 (1) mit Verweisungen.

[38]) RG. bei Goltdammer **39**, 208. Vgl. Baltz 320, 321.

[39]) OVG. v. 3. IV. 95 in VBl. **16**, 489.

[40]) Vgl. Landmann I. 185 und die dort genannten Ausführungsverordnungen.

[41]) Schenkel I. 128.

kel [42]) beitreten, der wieder meint: Nicht ausgeschlossen sei, daß der persönlich erscheinende Antragsteller beim Vorliegen von Bedenken zunächst hierüber mündlich verständigt werde und ein schriftlicher Bescheid erst dann ergehe, wenn er sich hierbei nicht beruhige. Das ist wiederum Ministerialpraxis, die im Gesetz keine Stütze findet. Sie läßt sich freilich in so weit verteidigen, als die Versagung des Gewerbescheins in Frage steht; denn wenn sich hier der Beschiedene „beruhigt", so heißt das juristisch, daß er seinen Antrag zurücknimmt, und es erübrigt sich weitere Behandlung der Sache und weitere Schreiberei. Verfehlt aber ist es, gleiches auch für die Rücknahme des Scheins behaupten zu wollen; erfolgt hier der Bescheid mündlich, so ist damit dem Betroffenen die Erlaubnis selbst dann noch nicht entzogen, wenn er zugestimmt hat; falls er also den Schein selbst nicht zurückgegeben hat und davon weiter Gebrauch macht, kann er keinesfalls bestraft werden.

Gleiches muß ferner z. B. angenommen werden bezüglich des Versammlungsverbots nach Vereins-G. 7^{II}. Ergeht es nicht schriftlich, so kann es keine Strafbarkeit der Zuwiderhandlung begründen.

III. Die Grundsätze über wesentliche und unwesentliche Formen und die Wirkung ihres Mangels sind auch auf Rechtshandlungen anwendbar, soweit bei diesen überhaupt Formvorschriften in Betracht kommen.

1. Eine Urkunde, die von einer zuständigen Behörde nicht „in der vorgeschriebenen Form" errichtet ist, kann nicht als eine öffentliche Urkunde nach CPO. 415 gelten [43]). Sie ist eine Nichturkunde, ist nichtig, wenn sie auch natürlich nach dem Grundsatz der freien Beweiswürdigung als Beweismittel von tatsächlichem Wert sein kann.

2. Vor allem gilt der Grundsatz für formelle Mitteilungen, namentlich Absichtsmitteilungen und Mahnungen.

Die Androhung nach ALVG. 132 Z. 2^{III} muß schriftlich sein. Erfolgt sie mündlich, so ist sie als nicht geschehen zu betrachten, und die Polizei kann zu ihrer Ausführung nicht schreiten [44]).

Wenn im Fall von Tel.Wg.G. 12^{III1} ein Beamter oder Beauftragter der Telegraphenverwaltung zum Zwecke notwendiger Telegraphenarbeiten ein Grundstück betritt, ohne daß die vorherige Ankündigung schriftlich erfolgt ist, so macht er sich des Hausfriedensbruchs schuldig, es sei denn, daß ihm das Bewußtsein der Rechtswidrigkeit fehlte. In jedem Falle aber hat der Eigentümer, der von der Absicht der Telegraphenverwaltung nur mündlich benachrichtigt worden war, das Recht der Notwehr.

3. Eine gesonderte Erörterung verdienen unter den Mitteilungen diejenigen, die sich als Kundmachungen, namentlich von empfangsbedürftigen Rechtsgeschäften oder von anderen Rechtshandlungen darstellen.

---

[42]) a. a. O. I. 493.

[43]) Vgl. Tezner 239 (1).

[44]) Vgl. OVG. **1**, 387; **4**, 394. Darüber, daß in dem Erfordernis der Schriftlichkeit nicht immer das Erfordernis eigenhändiger Unterschrift liegt, vgl. OVG. **31**, 428.

Als Grundsatz gilt hier, wie bereits früher kurz angedeutet wurde[45]), daß ein Verstoß gegen die Kundmachungsformen Nichtigkeit der Kundmachung bewirkt. Darin liegt zweierlei.

Zunächst ist damit gesagt, daß die Wirkung des Verstoßes nicht etwa bloß Anfechtbarkeit, sondern wahre Nichtigkeit ist. Die Kundmachung, bei der die wesentlichen Formen nicht inne gehalten worden sind, ist keine Kundmachung im Rechtssinn; die Rechtslage ist ebenso, als wenn überhaupt keine Kundmachung erfolgt wäre. Das ist dort, wo etwa die Veröffentlichung rein deklaratorisch nur zur Bereicherung der Kenntnisse der Untertanen, wie z. B. auch im Falle Vereins-G. 2^{III} geschieht, ohne praktische Bedeutung. Wichtig aber ist es, wenn von der Kundmachung, wie es in der Regel der Fall ist, Pflichten, Rechte, Fristenlauf und sonstige Rechtswirkungen, kurz das Wirksamwerden des Verwaltungsakts abhängig ist. Rechtsprechung und Literatur stehen im allgemeinen durchaus auf dem Standpunkt des vorhin formulierten Grundsatzes, so das Reichsgericht [46]), das Oberverwaltungsgericht [47]), das sächsische Oberverwaltungsgericht [48]), der bayerische Verwaltungsgerichtshof [49]), das frühere preußische Obertribunal [50]). In der Literatur hat man diese Erkenntnisse gebilligt [51]). Vor allem aber hat Ötker [52]) in aller Schärfe für den Konkurseröffnungsbeschluß den Satz aufgestellt, daß bei nicht ordnungsmäßiger Zustellung oder Verkündung deren Wiederholung erforderlich sei; freilich hat die Frage gerade in diesem Fall wegen der Rückbeziehung der Wirkungen nach KO. 108 keine so große Bedeutung. Ebenso ist in der prozessualen Literatur oft betont worden [53]), daß das Urteil, das nicht in gehöriger Form verkündet worden ist, im Rechtssinn noch nicht vorhanden ist; im einzelnen gehört hierher zunächst der Fall, wenn der Vorsitzende ein Urteil verkündet, ein Gerichtsmitglied aber alsbald erklärt, dieses Verkündete entspreche nicht dem Beschlossenen [54]), da eine derartige widerspruchsvolle Verkündung überhaupt nicht als Verkündung im Rechtssinn anerkannt werden kann; aber auch den Fall wird man hierher zu rechnen haben, wenn entgegen der Vorschrift von CPO. 311 die Verkündung nicht durch „Vorlesung der Urteilsformel", sondern aus dem Kopf ohne vorherige schriftliche Fixierung der Formel geschieht [55]).

Es liegt aber in unserem Grundsatz noch ein Zweites ausgesprochen,

---

[45]) S. o. S. 196.

[46]) RG. **14**, 338; **21**, 388; **33**, 233; **34**, 395. Jur.W. **24**, 6 Z. 11.

[47]) OVG. **31**, 216, in St. **3**, 95,

[48]) SOVG. **2**, 333; **3**, 140. — Vgl. aber u. Anm. 66.

[49]) BVGH. **16**, 206.

[50]) Bei Striethorst **81**, 118.

[51]) Fuisting I. 430. Eger I. 38.

[52]) S. 81.

[53]) Vgl. namentlich Nußbaum, Prozeßhandlungen 15 und dort genannte. A. M. Michel 62 f.

[54]) Ebenso Kohler 58.

[55]) A. M. Kohler 58, 59. Seine Behauptung S. 59, eine solche Verkündung sei zwar wirksam, habe aber die Eigentümlichkeit, daß „das Gericht im gleichen Termine noch die Verkündung zurücknehmen (!) und ein anderes Urteil verkünden oder die Verkündung . . . . aussetzen kann", erscheint reichlich willkürlich.

nämlich daß der Verstoß nur Nichtigkeit der Kundmachung, nicht aber Nichtigkeit des kundgemachten Verwaltungsakts selbst bewirkt. Das Verhältnis ist hier ebenso wie bei der privatrechtlichen Kündigung, die auch niemand um deswillen als nichtig bezeichnet, weil sie dem Adressaten noch nicht zugegangen ist. Der Unterschied zwischen Nichtigkeit des Verwaltungsakts selbst und der Nichtigkeit seiner Kundmachung, die nicht ihn selbst nichtig macht, sondern nur sein Wirksamwerden hindert, ist zwar ziemlich fein und wird darum auch zumeist übersehen[56]), sie ist aber keineswegs gekünstelt und ohne Bedeutung. — Im allgemeinen läßt sich die Bedeutung dieses Unterschieds so kennzeichnen: Der Verwaltungsakt, dessen Verkündung nichtig ist, während er selbst nicht nichtig ist, kann durch bloße Erneuerung der Verkündung wirksam werden. Der Verwaltungsakt aber, der selbst nichtig ist, kann nicht durch bloße erneute Verkündung, sondern nur durch erneute Vornahme wirksam werden. — Im einzelnen ergeben sich hieraus manche praktisch recht wichtige Folgerungen. Einer sind wir schon vorhin [57]) begegnet, als wir die verschiedenartige Bedeutung der Mündlichkeit bei der Verkündung des Straf- und des Zivilurteils klar zu legen suchten; ein Zivilurteil, das nicht oder nicht ordnungsmäßig mündlich verkündet worden ist, das aber bereits unterschrieben bei den Akten lag, ist, da bei ihm die Mündlichkeit nur Form der Kundgabe, nicht Form des Urteils ist [57]), nicht selbst nichtig, braucht also nicht von neuem gefällt und kann daher auch von anderen Richtern als die es gefällt hatten, wirksam verkündet werden [57]); dagegen ist ein Strafurteil, das nicht oder nicht ordnungsmäßig mündlich verkündet worden ist, auch wenn es bereits unterschrieben bei den Akten liegt, nichtig, da bei ihm die Mündlichkeit nicht bloß Form der Verkündung, sondern Form des Urteils selbst ist [57]), und eine Nachholung der vernachlässigten Form ist darum nur seitens derselben Richter die das Urteil beschlossen hatten, und nur in der Wochenfrist von St.PO. 267 gestattet, während nach Ablauf dieser Frist eine Erneuerung der mündlichen Hauptverhandlung nicht zu umgehen ist [57]). Des weiteren sei darauf hingewiesen, daß, wie wir später noch sehen werden [58]), Geschäftsunfähigkeit nur die rechtsgeschäftlichen Verwaltungsakte, nicht aber die bloßen Rechtshandlungen nichtig macht; war also der in Frage kommende Verwaltungsakt selbst nichtig und muß er also selbst erneuert werden, so kann dies nicht wirksam geschehen, wenn der Beamte, von dem die zweite Beschlußfassung und die, wie wir der Einfachheit halber annehmen wollen, damit zeitlich zusammenfallende zweite Verkündung ausgeht, geschäftsunfähig ist; war dagegen lediglich die erste Verkündung nichtig, so tut es der Wirksamkeit des Akts keinen Abbruch, wenn die zweite Verkündung durch einen geschäftsunfähigen Beamten erfolgt: auch im öffentlichen Recht gelten ähnliche Grundsätze, wie sie für das bürgerliche Recht in BGB. 130^{II} ausgesprochen sind. Endlich mag noch auf folgendes anschauliches Beispiel hingewiesen werden: ist

---

[56] Vgl. z. B. Walter Jellinek 123.
[57]) S. o. S. 181, 182.
[58]) S. u. S. 304, 305.

der Konkurseröffnungsbeschluß, der am 27. Dezember ergangen ist, selbst nichtig wegen Formmangels oder aus sonstigen Gründen, so muß er von neuem vorgenommen werden, und wenn das geschieht etwa am 30. Dezember, so datieren seine Wirkungen von diesem Tage, und eine Landtagswahl, an welcher der Kridar, der Großindustrielle A, als einziger Wähler der ersten Klasse am 29. Dezember beteiligt war, kann nicht angefochten werden; war aber der Beschluß wirksam und nur seine Zustellung nichtig, so braucht nicht er selbst, sondern nur diese wiederholt zu werden, und wenn das am 30. Dezember geschieht, so datieren die Wirkungen des Beschlusses nach KO. 108 gleichwohl vom 27. Dezember und die Wahl vom 29. Dezember unterliegt der Anfechtung.

Wenn wir aber auch als Grundsatz feststellen konnten, daß Formmängel bei Rechtshandlungen deren Nichtigkeit nach sich ziehen, so ist doch andererseits nicht zu verkennen, daß vielfach Neigung zu seiner Abschwächung besteht.

Eine Abschwächung des Grundsatzes kraft positiver Vorschrift enthält CPO. 187; daß es sich aber hier nur um eine singuläre Ausnahme handelt, die nicht entsprechend ausgedehnt werden darf, ergibt sich daraus, daß die Motive ausdrücklich ihre Beschränkung auf Ladungen und ihre Unanwendbarkeit auf andere Zustellungen betonen.

Eine allgemeine Abschwächung des Grundsatzes kann man vielleicht im Anschluß an Rosin [59]) dort befürworten, wo eine besondere Kundmachungsform nur im Interesse des Betroffenen vorgeschrieben ist. Inv.VG. 112^{IV} verlangt schriftliche Mitteilung des Rentenbescheids. Rosin [59]) meint aber, berufungsfähig sei jeder Bescheid, der „irgendwie offiziell bekannt gegeben worden ist". Er nimmt also nicht Nichtigkeit, sondern relative Unwirksamkeit zu Gunsten dessen, in dessen Interesse die Formvorschrift erlassen ist, an, dergestalt, daß zwar die Versicherungsanstalt aus dem nicht ordnungsmäßig kundgegebenen Verwaltungsakt keine Rechte erwirbt, daß aber doch der Begünstigte mit seiner Berufung nicht erst auf einen ordnungsmäßigen zu warten braucht. Auch sonst begegnet man jedenfalls in der Praxis der Verwaltungsgerichte häufig der Neigung, statt Nichtigkeit bloß relative Unwirksamkeit anzunehmen. So sagt das preußische Oberverwaltungsgericht [60]): Aus dem Mangel der Zustellung des Beschlusses nach Kom.Abg.G. 70^{II} kann höchstens gefolgert werden, daß der Lauf der Klagefrist nicht beginnen kann, aber nicht, daß der erteilte Beschluß als nicht vorhanden und noch nicht anfechtbar anzusehen ist; es ließ demgemäß die Klage zu, obschon der angefochtene Beschluß nicht durch Zustellung, sondern in formloser Weise mitgeteilt worden war, nahm also an, daß auf den Formmangel der Kundmachung nur der Betroffene, in dessen Interesse die Formvorschrift aufgestellt sei, sich berufen kann, nicht aber die Gemeinde. Der bayerische Verwaltungsgerichtshof trug ebenfalls kein Bedenken, die Beschwerde gegen einen noch gar nicht ordnungsmäßig zugestellten Bescheid zuzulassen [61]); in einem anderen Fall ließ

[59]) II. 779, 780.
[60]) OVG. **35**, 135. Vgl. auch Östr. VGH. 7070.
[61]) BVGH. **1**, 318; **3**, 381.

es die Beschwerde eines Vormunds gegen eine nicht ihm, sondern dem Mündel bekanntgemachte Verfügung zu [62]), was man nur durch die Annahme relativer Unwirksamkeit rechtfertigen kann, während man andernfalls die Entscheidung, die selbst auf diese Fragen nicht eingeht, nicht nur für oberflächlich, sondern auch für falsch [63]) halten müßte. Das Reichsversicherungsamt behandelte einen völlig gleichgeordneten Fall, wo die Zustellung an den geisteskranken Mündel erfolgt war, in ganz derselben Weise wie das bayerische Gericht [64]); es ließ ferner Rechtsmittel in zwei Fällen zu, wo das Urteil anders geschrieben als verkündet worden war [65]), wo also das angefochtene Urteil nach strenger Rechtslogik gar nicht verkündet, somit noch überhaupt nicht vorhanden war; die Auffassung des Gerichts ist zu billigen, wenn man annimmt, daß der Verstoß gegen die Kundgabeformen nur von dem Betroffenen, in dessen Interesse sie vorgeschrieben sind, nicht aber gegen ihn geltend gemacht werden kann. Auch das sächsische Oberverwaltungsgericht zeigt Neigung, den Grundsatz der Nichtigkeit formwidriger Kundmachungen zu bloß relativer Unwirksamkeit abzuschwächen, indem es ausführt [66]), die Zustellung bestimme nur den Endpunkt, nicht aber den Anfangspunkt für die Zulässigkeit der Anfechtung, wie sich daraus ergebe, daß die Verwaltungsbehörde andernfalls, je nach dem sie zustelle oder nicht, es ganz in der Hand habe, die Klage gegenüber der anfechtbaren Entscheidung zu ermöglichen oder zu verhindern. Ja selbst das Reichsgericht hat sich dieser Neigung nicht völlig verschlossen [67]); es erkennt an, daß durch Mangel der Zustellung die Erhebung des Widerspruchs gegen den Arrestbeschluß nicht gehindert wird, daß dieser Mangel also zu ungunsten des Geschützten nicht geltend gemacht werden kann; dagegen betont es ausdrücklich und im Gegensatz zur Vorinstanz, daß die Vollziehung des Arrests bei ordnungswidriger Zustellung unzulässig ist, daß also der Geschützte selbst den Mangel geltend machen kann. Es liegt kein Grund vor, diesen unzweifelhaft vorhandenen Neigungen zu Milderungen der starren Rechtskonsequenz entgegenzutreten; dies um so weniger, da bei den Rechtshandlungen, für die das Institut der Anfechtbarkeit ja nicht gilt [68]), in der Tat ein Bedürfnis anzuerkennen ist, daß Vorschriften, die nur im Interesse bestimmter Personen erlassen sind, auch nur von diesen in ihrem Interesse, nicht von anderen gegen sie geltend gemacht werden können. Obschon also die allgemeine Einschränkung unseres vorhin formulierten Grundsatzes der Nichtigkeit ohne besondere positivrechtliche Anerkennung nicht völlig unzweifelhaft ist, so wird man sie doch damit rechtfertigen können, daß sie dem Geiste des Gesetzes ganz gemäß ist.

* * *

[62]) BVGH. **3**, 360.
[63]) S. o. S. 186.
[64]) RVA. **1893**, 206, Z. 1252.
[65]) RVA. **1894** (S), 120, Z. 351.
[66]) SOVG. **1**, 26. Ähnlich SOVG. **6**, 244.
[67]) RG. bei Gruchot **30**, 163.
[68]) S. o. S. 212.

Von den Formen des Verwaltungsakts selbst sind scharf zu scheiden die Formen des Verfahrens das ihm vorangeht, worunter wir in diesem Zusammenhang alle auf eine Mitwirkung der Interessenten gerichteten Vorschriften [69]) zusammenfassen wollen. Ihre Verletzung bewirkt niemals Nichtigkeit, sondern höchstens, soweit es sich nämlich um wesentliche Verfahrensförmlichkeiten handelt, Anfechtbarkeit. Auch die von vielen [70]) behauptete „Nichtigkeit“ von Gewerbekonzessionen wegen wesentlicher Verfahrensmängel ist gar nicht als echte Nichtigkeit, sondern als bloße Anfechtbarkeit gedacht, worauf wir nachher [71]) zurückkommen werden. Der Auffassung von Schelcher [72]), der wegen solcher Mängel wahre Nichtigkeit annehmen will, kann nicht beigetreten werden. Im einzelnen ist unser Grundsatz namentlich in folgenden Fällen anerkannt worden.

I. Wenn ein Verwaltungsakt nur zulässig ist mit Zustimmung des Betroffenen, so bewirkt gleichwohl der Mangel der Zustimmung keine Nichtigkeit.

1. Über die Tragweite dieses Grundsatzes ist im allgemeinen folgendes zu bemerken.

Selbstverständlich ist, daß er gleich allen allgemeinen Grundsätzen, die wir in diesem Buch formulieren, nur in so weit gilt, als er nicht im Einzelfall in entgegenstehenden positiven Rechtsnormen eine Schranke findet. — Eine solche bietet beispielsweise Inv.VG. 6 Abs. 1 Schlußsatz, wonach bei Zurücknahme des Antrags auf Befreiung von der Versicherungspflicht diese Pflicht ipso jure wieder in Kraft tritt, also einseitig, ohne daß es erst eines besonderen Rücknahmeakts der Behörde bedarf; hieraus muß geschlossen werden, daß bei ursprünglichem Mangel des Antrags die Befreiung überhaupt niemals eingetreten ist, da, wenn man selbst das Gegenteil annehmen wollte, daß nämlich die Befreiung doch einträte, sie ja bereits im gleichen Augenblick wieder außer Kraft treten müßte. — Dagegen wird man zu diesen positivrechtlichen Ausnahmen von unserem Grundsatz schwerlich die Bestimmungen von BGB. 1723 ff. bezüglich der Voraussetzungen der Ehelichkeitserklärung rechnen dürfen. BGB. 1735 bestimmt zwar, daß es auf die Wirksamkeit der Ehelichkeitserklärung ohne Einfluß sei, wenn mit Unrecht angenommen worden sei, daß die Mutter des Kindes oder die Frau des Vaters zur Abgabe einer Erklärung dauernd außer stande seien. Hieraus darf man aber keineswegs mit Walter Jellinek [73]) den Schluß ziehen, es solle damit zugleich gesagt sein, daß der Mangel des Antrags die Ehelichkeitserklärung allerdings nichtig mache. Vielmehr hat der § 1735 nur die Bedeutung, daß ein Verstoß in der von ihm bezeichneten Richtung überhaupt ohne jede nachteilige Wirkung sein solle; davon aber, welche Wirkung ein sonstiger Verstoß, insbesondere der Mangel des Antrags hat, davon ist in dem § 1735 überhaupt nicht

---

[69]) Vgl. o. S. 172 f.
[70]) Vgl. u. S. 278 (115).
[71]) S. u. S. 401, 402.
[72]) Gesetz S. 359.
[73]) Walter Jellinek 79, 80.

die Rede, sondern das richtet sich nach den allgemeinen, auch im übrigen geltenden Grundsätzen.

Wenn wir, von dieser selbstverständlichen Einschränkung unseres Grundsatzes absehend, eine Abgrenzung seines Geltungsbereichs im übrigen versuchen, so erkennen wir, daß dieser ziemlich ausgedehnt ist.

Zunächst ist daran zu erinnern, daß, wenn wir hier von Mangel der Zustimmung sprechen, darunter nicht nur die Fälle der Verwaltungsakte auf Unterwerfung, sondern als besonders wichtig und zahlreich auch all die Fälle gehören, wo der Verwaltungsakt nicht von Amtswegen, sondern nur auf Antrag ergeht wie alle unselbständigen Verwaltungsakte [74]).

Im einzelnen ist der Grundfall der, daß überhaupt ein Antrag oder eine Zustimmung nicht vorlag. Hier ist es offensichtlich, daß die Behörde nicht so gehandelt hat, wie sie handeln sollte.

Diesem Fall steht es aber juristisch völlig gleich, wenn zwar äußerlich der Schein eines Antrags vorliegt, wenn dieser Antrag aber nichtig, also juristisch nicht vorhanden ist. Die Frage, wann ein Antrag nichtig ist, gehört in die Lehre von den nichtamtlichen publizistischen Rechtsgeschäften und soll daher an dieser Stelle nicht näher erörtert werden. — Jedenfalls ist Nichtigkeit zunächst dann anzuerkennen, wenn der Antrag gegen wesentliche Formvorschriften verstößt [75]). — Ebenso dann, wenn er von einem Geschäftsunfähigen [76]) oder von einem Geschäftsbeschränkten oder für einen solchen oder auch für einen Geschäftsfähigen von einem Vertreter ohne Vertretungsmacht gestellt ist. In den Fällen der letztgenannten Art ist aber zu bemerken, daß die Nichtigkeit geheilt werden kann durch nachträgliche wirksame Genehmigung des Vorangegangenen. Diesen Grundsatz wendet CPO. 579 Z. 4 an, indem sie ihn mehr anerkennt als neu schafft. Ihn wandte ferner zutreffend der bayerische Verwaltungsgerichtshof [77]) an in einem Fall, wo jemand für seine minderjährigen Stiefkinder, obschon ohne Vertretungsmacht und daher zunächst ohne Wirkung für sie, den Antrag auf Heimatsverleihung gestellt hatte; als die Gemeinde, die dem Antrag stattgegeben hatte, später diese Heimatverleihung anfocht, wurde sie vom Gericht belehrt, daß dies unzulässig sei, nachdem inzwischen die großjährig gewordenen Kinder ausdrücklich das Heimatrecht in der Gemeinde in Anspruch genommen und somit das Handeln ihres Stiefvaters genehmigt hätten. — Ob auch der unsittliche Antrag ohne weiteres nichtig ist oder ob er nur zurückweisbar ist, wie Walter Jellinek [78]) meint, mag dahin gestellt bleiben.

---

[74]) Vgl. o. S. 28, 172.

[75]) Vgl. Östr. VGH. 3615 und dazu u. S. 402.

[76]) Unrichtig Ebner in VA. **14**, 163, der meint, auch der Minderjährige und anscheinend sogar der Geisteskranke könne den Antrag auf Erteilung des Jagdscheins wirksam stellen. Richtig Erlaß des Würt. Min. d. I. vom 28. XI. 1896 bei Reger **17**, 218 und Walter Jellinek 87; doch ziehen beide aus der richtigen Voraussetzung falsche Schlüsse; vgl. u. S. 275 (90). Über Geschäftsfähigkeit überhaupt s. u. S. 285 ff.

[77]) BVGH. **11**, 115.

[78]) Walter Jellinek 101, 102.

Hierher kann auch unter Umständen der Fall gehören, daß A mit der Behauptung, er sei oder er heiße B, einen nur auf Antrag ergehenden Verwaltungsakt erwirkt. Es sind hier zwei Fälle möglich[79]. — Entweder der Verwaltungsakt wird dem Antragssteller A selbst zugestellt, wenn auch natürlich unter dem falschen Namen B. Dann ist der Verwaltungsakt über ihn, den A, ergangen und demgemäß auch für und gegen ihn wirksam, soweit nicht etwa die in dem Verwaltungsakt enthaltene Individualisierung des Adressaten die Entstehung einer wirksamen Willenserklärung überhaupt hindert[80], und es kann sich bloß fragen, ob in solchem Fall eine Anfechtung des wirksam entstandenen Verwaltungsakts mit dem Ziel seiner Wiederaufhebung, insbesondere eine Anfechtung wegen Täuschung, möglich ist[81]. Daß der Verwaltungsakt in solchem Fall über den B nicht wirksam geworden ist, erscheint als selbstverständlich, aber nicht etwa, weil der Akt mangels Antrags nichtig ist[82], sondern bloß deshalb, weil er wegen mangelnder Zustellung nicht wirksam geworden ist. — Der andere denkbare Fall ist der, daß der Verwaltungsakt dem B, der also den Antrag gar nicht gestellt hatte, kundgegeben wird. Dann muß regelmäßig angenommen werden, daß er dem B trotz mangelnden Antrags gegenüber wirksam geworden ist; dies nach dem allgemeinen Grundsatz, daß der Mangel des Antrags kein Nichtigkeitsgrund ist. Eine Ausnahme, und zwar nur eine scheinbare Ausnahme, ist dort anzuerkennen, wo der Verwaltungsakt durch irgendwelche Umstände dermaßen individualisiert ist, daß er sofort als nicht für den Empfänger bestimmt erkennbar ist[80].

Endlich ist hier noch der Fall zu erwähnen, daß allerdings ursprünglich ein wirksamer Antrag vorlag, daß dieser aber nachträglich wirksam zurückgenommen worden ist. An der grundsätzlichen Zulässigkeit der Zurücknahme kann kaum gezweifelt werden, wennschon natürlich Ausnahmen positivrechtlich vorkommen können wie beispielsweise beim Strafantrag. — Dagegen kann die Frage der Zeitdauer dieses Rücknahmerechts allerdings zu Zweifeln Anlaß geben, auf die aber hier nicht näher einzugehen ist, da die Frage in die Lehre von den nichtamtlichen publizistischen Rechtsgeschäften gehört. Jedenfalls wird man das eine als allgemeinen Grundsatz aufstellen können, daß die Zurücknahme nicht mehr zulässig ist, wenn der Verwaltungsakt selbst schon wirksam geworden ist. So hat das Reichsversicherungsamt[83] zutreffend erklärt: Der Widerruf des Erstattungsantrags gemäß Inv.VG. 42 mit der Folge, daß an Stelle der Beitragserstattung die freiwillige Weiterversicherung tritt, ist unzulässig, sobald der Berechtigten der Erstattungsbescheid zugestellt worden ist. Ebenso hat der bayerische Verwaltungsgerichtshof[84] entschieden, daß die Zurücknahme des Antrags auf Entlassung aus dem Staatsverband nach vollzogener Entlassung

---

[79]) Das Unterscheidungsmerkmal, auf das Walter Jellinek 82, 83 es abstellt, scheint mir nicht das Wesentliche zu treffen.

[80]) Vgl. u. S. 302.

[81]) Vgl. S. 378.

[82]) So Walter Jellinek 83.

[83]) RVA. **1900**, 839, Z. 861.

[84]) BVGH. **6**, 189.

nicht mehr angängig ist. — Eine andere, hier natürlich auch nicht näher zu untersuchende Frage ist, ob nicht selbst nach geschehener Zustellung des Verwaltungsakts der Antrag aus irgendwelchen Gründen angefochten werden kann; in dem Fall, der der eben erwähnten Entscheidung des bayerischen Gerichts zugrunde lag, war jedenfalls eine solche Anfechtung nicht zuzulassen, da es sich hier offensichtlich nur um einen unbeachtlichen Irrtum im Motiv handelte.

2. Als einzelne Anwendungsfälle unseres Grundsatzes seien etwa folgende Beispiele genannt.

Unser Grundsatz gilt zunächst von der Naturalisation. Darauf hat vor allem Otto Mayer [85]) hingewiesen: Wenn die Einwilligung des Naturalisierten fehlt, so ist nicht etwa das Rechtsgeschäft nicht zustande gekommen, sondern nur die Naturalisation mangelhaft und alles weitere hängt dann davon ab, inwieweit Zuständigkeiten gegeben sind, um sie für ungültig zu erklären [86]). Das ist die notwendige Folgerung aus der Theorie des einseitigen Staatsakts. Daß aber ein solcher bei der Naturalisation keineswegs undenkbar ist, müssen auch die Vertragstheoretiker [87]) einräumen, indem sie einen einseitigen Staatsakt wenigstens dort annehmen müssen, wo die Naturalisation durch Gesetz erfolgt.

Ebenso wie bei der Naturalisation liegen die Dinge bei der Beamtenernennung. Auch hier ist, wenn wir absehen von den Fällen einer Dienstpflicht, die Einwilligung des Ernannten Gültigkeitsbedingung, aber auch nicht mehr. Ihr Mangel macht die Ernennung nur ungesetzlich, anfechtbar. Auch der irrtümlich zum Beamten Ernannte ist Beamter geworden, und seine Weigerung, das Amt übernehmen zu wollen, ist juristisch nichts anderes als der Antrag auf Entlassung [88]).

Was von der Naturalisation und der Beamtenernennung gilt, muß ebenso auch von ihrem Gegenstück, der Entlassung des Staatsangehörigen und des Beamten, angenommen werden. — Fehlt der Antrag auf Entlassung aus dem Staatsverband, so ist die gleichwohl geschehene Entlassung zweifelsohne hochgradig gesetzwidrig, aber darum noch nicht nichtig [89]). Ist der Antrag von einem Minderjährigen gestellt ohne Zustimmung des gesetzlichen Vertreters, so ist allerdings der Antrag wirkungslos; daraus darf aber nicht geschlossen werden, daß auch die Entlassung selbst nichtig sei [90]). — Nicht anders liegt die Sache bei der Beamtenentlassung. Vor zwei Jahren hatten sich die Gerichte mit folgendem Fall zu beschäftigen. Ein Beamter war, — beiläufig gesagt, um einem Disziplinarverfahren zu entgehen —, um seine Entlassung eingekommen. Sie war ihm auch gewährt worden. Nach einiger Zeit wurde gegen den Staat auf Gehaltszahlung geklagt. Der Klage war ein ärztliches Gutachten beigefügt, wonach der Beamte bei

[85]) In A. ö. R. **3**, 47 (66). — Ebenso Dantscher **III**. 81, 83.

[86]) A. M. Jellinek 210, Walter Jellinek 78 f.

[87]) Jellinek 221.

[88]) Mayer **II**. 221 f., im A. ö. R. **3**, 61 f. Dantscher **III**. 88, 89. Preuß **97**, 406. A. M. W. Jellinek 80. Mindestens ungenau RG in Str. **26**, 412.

[89]) A. M. Rauchalles 73.

[90]) A. M. der o. S. 273 (76) genannte Erlaß und Walter Jellinek 81, 87.

Stellung des Entlassungsgesuchs sich in einem nicht vorübergehenden die freie Willensbestimmung ausschließenden Zustand krankhafter Störung der Geistestätigkeit befunden hatte. Die Klage schloß daraus, hiernach sei der Entlassungsantrag nichtig, und weiter, auf Grund des nichtigen Antrags sei die erfolgte Entlassung nichtig gewesen und der Entlassene noch immer Beamter und gehaltsberechtigt. Die erste Behauptung, daß der Antrag nichtig gewesen sei, ist richtig, da, wie wir alsbald sehen werden, auch im öffentlichen Recht die Grundsätze über Geschäftsfähigkeit gelten. Aber die Folgerung, daß dann auch die Entlassung nichtig und der Entlassene noch Beamter sei, war falsch; der Mangel des Antrags bewirkte nur Anfechtbarkeit der Entlassung, ein Recht auf ihre Aufhebung.

Auch beim Urteil kann man den Mangel des Klagantrags nicht für einen Nichtigkeitsgrund erachten [91]). Bestätigt wird unsere Auffassung durch CPO. 551 Z. 5, 579 Z. 4. — Es ist daher auch nicht zu billigen, wenn Kohler [92]) behauptet, im Falle der Aussetzung oder Unterbrechung des Verfahrens sei ein Versäumnisurteil ipso iure nichtig, weil kein Prozeßverhältnis zugrunde liege. Hiergegen ist zu bemerken, daß letzteres ebenso der Fall ist, wenn gar keine Klage eingereicht worden ist oder wenn die eingereichte Klage nur eine Scheinklage und aus irgendwelchen Gründen nichtig ist. Es kann daher auch in solchen Fällen nur Anfechtbarkeit angenommen werden. — Nicht im Widerspruch mit unserer Auffassung steht dagegen die Ansicht von Seckel [93]), der Nichtigkeit der Gestaltungsurteile dann annimmt, wenn der Klageantrag nachträglich angefochten wird, also selbstverständlich auch dann, wenn ein Klageantrag niemals vorgelegen hat. Diese Ansicht beruht auf der Lehre, daß bei der Ausübung von Gestaltungsrechten durch Klage ein Doppeltatbestand vorliege, nämlich einerseits ein zivilistisches Gestaltungsgeschäft und andererseits ein publizistisches Gestaltungsurteil [94]). Nach dieser Lehre hat also der Klagantrag bei Gestaltungsurteilen eine andere Bedeutung als der gewöhnliche Klagantrag; er hat vielmehr im Verhältnis zum Urteil dieselbe Bedeutung wie etwa der Adoptionsvertrag im Verhältnis zu der gerichtlichen Bestätigung [95]), dergestalt, daß die Mängel des zivilrechtlichen Geschäfts durch den publizistischen Akt nicht gedeckt werden; umgekehrt hat das Urteil keine selbständige, sondern nur ergänzende Bedeutung. Ob freilich diese Konstruktion von Seckel richtig ist, mag hier dahingestellt bleiben; es ist eine speziell zivilprozessuale Frage. — So wenig wie beim Zivilurteil der Mangel des Klagantrags, so wenig ist im Strafprozeß der Mangel der Anklageschrift oder des Strafantrags bei Antragsvergehen [96]) als Nichtigkeitsgrund anzuerkennen.

---

[91]) W. Jellinek 82. Vgl. Michel 57. Vgl. auch Tezner 211 (1).

[92]) S. 88. — Dagegen auch Michel 13; übrigens bezieht sich die Stelle von Kohler 34 (2), gegen die Michel seine Polemik richtet, gar nicht auf Urteile. — Vgl. auch Nußbaum, Prozeßhandlungen 13, 14.

[93]) Seckel 251, 252.

[94]) a. a. O. 241, 242.

[95]) Vgl. o. S. 136.

[96]) A. M. Bennecke - Beling 295, 294.

Was vom Urteil gilt, muß auch vom amtsrichterlichen Strafbefehl gelten, der ohne schriftlichen Antrag oder wesentlich abweichend vom Antrag der Staatsanwaltschaft ergangen ist. Die abweichende Auffassung von Friedländer [97]) läßt sich auch nicht einmal aus dem Gesichtspunkt rechtfertigen, daß erst der Antrag der Staatsanwaltschaft die Zuständigkeit des Amtsrichters begründe; denn selbst dann würde es sich bei Mangel des Antrags nicht um absolute Unzuständigkeit, die allein absolute Nichtigkeit bewirkt [98]), handeln.

Auch der ohne Antrag ergangene Haftbefehl gegen einen säumigen Manifestanten ist wirksam. Nußbaum [99]) behandelt in ganz zutreffender Weise folgenden Rechtsfall: Ein Rechtsanwalt war in zwei auf dieselbe Stunde anberaumten Offenbarungseidsterminen für die beiden Gläubiger erschienen und hatte in der einen Sache gegen den nichterschienenen Schuldner Haftantrag gestellt, in der anderen dagegen, weil der Schuldner Widerspruch erhoben hatte, sich ohne Anträge entfernt; der Haftantrag wurde aber versehentlich in das Protckoll über die letztgenannte Sache aufgenommen und der Richter verwarf nunmehr ohne Antrag den Widerspruch des Schuldners. Richtig sagt Nußbaum [100]) dazu: „Der Beschluß war gültig.“ Die Sachlage war ebenso, als sei irgend eine sonstige gesetzliche Vorschrift, insbesondere eine solche über Verfahrensförmlichkeiten, verletzt worden.

Ebensowenig sind Zwangsvollstreckungsakte wegen mangelnden Antrags oder, wie CPO. sich irreführend ausdrückt, wegen mangelnden „Auftrags“ nichtig [101]).

Gleiches gilt vom Konkurseröffnungsbeschluß, für den das schon Ötker betont hat [102]).

Auch die Enteignungserklärung, die ohne oder ohne rechtswirksamen Antrag geschehen ist, darf nicht als ohne weiteres nichtig betrachtet werden [103]).

Nicht zu billigen ist die Meinung von Kohler [104]), der ein Patent, das ohne Anmeldung erteilt worden ist, als Nichtpatent, d. h. als nicht vorhanden, betrachtet wissen will.

Schon früher [105]) haben wir den Fall erwähnt, daß der Dispens nach BGB. 1322 erteilt wird, ohne daß ein Antrag auf Erteilung vorgelegen hätte. An der damals abgelehnten Auffassung von Opet, daß dies zulässig sei, ist jedenfalls so viel richtig, daß der Mangel des Antrags keine Nichtigkeit zur Folge hat.

Gleiches gilt auch von der Polizeierlaubnis. Das Gesuch erscheint hier nur als Gültigkeitsbedingung, bei deren Mangel die Erlaubnis vielleicht aufhebbar, aber keinesfalls nichtig ist [106]).

---

[97]) In Z. ges. Str.R. 18, 515.

[98]) Vgl. o. S. 247 ff.

[99]) Nußbaum, Prozeßhandlungen 13, 14.

[100]) a. a. O. 14.

[101]) Kohler 120.

[102]) S. 54; vgl. S. 50.

[103]) Anders scheinbar Seydel, Enteignungsgesetz S. 208: „Ohne solchen Antrag kann dies überhaupt nicht geschehen.“

[104]) Kohler, Lehrbuch des Patentrechts 166, 167.

[105]) Vgl. o. S. 173 (30).

[106]) Mayer I. 291. Vgl. auch Tezner 120 (1). A. M. W. Jellinek 79.

II. Wenn schon die materielle Zustimmung nur Gültigkeitsbedingung ist, so muß das erst recht gelten von der rein formalen Anhörung. Dabei macht es keinen Unterschied, ob gegen den Grundsatz des rechtlichen Gehörs der Partei [107]) oder gegen besondere Vorschriften über „Anhörung“ von Nebeninteressenten [108]) verstoßen ist. Ein solcher Verstoß macht den Verwaltungsakt niemals nichtig, sondern höchstens anfechtbar [109]).

III. Auch sonstige Verfahrensmängel [110]) bewirken keine Nichtigkeit. Darauf beruht es, daß die ordentlichen Gerichte außer stande sind, Mängel des Enteignungsverfahrens zu berücksichtigen [111]); wenn diese Nichtigkeit bewirkten, so müßten die Gerichte natürlich befugt sein, dies inzidenter festzustellen. Als Beispiele solcher Verfahrensmängel mögen im einzelnen zur Veranschaulichung noch genannt sein: Das Strafurteil, das ohne einen oder ohne wirksamen Eröffnungsbeschluß ergangen ist [112]); der Beschluß einer Versammlung oder eines Kollegiums, die nicht ordnungsmäßig einberufen waren [113]) oder die gesetzwidriger Weise nicht in öffentlicher Sitzung verhandelt haben [114]); Erteilung einer Gewerbeerlaubnis ohne oder ohne vollständige Bekanntmachung gemäß Gew.O. 17, 25 [115]); Verstoß gegen die Rechtskraft eines früheren Urteils [116]); Mitwirkung von sogen. relativ unfähigen, von persönlich beteiligten [117]), aber auch von gesetzlich ausgeschlossenen [118]) Beamten.

---

[107]) Ebenso Mayer I. 174. Ötker 58. Walter Jellinek 77, 78. — A. M. Bernatzik 241, 273. — Vgl. auch Layer 407, 408. — Pohl II. 473 spricht von „Ungiltigkeit“, Kahr I. 772 von Mangel der „Rechtsgiltigkeit“, wobei natürlich wieder niemand weiß, in welchem Sinne diese Worte genommen sind.

[108]) Walter Jellinek 66, Preuß 384, Laband I. 240 (1).

[109]) Vgl. u. S. 401, 402.

[110]) Vgl. Walter Jellinek 104.

[111]) Ob. Trib. bei Striethorst **98**, 129. Eger II. 20, 287.

[112]) W. Jellinek 120. — Nichts anderes meint auch RG. in Str. **23**, 310; ziemlich unklar ist RG. in Str. **10**, 56, worüber zu vgl. o. S. 216. — A. M. Bennecke-Beling 295. — Tezner 249 scheint in solchen Fällen Nachwirkung der Nichtigkeit des ersten Akts auf den zweiten annehmen zu wollen; dann übersieht er aber dessen selbständige Stellung.

[113]) Hier nimmt auch Tezner 34 (1) „Ungültigkeit“, d. h. in seiner Terminologie Anfechtbarkeit an.

[114]) BVGH. **28**, 11.

[115]) Nelken 375 (13, 17), Schicker I. 88 und Erl. d. S. Min. d. I. bei Reger **9**, 186 sprechen hier zwar von „Nichtigkeit“ des Verfahrens, meinen aber auch nur Anfechtbarkeit. Vgl. u. S. 402.

[116]) Ebenso Bernatzik 311 (23); vgl. auch Östr. VGH. 1737. A. M. Bennecke-Beling 294.

[117]) Ötker 58. Vgl. auch OVG. **1**, 347, **22**, 323. A. M. Walter Jellinek 88, der 89, 121 nur für Urteile etwas anderes annehmen will. Nicht im Widerspruch mit unserer Auffassung steht BVG.H **28**, 96, wo zwar von einem unter Mitwirkung eines persönlich interessierten Beamten gefaßten Beschluß gesagt wird, er sei „nichtig“, wo aber mit dieser Nichtigkeit offenbar nur Anfechtbarkeit gemeint ist.

[118]) Die Frage ist in der zivilprozessualen Literatur bezüglich der nicht selbständig anfechtbaren Akte lebhaft bestritten. Vgl. die Angaben bei Hellwig II. 83 (19), insbesondere Wach I 335 (7). Die Angaben bei Nußbaum, Prozeßhandlungen 9 (17) sind nicht ganz zutreffend; Struckmann-Koch I. 49, 50 muß als Vertreter der Nichtigkeit bezeichnet werden. Vielfach wird die Ablehnung

§ 30.

3. Nichtigkeit wegen Inhaltsmängeln.

I. Verwaltungsakte können an Inhaltsmängeln leiden. Diese können von sehr verschiedener Art sein. Es kann sich handeln um einen unmöglichen Inhalt; davon haben wir schon in § 27 gehandelt und festgestellt, daß Inhaltsmängel solcher Art Nichtigkeit nach sich ziehen. Es kann sich weiter handeln um einen unzulässigen, gesetzwidrigen, aber nicht unmöglichen Inhalt; davon haben wir auch schon in den einleitenden Bemerkungen gesprochen und festgestellt, daß Inhaltsmängel solcher Art nur Anfechtbarkeit begründet. Es kann sich endlich um Inhaltsmängel i. e. S. handeln; hier ist nicht sowohl, wie in jenen Fällen, der vorhandene Inhalt mangelhaft; es fehlt vielmehr überhaupt an einem gewissen Inhalt. In Betracht kommen hauptsächlich: Unbestimmtheit, Unsinnigkeit, Unvollständigkeit.

II. Unbestimmtheit ist ein Mangel, der in sehr verschiedenem Grade auftreten kann [1].

1. Es lassen sich danach in der Hauptsache drei Fälle unterscheiden. Es kann sich handeln um eine Ungenauigkeit der Ausdrucksweise, die rechtlich ganz unerheblich ist. Es kann sich auch handeln um eine Undeutlichkeit, die es für den Betroffenen zweifelhaft erscheinen läßt, was von ihm verlangt wird, was ihm gestattet wird usw.; solche Verwaltungsakte unterliegen der Anfechtung und Aufhebung, da der Betroffene ein Recht auf eine unzweideutige Formulierung des ihn betreffenden Verwaltungsakts hat; das ist vom Oberverwaltungsgericht in zahlreichen Entscheidungen ausgesprochen worden [2]. Die Unbestimmtheit kann aber endlich auch so hochgradig sein, daß sie einen „Mangel der inhaltlichen Requisite“ [3] bedeutet; hier kann überhaupt nicht mehr von einem existierenden Verwaltungsakt gesprochen werden; ein Verwaltungsakt, dessen Unbestimmtheit einen solchen Grad erreicht hat, ist nichtig und kann gar nicht angefochten und aufgehoben werden, wennschon man auch hier die Feststellungsklage in dem vorhin erwähnten Sinne der Oberverwaltungsgerichtsentscheidung [4] vom 2. Dezember 1896 anerkennen mag. Ob der eine oder der andere dieser drei Fälle vorliegt, muß jeweils nach Maßgabe der Verhältnisse geprüft werden; es ist da vieles Tatfrage. Heilbar ist ein solcher Mangel durch spätere Erläuterung [5] nur dann, wenn es sich bloß um einen anfechtbaren Mangel handelt; ist der Mangel aber von der Art, daß er Nichtigkeit bewirkt, dann bedeutet eine solche nachträgliche „Erläuterung“ nichts anderes als eine erneute Vornahme des Verwaltungsakts mit der Rechtsfolge, daß etwaige Rechtsmittelfristen erst vom Augenblick seiner Bekanntgabe ab zu laufen beginnen.

---

der Nichtigkeit unzulänglich und falsch damit begründet, daß die CPO. überhaupt keine von selbst wirkende Nichtigkeit kenne, was nur Buchstabeninterpreten behaupten können; zu ihnen gehört auch Gaupp-Stein I. 120 (4).

[1] Vgl. Germershausen I. 626.

[2] OVG. **9**, 219; **20**, 270; **23**, 336; **28**, 202.

[3] Ötker 82.

[4] OVG. **31**, 428. Vgl. dazu oben S. 261 und im allgemeinen S. 207.

[5] Vgl. OVG. v. 23. II. 95 in VBl. **16**, **464**.

2. Im folgenden haben wir nur von der Nichtigkeit bewirkenden Unbestimmtheit zu reden und festzustellen, in wie weit sie bisher schon Anerkennung gefunden hat.

Vor allem in der Lehre von der Nichtigkeit der Urteile hat man unseren Grundsatz, daß es eine Nichtigkeit wegen Unbestimmtheit gibt, erkannt. Ötker [6]) hat gesagt, das „nicht individualisierte Urteil“ gehöre zu den „absolut nichtigen Tatsachen“. Kohler [7]) hat die sententia incerta, das Urteil nach der Formel solve quod debes, und überhaupt jedes Urteil für nichtig erklärt, das so allgemein gefaßt ist, daß die daraus entspringende Verpflichtung unbestimmt bleibt. Ebenso hat Friedländer [8]) betont: Das Strafurteil muß in einer bestimmten Sache ergehen, sonst hängt es in der Luft und kann namentlich keine Rechtskraft begründen; es muß also mindestens aus den Umständen mit Bestimmtheit hervorgehen, um welchen konkreten Vorgang es sich handelt. Diesen Grundsatz haben Beling [9]) auf das Urteil „Der Angeklagte wird verurteilt und es werden ihm die Kosten des Verfahrens auferlegt“ sowie Löffler [10]) auf das Urteil „Johann Müller ist schuldig des Diebstahles“ angewandt, indem sie diese Urteile für nichtig erklärten, wobei übrigens Löffler unrichtigerweise nicht einen Inhalts-, sondern einen Formmangel annimmt.

Auch der amtsrichterliche Strafbefehl ist ebenso wie das Urteil nichtig, wenn die Strafe fehlt oder wenn sich nicht ergibt, um welche konkrete Tat es sich handelt [11]).

Der Konkurseröffnungsbeschluß ist nichtig, wenn er der „inhaltlichen Requisite“ entbehrt [12]). Der Begriff dieser Requisite ist aber hier wie überall möglichst eng zu umgrenzen und aus dem Zweck des Beschlusses, Konkurs einzuleiten über das Vermögen eines bestimmten Rechtssubjekts zu entnehmen [13]). Er darf also insbesondere keinen objektiven Zweifel über die Person des Kridars lassen, wovon natürlich bei einer ungenauen Bezeichnung noch nicht die Rede sein kann [14]). Der Konkurseröffnungsbeschluß existiert überhaupt nur bei Wahrung dieser Requisite [15]), bei ihrem Mangel ist er nichtig.

Entsprechendes ist auch von dem strafprozessualen Eröffnungsbeschluß zu sagen. Viel zu weit geht in der Gleichstellung eines erheblich unvollständigen mit einem nicht vorhandenen Eröffnungsbeschluß das Reichsgericht [16]), wofern es mit dem Ausdruck „gleichstellen“ überhaupt, wie man freilich eigentlich annehmen muß, sagen will, ein solch unvollständiger Beschluß sei nichtig. In Wahr-

---

[6]) S. 50.

[7]) S. 60. — Entsprechend ist der Fall von Friedländer im Gerichtssaal **58**, 358: „Der Angeklagte wird zu einer Freiheitsstrafe von fünf Wochen verurteilt.“

[8]) Im Gerichtssaal **58**, 357.

[9]) Bennecke-Beling 295.

[10]) Löffler bei Grünhut **31**, 516.

[11]) Friedländer in Z. f. ges. Str.RW. **18**, 525.

[12]) Ötker 82.

[13]) a. a. O. 75.

[14]) a. a. O. 73; 75, 76.

[15]) a. a. O. 82.

[16]) RG. in Str. **10**, 56; **24**, 64.

heit handelt es sich in den hier in Frage kommenden Fällen wohl nur um Gesetzwidrigkeiten und zwar um solche, die von Amtswegen zu berücksichtigen sind und es dem erkennenden Gericht zur Pflicht machen, kein Urteil zu erlassen.

Die Polizeistrafverfügung ist nichtig, wenn sie nicht die Angabe der strafbaren Tat und die Bezeichnung der Strafe enthält [17]. Es ist ebenso wie bei dem Strafurteil, zu dessen Ersatz sie bestimmt ist.

Im eigentlichen Verwaltungsrecht hat man die Frage nur selten aufgeworfen.

Bezüglich der königlichen Verordnung nach pr. Enteign.-G. 2, durch die das Enteignungsrecht verliehen wird, haben Eger [18] und Bendix [19] gemeint: Der Unternehmer und das Unternehmen müssen in der königlichen Verordnung bezeichnet sein, andernfalls ist dieselbe „nichtig". Das geht aber wohl zu weit. Nichtigkeit wegen Inhaltsmängeln ist nur in so weit anzunehmen, als die Unbestimmtheit Unverständlichkeit begründet. Nun ist aber der Fall nicht undenkbar, daß einer bestimmten Person das Enteignungsrecht allgemein, ohne Beziehung auf ein bestimmtes Unternehmen verliehen wird. Das ist freilich rechtswidrig, aber darum noch nicht nichtig. Als begrifflich notwendiges Requisit wird man also wohl nur die Bezeichnung des Unternehmers, aber nicht die des Unternehmens anzuerkennen haben.

Das Oberverwaltungsgericht [20] hat einen Fluchtlinienplan, der mit der Örtlichkeit nicht übereinstimmt, für „des unumgänglich notwendigen Inhalts entbehrend" und darum auch der Rechtswirkung entbehrend, also für nichtig in unserem Sinn, erklärt. Es hat dies damit begründet, daß in solchem Fall gar nicht erkennbar sei, welche Fluchtlinie in Wirklichkeit habe festgestellt werden sollen [21].

Mit Recht hat Tezner [22] darauf hingewiesen, daß die von uns früher besprochenen publizistischen Versprechen bei mangelnder Bestimmtheit oder Bestimmbarkeit des Gegenstandes wirkungslos seien. Sie kennzeichnen sich dann eben, wie wir früher schon betonten [23], als juristisch bedeutungslose „Verheißungen".

III. Daß Unsinnigkeit eines Verwaltungsakts Nichtigkeitsgrund ist, braucht kaum besonders bemerkt zu werden. In der Literatur haben besonders Kohler [24] und Nußbaum [25] darauf hingewiesen, daß die sich selbst widersprechende Entscheidung oder die gänzlich unverständliche nichtig ist. Selbst Michel [26], der grundsätzlich Gegner der Nichtigkeitstheorie ist, hat doch zugegeben als etwas selbstverständliches, daß das „unzweifelhaft ganz sinnlose und unverständliche"

---

17) Levis in Z. f. ges. Str.RW. **19**, 356.
18) I. 49.
19) S. 9.
20) OVG. **28**, 371.
21) a. a. O. S. 376.
22) In A. ö. R. **9**, 493.
23) Vgl. o. S. 92, 198.
24) In seiner Enzyklopädie **II**. 143.
25) Prozeßhandlungen 18. Vgl. ferner Bennecke-Beling 293 (Verurteilung zu „10 M. Gefängnis"; Michel 19 verweist hier auf St.PO. 490), Löffler 517.
26) S. 51.

Urteil eine Ausnahme mache. Freilich paßt unglücklicherweise das einzige Beispiel, das [26]) er dafür gibt und das in der Praxis sich ereignet haben soll, in keiner Weise; wenn nämlich ein Urteil ergangen ist mit der Urteilsformel: „Die Ehe der beklagten Frau X mit ihrem Sohn wird geschieden und ihr die elterliche Gewalt über ihren Gatten entzogen", so ist das zwar ein entzückendes Schulbeispiel für ein Objekt des jederzeit (!) zulässigen Berichtigungsverfahrens nach CPO. 319, aber ein völlig ungeeignetes Beispiel eines wegen Sinnlosigkeit nichtigen Urteils. Auch die Rechtsprechung hat sich der Erkenntnis einer Nichtigkeit wegen Unsinnigkeit nicht ganz verschlossen [27]). Auf diesem Grundsatz beruht es auch, daß, wie früher [27a]) erwähnt, ein Urteil für nichtig zu erachten ist, wenn es, sich selbst widersprechend, den Beklagten verurteilt, gleichzeitig aber ausspricht, er solle nicht zu zahlen verpflichtet sein.

IV. Unvollständigkeit des Inhalts kann, soweit sie sich nicht etwa als Mangel der inhaltlichen Requisite darstellt, nicht als Nichtigkeitsgrund anerkannt werden. Es kommen hier vor allem folgende Fälle in Betracht, bei denen man [28]) sonst vielfach gerne von Formen spricht, die aber davon scharf getrennt werden müssen, weil sonst bei ihrem Mangel Nichtigkeit angenommen werden müßte, während so höchstens Anfechtbarkeit vorliegt.

1. Hierher gehört zunächst der Mangel der Gründe, mag es sich um vollständigen Mangel handeln oder nur [29]) um die Übergehung einzelner Punkte in den Gründen.

Daß er Nichtigkeit nicht bewirkt, bestätigt das Gesetz selbst. Nach CPO. 551 Z. 7 ist Mangel der Gründe zwar absoluter Revisionsgrund, aber nicht einmal Grund der Nichtigkeitsklage, also der gesteigerten Anfechtbarkeit. Um so weniger kann er Nichtigkeitsgrund sein.

In Wissenschaft und Praxis ist das auch im allgemeinen anerkannt.

Der amtsrichterliche Strafbefehl, in dem keine Beweismittel angegeben sind, ist nicht nichtig [30]). Auch den Mangel der Bezeichnung des Strafgesetzes wird man dann folgerichtigerweise nicht als Nichtigkeitsgrund betrachten dürfen [31]). Wollte man aber annehmen, daß der Gesetzgeber die Bezeichnung des Strafgesetzes als Formel verlangen will, so darf man nicht dabei stehen bleiben, bloß eine allgemeine Bezeichnung wie „Übertretung straßenpolizeilicher Vorschriften" für ge-

---

[27]) Vgl. OVG. v. 17. XI. 00 in VBl. **22** 302 unter Z. III.

[27a]) Vgl. o. S. 24.

[28]) Vgl. z. B. Meyer bei Stengel **II**. 670, auch W. Jellinek 103, 104. RG. bei Reger **28**, 138.

[29]) In letzterem Falle ist nicht einmal immer Parteianfechtung durch Revision möglich; vgl. RG. im Recht **7**, 47, 48 für den Fall, daß entgegen der Vorschrift von St.PO. 266 III die Angabe des angewandten Strafgesetzes in den Gründen fehlt.

[30]) Friedländer in Z. f. ges. Str.R.W. **18**, 526.

[31]) A. M. Friedländer a. a. O. 525.

nügend zu erachten und von einer formellen Paragraphenangabe abzusehen [32]).

Gleiches gilt von der polizeilichen Strafverfügung. Mangel der tatsächlichen Gründe, d. h. Beweismittel schadet ebensowenig [33]) wie Mangel der rechtlichen, d. h. der Gesetzesangabe [34]).

Der Bescheid nach Inv.VG. 112^{V} ist auch ohne beigefügte Gründe berufungsfähig [35]), also nicht nichtig.

Mangel der Gründe bei dem Erkenntnis nach östr. Wass.G. 86 hat keine Nichtigkeit zur Folge [36]).

Gleiches muß ferner z. B. gelten im Fall Unt.Wohns.G. 40 und es ist verfehlt, wenn Eger [37]) unter Vermengung von Form- und Inhaltsmängeln sagt, eine Entscheidung „ohne schriftliche Gründe" sei „ungültig".

Der gleichen Vermengung von Form- und Inhaltsmängeln macht sich Eger [38]) auch bei der Erörterung des Enteignungsgesetzes schuldig, indem er auch hier den Mangel der Gründe im Fall P. Enteign.G. 29 als „Mangel einer wesentlichen Förmlichkeit" bezeichnet. Wäre das richtig, so müßte man nach dem, was wir vorhin [39]) über die Wirkung von Formmängeln sagten, Nichtigkeit des nicht begründeten Verwaltungsakts annehmen, was unzutreffend wäre.

Auch bei polizeilichen Verfügungen bewirkt der Mangel der erforderlichen Begründung niemals Nichtigkeit. Der Mangel kann daher noch im Verwaltungsstreitverfahren durch Nachholung der Begründung geheilt werden [40]).

Wenn Ledermann [41]) erklärt, eine Beanstandung nach P. Zust.G. 15 sei bei Mangel von Gründen „rechtsunwirksam" und wenn er hiermit nichtig meint, so kann dem nicht beigetreten werden.

Auch die kirchenrechtliche Externierungsverfügung [42]) dürfte ebenso wie die staatsrechtlichen Verwaltungsakte zu behandeln sein. Daher kann der Meinung von Hinschius [43]), daß die Einspruchsfrist gegen die Verfügung erst zu laufen beginne, wenn eine mit Gründen versehene Verfügung zugestellt sei, nicht beigepflichtet werden.

2. Dem Mangel der Gründe steht gleich der Mangel der Rechtsbelehrung oder die unrichtige Belehrung über die zulässigen Rechtsmittel oder über eintretende Kriminalstrafen. Unter einen anderen Gesichtspunkt fällt dagegen der Mangel einer vorgeschriebenen Rechtsbelehrung über den Eintritt sonstiger Rechtsnachteile oder über die Zulässigkeit von Vollstreckungsstrafen; das sind Mahnungen, die be-

---

[32]) So Friedländer a. a. O.
[33]) Levis in Z. f. ges. Str.R. W. **19**, 356.
[34]) A. A. Levis a. a. O. 356.
[35]) Rosin **II** 779.
[36]) Randa **141** (23). Vgl. auch Östr. VGH. 2577, 3910.
[37]) Unt. Wohns.G. S. 269.
[38]) Eger **II**. 267.
[39]) S. o. § 29.
[40]) Vgl. OVG. **7**, 252; **24**, 340; **45**, 428.
[41]) S. 225. Vgl. dagegen OVG. **21**, 32.
[42]) G. über d. Ausübung v. Kirchenämtern § 3.
[43]) Kirchengesetze für 1874, 1875, S. 13.

wirken, daß die in Rede stehenden Rechtsnachteile nicht verhängt werden können oder nicht eintreten.

Der amtsrichterliche Strafbefehl, dem die Rechtsbelehrung fehlt, ist nicht nichtig [44]), ebensowenig wie die polizeiliche Strafverfügung im gleichen Fall [45]).

Der Bescheid nach Inv.VG. 114 ist berufungsfähig, also nicht nichtig, selbst wenn er der Rechtsbelehrung entbehrt [46]).

Gleiches gilt von dem Enteignungsplanfeststellungsbeschluß nach pr. Enteign.G. 21 [47]).

Ebensowenig [48]) ist der Beschluß nach Gew.O. 19 nichtig, wenn er die Verweisung auf den Rechtsweg nicht enthält.

Fehlt im Fall pr. Eink.St.G. 29 die Androhung der Bestrafung, so kann das „nach allgemeinen Grundsätzen des Strafrechtes die Strafverfolgung ... nicht hindern" [49]). Anders ist es dagegen, wenn die Androhung der Rechtsnachteile nach §§ 29, 31 nicht stattgefunden hat; diese treten dann nicht ein [50]).

Auch im östreichischen Recht sind diese Sätze anerkannt [51]).

3. Der Mangel des Kostenentscheids kann auch nicht als Nichtigkeitsgrund weder im Fall Gew.O. 22^{II} noch beim amtsrichterlichen Strafbefehl [52]) noch beim Urteil [53]) anerkannt werden.

V. Bei Rechtshandlungen ist im einzelnen Fall zu prüfen, ob trotz der vorhandenen Inhaltsmängel die Rechtshandlung den gesetzlichen Tatbestandsmerkmalen genügt. Bei Bescheinigungen ist besonders hervorzuheben die Nichtigkeit wegen Unsinnigkeit; hierher gehört auch der von Walter Jellinek [54]) besprochene Fall, daß der Gerichtsschreiber zweiter Instanz für ein am 24. Oktober verkündetes und am 25. Oktober zugestelltes Zivilurteil bescheinigt: „H., den 5. November 19.. Es wird hiermit bescheinigt, daß innerhalb der Berufungsfrist keine Berufungsschrift eingekommen ist." Das ist unsinnig, da an diesem Tage unmöglich die Berufungsfrist von einem Monat schon abgelaufen sein kann. Der Gerichtsschreiber erster Instanz muß daher ein solches Notfristattest als nichtig ignorieren und darf also eine vollstreckbare Ausfertigung nicht erteilen [54]).

---

44) A. M. Friedländer in Z. f. ges. Str.RW. 18, 526.
45) Levis in Z. f. ges. Str.RW. 19, 356; 357 (62) über unrichtige Belehrung.
46) Rosin II. 779.
47) Eger II. 141.
48) Landmann I. 177 mit unrichtiger Begründung.
49) Fuisting I. 341.
50) a. a. O.
51) Randa 142 und die dort genannten Entscheidungen des Östr. VGH. — Ablehnend Tezner 205 (1), 257, 258. Vgl. 519 (2).
52) A. A. Friedländer in Z. f. ges. Str.RW. 18, 527.
53) Richtig Friedländer in Gerichtssaal 58, 359.
54) Walter Jellinek 92.

§ 31.

4. Nichtigkeit wegen Willensmängeln.

Der Verwaltungsakt ist publizistisches Rechtsgeschäft, er ist Willenserklärung. Wie daher der nicht erklärte Wille rechtlich bedeutungslos ist, wovon wir schon in der Lehre vom Geschäftsabschluß sprachen, so muß auch der erklärte Nichtwille rechtlich bedeutungslos sein oder doch mindestens das Geschäft irgendwie mangelhaft machen. Es fragt sich, wie weit diese Mangelhaftigkeit geht. Wir werden den Grundsatz vielleicht so formulieren dürfen: Ist überhaupt kein (rechtserheblicher) Wille erklärt worden, so ist das Geschäft nichtig, es liegt nur der Schein einer Willenserklärung vor; ist aber nur ein anderer Wille erklärt worden als der Erklärende zu erklären beabsichtigte, dann liegt doch immerhin eine, wenn auch vielleicht anfechtbare, Willenserklärung vor und von einer Nichtigkeit kann nicht die Rede sein. Im einzelnen ergeben sich hieraus folgende Sätze.

* * *

Geschäftsunfähigkeit bewirkt, daß der Geschäftsunfähige einen rechtlich erheblichen Willen nicht äußern kann.

I. Geschäftsfähigkeit und Geschäftsunfähigkeit sind keine privatrechtlichen, sondern allgemeine juristische Begriffe. Darum gibt es auch öffentlichrechtliche Geschäftsunfähigkeit. Das ist oft, vom Gesetzgeber ebenso wie von Wissenschaft und Praxis anerkannt worden, freilich meist nur in Anwendung auf einzelne Fälle, bei denen das Bedürfnis zu einer gesetzlichen Regelung der Frage besonders deutlich hervorgetreten war oder die das Interesse der Wissenschaft besonders auf sich gezogen hatten oder die der Praxis zufällig zur Entscheidung vorlagen. Aufgabe einer allgemeinen Lehre von den Verwaltungsakten und mehr noch Aufgabe eines allgemeinen Teils des öffentlichen Rechts ist es, aus diesen anerkannten Einzelfällen den allgemeinen Grundsatz herauszuarbeiten.

1. Vor allem ist das Erfordernis der Geschäftsfähigkeit ziemlich unbestritten anerkannt für die nichtamtlichen publizistischen Rechtsgeschäfte. Obschon diese Art der publizistischen Rechtsgeschäfte grundsätzlich außerhalb unserer Betrachtungen steht, müssen wir sie in der vorliegenden Frage doch etwas näher berücksichtigen, da es sich dabei unseres Erachtens um Rechtssätze handelt, die ihnen nicht spezifisch eigentümlich, sondern den publizistischen Rechtsgeschäften überhaupt gemeinsam sind, weshalb wir berechtigt sind, die für die nichtamtlichen publizistischen Rechtsgeschäfte anerkannten Sätze über Geschäftsunfähigkeit auch auf die amtlichen anzuwenden.

Gesetzliche Anerkennung hat der Begriff der öffentlichrechtlichen Geschäftsunfähigkeit wiederholt gefunden.

So vor allem in § 52 der Civilprozeßordnung, wobei zu beachten ist, daß diese Bestimmung keineswegs etwas Neues schaffen wollte, sondern den Begriff als etwas Selbstverständliches, einer gesetzlichen Grundlage eigentlich gar nicht bedürftiges voraussetzt [1]). Nun hat man [2]) freilich gerade CPO. 52 gegen die Lehre von den öffentlich-, d. h. hier den prozeßrechtlichen Rechtsgeschäften ausgespielt und gemeint, diese Bestimmung beziehe sich auf alle Prozeßhandlungen, nicht bloß auf die prozessualen Rechtsgeschäfte, sie beziehe sich insbesondere auch auf das gerichtliche Geständnis, obschon dieses keine Willenserklärung, sondern nur eine Wahrheitserklärung sei. Zuzugeben ist nun allerdings, daß dem Geständnis eines Geisteskranken Rechtswirkung abgesprochen werden muß [3]). Aber das folgt nicht, wie Bülow [4]) anzunehmen scheint, daraus, daß CPO. 52 und die Grundsätze über „Geschäftsunfähigkeit" auch für das Geständnis gelten, sondern es folgt aus der Unselbständigkeit der Prozeßhandlungen, folgt daraus, daß alle Handlungen in einem Verfahren, und nicht bloß im Zivilprozeß, abhängig sind von der Rechtsbeständigkeit des zugrunde liegenden Rechtsverhältnisses, d. h. des Verfahrens. Wenn also im Lauf eines bis dahin gültigen Prozesses eine Partei wegen Geisteskrankheit entmündigt wird, so ist ihr Geständnis unwirksam, nichtig, nicht weil zum Geständnis Geschäftsfähigkeit erforderlich ist, sondern weil im Augenblick der Prozeßunfähigkeit der Prozeß unterbrochen ist [5]).

Auch das Staatsangehörigkeitsgesetz betrachtet die Geschäftsfähigkeit eines Antragstellers als selbstverständliches Erfordernis. Das tritt besonders deutlich hervor in dem erst durch EG. 41 Ziff. II BGB. eingefügten § 14a, wo es heißt: „Die Entlassung eines Staatsangehörigen, der unter elterlicher Gewalt oder Vormundschaft steht, kann von dem gesetzlichen Vertreter nur mit Genehmigung des Vormundschaftsgerichts beantragt werden"; das einzige, was diese Bestimmung neu schaffen will, ist offenbar das gerichtliche Genehmigungsrecht; dagegen wird das Erfordernis der Antragsstellung durch den gesetzlichen Vertreter nur so beiläufig bei dieser Gelegenheit mit erwähnt als etwas, das ganz selbstverständlich auch bisher schon ohne besondere gesetzliche Anerkennung Geltung gehabt hat. Aber auch die Bestimmung des § 8 St.AG. will offensichtlich das Erfordernis der Geschäftsfähigkeit des Antragstellers nicht erst begründen, sondern nur eine Frage des internationalen Verwaltungsrechts, nämlich die Frage, nach welchem Recht das Vorhandensein der Geschäftsfähigkeit zu beurteilen ist, dadurch beantworten, daß er bestimmt: „Die Naturalisationsurkunde darf Ausländern nur dann erteilt werden, wenn sie .. nach den Gesetzen ihrer bisherigen Heimat dispositionsfähig sind, es sei denn, daß der Mangel der Dispositionsfähigkeit durch die Zustimmung des Vaters, des Vormundes oder Kurators des Aufzunehmenden ergänzt wird."

Des weiteren mag verwiesen werden auf § 2 des Freizügigkeitsgesetzes, wo es heißt: „Wer die aus der Reichsangehörigkeit folgenden Befugnisse in Anspruch nimmt, hat ...., sofern er unter elterlicher

---

1) Nußbaum, Prozeßhandlungen 69.
2) Bülow 156 f.
3) a. a. O. 175.
4) a. a. O.
5) Kohler 90.

Gewalt oder unter Vormundschaft steht, den Nachweis der Genehmigung des gesetzlichen Vertreters zu erbringen."

Im Reichsbeamtengesetz heißt es in § 62 von dem Fall, daß ein Beamter durch Schwächung seiner körperlichen oder geistigen Kräfte zur Erfüllung seiner Amtspflichten dauernd unfähig wird, gleichwohl aber seine Versetzung in den Ruhestand nicht selbst beantragt: Es solle ihm „oder seinem nötigenfalls hierzu besonders zu bestellenden Kurator" eröffnet werden, daß der Fall einer Versetzung in den Ruhestand vorliege. Bei dem „nötigenfalls" zu bestellenden Kurator ist natürlich an solche Fälle zu denken, wo die geistigen Gebrechen von der Art sind, daß dadurch die Geschäftsfähigkeit aufgehoben zu sein scheint.

Im alten Börsengesetz v. 22. Juni 1896 hieß es in § 58: „Den Antrag auf Eintragung [ins Börsenregister] hat der Einzutragende oder, falls er sich durch Verträge nicht verpflichten kann, sein gesetzlicher Vertreter zu stellen."

Besondere Hervorhebung verdienen die landesgesetzlichen Bestimmungen über die kirchlichen Ein- und Austrittserklärungen. Darüber, daß auch sie publizistische Erklärungen sind, kann kaum ein Zweifel obwalten; es handelt sich eben um eine gegenüber dem Pfarrer oder dem sonstigen geistlichen Vorstand einer Kirchengemeinde oder Anstalt, also jedenfalls gegenüber einer juristischen Person des öffentlichen Rechts, abgegebene Willenserklärung über das Rechtsverhältnis des Erklärenden zu ihr. Eine besondere Hervorhebung aber verdienen die einschlägigen Gesetzesbestimmungen um deswillen, weil sie vergleichsweise stark detailliert sind und die Willensmängel, übrigens nicht nur die aus der Geschäftsunfähigkeit fließenden, sondern auch sonstige wie Zwang und Betrug, im einzelnen berücksichtigen. So sei verwiesen auf das bayerische Religionsedikt vom 26. Mai 1818; § 6 verlangt Volljährigkeit des Erklärenden [6]); § 7 beschränkt die Erklärungsfähigkeit auf solche Personen, „welche in keinem Geistes- oder Gemütszustande sich befinden, der sie derselben [das heißt der „eigenen freien Überzeugung"] unfähig macht"; dazu tritt noch § 8, der von „Zwang und List" handelt. Ähnlichen Bestimmungen begegnen wir im ALR. II 11 §§ 40, 43; ähnlichen auch im östreichischen Recht, nämlich im Gesetz vom 25. Mai 1868 Art. 4 und 7^{II}.

Die preußische Verordnung vom 8. Juni 1876 [7]) verlangt in Z. 7^{I} für Kapitulationen Großjährigkeit des Kapitulanten oder die schriftliche und beglaubigte Zustimmung des Vaters oder Vormunds, woraus übrigens Laband [8]) etwas vorschnell den Schluß zieht, daß hier ein zweiseitiges Rechtsgeschäft vorliege.

Das sächsische Baugesetz verweist in § 2^{II2} wegen der Übernahme von Verpflichtungen in baupolizeilichen Angelegenheiten gegenüber der Behörde auf die Vorschriften des BGB. über Nichtigkeit, also insbe-

---

[6]) Vgl. dazu Seydel **III**. 500, 501 und namentlich 500 (24), wo richtig ausgeführt wird, daß diese Bestimmung durch die Vorschriften über Glaubensfreiheit keine Einschränkung erfahren hat.

[7]) Armee-VBl. 141.

[8]) Laband **IV**. 202 (3).

sondere über Nichtigkeit wegen Geschäftsunfähigkeit. Es tut dies, obschon in der Begründung [9]) des Gesetzes und auch im § 2^{I} selbst, wo von „öffentlichrechtlichen Lasten" gesprochen wird, ausdrücklich der nichtprivatrechtliche Charakter solcher Verpflichtungen anerkannt ist.

Die Bestimmungen über die Aufnahme in öffentliche Irrenanstalten fordern durchweg, daß der Antrag auf Aufnahme von Kranken vom gesetzlichen Vertreter zu stellen ist. So zum Beispiel das hessische Reglement vom 29. Mai 1877 [10]).

Auch die Bestimmungen über das Petitionsrecht verlangen häufig Volljährigkeit des Petenten [11]), womit übrigens nicht ausgeschlossen ist, daß gleiches auch dort zu verlangen ist, wo der Gesetzgeber dieses Erfordernis nicht erwähnt [12]).

Auch Wissenschaft und Praxis haben häufig das Erfordernis der Geschäftsfähigkeit im öffentlichen Recht anerkannt.

Man hat dieses Erfordernis als allgemeinen Grundsatz verkündet. So Tezner [13]), so ebenfalls ein Erlaß des hessischen Ministeriums des Innern, den Reger [14]) veröffentlicht hat. Der bayerische Verwaltungsgerichtshof beruft sich in einer alsbald zu erwähnenden Entscheidung [15]) beweiseshalber auf die „Grundsätze des bürgerlichen Gesetzbuches, welche auf dem Gebiete des öffentlichen Rechts gleichmäßige Geltung haben" und nach denen im vorliegenden Fall die Geschäftsfähigkeit gefehlt habe. Frisch [16]) findet es „selbstverständlich", daß Voraussetzung für den von ihm als Privatakt des Monarchen aufgefaßten Thronverzicht Handlungsfähigkeit des Monarchen sei. Auch Merkel [17]) steht auf diesem Standpunkt, wenn er aus der Lehre, daß Rechtsnormen Befehle seien, die Folgerung zieht, die Unzurechnungsfähigen seien ihnen nicht unterworfen, — eine Folgerung, der man unbedingt zustimmen müßte, wenn ihre Voraussetzung zutreffend und die Rechtsnormen nicht vielmehr Vorschriften für statt Gebote an die Rechtsunterworfenen wären [18]). Vom gleichen Standpunkt aus hat Bornhak [19]) gemeint, öffentlichrechtliche Verpflichtungen könnten, wie z. B. die Schulpflicht nur Handlungsfähigen auferlegt werden, was freilich einer Erläuterung dahin bedarf, daß dabei nur zu denken ist an die Verpflichtung zu einem persönlichen Tun, wozu z. B. die Steuerpflicht Minderjähriger nicht zu rechnen ist.

Man hat unseren Grundsatz weiter in zahlreichen Einzelfällen anerkannt. — Man hat ihn anerkannt für die prozeßrechtlichen Verträge, bezüglich deren man sogar noch weiter gehend angenommen hat,

---

[9]) Begründung S. 51 f.
[10]) Reg.Bl. 257. Vgl. Braun-Weber 208.
[11]) Vgl. Rosegger 40.
[12]) Vgl. u. S. 290.
[13]) A. ö. R. **9**, 352. Vgl. auch W. Jellinek 33.
[14]) Reger **5**, 230 ohne Datum.
[15]) BVGH. **4**, 379. Vgl. u. S. 289.
[16]) Frisch 9.
[17]) S. 42, 43.
[18]) Vgl. Eltzbacher 41, 42.
[19]) III. 675.

daß auch die sonstigen Vorschriften über Nichtigkeit, Anfechtbarkeit und Widerruflichkeit aus dem BGB. übertragen werden dürfen [20]. — Obschon das Verwaltungs- und das Verwaltungsstreitverfahren das Wort Prozeßfähigkeit im Sinne der CPO. nicht kennen, ist seine Geltung doch auch hier nicht bestritten [21]. — Sie ist ebenso zu verlangen für das Verfahren außer Streitsachen [22] und es bedarf dazu nicht einmal der von Nußbaum [23] gegebenen Begründung, daß die Vornahme von Parteihandlungen im Grunde das materielle Recht mitberühre. Ja es ist sogar wenig glücklich, die Sache so zu begründen, da sie zu dem Mißverständnis Anlaß geben kann, daß die Prozeßhandlungen privatrechtliche Akte wären. — Weil Geschäftsfähigkeit für publizistische Willenserklärungen nötig ist, hat man in der Literatur richtig die Geschäftsfähigkeit als Voraussetzung des Wahlrechts selbst dort bezeichnet, wo das Gesetz sie nicht ausdrücklich fordert. So legt Bornhak [24] in das vom Gesetz verlangte Erfordernis der „Selbständigkeit" den Begriff der privatrechtlichen Handlungsfähigkeit hinein, indem er von dem Wahnsinnigen meint, daß er „unmöglich wahlberechtigt sein könne". Gleiches nimmt er [25] auch an bezüglich des passiven Wahlrechts, wo jede gesetzliche Bestimmung, sogar der vage Begriff der „Selbständigkeit", fehlt; denn auch sie sind „absolut unfähig, den Abgeordnetendienst zu versehen". In Übereinstimmung hiermit erklärt der badische Verwaltungsgerichtshof [26] eine Bürgermeisterwahl wegen Trunkenheit der Wähler für ungültig, da „schon die Trunkenheit an und für sich hinreicht, die Stimmfähigkeit eines Bürgers auszuschließen", und der bayerische Verwaltungsgerichtshof [27] spricht einer geisteskranken Person unter Berufung auf die Vorschriften des bürgerlichen Rechts, die auch für das öffentliche Recht maßgebend seien, die Fähigkeit ab, in rechtswirksamer Weise Vollmacht zur Abgabe einer Wahlstimme zu erteilen. — Daß auch für das öffentliche Recht Geschäftsfähigkeit unerläßlich ist, wird ferner anerkannt in dem großen Streit um St.A.G. 21, indem die Anhänger der, m. E. falschen, Lehre, daß dieser Verlustgrund ein Verzicht sei, Geschäftsfähigkeit als Voraussetzung des Verlustsverlangen [28]. Denn wenn bei dem § 21 wirklich ein Verzicht, also ein Rechtsgeschäft in Frage stünde, so müßte man für

---

[20]) Nußbaum, Prozeßhandlungen 73. Ebenso auf einem Umweg Kohler bei Gruchot **31**, 504. Dagegen will Bunsen in ZCP. **35**, 404, 405 auf die von ihm allein (vgl. o. S. 16, Anm. 37) als öffentlichrechtlich anerkannten Akte wie Prorogation die Vorschriften des BGB. nicht anwenden, daher Willensmängel, Geschäftsunfähigkeit usw. hier ohne jede Bedeutung sein sollen; a. a. O. 408, 408 (10).

[21]) Vgl. Schultzenstein in VA. **12**, 138, 139. Mayrhofer I. 1158. SOVG. **1**, 195. BVGH. **15**, 79. — Im Strafprozeß mag anders zu entscheiden sein, da hier der Angeklagte mehr Objekt als Subjekt des Verfahrens ist; vgl. RG. in Rechtspr. **7**, 377. Übrigens ist auch dem Strafprozeß der Begriff der „Verhandlungsfähigkeit" nicht fremd.

[22]) KG. **25**, A. 184.

[23]) S. 40.

[24]) I. 383, 384.

[25]) I. 391.

[26]) Bd. VGH. in Z. f. bd. V. **1886**, 99.

[27]) BVGH. **4**, 379. Vgl. o. S. 288.

[28]) Vgl. die Zusammenstellung bei Rauchalles 84. Vgl. auch St.AG. 81, Z. 1, **14** a.

dieses Rechtsgeschäft allerdings auch in gleicher Weise Geschäftsfähigkeit des Handelnden verlangen, wie man richtig Geschäftsfähigkeit dessen verlangt hat, der die Aufnahme [29]), die Naturalisation [30]) oder die Entlassung [31]) beantragt oder der seine Zustimmung zu einem Heimatsvorbehalt erteilt [32]). — Kautz und Appelius [33]) verlangen in Anwendung von BGB. 107 zur Annahme eines Kommunalamts für einen Minderjährigen die Zustimmung des gesetzlichen Vertreters. — Otto Mayer [34]) erklärt die „Einwilligung" des Betroffenen zum Tarif einer öffentlichen Anstalt für öffentlichrechtlich, gibt aber trotzdem zu [35]), daß bei Aufgabe der Postsendung durch Kind oder Wahnsinnigen keine Gebührenpflicht entsteht. — Auch im österreichischen Recht sind diese Grundsätze anerkannt [36]). — Aus ihnen muß ferner geschlossen werden, daß in so weit, als Petitionen wirkliche Rechtsgeschäfte sind, Geschäftsfähigkeit auch ohne besondere gesetzliche Grundlage als Voraussetzung für die Ausübung des Petitionsrechts zu fordern ist. Bezüglich der Petitionen an den Reichstag hängt daher das Erfordernis der Geschäftsfähigkeit des Petenten davon ab, ob man auf Grund der Reichstagsgeschäftsordnung ein Petitionsrecht oder auf Grund der Verfassung nur eine Petitionsfreiheit anerkennen will [37]); im ersteren Fall, aber nur dann, würde sich die Petition als Rechtsgeschäft darstellen, das demgemäß nur von Geschäftsfähigen vorgenommen werden kann. Jedenfalls wird man dies nach preußischem Recht anzunehmen haben [38]), wo durch VU. 32 die Petitionsfreiheit zum Petitionsrecht erhoben ist [39]). — Nicht zu billigen ist es nach unseren bisherigen Erörterungen, wenn Menzel [40]) meint, das „Erfordernis der Eigenberechtigung", womit er die Geschäftsfähigkeit bezeichnet, sei nur auf Grund besonderer gesetzlicher Normen zu verlangen. Wir würden dann vielfach, um nur den vorhin erwähnten Fall des preußischen Wahlrechts zu erwähnen, zu sehr merkwürdigen Ergebnissen kommen, vor denen wir bewahrt bleiben, wenn wir ganz allgemein anerkennen, daß von dem Geschäftsunfähigen publizistische so wenig wie zivilistische Willenserklärungen abgegeben werden können.

2. Aber das gilt nicht bloß von den nichtamtlichen, sondern es gilt, woran gegen Walter Jellinek [41]) festzuhalten ist, ebenso von den amtlichen publizistischen Willenserklärungen.

---

29) V. d. S. M. d. I. v. 12. VI. 1890 bei Reger **11**, 417.

30) Walter Jellinek 87. Über den Fall Bauffremont vgl. o. S. 240.

31) Erl. d. H. M. d. I. ohne Datum bei Reger **5**, 230. Erl. d. W. M. d. I. v. 28. XI. 1896 bei Reger **17**, 218. Vgl. o. S. 273 (76).

32) BVGH. **4**, 99.

33) S. 8.

34) **II**. 342.

35) **II**. 342 (15).

36) Vgl. das östr. Hof-Kanzlei-Dekret v. 31. März 1883 bei Mayrhofer II. 925 (2).

37) Vgl. Rosegger 120 f. Seine Ausführungen S. 123 sind hiernach etwas zu berichtigen.

38) Das übersieht Rosegger 129 f.

39) Vgl. Rosegger a. a. O.

40) S. 113.

41) Walter Jellinek 59 f.

Allgemeine Erwägungen sprechen mindestens nicht gegen diese Auffassung. Daß es hier seltener insbesondere vom Gesetzgeber hervorgehoben worden ist, darf uns weder irre machen noch Wunder nehmen. Es erklärt sich sehr einfach daraus, daß für diese Art von Willenserklärungen weit geringere Veranlassung zu einer Regelung der Frage vorlag und daß unserer so durchaus kasuistischen verwaltungsrechtlichen Gesetzgebung, die doch im wesentlichen nur Gelegenheitsarbeit war und der es an großen einheitlichen Prinzipien mangelte, ein dringlicher Anlaß zur Regelung fehlte. Jedenfalls darf man aus ihrem Schweigen nicht schließen, daß sie diese Art von publizistischen Geschäften anders behandeln wollte als die erste. Man kann auch nicht sagen, daß hier die Anfechtung durch Rechtsmittel, die bei den nichtamtlichen Rechtsgeschäften fehlen, das gegebene sei [42]; denn das würde nicht zutreffen für die doch gar nicht so seltenen Fälle, daß ein Rechtsmittel gar nicht zulässig oder auch, wie bei dem Befehl zu sofortigem Tun [43], praktisch wertlos ist; auch wäre die Verweisung auf den Weg der Rechtsmittel nur dann logisch, wenn man sie ebenso anwendete für alle Mängel, mindestens auf alle Inhaltsmängel; gibt man aber einmal zu, daß absolut nichtige Verwaltungsakte überhaupt möglich sind, dann kann man die Anwendung des Nichtigkeitsbegriffs auf den Fall der Geschäftsunfähigkeit des Beamten nicht leugnen. Hiernach müßten wir Nichtigkeit wegen Geschäftsunfähigkeit selbst dann behaupten, wenn sie nirgends im Gesetz und auch nicht einmal in der Wissenschaft anerkannt worden wäre. Aber so liegen die Verhältnisse gar nicht einmal. Zwar nicht so häufig wie hinsichtlich der anderen Klasse von Rechtsgeschäften sind hier die Anerkennungen, aber sie fehlen doch auch nicht gänzlich.

Es fehlt zunächst nicht an positivrechtlichen Anerkennungen, was Walter Jellinek [44] also zu Unrecht leugnet.

Im ALR. [45] lesen wir II. 18 § 810 den Satz: „Wird Jemandem vor erlangter Volljährigkeit ein Amt übertragen, so hat der Mangel des Alters auf die Verbindlichkeit und Rechtskraft seiner Amtshandlungen keinen Einfluß." Damit ist zweierlei gesagt. — Einmal, daß der Mangel der Volljährigkeit, genauer und im Sprachgebrauch des BGB. gesprochen, die Minderjährigkeit oder noch genauer die beschränkte Geschäftsfähigkeit des minderjährigen Beamten unschädlich sein soll; daß dabei nur an den beschränkt geschäftsfähigen Minderjährigen, nicht an das geschäftsunfähige Kind gedacht ist, wird niemand bezweifeln, so daß wir wohl ohne Widerspruch die ungenaue Ausdrucksweise des Gesetzes wie geschehen verbessern durften. Nun wäre freilich an diesem Satz, den wir nachher aus dem BGB. ebenfalls ableiten, nichts besonderes, und es wäre, wenn § 810 weiter uns nichts zu sagen hätte, kaum nötig gewesen, ihn hier zu zitieren. — Aber er hat uns noch mehr zu sagen, indem ihm offensichtlich der Satz zu Grunde liegt: „Die Vorschriften, über Geschäftsfähigkeit, die für privatrecht-

---

[42]) So Walter Jellinek 60, 61.

[43]) Vgl. a. a. O. 62.

[44]) S. 59, 60.

[45]) Merkwürdigerweise hat Schönborn im A. ö. R. 24, 126 ff. diese Bestimmung überhaupt nicht berücksichtigt.

liche Handlungen gegeben sind, finden auch auf Amtshandlungen entsprechende Anwendung", — ein Satz, der als an sich geltend vorausgesetzt und nur positiv dahin modifiziert wird: „Der Minderjährige, der das siebente Lebensjahr vollendet hat, ist aber für solche Handlungen, die die Erfüllung der sich aus dem Beamtenverhältnis ergebenden Verpflichtungen betreffen (Amtshandlungen), unbeschränkt geschäftsfähig" [46]). Es erscheint unbedenklich diese Modifikation auch ausdehnend auszulegen und sie anzuwenden auf sonstige Personen, die gleich dem Minderjährigen über sieben Jahre beschränkt geschäftsfähig sind wie der wegen Trunksucht oder Verschwendung Entmündigte. Wo aber die Modifikation des allgemeinen Grundsatzes weder kraft ausdrücklicher Gesetzesbestimmung noch kraft analoger Ausdehnung Platz greift, gilt uneingeschränkt der Grundsatz selbst: „Die Amtshandlungen der Geschäftsunfähigen sind ohne Verbindlichkeit und Rechtskraft", d. h. nichtig, wie ihre Privathandlungen nichtig sind.

Eine positive Anerkennung unseres Grundsatzes liefern ferner die Bestimmungen über Regierungsunfähigkeit des Monarchen. Regierungsunfähigkeit ist, soweit sie rechtliche und nicht wie dauernde Abwesenheit oder Krankheit bloß tatsächliche Unmöglichkeit ist, gar nichts anderes als Geschäftsunfähigkeit, publizistische Geschäftsunfähigkeit. Sie liegt vor, wenn der Monarch minderjährig ist, wobei das Recht keinen Unterschied zwischen der vollen Geschäftsunfähigkeit des Kindes und der beschränkten Geschäftsfähigkeit des Minderjährigen anerkennt; sie liegt ferner vor, wenn dem Monarchen die „privatrechtliche Dispositionsfähigkeit" fehlt [47]), d. h. wenn er geisteskrank und also geschäftsunfähig ist. Als Folge der Regierungs,- d. h. Geschäftsunfähigkeit des Monarchen muß man annehmen, daß seine trotzdem vorgenommenen Regierungsakte, selbst wenn sie die Gegenzeichnung des Ministers gefunden hätten, nichtig sind. Das ist eine Folge der Geschäftsunfähigkeit, nicht etwa eine Folge bloß davon, daß durch Eintritt der Regentschaft dem Monarchen selbst die Ausübung der Herrschaftsrechte entzogen ist; denn die Nichtigkeit gilt auch dann, wenn die Regentschaft noch gar nicht eingesetzt ist, wofern nur das Bedürfnis der Regentschaft, d. h. die Geschäftsunfähigkeit des Monarchen feststeht. In der Literatur wird diese Sachlage meist nicht klar hervorgehoben [48]). Offensichtlich liegt aber bei Bornhak [49]) der richtige Gedanke zu Grunde, wenn er sagt: Da die Regentschaft die Handlungsunfähigkeit des Monarchen zur Voraussetzung hat, so „kann nicht (!) der König durch seine Willensentschließung .. die Person des Regenten ... bezeichnen"; ungenau ist es dann freilich wieder, wenn er weiter

---

[46]) Vgl. BGB. 113.

[47]) Graßmann im A. ö. R. **6**, 492.

[48]) Schönborn im A. ö. R. **24**, 132, 133 hat unter dem Einfluß von W. Jellinek das Problem richtig erkannt, ohne es indes zu beantworten. Dagegen läßt die Monographie von Freund über Regentschaft jedes Verständnis für die Problemstellung vermissen; es wäre wohl kein Unglück gewesen, wenn der Verfasser seine politisierenden Erörterungen etwas zu Gunsten juristischer Erörterungen in dieser Richtung eingeschränkt hätte.

[49]) I. 215.

meint [50]: es kann „der König während der Regentschaft keine einzige Regierungshandlung vornehmen"; nicht auf das Vorhandensein der Regentschaft, sondern auf das Vorhandensein der feststehenden Geschäftsunfähigkeit kommt es entscheidend an.

Auch der Literatur ist die Nichtigkeit wegen Geschäftsunfähigkeit nicht unbekannt.

Wiederum ist es vor allem die Lehre von der Urteilsnichtigkeit, wo der Einfluß der Geschäftsunfähigkeit auf die Gültigkeit des Verwaltungsakts eingehender behandelt worden ist. So haben namentlich Ötker [51], Friedländer [52], Beling [53] und Löffler [54] die Prozeßhandlungen des wahnsinnigen Richters für nichtig erklärt [55]. Beling [53] hat auch diesen Standpunkt richtig damit begründet, daß es sich hier um rechtsgeschäftliche Akte handelt, die darum in einer „Erklärung einer geschäftsfähigen Person" bestehen müssen. Dagegen ist es nicht angängig, wenn Ötker [51] und Friedländer [52] sich darauf berufen, daß der wahnsinnige Amtsrichter ein „Nichtgericht" sei; denn weder hat er in Folge seiner Geisteskrankheit aufgehört, Richter zu sein [56], weswegen er noch immer taugliches Objekt einer Beamtenbestechung nach St.GB. 333 oder einer Beamtennötigung nach St.GB. 114 ist, noch auch hat er seine Zuständigkeit verloren, worauf wir alsbald bei Besprechung der Rechtshandlungen zurückkommen werden [57]. Das Verhältnis ist ebenso wie wenn der im privatrechtlichen Dienstverhältnis stehende Angestellte geisteskrank wird; das Dienstverhältnis wird durch den Eintritt dieser Tatsache noch nicht aufgehoben, aber der Angestellte wird unfähig, für den Geschäftsherrn Rechtsgeschäfte vorzunehmen; dagegen kann er wiederum ganz gut fähig bleiben, für den Geschäftsherrn den Hof zu reinigen, Holz zu hacken, Feldarbeiten zu verrichten, Botengänge zu besorgen usw.

Im eigentlichen Verwaltungsrecht ist der Einfluß der Geschäftsunfähigkeit auf die Gültigkeit von Verwaltungsakten wesentlich nur bei den Regierungsakten des geschäftsunfähigen Monarchen berücksichtigt worden. So in der Lehre von der Regierungsstellvertetung, wo man [58] zutreffend betont hat: Der König muß „rechtlich fähig sein, einen Auftrag zu erteilen. Der Minderjährige König kann (!) daher nie einen Stellvertreter, sondern nur einen Reichsverweser haben." Auch für den sogen. Thronverzicht hat man, im Ergebnis richtig, stets Geschäftsfähigkeit des Monarchen verlangt [59], indem man dabei frei-

---

[50]) I. 216.

[51]) S. 48 (1).

[52]) Im Gerichtssaal **58**, 349.

[53]) In Kohlers Enzyklopädie **II**. 366. Bennecke-Beling 294.

[54]) Bei Grünhut **31**, 515 (61).

[55]) A. M. offenbar Michel 54, der allerdings von einem „unter Mitwirkung" eines geschäftsunfähigen Richters zustande gekommenen Urteil spricht.

[56]) Richtig Walter Jellinek 60. Vgl. auch Beamt.G. § 61, der aber nicht, wie Jellinek a. a. O. meint, mit der Annahme der Nichtigkeit rechtsgeschäftlicher Verwaltungsakte im Widerspruch steht.

[57]) Vgl. Ebner in VA. **8**, 296.

[58]) Seydel **I**. 258.

[59]) Vgl. z. B. Frisch 9, Seydel **I**. 202.

lich zumeist von der falschen [60]) Auffassung ausging, der Thronverzicht sei Individual-, nicht Regierungsakt.

II. Wenn wir nun in Verallgemeinerung dieser anerkannten Anwendungsfälle für das öffentliche Recht überhaupt Geschäftsunfähigkeit als Nichtigkeitsgrund anerkennen, so fragt es sich für uns weiter: Woher nehmen wir die objektiven Normen über Begriff und Voraussetzungen der Geschäftsunfähigkeit?

1. Die Antwort kann im Grundsatz kaum zweifelhaft sein.

Im allgemeinen müssen wir die Bestimmungen des BGB. entsprechend anwenden und zurückgreifen auf die privatrechtliche Geschäftsfähigkeit [61]). Dieser Grundsatz ist besonders deutlich ausgesprochen namentlich in CPO. 52, St.AG. 8, 14a, Freiz.G. 2, Börs.G. (v. 22. Juni 1896) 58, Bayr. Rel.Edikt 6, 7, S. Bau-G. 2. Auch die Festsetzung des 24. Lebensjahrs als Anfangstermin des preußischen Wahlrechts ist geschehen unter dem offensichtlichen Einfluß des alten landrechtlichen Volljährigkeitstermins. Wir werden also keine Bedenken hegen, die im positiven Recht schon so verschiedentlich anerkannte Analogie privatrechtlicher Bestimmungen allgemein anzuwenden, wie dies auch bisher schon namentlich bezüglich der Prozeßfähigkeit im Verwaltungsstreitverfahren [62]) und im Verfahren außer Streitsachen [63]) geschehen ist.

Natürlich gilt unser Grundsatz dort nicht, wo das öffentliche Recht besondere Bestimmungen über die Geschäftsfähigkeit entwickelt hat wie in FGG. 59, in den Bestimmungen über Wahlfähigkeit, und in vielen anderen Fällen. Immerhin ist die Zahl dieser Ausnahmen doch nicht so groß, daß man daraus Bedenken gegen die Zulässigkeit unseres Grundsatzes herleiten könnte. Schönborn [64]) hat freilich gemeint: „Diese Mannigfaltigkeit der Normen läßt es schon von vornherein im allgemeinen als bedenklich erscheinen, irgend eine Altersgrenze im Zweifel, d. h. beim Schweigen des Gesetzes, als für die Geschäftsfähigkeit maßgebende anzusehen.“ Dieses Bedenken verringert sich aber ganz wesentlich, wenn man erkennt, daß es sich in vielen Fällen der Schönbornschen Zusammenstellung [65]) gar nicht um Normen über Geschäftsfähigkeit handelt. In all den Fällen z. B., wo gewisse Verwaltungsakte nur ergehen dürfen für oder gegen Personen eines bestimmten Alters wie die Erlaubnis zum Führen von Kraftfahrzeugen [66]), die Ernennung zu gewissen Ämtern [67]), die Ausstellung des Wandergewerbescheins [68]), handelt es sich nicht um die Geschäftsfähigkeit, d. h. eine allgemeine Eigenschaft von Personen, sondern um solche Voraussetzungen eines speziellen Verwaltungsakts, wie wir sie auch in all den Bestimmungen

---

[60]) Vgl. o. S. 171.

[61]) Tezner in A. ö. R. **9**, 352. Braunschw. VGH. bei Reger **28**, 67; vgl. auch die Entscheidungen in Anm. 62 und 63. — Vorsichtig Walter Jellinek 33.

[62]) BVGH. **15**, 79.

[63]) KG. **25** A. 184.

[64]) In A. ö. R. **24**, 143.

[65]) a. a. O. 138 f.

[66]) a. a. O. 140, 141.

[67]) a. a. O. 141, 142.

[68]) a. a. O. 142.

finden, nach denen ein Verwaltungsakt nur ergehen darf über Leute, welche unbescholten sind, ein bestimmtes Vermögen besitzen, eine gewisse Zeit an einem Orte ansässig sind usw. Der Unterschied dieser Fälle von den Fällen, wo Geschäftsunfähigkeit in Frage steht, wird besonders deutlich, wenn der Verwaltungsakt ungesetzlicherweise doch vorgenommen ist; wird er einer nicht geschäftsfähigen Person zugestellt, so ist er nach allgemeinen Grundsätzen [69]) überhaupt nicht wirksam geworden; wird dagegen beispielsweise im Falle Gew.O. 57a Z. 1 einem 24 jährigen Menschen der Wandergewerbeschein erteilt, dann liegt jedenfalls ein wirksamer, wenn auch wohl ungesetzlicher und nach Maßgabe von Gew.O. 58 anfechtbarer Verwaltungsakt vor. Der Unterschied zeigt sich ferner in folgendem: Der Antrag eines Geschäftsunfähigen ist nichtig, daher bei feststehender Geschäftsunfähigkeit überhaupt nicht materiell über den Antrag entschieden werden darf und nicht einmal eine Antwortpflicht im Rechtssinne, d. h. im Gegensatz zu einem nobile officium, anerkannt werden kann; dagegen ist der Antrag des 24 jährigen im Falle Gew.O. 57a allerdings materiell zu prüfen und gegebenenfalls als unbegründet, niemals aber als nichtig, abzulehnen; mit dieser Auffassung steht auch Bd. Jagd-G. 13, wo es freilich heißt: „Der Jagdpaß muß versagt (!) werden 1) Minderjährigen, es sei denn, daß der Vater oder Vormund den Paß für sie verlangt", nicht in Widerspruch, da diese Bestimmung sicherlich nur auf ungenauer Ausdrucksweise beruht, keineswegs aber besagen will, der Antrag des Geschäftsunfähigen sei wirksam und erzeuge eine rechtliche Antwortpflicht der Behörde [70]), woraus dann ja weiter folgerichtig geschlossen werden müßte [71]), daß dem Geschäftsunfähigen auch der Versagungsbescheid wirksam zugestellt werden kann, daß er gegen die Versagung Rechtsmittel einlegen kann usf. Übrigens hat Schönborn selbst das Dasein von Unterschieden angedeutet [72]), sie nur leider nachher wieder aufgegeben, indem er von der großen Mannigfaltigkeit der Vorschriften über Geschäftsfähigkeit sprach [73]).

2. In Ausführung unseres Grundsatzes ergibt sich im einzelnen folgendes.

Nicht geschäftsfähig ist das Kind unter 7 Jahren (BGB. 104 Z. 1). Praktisch bedeutsam ist das nur für die nichtamtlichen publizistischen Willenserklärungen. Für die amtlichen kommt es weiter nicht in Betracht. Denn so mancherlei Abnormitäten auch das Rechtsleben erzeugt, der siebenjährige Beamte darf doch als ausgeschlossen gelten. Für das Kind auf dem Königsthron aber ist BGB. 104 Z. 1 auch bedeutungslos, da hier die Sondernormen über Regierungsunfähigkeit Platz greifen, die, wie schon bemerkt, einen Unterschied

---

[69]) S. o. S. 185 f.

[70]) So faßt Schönborn in A. ö. R. 24, 137, 138 die Bestimmung auf. Doch hat er offensichtlich selbst Bedenken. Denn er fügt bei, dies müsse man „wenigstens nach dem Wortlaut des Gesetzes" annehmen und läßt diese Worte gesperrt drucken.

[71]) Daran denkt Schönborn a. a. O. nicht.

[72]) a. a. O. 143—146.

[73]) a. a. O. 151.

zwischen dem Kind und dem geschäftsbeschränkten Minderjährigen nicht kennen.

Nicht geschäftsfähig ist, wer sich in einem die freie Willensbestimmung ausschließenden Zustand krankhafter Störung der Geistestätigkeit befindet (BGB. 104 Z. 2), also der Geisteskranke, bei dem dieser Zustand ein dauernder ist, ebenso wie der Hypnotisierte oder Betrunkene (BGB. 105 II) während der Dauer dieses krankhaften Zustands. Dieser Fall der Geschäftsunfähigkeit findet gleichermaßen auf amtliche wie nichtamtliche Geschäfte Anwendung. Nicht dagegen gehört hierher der Taubstumme, der grundsätzlich, soweit nicht etwa eine Entmündigung wegen Geistesschwäche erfolgt ist, als geschäftsfähig betrachtet werden muß [74]).

Nicht geschäftsfähig ist weiter der wegen Geisteskrankheit Entmündigte (BGB. 104 Z. 3).

Gelten auch die Grundsätze über beschränkte Geschäftsfähigkeit für das öffentliche Recht? Hier muß man scheiden.

Für die nichtamtlichen publizistischen Willenserklärungen wird man wohl auch eine beschränkte Geschäftsfähigkeit, namentlich des Minderjährigen über sieben Jahre, anzunehmen haben [75]). In wie weit im einzelnen die Bestimmungen des BGB., namentlich § 111 und 113 [76]) anzuwenden sind, haben wir in der Lehre von den Verwaltungsakten nicht weiter zu verfolgen [77]).

Für die amtlichen publizistischen Willenserklärungen dagegen ist eine beschränkte Geschäftsfähigkeit ausgeschlossen. — Das gilt jedenfalls bezüglich der Minderjährigkeit. Für den Monarchen gilt in diesem Falle Geschäftsunfähigkeit auf Grund der erwähnten Sondernormen [78]). Für den minderjährigen Beamten dagegen gilt BGB. 113 [79]): „Ermächtigt der gesetzliche Vertreter den Minderjährigen in Dienst .... zu treten, so ist der Minderjährige für solche Rechtsgeschäfte unbeschränkt geschäftsfähig, welche ... die Erfüllung der sich aus einem solchen Verhältnis ergebenden Verpflichtungen betreffen." Das ist dasselbe, was, wie wir vorhin sahen, im ALR. mit ausdrücklichem Bezug auf die minderjährigen Beamten ausgesprochen ist. Dahin gestellt mag bleiben, ob in 810 ALR. II. 18 außerdem noch gesagt werden soll, daß der Beamte, in Abweichung von BGB. 113, auch ohne Zustimmung seines gesetzlichen Vertreters zum Beamten ernannt werden kann, oder ob § 810 nur Bestimmung treffen will über die Wirksamkeit der Amtshandlungen eines Beamten, dessen wirksame Ernennung als gegeben vorausgesetzt wird und abhängt von den allgemeinen Grundsätzen für Verwaltungsakte über Minderjährige [80]). — Auch die Entmündigung wegen

---

74) RVA. 1893 (S.) 114, Z. 267.

75) Vgl. aber auch Schönborn in A. ö. R. 24, 144.

76) Gut Braunschw. VGH. bei Reger 28, 67. Abweichend RVA. 1887, 134, Z. 328, wiederholt in RVA. 1894, 270, Z. 1337; ebenso RVA. 1905, 407, Z. 2098.

77) Ablehnend BVGH. 4, 476 im Fall Gew.O. 57 a.

78) Vgl. Schönborn in A. ö. R. 24, 136.

79) Vgl. a. a. O. 148 f.

80) Das letztere nehmen offenbar Kautz - Appelius 8 an, wenn sie nicht etwa 810 ALR. II. 18 überhaupt übersehen haben. — Vgl. auch RG. in Str. 2, 82.

Geistesschwäche, Verschwendung oder Trunksucht dürfte im öffentlichen Recht nicht in Frage kommen. Bezüglich des Beamten greifen die gleichen Erwägungen wie beim minderjährigen Beamten Platz. Beim Monarchen kann es sich nur fragen, ob Geschäftsunfähigkeit vorliegt.

III. Was endlich die Frage anlangt, in welchem Zeitpunkt die Geschäftsfähigkeit des handelnden Beamten vorhanden sein muß, wofern der Verwaltungsakt nicht nichtig sein soll, so wird man hier wohl unbedenklich BGB. 130^{II} entsprechend anwenden dürfen. Danach ist es auf die Wirksamkeit der Willenserklärung ohne Einfluß, wenn der Erklärende nach Abgabe der Willenserklärung geschäftsunfähig wird. Hier wird nun die Frage bedeutsam, welcher Augenblick als Augenblick dieser „Abgabe" anzusehen ist. Nicht zur Abgabe gehört das Zugehen an den Empfänger; vielmehr genügt es, wenn der Erklärende alles das getan hat, was notwendig war, um einen Verwaltungsakt entstehen zu lassen, und nicht erforderlich ist, daß er ihn auch schon insbesondere durch Zustellung hat wirksam werden lassen, wofern nur der Erklärende ihn für dieses Wirksamwerden bestimmt hat. Hier vor allem zeigt sich der große, aber zumeist übersehene [81]) Unterschied zwischen dem nichtigen und dem bloß noch nicht wirksam gewordenen, weil noch nicht zugestellten, Verwaltungsakt. Hat beispielsweise ein Amtsrichter ein Zivilurteil fertig unterschrieben zu den Akten gegeben, so wäre es falsch, dieses Urteil als nichtig zu bezeichnen, es ist bloß mangels Kundgabe noch nicht wirksam geworden; da es aber eine fertige und nach den Umständen zur Kundgabe bestimmte Willenserklärung ist, so wird es durch Verkündung, sei es durch den Urteilsfasser, sei es durch einen anderen Richter wirksam auch dann, wenn inzwischen der Urteilsfasser geschäftsunfähig geworden oder auch gestorben ist; denn es kommt nur darauf an, daß der Urteilsfasser im Augenblick, wo er das Urteil zu den Akten legte, d. h. im Augenblick der Abgabe seiner Willenserklärung, geschäftsfähig war. Und nicht anders ist die Rechtslage, wenn der Amtsrichter einen unterschriebenen Konkurseröffnungsbeschluß zur Gerichtsschreiberei gibt; dann hat es auf dessen Wirksamkeit keinen Einfluß, wenn der Richter vor Zustellung des Beschlusses geisteskrank wird; gleiches gilt auch dann, wenn zur Zeit der Zustellung der Richter zwar noch geschäftsfähig war, diese Zustellung aber wegen Formmangels nichtig war, daher wiederholt werden muß und wenn bis zu der zweiten Zustellung der Richter geschäftsunfähig geworden ist; anders dagegen wäre es, wenn nicht die Zustellung, sondern der Beschluß selbst wegen Formmangels nichtig gewesen wäre, da dann der Beschluß selbst der Wiederholung bedürfte, zu der indessen dem nunmehr geschäftsunfähigen Richter die Fähigkeit fehlte.

* * *

Minder bedeutsam als die Geschäftsunfähigkeit erscheinen die übrigen Willensmängel.

---

[81]) S. o. S. 269.

I. Von ihnen kann als Nichtigkeitsgrund neben der Geschäftsunfähigkeit nur noch der Zwang anerkannt werden, und selbst er nur soweit er vis absoluta ist; in so weit nämlich schließt er offenbar das Vorhandensein eines Willens und einer Willenserklärung aus [82]. Die erzwungene Willenserklärung ist darum nichtig [83], und in diesem Sinne Kohlers [84] Auffassung, daß in solchem Fall nur die Restitutionsklage gegeben sei, zu berichtigen.

II. Alle übrigen Willensmängel sind keine Nichtigkeitsgründe.

1. Am ehesten zweifelhaft sein kann dies bezüglich des Zwangs, soweit er vis compulsiva („Drohung") ist.

Walter Jellinek [85] hat Nichtigkeit wegen vis compulsiva behauptet und diese Behauptung folgendermaßen begründet: Die Wiederaufnahme des Verfahrens ist im Straf- wie im Zivilprozeß abhängig von der strafgerichtlichen Verurteilung des Richters wegen schuldhafter Verletzung seiner Amtspflicht. St.GB. 52 aber bestimmt, eine strafbare Handlung sei nicht vorhanden, wenn der Täter durch eine Drohung, welche mit einer gegenwärtigen, auf andere Weise nicht abwendbare Gefahr für Leib oder Leben seiner selbst oder eines Angehörigen verbunden war, zu der Handlung genötigt worden ist. Hiernach ist das Wiederaufnahmeverfahren also unstatthaft, sobald der Richter von unbeteiligter Seite durch derartige gefährliche Drohungen zur Rechtsbeugung genötigt wurde, während es zulässig wäre, wenn sich der Richter durch Drohungen leichteren Grades hätte beeinflussen lassen. Da man bei dieser Lage der gesetzlichen Bestimmungen, — meint Jellinek —, nur die Wahl hat, das so erwirkte Urteil entweder günstiger als das mit leichteren Drohungen erzwungene zu behandeln oder ungünstiger, und da es unlogisch wäre, sich für die erste Alternative zu entscheiden, so ist der Schluß geboten: Die gefährliche Nötigung macht die Amtshandlung kraft Gesetzes nichtig.

Diese Darlegungen, die ich absichtlich ausführlich wieder gegeben hatte, hören sich in der Tat recht einleuchtend an, und ich gestehe, daß ich, nach ihrer ersten Lesung, im Begriff war, meine frühere Auffassung zu Gunsten Jellineks aufzugeben. Immerhin schienen sie mir bei eingehenderer kritischer Prüfung doch nicht stand zu halten. — Es muß zunächst auffallen, daß auf solche Weise in das öffentliche Recht ein Nichtigkeitsgrund hineinkommt, der dem Privatrecht als

---

[82]) Ebenso W. Jellinek 114. Bennecke-Beling 293; vgl. 283.

[83]) Vgl. Bad. CPO. 6: „Jede richterliche Verfügung oder Entscheidung ist nichtig und zu allen Zeiten ... als nichtig anzufechten (?), wenn sie durch Zwang oder Machtgebot höherer Gewalt ihre Entstehung erhalten hat."

[84]) S. 57.

[85]) Walter Jellinek 115, 116. — Bezüglich der Parteihandlungen im Prozeß sagt Nußbaum, Prozeßhandlungen 68, eine durch vis compulsiva herbeigeführte sei überhaupt keine Willensäußerung und darum „ebenso ungültig wie im bürgerlichen Recht"; dabei ist aber, wie der Zusammenhang ergibt, nur aus Versehen von vis compulsiva gesprochen, während vis absoluta gemeint ist. — Bennecke-Beling 293, 294 wendet auf die „Drohung im Wege der psychischen Motivation", also die vis compulsiva (bezüglich seiner Stellung zur vis absoluta vgl. o. Anm. 82) den Satz coactus voluit an.

solcher unbekannt und von ihm nur als Anfechtungsgrund in BGB. 123 anerkannt ist. Das wäre ein innerlich kaum begründeter Verstoß gegen unseren allgemeinen Grundsatz [86]), daß im öffentlichen Recht die Nichtigkeit etwas ungewöhnliches und seltener als im Privatrecht ist. — Immerhin würde ich dieses Bedenken nicht für ausschlaggebend halten, wofern nur feststünde, was Jellinek so ohne weiteres voraussetzt, daß die gefährliche Drohung eines Unbeteiligten nach dem Willen des Gesetzgebers kein Wiederaufnahmegrund sein soll. Zuzugeben ist, daß sie es nach dem Wortlaut des Gesetzes CPO. 580 Z. 5, 581 nicht ist. Aber es dürfte doch unzweifelhaft sein, daß bei der Fassung dieses Wortlauts an den von Jellinek scharfsinnig gebildeten Rechtsfall überhaupt nicht gedacht worden ist; denn andernfalls wäre sicher eine auf derartige Fälle bezügliche Klausel beigefügt worden, wie sie tatsächlich vom Gesetzgeber für den Fall schon eingefügt ist, daß „die Einleitung oder Durchführung eines Strafverfahrens aus anderen Gründen als wegen Mangels an Beweis nicht erfolgen kann". Daher scheint es mir dem Geist des Gesetzes nicht zu entsprechen, wegen eines offenbaren Flüchtigkeitsversehens einen Umstand, der nach allgemeinen Grundsätzen nur als Anfechtungsgrund in Betracht kommen könnte, zum Nichtigkeitsgrund zu stempeln. Eher scheint es mir empfehlenswert und auch dem Geist des Gesetzes nicht widersprechend, im Widerspruch freilich mit dem Wortlaut von CPO. 581, der Schuldausschliessungsgründe allerdings nicht im Auge hatte [87]), durch eine gewisse Zwangsinterpretation den Schuldausschließungsgrund von St.GB. 52 doch unter die vorhin erwähnte Klausel der Unmöglichkeit einer Verurteilung zu bringen. Diese Lösung scheint mir um so eher angängig, da ja, wie Jellinek [88]) selbst zugibt, bezüglich der Urteile der Fall des § 52 St.GB. kaum praktisch werden dürfte; bei den sonstigen Verwaltungsakten aber, bezüglich deren Jellinek [88]) betont, daß sein Grundsatz praktische Bedeutung erlangen könne, scheint die bloße Anfechtbarkeit ausreichend [89]).

2. Auch der Irrtum kann nicht als Nichtigkeitsgrund anerkannt werden. Das gilt vom Irrtum im allgemeinen [90]) und muß daher insbesondere auch von dem error in persona behauptet werden, da ein Grund für abweichende Behandlung bei diesem nicht einzusehen ist.

Es fehlt freilich nicht an gegenteiligen Stimmen, die, insbesondere mit Beispielen aus dem error in persona, Nichtigkeit wegen Irrtums behaupten.

So hat Friedländer [91]) zuerst für den amtsrichterlichen Strafbefehl die Lehre aufgestellt, er sei bei Nichtübereinstimmung von Wille und Erklärung nichtig. Später hat Friedländer [92]) das bezüglich der Urteile an zwei Beispielen näher ausgeführt, indem er meint: Wenn der Vor-

---

[86]) S. o. S. 217 f.
[87]) Walter Jellinek 115 (3).
[88]) a. a. O. 116.
[89]) Vgl. u. S. 377.
[90]) Richtig RVA. 1899, 444, Z. 1758.
[91]) In Z. f. ges. Str.RW. 18, 523.
[92]) In Gerichtssaal 58, 351, 358. Dagegen Michel 54.

sitzende ein Urteil verkündet, das vom Gericht anders oder gar nicht beschlossen ist, so sei das verkündete Urteil, weil nicht vom Gericht beschlossen, nichtig [93]); und ebenso sei das Urteil nichtig, wenn Johann und Josef Müller wegen eines gemeinsam begangenen Delikts angeklagt seien und wenn nun das Gericht, ohne diesen Irrtum vor Schluß der Verhandlung zu berichtigen, die Verurteilung des Johann und die Freisprechung des Josef Müller verkünde, obschon es in umgekehrtem Sinn beschlossen hatte [94]).

Beling [95]) hat Urteilsnichtigkeit wegen Irrtums in dem Fall angenommen, daß A sich den Namen B beigelegt und unter diesem Namen verurteilt worden ist, und ebenso in dem Fall, wenn das Gericht eine Strafe von zwei Jahren Gefängnis beschlossen, der Vorsitzende aber zwei Jahre Zuchthaus verkündet hat [96]).

Walter Jellinek [97]) hat ebenfalls gemeint: „Sollte ... einmal zufällig die Entlassungsurkunde für A an einen gleichnamigen falschen Adressaten zugestellt worden sein, so wäre die Zustellung und damit die Entlassung null und nichtig, selbst wenn der Empfänger ebenfalls die Entlassung aus dem Untertanenverbande beantragt hätte.“ Dies leitet Jellinek [97]) aus dem Grundsatz ab: „Alle empfangsbedürftigen staatlichen Erklärungen bleiben ohne den ihnen zukommenden rechtlichen Wert, bevor sie in gültiger Weise dem Untertanen zugestellt ... worden sind.“

Auch Preuß [98]) behauptet: Da es bei der Anstellung des Kommunalbeamten auf den Willen des Dienstherrn ankomme [99]), so werde derjenige, dem irrtümlicherweise die Anstellungsurkunde ausgehändigt wurde, trotz der Aushändigung nicht Beamter.

Eine ältere Entscheidung des bayerischen Verwaltungsgerichtshofs [100]) verweist auf die Grundsätze des bürgerlichen Rechts und nahm daher unter Anwendung des früheren Zivilrechts Nichtigkeit wegen Irrtums an in einem Fall, wo eine Gemeindeverwaltung infolge entschuldbaren Tatsachenirrtums über die Heimat einer anderwärts beheimateten Person einen Heimatsvorbehalt erteilt hatte.

Bevor wir auf eine Kritik dieser Stimmen in der Hauptsache eingehen, müssen wir uns zunächst über eine Vorfrage klar werden, in wie weit nämlich die von Friedländer, Beling, Jellinek und Preuß vorgebrachten Beispiele überhaupt in die Lehre vom Irrtum gehören. In Wahrheit sind in diesen Beispielen Fälle des echten Geschäftsirr-

---

[93]) Friedländer a. a. O. 351.

[94]) a. a. O. 358.

[95]) Bennecke-Beling 293.

[96]) a. a. O. 283. Dagegen Michel 19.

[97]) Walter Jellinek 77. — Auf gleichem Standpunkt scheint übrigens auch OVG. bei Reger 25, 7, wo es sich um eine auf den Namen einer falschen Person ausgestellte Konzessionsurkunde handelte, zu stehen; doch läßt der mitgeteilte Teilbestand nicht mit genügender Deutlichkeit erkennen, wie die Urkunde aussah und ob nicht die Meinung des OVG. sich auch vom Standpunkt der folgenden Darlegungen aus rechtfertigt.

[98]) S. 401.

[99]) Vgl. Ledermann 275.

[100]) BVGH. 5, 50. Vgl. o. S. 238.

tums mit verschiedenen anderen zusammengeworfen, so daß uns zunächst die Aufgabe zufällt, den Begriff des echten Geschäftsirrtums und seine Unterschiede von ähnlichen Rechtserscheinungen festzustellen.

Was zunächst das erste Beispiel von Friedländer anlangt, dem der zweite Fall von Beling entspricht, so haben wir es schon früher in anderem Zusammenhang [101]) eingehend erörtert und daselbst ausgeführt, daß in solchem Fall ein doppeltes eintreten kann. Entweder die Beisitzer schweigen, stimmen also dem verkündeten Urteil stillschweigend zu; dann ist das verkündete Urteil vollwirksam [102]). Oder aber die Beisitzer widersprechen der Verkündung des Vorsitzenden; dann fehlt es an jeder ordnungsmäßigen Verkündung und aus diesem Grunde, nicht aber wegen eines Widerspruchs zwischen Wille und Erklärung entbehrt das Urteil jeder rechtlichen Wirkung.

Auch bei dem zweiten Beispiel Friedländers sind zwei Unterfälle zu unterscheiden. Entweder es ergibt sich aus den Umständen, insbesondere aus dem Zusammenhang der gleichzeitig mitverkündeten Urteilsgründe, daß ein „offenbares Versehen" vorliegt; das ist dann der gegebene Fall des Berichtigungsverfahrens [103]), und von echtem Geschäftsirrtum kann dabei keine Rede sein. Nur in dem anderen Fall, wo ein solches offenbares Versehen nicht in Frage kommt, handelt es sich um echten Geschäftsirrtum.

Auch bei Walter Jellinek findet sich recht verschiedenartiges in ungetrennter Gemeinschaft. — Man vermißt bei ihm zunächst eine klare Scheidung der beiden Fragen, die wir bereits früher voneinander getrennt haben [104]): einerseits Wirkung gegenüber dem gemeinten, aber nicht erreichten Adressaten; andererseits Wirkung gegenüber dem erreichten, aber nicht gemeinten Adressaten. Während die erstgenannte Frage in die Lehre von der Zustellung gehört, haben wir in der Lehre vom Irrtum uns nur noch mit der zweiten zu beschäftigen [104]). — Aber auch allein vom Standpunkt dieser zweiten Frage aus kann man nicht alle Fälle, die unter Jellineks Behauptung gehören, in gleicher Weise behandeln. Es fehlt bei Jellinek eine klare Scheidung der Fälle echten Geschäftsirrtums von den Fällen rechtlich bedeutungsloser „irrtümlicher Mitteilungen". Wenn beispielsweise dem August Müller, Friedrichstraße 1 ein Verwaltungsakt zugeht, der die Aufschrift an Adolf Müller, Friedrichstraße 2 trägt, so wird man selbstverständlich annehmen, daß dieser Zugang rechtlich gänzlich bedeutungslos ist; wir stehen vor der bloßen Tatsache, daß die Behörde dem August Müller mitteilt, sie habe einen Verwaltungsakt gegen Adolf Müller vornehmen wollen, — eine Mitteilung, die dem August Müller vielleicht außerordentlich interessant, die aber rechtlich ohne irgend welchen Belang ist; von echtem Geschäftsirrtum kann hier aber ebensowenig die Rede sein, wie jemand im Privatrecht auf den Gedanken käme, A müsse einen

---

101) S. o. S. 216, 217.

102) Das erkennt Friedländer a. a. O. 352 selbst an. Vgl. o. S. 178.

103) Vgl. Stieve in DJZ. **1906**, 1316.

104) Vgl. o. S. 187.

in solcher Weise an die falsche Adresse gelangten Kaufantrag erst wegen Irrtums anfechten, um ihn rechtsunwirksam zu machen. Anders ist es dagegen allerdings in dem von Walter Jellinek speziell hervorgehobenen Fall, daß dem A, der ebenfalls die Entlassung beantragt hat, eine auf den gleichen Namen lautende, wenn auch für einen anderen A bestimmte Entlassungsurkunde ausgehändigt wird; hier liegt allerdings echter Geschäftsirrtum vor. Wo im Einzelfall die Grenze zu ziehen ist zwischen dem echten Geschäftsirrtum und der „irrtümlichen Mitteilung", soll hier nicht näher untersucht werden [105]), da hier vieles Tatfrage ist und die Frage nur in kasuistischer Behandlung beantwortet werden kann; hier kam es nur darauf an, auf das Vorhandensein dieses Unterschieds hinzuweisen; im allgemeinen mag noch bemerkt werden, daß wir es nicht mit echtem Geschäftsirrtum, sondern mit irrtümlichen Mitteilungen überall dort zu tun haben, wo die Willenserklärung durch irgend welche Umstände, insbesondere die Verschiedenheit des Namens dermaßen individualisiert ist, daß sie ein Mißverständnis auf Seiten des erreichten Adressaten unbedingt ausschließt, vielmehr ihre Bestimmung für einen anderen Adressaten unzweideutig erkennen läßt.

Nur, soweit hiernach überhaupt von echtem Geschäftsirrtum die Rede sein kann, taucht für uns die Hauptfrage auf, ob wir als Wirkung dieses Irrtums Nichtigkeit annehmen dürfen. Und diese Hauptfrage muß verneint werden.

Auf die erwähnte Entscheidung des bayrischen Verwaltungsgerichtshofs brauchen wir von vornherein nicht näher einzugehen. Sie hat ja lediglich auf die Grundsätze des Zivilrechts verwiesen, so daß von ihrem Standpunkt aus nach dem jetzt geltenden Zivilrecht, BGB. 119, nur noch Anfechtbarkeit, jedenfalls keine Nichtigkeit in Frage kommt.

Gegen Friedländer, Beling und Walter Jellinek aber ist zu bemerken: Wenn schon im Privatrecht der Irrtum nur Anfechtbarkeit und keine Nichtigkeit bewirkt, so muß im öffentlichen Recht, wo ja überhaupt alles viel förmlicher zugeht und wo infolgedessen die Form eine größere Bedeutung gegenüber dem Inhalt und die förmliche Erklärung also auch eine größere Bedeutung gegenüber dem nichterklärten Willen haben muß, noch weit mehr die Willenstheorie gegenüber der Erklärungstheorie zurückweichen; dem entspricht es, daß sich nicht einmal ein allgemeines Recht der Anfechtung wegen Geschäftsirrtums nachweisen läßt, wie wir später in der Lehre vom Widerruf noch sehen werden [106]).

3. So wenig wie vom Irrtum kann vom Betrug zugegeben werden, daß er Nichtigkeitsgrund sei. Diese Behauptung ist übrigens auch nur vereinzelt und ohne weitere Begründung aufgestellt worden; so hat Born [107]) gemeint, ein erschlichener Baukonsens sei nichtig, — eine Auffassung, die zurückgeht auf eine Verordnung des Ministeriums der öffentlichen Arbeiten vom 28. August 1880 über allgemeine Grundsätze für den Erlaß von Bauordnungen, Kapitel 3 § 5, wo aber mög-

---

[105]) Ich werde darüber demnächst ausführlicher in einem Aufsatz über „Die Zustellung an den falschen Adressaten" im VA. handeln.

[106]) S. u. S. 381.

[107]) Born 66.

licherweise nur Anfechtbarkeit (Widerruflichkeit), keine echte Nichtigkeit gemeint ist [108]). Im übrigen kann es als herrschende Meinung bezeichnet werden, daß der Betrug nicht Nichtigkeitsgrund, wohl aber allgemeiner Anfechtungsgrund ist; wir werden davon noch näher in der Lehre vom Widerruf zu handeln haben [109]).

4. Unanwendbar sind auf Verwaltungsakte endlich die Bestimmungen von BGB. 116 bis 118. Es gibt beim Verwaltungsakt keine Mentalreservation, die der Geschäftsgegner kennen kann. Es gibt keinen Verwaltungsakt, der mit Einverständnis des Betroffenen nur zum Schein vorgenommen wird [110]). Es gibt keinen Verwaltungsakt, von dem der Betroffene erwarten kann, er sei nur Scherzgeschäft. All das widerspricht der hoheitlichen Natur des Verwaltungsakts.

* * *

Wir setzten bisher voraus, daß die nichtigkeitsbegründenden Tatbestände vorlägen in der Person des Einzelbeamten. Dieselben Tatbestände, Geisteskrankheit, Trunkenheit, vis absoluta, können nun aber auch vorliegen bei dem Mitglied eines Kollegiums. Es fragt sich, welchen Einfluß solche Mängel in der Kollektivwillensbildung haben. Die Frage ist dem öffentlichen Recht nicht eigentümlich. Sie taucht ebenso für das Privatrecht auf, z. B. in der Form, welchen Einfluß die Geisteskrankheit des Aktionärs auf die Gültigkeit des Generalversammlungsbeschlusses, an dem er beteiligt war, hat. Die Frage ist aber nicht einmal für das Privatrecht beantwortet, und HGB. 271 hat daran offensichtlich nicht gedacht. Die Antwort wird endgültig wohl nur eine allgemeine Theorie von den Vereinbarungen und Gesamtakten in dem früher erörterten Sinn geben können, — eine Theorie, die sich dann freilich nicht, wie bisher, beschränken darf auf die Feststellung, Vereinbarung sei nicht Vertrag, die vielmehr die bisher nicht gelöste Frage nach den eigentümlichen für Vereinbarungen geltenden Rechtssätzen beantworten muß. Ohne den Ergebnissen dieser künftigen Lehre vorgreifen zu wollen, möchten wir den Gedanken aussprechen, daß Mängel der Kollektivwillensbildung im allgemeinen nur als Verfahrensmängel [111]), d. h. als bloße Anfechtbarkeit begründend, anzusehen sind. Eine Ausnahme wird anzuerkennen sein, insofern sämtliche Mitglieder des Kollegiums einen mangelhaften Willen oder genauer gesagt überhaupt keinen rechtserheblichen Willen haben; für die Frage der Geschäftsunfähigkeit wird, wenn man nicht an sinnlose Trunkenheit des ganzen Kollegiums denken will, diese Abnormität nicht in Betracht kommen; eher kann die Frage hinsichtlich des Zwangs praktisch werden. Auf

---

108) Vgl. u. S. 316, 317.

109) S. u. S. 371 f.

110) Klein 28 hinsichtlich der Parteihandlungen.

111) So auch Tezner 33, 34, der aber freilich die Sonderstellung der Verfahrensmängel gar nicht erkannt hat. Sachlich meint er 34, daß die Normen über die Besetzung eines Kollegiums auch „ohne ausdrückliche gesetzliche Bestimmung als unter der Sanktion der Nichtigkeit oder mindestens Vernichtbarkeit jeder Verletzung derselben stehend angesehen werden müssen“. Aber wann Nichtigkeit, wann Vernichtbarkeit ?!

demselben Standpunkt wie wir steht auch Friedländer [112]) und für das Prozeßrecht wird er bestätigt durch CPO. 579 Z. 1, St.PO. 377 Z. 1, wo bei nicht „vorschriftsmäßiger" Gerichtsbesetzung nur die Nichtigkeitsklage, d. i. Anfechtbarkeit, also keine wahre Nichtigkeit vorgesehen ist. In dieser Weise hat offensichtlich auch das Reichsgericht das Verhältnis in dem Fall Brausewetter [113]) aufgefaßt, wo es sich um die Frage handelte, wie es mit der Gültigkeit der Strafkammerurteile stände, die von dem nach seiner Pensionierung für geisteskrank erklärten Landgerichtsdirektor Brausewetter verkündet worden waren; die preußische Justizverwaltung hatte sich übrigens auf den Standpunkt gestellt, daß Brausewetter während seiner Amtstätigkeit noch nicht geisteskrank war [114]).

* * *

Gelten diese Nichtigkeitsgründe auch von Rechtshandlungen?

1. Grundsätzlich muß die Frage im allgemeinen verneint werden. Die Nichtigkeit wegen Willensmängeln beruht auf dem Charakter des Verwaltungsakts als einer Willenserklärung; sie kann darum keine Anwendung finden auf die Akte, die keine Willenserklärungen sind. Anders müßte man natürlich entscheiden, wenn man die Nichtigkeit in unserem Fall als Mangel der Zuständigkeit auffaßt, was wir aber abgelehnt haben. Gerade in dieser Frage also zeigt sich der viel bezweifelte Wert des Rechtsgeschäftsbegriffs und seiner scharfen Scheidung von der bloßen Rechtshandlung; nur für das Rechtsgeschäft, nicht für die Rechtshandlung gelten die Vorschriften über Geschäftsfähigkeit [115]). Im einzelnen folgt hieraus z. B.

Wenn für die zwangsweise Durchführung eines Verwaltungsakts eine vorherige Mahnung vorgeschrieben ist, so wird dem genügt, auch wenn sie ausgegangen ist von einem wahnsinnigen Beamten, wofern sie nur die äußerlichen Tatbestandsmerkmale der Mahnung aufweist.

Wenn ein wahnsinniger Polizeibeamter ein Führungszeugnis ausgestellt hat und wenn der Inhaber es gefälscht und davon zum Zweck der Täuschung Gebrauch gemacht hat, so kann er sich nicht darauf berufen, daß der Beamte geisteskrank gewesen sei. Er wird wegen Urkundenfälschung bestraft.

Wenn im Zivilprozeß eine Partei unter Beweis stellt, die vom Gegner vorgelegte öffentliche Urkunde sei „von einem geisteskranken Beamten, also nicht innerhalb seiner Zuständigkeit, aufgenommen", so ist das unerheblich und der Richter muß den Beweisantrag ablehnen.

---

112) Im Gerichtssaal **58**, 349.

113) Vgl. darüber den Meinungswechsel von Landsberg und Stenglein in Hardens „Zukunft" **14**, 558; **15**, 33, 165. Löffler bei Grünhut **31**, 515 (61) nimmt in solchen Fällen Nichtigkeit an.

114) Vgl. „Zukunft" **14**, 558.

115) Über bürgerliches Recht vgl. Manigk 207, 208, 217. — Vgl. ferner Klein 27 ff., 107; Nußbaum **41** über eidesstattliche Erklärung Minderjähriger, die er mit Recht gegen Jastrow in ZCP. **25**, 536, für zulässig hält.

Zustellungen und Verkündungen sind nicht um deswillen nichtig, weil sie durch wahnsinnige Beamte erfolgt sind.

2. Eine Ausnahme von dem Grundsatz gilt aber für die Erklärungsannahme. Jedenfalls rechtsgeschäftliche Erklärungen müssen gegenüber geschäftsfähigen Beamten abgegeben werden ebenso wie Verwaltungsakte nur wirksam werden bei Bekanntgabe an geschäftsfähige Untertanen. Das nähere hierüber gehört in die Lehre vom Geschäftsabschluß bei nichtamtlichen publizistischen Rechtsgeschäften.

§ 32.

IV. Die Anfechtbarkeit.

Eine Mangelhaftigkeit, die nicht Nichtigkeit bewirkt, hat grundsätzlich Anfechtbarkeit zur Folge. Die Anfechtung überwiegt im öffentlichen Recht durchaus gegenüber der Nichtigkeit, im scharfen Gegensatz zum Privatrecht, wo das Verhältnis genau umgekehrt ist.

I. Was zunächst die Formen anlangt, in denen sich die Anfechtung bollzieht, so sind sie verschieden je nach der Person des Anfechtungsverechtigten. Es empfiehlt sich daher, die beiden Fragen nach dem Anfechtungsberechtigten und den Anfechtungsmitteln zu verbinden.

1. Grundsätzlich anfechtungsberechtigt ist der Handelnde. In diesem Satz liegt dreierlei.

Grundsätzlich ist der Handelnde anfechtungsberechtigt. — Es bedarf also zu dieser Anfechtung von Amtswegen oder „Selbstanfechtung" keiner besonderen gesetzlichen Grundlage. — Eine solche ist vielmehr umgekehrt erforderlich, um das allgemeine Anfechtungsrecht auszuschließen. Das letztere ist namentlich in dem förmlichen Gerichtsverfahren mindestens bezüglich der wichtigsten prozeßbeendenden Verwaltungsakte wie vor allem der Urteile durchweg geschehen. Dabei ist zu beachten, daß die für die Ausschließung des Anfechtungsrechts erforderliche gesetzliche Sonderbestimmung natürlich keine ausdrückliche zu sein braucht. So steht weder in der CPO. noch in der St.PO. mit ausdrücklichen Worten [1]), daß der Richter oder das Obergericht ein Urteil nicht von Amtswegen ändern dürfen; es ergibt sich indes hier die Ausschließung des Anfechtungsrechts aus der ganzen Struktur des Prozesses, wonach eben ein Urteil nur auf Rechtsmittel hin und nur durch das Obergericht abgeändert werden kann; sie ergibt sich aus dem Satz iudex ne procedat ex officio, wonach alle Akte nach Prozeßschluß nur als unselbständige Akte in dem früher erörterten Sinn [2]) zulässig sind. Gleichartige Grundsätze beherrschen ferner z. B. das Feststellungsverfahren in Arbeiterversicherungssachen und daher wird man den berufsgenossenschaftlichen Abfindungsbescheid im Falle Gew.-Unf.VG. 95 unter Berücksichtigung von § 91, 76^{I} ebenfalls als nur

[1]) Nur mittelbar findet es sich in den Bestimmungen der CPO. 319 über Wortberichtigung von Amtswegen ausgesprochen.

[2]) S. o. S. 28, 172 f.

mit der Berufung, nicht aber von Amtswegen anfechtbar zu betrachten haben [3]).

Anfechtungsberechtigt ist der Handelnde. Es kann sich hier nun fragen, ob das Anfechtungsrecht eine Anfechtungspflicht in sich birgt.

Die Frage gehört immerhin zu den einigermaßen zweifelhaften. — Für ihre Bejahung kann man anführen, daß die Handhabung des öffentlichen Rechts nicht à discrétion der Verwaltung gestellt werden darf, was dann geschehe, wenn man diese für befugt erachte, einen Verstoß gegen gesetzliche Bestimmungen durch Nichtanfechtung tatsächliche Geltung erlangen zu lassen; es liege darin die Anerkennung eines allgemeinen Dispensationsrecht der Verwaltung gegenüber dem Gesetz, das zwar nicht unmittelbar durch einen formellen Dispens, wohl aber in der Weise ausgeübt werden könne, daß die Behörde etwa obligatorische Versagungsgründe bei einer Polizeierlaubnis wissentlich übersehe und nach erteilter Erlaubnis nicht anfechte. — Dagegen aber läßt sich sagen, daß es dem Wesen der Verwaltungstätigkeit mehr entspricht, wenn die Behörde nicht völlig gebunden ist, wenn sie insbesondere über den Gebrauch ihres Anfechtungsrechts sich auf Grund aller vorhandenen, insbesondere auch der Billigkeitsmomente, schlüssig macht, dabei nur gebunden an ihr „pflichtmäßiges Ermessen"; die erwähnten Bedenken fallen dem gegenüber wohl weniger ins Gewicht, zumal einer mißbräuchlichen Anwendung der Freiheit die Rechtsmittel der Betroffenen und das Aufsichtsrecht der Oberbehörden ebenfalls entgegen wirken.

Praxis und Wissenschaft haben sich denn auch zumeist gegen eine Anfechtungspflicht entschieden. So hat das Oberverwaltungsgericht [4]) ausgeführt, daß es durch jenes allgemeine pflichtgemäße Ermessen nicht ausgeschlossen sei, unter Berücksichtigung von Billigkeits- und Zweckmäßigkeitsmomenten „geringfügige Abweichungen bestehender Bauten von den Vorschriften der Baupolizeiverordnungen ... bestehen zu lassen"; es hat aber zugleich betont, daß hierdurch nur ein rein tatsächlicher, nicht wie beim Dispens ein veränderter rechtlicher Zustand herbeigeführt werde. Von diesem Gesichtspunkte aus erscheint auch die häufig in der Literatur [5]) vertretene Auffassung haltbar, daß ein Verwaltungsakt von Amtswegen „nicht leichthin" widerrufen werden solle, sondern nur, wenn „das bestehende Recht in erheblichem Maße verletzt worden ist".

Auch die Gesetzgebung steht meist auf dem Standpunkt, daß sie obligatorische Versagungsgründe, falls dieselben unberücksichtigt geblieben sind, nur zu fakultativen Rücknahme-, d. h. Anfechtungsgründen erklärt [6]).

---

[3]) Vgl. Rosin II. 1020.

[4]) OVG. **29**, 354.

[5]) Vgl. z. B. Mayer I. 151. Seydel I. 513.

[6]) Vgl. z. B. Gew.O. 53 und dazu Schenkel I. 399; Hilfs-KG. 29, Z. 5a; Gew.Unf.VG. 49 IV 3; See-Unf.VG. 53; Gew.O. 104 f; FGG. 18. — Bad.G. v. 8. März 1868 § 107; Östr. Waffen-Patent v. 24. Okt. 1852 § 41; dazu Mayrhofer III. 692 (5) und die dort genannten Entscheidungen.

Wir stellen daher als Grundsatz auf: Wo das Gesetz nichts gegenteiliges vorschreibt wie pr. Jagd-O. 36 und überhaupt die meisten Jagdgesetze bezüglich der Jagdscheine, dort muß angenommen werden, daß nur ein Anfechtungsrecht und keine Anfechtungspflicht des Staates besteht.

Der Handelnde ist anfechtungsberechtigt. Handelnder ist, im allgemeinen gesprochen, der Staat oder die sonstige öffentlichrechtliche Körperschaft, in deren Namen der Verwaltungsakt erging, sein Anfechtungsmittel, ebenfalls im allgemeinen gesprochen, die Selbstanfechtung [7]). Im einzelnen fragt sich, welches Organ zuständig ist zur Ausübung des staatlichen Anfechtungsrechts. Die Antwort, die uns zugleich besagt, in welchen Formen sich die Anfechtung vollzieht, muß verschieden lauten.

Das nächstliegende und gewöhnliche ist, daß die Behörde, die den anfechtbaren Verwaltungsakt vorgenommen hat, selbst anficht; das geschieht dann durch „Rücknahme" des angefochtenen Verwaltungsakts. Es gibt aber nicht wenige Fälle, wo ihr dieses Recht vom Gesetzgeber genommen ist. So z. B. bei den Verfügungen der freiwilligen Gerichtsbarkeit, die mit der sofortigen Beschwerde anfechtbar sind, auf Grund FGG. 18^{II}. In solchen Fällen ist entweder das staatliche Anfechtungsrecht auf ein anderes Organ übertragen oder es ist, wie namentlich bei privatrechtlichen Ansprüchen, auf ein staatliches Anfechtungsrecht überhaupt verzichtet und die Geltendmachung der Geschäftsmängel allein in das Belieben der betroffenen Personen gestellt.

Auch der Fall, daß die Anfechtung einer anderen Behörde als der handelnden zusteht, kommt häufiger vor. Im Strafprozeß ist der Staatsanwalt die anfechtungsberechtigte Behörde; seine Stellung ist hier der des Abgeurteilten gleich und er ist angewiesen auf dieselben Anfechtungsmittel wie dieser; der Fall ist daher besser aus diesem Zusammenhang auszuscheiden, da hier nur die Rede ist von dem eigentümlichen Selbstanfechtungsrecht des Staates, das sich durch Widerruf vollzieht, während auf das Anfechtungsrecht des Staatsanwalts im wesentlichen die für die Parteianfechtung geltenden Grundsätze Anwendung finden. Besonders gearteten Bildungen begegnen wir im Gewerberecht; hier findet nach P. Zust.G. 114^{I}, 119 Z. 2 z. B. der Widerruf einer Schankerlaubnis durch den Kreisausschuß, der die Erlaubnis erteilt hatte, statt; es gilt aber die Besonderheit, daß er nach § 119, bevor er zurücknehmen kann, erst die Klage der Polizeibehörde gegen den Erlaubnisinhaber abwarten muß [8]). Im Steuerrecht kommen auch solche Fälle vor, wo eine andere Behörde einfach an die Stelle der verfügenden tritt und das Anfechtungsrecht in gleicher Weise wie diese, d. h. durch Rücknahme und Abänderung des mangelhaften Verwaltungsakts ausübt; so ist z. B. nach B. Eink.St.G. Art. 32 bei höheren Einkommen die Veranlagung Sache eines Steuerausschusses, dagegen nach Art. 82 die Abänderung kraft Anfechtung Sache des Rentamts.

---

[7]) Vgl. o. S. 209.

[8]) Vgl. auch Erl. d. P. Min. d. I. v. 9. III. 84 bei Reger **4, 404** über den Wechsel der örtlichen Zuständigkeit zur Einleitung des Widerrufsverfahrens.

Neben dem Anfechtungsrecht der verfügenden Behörde läuft das Anfechtungsrecht der Oberbehörde. Die formelle Zuständigkeit der Oberbehörde muß grundsätzlich anerkannt werden [9]) und ist auch positiv z. B. im ALVG. 50^{III} anerkannt worden [10]). Damit ist aber freilich nicht gesagt, daß die materielle Zulässigkeit unbeschränkt sei. Die Schranken sind im allgemeinen eben dort zu suchen, wo die Schranken für das Anfechtungsrecht der verfügenden Behörde liegen [11]). Wenn wir also sagen, die Oberbehörde sei zur Anfechtung von Verwaltungsakten der Unterbehörde berechtigt, so meinen wir dies nur unter der selbstverständlichen Voraussetzung, daß überhaupt im gegebenen Fall ein materielles Anfechtungsrecht des Staats vorhanden ist, bei dem wir nur noch die formelle Frage beantworten wollen, wer zur Ausübung dieses Rechts zuständig ist. Die Anfechtung geschieht hier durch „Aufhebung" des angefochtenen Akts.

2. Anfechtungsberechtigt kann aber auch der Betroffene sein. Auch in diesem Satz liegt dreierlei.

Der Betroffene kann anfechtungsberechtigt sein. Das ist ein Unterschied von dem Anfechtungsrecht des Handelnden. Nur diesem, nicht aber dem Betroffenen, darf ein allgemeines, auch ohne besondere gesetzliche Grundlage bestehendes Anfechtungsrecht zuerkannt werden.

Von einem Anfechtungsrecht des Betroffenen und von Parteianfechtung kann nur dort die Rede sein, wo der Betroffene formelle Rechtsmittel gebrauchen kann. — Solche aber sind nicht überall gegeben. Mindestens nach preußischem Verwaltungsrecht bedürfen sie nach ALVG. 50 auf Grund der Enumerativmethode besonderer gesetzlicher Anerkennung, die aber selbstverständlich auch in einer Generalklausel wie in ALVG. 127 ff. bezüglich der Polizeiverfügungen oder in CPO. 567 bezüglich abweisender Verfügungen des Gerichts enthalten sein kann. Grundsätzlich ausgeschlossen erscheinen sie für die internen Verwaltungsakte, namentlich für die Dienstbefehle [12]), deren Sonderstellung namentlich in der Lehre von der Anfechtung bedeutsam wird; eine, auch nur mehr scheinbare Ausnahme gilt für die Disziplinarverfügungen, die schon aus dem Bereich der internen Verwaltungsakte heraustreten, indem sie den Beamten nicht sowohl als Organpersönlichkeit, sondern vielmehr als Individualpersönlichkeit ergreifen. — Besonders eingehend geregelt sind die Rechtsmittel in den besonderen förmlichen Verfahrensarten, wie Zivil-, Straf- und Verwaltungsprozeß. Die Bezeichnungen und Tragweite der einzelnen Rechtsmittel sind verschieden. Am allgemeinsten sind im heutigen Recht Berufung und Revision. Daneben kommen Nichtigkeits- und Restitutionsklage, Einspruch, Antrag auf gerichtliche Entscheidung, Beschwerde, gewöhnliche Klage vor. Verschieden ist auch die Frage zu beantworten, ob die Beschwerde bei der angegriffenen oder bei der ihr übergeordneten Behörde einzulegen ist,

---

[9]) Vgl. Bernatzik 277—281, 284—286, Tezner 239 f. Vgl. auch Rosin 273.

[10]) Vgl. ferner Pr. Min.Erl. v. 7. März 1894 (I. M. B. 43), Bayr. Gem.O., Art. 157^{III}. — Über § 48 der früheren östr. Jur.N. vgl. o. und Bernatzik 240 (27).

[11]) Vgl. OVG. 24, 344 (doch scheint mir hier nur die Eventualbegründung S. 349 f. zutreffend), OVG. 38, 232; Mayer I. 151; Bernatzik 285, 286.

[12]) Vgl. Brauchitsch I. 36 zu ALVG. 24. OVG. 3, 345. Mayrhofer I. 1175.

sowie ob und unter welchen Voraussetzungen im ersteren Fall die angegriffene Behörde selbst der Beschwerde abhelfen darf; fehlen besondere Bestimmungen, so erscheint es als das gegebene, daß die Beschwerde bei der Oberbehörde, deren Tätigkeit ja hervorgerufen werden soll, einzulegen ist, womit die Abänderungsbefugnis der Unterbehörde von selbst entfällt. Auf die Einzelheiten der Rechtsmittellehre, bei denen übrigens das meiste von der positivrechtlichen Ausgestaltung abhändigt, einzugehen, haben wir in der allgemeinen Lehre von den Verwaltungsakten keine Veranlassung.

Wo es an besonderen Rechtsnormen über formelle Rechtsmittel des Betroffenen fehlt, da stehen ihm solche auch nicht zu, und eine Parteianfechtung kann darum hier nicht stattfinden. Freilich kann auch hier der Betroffene möglicherweise durch Anwendung der „Aufsichtsbeschwerde" oder der „Vorstellung" im Ergebnis dasselbe erreichen, was sich sonst mit formellen Rechtsmitteln erreichen läßt. Trotzdem bestehen zwischen den „echten", d. h. formellen, und diesen „unechten" Rechtsmitteln erhebliche Verschiedenheiten [13]). Die letzteren stehen allerdings jedem Betroffenen, und nicht nur diesem, sondern auch sonstigen Interessenten zu; sie stehen dem Betroffenen auch dann noch zu, wenn er infolge Fristversäumnis das formelle Rechtsmittel verloren hat, weshalb der „verspätete Rekurs" als Vorstellung oder Aufsichtsbeschwerde zu behandeln ist [14]). Aber sie stehen ihnen zu nicht als ein Recht, sondern nur als eine Möglichkeit: wem formelle Rechtsmittel gegeben sind, der allein ist anfechtungsberechtigt; wer dagegen auf unechte Rechtsmittel angewiesen ist, der besitzt kein Anfechtungsrecht, sondern nur eine Anfechtungsfreiheit. Und weil er kein Anfechtungsrecht besitzt, so besteht ihm gegenüber auch keinerlei Pflicht der angegangenen Behörde, abgesehen von einem nobile officium, das aber nichts juristisch Fassbares ist. Allerdings wird man eine Pflicht der Behörde, sich mit der Beschwerde oder der Gegenvorstellung zu beschäftigen und ihr gegebenenfalls abzuhelfen [15]), nicht leugnen dürfen; aber diese Pflicht besteht nicht gegenüber dem Betroffenen, sondern sie besteht gegenüber dem Staat und gegenüber der Oberbehörde; sie ist nichts als ein Ausfluß der allgemeinen Beamtenpflicht. Ob und in wie weit die angegangene Behörde tätig werden will, ist darum ihrem pflichtmäßigen Ermessen überlassen. Deshalb können immerhin Fälle vorkommen, wo wegen offensichtlicher Unbegründetheit der Beschwerde oder wegen anerkannten Querulantenwahnsinns des Beschwerdeführers die Behörde überhaupt nichts tut. Wenn sie aber einschreitet und die angegriffene Verfügung abändert, so ist das eine Änderung (Anfechtung) von Amtswegen, nicht eine Änderung auf Grund von Parteianfechtung. Aufsichtsbeschwerde und Vorstellung stellen sich beide dar nicht als Anfechtungsakte, sondern als bloße Anzeigen und Mitteilungen, sind darum auch keine Rechtsgeschäfte, können darum ebenso von geschäftsunfähigen wie von ge

---

[13]) Vgl. Mayer I. 152 f. Parey I. 180 f.
[14]) Bernatzik 284.
[15]) Vgl. OVG. v. 11. X. 99 in VBl. **21**, 258.

schäftsfähigen Personen ausgehen. Die Aufsichtsbeschwerde ist eine „Anrufung des Aufsichtsrechts“ [16]), eine Anzeige an die Aufsichtsbehörde, die ihr Kenntnis von der Unzweckmäßigkeit oder Ungesetzlichkeit eines Verwaltungsakts der Unterbehörde geben und sie zu einem Einschreiten veranlassen soll; und entsprechend ist die Vorstellung [17]) eine Anzeige an die verfügende Behörde, eine Mitteilung an sie von den nachteiligen, zweck- oder gesetzwidrigen Folgen ihrer Verfügung, eine Anrufung ihres pflichtmäßigen Ermessens, wodurch sie zu einem Einschreiten veranlaßt werden soll. In beiden Fällen aber ist dieses Einschreiten ein Einschreiten von Amtswegen, für das das Vorbringen des Beschwerdeführers nur Beweggrund ist, es ist kein Einschreiten auf Antrag [18]), ist daher zulässig nur unter der Voraussetzung, daß ein Selbstanfechtungsrecht des Staates besteht, also z. B. nicht bei Urteilen, und es erstreckt sich nur auf solche Anfechtungsgründe, die mit der Selbstanfechtung geltend gemacht werden können und die, wie wir noch sehen werden, vielfach enger begrenzt sind als die Anfechtungsgründe bei der Parteianfechtung.

Soweit hiernach überhaupt ein Recht zur Parteianfechtung besteht, steht dieses Recht dem Betroffenen zu. Es scheint unbedenklich, FGG. 20 als Ausdruck eines für das gesamte Verwaltungsrecht geltenden Grundsatzes aufzufassen, nach dem anfechtungsberechtigt jeder ist, „dessen Recht durch die Verfügung beeinträchtigt ist“. Popularklagen sind auch im modernen Recht nicht ausgeschlossen, kommen aber im allgemeinen nicht vor. Bei dem beeinträchtigten „Recht“ wird man übrigens nicht bloß an das „Recht“ im scharfgeschliffenen wissenschaftlichen Sprachgebrauch zu denken haben; auch der Eingriff in bloße „Befugnisse“ wie die Entziehung der Bau- oder Gewerbeerlaubnis ist selbstverständlich darunter zu fassen. Wer dagegen ein bloß tatsächliches Interesse an der Vornahme oder Vernichtung eines Verwaltungsakts hat, dem wird kein Anfechtungsrecht zuzugestehen sein; hierauf beruht die Entscheidung des bayerischen Verwaltungsgerichtshofs [19]), der den beteiligten Mitgliedern einer Behörde das Klagerecht absprach in einem Fall, wo sie sich dadurch beschwert fühlten, daß ein unter ihrer Mitwirkung gefaßter Beschluß um deswillen aufgehoben worden war, weil sie von der Mitwirkung gesetzlich ausgeschlossen gewesen seien. Das einzige, was bloße Interessenten tun können, ist, ein Einschreiten der verfügenden oder ihrer Aufsichtsbehörde von Amtswegen zu „veranlassen“; aber ihr „Antrag“ oder ihre „Beschwerde“ ist juristisch nichts anderes als eine Anzeige an die angegangene Behörde von der gleichen Art wie die bereits erörterte Aufsichtsbeschwerde oder die Gegenvorstellung.

Die für die Selbstanfechtung zweifelhafte Frage, ob das Anfechtungsrecht eine Anfechtungspflicht in sich schließe, kann für die Parteianfechtung kaum auftauchen. Es ist selbstverständlich, daß der Betroffene nur anfechtungsberechtigt ist und daß es ihm überlassen

---

[16]) Bernatzik 284.
[17]) Tezner 232. In einem anderen Sinn gebraucht ALVG. 4811 das Wort.
[18]) Ungenau also Tezner a. a. O.
[19]) BVGH. 3, 371.

bleiben muß, ob er Gebrauch von seinem Recht machen will. Eine andere Frage ist natürlich die, ob der Betroffene sein Anfechtungsrecht dadurch verliert, daß er der anfechtbaren Gesetzesverletzung zustimmt. Diese Frage wird besonders häufig im Baurecht praktisch [20]): Eine Bauerlaubnis ist erteilt unter gewissen Auflagen, mit denen sich der Bauende ausdrücklich einverstanden erklärt hat; nachher erfüllt er die Auflagen nicht, die Polizei geht mit Zwangsandrohungen vor, der Betroffene ficht diese an, und im Prozeß erklärt dann die beklagte Behörde regelmäßig, die Auflage könne nicht mehr angefochten werden, da der Betroffene nicht nur durch Nichtanfechtung, sondern auch ausdrücklich sich mit ihr einverstanden erklärt habe; erst der Verwaltungsrichter muß sie dann belehren, daß die Wirksamkeit einer solchen Zustimmung der von uns oft [21]) betonten Natur des öffentlichen Rechts als eines zwingenden, nicht durch Parteiwillkür abänderlichen Rechts widerspricht. Diese Auffassung wird durch die CPO. und St.PO. nicht etwa widerlegt, sondern eher bestätigt; die St.PO. kennt in § 344 nur einen Verzicht auf die ordentlichen „Rechtsmittel", die CPO. nur einen Verzicht auf den Einspruch (§ 346), auf die Berufung (§ 514) und die Revision (§ 566), dagegen keinen Verzicht auf die Wiederaufnahme des Verfahrens; daraus folgt, daß nur auf Grund besonderer gesetzlicher Anerkennung ein Verzicht auf die Geltendmachung der Anfechtbarkeit zulässig ist. Wenn man nun auch trotz des Mangels solcher Normen für den Zivilprozeß allgemein [22]) auch einen Verzicht auf die Wiederaufnahme des Verfahrens wenigstens in so weit als zulässig anerkennt, als der Verzicht nach Urteilserlaß in Kenntnis des Wiederaufnahmegrundes erfolgt, so dürfte sich das nur mit der besonderen Struktur des Zivilprozesses, auf den die Verzichtbarkeit der in ihm geltend gemachten Privatrechte lebhaft einwirkt, vielleicht rechtfertigen lassen. Im eigentlichen Verwaltungsrecht jedenfalls scheinen mir solche Verzichte nur kraft besonderer gesetzlicher Vorschriften angängig, und es ist darum m. E. nicht zu billigen, wenn Schelcher [23]) meint: „Durch ausdrückliche Zustimmung des Enteigneten wird jede sonst den Vorschriften des § 49 [S. Enteign.G.] nicht entsprechende Enteignungsvollziehung rechtsgültig gemacht ..... [die Zustimmung] wird mit entsprechender Wirkung auch nachträglich (als Genehmigung) erklärt werden können"; auf § 49^{II} kann Schelcher sich dabei schwerlich stützen, denn § 49^{II} spricht gar nicht von Schelchers Fall, sondern nur davon, daß eine ganz bestimmte nach 49^{I} nicht zulässige Enteignung mit Zustimmung ausnahmsweise zulässig sein soll.

II. Die Anfechtungsgründe sind an dieser Stelle, wie schon früher angedeutet [24]), nicht erschöpfend zu behandeln, sondern es soll zunächst nur eine allgemeine Übersicht gegeben werden:

---

[20]) Vgl. z. B. OVG. **23**, 331, 336.

[21]) S. o. S. 47; 30, 31; 114; 160.

[22]) Vgl. Gaupp - Stein **II**. 154, 155, mit weiteren Angaben. Einen Verzicht vor Urteilserlaß erklärt auch Gaupp - Stein a. a. O. 155 für wirkungslos als gegen zwingenden Normen des öffentlichen Rechts verstoßend.

[23]) Gesetz S. 391.

[24]) Über die Beschränkung unserer Aufgabe an dieser Stelle vgl. o. S. 215 f.; über die Ergänzungen vgl. u. S. 365.

1. Die überhaupt möglichen Anfechtungsgründe sind folgende.

Anfechtungsgrund kann die Zweckwidrigkeit einer Verfügung sein. Anfechtungsgrund kann aber auch ihre Gesetzwidrigkeit sein. Eine Gesetzwidrigkeit kann in formeller Beziehung begangen worden sein. Dann handelt es sich um eine Anfechtung wegen Verfahrensmängeln. Dieser Anfechtungsgrund gilt nicht unbedingt, indem es viele Verfahrensvorschriften gibt, deren Nichtbeachtung nur eine Ordnungswidrigkeit, keine Mangelhaftigkeit des Verwaltungsakts zur Folge hat. Anfechtung wegen Verfahrensmängeln ist also nicht schlechthin, sondern nur wegen „wesentlicher" Mängel zulässig. Welche Mängel wesentlich sind, kann man nicht allgemein sagen [25]). Vielfach sind sie im Gesetz nach der Enumerationsmethode aufgezählt, vielfach ist auch im Gesetz umgekehrt bestimmt, daß die Verletzung bestimmter Vorschriften nur ordnungswidrig sein solle. Zu dieser Gesetzwidrigkeit in formeller Beziehung gehören an sich auch die Fälle der Täuschung des Zwangs und der Bestechung, da auch hier in gesetzwidriger Weise auf die Willensbildung der handelnden Behörde eingewirkt worden ist, ohne daß schon von vornherein zu erkennen ist, ob diese Einwirkung zu einem materiell gesetzwidrigen Verwaltungsakt geführt hat; da indes die Gesetze zumeist die Fälle der Täuschung besonders behandeln, werden auch wir ihnen und den beiden andern eben erwähnten Fällen später [26]) eine von den übrigen Verfahrensmängeln gesonderte Betrachtung widmen.

Die Gesetzwidrigkeit kann aber auch in materieller Beziehung begangen worden sein. Hier handelt es sich um einen Verstoß gegen zwingende materielle Rechtsvorschriften, also um Vorschriften, die nicht bloß als instruktionelle Soll- oder Ordnungsvorschriften gedacht sind, die aber andererseits auch keine Nichtigkeitsnormen in dem in § 25 behandelten Sinne sind, daß sie das gesetzwidrige Geschäft zu einem nichtigen machen. Grundsätzlich muß jede Bestimmung des öffentlichen Rechts als zwingende Vorschrift anerkannt werden; Ausnahmen von dem Grundsatz bedürfen unzweideutigen Ausdrucks im Gesetz.

2. Die Geltendmachung der beiden Hauptanfechtungsgründe, Gesetzwidrigkeit einerseits, Zweckwidrigkeit andererseits, ist bei den beiden Anfechtungsarten in verschiedenem Umfang zulässig.

Für die Selbstanfechtung gelten die Grundsätze, die wir in der Lehre vom Widerruf entwickeln werden. Wenn wir davon absehen, an dieser Stelle bereits die Gründe der Selbstanfechtung darzustellen, so geschieht dies aus reinen Zweckmäßigkeitsrücksichten, weil wir die zahlreichen, über die Widerruflichkeit von Verwaltungsakten vorhandenen Normen nicht aus ihrem Zusammenhang reißen wollen, da dies nur ihr Verständnis erschweren würde. Über das Verhältnis zwischen Widerruf und Anfechtung ist im allgemeinen zu bemerken, daß beide Rechtsinstitute nicht identisch sind; ihr Verhältnis zu einander wird

---

[25]) Schelcher, Gesetz S. 359.

[26]) S. u. § 40.

am besten gekennzeichnet durch den unseren Zivilisten längst geläufigen, aber auch im öffentlichen Recht mit Nutzen [27]) anwendbaren Unterschied zwischen abstraktem und kausalem Geschäft; der Widerruf ist die abstrakte Vernichtung eines Verwaltungsakts durch einen neuen Verwaltungsakt und kann aus den verschiedensten causae heraus geschehen ebenso wie im Privatrecht die abstrakte Übereignung ebenso schenkungshalber wie in Erfüllung eines Kaufvertrags wie in Erfüllung eines Vermächtnisses usw. geschehen kann; die Anfechtung dagegen ist eine der möglichen causae des Widerrufs. Diese allgemeine Kennzeichnung des beiderseitigen Verhältnisses läßt bereits erkennen, welche Stellung das Institut der Selbstanfechtung einnimmt. Dort, wo der abstrakte Widerruf unbeschränkt zulässig ist, also in den Fällen des „freien Widerrufs" [28]) tritt das Anfechtungsrecht als besonderes Rechtsinstitut überhaupt nicht hervor; der Akt wird hier widerrufen ohne Angabe von Gründen, vielleicht also auch wegen Zweckwidrigkeit oder wegen Gesetzwidrigkeit; aber diese causa hat hier juristisch keinerlei Bedeutung, sie ist herabgedrückt zum rechtlich bedeutungslosen Beweggrund. Anders dagegen liegen die Dinge dort, wo der abstrakte Widerruf nicht zulässig ist, also in den Fällen des „beschränkten Widerrufs" [29]); auch hier ist ein Widerruf zulässig, aber er ist hier nur zulässig, wenn er sich auf eine besondere causa stützen kann; nur hier hat es Sinn, von einem Widerruf kraft Anfechtung zu sprechen, da hier die Anfechtbarkeit als causa rechtliche Bedeutung besitzt und nicht blos unbeachtlicher Beweggrund ist. In diesen letztgenannten Fällen aber, wo allein die Selbstanfechtung als besonderes Rechtsinstitut in die Erscheinung tritt, kann sie, wie wir noch später sehen werden, grundsätzlich nur Gesetzwidrigkeit als Anfechtungsgrund geltend machen; Zweckwidrigkeit dagegen kann sie grundsätzlich nur mittelbar, besonders insofern die Zweckwidrigkeit auf einer Täuschung beruht, geltend machen [30]). Wir können also die Bedeutung des Rechtsinstituts der Selbstanfechtung dahin kennzeichnen, daß es zwar hinsichtlich seiner Zulässigkeit sich sehr weit erstreckt, insofern es, wie wir vorhin [31]) sahen, einer besonderen gesetzlichen Grundlage nicht bedarf, daß es aber andererseits hinsichtlich seiner Wirksamkeit ziemlich beschränkt ist, indem es grundsätzlich nur die Gesetzwidrigkeit als Anfechtungsgrund vorbringen kann.

Bei der Parteianfechtung verhält es sich umgekehrt. Ihre Zulässigkeit ist, wie früher betont [32]), enger begrenzt als die der Selbstanfechtung; ihre Wirksamkeit dagegen erstreckt sich weiter, insofern sie grundsätzlich sowohl Zweck- wie Gesetzwidrigkeit geltend machen kann. Hierauf beruht die von Otto Mayer [33]) treffend hervorgehobene Erscheinung, daß dort, wo ein echtes Beschwerderecht gegeben ist,

---

[27]) Vgl. o. S. 121, 122 über die publizistische Zahlung.
[28]) Vgl. u. § 36.
[29]) Vgl. u. §§ 37—44.
[30]) S. u. S. 372.
[31]) S. o. S. 305.
[32]) S. o. S. 308.
[33]) **Mayer I. 157, 158.**

im Unterschied von den Fällen, wo eine Selbstanfechtung aus Anlaß eines unechten Rechtsmittels stattfindet, auch die Begründung subjektiven Rechts durch den angefochtenen Verwaltungsakt kein Hindernis für seine Aufhebung bildet: „Wenn ... ein Beschwerderecht gegen einen Beschluß besteht, so kann ein etwa auf diesen gegründetes Recht eines Dritten kein Hindernis für den Erfolg der Beschwerde sein, sonst wäre .... das Beschwerderecht eitel“ [34]). Gleiches ist auch zu sagen von allen sonstigen Fällen unseres „beschränkten Widerrufs“, von dem Mayer hier nur einen besonders wichtigen und in die Augen stechenden Fall hervorgehoben hat. Möglich ist natürlich, daß der Gesetzgeber auch die Parteianfechtung auf die Geltendmachung der Gesetzwidrigkeit beschränkt; das ist z. B. in ALVG. 127 ff. für die Anfechtung durch Klage im Verwaltungsstreitverfahren geschehen, während es bei der Anfechtung durch Beschwerde bei dem allgemeinen Grundsatz geblieben ist, daß dieses Rechtsmittel auch auf Zweckwidrigkeit gestützt werden kann.

III. Für die Geltendmachung von Anfechtungsgründen können Anfechtungsfristen verordnet sein.

Für die Anfechtung durch Rechtsmittel ist das tatsächlich die Regel. Selbstverständlich ist es auch hier schon um deswillen nicht, weil man nicht sagen könne, wie lange die Anfechtungsfrist läuft. Die Befristung der Anfechtung bedarf also stets der gesetzlichen Grundlage, die freilich nicht nur in Spezialbestimmungen, sondern auch in Generalklauseln wie ALVG. 51 enthalten sein kann.

Die Selbstanfechtung ist wie die Anfechtung durch Rechtsmittel grundsätzlich [35]), in Abweichung von ihr aber auch meist tatsächlich unbefristet. Darauf beruht die schon erwähnte Möglichkeit des „verspäteten Rekurses“, dem im Wege der Selbstanfechtung trotz Ablauf der für die Rechtsmittel verordneten Anfechtungsfrist stattgegeben werden kann. Ausnahmen von dem Grundsatz kommen auch bei der Selbstanfechtung vor. Eine Befristung der Selbstanfechtung enthalten z. B. auch die Bestimmungen der Steuergesetze, wonach die Nachforderung von Steuern im Fall der Übergehung oder der Unterveranlagung nach einigen Jahren (pr. Eink.St.G. 85) ausgeschlossen sein soll [36]).

IV Ist die Anfechtung wirksam geschehen, d. h. die Aufhebung des mangelhaften Geschäfts, sei es durch die Rechtsmittelinstanz auf Anfechtung des Betroffenen, sei es durch Widerruf von Amtswegen bei der Selbstanfechtung erfolgt, so fragt sich noch, ob die Anfechtungswirkung ex nunc oder ex tunc zu datieren ist [37]). Die Frage

[34]) a. a. O. 157. Wenn Mayer in solchen Fällen annimmt, das Recht des Dritten sei nur unter einer „auflösenden Bedingung“ entstanden, so vermag ich von dieser Konstruktion nicht viel zu halten; vgl. o. S. 136. In der Sache aber hat Mayer sicher recht.

[35]) Ebenso Bernatzik 285.

[36]) Über Fälle aus dem östreichischen Recht vgl. Bernatzik a. a. O.

[37]) Hierauf beruht die Unterscheidung Walter Jellineks 52, 53 zwischen Vernichtbarkeit (= unserer Anfechtbarkeit mit Wirkung ex tunc) und Rücknehmbarkeit (= unserer Anfechtbarkeit mit Wirkung ex nunc).

muß im Einzelfall unter Berücksichtigung sowohl der vielfach vorhandenen gesetzlichen Bestimmungen wie auch der Absicht der die Aufhebung aussprechenden Behörde untersucht werden. Allgemeine Sätze lassen sich darüber nur in beschränktem Maße aufstellen.

1. Was zunächst die Anfechtung durch Rechtsmittel anlangt, so muß man hier allerdings grundsätzlich rückwirkende Kraft der Aufhebung annehmen. Es soll so sein, als ob die angefochtene Verfügung nie ergangen wäre. Auch wo im Gesetz nicht ausdrücklich Wirkung ex tunc vorgeschrieben ist, wird man sie als der gesetzlichen wie der Absicht der aufhebenden Behörde entsprechend zu betrachten haben. Doch können Ausnahmen vorkommen [38].

2. Bei der Selbstanfechtung wird man zu scheiden haben, je nach dem sie wegen Gesetzes- oder wegen Zweckwidrigkeit erfolgt.

Bei der Aufhebung wegen Gesetzwidrigkeit dürfte die Annahme der rückwirkenden Kraft ebenfalls dem Wesen der Anfechtung wegen Gesetzwidrigkeit am meisten entsprechen.

Daher wird man diese Wirkung hier wenigstens als Grundsatz betrachten dürfen. — In der Literatur ist das auch zumeist geschehen. So namentlich in der Literatur der freiwilligen Gerichtsbarkeit [39] und zwar hier mit allgemeiner Formulierung des Grundsatzes. Die Verwaltungsrechtler haben sich wesentlich nur mit Einzelfällen beschäftigt. Insbesondere haben sie bezüglich des gesetzwidrigen Befehls betont [40], daß seine Aufhebung ex tunc wirke. Das gleiche meinte man auch, wenn man hier vielfach von einer „Nichtigerklärung" des mangelhaften Verwaltungsakts, namentlich der Gewerbekonzession redete; nichtig im wahren Sinn ist hier ja der Verwaltungsakt nicht, aber er kann, obschon er wirklich bestanden hat, nachträglich für nichtig erklärt werden mit der Wirkung, daß es so angesehen wird, als ob er nie bestanden hätte. Auf einem grundsätzlich abweichenden Standpunkt steht Walter Jellinek [41], der die „Vernichtbarkeit", d. h. in unserer Ausdrucksweise die ex tunc wirkende Anfechtbarkeit als ein den Urteilen eigentümliches Rechtsinstitut auffaßt [42], während er die „Handlungen" grundsätzlich für bloß „rücknehmbar" und nur in besonderen Ausnahmefällen sie als „vernichtbar" anerkennen will [43]. Soweit sich diese Auffassung auf bloße „Taten" bezieht [44], ist dagegen nichts einzuwenden, da tatsächliche Akte allerdings nicht durch eine Willenserklärung ungeschehen gemacht werden können. Dagegen ist kein rechter Grund einzusehen, weshalb gleiches auch für Willenserklärungen, nämlich die Befehle und die Rechtsgeschäfte im Sinne Walter Jellineks gelten soll [45]. Auch Jellinek selbst hat diese Behauptung nicht eingehender begründet;

---

[38]) Vgl. über solche Menzel 172; P. FGG. 4^3; FGG. 32.

[39]) Vgl. Ebert 74 und die dort Genannten, auch Nußbaum 52.

[40]) Mayer I. 285. Löning 242. Vgl. auch RG. **38**, 423, **43**, 396, aber auch andererseits RG. in Jur.W. **1898**, 570, Z. 9 (im Widerspruch zu der Meinung des OLG.).

[41]) Walter Jellinek 52, 53; 145.

[42]) a. a. O. 127—145.

[43]) a. a. O. 145 ff.

[44]) a. a. O. 145, 146.

[45]) a. a. O. 146.

insbesondere sucht man vergeblich nach einer grundsätzlichen Auseinandersetzung mit der gegenteiligen herrschenden Meinung der Schriftsteller der freiwilligen Gerichtsbarkeit. Nur an zwei einzelnen Beispielen hat Jellinek[46]) versucht, die Vertreter der ex tunc-Wirkung ad absurdum zu führen, indem er sagt: „Die rückwirkende Aufhebung eines Befehls würde gleichbedeutend sein mit der Beseitigung der inzwischen eingetretenen Ungehorsamsfolgen; der ungehorsame Soldat könnte nicht mehr strafrechtlich verfolgt, der ungehorsame Gewerbetreibende nicht mehr mit einer Zwangsstrafe [47]) belegt werden. Keines von beiden trifft zu.“ Beipflichten kann man Jellinek im Ergebnis bezüglich des ungehorsamen Soldaten; doch dürfte dieses Ergebnis seinen Grund in der besonderen Natur des militärischen Ungehorsamkeitsdelikts haben, also in strafrechtlichen Erwägungen, so daß es für die allgemeine Entscheidung einer verwaltungsrechtlichen Frage schwerlich als beweiskräftig angesehen werden kann. Was aber den anderen Fall des ungehorsamen Gewerbetreibenden anlangt, so ist mir nicht verständlich, wie Jellinek ohne nähere Begründung und mit so apodiktischer Gewißheit eine Behauptung aufstellen kann, die, selbst wenn sie richtig sein sollte, doch jedenfalls allem widerspricht, was man sonst allgemein von der Zwangs- oder Exekutivstrafe lehrt; wir hatten schon vorhin in anderem Zusammenhang [48]) Gelegenheit, das Wesen dieser von uns Vollstreckungsstrafe genannten Strafe darin zu erkennen, daß sie nicht mehr verhängt werden darf, wenn ihrem Zweck nicht mehr Genüge geschehen, d. h. der ihr zugrunde liegende Befehl nicht mehr ausgeführt werden kann; das gilt, wie wir sahen [48]), selbst dann, wenn die Befehlsausführung durch eigene Schuld des Betroffenen unmöglich geworden ist; es muß also um so mehr gelten in dem von Jellinek vorausgesetzten Fall, daß durch Aufhebung des Befehls seine Unzulässigkeit festgestellt worden ist; daher kann auch dieses Beispiel Jellineks gegen den vorhin formulierten Grundsatz und die herrschende Meinung nichts beweisen. — Auch die Gesetze sprechen für unsere Auffassung. So geht insbesondere FGG § 32, auf den wir alsbald bei Besprechung der Ausnahmen von unserem Grundsatz zurückkommen werden, offensichtlich von der Annahme, als von etwas Selbstverständlichem, aus, daß im allgemeinen die Aufhebung einer Verfügung rückwirkende Kraft besitzt. Es sei ferner verwiesen auf die Bestimmungen des Bundesrats vom 20. Januar 1898; die hier geregelte „Zollauskunft“ [49]) kann, da sie ein nur bis auf weiteres gegebenes Versprechen ist, jederzeit zurückgenommen werden, aber selbstverständlich nur mit Wirkung ex nunc für die Zukunft; außerdem aber sieht Z. VI^{II2} noch eine besondere Rücknahme für den Fall des Betrugs, also eine Anfechtbarkeit, vor, der Wirkung ex tunc zukommt. Auch die früher [50]) erwähnte Verordnung des preußischen Arbeitsministeriums vom 28. August 1880 über er-

[46]) a. a. O. 146 (1).

[47]) Mit diesem Wort meint Jellinek, wie sich aus dem folgenden Satz a. a. O. ergibt, die „Exekutivstrafe“.

[48]) S. o. S. 201.

[49]) Vgl. o. S. 93.

[50]) Vgl. o. S. 302, 303.

schlichene Bauerlaubnisse läßt sich verteidigen, wenn man annimmt, daß sie mit der „Nichtigkeit" der erschlichenen Erlaubnis nur die rückwirkende Kraft der Anfechtung bezeichnen will.

Als Folgerung aus dem Grundsatz der rückwirkenden Kraft ergibt sich nach strenger Rechtslogik, daß nach geschehener Anfechtung auch Gebühren, die durch den Verwaltungsakt entstanden waren, als ohne rechtlichen Grund erhoben zurückgezahlt werden müssen; doch ist das vielfach durch besondere gesetzliche Bestimmungen, wie P. Jagd-O. 36^{II}, ausgeschlossen, ohne daß es darum notwendig wäre, die rückwirkende Kraft der Aufhebung zu leugnen, da ja auch im BGB. 122 trotz der rückwirkenden Kraft einer Anfechtung wegen Irrtums gleichwohl das angefochtene Rechtsgeschäft noch gewisse obligatorische Verpflichtungen nach sich zieht.

Die Frage, welchen Einfluß die rückwirkende Aufhebung in strafrechtlicher Beziehung hat, namentlich dann, wenn der Betroffene die Anfechtbarkeit der von ihm etwa erschlichenen Polizeierlaubnis kannte, brauchen wir nicht näher zu erörtern.

Daß einzelne Ausnahmen von unserem Grundsatz kraft positiver Gesetzesbestimmung vorkommen können, ist selbstverständlich und bedarf kaum der Erwähnung. Außerdem aber wird man vielleicht eine allgemeine Ausnahme dahin feststellen können, daß die rückwirkende Kraft nicht so weit reicht, Rechte Dritter zu beeinträchtigen. So heißt es in FGG. 32: „Ist eine Verfügung, durch die jemand die Fähigkeit oder die Befugnis zur Vornahme eines Rechtsgeschäfts oder zur Entgegennahme einer Willenserklärung erlangt, ungerechtfertigt, so hat .. die Aufhebung der Verfügung auf die Wirksamkeit der inzwischen von ihm oder ihm gegenüber vorgenommenen Rechtsgeschäfte keinen Einfluß." Der gleiche Grundsatz kehrt wieder in P. FGG. 4^3, wo er angewandt wird auf die Aufhebung infolge Parteianfechtung. Er liegt ferner dem von Walter Jellinek [51]) ausführlich gewürdigten § 311^{II} HGB. zugrunde. Man wird kein Bedenken tragen dürfen, ihn auch im übrigen auf die fähigkeitsverleihenden Verfügungen zur Anwendung zu bringen, insbesondere auf die Genehmigungen und auf die Schaffung juristischer Personen. So wird man FGG. 32 ohne weiteres auf die aufsichtsrechtlichen Genehmigungen etwa des Kommunalrechts anwenden dürfen. Von diesem Gesichtspunkt aus wird man auch die Rechtsprechung des Oberverwaltungsgerichts [52]) über die Frage, welche Wirkung der Widerruf der Genehmigung eines Krankenkassenstatuts hat, richtig würdigen können. Man wird den Grundsatz ferner auf gewisse Rechtsverhältnisse begründende Verwaltungsakte, nämlich auf solche, die wie Beamtenernennungen oder Wahlen zugleich Zuständigkeiten, also Fähigkeiten verleihen, zur Anwendung bringen können; so ist es denn auch in der Tat sowohl im preußischen [53]) wie im bayerischen [54]) Recht anerkannt, daß Verwaltungsakte nicht um deswillen nichtig

---

[51]) S. 147, 148.

[52]) OVG. **32**, 319; **34**, 352; vgl. Zust.G. 11^{II}. Vgl. ferner Hubrich bei Gruchot **49** 819, 820 bezüglich Sparkassenstatuten.

[53]) Ledermann 109.

[54]) BVGH. **12**, 395.

oder anfechtbar sind, weil bei ihnen Personen mitgewirkt haben, deren Wahl späterhin für ungültig erklärt, d. h. kraft Anfechtung vernichtet worden ist.

Erfolgt aber die Aufhebung nur wegen Zweckwidrigkeit, so wird man im Zweifel nur Wirkung ex nunc anzunehmen haben. Von einer „Nichtigerklärung" wie bei der Aufhebung wegen Gesetzwidrigkeit kann hier allerwege nicht gesprochen werden. Es wird hier nicht ein Zustand beseitigt, der gesetzlich nie hätte bestehen dürfen, sondern nur ein solcher, von dem sich die Behörde überzeugt hat, daß er besser einem anderen Platz mache. Immerhin wird man, wie das auch für die freiwillige Gerichtsbarkeit in der Literatur anerkannt ist [55]), die Befugnis der Behörde, ihrer Aufhebung rückwirkende Kraft beizulegen, nicht leugnen dürfen. Doch findet sie eine Schranke in den wohlerworbenen Rechten Dritter [56]), die etwa mit dem aus reinen Zweckmäßigkeitsgründen entlassenen Vormund Rechtsgeschäfte inzwischen abgeschlossen haben.

§ 33.

V. Die rechtlichen Schwebezustände.

I. Wenn wir von rechtlichen Schwebezuständen sprechen, so verbinden wir mit diesem Wort denselben Begriff, in dem man es auch im Privatrecht verwendet. Danach ist allen Tatbeständen, die wir darunter zusammenfassen, das eine gemeinsam, daß es sich bei ihnen nicht um einen definitiven Rechtszustand handelt, sondern zunächst um einen bloß vorläufigen, seinem Wesen nach vorübergehenden Zustand. Der Wert des Begriffs liegt darin, daß er unentbehrlich ist, um in Kürze die eigentümlichen Rechtswirkungen zu veranschaulichen, die sich an gewisse Tatbestände anknüpfen. Dagegen ist es nicht möglich, über die weitere Behandlung dieser rechtlichen Schwebezustände etwas gemeinsames zu sagen. Dies erscheint im öffentlichen Recht ebenso unmöglich, wie bisher im Privatrecht der Versuch gemacht worden ist, eine gemeinsame Theorie der rechtlichen Schwebezustände zu begründen. Vor allem läßt sich nichts gemeinsames feststellen bezüglich der Frage, welchen Einfluß der Eintritt des den Schwebezustand beendigenden Ereignisses auf die Wirksamkeit derjenigen Akte hat, die während der Dauer des Schwebezustandes im Einklang mit der vorläufigen, aber im Widerspruch mit der durch den Eintritt jenes Ereignisses geschaffenen Rechtslage etwa vorgenommen worden sind; es ist das die kurz sogenannte Frage der rückwirkenden Kraft.

II. Die Hauptfälle der rechtlichen Schwebezustände, denen wir uns daher im einzelnen zuwenden müssen, sind von ziemlich verschiedener Art.

Der Schwebezustand kann zunächst beruhen auf dem Geschäftswillen des Handelnden. Hierher gehören die Fälle, die durch echte, d. h. rechtsgeschäftliche Bedingungen und Befristungen geschaffen werden. Von ihnen war schon früher die Rede [1]).

---

[55]) Nußbaum 52.
[56]) Nußbaum 52.
[1]) S. o. S. 137.

Der Schwebezustand kann aber auch unmittelbar auf Gesetz beruhen, wobei es möglich ist, daß er überhaupt nicht gewollt ist, sondern im Gegenteil im Widerspruch zu dem Geschäftswillen des Handelnden steht.

Das letztere ist namentlich der Fall bei denjenigen Schwebezuständen, denen wir bei anfechtbaren Rechtsgeschäften begegnen. Auch von diesen war schon früher die Rede [2]).

Es gehört ferner in diesen Zusammenhang der Fall der Unvollständigkeit, wie wir ihn namentlich bei den genehmigungsbedürftigen, aber noch nicht genehmigten Rechtsgeschäften finden. Auch bezüglich dieses Falls ist auf früher gesagtes zu verweisen [3]).

Etwas ausführlicher ist ein dritter Fall zu würdigen, den man kurz als den der gesetzlichen Bedingungen und Befristungen bezeichnen kann.

Diesen gesetzlichen Bedingungen und Befristungen, die ja keine echten Bedingungen sind, die man aber trotz dieser Erkenntnis ihrer Sonderstellung immer wieder mit diesem Namen belegt hat, eben um den durch sie geschaffenen Schwebezustand zu kennzeichnen, sind wir schon in den früheren Erörterungen wiederholt begegnet [4]). Hierher ist auch der Fall von KO. 108 zu rechnen; wie wir sahen [5]), wird durch den zu den Akten gegebenen Eröffnungsbeschluß der Konkurs noch nicht eröffnet; dies geschieht vielmehr erst durch die Zustellung des Beschlusses; bis diese geschehen ist, besteht, übrigens in ähnlicher Weise wie bei jedem gewöhnlichen empfangsbedürftigen Verwaltungsakt, ein Schwebezustand, während dessen Dauer ungewiß ist, ob seit der Unterzeichnung des Beschlußes der Gemeinschuldner noch Verfügungsmacht über sein Vermögen hatte oder nicht; dieser Schwebezustand findet erst dann ein Ende, wenn entweder der Beschluß zugestellt worden ist oder wenn sicher ist, daß dies nicht geschehen kann, indem im ersteren Fall dem Gemeinschuldner die Verfügungsmacht mit rückwirkender Kraft entzogen wird, während er im anderen Fall diese Macht niemals verloren hat. Während in diesem Fall der KO. die Wirkungen des ergangenen Verwaltungsakts von Gesetzeswegen aufschiebend bedingt sind, handelt es sich beim Arrest nach CPO. 929 um einen Fall, wo zunächst allerdings bestimmte Rechtswirkungen eintreten, aber von selbst wieder verschwinden, wenn nicht innerhalb einer gewissen Zeit ein bestimmtes ungewisses Ereignis eintritt.

Eine eigenartige Abart der gesetzlichen Bedingungen bilden die Fälle der Ablehnkarbeit eines Verwaltungsakts. — Eine solche Ablehnbarkeit ist manchmal gesetzlich vorgesehen. So erkennt § 34 des Wahlreglements für den Reichstag die Möglichkeit der einseitigen Ablehnung der Wahl an, ebenso BGB. 1786 die Möglichkeit der einseitigen Ablehnung der Vormundsernennung [6]). — Fraglich kann es erscheinen, ob auch ohne besondere gesetzliche Grundlage Verwaltungsakte in dieser Weise von dem Betroffenen einfach durch Ablehnung entkräftet werden

---

[2]) S. o. S. 208, 209; § 32.
[3]) S. o. S. 171.
[4]) S. o. S. 136, 144 f.
[5]) S. o. S. 193.
[6]) Vgl. zu diesem Fall übrigens die Bemerkungen o. S. 37 (49).

können. Bezüglich der Beamtenernennung und der Naturalisation haben wir bereits früher eine solche Auffassung verworfen, indem wir die angebliche Ablehnung als Antrag auf Entlassung kennzeichneten [7]). Von diesem Standpunkt aus aber erscheint es nur folgerichtig, die einseitige Ablehnbarkeit auch bezüglich der Ordens- und Titelverleihungen zu verneinen, soweit nicht etwa auch hier sich besondere gesetzliche Bestimmungen finden, die eine Ablehnung mit Rechtswirkungen ausstatten. Daher kann jedenfalls nicht Jellinek beigetreten werden, der ohne weiteres als etwas Selbstverständliches den Satz aufstellt, daß solche Verleihungen zwar einseitige Staatsakte seien, deren Annahme auch präsumiert werde, die aber doch der Ablehnung unterlägen [8]). Anschütz [9]) hat wenigstens versucht, dies Ergebnis Jellineks durch das positive Gesetz zu belegen, indem er auf Beamt.G. 15 hingewiesen hat, wonach die Reichsbeamten Titel und Ehrenzeichen von fremden Regenten nur mit Genehmigung des Kaisers „annehmen" dürfen; woraus Anschütz dann weiter den Schluß zieht, daß auch im Inland diese Verleihungen der Annahme und also auch der Ablehnung unterworfen seien. Indes scheint mir diese Beweisführung nicht unbedingt zwingend zu sein; das, was die genannte Gesetzesstelle beweist, ist doch unmittelbar nicht mehr als dies, daß die Reichsbeamten nicht ohne Genehmigung die Erklärung abgeben dürfen: „wir nehmen die verliehene Auszeichnung an"; dagegen sagt sie uns gar nichts darüber, welche rechtliche Bedeutung dieser Erklärung zukommt, und sie schließt insbesondere nicht die Annahme aus, daß diese Annahmeerklärung lediglich die Bedeutung hat, die bei der Beamtenernennung, der Naturalisation, der Konzessionserteilung, der Patentverleihung u. ä. die Zustimmungserklärung des Betroffenen hat [10]). Tatsächlich scheint es mir das gebotene zu sein, auch die Titel- und Ordensverleihung in derselben Weise aufzufassen wie die genannten Akte; der einzige Unterschied zwischen ihnen besteht darin, daß bei jenen die Zustimmung des Betroffenen vorher, regelmäßig in der Gestalt eines Antrags, eingeholt wird, während man bei der Titelverleihung, eben wegen der von Jellinek hervorgehobenen „Präsumption" der Annahme, diese Vorsicht, indes aus rein tatsächlichen, nicht aus rechtlichen Gründen, fallen läßt. Faßt man das Verhältnis aber in dieser Weise auf, so ist klar, daß die sog. Annahme keineswegs konstitutive Bedeutung hat, also nicht „Bedingung" der Rechtswirksamkeit, sondern nur „Bedingung" der Rechtsbeständigkeit des ohne Annahme ergangenen Verwaltungsakts ist [11]), und weiter ist dann klar, daß die sog. Ablehnung den ergangenen Verwaltungsakt nicht ohne weiteres ungeschehen macht, sondern ihn nur zu einem ungesetzlichen, nämlich der erforderlichen Zustimmung des Betroffenen entbehrenden Akt stempelt und daher Anlaß gibt zur Wiederaufhebung dieses gesetzwidrigen Akts, doch so, daß nicht schon mit der ablehnenden Willenserklärung des Betroffenen, sondern erst mit dem widerrufenden Verwaltungsakt die Verleihung ihre Wirksamkeit verliert.

---

7) S. o. S. 275.
8) Jellinek 192.
9) In DJZ. 1899, S. 54.
10) Vgl. o. S. 272 f.
11) Vgl. o. S. 136.

Fünfter Abschnitt.

Die Geschäftsauflösung.

§ 34.

I. Allgemeine Übersicht.

I. Als Geschäftsauflösungsgründe bezeichnen wir alle die Tatbestände, die bewirken, daß ein Verwaltungsakt aus der Welt der wirksamen Rechtserscheinungen ausscheidet. Meist bleibt er dann wenigstens eine geschichtliche Tatsache; ausnahmsweise kann es auch vorkommen, daß er völlig vernichtet und behandelt wird nicht als ein Verstorbener, sondern als einer, der nie gelebt hat. Die Auflösungsgründe können sehr mannigfaltiger Art sein. Die meisten ergeben sich aus der Natur der Sache; verschiedene davon sind auch schon in anderem Zusammenhang gestreift worden; zum Teil gehören sie auch in den Zusammenhang anderer Rechtsinstitute. So können wir uns im allgemeinen damit begnügen, die Hauptarten kurz aufzuzählen.

1. Es gibt zunächst zahlreiche Verwaltungsakte, die nicht auf Schaffung eines dauernden Rechtszustands gerichtet sind. Sie ergehen, äußern die gewollte Wirkung und verschwinden. Hier kann man von einer Auflösung durch Erfüllung sprechen. Es gehören hierher vor allem zahlreiche Befehle zu einem Einzeltun, wie etwa der Dienstbefehl des Unteroffiziers. Ist der Befehl erfüllt, so bietet er, wenn er nicht etwa wegen Rechtswidrigkeit Gegenstand der Beschwerde und rechtlichen Prüfung wird, keinerlei rechtliches Interesse mehr. Er hat existiert, aber er hat aufgehört zu existieren, er ist wie ein Gestorbener [1]).

2. In anderen Fällen schafft zwar der Verwaltungsakt einen Rechtszustand von längerer Dauer, aber seine Wirksamkeit ist gesetzlich oder rechtsgeschäftlich befristet oder auflösend bedingt. Ist in solchem Fall die Zeit seiner Wirksamkeit abgelaufen oder die auflösende Bedingung eingetreten, dann ist er durch Zeitablauf oder Bedingungseintritt aus der Welt der Rechtserscheinungen verschwunden. Auch er hat existiert, aber er hat aufgehört zu existieren. Von den Befri-

[1]) Vgl. Mayer I. 286.

stungen und Bedingungen haben wir schon in der Lehre von den Nebenbestimmungen gesprochen. Sie kommen, wie wir dort sahen, bei den verschiedensten Verwaltungsakten vor, namentlich bei Eisenbahnkonzessionen und Polizeierlaubnissen. Beruht die Befristung oder die Bedingung auf einer unzulässigen rechtsgeschäftlichen Nebenbestimmung, so gilt sie, wie wir damals weiter sahen, als nicht beigefügt; das bedeutet für die Lehre von der Geschäftsauflösung, daß die unzulässigerweise befristete oder bedingte Gewerbeerlaubnis vom Zeitablauf oder Bedingungseintritt unberührt, also bestehen bleibt, daher eine Bestrafung wegen unerlaubten Gewerbebetriebs nicht erfolgen kann.

3. Ein allgemeiner Auflösungsgrund ist der Tod des Betroffenen [2]). Das gilt jedenfalls vom gewöhnlichen Polizeibefehl, von der gewöhnlichen Polizeierlaubnis, es gilt überhaupt überall dort, wo nicht ausnahmsweise eine Fortwirkung des Verwaltungsakts auf den Rechtsnachfolger des Betroffenen stattfindet, wovon wir in der Lehre von der Verbindlichkeit der Verwaltungsakte schon gesprochen haben [2]). — Der Tod des erlassenden Beamten ist grundsätzlich ohne Einfluß auf die Fortgeltung seines Verwaltungsakts. Denn er hat nicht gehandelt als sterblicher Mensch, sondern als Inhaber des fortdauernden Amts. Darum können aber auch Ausnahmen von dem Grundsatz vorkommen. Zwar nicht bei den eigentlichen Beamten, d. h. den mittelbaren Staatsorganen, wohl aber bei den unmittelbaren Organen, also beim Monarchen. Im allgemeinen handelt freilich auch er als Amtsinhaber, aber er kann auch eine rein persönliche Regierungsstellvertretung anordnen, die nur in der Weise gemeint ist, daß der Vertreter ihn persönlich vertreten soll und daß er die Vertretung verlieren soll, sobald das Recht seines Vollmachtgebers, etwa durch Tod, erlischt.

4. Mit dem vorigen Auflösungsgrund ist ein anderer verwandt. Er liegt im Wegfall der Sache, auf die sich der Verwaltungsakt bezieht. Wenn das Haus, an dem ein polizeiwidriger Zustand zu beseitigen war, am 1. Dezember abbrennt, nachdem am 1. November die Beseitigung des Zustands durch inzwischen unanfechtbar gewordene Polizeiverfügung unter Strafdrohung aufgegeben worden war, so kann, wenn am 2. Dezember die Straffestsetzung zugestellt wird, diese nicht vollstreckt werden, da der Gegenstand der Polizeiverfügung weggefallen ist. Wasserbenutzungsrechte erlöschen mit dem Wegfall der Betriebsanlage, für die sie erteilt wurden und mit der sie beispielsweise nach § 25 Niederöstr. Wass.G. v. 28. August 1870 verbunden waren [3]). Der Vernichtung der Sache steht es gleich, wenn die Sache aus dem Herrschaftsbereich des Unterworfenen entfällt; Otto Mayer [4]) spricht hier von der Trennung eines trennbaren Lebensverhältnisses von der Person, an die der Verwaltungsakt gerichtet war; eine Ausnahme gilt hier aber insoweit, als der Verwaltungsakt nach den früher besprochenen Grundsätzen [5]) auch gegen Rechtsnachfolger wirkt.

---

[2]) Vgl. Mayer a. a. O., sowie o. S. 199, 200.

[3]) Östr. VGH. 4113.

[4]) Mayer I. 286.

[5]) Vgl. o. S. 199, 200.

5. Auch durch eine andere publizistische Willenserklärung kann die Vernichtung des Verwaltungsakts erfolgen.

Das kann geschehen durch eine nichtamtliche Willenserklärung, wie in den freilich nicht allzu zahlreichen Fällen der „Ablehnung", wovon bereits früher die Rede war[6]).

Es kann geschehen durch ein Gesetz oder eine Verordnung, die etwa alle erteilten Gewerbe- oder sonstige Polizeierlaubnisse bestimmter Art für erloschen oder Rechtsverhältnisse bestimmter Art für in Zukunft unzulässig und, soweit bestehend, für aufgehoben erklären. Die Regel ist solche Rückwirkung von Gesetzen und Verordnungen nicht[7]). Von diesem Falle verschieden ist der andere, daß das Gesetz nur die verfügende Behörde ermächtigt, die erlassenen mit ihm in Widerspruch stehenden Verfügungen aufzuheben, wo also der Verwaltungsakt nicht von selbst, sondern durch eine Handlung der Behörde vernichtet wird; das Oberverwaltungsgericht, dem die Literatur und natürlich erst recht die Praxis sich einmütig unterworfen haben, nimmt das für Änderungen im Baurecht vor Bauausführung an, — ob mit Recht, mag dahin gestellt bleiben.

Die Vernichtung kann auch geschehen durch einen anderen Verwaltungsakt.

Dabei ist nicht ausgeschlossen, daß der Verwaltungsakt ohne jede Beziehung zu dem alten ergeht. Ein interessantes Beispiel dieser Art enthält EG. 14 Mil.St.GO., wo wir übrigens auch eine positivrechtliche Anerkennung der absoluten Nichtigkeit von Urteilen finden.

Die Regel aber ist, daß der neue Verwaltungsakt unter Bezugnahme auf den alten ergeht, daß er seine Aufhebung oder Änderung enthält.

II. Dieser Fall des Widerrufs ist der weitaus wichtigste Auflösungsgrund und wir werden uns mit ihm eingehend und besonders zu beschäftigen haben. Es sollen zunächst in § 35 die allgemeinen Gesichtspunkte zusammengestellt werden über Wesen und Form des Widerrufs, und es soll dann weiter untersucht werden, in wie weit ein freier Widerruf zulässig ist und unter welchen Voraussetzungen dort, wo diese Freiheit beschränkt ist, gleichwohl der Verwaltungsakt ausnahmsweise dem Widerruf unterliegt.

II. Der Widerruf im besonderen.

§ 35.

1. Allgemeine Gesichtspunkte.

I. Wenn wir im folgenden schlechthin von Widerruf sprechen, so nehmen wir den Begriff in einem ziemlich weiten Sinn.

Wir machen dabei keinen Unterschied zwischen der „Rücknahme" des Verwaltungsakts durch die verfügende Behörde selbst und seiner „Aufhebung" durch ihre Aufsichtsbehörde, die nach ALVG. 50III

[6]) S. o. S. 319, 320.

[7]) Vgl. Rosin 272, 273.

sowohl im Fall der Anfechtung wie auch sonst zur Aufhebung im allgemeinen legitimiert erscheint.

Auch machen wir keinen Unterschied zwischen dem vollständigen Widerruf, wo an Stelle des widerrufenen Verwaltungsakts einfach ein rechtliches Vakuum tritt, und dem teilweisen Widerruf, der nur eine Abänderung des Verwaltungsakts enthält, sei es, daß diese Abänderung für den Betroffenen ein Mehr an Rechten oder ein Weniger an Pflichten oder umgekehrt ein Weniger an Rechten oder ein Mehr an Pflichten gegenüber dem geänderten Verwaltungsakt bedeutet. Zwischen dem vollständigen und dem teilweisen Widerruf besteht kein grundsätzlicher, sondern nur ein gradueller Unterschied. Dort, wo die Behörde befugt ist, einen Verwaltungsakt ganz zu widerrufen, muß sie auch für befugt erachtet werden, den Verwaltungsakt zum Teil zu widerrufen, da das erstere, als das maius, das letztere als das minus in sich schließt; hiermit steht natürlich die Rechtsprechung des Oberverwaltungsgerichts [1]), wonach der Verwaltungsrichter nicht zur teilweisen Konzessionsentziehung befugt ist, nicht im Widerspruch, da dieser Ausschluß lediglich auf der besonders gearteten Stellung des Richters beruht, der im Gegensatz zum Verwaltungsbeamten nicht aus Zweckmäßigkeitsgründen statt des maius das minus wählen darf.

II. Dagegen müssen wir allerdings einen Unterschied machen zwischen dem Widerruf von Amtswegen und der Änderung auf Antrag, wobei natürlich daran zu denken ist, daß es sich um einen Widerruf von Amtswegen auch dort handelt, wo nur der Schein eines Antrags, insbesondere eines Rechtsmittelantrags, in Wahrheit aber lediglich eine „Anzeige" vorliegt [2]).

Nur von dem Widerruf, der von Amtswegen geschieht, soll im folgenden die Rede sein; was über die Änderung auf Parteiantrag in der allgemeinen Lehre von den Verwaltungsakten überhaupt zu sagen war, ist schon in § 32 gesagt worden; alles nähere gehört in die Lehre vom Rechtsschutz im öffentlichen Recht.

Wenn wir aber auch die Normen über Änderung auf Antrag grundsätzlich ausscheiden, so ist damit doch eine gelegentliche Mitberücksichtigung derselben keineswegs ausgeschlossen. Man muß bei diesen Normen unterscheiden. — Wir erwähnten schon früher [3]) beim Beginn der Anfechtungslehre, daß die materiellen Anfechtungsgründe bei der Parteianfechtung zum Teil andere seien als bei der Selbstanfechtung; in so weit wäre es nun allerdings völlig verfehlt, wollten wir solche Bestimmungen, die von der Änderung auf Antrag sprechen, in unsere Untersuchung über den Widerruf von Amtswegen einbeziehen. — Es gibt daneben aber eine sehr große Zahl von Abänderungs- und Aufhebungsgründen, die in gleicher Weise sowohl für den Widerruf von Amtswegen wie für die Änderung auf Antrag gelten; hierher gehört zum Beispiel die Aufhebung von Verwaltungsakten wegen Wegfalls der Voraussetzungen, hierher aber auch die Anfechtung wegen Täuschung,

---

1) OVG. **40**, 316.
2) S. o. S. **309**, **310**.
3) S. o. S. **312** f.

wegen materieller Gesetzwidrigkeit, wegen Verfahrensmängeln; in so weit also besteht zwischen dem Widerruf von Amtswegen und der Änderung auf Antrag kein materieller, sondern nur ein formeller Unterschied. Die Bestimmungen nun, die bezüglich dieser zweiten Gruppe von Änderungsgründen die Änderung auf Antrag regeln, sind es, die wir im folgenden häufig werden verwenden können. Wenn wir nämlich bei gewissen Verwaltungsakten, deren Abänderung nicht als selbständiger Verwaltungsakt von Amtswegen, sondern nur als unselbständiger Akt auf Antrag erfolgen darf, finden, daß bei ihnen beispielsweise eine Abänderung wegen Wegfalls der Voraussetzungen oder wegen Täuschung vorgesehen ist, so dürfen wir daraus zwar nicht schließen, daß bei ihnen selbst diese Abänderungsgründe auch von Amtswegen geltend gemacht werden können; indes diese analoge Anwendung auf die Änderung von Amtswegen ist nur darum ausgeschlossen, weil in dem angenommenen Fall ja gerade eine Änderung von Amtswegen überhaupt nicht zulässig ist; eben deshalb aber erscheint die analoge Anwendung dort, wo die Änderung auch von Amtswegen geschehen kann, ganz unbedenklich, da hier jenes aus dem formellen Unterschied hergeleitete Hindernis ausgeschaltet ist, ein materieller Unterschied aber bei der hier in Rede stehenden zweiten Gruppe von Abänderungsgründen ja nicht vorhanden ist. Wir werden daher insbesondere Bestimmungen wie P. Vorausl.G. v. 18. August 1902 § 4^{II2} oder CPO. 927 [4]) oder die Bestimmungen der CPO. über die Nichtigkeits- oder die Restitutionsklage [5]) ohne Zweifel auch für den Widerruf von Amtswegen, soweit dieser überhaupt zulässig ist, anwenden dürfen.

III. Wir müssen weiter verschiedene dem Widerrufsbegriff verwandte oder doch ihm äußerlich gleichartige Rechtsinstitute aus ihm ausscheiden, da sie wesentlich anderen Grundsätzen folgen als der echte Widerruf.

1. Bereits früher [6]) sprachen wir von der Berichtigung. Sie bezieht sich, wie genauere Betrachtung zeigt, überhaupt nicht auf den Verwaltungsakt selbst, sondern nur auf die Rechtshandlung seiner Mitteilung, wie sich insbesondere darin zeigt, daß durch die Berichtigung materiell nichts geändert wird; die Berichtigung schafft nichts, was nicht auch schon vor ihr gegolten hätte, sie ist, wie wir es früher [6]) ausdrückten, nichts als die Beseitigung eines Schönheitsfehlers.

2. Auch eine materielle Ergänzung von Auslassungen fällt nicht unter den Begriff des Widerrufs oder der Abänderung. Auch sie muß ohne weiteres und ohne besondere gesetzliche Grundlage als zulässig anerkannt werden. Doch kann sie nicht schlechthin von der Behörde vorgenommen werden, sondern man wird dafür in der Regel das gleiche Verfahren verlangen müssen, das für den zu ergänzenden Verwaltungsakt selbst vorgeschrieben ist. Diesen Grundsatz wird man unbedenklich aus CPO. 321, 540, 599, 716, 721 ableiten dürfen, und es ist daher

---

[4]) S. u. S. 358, 359.
[5]) S. u. S. 368 f.
[6]) S. o. S. 214.

Gaupp-Stein [7]), der im Gegensatz zu früheren Auflagen Jen § 321 auch im Fall des § 923, sowie dem bayerischen Verwaltungsgerichtshof [8]), der ihn auf den Verwaltungsprozeß anwenden will, durchaus beizustimmen. Doch erscheint ein Antrag auf Ergänzung, auch wenn der zu ergänzende Akt selbst nur auf Antrag zulässig ist, dann entbehrlich, wenn der übergangene Punkt nicht das private, sondern das öffentliche Interesse betrifft. Er muß daher, in Übereinstimmung mit CPO. 321 und der pr. V. über das Verfahren vor den Knappschaftsschiedsgerichten v. 29. November 1907 § 27, zwar verlangt werden, wenn ein von einer Partei geltend gemachter Haupt- oder Nebenanspruch oder der Kostenpunkt ganz oder teilweise übergangen ist; wenn aber im Fall Östr. Wass.G. 86^{II} entgegen dem Gesetz bei der Erteilung einer Wassernutzungskonzession nicht die Frist bestimmt ist, binnen deren die genehmigte Anlage bei sonstigem Erlöschen des verliehenen Rechts vollendet sein muß, so wird man nicht nur, wie Randa [9]) richtig tut, eine nachträgliche Ergänzung überhaupt zulassen, sondern auch von dem Erfordernis eines Antrags gänzlich absehen [10]) und eine Ergänzung von Amtswegen als gerechtfertigt anerkennen müssen.

3. Aus dem Begriff des Widerrufs scheiden wir ferner aus den unechten Widerruf.

Unter diesem Begriff verstehen wir den Widerruf eines solchen Verwaltungsakts, der noch gar nicht wirksam geworden ist, weil er entweder überhaupt noch nicht oder, soweit er empfangsbedürftig ist, nicht gegenüber dem Adressaten der Erklärung kundgemacht ist.

Aus dieser Begriffsbestimmung ergibt sich ohne weiteres die unbegrenzte Zulässigkeit des unechten Widerrufs. Es ist selbstverständlich und oft betont worden [11]), daß Verwaltungsakte, die noch nicht wirksam geworden sind, noch der Verfügungsmacht ihres Urhebers unterliegen und noch nach seinem Belieben vernichtet oder abgeändert werden können. Daher erscheint es insbesondere unbedenklich, den freien Widerruf eines noch nicht zugestellten Konkurseröffnungsbeschlusses oder eines solchen amtsrichterlichen Strafbefehls zuzulassen. Wenn Friedländer [12]) behauptet hat, daß der niedergeschriebene Strafbefehl, auch wenn er noch nicht bekannt gegeben worden sei, gleichfalls für den Richter unabänderlich sei, so beruht das nur auf Friedländers eigentümlicher Ansicht, daß dieser Befehl schon durch die Niederschrift wirksam werde.

Es fragt sich noch, welcher Zeitpunkt maßgebend ist für die

---

7) Gaupp - Stein **II.** 795.

8) BVGH. **4,** 393.

9) S. 68. — P. Wass.G.Entwurf 74^{III}, 90 sah ausdrücklich eine nachträgliche Ergänzung dieser Art vor; die Begründung 172 nahm an, daß es einer solchen ausdrücklichen Bestimmung bedurfte.

10) A. A. scheint Randa a. a. O. zu sein, wenn es sich dabei nicht bloß um ein Übersehen der Möglichkeit des Einschreitens von Amtswegen handelt.

11) Vgl. OVG. **13,** 408; OVG. in St. **10,** 332, besonders 335; OVG. v. 6. X. 02 in VBl. **24,** 362; RG. **57,** 284; RG. in Str. **26,** 412; RVA. **1893,** 111 (Z. 264). — Ötker 78. Rauchalles 73. Seydel **II.** 194. W. Jellinek 68.

12) In Z. f. ges. Str.R.W. **18,** 529, 530. Richtig Löwe 262 und die dort genannte Entsch. d. B. ob. LG.

Abgrenzung des unechten vom echten Widerruf. — Aus der Empfangstheorie ist zu folgern, daß der Widerruf zulässig ist bis zu dem Augenblick, wo die widerrufene Verfügung dem Erklärungsempfänger zugeht, und daß der Widerruf auch dann als gerechtfertigt anzuerkennen ist, wenn er gleichzeitig mit der widerrufenen Bauerlaubnis oder Beamtenernennung zugeht; wie wir BGB. 130^{II} analog für publizistische Rechtsgeschäfte angewendet haben, dürfen wir kein Bedenken tragen, dasselbe mit 130^{I2} zu tun. — Über diesen Zeitpunkt hinaus gibt es dagegen keinen unechten, von vornherein unbeschränkten Widerruf mehr; verfehlt ist es daher, wenn Schenkel [13]) meint, die gleichen Grundsätze wie für den unechten Widerruf müßten auch dann gelten, wenn der Verwaltungsakt zwar kundgemacht, aber infolge einer Rechtsmittelfrist noch nicht vollzugsreif sei; es geht nicht an, diese Rechtsmittelfrist, die lediglich im Interesse des Rechtsmittelberechtigten gegeben ist, zugunsten der Behörde ausnützen zu wollen; der Verwaltungsakt ist in solchen Fällen aus der Verfügungsmacht der handelnden Behörde herausgekommen, und sie kann ihn nur insoweit widerrufen, als sie nach den allgemeinen, nachher zu besprechenden Grundsätzen nach Ablauf der dem Betroffenen gewährten Rechtsmittelfrist ebenfalls dazu berechtigt wäre. Schenkel kann sich zur Rechtfertigung seiner Ansicht auch nicht etwa auf das sächsische Oberverwaltungsgericht [14]) berufen, da dessen in Frage kommende Entscheidung [14]) sich auf die Parteianfechtung, nicht auf die Selbstanfechtung bezieht. — Geht man davon aus, daß ein Verstoß gegen die Kundgabeformen nicht Nichtigkeit, sondern nur relative Unwirksamkeit nach sich zieht [15]), so muß man gleiches wie im vorigen Fall auch dann annehmen, wenn der Verwaltungsakt zwar kundgegeben, wenn dies aber nicht in der vorgeschriebenen Form geschehen ist; denn auf den Mangel dieser Form kann sich nur der Betroffene, nicht aber die Behörde berufen.

4. Verschieden von dem Widerruf der Verwaltungsakte und hier nicht näher zu erörtern ist ferner das Institut der Rechtsentziehung aus Gründen des öffentlichen Wohls [16]). Das ist nichts dem Verwaltungsakt eigentümliches, sondern ein Institut, das sich auf subjektive Rechte und wohl auch auf Befugnisse [17]) überhaupt bezieht ohne Rücksicht auf ihren Entstehungsgrund, der ebenso Gesetz, Verjährung, Ersitzung, Verwaltungsakt oder privatrechtlicher Titel oder was er sonst noch mag sein kann. Unter Widerruf haben wir nur solche Rechtsentziehungen zu verstehen, deren Grund in dem rechtsbegründenden Verwaltungsakt selbst zu finden ist.

5. Keine Änderung im technischen Sinn ist es endlich, wenn eine neue Verfügung auf selbständiger Grundlage im Widerspruch mit einer früheren Verfügung ergeht.

---

[13]) I. 395. Die gleiche Auffassung findet sich ferner bei Schenkel, Wasserrecht 367 und in der dort genannten Verfügung des Bad. Min. d. I. v. v. 2. August 1893. — Mißverständlich ist auch Walter Jellinek 147, wenn er die Gewerbeerlaubnis vor Rechtskraft für „unbeachtlich“ erklärt.

[14]) SOVG. 5, 292.

[15]) S. o. S. 270, 271.

[16]) ALR. Einl. 70.

[17]) Gew.O. 51.

Die Zulässigkeit derartiger Verfügungen ist jedenfalls dort unzweifelhaft, wo sie ihre selbständige Grundlage in einer Spezialbestimmung findet. Ist z. B. eine Bauerlaubnis erteilt, auf Grund der Erlaubnis gebaut, ist dann eine neue Bauordnung erlassen worden, die gewissen Bestimmungen rückwirkende Kraft beigelegt hat, und wird nun auf Grund hiervon eine Änderung des Baues angeordnet, so liegt darin gleichwohl keine Änderung der Bauerlaubnis; die Anordnung steht eben mit dieser Erlaubnis in keinem Zusammenhang, sondern auf selbständiger Grundlage, was man daran erkennen kann, daß sie auch in so weit möglich ist, als es etwa nach dem früheren Baurecht einer Bauerlaubnis für die betroffene Baulichkeit gar nicht bedurft hat. Ebenso ist aber auch das Verhältnis zwischen Gew.O. 18 und 120 d, wenn nach 18 bei der Erteilung der Gewerbeerlaubnis zum Schutz der Arbeiter gewisse „Bedingungen" festgesetzt worden sind, später aber auf Grund von 120 d neue Anordnungen erlassen werden. Daher bedeutet auch die Zulässigkeit [18]) neuer Anordnungen nach 120 d keineswegs, wie Landmann [19]) annimmt, eine Ausnahme von der regelmäßigen Unabänderlichkeit der festgesetzten „Bedingungen", und Arndt [20]) kann sich auf die nach 120 d zulässige „Änderung" nicht zugunsten seiner unrichtigen Behauptung berufen, daß die festgesetzten „Bedingungen" von 18 überhaupt geändert werden könnten.

Minder unzweifelhaft ist die Zulässigkeit eines Einschreitens lediglich auf der Grundlage allgemeiner Klauseln wie ALR. II. 17, 10. Hier wird jeweils zu untersuchen sein, ob derGesetzgeber durch die getroffene Spezialregelung diese allgemeinen Klauseln außer Wirksamkeit setzen oder ob er sie unberührt lassen wollte. Die Rechtsprechung nimmt in ziemlich ausgedehntem Maße das letztere an.

Das Oberverwaltungsgericht hat wiederholt in diesem Sinne entscheiden. So im Baurecht, teilweise unter ausdrücklicher Bezugnahme auf § 10 ALR. II. 17 [21]). Von diesem Gesichtspunkte aus läßt sich auch vielleicht folgende allerdings nicht unbedenkliche Entscheidung [22]) rechtfertigen: Der Amtsvorsteher hatte eine baupolizeiliche Erlaubnis zum Abbrennen einer Feldziegelei gegeben; der Landrat widerrief diese Erlaubnis, weil durch das häufige Abbrennen der Feldziegelöfen das in der Gegend viel verkehrende Publikum in seiner Gesundheit gefährdet und durch den Qualm belästigt würde; das Gericht erachtete diesen Widerruf für zulässig „im Interesse der öffentlichen Sicherheit und Wohlfahrt"; der Kläger habe durch Erteilung der Erlaubnis keinesfalls „eine unwiderrufliche Befugnis, entsprechend zu verfahren" erlangt. Eher wird man einer ähnlichen Entscheidung desselben Gerichts aus dem Gewerberecht folgen können [23]); hier hatte sich eine Hebamme in Ausübung ihres Berufs bei einer syphilitischen Wöchnerin angesteckt;

---

[18]) Vgl. z. B. BVGH. **27**, 24.

[19]) Landmann I. 174.

[20]) In VA. **10**, 194. Richtig OVG. **5**, 289; **10**, 264; **36**, 345; OVG. in VBl. **17**, 147.

[21]) OVG. **6**, 318; **11**, 365.

[22]) OVG. **2**, 415; vgl. auch OVG. **4**, 370, **29**, 390 und dazu u. S. 389, 390.

[23]) OVG. **22**, 331.

das Gutachten des Medizinalkollegiums hatte festgestellt, es werde für die nächsten drei Jahre mit der Möglichkeit gerechnet werden müssen, daß die Hebamme ihrerseits in Ausübung ihres Berufs auf Wöchnerinnen die Syphilis übertragen werde; infolgedessen hatte der Bezirksausschuß auf Klage der Polizeibehörde auf Zurücknahme des Prüfungszeugnisses als Hebamme erkannt mit der Begründung, daß die Beklagte einer bei der Erteilung des Zeugnisses vorausgesetzten Eigenschaft, nämlich der Gesundheit, ermangle; das Oberverwaltungsgericht hob allerdings dieses Urteil mit Rücksicht darauf, daß Gew.O. 53 als Voraussetzung der Zurücknahme eine Handlung der Zeugnisinhaberin verlange, auf, bemerkte indes in seiner Entscheidung, die Polizeibehörde werde im gesundheitspolizeilichen Interesse zu prüfen haben, wie unter Anwendung der ihr sonst zu Gebote stehenden Mittel etwaigem Schaden vorzubeugen sei; diese Maßnahmen aber werden meines Erachtens in der Tat unter Umständen auf eine vorläufige Untersagung des Gewerbetriebs auf Grund von ALR. II. 17, 10 hinauslaufen.

Auch die Entscheidung des Reichsgerichts vom 12. November 1887 [24]) mag in diesem Zusammenhang erwähnt werden. Sie läßt es dahingestellt, ob die Rechtsprechung des Oberverwaltungsgerichts [25]), wonach im Fall von Gewerbeordnung 18 nachträgliche Auflagen unzulässig sind, auch die Durchführung von Sicherheitsmaßregeln auf Grund von ALR. II. 17, 10 ausschließe, indem sie solche Maßregeln jedenfalls bei denjenigen Anlagen, die schon vor dem Inkrafttreten von Gew.O. 16 ff. entstanden waren, für zulässig erklärt.

IV. Was die Form des Widerrufs anlangt, so gelten darüber im allgemeinen keine besonderen Vorschriften. Man muß aber annehmen, daß die für den widerrufenen Verwaltungsakt selbst maßgebenden Formvorschriften auch auf seinen Widerruf als den contrarius actus anzuwenden sind [26]).

V. Für das Wirksamwerden gelten die allgemeinen Grundsätze für Verwaltungsakte überhaupt, vor allem in gleichem Umfang wie dort auch der Grundsatz der Empfangsbedürftigkeit. Eine Rückbeziehung der Wirkungen ist nur in dem schon behandelten Fall der Anfechtung wegen Gesetzwidrigkeit anzunehmen [27]).

VI. Die schwierigste Frage ist die nach den materiellen Voraussetzungen für die Zulässigkeit des Widerrufs. Sie soll im folgenden ausführlich erörtert werden.

§ 36.

2. Der freie Widerruf.

Wenn man von freiem Widerruf spricht, so darf man darunter keinen willkürlichen Widerruf verstehen [1]). Willkürlicher Widerruf ist

[24]) Bei Reger 9, 1.
[25]) Vgl. o. S. 328 (20).
[26]) Vgl. Gew.Unf.VG. 49 IV 4.
[27]) Vgl. Gew.Unf.VG. 89 III, Inv.VG. 45 II und dazu Isenbart 414.
[1]) Walter Jellinek 157 (1). Vgl. ferner die in Anm. 3 genannten Entscheidungen.

überall unzulässig. Freier Widerruf bedeutet nur, daß die Behörden jeder Zeit befugt sein sollen, wenn sie es nach pflichtmäßigem Ermessen, das ja möglicherweise ein unrichtiges ist, für im öffentlichen Interesse erforderlich erachten, ihre Verwaltungsakte zurückzunehmen. Steht daher auf Grund irgendwelcher unverkennbarer Anzeichen fest, daß die Behörde ohne solche Gründe, die Polizei etwa aus nicht polizeilichen Motiven, einen Verwaltungsakt widerrufen hat, so kann sie sich, wenn der Widerruf von dem Betroffenen angefochten wird, nicht darauf berufen, daß ihr nach Gesetz oder kraft besonderen rechtsgeschäftlichen Vorbehalts der „freie" Widerruf zustehe [2]). Ihre Widerrufsverfügung unterliegt der Aufhebung, da sie chikanös erfolgt ist; denn auch im öffentlichen Recht gibt es einen bösen Rechtsmißbrauch sowie eine actio und exceptio doli [3]).

* * *

Freier Widerruf in diesem eingeschränkten Sinn ist nun möglich zunächst als Widerruf kraft Vorbehalts.

I. Der Vorbehalt kann gesetzlicher Vorbehalt sein.

1. Die Fälle eines gesetzlichen Widerrufsvorbehalts sind sehr zahlreich.

In erster Linie kommen die Fälle eines ausdrücklichen Vorbehalts in Betracht.

Besonders häufig begegnen wir derartigen Fällen im Recht der Erlaubnisse, insbesondere der Polizeierlaubnisse. Beispielshalber seien genannt: Aus dem Gewerberecht Gew.O. 62^{VI}, Sprengstoff-Ges. v. 9. Juni 1884 § 4, Auswandr.G. v. 9. Juni 1897 §§ 10, 18, Fleischbeschau-Gesetz vom 3. Juni 1900 § 11^{II}; aus dem Wasserrecht Württ. Wass.G. 17^{II}, 18^{II}, 22^{2} und Els. Lothr. Wass.G. 5, denen § 58 des preußischen Wassergesetzentwurfs entsprach; aus dem Fischereirecht P. Fisch.G. 35^{II}, 44^{II}, Bad. Landes-Fisch.O. 44^{III}; aus dem Jagdrecht P. Jagd-O. 20^{III}, 66^{II}, 67^{III}; aus dem Schulrecht Staatsmin. Instr. v. 31. Dezember 1839 §§ 5, 15, P. Schul-Unterh.G. 12^{II2}, 13^{3}; aus dem Staatskirchenrecht P. Gesetz vom 14. Juli 1880 Art. 6^{I}, Württ. Gesetz vom 30. Januar 1862 über die Regelung des Verhältnisses der Staatsgewalt zur katholischen Kirche Art. 15^{III}, Bad. Gesetz vom 9. Oktober 1860 die rechtliche Stellung der Kirchen betr. § 11^{II}; aus dem Beamtenrecht Verordnung vom 2. November 1874 (RGB. 129) § 7^{I} und vom 23. April 1879 (RGB. 134) § 12 über den Widerruf der Urlaubsbewilligung sowie Beamt.G. 16^{II} und Erlaß des preußischen Ministers der öffentlichen Arbeiten vom 17. Dezember 1894 betr. gemeinsame Bestimmungen für

---

[2]) Vgl. Mayer **II.** 159 wegen des Widerrufs der Verleihung von Nutzungsrechten an öffentlichen Sachen. — Auf demselben Standpunkt steht die Vollz.Vf. z. Württ. Wass.G. Das G. Art. 17^{II} gibt das Recht des freien Widerrufs, § 29 der Vfg. schränkt das ein: „Nur aus Gründen des gemeinen Wohls".

[3]) Vgl. OVG. **2,** 390; **39,** 365; **44,** 75, bes. 81; v. 3. Febr. 1902 bei Brauchitsch **I.** 186. SOVG. **5,** 35; **8,** 226 (von W. Jellinek 157 Anm. 1 irrtümlich als 8, 266 zitiert). — Vgl. KG. v. 15. Okt. 1903 bei Kamptz - Delius **I.** 279 und über Chikane im öffentlichen Recht überhaupt Radnitzky bei Grünhut **31,** 479 ff., Schwarz a. a. O. **33,** 43 ff.

alle Beamte im Staatseisenbahndienst § 13^{VII} über den Widerruf der Erlaubnis zu Nebenbeschäftigungen.

Auch bei den übrigen konstitutiven Verfügungen begegnen wir öfter solchen ausdrücklichen Widerrufsnormen. Um Rechtsverleihungen handelt es sich bei der Gewährung von Vergütungen an den Vormund, die nach BGB. 1836^{14}, und bei der Gewährung von Nutzungen aus dem Gemeindevermögen an die Gemeindebürger, die nach Bayr. Gem.O. Art. 31^{II} stets nur in widerruflicher Weise erfolgt. Eine freie widerrufliche Fähigkeitsverleihung haben wir vor uns in der „Genehmigung" zur „Errichtung" einer Ordensanstalt nach dem vorhin erwähnten Badischen Gesetz vom 9. Oktober 1860 § 11, wofern man nicht auch in dieser „Genehmigung" ebenso wie in der „Genehmigung" zur „Einführung" eines Ordens in das Land, welch letztere unzweifelhaft bloße „Erlaubnis" ist, ebenfalls nur eine solche sehen will.

Nicht selten sind ferner Widerrufsvorbehalte bezüglich solcher Verwaltungsakte, die Rechtsverhältnisse begründen. Es handelt sich hier vornehmlich um die Übertragung gewisser dienstlicher Funktionen. Es sei verwiesen auf die Bestimmungen des P. Schul-Aufs.Ges. vom 11. März 1872 § 2^{II} bezüglich der nicht im Hauptamt tätigen Volksschulinspektoren, der P. Verordnung vom 10. Juni 1907 § 9 bezüglich der Schätzungsamtmitglieder, der bayerischen Gemeindeordnung Art. 77^{III} bezüglich der dort genannten Gemeindebediensteten, des sächsischen Baugesetzes § 147^{I} bezüglich der Übertragung der Baupolizei auf den Gemeindevorstand.

In anderen Fällen fehlt es zwar an einem ausdrücklichen Widerrufsvorbehalt, man wird aber gleichwohl nach allgemeinen Grundsätzen der Auslegungskunst trotz dieses Mangels einen stillschweigenden gesetzlichen Widerrufsvorbehalt als vorhanden festzustellen haben. — So heißt es in § 6^{I} des P. Gesetzes über kirchliche Disziplinargewalt: „Die Demoritenanstalten sind der staatlichen Aufsicht unterworfen. Ihre Hausordnung ist dem Oberpräsidenten zur Genehmigung einzureichen." Von einer Rücknahme der Genehmigung sagt das Gesetz nichts; nach allgemeinen Grundsätzen ist, wie wir nachher [4]) sehen werden, eine Rücknahme von Genehmigungen ausgeschlossen. Trotzdem meint Hinschius [5]): „Da die Anstalten unter fortlaufender Kontrole stehen, so kann die erteilte Genehmigung jeder Zeit widerrufen werden"; dem wird wohl beizupflichten sein. Vielleicht kann man auch im Fall P. Ges. vom 21. Mai 1886 Art. $2^{IV\,2}$ die Widerruflichkeit der Erlaubnis (oder Genehmigung ?) zur Aufnahme fremder Studierender in die kirchlichen Seminare aus der offenbaren Absicht des Gesetzgebers herleiten. Ebenso begründet Schenkel [6]) die freie Widerruflichkeit der Gewerbeerlaubnis im Fall Gew.O. 33 b mit dem „Zweck der Vorschrift". — Verwandt sind die Fälle, wo man von rechtsgeschichtlichen Erwägungen ausgehend zu freier Widerruflichkeit kommt. In dieser Weise hat das Oberverwaltungsgericht versucht, die Frage für

[4]) S. u. S. 346.
[5]) Kirchengesetze von 1873, S. 56.
[6]) I. 395.

den Widerruf der „Bestätigung" von Kriegervereinen nach Kabinets-O. vom 22. Februar 1842 zu lösen; es handelt sich bei dieser „Bestätigung" um Gewährung eines bloßen Dürfens, indem nach § 5 der Kabinetsorder der Verein durch die „Bestätigung" ein für allemal die Erlaubnis zur militärischen Begleitung verstorbener Waffengefährten erhält; ein grundsätzlicher Unterschied dieser Erlaubnis von sonstigen Polizeierlaubnissen kann entgegen der Auffassung des Oberverwaltungsgerichts nicht anerkannt werden; eher mag es angehen, die freie Widerruflichkeit aus dem Charakter der zur Zeit des Erlasses der Kabinetsorder geltenden Gesetzgebung abzuleiten, wennschon auch dieser Versuch des Oberverwaltungsgerichts nicht so ganz unbedenklich erscheint. Von anderer Seite ist versucht worden, die Widerruflichkeit von Orden und Titeln durch rechtsgeschichtliche Erwägungen zu begründen [8]). Wieweit man in dieser Richtung gehen darf, will ich nicht im Vorbeigehen entscheiden; es ist eine Frage von grundsätzlicher Bedeutung für das gesamte Verwaltungsrecht; es handelt sich um nichts geringeres als um die Frage, ob das Verwaltungsrecht nur ein Konglomerat von Hunderten von Einzelgesetzen oder ob es eine innere organische Einheit ist; im ersteren Fall ist klar, daß jedes einzelne Gesetz für sich allein ausgelegt werden muß und daß, wenn es ein älteres Gesetz aus der vorrechtsstaatlichen Zeit ist, darauf keineswegs solche Grundsätze zur Anwendung gebracht werden können, die erst in der Zeit des Rechtsstaats sich gebildet haben; im anderen Fall dagegen muß mindestens in den Fällen, wo das Gesetz keine ausdrücklichen gegenteiligen Bestimmungen enthält, der geschichtliche Wandel der allgemeinen Rechtsgrundsätze beachtet werden dergestalt, daß etwa solche Verwaltungsakte, die nach den vorrechtsstaatlichen Grundsätzen frei widerruflich waren, diese Eigenschaft verlieren können ohne irgend welche Änderung des speziellen Gesetzes, auf dem sie beruhen, lediglich infolge der rechtsgeschichtlichen Entwickelung, die von dem Widerruf öffentlicher Rechte à discrétion zu der Unwiderruflichkeit derselben geführt hat; zu der ersten Auffassung werden von vornherein die Vertreter der historischen, zu der zweiten die der dogmatischen Staatsrechtsbehandlung neigen; trotzdem wäre es natürlich falsch, den Gegensatz auf die Formel konservativ-historische Auffassung einerseits, liberal-rationalistische Auffassung andererseits bringen zu wollen, da auch diejenigen, die sich in der obigen Frage für die zweite Antwort entscheiden, nur scheinbar [9]) unhistorisch denken, während sie in Wahrheit historisch denken in einem tieferen Sinn, indem ihrer Antwort ja gerade der Glaube an ein organisches Wachsen des Rechts, das stattfindet, ohne äußerlich, durch Änderung der positiven Spezialnormen,

---

[7]) OVG. **36**, 426.

[8]) Vgl. Walter Jellinek 158.

[9]) Von diesem Gesichtspunkte aus habe ich früher den Satz aufgestellt, „daß in der Rechtswissenschaft eine Ansicht historisch richtig und zugleich dogmatisch falsch sein kann": Kormann 141 (3); über zwei lehrreiche Beispiele vgl. a. a. O. Das war eigentlich schon ein zu weitgehendes Zugeständnis an die historische Auffassung, die in solchen Fällen doch nur den Schein des alleinigen Besitzes der historischen Denkweise für sich hat.

sichtbar zu sein, notwendig zugrunde liegt. — Vielfach kommt es auch vor, daß das Gesetz mit den Worten: „Ein gewisser Zustand ist nur mit Erlaubnis zulässig" lediglich ausdrücken will: „Er ist solange zulässig als die Erlaubnis vorhanden ist", die ihrerseits aber jeder Zeit zurückgezogen werden kann. So erklären sich P. Forst-Diebst.G. 25^{II}, wo die Rücknahme der Erlaubnis des Bezirksausschusses zur allgemeinen Beeidigung von Forstschutzpersonen (§ 23^{II}) als jeder Zeit zulässig nicht erst statuiert, sondern bereits vorausgesetzt wird. So kann man auch die freie Widerruflichkeit in Gew.O. 55a [10]), 59^{I} Z. 4 [11]) rechtfertigen, ebenso die bei der Gestattung von Vorarbeiten im Enteignungs- und Eisenbahnrecht [12]). Ebenso ergibt sich von diesem Gesichtspunkte aus die freie Widerruflichkeit der Erlaubnis zur Vormundschaftsübernahme durch Beamte; diese Widerruflichkeit wird in BGB. 1888 offenbar vorausgesetzt.

2. Was nun die Stellung dieser gesetzlichen Widerrufsvorbehalte zu den von ihnen betroffenen Verwaltungsakten angeht, so bedarf es einer ausdrücklichen Wiederholung des Widerrufsvorbehalts oder auch nur eines Verweises auf die gesetzliche Bestimmung in dem Verwaltungsakt selbst nicht, wennschon derartiges in der Praxis durchaus üblich und zur Vermeidung von Mißverständnissen auf Seiten des Betroffenen sehr empfehlenswert ist. Ebensowenig ist eine Wiederholung oder eine Verweisung in dem Fall erforderlich, wenn das Gesetz die Widerruflichkeit als Regel, von der Ausnahmen nur kraft besonderer rechtsgeschäftlicher Nebenbestimmung gelten sollen, aufgestellt hat; dann greift eben, mangels solcher Bestimmung, die gesetzliche Regel Platz. Wie ist es aber in dem Fall, wo das Gesetz nur widerrufliche Verwaltungsakte kennt, in dem ergehenden Verwaltungsakt jedoch die Widerruflichkeit ausdrücklich ausgeschlossen ist? Dann kommen die allgemeinen Grundsätze über unzulässige Nebenbestimmungen in Anwendung, d. h. die Klausel über die Unwiderruflichkeit gilt als nicht beigefügt, die Behörde kann ohne weiteres widerrufen und der Verwaltungsrichter muß, im Falle er angegangen wird, die Klage auf Aufhebung der Widerrufsverfügung abweisen. Dies gilt aber natürlich nicht, soweit ausnahmsweise die ausgeschlossene gesetzliche Norm nur als nachgiebiges Recht erscheint; und das letztere wird man im Zweifel in den Fällen annehmen dürfen, wo der Widerruf nicht auf einem ausdrücklichen, sondern nur auf einem stillschweigenden gesetzlichen Vorbehalt beruht. Endlich ist noch der Fall zu erwähnen, daß in dem Verwaltungsakt, der nach dem Gesetz nur als widerruflich ergehen darf, nicht ein ausdrücklicher Ausschluß des Widerrufs beigefügt, sondern nur bestimmt ist: „die Gewährung geschieht auf fünf Jahre"; dies wird dann dahin auszulegen sein, daß der Widerruf auf Grund des Gesetzes zwar auch früher zulässig bleibt, nach Ablauf der Frist aber die Verfügung von selbst außer Kraft treten soll [13]).

---

[10]) Landmann I. 502.
[11]) Schicker I. 318. Landmann I. 547, 548.
[12]) Eger I. 91, Eisenbahnrecht I. 108, 109.
[13]) Vgl. Kahr I. 287.

II. Der Widerrufsvorbehalt kann aber auch als spezieller rechtsgeschäftlicher Vorbehalt in dem Verwaltungsakt selbst, auf den er sich bezieht, enthalten sein. Auch hier ist die Rechtslage durchaus klar. Vorausgesetzt ist dabei natürlich die Zulässigkeit des Vorbehalts. Ist diese nach den allgemeinen früher erörterten Grundsätzen [14]) nicht anzuerkennen, dann gilt der Widerrufsvorbehalt als nicht beigefügt, die Behörde darf also nicht widerrufen. Tut sie es doch, so ist zwar diese Widerrufsverfügung nicht als nichtig zu betrachten, da keiner der Nichtigkeitsgründe vorliegt; aber der Betroffene wird sie mit Erfolg anfechten können.

III. In der Mitte zwischen den beiden eben behandelten Fällen steht der verordnungsmäßige Vorbehalt. Das ist der Vorbehalt, der in einer Verwaltungsverordnung generell gemacht ist; der in einer Rechtsverordnung gemachte gehört nicht hierher, da er, die Gültigkeit der Verordnung und ihres Vorbehalts überhaupt vorausgesetzt, dem gesetzlichen Vorbehalt gleichsteht. Hierher gehören namentlich auch die Widerrufsvorbehalte in zollrechtlichen Regulativen [15]). Wenn nun ein solcher Vorbehalt, dessen Zulässigkeit natürlich vorausgesetzt, in dem einzelnen Verwaltungsakt nicht ausdrücklich oder durch Verweisung wiederholt ist, so wird man ihn trotzdem im Zweifel als gewollt, nämlich als stillschweigend festgestellten Geschäftsinhalt, anzuerkennen haben; in so fern ähnelt er also dem gesetzlichen Vorbehalt. Wenn er aber im Einzelfall ausdrücklich ausgeschlossen worden ist, so kann die Behörde von ihm auch keinen Gebrauch machen; denn im Unterschied vom ersten Fall handelt es sich hier nicht um eine gesetzlich unzulässige Nebenbestimmung, die als nicht beigefügt gilt; der Beamte, von dem der fragliche Verwaltungsakt ausging, kann sich disziplinarrechtlich verantwortlich gemacht haben, wie etwa der Prokurist, der auftragswidrig auf eigene Faust gewisse Geschäfte abgeschlossen hat, seinem Geschäftsherrn haftet; aber nach außen wirkt das nicht. Darin liegt der bedeutsame Unterschied des gesetzlichen und des verordnungsmäßigen Vorbehalts; dieser ist eben im Grunde nichts anderes als ein verkappter, nämlich generell festgestellter, rechtsgeschäftlicher Vorbehalt.

* * *

Es wäre aber falsch, wollte man, wenn eine Behörde einen Verwaltungsakt widerrufen hat, von ihr jedesmal den Nachweis eines besonderen Vorbehalts verlangen, auf den sie sich dabei stützen könnte. Außer dem freien Widerruf kraft besonderen, gesetzlichen oder rechtsgeschäftlichen Vorbehalts gibt es auch einen freien Widerruf kraft allgemeiner Grundsätze.

I. Während im Privatrecht die Unwiderruflichkeit von Parteierklärungen wohl als die Regel bezeichnet werden kann, was zusammenhängt mit dem Vorwiegen der zweiseitigen Geschäfte im Privatrecht, ist es im öffentlichen Recht, das ganz durch das einseitige Rechtsgeschäft

---

[14]) S. o. §§ 19, 20.

[15]) Priv.Lg.Rgl. §§ 2IV, 11, Z. 2; Weinl.Rgl. 16, Z. 2; Konten-Rgl. § 1I a. E.

beherrscht wird, genau umgekehrt. Als Grundsatz muß man hier die Widerruflichkeit der Verwaltungsakte aufstellen. Er ist oft in Wissenschaft und Praxis anerkannt worden [16]) und hat seinen gesetzlichen Ausdruck gefunden in dem einzigen Gesetzbuch, das Ansätze zu einem allgemeinen Teil des öffentlichen Rechts enthält, nämlich in FGG. 18, wo ganz allgemein gesagt wird: „Erachtet das Gericht eine von ihm erlassene Verfügung nachträglich für ungerechtfertigt, so ist es berechtigt, sie zu ändern.“ Auch die CPO. setzt, wie ihre Begründung [17]) ausdrücklich betont, die freie Abänderlichkeit der prozessualen Verfügungen und Beschlüsse als selbstverständliche Regel voraus und hat nur darum davon abgesehen, diesen Grundsatz in einem besonderen Gesetzesparagraphen besonders zu fixieren. Aber freilich das gilt lediglich als Grundsatz, und der Grundsatz wird durch zahlreiche Ausnahmen durchbrochen; die Ausnahmen können auf positiver gesetzlicher Sonderbestimmung beruhen, dann gehen sie uns in diesem Zusammenhang weiter nichts an; sie können sich aber auch aus der Natur der Sache ergeben, dergestalt, daß sie zwar vielfach auch im positiven Gesetz anerkannt sind, daß sie aber auch dann anzuerkennen sind, wenn das Gesetz aus irgend welchen Gründen es nicht ausdrücklich getan hat; von ihnen haben wir im folgenden zu sprechen. Der Wert des vorhin aufgestellten Grundsatzes ebenso wie der Wert einer allgemeinen Feststellung dieser nunmehr zu erörternden Ausnahmen besteht aber darin, daß diese Untersuchungen uns Anhaltspunkte geben für die Entscheidung der praktisch ja so sehr bedeutsamen Frage, was hinsichtlich des Widerrufs zu gelten hat in jenen zahlreichen Fällen, wo die Gesetze darüber schweigen.

II. Wenn wir zunächst versuchen, die leitenden Gesichtspunkte für die allgemeine Bestimmung der Ausnahmen von unserem Grundsatz zu gewinnen, so haben wir dabei einerseits an das vorhandene Gesetzesmaterial, andererseits an die Literatur anzuknüpfen.

1. Die gesetzlichen Bestimmungen können für unsere Frage in zweifacher Weise eine Entscheidung bieten.

Am einfachsten ist die Sachlage bei den allerdings nicht sehr zahlreichen Bestimmungen, die eine unmittelbare Normierung der Unwiderruflichkeit enthalten. Sie bieten für eine allgemeine Erörterung kein Interesse. Als Beispiele seien genannt Art. 43^{III} verb. mit 43^{I} B. Wass.G., Gew.O. 40.

Weit zahlreicher und für uns wichtiger sind die Bestimmungen, die nur eine mittelbare Normierung der Unwiderruflichkeit enthalten. In dieser Beziehung haben wir es vornehmlich mit 4 Gruppen von Normen zu tun.

---

16) Vgl. z. B. Mayer I. 116, Arnstedt 72, Baltz 109, Ledermann 154, Ötker 101, Nußbaum, Prozeßhandlungen S. 11, Löwe 758 und die dort genannten Schriftsteller des Strafprozesses. — RG. **36**, 168. — Bd. V. v. 12. Juli 1864, § 88, Z. 1, v. 31. August 1884, § 43, Z. 1. — Erl. d. P. Min. d. I. v. 5. IX. 92 (I. MBl. 345 f., bes. 346).

17) Begründung des Entwurfs einer Zivilprozeßordnung (zu Nr. 6 der Drucksachen des Dt. Reichtsags, II. Legislatur-Periode, II. Session 1874), S. 223.

Da sind zunächst die gesetzlichen Widerrufsvorbehalte, von denen wir vorhin [18]) sprachen. — Ihre Bedeutung liegt in folgendem. Sie ermöglichen den Schluß, daß, wenn sie nicht da wären, die freie Widerruflichkeit nicht Platz griffe. Dieser Schluß wird wenigstens für die Regel das Gebotene sein; nur in besonderen Fällen wird man annehmen dürfen, daß der Vorbehalt lediglich etwas auch ohne ihn schon geltendes besonders gesetzlich anerkennen will; denn zu einer solchen Anerkennung liegt zumeist kein Anlaß vor, während der Gesetzgeber dagegen allen Anlaß hat, eine Ausnahme von der andernfalls vorhandenen Unwiderruflichkeit hervorzuheben. Den genannten Schluß wird man beziehen dürfen natürlich in erster Linie auf die gleichartigen Verwaltungsakte in demselben Gesetz, darüber hinaus aber auch auf die gleichartigen Verwaltungsakte überhaupt. Außerdem erscheint es zulässig, aus den Widerrufsvorbehalten für Erlaubnisse Rückschlüsse zu ziehen auf die Unwiderruflichkeit der sonstigen konstitutiven Verfügungen, also der Rechts- und Fähigkeitsverleihungen, da natürlich diese Verleihungen zweifelsohne ebenfalls unwiderruflich sind, wenn schon für die gewöhnlichen Erlaubnisse, die dem Inhaber doch ein weit weniger sichere Rechtsstellung gewähren, der Grundsatz der Unwiderruflichkeit Geltung besitzt. — Bei Anwendung dieser Grundsätze ergibt sich insbesondere für die konstitutiven Verfügungen folgendes. Aus den Bestimmungen des P.Fisch.G. 35^{II}, 44^{II} über die Widerruflichkeit der dort genannten Erlaubnisse ist zu folgern die Unwiderruflichkeit für die Fälle der §§ 28^{III}, 43 und aus der gleichartigen Bestimmung der Bad. Landes-Fisch.O. (in der Fassung vom 3. Februar 1888, 22. März 1894 und 4. Dezember 1897) 44^{III} ebenso die Unwiderruflichkeit in den Fällen der §§ 26^{I}, 23^{II}, 30^{II}, 30^{III}, 32^{II}, 40^{III}, 40^{IV}; ebenso ist aus der Widerruflichkeit der Erlaubnis im Fall Beamt.G. 16^{II} auf die Unwiderruflichkeit der Erlaubnisse nach §§ $15^{I\,II}$, 29 zu schließen. Nicht minder wird man aus den Widerrufsvorbehalten in Württ. Wass.G. Art. 17^{II}, 18^{II}, 22^{2} die Unwiderruflichkeit für die Erlaubnis im Fall des Art. 29 zu folgern haben; der gegenteiligen Meinung [19]), die auch in § 74 der Vollzugs-Verfügung zum Ausdruck gebracht ist, kann um so weniger beigetreten werden, da die Begründung, die Erlaubnis des Art. 29 begründe kein „unwiderrufliches Recht" und sei darum selbstverständlich widerruflich, auf einem Gedankenfehler beruht; richtig ist allerdings, daß durch die Erlaubnis kein unwiderrufliches, weil überhaupt kein „Recht" geschaffen wird; aber damit ist doch natürlich noch nicht bewiesen, daß nicht ein sonstiges unwiderrufliches Etwas, nämlich wie wir es nennen, eine „Befugnis", begründet worden ist. In gleicher Weise muß aus dem Widerrufsvorbehalt in § 5 des Els. Lothr. Wass.G. auf die Unwider-

[18]) S. o. S. 330 f.

[19]) Nieder 223. Selbst wenn die Motive und die Parlamentsverhandlungen (vgl. a. a. O. 224) von gleichen unrichtigen Auffassungen ausgingen, würde das nicht unbedingt für die Folgerung der Vollzugs-V. sprechen. Wir stehen hier vor der allgemeinen Streitfrage, in wie weit die Entstehungsgeschichte eines Gesetzes gegen seine offizielle Fassung verwendet werden kann; erst wenn man diese Frage zu Gunsten der Entstehungsgeschichte beantwortet hat, kann die Frage auftauchen, ob man es hier mit einem stillschweigenden gesetzlichen Widerrufsvorbehalt (s. o. S. 331 f.) zu tun hat.

ruflichkeit in den Fällen der §§ 37, 39 geschlossen werden. Die Widerruflichkeit der Erlaubnisse in der P. Instruktion vom 31. Dezember 1839 §§ 5, 15 ergibt die Unwiderruflichkeit der Erlaubnisse nach § 19, ebenso die Widerruflichkeit der Erlaubnisse im P. Schul-Unterh.G. §§ $12^{II\,2}$, 13^{3} beweist die Unwiderruflichkeit der Genehmigungen in den Fällen der §§ 6^{III}, $8^{II\,2}$, 16, 17^{III}, $23^{III\,IV}$, $30^{V\,3}$, 31^{I}, 31^{II}, $36^{I\,2\,IV}$, 44 Z. I^{V} und Z. $II^{III,\,VI}$, $45^{I\,III\,2,\,IV\,2}$. Und nichts anderes gilt von dem Verhältnis der Widerrufsnormen in P.Ges. v. 14 Juli 1880 Art. 6^{I} bezüglich der Erlaubnis zur Kinderpflege weiblicher Genossenschaften einerseits, zur Genossenschaftsniederlassung andererseits, so daß nach erteilter Erlaubnis zur Niederlassung nur noch nach Art. 6^{II} eingeschritten werden kann, wo eine Auflösung der Genossenschaft durch königliche Verordnung vorgesehen ist, während eine Zuständigkeit des Ministers zum Widerruf der ministeriellen Erlaubnis nicht vorhanden ist; und ebenso verhält es sich in dem Württembergischen Gesetz vom 30. Januar 1862 und im badischen Gesetz vom 9. Oktober 1860, wo dem Widerrufsvorbehalt der Erlaubnis nach Art. 15^{III} bezw. § 11^{II} eine gleichartige Bestimmung für die Genehmigungen im Fall Art. 1, 17, bezw. § 15^{I} nicht entspricht. Im ganzen dürfen wir schon aus diesen Bemerkungen eine starke Vermutung für die Richtigkeit des Grundsatzes mitnehmen, daß konstitutive Verfügungen nicht dem freien Widerruf unterliegen.

Noch beweiskräftiger als die Bestimmungen, die einen gesetzlichen Widerrufsvorbehalt vorsehen, sind diejenigen Bestimmungen, die einen rechtsgeschäftlichen Widerrufsvorbehalt für zulässig erklären. Aus ihnen muß mit Notwendigkeit der Schluß gezogen werden, daß dann, wenn von dieser Möglichkeit des rechtsgeschäftlichen Vorbehalts kein Gebrauch gemacht wird, der Verwaltungsakt nicht widerruflich ist. Ein anderer Schluß kann aus diesen Bestimmungen gar nicht gezogen werden, und es läßt sich nur als ein logischer Luftsprung bezeichnen, wenn Nelken [20]) sagt: weil (!) im Fall Gew.O. 33 b Befristung und Widerrufsvorbehalt gestattet sei, deshalb (!) sei auch jederzeitiger Widerruf zulässig. Beispiele finden sich wiederum besonders häufig im Recht der Erlaubnisse, so in Süßstoff-G. v. 7. Juli 1902 §§ 3^{II}, 4^{III}, B. Wass.G. Art. 43 S. Wass.G. 28, 41^{III} [21]).

Es kommen weiter in Betracht die Bestimmungen über die Voraussetzungen der Endigung des durch den Verwaltungsakt geschaffenen Rechtszustands. — Hierher gehören in erster Linie die Bestimmungen über die Voraussetzungen des Widerrufs. Aus ihnen muß geschlossen werden, daß der Widerruf an bestimmte Voraussetzungen gebunden, also jedenfalls kein freier Widerruf ist. Auf diese Bestimmungen kommen wir nachher, wenn wir von den einzelnen Widerrufsgründen handeln, zurück [22]). — Ferner gehören hierher solche Bestim-

[20]) Nelken I. 637.

[21]) Vgl. auch o. S. 148.

[22]) S. u. §§ 37–44, insbesondere betr.: Erlaubnisse S. 363, 372 f., 382 f., 387 f., 392, 409 f; Fähigkeitsverleihungen S. 363, 374, 384 f., 393 f.; Rechtsverleihungen S. 363, 386, 392 f., 408 f.; gegenseitige Rechtsgeschäfte S. 363 f., 374, 384 f., 394, 405 f.; rechtsbestimmende Verfügungen S. 363, 374, 386.

mungen, die nur die Voraussetzungen der Endigung jenes Rechtszustands überhaupt regeln, darunter aber den Widerruf nicht erwähnen. Vorausgesetzt, daß sie nach Lage der Dinge als erschöpfend anzusehen sind, muß aus ihnen gefolgert werden daß sie jedenfalls einen freien Widerruf ausschließen wollen. Bestimmungen solcher Art begegnen wir vor allem bei den Fähigkeitsverleihungen; bei den Genehmigungen zur Schaffung juristischer Personen z. B. ergibt sich die Unwiderruflichkeit der Genehmigung daraus, daß diese Gesetze, wie z. B. Inv.VG. 100^{II}, P. Hand.KG. 43, P. Waldschutz-G. v. 6. Juli 1875 § 45^{II} im Vergleich mit Inv.VG. 66, Hand.KG. 2, Waldsch.G. 38^{II}, für die Auflösung der juristischen Person niemals einen einseitigen Willensakt der Genehmigungsbehörde genügen lassen; bezüglich der Genehmigung von Statuten ist daran zu erinnern, daß dort, wo eine solche erforderlich ist, gleiches auch von ihrer Abänderung gilt und daß also, da die Statutenänderung die Statutenaufhebung in sich schließt, die letztere nur durch einen gemeinsamen Willensakt einerseits der beschließenden Körperschaft, andererseits der genehmigenden Behörde sich vollziehen kann [23]), nicht aber durch einen einseitigen Willensakt der letzteren, als welcher sich aber der freie Widerruf der Genehmigung darstellen würde. Bezüglich der Rechtsverleihungen sei etwa verwiesen auf Württ. Wasser-Gesetz, wonach die in Art. 31 bezeichneten Wassernutzungsrechte nur aus bestimmten in Art. 36^{II}, 44, 45, 63 aufgezählten Gründen erlöschen. Auch bei den Erlaubnissen begegnen wir gleichartigen Bestimmungen; so im Rayongesetz, das in § 28^{II} als Endigungsgrund der Erlaubnisse nach §§ 13 f. nur das Erlöschen infolge Nichtgebrauchs kennt; den gleichen Inhalt weist Württ. Bau-O. vom 6. Oktober 1872 in Art. 91 bezüglich der Bauerlaubnisse auf; ebenso ist die Erlaubniserteilung nach Bad. Straßen-G. v. 14. Juni 1884 § 31^{IV} offensichtlich dem freien Widerruf entzogen, da § 31^{V} eine Befugnis der Behörde, gegen Entschädigung die Beseitigung von Anlagen der in § 31^{IV} bezeichneten Art anzuordnen, nur bei solchen kennt, die bereits vor Inkrafttreten des Gesetzes errichtet worden waren. Ziemlich häufig sind Bestimmungen dieser Art bei den Verwaltungsakten, die Rechtsverhältnisse schaffen; so sei bezüglich der Unwiderruflichkeit der Naturalisation verwiesen auf St.AG. 13 oder bezüglich der Entziehung von Eisenbahnunternehmen auf P. Eisenb.G. 21, 47. In diesen Zusammenhang kann man auch P. Wege-O. für Sachsen § 29 stellen: wenn die Verkehrsanstalten in derjenigen Beschaffenheit, in welcher sie die Hebungsberechtigte nach den Bestimmungen bei der Verleihung zu unterhalten verpflichtet ist, nicht mehr den jetzigen Anforderungen genügen, können die Verleihungsbedingungen nicht etwa durch einseitigen Verwaltungsakt abgeändert werden, sondern es ist nur möglich, daß der Hebungsberechtigte aufgefordert wird, die Anstalten freiwillig in der erforderlichen Weise zu unterhalten; tut er es nicht, so statuiert das Gesetz einen Art Enteignungsfall, d. h. die Verleihung kann zwar zurückgenommen werden, aber nicht kraft einfachen Widerrufs, sondern nur gegen Entschädigung.

---

[23]) Vgl. z. B. Inv.VG. $72^{I\,IV}$. Über östreichisches Recht vgl. Menzel 212, 399.

Endlich sind hier noch solche Bestimmungen zu erwähnen, die im Interesse des Betroffenen für den Fall der Ablehnung oder der nur bedingten Gewahrung eines beantragten Verwaltungsakts besondere Formen vorschreiben, solche Formen dagegen für den Fall des Widerrufs nicht vorsehen. Auch aus diesen Bestimmungen muß gefolgert werden, daß hier dem Gesetz mindestens der freie Widerruf unbekannt ist; denn sonst wäre es nicht verständlich, daß es dem Betroffenen für den Fall des seine Interessen besonders stark verletzenden Widerrufs des Verwaltungsakts nicht einmal diejenigen Schutzvorschriften gewährt, die es ihm bereits für den Fall der doch weit weniger einschneidenden ursprünglichen Ablehnung des Aktes gewährt hat. In diesem Zusammenhang ist Rayon-G. 28^{III} bezüglich der „Genehmigungen", d. h. Erlaubnisse dieses Gesetzes zu erwähnen; nach der Bestimmung müssen die Ablehnungsgründe angegeben werden, wenn die beantragte Erlaubnis ganz oder teilweise versagt worden ist. Auch das P. Feld- u. Forst-Pol.G. § 50 gehört hierher; hier wird ein begründeter Bescheid verlangt bei Versagung der Erlaubnis zu einer Feuerstellenerrichtung, ebenso bei Erteilung der Erlaubnis unter „Bedingungen". Keinen anderen Charakter hat die Bestimmung von P. Ansiedl.-G. 17 bezüglich der Ansiedlungserlaubnis.

2. Gegenüber dem, was uns diese Fülle gesetzlicher Bestimmungen sagen kann, wofern wir sie nach den eben entwickelten Gesichtspunkten geordnet haben, kommt das, was in Wissenschaft und Praxis gesagt worden ist, erst in zweiter Linie in Betracht. Ihre Stellungnahme zu Einzelfragen werden wir alsbald kennen lernen, wenn wir die einzelnen Ausnahmefälle gesondert betrachten. Vorläufig genügt es, im allgemeinen zu betonen, daß eine scharfe und eindringende prinzipielle Aussonderung dieser Fälle kaum versucht worden ist. Bezüglich der älteren Schriftsteller hat das schon Bernatzik [24]) mit Bedauern hervorgehoben. Aber auch die neue Schrift von Walter Jellinek hat bezüglich der wichtigsten Gruppe von Verwaltungsakten, nämlich der von ihm sog. Rechtsgeschäfte zugunsten des Untertanen, die am meisten zu Zweifeln Anlaß bieten, doch nur eine wenig befriedigende Lösung gefunden, indem sie lediglich sagt[25]): „eine Verfügung, die nicht frei erlassen werden kann, kann auch nicht frei widerrufen werden"; umgekehrt darf man aber „daraus, daß ein Staatsakt frei erlassen worden ist, ... nicht auf seine freie Widerruflichkeit schließen"; „wo die beiden allgemeinen Sätze nicht ausreichen, bedarf es der Einzelinterpretation".

III. Versuchen wir nunmehr die Ausnahmen von dem Grundsatz der freien Widerruflichkeit[26]) im einzelnen zu bestimmen, so können wir folgende Gruppen unterscheiden.

1. Wir begegnen zunächst solchen Fällen, wo die Widerruflichkeit

---

[24]) Vgl. Bernatzik 291 (37).

[25]) Walter Jellinek 157, 158.

[26]) Es handelt sich hier selbstverständlich nur um den Widerruf durch Verwaltungsakt. Der Gesetzgeber ist rechtlich unbeschränkt. Es ist kaum nötig, diesen Satz, den Schelcher bei Fischer **20**, 125, unter Zitierung von Literatur in Anmerkung * ziemlich ausführlich für die rechtsverleihenden Verfügungen begründet, besonders auszusprechen.

durch die Natur der Sache ausgeschlossen erscheint. Es ist begreiflich, daß die Gesetze hiervon nicht weiter sprechen, da es an einem genügenden Anlaß fehlte, das Selbstverständliche in Gesetzesform zu bringen. Dagegen hat die Wissenschaft verschiedentlich derartige Fälle hervorgehoben. So hat Ötker [27]) betont, daß bestimmte administrative Dekrete im Konkursverfahren „ihrer Natur nach" nicht mehr geändert werden könnten, wenn nicht mehr res integra vorliege, d. h. sobald der Anordnung in einer Weise Folge gegeben sei, daß nach der offenbaren Absicht des Gesetzes ein definitives Resultat anzunehmen sei. Als Beispiele hat er die Fälle der §§ 161 (Vornahme der Schlußverteilung auf „Genehmigung" des Gerichts) und 170 (Leistung von Zahlungen auf „Ermächtigung" des Gerichts) genannt. — Vom gleichen Gesichtspunkte aus hat Otto Mayer [28]) den Ausschluß der freien Widerruflichkeit von Polizeierlaubnissen nach Beginn des erlaubten Unternehmens abgeleitet, indem er ausführt: bei der Polizeierlaubnis handelt es sich um ein Verbot mit Erlaubnisvorbehalt; die Zurücknahme der erteilten Erlaubnis aber beseitigt diese Erlaubnis, vom Fall der Anfechtung wegen Gesetzwidrigkeit abgesehen [29]), nicht mit rückwirkender Kraft, sondern nur für die Zukunft und setzt damit jenes allgemeine Verbot wieder in Wirksamkeit; dieses Verbot trifft aber nur das unerlaubte Inswerksetzen eines solchen Unternehmens, geht also an dem fehlerfrei auf Grund der erteilten Erlaubnis Begründeten vorbei; daher hat hier die gewöhnliche Zurücknahme keinen Zweck, d. h. sie ist, wie wir es vorhin bezeichneten, durch die Natur der Sache ausgeschlossen. Diese Sätze von Mayer wird man meines Erachtens allerdings auf solche Polizeierlaubnisse anwenden können, die vom Gesetzgeber grundsätzlich frei widerruflich gestaltet sind; dagegen kommen sie für die sonstigen Polizeierlaubnisse meines Erachtens deshalb nicht in Betracht, weil ich diese Erlaubnisse schon alsbald nach Erteilung für unwiderruflich halte.

2. Die zweite, sehr wichtige Gruppe von Ausnahmen können wir auf die Formel bringen: Der freie Widerruf eines Verwaltungsakts ist ausgeschlossen, wo das Gesetz ein Recht auf seine Vornahme dem Betroffenen gewährt hat [30]). Das ist namentlich wichtig für zahlreiche Polizeierlaubnisse; hier hat schon Otto Mayer [31]) diesen Grundsatz aufgestellt und ihn damit begründet, daß, obschon ja die Zurücknahme etwas anderes sei als die Versagung, doch unmöglich das Gesetz die Vereitelung der von ihm gewollten Erlaubniserteilung durch Gestattung des freien Widerrufs zulassen könne. Deutlich kommt dieser Zusammenhang zwischen Versagung und Rücknahme z. B. in in § 7^{II} des pr. WanderArb.St.G. zur Geltung, wo von der Zustimmung zu der nach § 7^{I} zulässigen Mitwirkung Dritter bei der Arbeitstättenunterhaltung gesagt wird: „Die Zustimmung kann nur versagt oder zurückgenommen werden, wenn und insoweit die Mitwirkung Dritter die Erfüllung des Zweckes der Wanderarbeitsstätten gefährdet". Von

---

[27]) Ötker 101.
[28]) Mayer I. 303.
[29]) S. u. § 42.
[30]) Ähnlich W. Jellinek 157.
[31]) I. 302.

diesem Gesichtspunkt aus ergibt sich z. B. auch die Unwiderruflichkeit der Bergwerksverleihung, da der Muter in P. Berg-G. 22, S. Berg.G. 39^{I} einen Anspruch auf die Verleihung hat. Von diesem Gesichtspunkt aus hat ferner der schweizerische Bundesrat [32]) mit Recht erklärt, eine Niederlassungsbewilligung könne nicht widerrufen werden, da ein Recht auf Niederlassung nach Art. 45 der Bundesverfassung bestehe. Vom gleichen Gesichtspunkt aus ist gemäß CPO. 376^{II} die sog. Genehmigung zur Zeugenaussage des Beamten nach CPO. 376 unwiderruflich. Hiernach bedeutet also die Bindung in der Vornahme eines Verwaltungsakts zugleich eine Bindung in der Rücknahme.

3. Falsch aber wäre es, umgekehrt zu folgern, daß die Freiheit in der Vornahme auch Freiheit in der Rücknahme bedeute, daß also alle fakultativen Verwaltungsakte dem freien Widerruf unterliegen. Obschon bereits Randa [33]) und Bernatzik [34]) die Fehlerhaftigkeit dieser Argumentation dargetan haben, hat sie ihre alte Beliebtheit doch auch heute noch nicht eingebüßt [35]) und es war daher nötig, ausdrücklich vor ihr zu warnen. In Wahrheit liegen die Dinge nicht so einfach, vielmehr muß man noch weiter untersuchen, ob nicht die Art der durch den Verwaltungsakt geschaffenen Rechtswirkungen den freien Widerruf ausschließt. Dadurch ergibt sich nämlich alsbald noch eine große dritte Gruppe von Ausnahmen gegenüber dem allgemeinen Grundsatz.

Man faßt diese Ausnahmen meist in die allgemeine Formel zusammen, daß der freie Widerruf eines Verwaltungsakts dort ausgeschlossen sei, wo die Partei durch den Akt ein Recht erworben habe [36]). So drücken sich insbesondere die beiden badischen Vollzugsverordnungen aus, die vom 12. Juli 1864 zum Gesetz über die Organisation der inneren Verwaltung in § 88, und die sie ersetzende und ergänzende Verordnung vom 31. August 1884 das Verfahren in Verwaltungssachen betr. in § 43, — zwei Verordnungen, die das Verdienst haben, allgemeine Grundsätze über die Rücknahme von Verwaltungsakten auszusprechen, was sonst ja eigentlich nie geschehen ist. Man wird die genannte Formel unbedenklich verwenden können; sie hat jedenfalls den Vorzug der Kürze. Nur erscheint es nötig, sie etwas näher zu erläutern, da die Worte „Recht" oder „Anspruch" in einem ziemlich weiten Sinn genommen werden müssen. Sehen wir also zu, wie sich die einzelnen Arten der Verwaltungsakte, die wir früher ja gerade nach der Art ihrer Rechtswirkungen systematisiert haben, zu jener Formel verhalten.

Da sind zunächst die verpflichtenden und belastenden Verfügungen. Hier paßt unsere Formel ausgezeichnet.

Bei ihnen ist denn auch die freie Abänderlichkeit als Grundsatz

---

[32]) Bei Salis **II**. 35.

[33]) S. 142.

[34]) S. 288 (37), 323 (47). Ebenso Walter Jellinek 157.

[35]) Neuere Anwendungsfälle bei Schenkel **I**. 428 wegen Gew.O. $55a^{II}$, Kahr **II**. 78 wegen Genehmigung von Gemeindebeschlüssen, B. ob. LG. bei Reger **27**, 227 wegen Gew.O. 60a. — Über frühere Anwendungsfälle Bernatzik 288 (37), 323 (47).

[36]) Vgl. z. B. Bernatzik 286. OVG. **33**, 232.

nicht nur in der Praxis, sondern auch in der Literatur unbestritten [37]). Dabei macht es keinen Unterschied, ob die Änderung zugunsten oder zu ungunsten des Betroffenen geschieht, d. h. ob sie die Verpflichtung aufhebt, mindert oder erhöht. Wenn beispielsweise die Polizei, um einem polizeiwidrigen Zustand ein Ende zu machen, dem Eigentümer eines Grundstücks gewisse Vorkehrungen anbefiehlt und dieser trifft sie auch, so wird, wenn sie sich als unzulänglich erweisen, die Polizei nicht behindert sein, unter Abänderung ihrer Verfügung umfangreichere Vorkehrungen anzuordnen.

Freilich können diese Grundsätze Modifikationen erleiden, nämlich dort, wo entweder die verpflichtende Verfügung als Auflage mit einer Rechtserteilung oder einer Erlaubniserteilung verknüpft ist wie im Gewerberecht oder wo die Verfügung ausnahmsweise sich in ihrer Natur einer Entscheidung nähert wie die polizeiliche Strafverfügung oder die Untersagungen in den Fällen Gew.O. 35^{VI}, 53^{III} a. E., $126a^{IV}$. Im ersten Fall wirken auf die Verfügung die Grundsätze der konstitutiven Akte ein, wonach die Partei eine Schmälerung ihrer Rechtsstellung nicht erleiden darf [38]). Bei der polizeilichen Strafverfügung nimmt man entweder an, daß die Verfügung ähnlich dem Strafurteil, das sie ersetzt, der Macht der Polizei gänzlich entrückt, daher auch unwiderruflich ist [39]), oder man nimmt doch mindestens ein „Recht“ des Betroffenen an, das darauf gerichtet ist, daß seine Strafe nicht erhöht wird, — eine Nachwirkung des Verbots der reformatio in peius. Die erwähnten Untersagungen der Gew.O. endlich tragen offensichtlich einen Strafcharakter an sich. In allen solchen Ausnahmefällen aber handelt es sich eben gar nicht um gewöhnliche verpflichtende Akte, so daß sie nicht geeignet erscheinen, den aufgestellten Grundsatz umzustoßen.

Die übliche Formel ist weiter auch anzuwenden auf die von uns früher so genannten konstitutiven Verfügungen i. e. S.

Im allgemeinen ist hier zunächst folgendes zu bemerken. Wir haben zwar bei der Besprechung der konstitutiven Verfügungen schon betont, daß von einer „Rechts“begründung im scharfen wissenschaftlichen Sinn dieses Worts keineswegs bei allen die Rede sein kann; aber in diesem scharfen Sinn ist ja das Wort „Recht“ in jener Formel auch offensichtlich nicht gemeint, und wir dürfen sie also unbedenklich darauf anwenden und zunächst allgemein feststellen, daß die konstitutiven Verfügungen dem freien Widerruf nicht unterliegen [40]). Dabei

---

[37]) Vgl. z. B. Mayer **I.** 285, 302, Laband **III.** 357, Löning 242, W. Jellinek 153.

[38]) OVG. **5**, 286, bes. 289; **10**, 260, bes. 264; **36**, 341, bes. 345; RG. **19**, 353. — Landmann **I.** 174, 175, Rohrscheidt 57, Nelken 388. — A. A. Arndt in VA. **10**, 185 f., Schicker **I.** 85, V. d. S. Min. d. I. v. 29. Okt. 1885 bei Reger, **7**, 339.

[39]) So die meisten Kommentatoren, auch Erl. d. pr. M. d. I. v. 5. Sept. 1892 (JMB. 345), V. der Kreishauptmannschaft Leipzig v. 26. März 1903 (genannt in der sofort zu erwähnten V. d. S. M.) — A. A. V. d. S. M. d. I. v. 4. März 1904 (bei Fischer **27**, 320) und in Abweichung von früher Erl. d. pr. M. d. I. v. 6. Mai 1902 (JMB. 86).

[40]) Vgl. im allgemeinen Bernatzik 286 f. und die dortigen Verweisungen, auch Seydel **III.** 256 bezüglich Wasserkonzessionen, bei denen er zwischen echten Konzessionen und bloßen Erlaubnissen nicht unterscheidet, sondern schlechthin von erworbenen „Rechten“ spricht.

verstehen wir unter Widerruf in diesem Zusammenhang jede Änderung zu ungunsten des durch die konstitutive Verfügung begünstigten; nicht dazu rechnen wir dagegen die Abänderung zugunsten des Begünstigten, die vielmehr grundsätzlich, d. h. soweit nicht etwa im Interesse Dritter besondere, namentlich formelle, Voraussetzungen vorgeschrieben sind, als zulässig zu erachten ist [41]). Über die Stellung des Gesetzgebers, die unsere Auffassung bestätigt, haben wir teils schon vorhin das erforderliche gesagt, teils werden wir später darauf zurückkommen [42]), so daß es sich hier im wesentlichen darum handelt, die Stimmen aus Wissenschaft und Rechtsprechung zu erörtern.

Unzweifelhaft ist der Ausschluß des freien Widerrufs jedenfalls bei der Gruppe von konstitutiven Verwaltungsakten, durch die echte Rechte begründet werden, wobei es keinen Unterschied macht, ob diese öffentliche oder private sind [43]). Auch von bedingten Rechten muß das gelten; auch sie verdienen den gleichen Schutz wie die definitiv erworbenen Rechte. — Diese Grundsätze dürfen auch im allgemeinen als anerkannt bezeichnet werden [44]). Insbesondere hat man sie angewendet auf die Verleihung von vermögensrechtlichen Ansprüchen [45]), namentlich auf Zulagebewilligungen [46]), selbst wenn auf deren Erteilung kein Recht besteht [46]), auf die publizistischen Versprechen [47]), auf die Verleihung des Enteignungsrechts [48]), auf die Verleihung von Wasserkonzessionen [49]), auf die Verleihung des Bürgerrechts [50]) und des Ehrenbürgerrechts [51]). — Streit [52]) besteht freilich hinsichtlich der Rücknahme von Titeln, Orden und Ehrenzeichen. Er beruht im wesentlichen darauf, daß die Verteidiger des freien Widerrufs hier in den verleihenden Verwaltungsakt einen stillschweigenden gesetzlichen oder rechtsgeschäftlichen Widerrufsvorbehalt hineintragen, was recht bedenklich erscheint. Richtigerweise wird man einen solchen Vorbehalt nur auf Grund ausdrücklicher gesetzlicher oder statutarischer Bestimmung annehmen dürfen. Ein solcher findet sich z. B. in den Statuten des Badischen Ordens Bertholds des Ersten (v. 9. September 1896) § 10 und des badischen Ordens vom Zähringer Löwen (vom gleichen Tag) § 11. Bestimmungen ähnlicher Art finden sich für Preußen in dem Edikt wegen Errichtung

---

[41]) Vgl. hierzu Schenkel, Wasserrecht 382.

[42]) S. o. S. 336, 337, 338 und die diesbezüglichen Verweisungen S. 337 (22).

[43]) Östr. VGH. 580.

[44]) Mayer I. 116.

[45]) a. a. O. Vgl. auch Blumer I. 484 (**).

[46]) OVG. **13**, 174.

[47]) Vgl. Exner bei Grünhut **14**, 705.

[48]) Vgl. Eger I. 53. Unrichtig RG. v. 24. I. 81 in VBl. **2**, 259 für den Fall des P. Eisenb.G. § 8 vom Standpunkte der verfehlten Kaufvertragstheorie.

[49]) Östr. VGH. 2316. Randa 9, 10; 56.

[50]) BVGH. **10**, 89. — Gegen die eigentümliche Praxis der Kassation von Massenbürgerrechtsverleihungen zu Wahlzwecken Bernatzik 290 (37), der sie als Notbehelf bezeichnet. Übrigens könnte gerade in solchen Fällen die exceptio doli eine Kassation wohl rechtfertigen.

[51]) Östr. VGH. 4788. Leidig 59.

[52]) Vgl. Jellinek 337. Laband in DJZ. **12**, 204. Braun in A. ö. R. **16**, 541, Hubrich in A. ö. R. **22**, 327 ff., auch OLG. Dresden v. 10. Okt. 1907 bei Fischer **33**, 233 f.

des Schwarzen Adlerordens vom 18. Januar 1701 [53]), wo in Art. XXXI ein Widerruf wegen Verstoßes „wider Ehre, Pflicht und Gewissen" vorgesehen ist, sowie in der noch heute geltenden [54]) Ordenserweiterungsurkunde vom 18. Januar 1810, wo es in § 17 II heißt: „mit dem Verlust der Orden und Ehrenzeichen werden Allerhöchstselbst alle den Begriffen der Ehre zuwiderlaufende Handlungen und vornämlich solche bestrafen, wodurch Uns Unterthanen, die in Unsern Militär- und Civildiensten stehen, irgend einen Mangel an Muth, an Pflichttreue und an Unbescholtenheit zeigen"; was insbesondere diesen § 17 II anlangt, so betrachte ich ihn als kodifikatorisch; wenn Braun [55]) seine gegenteilige Meinung damit begründet, daß der Gesetzgeber, namentlich im Absatz 1, nur grundsätzlich das königliche Entziehungsrecht habe feststellen wollen, ohne indes die Einzelfälle zu bestimmen, so ist das nicht richtig; es kommt im Absatz 1 nicht darauf an, das Entziehungsrecht selbst festzustellen, sondern nur darauf, festzustellen, daß dieses Recht dem König und nicht etwa einer anderen Behörde gebührt: „so wie die Verleihung Unserer Orden und Ehrenzeichen von Uns Allerhöchstselbst geschieht, eben so wird auch der Verlust derselben nur (!) von Uns Allerhöchstselbst ausgesprochen"; nachdem in solcher Weise von der Zuständigkeit zur Ausübung des Entziehungsrechts gesprochen worden ist, fährt das Gesetz dann in klarer Disposition im Absatz 2 fort mit der Feststellung der Voraussetzungen, unter denen es angewendet werden soll; und da diese Voraussetzungen zunächst in einer allgemeinen Wendung fixiert und dann diese allgemeine Formel durch ein mit „vornämlich" eingeleitetes Beispiel näher erläutert wird, so berechtigt uns nichts zu der Annahme, daß nicht nur dieses besondere Beispiel, sondern ebenso auch jene allgemeine Formel nur beispielshalber vom Gesetzgeber aufgestellt worden sei. Natürlich wird durch die Ordenserweiterungsurkunde die Zulässigkeit eines erweiterten verordnungsmäßigen Widerrufsvorbehaltes nach unseren allgemeinen Grundsätzen [56]) nicht ausgeschlossen, da in dem Recht, Orden nicht zu verleihen, auch das Recht, sich ihren Widerruf in beliebigem Umfang rechtsgeschäftlich oder verordnungsmäßig vorzubehalten, unzweifelhaft eingeschlossen ist; wird ein Orden auf Grund eines solchen verordnungsmäßigen Vorbehalts zurückgenommen, so ist das der einfache Widerruf eines widerruflichen Verwaltungsakts, und es ist nicht einzusehen, weshalb Hubrich [54]) diesen einfachen Akt als Strafe frisieren will, woraus sich dann für ihn [58]) ganz unnötige Bedenken mit Rücksicht auf VU. 8 und GVG. 13 ergeben. Soweit es aber an einem solchen gesetzlichen, verordnungsmäßigen oder rechtsgeschäftlichen, ausdrück-

---

[53]) Abdruck bei Simon, Preußisches Staatsrecht, Teil II, 48 f.

[54]) Richtig Braun in A. ö. R. **16**, 563 f., Hubrich in A. ö. R. **22**, 352, 353. In den späteren Stiftungsurkunden für neue Orden (Ges. S. **1813**, 31 § 9, **1814**, 70 § 8, **1833**, 85, **1842**, 89, Z. 11) ist auf die Ordenserweiterungsurkunde Bezug genommen. — A. M. Schwartz **144**, der nur den Verlust auf Grund St.GB. 33 kennt.

[55]) Braun a. a. O. 551 f.

[56]) S. o. S. 334 und §§ 19, 20.

[57]) Hubrich in A. ö. R. **22**, 362 f.

[58]) a. a. O. **364** f.

lichen, mindestens aber stillschweigenden Widerrufsvorbehalt fehlt, kann ein freier Widerruf „aus Gründen des öffentlichen Interesses" keinesfalls als zulässig erachtet werden. Denn natürlich kann man nicht etwa mit der naiven Argumentation Pözls [59]) wirtschaften, der es fertig gebracht hat, hinsichtlich der Wasserkonzession von einem „von der Staatsgewalt verliehenen und darum (!) widerruflichen Recht" zu sprechen; und ebensowenig anwendbar ist die von Parey [60]) allgemein und insbesondere für die Adelsverleihung aufgestellte Behauptung, daß „ein Privilegium, welches der Landesherr . . . kraft seines Majestätsrechtes verliehen hat, . . [von ihm] auch ohne Widerspruch widerrufen [werden kann], sobald dem Privilegierten materielle Nachteile daraus nicht erwachsen"; derartige Behauptungen sind Reste aus einer Zeit, wo das öffentliche Recht noch à discrétion der Behörde, besonders des Landesherrn, stand; in erfreulicher Deutlichkeit tritt dieser Zusammenhang gerade bei Parey hervor, wenn er die Entziehbarkeit abhängen läßt von den „materiellen Nachteilen", wobei er selbstverständlich an „Privatrechte" gedacht hat, die er dann weiter ebenso selbstverständlich in der veralteten Denkweise einer überlebten Rechtsperiode mit „subjektiven Rechten" gleichgesetzt hat. Bestätigt wird unsere Auffassung von der Unwiderruflichkeit der Titel usw. durch die lex Arons wie durch das Militärgesetz; könnten Titel frei widerrufen werden „aus Gründen des öffentlichen Interesses", so hätte man dem Privatdozenten Arons, wie übrigens auch ursprünglich beabsichtigt war und wie Hinschius [61]) in einem Gutachten für zulässig erklärte, ohne weiteres im Verwaltungsweg seinen Privatdozententitel entziehen können; noch beweiskräftiger ist die Entstehungsgeschichte des § 7^{II} Mil.G., wo die Rede ist von der „Genehmigung" zum Tragen der Uniform durch verabschiedete Offiziere und wo der Entwurf gewünscht hatte, diese Genehmigung möchte jederzeit widerruflich sein, während der Reichstag diesen gesetzlichen Widerrufsvorbehalt strich und damit ohne weiteres den allgemeinen Grundsatz der Unwiderruflichkeit konstitutiver Verwaltungsakte wieder in Wirksamkeit setzte [62]).

Auch die fähigkeitsverleihenden Verwaltungsakte unterliegen nicht dem freien Widerruf. — Das gilt zunächst von der Schaffung juristischer Personen. Sie kann nicht durch freien Widerruf des für die Schaffung maßgebenden Verwaltungsakts ungeschehen gemacht werden, wobei es keinen Unterschied macht, ob die Schaffung sich durch einen staatlichen Schöpfungsakt oder durch staatliche Bestätigung eines Schöpfungsakts der Beteiligten vollzogen hatte. Denn die Auflösung einer vorhandenen juristischen Person stellt sich dar als ein Eingriff in bestehende Rechte, der nicht so ohne weiteres zulässig sein kann [63]). Un-

---

[59]) S. 68 (*). Vgl. auch Näf 22.

[60]) II. 57.

[61]) Hinschius in Zentr.Bl. f. d. ges. Unterrichts-Verwaltung in Preußen **1895**, 752 ff. unter disziplinarrechtlichen Gesichtspunkten. Vgl. dagegen Arndt in DJZ. **12**, 343.

[62]) Vgl. Steidle 148, 149.

[63]) Löning 244. Mayer I. 116. Mayrhofer V. 1319 (2 zu S. 1318). Östr. VGH. 10 893.

richtig ist es daher, wenn Seydel[64]) den Satz aufstellt: „Glaubensgesellschaften, welche durch königliche Entschliessung aufgenommen worden sind, können durch eben solche Entschließung der Anerkennung wieder verlustig erklärt werden". — Gleiches wie von der Schaffung juristischer Personen gilt von der Verleihung persönlicher Qualifikationen[65]). — Gleiches gilt grundsätzlich auch von der Verleihung der Fähigkeit zu bestimmten Willenserklärungen, etwa durch Dispens von einem Ehehindernis[66]) oder durch Genehmigung bestimmter Rechtsgeschäfte oder sonstiger Willenserklärungen. Doch muß man hier scheiden. Es handelt sich hier um einen Unterschied, den ich bereits früher in einer privatrechtlichen Untersuchung herausgearbeitet und näher gekennzeichnet habe, indem ich mich dabei der üblichen zivilistischen Ausdrücke, Beschränkung der Vertretungsmacht einerseits, Beschränkung der Verfügungsmacht andererseits, bediente[67]); im ersteren Fall steht der durch das Erfordernis der Genehmigung in seinem Handeln beschränkte dem Genehmigenden nicht als selbständiges Rechtssubjekt, sondern nur in organschaftlicher Stellung, sei es als Organ derselben juristischen Person, deren Organ auch der Genehmigende ist, sei es als Vertreter eines Dritten, der aber nicht selbst in seiner Verfügungsmacht beschränkt ist, gegenüber; dagegen ist der, der in seiner Verfügungsmacht beschränkt ist, stets selbständiges Rechtssubjekt. Ist die Genehmigung oder Zustimmung nun, wie im ersten Fall nicht im eigenen Interesse des Handelnden erfolgt, so steht ihrem Widerruf nichts entgegen vorbehaltlich der Rechte, die Dritte bereits aus dem gebilligten Rechtsgeschäft erworben haben; das ist der Sinn von FGG. 32, 55, 62, die sich hauptsächlich oder ausschließlich auf die Genehmigungsakte des Vormundschaftsgerichts beziehen; aus gleichem Grunde sind auch Delegationen frei widerruflich, insbesondere die Einsetzung einer Regierungsstellvertretung durch den Monarchen[68]). Dagegen wird man die Bestätigung von Beamtenwahlen und Ernennungen[69]), die Genehmigung von Statuten der Gemeinden oder öffentlicher Körperschaften[70]), von privatrechtlichen Rechtsgeschäften[71]), immer vorausgesetzt, daß diese Akte ausgehen von einem selbständigen Rechtssubjekt, das eigene Interessen wahrnimmt, mangels entgegenstehender Sondernormen als nicht (frei) widerruflich zu betrachten haben; bedenklich

---

[64]) Seydel **III**. 490. Der Fall, von dem Seydel im besonderen spricht, bezieht sich auf die Entziehung der Rechtspersönlichkeit gegenüber den Deutschkatholiken in Bayern. Bezüglich dieses Falls gerade aber erscheint es zweifelhaft, ob hier nicht etwa die Voraussetzungen des beschränkten Widerrufs (vgl. u. §§ 37 ff.) gegeben waren, und es scheint jedenfalls, als ob die Entziehung in solcher Weise begründet werden sollte; vgl. Seydel a. a. O. 490 (22) und 487 (8) sowie die dort genannte Literatur.

[65]) Jellinek 337.

[66]) Mayrhofer **5**, 26, 26 (2) und die dort genannte Entsch. d. östr. Min. d. I. v. 5. Sept. 1869.

[67]) Vgl. Kormann 112 ff.

[68]) Bornhak **I**. 216.

[69]) Leidig 120, Preuß 277, Pohl **II**. 468, Kahr **I**. 748.

[70]) OVG. **36**, 395. A. A. scheinbar Parey **II**. 54. Vgl. dagegen o. S. 338.

[71]) Über Adoption vgl. Nußbaum 109. — Über Dispache vgl. Fuchs 379, sowie FGG. 157^{I} verb. m. 18^{II}.

erscheint es darum, wenn das Oberverwaltungsgericht unter Billigung der Literatur den Satz aufstellt: „Die . . . zu der ausgeführten Wegeverlegung erteilte Genehmigung ist aber keine unwiderrufliche“ [72]).

Endlich muß man auch die Erlaubnisse grundsätzlich als unwiderruflich anerkennen. — Das kann freilich nicht als gemeine Meinung bezeichnet werden. Wir erwähnten vorhin [73]) schon die Lehre von Otto Mayer [74]), wonach eine Beschränkung der Widerruflichkeit einer Erlaubnis erst mit dem Augenblick eintritt, wo von der Erlaubnis Gebrauch gemacht wird. Dem hat sich auch Gluth [75]) angeschlossen, der die Polizeierlaubnisse, insbesondere die Bauerlaubnis, so lange für frei widerruflich erklärt, als noch nicht ein „neuer Zustand“ geschaffen sei; die Einschränkung, die Gluth [76]) gegenüber Mayer glaubt machen zu müssen, daß nämlich der Widerruf dort unzulässig sei, wo ein subjektives Recht auf Erlaubniserteilung bestünde, trifft Mayer nicht, da Mayer [77]) von diesem Fall selbst das gleiche gesagt hat, was Gluth erst berichtigend meinte beifügen zu müssen. Auch das Oberverwaltungsgericht geht bei seinen Entscheidungen über Widerruflichkeit von Verwaltungsakten [78]) in der Zulassung des freien Widerrufs „im öffentlichen Interesse“ reichlich weit, und seine diesbezüglichen Entscheidungen lassen sich nur recht teilweise aus ALR. II 17 § 10 [79]) rechtfertigen; insbesondere hat es [80]) den unhaltbaren Grundsatz aufgestellt, daß nur auf Grund besonderer gesetzlicher Bestimmungen wie im Gewerberecht polizeiliche Verfügungen in der Widerruflichkeit beschränkt seien. — Zuzugeben ist nun allerdings, daß tatsächlich gerade im Erlaubnisrecht die Gesetze vielfach freie Widerruflichkeit vorsehen; aber diese Bestimmungen darf man nicht zur Analogie, sondern man muß sie vielmehr zum argumentum e contrario verwenden. Denn man kann es wohl verstehen, daß die durch die Erlaubnis geschaffenen „Befugnisse“, eben deshalb, weil sie weniger sind als ein echtes „Recht“, darum auch in größerem Umfang, als bei Rechten der Fall ist, durch besondere gesetzliche Bestimmungen für widerruflich erklärt worden sind. Dagegen läßt sich nicht recht verstehen, daß die Befugnis, die doch immerhin ein rechtliches, nicht bloß wirtschaftliches Interesse und mehr als einen rein tatsächlichen Zustand darstellt [81]), von vornherein des rechtlichen

---

72) OVG. 8, 208, bes. 215, Germershausen I. 696, Friedrichs 31, der selbst Zweifel äußert. Über die rechtliche Natur der Wegeverlegung vgl. o. S. 116; sie ist die gleiche wie die der Versetzung von Wegen in eine andere Wegeklasse, also Rechtsgeschäft, nicht etwa bloß Rechtshandlung oder gar rein tatsächlicher Akt. — Über nichtamtliche Zustimmungen richtig OVG. **10**, 170.

73) S. o. S. 340.

74) I. 303.

75) In A. ö. R. **3**, 630 f.

76) a. a. O. 629, 630.

77) Mayer I. 302.

78) Vgl. z. B. OVG. **2**, 415; **4**, 370; **6**, 318; **8**, 208; **11**, 370; **28**, 371; **39**, 365; OVG. in VBl. **18**, 115.

79) Vgl. hierüber o. S. 328, 329.

80) OVG. 8, 216. Es handelt sich um die o. Anm. 72 genannte Entscheidung; sie bezieht sich also eigentlich auf eine Genehmigung, nicht auf eine Erlaubnis, darf aber in diesem Zusammenhang erwähnt werden, da sie diese Genehmigung mit den Erlaubnissen der Gew.O. auf eine Stufe stellt.

81) S. o. S. 83 f., 99 (100).

Schutzes entbehren und dem freien Widerruf ausgesetzt sein sollte. Vielmehr muß schon aus dem Befugnisbegriff selbst abgeleitet werden, daß die Erlaubnis in der Widerrufsfrage im allgemeinen mehr den Grundsätzen der Rechtsverleihungen als den für die Schaffung tatsächlicher Zustände oder Verpflichtungen folgen dürfte. Wie wenig dem modernen Rechtsempfinden, das einen Schutz der individuellen Interessenkreise gegenüber der Verwaltung verlangt, die entgegengesetzte Auffassung entspricht, zeigt eine Entscheidung des sächsischen Oberverwaltungsgerichts[82]) zu § 157 S. Bau-G.; dieser § 157 sieht positivrechtlich einen Widerruf der Bauerlaubnis vor Baubeginn aus „überwiegenden Gründen des öffentlichen Wohls" vor, also dasjenige, was Otto Mayer, Gluth und übrigens auch die Begründung des Gesetzes [83]) als allgemeinen Grundsatz, der einer positivrechtlichen Anerkennung eigentlich gar nicht bedurft hätte, ansehen; dem Gericht will aber dieser allgemeine Grundsatz trotz positivrechtlicher Normierung nicht gefallen, und so schwächt es ihn, im Widerspruch zum klaren Wortlaut des § 157 dahin ab, daß der Widerruf aus § 157 nur statthaft sei, wenn die Verhältnisse seit der Erteilung der Bauerlaubnis sich geändert hätten, dagegen nicht, wenn infolge ungenauer Prüfung gewisse Umstände übersehen worden seien; hiergegen haben natürlich wieder die alten Verwaltungspraktiker lebhaften Widerspruch erhoben [84]). Wollte man aber wirklich Ernst machen mit dem Grundsatz, daß überall dort, wo der Widerruf nicht ausdrücklich gesetzliche Einschränkungen erfahren habe, er als frei anzuerkennen sei, so würde man an zahlreichen Einzelfällen [85]) schon erkennen, daß man sich auf einem falschen Weg befindet. So sprechen also auch diese allgemeinen Erwägungen ebenso wie die schon besprochenen und noch später zu besprechenden gesetzlichen Bestimmungen[86]) gegen die Annahme eines freien Widerrufs. — Eine Anerkennung unseres Grundsatzes in Wissenschaft und Praxis finden wir im einzelnen in folgenden Fällen: bei Polizeierlaubnissen überhaupt [87]) ohne Rücksicht auf besondere gesetzliche Normen; bei Gewerbekonzessionen [88]) insbesondere in den Fällen Gew.O. 43 [89]) und 60a [90]), obschon für diese Fälle der Widerruf nicht ausdrücklich vom Gesetz ausgeschlossen ist, ferner bei der

---

[82]) SOVG. 5, 152; vgl. u. S. 360.

[83]) Bei Rumpelt 282.

[84]) Gilbert bei Fischer 27, 170.

[85]) Vgl. u. zu Anm. 87—99.

[86]) S. o. S. 336, 337, 338 und die diesbezüglichen Verweisungen S. 337 (22).

[87]) Meyer VR. I. 81, bei Stengel I. 842.

[88]) F. F. Mayer 154.

[89]) Schenkel I. 336.

[90]) OVG. 52, 367. Diese Entscheidung ist jedenfalls in ihrem Ergebnis bezüglich des konkreten Falls richtig. Dagegen vermag ich den Vorbehalt zugunsten der „polizeilichen Gründe", die in anderen Fällen den Widerruf ermöglichen sollen, nicht als berechtigt anzuerkennen. Vom Standpunkt des Oberverwaltungsgerichts kommt man dazu, dem Verwaltungsrichter eine Kontrolle über die Zweckmäßigkeit der polizeilichen Verfügungen zu geben; denn es ist doch wirklich nur ein anderer Ausdruck für dieselbe Sache, ob man sagt, Widerruf sei zulässig aus „hinreichenden polizeilichen Gründen" oder: er sei zulässig aus Zweckmäßigkeitsgründen. Nur wenn man es scharf auf die Unterscheidung von Recht und Zweckmäßigkeit abstellt, kommt man zu klaren Ergebnissen.

Gewerbeerlaubnis für Hypothekenbanken [91]), wo es sich ebenso verhält, sowie bei der Gewerbeerlaubnis der Stellenvermittler für Schiffsleute, bezüglich deren Nelken [92]) mit Recht auf die Bestimmungen von Gew.O. 53^{II} zur analogen Anwendung verwiesen hat; bei Bauerlaubnissen [93]) und Baudispensen [94]), bei Wassernützungserlaubnissen [95]) und sonstigen Gebrauchserlaubnissen an öffentlichen Sachen [96]), wennschon zuzugeben ist, daß gerade bei den letzteren vielfach gesetzlich Widerruflichkeit vorgesehen ist. Gleiches gilt von der Erlaubnis zum Eintritt in fremde Staatsdienste im Fall St.AG. 23 [97]) sowie zur Annahme fremder Ehrenzeichen [98]), gleiches auch von den zahlreichen Dispensen, die sich auf ein Nichtdürfen beziehen [99]). — Als unrichtig müssen dagegen von unserem Standpunkt aus folgende Auffassungen abgelehnt werden: Gegen die Meinung von Mayer [100]), daß Finanzerlaubnisse in der Regel, unbeschadet der Rechtmäßigkeit des in der Zwischenzeit auf Grund derselben Geschehenen, frei widerruflich seien, spricht die Erwägung, daß kein Anlaß vorliegt, die Finanzerlaubnisse anders zu behandeln als die sonstigen Erlaubnisse. Die Behauptung von Sarwey [101]), daß die Erlaubnis zum Vertrieb von Lotterielosen frei widerruflich sei, erscheint nur dann haltbar, wenn damit bloß gemeint sein soll, die positivrechtlichen Normen erklärten sie zumeist für frei widerruflich. Nicht ganz klar ist die Entscheidung des Reichsgerichts vom 9. Februar 1894 [102]), wo ohne weitere Begründung die Erlaubnis zu Ausspielungen als frei widerruflich anerkannt wird für den Fall, daß die Erlaubnis zur wiederholten Vornahme von Ausspielungen geringwertiger Gegenstände erteilt war; damit ist die uns interessierende Frage noch nicht beantwortet, ob auch eine einzelne für einen konkreten Fall erteilte Erlaubnis frei widerruflich ist; denn bei einer für längere Zeit erteilten Erlaubnis kann man schließlich noch einen stillschweigenden Widerrufsvorbehalt konstruieren.

Keine so einheitliche Antwort wie bezüglich der vorigen Kategorien läßt sich für die auf Schaffung von Rechstverhältnissen gerichteten Verwaltungsakte geben. Sie sind teils frei widerruflich, teils nicht. Den Gesichtspunkt, der für die Entscheidung im Einzelfall maßgebend ist, liefert aber auch hier wieder die übliche Formel. Es kommt nämlich darauf an, ob in dem Rechtsverhältnis, das ja nichts

---

[91]) Vgl. Seidel in VBl. **23**, 577, 578.

[92]) Nelken I. 652.

[93]) Bernatzik 286 (32). Born 66. OVG. **24**, 344; **28**, 371; **40**, 377. Vgl. aber u. S. 379, 380.

[94]) Born 165. OVG. **29**, 354. OVG. in VBl. **22**, 206.

[95]) Peyrer 280 im Gegensatz zur zweiten Auflage. Auch Schenkel, Wasserrecht 48 erkennt an, daß die Erlaubnis dem Inhaber „eine Sicherung seiner Rechtsstellung" gewähre. Vgl. auch S. Wass.G. 28, 30, 36, 41.

[96]) So wohl auch Germershausen I. 135, 136. A. M. Mayer **II**. 143, OVG. v. 2. X. 05 in VBl. **27**, 163.

[97]) Rauchalles 106, 107. Seydel I. 288.

[98]) Seydel I. 298 (31).

[99]) Vgl. Seydel, Enteignungsgesetz 149 (2).

[100]) Mayer I. 446.

[101]) v. Sarwey 515, 516.

[102]) Bei Reger **15**, 69.

ist als eine Summe von Rechten und Pflichten, die Rechte oder die Pflichten überwiegen. Zweifel werden im Einzelfall selten auftauchen. Nicht frei widerruflich ist namentlich die Verleihung des Staats- oder Gemeindebürgerrechts [103]), die Beamtenernennung [104]), insbesondere auch die Notarernennung [105]), die Verleihung öffentlicher Unternehmungen [106]). Auch Ehrenämter wird man im allgemeinen nicht als frei widerruflich betrachten dürfen [107]). Dagegen wird man kaum Bedenken tragen, die Vormundsernennung, insofern der Ernannte nicht nach BGB. 1778 ein Recht auf die Ernennung hat, für frei widerruflich zu erklären, da bei diesem Amt offensichtlich der Pflichtgedanke bei weitem überwiegt; gleiches wird man im Zweifel bei allen nur vorübergehenden „Ämtern" wie denen des Konkursverwalters, Liquidators, Revisors usw. anzunehmen haben. Anhaltspunkte für die Entscheidung gibt meist der Gesetzgeber selbst, indem er bei unwiderruflichen Akten dieser Art die Endigungsgründe des Rechtsverhältnisses und die Voraussetzungen ihrer Zulässigkeit erschöpfend regelt [108]).

Noch weniger einheitlich läßt sich die Frage beantworten bei den auf Schaffung von Rechtslagen gerichteten Verwaltungsakten. Wir betonten schon in der Begriffsbestimmung der „Rechtslagen" im Anschluß an Kohler, daß die Rechtslage vielfach „ein unabänderliches Element eines Rechtes" enthalte. Aber man wird annehmen müssen, daß diese Unabänderlichkeit immer nur auf besonderer gesetzlicher Grundlage gilt. Fehlt eine solche, dann greift die Regel, d. h. der freie Widerruf Platz. Auf diesem Standpunkt stehen offensichtlich auch die gesetzlichen Bestimmungen über die Abänderung von Fluchtlinienplänen; beispielsweise sehen sowohl P. Fluchtl.G. 10 wie Bad. Ortsstr.G. Art. 3 ihre freie Abänderlichkeit als selbstverständlich voraus, indem sie nur bezüglich der bei der Abänderung zu wahrenden Formen Vorsorge treffen. Nicht im Widerspruch zu unserer Auffassung steht die Entscheidung des Oberverwaltungsgerichts vom 13. Juni 1887 [109]), wonach der Vorsitzende des Gerichts einen unzulänglichen Beweisbeschluß nicht ohne weiteres abändern oder ergänzen darf; die Entscheidung verneint nur die Befugnis des Vorsitzenden, aber nicht die des Gerichts selbst.

Bei den sachenrechtlichen Verfügungen gilt das gleiche.

---

[103]) Östr. VGH. 3131.

[104]) Preuß 410.

[105]) Vgl. für schweizerisches Recht Blumer I. 484: Der Landrat des Kantons Basel-Land hatte verfügt, es seien mit Ende des Jahres alle im Kanton bestehenden Notariatsdiplome zurückzuziehen. Die Verfügung wurde vom Bundesrat aufgehoben und diese Aufhebung durch die Bundesversammlung bestätigt. Das Ergebnis ist richtig, indes die Begründung (Zurückziehung aller Diplome ist Aufhebung des Notariats, daher nur durch Gesetz, nicht durch Verfügung zulässig) unzulänglich, da nicht anders zu entscheiden gewesen wäre, wenn nur einzelne Diplome entzogen worden wären.

[106]) F. F. Mayer 213, 214. Mayer I. 116. Eger, Eisenbahnrecht I. 94. Gleim 78 (freilich mit mißverständlicher Ausdrucksweise). — Über frühere abweichende Auffassungen vgl. Schelcher bei Fischer **20**, 46, 47.

[107]) Vf. d. P. Min. d. I. v. 11. IV. 92 (JMBl. 197) bezüglich der Waisenräte.

[108]) S. o. S. 338 u. u. S. 404 f.

[109]) Mitgeteilt bei Brauchitsch I. 107.

So namentlich hinsichtlich der Eignungserklärungen, was bestätigt wird durch pr. Quellensch.G. 2^{II}, 12^{I}. Eine Ausnahme muß aber, im Einklang mit der üblichen Formel, dort gemacht werden, wo die sachenrechtliche Verfügung gleichzeitig Rechte begründet; der Hauptfall ist die Enteignung.

Auf die rechtsändernden Verfügungen ist hinsichtlich der Frage ihres Widerrufs ebenfalls die übliche Formel anzuwenden und festzustellen, ob sie dem Betroffenen gegenüber dem bisherigen Zustand ein Mehr oder ein Weniger von Rechten gegeben haben; im ersten Fall ist freier Widerruf ausgeschlossen, im zweiten zulässig. Nicht berührt werden dadurch die weiteren Abänderungen von abgeänderten verpflichtenden Verwaltungsakten [110]. Dagegen ergreift der aufgestellte Grundsatz zweifelsohne die Stundung, die nicht frei widerrufen werden kann, ebenso wie die Steuerfixation, deren Widerruf nur „aus bestimmten Gründen", nicht aber unbeschränkt zulässig ist [111]. Wenn man bei der rechtsändernden Verfügung aus KVG. 7 [112] den freien Widerruf zugelassen hat [113], so läßt sich das unbedenklich durch die Erwägung rechtfertigen, daß vom Gesetz die regulären Kassenleistungen und die Krankenhausbehandlung nach KVG. 7 als gleichwertig behandelt werden.

Rechtsvernichtende Verfügungen unterliegen grundsätzlich dem freien Widerruf. Eine Ausnahme ist aber zu machen, wo die Verfügung eigene Rechte des Staats vernichtet hat, wie etwa die Begnadigung oder der Steuererlaß [114]; sie unterliegt nicht dem freien Widerruf, da die Widerrufsverfügung ja nichts anderes wäre als eine neue Steuerauflage oder eine neue Bestrafung, also einer gesetzlichen Grundlage bedürfte. Dagegen muß der Grundsatz auch gelten für die Vernichtung von Rechtsverhältnissen, doch wird er hier vielfach abgewandelt werden durch den früher besprochenen Ausnahmegrundsatz, wonach ein Verwaltungsakt, auf den ein Recht bestand, nicht frei widerrufen werden kann. Hiernach ist der Fall zu beurteilen, den das Oberlandesgericht Stuttgart am 6. März 1903 zu entscheiden hatte [115]. Einem Beamten war die Pensionsverfügung zugestellt worden, danach war gegen den Beamten eine strafgerichtliche Untersuchung eingeleitet, danach die Pensionierung zurückgenommen, danach der Beamte strafgerichtlich zum Amtsverlust verurteilt worden. Er klagte trotzdem auf Pensions-

---

[110]) S. o. S. 341, 342.

[111]) Mayer I. 428.

[112]) S. o. S. 115.

[113]) OVG. **27**, 362.

[114]) Von nichtamtlichen Verzichten ist jedenfalls der Verzicht auf Rechtsmittel nicht frei widerruflich, wie allgemein anerkannt ist: Ob. Trib. **32**, 13 (Plenarentscheidung in Abweichung von einer früheren Entscheidung); OVG. **8**, 384; BVGH. **2**, 539. — Auch der Thronanwartschaftsverzicht muß m. E. als unwiderruflich anerkannt werden; das ist freilich recht bestritten; vgl. Frisch 109 und die Angaben daselbst 108, 109. — Den Verzicht auf das Wahlrecht zur Handelskammer erklärt OVG. **22**, 340 ohne Grund für widerruflich; die Entscheidung selbst ist im Ergebnis übrigens richtig, da der Verzicht zwar nicht widerruflich, aber nichtig war.

[115]) DJZ. **1903**, 407.

zahlung, wurde aber abgewiesen. Perels und Spilling [116]) sind zweifelhaft und meinen, das Gericht habe prüfen müssen, ob der Beamte durch die erste Verfügung einen durch einen neuen Verwaltungsakt nicht mehr entziehbaren Anspruch erlangt hatte; sie sind offensichtlich geneigt, diese Frage zu bejahen. Es handelt sich einfach um die Frage nach der Zulässigkeit des Widerrufs. War die Pensionierung von Amtswegen geschehen, so liegt kein Grund vor, die Zulässigkeit ihres Widerrufs anzuzweifeln. War sie dagegen auf Antrag geschehen unter Voraussetzungen, unter denen der Beamte einen Anspruch auf sie hatte, so muß ihr Widerruf als unzulässig erachtet werden, womit freilich noch nicht gesagt wäre, daß das Zivilgericht den gesetzwidrigen Widerruf ohne weiteres als nichtig behandeln dürfte[117]). Auch den Widerruf der Entlassung eines Vormunds mit der Wirkung, daß mit Kundgabe der Widerrufsverfügung ohne weiteres wieder die frühere Vertretungsmacht des Vormunds Platz greift, hat man anerkannt[118]); das muß aber natürlich dahin eingeschränkt werden, daß es dann anders ist, wenn der Vormund einen Anspruch auf Entlassung geltend gemacht hatte.

Auch die Feststellungen unterliegen nicht dem freien Widerruf. Ein solcher würde dem Zweck dieses Rechtsinstituts, der eben darin besteht, einen gewissen Zustand wirklich „fest“ zu stellen, widersprechen; daher der Grundsatz auch bei bloß „vorläufigen“ Feststellungen, z. B. der Feststellung des zollpflichtigen Gewichts nach Zoll-G. 47, nicht gilt. Der Grundsatz ist auch allgemein anerkannt; so bezüglich der endgültigen Entscheidungen der Oberersatzkommissionen [119]), der verwaltungsbehördlichen Feststellungen im Fall KVG. 58 [120]), der verwaltungsbehördlichen Entschädigungsfeststellung im Fall P. Ent.G. 29 [121]), der Planfeststellung im Fall P. Eisenb.G. 4 [122]), sonstigen Entscheidungen[123]); man bezeichnet ihn hier vielfach als materielle Rechtskraft der Entscheidungen, was freilich nicht ganz genau ist, da der Begriff der materiellen Rechtskraft noch erheblich mehr umfaßt als bloß den Ausschluß des freien Widerrufs. Wenn man übrigens mit Otto Mayer [124]) die materielle Rechtskraft als ein subjektives öffentliches Recht auffassen will, so kann man auch den Ausschluß des freien Widerrufs bei den Feststellungen unter die übliche Formel bringen.

Dagegen versagt diese bei den negativen Verfügungen, wenigstens so weit sie, als unselbständige Verfügungen[125]), bloß auf Antrag er-

---

[116]) S. 131, 132.

[117]) Vgl. o. S. 226. Dies Bedenken deutet die Entscheidung auch selbst unter Hinweis auf Beamten-Ges. 155 an.

[118]) Ebert 74.

[119]) Erl. d. P. Min. d. I. u. d. Kr.Min. v. 31. VII. 94 bei Reger **15**, 102, Erl. d. Pr. Kr.Min. v. 29. I. 95 bei Reger **16**, 220.

[120]) RG. bei Reger **16**, 409.

[121]) Eger **II**. 290.

[122]) Vgl. Gleim 364 f., der eine Änderung nur wegen Änderung der Verhältnisse zulassen will. Anderer Meinung scheint Fritsch 24 (11) zu sein. Übrigens kann man eine Rechtsgrundlage für die Abänderung in § 24 Eisenb.G. finden. — Über die rechtliche Natur des Planfeststellungsbeschlusses vgl. o. S. 71.

[123]) SOVG. **4**, 232; **5**, 143.

[124]) I. 176.

[125]) Über diese Bezeichnungen s. o. S. 28.

gehen können, also bei den Verweigerungen. Aber hier hilft uns wieder FGG. 18 I 2, wo es heißt: „Soweit eine Verfügung nur auf Antrag erlassen werden kann und der Antrag zurückgewiesen worden ist, darf die Änderung [der abweisenden Verfügung] nur auf Antrag erfolgen". Dieser Satz entspricht durchaus der Natur der Sache, indem eben der abgewiesene Antrag durch die Abweisung endgültig erledigt ist[126]), ein Antrag also gar nicht mehr vorliegt, daher auch ein Einschreiten auf Antrag begrifflich unmöglich ist. Man darf darum FGG. 18 I 2 ebenso wie 18 I 1 unbedenklich auf alle Verwaltungsakte anwenden. Bei den selbständigen Verfügungen[125]) dagegen, die also von Amtswegen ergehen können, liegt, wenn nicht etwa eine negative Feststellung[127]) in Frage kommt, auf die deren Grundsätze zur Anwendung kommen, kein Anlaß vor, den Widerruf zu beschränken[128]).

Besondere Erwähnung verdienen in diesem Zusammenhang noch die in unserem System nicht von den übrigen Akten gesonderten internen Verwaltungsakte. Auf sie findet die übliche Formel Anwendung. Da sie niemals Rechte begründen, unterliegen sie dem freien Widerruf, natürlich unbeschadet der inzwischen von Dritten etwa auf Grund einer solchen internen Delegation erworbenen Rechte[129]).

Besondere Erwähnung verdienen ferner die Fristbestimmungen. Auf sie kann wieder die allgemeine Formel angewendet werden. Von diesem Gesichtspunkt aus hat Schelcher[130]) mit Recht den Satz aufgestellt: Fristen, deren Dauer zu bestimmen im Ermessen der Behörde liegt, „werden, wenn sie einmal festgesetzt worden sind, . . . in der Regel nicht abgekürzt, sondern nur verlängert werden können". Und in diesem Sinn bedarf die Meinung Schultzensteins[131]), der Verlängerung und Verkürzung von richterlichen Fristen ohne jede Einschränkung zulassen will, einer Berichtigung.

Endlich mögen noch die Ersatzhandlungen[132]) erwähnt werden. So wie ihre Wirkungen sich richten nach den Wirkungen des besorgten oder des ersetzten Geschäfts[133]), ebenso richtet sich auch ihre Widerruflichkeit nach der Widerruflichkeit dieses Geschäfts.

4. Dadurch, daß bei dem Verwaltungsakt, der widerrufen werden soll, eine Mitwirkung einer anderen Instanz als Nebenorgan stattgefunden hat, wird die Widerruflichkeit nicht eingeschränkt. Natürlich ist von dieser materiellrechtlichen Frage der Widerruflichkeit scharf zu scheiden die formellrechtliche Frage, in welcher Weise der Widerruf zu erfolgen hat und ob er eine gleichartige Mitwirkung des Nebenorgans vorraussetzt wie die Vornahme des zu widerrufenden Verwaltungsakts. Gleichmäßig kann diese Frage nicht beantwortet werden;

---

[126]) Nußbaum 51. Vgl. Mayer I. 301, 291.

[127]) Hierher gehört auch die von Mayer I. 301 hervorgehobene Einwirkung von verwaltungsgerichtlichen Erkenntnissen auf die Freiheit der handelnden Verwaltungsbehörde.

[128]) Diese Fälle übersieht W. Jellinek 154, 155.

[129]) Walter Jellinek 154 behandelt sie gar zu stiefmütterlich.

[130]) Gesetz S. 464.

[131]) In VA. 17, 37.

[132]) S. o. S. 122, 123.

[133]) S. o. S. 123.

es kommt auf den einzelnen Akt an. So ist es sicher, daß eine Verordnung nur durch eine neue Verordnung, also in denselben Formen wie diese, durch den Verordnenden, aufgehoben werden kann und mit Recht haben darum Nelken [134]) und Schicker [135]) für die „Bestimmung" nach Gew.O. 42b in diesem Sinn sich ausgesprochen. Auch bei Verfügungen mögen Fälle vorkommen, wo der Widerruf nur als contrarius actus der Vornahme in gleicher Weise wie diese geschehen kann. Dagegen wird man z. B. aus dem Erfordernis der Bestätigung einer Beamtenernennung kaum ohne weiteres den Schluß ziehen dürfen, daß es auch zum Widerruf dieser Ernennung einer Bestätigung bedürfe.

IV. Ist nach den vorstehenden Grundsätzen der freie Widerruf gesetzlich unzulässig, so kann er auch durch die bloße Einwilligung des davon Betroffenen nicht zulässig werden. Treffend hat das Oberverwaltungsgericht [136]) in seiner Entscheidung vom 12. März 1884 für die Rücknahme und Einschränkung von Gewerbeerlaubnissen betont, daß die Vorschriften des öffentlichen Rechts auch demjenigen gegenüber in Kraft bleiben, der von den Vorteilen, die sie ihm bieten, keinen Gebrauch machen will und darauf verzichtet hat. Auch Landmann [137]) hat sich, unter Übernahme dieser oberverwaltungsgerichtlichen Begründung, auf den gleichen Standpunkt gestellt. Wir müssen dasselbe tun, da es sich hier nur um eine Anwendung des früher[138]) betonten Grundsatzes von der zwingenden Natur öffentlichen Rechts handelt.

V. Diese Grundsätze können auch auf Rechtshandlungen Anwendung finden, soweit sie überhaupt nach der Natur der Sache widerrufsfähig sind.

3. Der beschränkte Widerruf.

§ 37.

a) Übersicht.

Wie der freie Widerruf nicht verwechselt werden darf mit dem willkürlichen Widerruf, so darf andererseits der beschränkte Widerruf nicht verwechselt werden mit einem nur auf Grund gesetzlicher Sondernormen zulässigen Widerruf. Man kann ja wohl sagen, daß der beschränkte Widerruf zu seiner Rechtfertigung einer gesetzlichen Grundlage bedarf. Aber man muß sich dabei klar sein darüber, daß diese gesetzliche Grundlage nicht bloß in Sondernormen, sondern auch in allgemeinen Rechtssätzen enthalten sein kann, — in Rechtssätzen, die vielleicht, entsprechend dem Charakter unserer verwaltungsrechtlichen Gesetzgebung als Gelegenheitsarbeit, nur vereinzelt und ge-

---

[134]) I. 684.

[135]) I. 214. Er spricht hier zwar von Verfügung, nimmt das Wort aber wohl nicht im technischen Sinne.

[136]) OVG. **10**, 288.

[137]) I. 373, 374. Über die Vertreter der gegenteiligen Auffassung im Gewerberecht vgl. daselbst und allgemein Laband II. 181, Mayer I. 98, wogegen richtig Löning 242 u. 242 (2).

[138]) S. o. S. 47.

legentlich einmal gesetzgeberischen Ausdruck gefunden haben und in ihrer allgemeinen Bedeutung erst durch die Wissenschaft aufgedeckt worden sind oder noch aufgedeckt werden müssen. Es ist daher unsere Aufgabe, klarzulegen, daß für gewisse Verwaltungsakte bestimmte Rechtssätze über Widerrufsvoraussetzungen, die offensichtlich keine Sondernormen sein sollen, vom Gesetz in zahlreichen Fällen anerkannt worden sind, und wir werden auf Grund solcher Feststellungen befugt sein, diese Sätze auf die nach unserer früher gegebenen Systematisierung mit jenen Verwaltungsakten gleichartigen Akte auszudehnen, so daß wir also imstande sind, auch über die Widerruflichkeit in solchen Fällen zu entscheiden, wo die Gesetze darüber schweigen. Daß unsere Ergebnisse nur eine subsidiäre Geltung beanspruchen und dort sofort zurücktreten, wo das Gesetz selbst sie offenbar aus irgend welchen Gründen bewußt ausschließen will, brauchen wir kaum noch einmal zu sagen; darin liegt ja das Wesen jeder allgemeinen Lehre, daß sie nur subsidiäre Kraft besitzt.

* * *

Betrachten wir das vorhandene Gesetzesmaterial von dem Gesichtspunkt, wie es sich zur Frage des Widerrufs der Verwaltungsakte stellt, so können wir zunächst feststellen, daß hier die Verhältnisse wesentlich anders liegen als in der Nichtigkeitslehre. Während die Nichtigkeit nur ganz vereinzelt positive Anerkennung gefunden hat, so daß wir uns bei unseren Untersuchungen wesentlich auf den Anschluß an die Wissenschaft angewiesen sehen, sind die Bestimmungen über den Widerruf von Verwaltungsakten außerordentlich zahlreich, und wir sind daher hier imstande, unsere positistische Methode wieder in vollem Umfang in Tätigkeit treten zu lassen. Es fragt sich, nach welchen Gesichtspunkten im einzelnen wir dieses ungeheure Material zu behandeln haben.

I. Versuchen wir zunächst, es einigermaßen zu gliedern, so können wir, abgesehen von den Gesetzen, die über die Rücknahme keinerlei Bestimmung treffen, drei große Hauptgruppen von Normen unterscheiden:

1. Es kommen zunächst sehr zahlreiche Bestimmungen in Betracht, die einen Widerruf wegen Wegfall der Voraussetzungen anerkennen.

2. Es kommen dann weiter solche in Betracht, die einen Widerruf kraft Anfechtung vorsehen [1]).

Das geschieht meist im Anschluß an die Zulassung des Widerrufs wegen Wegfalls der Voraussetzungen, in der Weise, daß dem nach Geschäftsabschluß eingetretenen Wegfall der beim Geschäftsabschluß schon vorhandene Mangel der materiellen Voraussetzungen gleichgestellt wird. Im einzelnen lassen sich in dieser Gruppe wieder zwei Unterarten unterscheiden.

Entweder nämlich wird der Widerruf zugelassen wegen Änderung in der Kenntnis von dem Mangel der Voraussetzungen. Hierbei wird

[1]) Über das Verhältnis von Widerruf und Anfechtung vgl. o. S. 312, 313.

entweder nur von dem Fall gesprochen, daß die ursprüngliche Unkenntnis auf einer Handlung der Partei, namentlich auf unrichtigen Angaben derselben beruhte (Anfechtung wegen Täuschung), oder es wird nur verlangt, daß überhaupt eine Unkenntnis vorlag, die später behoben worden ist (Anfechtung wegen Irrtums).

Die zweite Unterart aber bilden solche Normen, wo der Widerruf zugelassen wird auch dann, wenn die Behörde ursprünglich den Mangel der Voraussetzungen gekannt oder hat kennen müssen, wo sie also bewußt oder fahrlässig gesetzwidrig gehandelt hat (Anfechtung wegen Gesetzwidrigkeit schlechthin).

In allen solchen Fällen, also bei der Anfechtung wegen Täuschung, wegen Irrtums, wegen Gesetzwidrigkeit, handelt es sich gleichermaßen um eine Anfechtung aus materiellen Gründen.

Verhältnismäßig selten sind daneben solche Normen, die einen Widerruf aus formellen Gründen wegen Verfahrensmängeln ausdrücklich anerkennen.

3. Die dritte Hauptgruppe, die von den beiden vorigen wesentlich verschieden ist und nach der Natur der Sache nur bei einem Teil der Verwaltungsakte überhaupt vorkommen kann, wird von solchen Normen gebildet, die einen Widerruf kraft Verwirkung vorsehen. Hier handelt es sich um solche Fälle, wo der Verwaltungsakt jemandem gleichzeitig „Rechte" im weiteren Sinn, wozu also namentlich auch die Erlaubnisse gehören, und gleichzeitig auch Pflichten auferlegt hat; ob diese Pflichten wie bei den Rechtsverhältnissen mit den Rechten in innerem Zusammenhang stehen oder wie bei den „Konzessionsbedingungen" nur äußerlich beigefügte Auflagen sind, macht dabei keinen Unterschied. In solchen Fällen ist oft bei Nichterfüllung der Pflichten ein Widerruf des Verwaltungsakts, besonders also der dadurch verliehenen Vorteile vorgesehen, den man passend als Widerruf kraft Verwirkung bezeichnen kann.

II. Es fragt sich, ob den eben unterschiedenen Normen ein ausschließlicher Charakter in dem Sinn beiwohnt, daß dort, wo das Gesetz nur von einem Widerruf wegen Wegfall der Voraussetzungen oder nur von einem solchen wegen Täuschung spricht, der Widerruf wegen Irrtums usw. ausgeschlossen sein soll. Es fragt sich also, in welchem Verhältnis die drei Normengruppen zueinander stehen.

1. Die letzte Gruppe steht, wie schon betont, mit den beiden andern in keinem Zusammenhang. Man kann ihr Verhältnis zu jenen nur als ein negatives bezeichnen, d. h. es ist von der Art, daß durch die Normen, die einen Widerruf kraft Verwirkung kennen, namentlich der Widerruf kraft Anfechtung nicht ausgeschlossen wird. Das ergibt sich aus der Erwägung, daß der Gesetzgeber, indem er den Widerruf kraft Verwirkung zuließ, offenbar nur an den Normalfall gedacht hat, wo der Verwaltungsakt in ordnungsmäßiger Weise zustande gekommen war. Über den Widerruf in solchen Fällen, wo der Verwaltungsakt selbst abnorm war, z. B. erschlichen oder gesetzwidrig, wollte der Gesetzgeber, indem er den Widerruf kraft Verwirkung gestattete, gar keine Bestimmung treffen. Der Widerruf kraft Verwirkung und die sonstigen Widerrufsgründe laufen somit nebeneinander ohne inneren Zusammenhang her.

2. Dagegen besteht zwischen der ersten und zweiten Normengruppe und den Unterklassen der zweiten ein unverkennbarer Zu sammenhang.

Eine allgemeine Betrachtung der in Frage kommenden Normen wird ausgehen müssen von folgender Feststellung: Es ist ein sich immer mehr verengender Kreis von Widerrufsgründen, es ist ein Kreis, dessen äußere Ringe die nächstfolgenden inneren Ringe jeweils in sich einschließen, wenn der Gesetzgeber nach einander sagt: 1) ein Verwaltungsakt ist widerruflich wegen Gesetzwidrigkeit, d. h. wegen Mangels der gesetzlichen Voraussetzungen seines Bestehens, ohne Unterschied, ob dieser Mangel schon bei seiner Vornahme vorhanden war oder erst später eingetreten ist; 2) er ist widerruflich, wenn sich später herausstellt, daß dieser Mangel vorliegt; 3) er ist widerruflich, wenn der Mangel infolge Täuschung früher übersehen wurde; 4) er ist widerruflich, wenn der Mangel später eingetreten ist. Hier könnte man in der Tat auf den Gedanken kommen, daß der Gesetzgeber durch Anerkennung des engeren oder engsten Widerrufskreises den weiteren habe für unzulässig erklären wollen. Wäre eine solche Auffassung aber richtig? Man wird das bejahen dürfen in so weit, als der Gesetzgeber mit Bewußtsein die geschehene Formulierung gewählt hat; ob das der Fall ist, muß die Einzeluntersuchung und Einzelauslegung des betroffenen Gesetzes ergeben; zu vermuten ist es jedenfalls nicht, vielmehr wird im Zweifel anzunehmen sein, daß der Gesetzgeber, ohne es zu wollen, eine ungenaue Formulierung, wie sie ja nun einmal dem Wesen unserer Verwaltungsgesetztechnik und ihrem allgemeinen Tiefstand angemessen ist, gewählt hat. Im einzelnen ergibt sich hieraus folgendes.

Dort, wo der Gesetzgeber Widerrufsnormen wegen Wegfalls der Voraussetzungen aufstellt, meint er damit sehr häufig nichts als einen Widerruf wegen mangels der Voraussetzungen, ohne Unterschied ob dieser Mangel erst nachträglich eingetreten oder nur erst nachträglich bekannt geworden ist; vorausgesetzt, daß dies richtig ist, kann dann, wie wir nachher alsbald sehen werden [2]), aus dieser Anerkennung des Widerrufs wegen nachträglich bekannt gewordenen Mangels, also wegen Irrtums, weiter auf eine Anerkennung des Widerrufs wegen ursprünglichen Mangels überhaupt, also wegen Gesetzwidrigkeit geschlossen werden. Daß aber die gemachte Voraussetzung tatsächlich zutreffend ist und daß wirklich aus der Zulässigkeit des Widerrufs wegen Wegfalls der Voraussetzungen auf die Zulässigkeit wegen Irrtums geschlossen werden darf, ergeben folgende Erwägungen.

Zunächst müssen wir davon ausgehen, daß sehr häufig das Gesetz ausdrücklich beides einander gleichstellt. Die übliche Formulierung ist hier: der Widerruf ist zulässig, wenn nachträglich Tatsachen eintreten oder bekannt werden, die, wenn sie von vornherein vorhanden oder bekannt gewesen wären, den Verwaltungsakt unzulässig gemacht hätten. Beispiele bieten CPO. 121 bezüglich Armenrechtsbewilligung, Gew.O. 44a^{IV}, 58, Östr. Gew.O. 57 Bad. G. v. 8. März 1868 § 107 be-

---

[2]) S. u. S. 359, 360.

züglich Gewerbekonzession, P. Jagd-O. 36, bad. Jagd-G. 15 [3]) bezüglich der Jagdscheine, Gew.O. 94b, Gew.G. 21^{I}, Kaufm.GG. 15^{II}, P. Kr.O. 113^{III} bezüglich Ämterwahlen. Auch Flaggen-G. 13^{II} gehört hierher, obschon das Verhältnis hier nicht den gleichen allgemeinen Ausdruck gefunden hat; es wird hier zunächst festgestellt, daß das Schiffszertifikat obligatorisch widerruflich ist wegen Wegfalls der Voraussetzungen, wenn nämlich das Schiff das Recht zur Führung der Flagge „verliert"; dann fährt das Gesetz fort, gleiches solle auch gelten, wenn „sich ergibt", daß die Voraussetzung des § 9 nicht vorhanden gewesen sei; das letztere ist offenbar ein zu enger Ausdruck, — gleiches muß unzweifelhaft auch gelten, wenn sich ergibt, daß die Voraussetzungen des § 2, an die der Gesetzgeber einfach nicht gedacht hat, nicht vorhanden waren.

Wenn nun in zahlreichen anderen Gesetzen nur des Widerrufs wegen Wegfalls der Voraussetzungen gedacht wird, so darf es als nicht unwahrscheinlich bezeichnet werden, daß der Gesetzgeber dabei nur den Normalfall, nämlich einen gesetzmäßig zustandegekommenen Verwaltungsakt im Auge hatte, daß also die Frage des Widerrufs kraft Anfechtung von ihm gar nicht geregelt werden sollte, vielmehr den allgemeinen dafür geltenden Grundsätzen unterliegen sollte. Ja mehr noch, man wird aus der Zulassung des Widerrufs wegen nachträglichen Wegfalls der Voraussetzungen im Zweifel geradezu auf die Zulässigkeit wegen nachträglichen Bekanntwerdens des Mangels der Voraussetzungen schließen dürfen. Eine Bestätigung dieser Auslegung gibt die Entstehungsgeschichte des § 4 des preuß. Vorausleistungsgesetzes vom 18. August 1902. In 4^{I} heißt es, daß bei dauernder Abnutzung eines Wegcs für die Vorausleistung ein bestimmter Beitrag festgesetzt werden könne, mit der Maßgabe, daß die Festsetzung bis zu ihrer Abänderung gelten soll. § $4^{II\,2}$ sagt weiter: die Klage [4]) auf anderweite Festsetzung kann nur auf die Behauptung gestützt werden, „daß die tatsächlichen Voraussetzungen, von welchen bei Festsetzung des Beitrags . . . ausgegangen ist, eine wesentliche Änderung erfahren haben". Als solche Änderungen aber kommen nicht nur nachträglich eingetretene in Betracht, sondern nach den Erklärungen in der Kommission des Herrenhauses, denen der Regierungsvertreter zustimmte, soll eine wesentliche Änderung auch dann anzunehmen sein, wenn frühere Erhebungen etwa auf falscher Voraussetzung beruhten, bezw. wenn solche sich als tatsächlich unzutreffend erweisen sollten [5]). Die gleiche Meinung vertritt die herrschende Ansicht [6]) für den Fall von CPO. 927. Hier

---

[3]) Bezüglich der hessischen Jagd-V., die ebenfalls ursprünglichen Mangel und späteren Wegfall der gesetzlichen Voraussetzungen gleichstellt, vgl. o. S. 240.

[4]) Der Umstand, daß nur auf Antrag, nicht von Amtswegen, geändert werden kann, hängt lediglich damit zusammen, daß es sich hier um einen unselbständigen Verwaltungsakt handelt, an dessen Abänderung das öffentliche Interesse nicht beteiligt ist. Die materielle Frage der Gleichstellung des Wegfalls der Voraussetzungen einerseits und der nachträglich erlangten Kenntnis andererseits wird dadurch nicht berührt. Vgl. o. S. 324, 325.

[5]) Germershausen I. 517.

[6]) RG. 24, 368. Weitere Angaben bei Gaupp - Stein II. 802, 803 und 802 (4).

kann eine Aufhebung des Arrestes beantragt [4]) werden „wegen veränderter Umstände". Die herrschende Meinung stellt der Änderung der Verhältnisse auch die nachträgliche Erlangung der richtigen Kenntnis der wahren Sachlage gleich. Vom gleichen Gesichtspunkt aus hat Hubrich [6a]) angenommen, daß unter die „veränderten Umstände" des § 18 P. Sparkassen-Regl. v. 12. Dezember 1838, bei deren Vorliegen ein Abänderungsrecht des Oberpräsidenten bezüglich der Kassenstatuten vorgesehen ist, auch der Fall gehört, wenn der Oberpräsident nachträglich erkennt, daß er bei der Bestätigung eine Gesetzwidrigkeit der Statuten übersehen hat. Umgekehrt ergibt sich aus der Entstehungsgeschichte von Gew.Unf.VG. 47, daß das Gesetz, indem es vom nachträglichen Bekanntwerden der Wahlhinderungsgründe spricht, auch die Fälle ihres nachträglichen Eintretens hat treffen wollen [6b]). Wir glauben also, vorausgesetzt, daß überhaupt ein allgemeiner Grundsatz den Widerruf von Verwaltungsakten wegen Mangels der gesetzlichen Voraussetzungen oder wegen Irrtums über ihr Vorhandensein gestattet, berechtigt zu sein, in den Anerkennungen des Widerrufs wegen Wegfalls der Voraussetzungen zugleich eine solche des Widerrufs wegen Mangels derselben oder mindestens wegen Irrtums sehen zu dürfen.

Es kommen weiter in Betracht solche Fälle, wo der Gesetzgeber Widerrufsnormen wegen Täuschung aufgestellt hat. Ein Beispiel bieten namentlich die Bauordnungen, aus denen die jüngste, die badische herausgegriffen sein mag. Dort heißt es in § 137: „Eine auf Grund unrichtiger Zeichnungen oder unrichtiger Angaben erteilte Baugenehmigung kann zu jeder Zeit zurückgenommen werden". Hiernach könnte es scheinen, als ob das Gesetz nur einen Widerruf wegen Täuschung kennt. Trotzdem steht Wissenschaft und Praxis auf einem anderen Standpunkt. Roth [7]) erklärt die Bauerlaubnis mit Recht für widerruflich aus drei Gründen: zunächst wegen unrichtiger Bauvorlagen, — das ist der Fall des § 137; sodann wegen Änderung der Verhältnisse, was unserem Widerruf wegen Wegfall der Voraussetzungen im wesentlichen entspricht; endlich aber auch wegen Gesetzwidrigkeit. Das ist zu billigen. Der Gesetzgeber nahm offenbar, als er § 137 niederschrieb, den Normalfall an, daß die Behörde eine Erlaubnis erteilt hatte, die durchaus gesetzmäßig gewesen wäre, wenn die ihr zugrunde liegenden Zeichnungen und Angaben in Ordnung gewesen wären. Wie es aber dann ist, wenn die Erlaubnis selbst gesetzwidrig ist, etwa Bauten gestattete, die in solcher Weise gesetzlich nicht gestattet werden durften, darüber sagt er nichts, sondern überläßt diese Frage der Wissenschaft und Praxis zur Entscheidung nach allgemeinen Grundsätzen.

Es kommen weiter in Betracht die Widerrufsnormen wegen Irrtums, d. h. wegen nachträglichen Bekanntwerdens des Mangels der gesetzlichen Voraussetzungen. Es fragt sich, ob sie die Anfechtung wegen Gesetzwidrigkeit schlechthin ausschließen, ob also der Wider-

---

[6a]) Bei Gruchot 49, 807 f.
[6b]) Vgl. Gräf 147.
[7]) S. 303 f.

ruf unzulässig sein soll, wenn die Behörde den Mangel gekannt hat, trotzdem aber den Verwaltungsakt erlassen hat. Dabei wird es natürlich keinen Unterschied machen, ob sie den Mangel übersehen oder das Gesetz unrichtig angewendet oder das Gesetz bewußterweise nicht angewendet oder das Gesetz nicht gekannt hat; die beiden letzten Fälle schrumpfen zu einem zusammen, da iura novit curia, und von den beiden ersten unterscheiden sie sich nur hinsichtlich des Beweggrundes des in allen Fällen gesetzwidrigen Verwaltungsakts. Hier nun wird man in der Tat vielfach anzunehmen haben, daß das Gesetz wirklich nur den Widerruf wegen Irrtums, nicht den wegen Gesetzwidrigkeit schlechthin gestatten will. Man wird das besonders bei solchen Gesetzen anzunehmen haben, die offenbar bewußt die Widerrufsgründe einzuschränken trachten; man wird es namentlich zuzugeben haben in den Fällen von Gew.O. 44a, 58 [8]), und man wird vielleicht im Recht der Polizeierlaubnisse überhaupt eine steigende Tendenz feststellen können, die dahin geht, den Widerruf aus Gründen, die der Behörde bei der Erlaubniserteilung vorlagen und von ihr trotzdem gesetzwidrigerweise nicht zur Versagung geltend gemacht wurden, auszuschließen [9]). Man wird weiter annehmen müssen, daß bei allen fakultativen Versagungsgründen ein Widerruf nur wegen Irrtums zulässig ist, da hier ja im Fall der Erteilung von einer Gesetzwidrigkeit nicht gesprochen werden kann. Dagegen läßt sich mindestens nach dem heutigen Rechtzsustand von einem allgemeinen Grundsatz, daß obligatorische Versagungsgründe nur im Weg der Anfechtung wegen Irrtums können geltend gemacht werden, noch nicht reden. Man wird im Zweifel anzunehmen haben, daß der Gesetzgeber, indem er allein den Widerruf wegen Irrtums vorsah, nur an den Normalfall gedacht hat, daß nämlich die Behörde, ihre Kenntnis von dem Mangel vorausgesetzt, ihn auch als Versagungsgrund geltend gemacht hätte. Die Frage, wie zu entscheiden ist, wenn die Behörde den Mangel zwar kannte, aber nicht geltend gemacht hat, wollte, — so wird man also im Zweifel zu sagen haben —, der Gesetzgeber gar nicht beantworten, sondern sie ist der Wissenschaft und Praxis zur Lösung nach allgemeinen Grundsätzen verblieben.

Somit ist unsere Aufgabe also zuletzt noch, festzustellen, ob Normen vorhanden sind, die einen Widerruf wegen Gesetzwidrigkeit schlechthin anerkennen und aus denen sich allgemeine Grundsätze über dessen allgemeine Geltung gewinnen lassen.

* * *

Was die Stellung von Wissenschaft und Praxis zu dem Problem anlangt, so werden wir sie gelegentlich von Einzelfragen im

---

8) OVG. **13**, 343. Vgl. auch u. S. 413.

9) Vgl. die interessante Entscheidung des SOVG. **5**, 152, die eine Fortbildung des bisher im Baurecht allgemein Anerkannten im Sinne jener Tendenz enthält: kein Widerruf der Bauerlaubnis, wenn die Behörde aus den vorgelegten Bauzeichnungen ohne weiteres Verstöße gegen die bestehenden Bauvorschriften erkennen mußte. — Natürlich hat es nicht an Widerspruch aus der Praxis hiergegen gefehlt; vgl. Gilbert bei Fischer **27**, 170, der sich mit Recht auf den abweichenden gesetzlichen Wortlaut berufen hat und auch auf die Auffassung der Begründung zum S. Bau-G. hätte berufen können. Vgl. o. S. 348.

folgenden kennen lernen. Im allgemeinen über sie zu sprechen, hat dagegen wenig Zweck, da eine ausreichende allgemeine Theorie des beschränkten Widerrufs in ihr kaum zu finden ist; es gilt in dieser Hinsicht das gleiche, was wir schon vorhin[10]) über die Stellung der Literatur zu der Frage, in wie weit der Grundsatz der freien Widerruflichkeit Ausnahmen erleidet, gesagt haben.

§ 38.

b) Der Widerruf wegen Wegfall der Voraussetzungen.

I. Widerruf wegen Wegfall der Voraussetzungen ist nicht bei allen Verwaltungsakten begrifflich möglich.

Er ist möglich nur bei Verwaltungsakten, die einen dauernden Zustand schaffen. Bei solchen Akten, die erlassen und erfüllt werden und alsbald wieder aus dem Leben der juristischen Tatsachen verschwinden, gibt es begrifflich keinen Widerruf wegen Wegfall der Voraussetzungen. Hierher gehören also die Verwaltungsakte, die durch Erfüllung erlöschen. Ist der mündliche Befehl des Unteroffiziers zu einem Tun erfüllt, so kann er auch nicht mehr zurückgenommen werden, etwa deswegen, weil er durch andere Tatsachen unnötig geworden ist.

Ein solcher Widerruf ist aber auch dort, wo der Verwaltungsakt dauernde Zustände schafft, in so weit unmöglich, als die verlangten Voraussetzungen nach dem Willen des Gesetzgebers nur gelten sollten für die Vornahme des Verwaltungsakts, nicht aber gleichzeitig für den durch ihn geschaffenen Rechtszustand.

Im allgemeinen ist hierzu zu bemerken, daß es viele Fälle gibt, in denen das Gesetz bestimmte Voraussetzungen nur in einem bestimmten Augenblick verlangt und es für unerheblich erklärt, ob sie später wegfallen. Der Mangel der Voraussetzungen im Augenblick des Geschäftsabschlusses ist Anfechtungsgrund, der spätere Wegfall ist bedeutungslos. Ob im Einzelfalle eine Voraussetzung so gemeint ist, muß nach allgemeinen Auslegungsregeln festgestellt werden.

Beispiele finden wir vor allem bei den Fähigkeitsverleihungen. — So zunächst bei den persönlichen Qualifikationen. Selbst dem bekannten Amtsrichter, der die Ehe geschieden hat und der bei Wiederholung des ersten oder gar des großen juristischen Staatsexamens todsicher durchfallen würde, kann die erworbene Richterbefähigung nicht entzogen werden; es ist eben nur erforderlich, daß diese Fähigkeit im Augenblick, wo der fähigkeitsverleihende Verwaltungsakt, nämlich das Urteil der Prüfungskommission stattfand, vorhanden war. Ebenso ist es mit den ärztlichen Approbationen, bezüglich deren es in Gew.O. 53^{I} verbunden mit 53^{II} ausdrücklich gesetzlich anerkannt ist. Ebenso auch mit der wissenschaftlichen Befähigung zum einjährig-freiwilligen Dienst, da nach WO. 93 Z. 9 zwar wegen nachträglichen Verlusts der

[10]) S. o. S. 339.

sittlichen Würdigkeit, nicht aber wegen Verlusts der wissenschaftlichen Befähigung die Berechtigung zum einjährigen Dienst entzogen werden kann. Das Gesetz operiert in solchen Fällen einfach mit der Fiktion, daß die einmal erworbene Qualifikation gleich der ordinatio des Kirchenrechts sich mit der Person des Qualifizierten unlöslich verbindet und nicht untergehen kann. — Im übrigen kommen namentlich Bestimmungen in Betracht, wonach Voraussetzung für den Erwerb juristischer Persönlichkeit eine bestimmte Mitgliederzahl im Augenblick des Erwerbs ist, während die Auflösung des Vereins nur bei einer noch geringeren Mitgliederzahl zulässig ist. Vielfach sind indes solche Bestimmungen wie namentlich BGB. 56 nur Ordnungsvorschriften. Dagegen müßte BGB. 73 auch zur Anwendung kommen, wenn die Mitgliederzahl nicht erst nachträglich unter 3 gesunken, sondern von vornherein darunter gewesen wäre, — wieder ein Beweis für den Zusammenhang des Widerrufs wegen Wegfalls und wegen ursprünglichen Mangels der gesetzlichen Voraussetzungen. — Von sonstigen Beispielen mag noch beigezogen werden St.AG. 8, wo als Voraussetzung der Naturalisation z. B. Unbescholtenheit gefordert wird. Aber dieses Erfordernis bezieht sich unzweifelhaft nur auf den Augenblick der Naturalisation und von deren Widerruf wegen Wegfalls der Unbescholtenheit kann keine Rede sein.

II. Wo aber Widerruf oder Abänderung wegen Wegfalls oder wegen Änderung der Voraussetzungen begrifflich möglich ist, da ist er auch rechtlich zulässig.

Was zunächst die allgemeine Bedeutung dieses Grundsatzes anlangt, so braucht kaum gesagt zu werden, daß er selbstverständlich nur in so weit gilt, als nicht positivrechtliche Bestimmungen wie namentlich im Steuerrecht [1]) Ausnahmen vorsehen. Im übrigen verstehen wir unter „Voraussetzungen" die tatsächlichen Verhältnisse, die dem Verwaltungsakt zugrunde lagen, die causa superveniens im Gegensatz zu der nachher zu erwähnenden lex superveniens. Sie ist natürlich scharf zu scheiden von der bloßen Änderung in den Auffassungen der Behörde; das ist Sinnesänderung, aber keine Tatsachenänderung [2]). Vielfach wird von den Gesetzen als berücksichtigenswürdig nur eine „wesentliche" Änderung der maßgebenden Verhältnisse anerkannt, was man auch ohne besondere gesetzliche Bestimmung wird fordern müssen [3]); der Wegfall der Voraussetzungen ist natürlich stets als wesentliche Veränderung zu betrachten. Ist ein Wegfall der Voraussetzungen in diesem Sinn eingetreten, so hat das im allgemeinen nicht etwa die Wirkung, daß der Verwaltungsakt von selbst hinfällig wird [4]), sondern es hat nur die Wirkung, daß es einen Grund abgibt für den Widerruf oder die Abänderung des betroffenen Verwaltungsakts [4]). Auf der andern Seite aber sind Widerruf oder Änderung in solchen Fällen unbeschränkt zulässig; die Beschränkungen, die z. B. FGG. 18 für die

---

[1]) Vgl. z. B. P. Eink.St.G. 62, Erg.St.G. 41, Hess. Eink.St.G. Art. 9, Hess. Gew.St.G. Art. 25.

[2]) Vgl. Bernatzik 287 (36). Isenbart 431.

[3]) Vgl. Isenbart a. a. O. für den Fall Inv.VG. 47 I.

[4]) Mayer I. 425, 428. Über Ausnahmen vgl. o. S. 229, 239 f.

Abänderung von Verfügungen aufstellt, sind darauf nicht anwendbar [5]). Als Wirkung des Widerrufs kann hier niemals die Wirkung ex tunc in Frage kommen.

Im einzelnen ist die Zulässigkeit dieses Widerrufs in zahlreichen Fällen vom Gesetz, von der Literatur, von der Praxis anerkannt worden.

Der normale Widerruf wegen Wegfalls der Voraussetzungen findet sich bei den verschiedensten Verwaltungsakten: bei Feststellungen [6]), namentlich Steuerveranlagungen [7]), bei den Rentenbewilligungen im Arbeiterversicherungsrecht [8]), bei sonstigen Rechtsverleihungen [9]), bei Befreiungen von Verpflichtungen [10]) und bei Fähigkeitsverleihungen, soweit hier nicht nach den vorhin erörterten Gesichtspunkten [10a]) ein Widerruf nach der Natur der Sache ausgeschlossen ist, also z. B. bei dem Einjährigenberechtigungsschein wegen Wegfall der „moralischen Qualifikation" [11]), ferner bei einer Genehmigung im Fall Inv.VG. 45^{II}. Vor allem zahlreich aber sind die Fälle aus dem Erlaubnisrecht, in denen Gesetzgebung, Wissenschaft und Praxis einen Widerruf wegen Wegfalls der Voraussetzungen vorgesehen haben, damit zugleich bestätigend [12]) daß ein freier Widerruf bei den Erlaubnissen ebensowenig wie bei den sonstigen konstitutiven Verfügungen zulässig sei; im einzelnen mögen hier erwähnt werden: die Gewerbeerlaubnisse [13]) zu denen auch das Befähigungsanerkenntnis nach P. Berg-G. 75 gehört [14]), die Erlaubnis zum Gebrauch des roten Kreuzes [15]), die Körscheine [16]), die Erlaubnisse im Wasser- und Fischereirecht [17]), die Schiffszertifikate und Flaggenscheine [18]), die Bauerlaubnisse [19]), die Jagd- und Waffenscheine [20]), die Beurlaubung nach Mil.G. 51$^{I\ II}$.

Eigenartige Formen nimmt unser Institut des Widerrufs wegen

---

5) Nußbaum 52.

6) Eger, Unterstützungswohnsitzgesetz S. 270 bezüglich der Entscheidungen nach § 40 des Gesetzes. CPO. 323.

7) Mayer I. 425. P. Eink.St.G. 62^{2}, Erg.St.G. 39, Württ. Grundst.G.. Art. 70 f., 81 f., Bad. Grundst.G. Art. 40 f., 51, 52, Geb.St.G. Art. 26 f.

8) Gew.Unf.VG. 88, Inv.VG. 47^{I}, P. Berg-G. 172a^{VI}, Östr. Unf.VG. 39^{I}.

9) CPO. 927, P. Vorausl.G. 4$^{II\,2}$, Unterkl.Mil.Pens.G. 30^{I}, P. Wass.Ges.Entwurf § 91 verb. mit § 69. — Pohl 267 (79). F. F. Mayer 399.

10) CPO. 121 (Armenrechtsbewilligung; vgl. über ihre rechtliche Natur o. S. 94). — P. Schulunterh.G. 14^{III}, Mil.G. 51^{II}. — Isenbart 214 bezüglich der Befreiung von der Versicherungspflicht nach Inv.VG. 6.

10a) S. o. S. 361, 362.

11) Vgl. die beiden Schreiben des Reichskanzlers bei Reger 13, 317 und 14, 300.

12) Vgl. o. S. 337.

13) Gew.O. 25, 44a^{IV}, 58, Öster. Gew.O. 57, Östr. Nov. z. Preß-G. v. 9. VII. 94, § 2.

14) Vgl. o. S. 100, ferner vgl. dazu Klostermann 191. Vgl. auch B. Berg-G. Art. 76.

15) Bek. v. 7. V. 03 (RGB. 215) Z. 5.

16) B. G. v. 26. III. 81 Art. 3^{II}, Hess. G. v. 26. X. 87 Art. 5, Bad. G. v. 9. IV. 80 Art. 2, Bad. G. v. 12. V. 96 § 3.

17) Bad. Wass.G. 37, 38, Bad. Fisch.O. 7^{IV}.

18) Flaggen-G. 13^{II}, Erl. v. 7. II. 03 (RGB. 199) Z. 3, Bad. Schiff-Pol.O. f. d. Neckar v. 24. V. 84 § 2.

19) Roth 304, 305. Östr. VGH. 399, 400.

20) P. Jagd-O. 36, Bad. Jadg-G. 15, Östr. Waffen-Patent v. 24. X. 52 §§ 17, 41.

Wegfalls der Voraussetzungen vielfach bei gewählten Beamten, Abgeordneten usw. an. Die Wählerschaft, von der hier der Verwaltungsakt der Wahl ausging, ist zumeist nicht oder nicht dauernd organisiert. Dem Widerruf der Wahl seitens dieser Wählerschaft, der an sich dem bisher erörterten normalen Fall des Widerrufs wegen Wegfalls der Voraussetzungen entsprechen würde, stehen also die größten tatsächlichen Schwierigkeiten entgegen, und so befindet sich hier der Gesetzgeber vor einem rechtspolitischen Problem, das er in verschiedener Weise zu lösen versucht hat. Wir erwähnten vorhin[21]) schon die Fälle, wo der Gesetzgeber, und zwar, wie wir jetzt sehen, gerade wegen dieser Eigenart des zu lösenden Problems, die Voraussetzungen der Wählbarkeit ausnahmsweise so ausgestaltet hat, daß ihr ursprünglicher Mangel Nichtigkeit, ihr späterer Wegfall ein ipso iure Unwirksamwerden der Wahl nach sich zieht. In andern Fällen hat er sich damit geholfen, daß er beim Wegfall der Voraussetzungen das an sich den Wählern zustehende Widerrufsrecht auf ein dauerndes staatliches Organ übertragen hat; so ist die Rechtslage offensichtlich in Gewerbegerichtsgesetz 21^{I} und Kaufmannsgerichtsgesetz 15^{II}; nicht anders ist sie aber auch im Fall der preußischen Kr.O. § 113^{III}, wo das Gesetz zwar zunächst davon spricht, daß bei Wegfall der gesetzlichen Voraussetzungen die Wahl „ihre Wirkung verliert", indes alsbald hinzusetzt, der Kreistag habe darüber „zu beschließen, ob einer dieser Fälle eingetreten ist", so daß also von einem ipso iure Unwirksamwerden doch nicht die Rede sein kann. Einer ganz eigenartigen Form des Widerrufs wegen Wegfalls der Voraussetzungen begegnen wir endlich in Gew.O. 94b, wonach die Gewählten, die die Wählbarkeit verlieren, zunächst freiwillig „aus dem Amte auszuscheiden haben", daß sie aber „im Falle der Weigerung" nach Anhörung der Beteiligten von der Aufsichtsbehörde ihres Amtes enthoben werden können. So verschieden indes auch diese Formen der Vernichtung eines Verwaltungsakts, dessen Voraussetzungen in Wegfall gekommen sind, äußerlich sein mögen, so liegt ihnen doch allen der Gedanke zugrunde, daß ein solcher Verwaltungsakt in irgend einer Weise sich muß beseitigen lassen, und so stellen sich diese Formen nicht als Widersprüche, sondern nur als Modifikationen unseres Grundsatzes vom Widerruf wegen Wegfalls der Voraussetzungen dar.

Auch für Rechtshandlungen kann dieser Widerruf in Frage kommen. So kann der Mitgliedschein nach Gew.Unf.VG. 58^{III} zurückgefordert werden, wenn die Mitgliedschaft aufhört[22]); und gleiches gilt von allen Bescheinigungen über dauernde Zustände, wenn diese erlöschen.

III. Auf die Zulässigkeit des Widerrufs wegen Änderung der Gesetzgebung, lex superveniens, haben wir hier nicht näher einzugehen. Es gehört diese Frage in die Lehre von der rückwirkenden Kraft der Gesetze. Sie hat namentlich in der Behandlung des Widerrufs von Bauerlaubnissen zu Streitigkeiten Anlaß gegeben[23]).

---

[21]) S. o. S. 240.

[22]) Rosin I. 767.

[23]) Vgl. RG. vom 17. X. 92 in VBl. **14**, 138, v. 22. IX. 94 in VBl. **17**, 29; andererseits OVG. **24**, 362 in VBl. **17**, 452.

c) Der Widerruf kraft Anfechtung.

§ 39.

α) Übersicht. Die Formalakte insbesondere.

Wir knüpfen wieder an die vorhin aus Zweckmäßigkeitsgründen unterbrochene Lehre von der Anfechtung an. Es kommt dabei für die hier zu lösende Aufgabe der folgenden Paragraphen nicht die Aufhebung von Verwaltungsakten in Betracht, die der Betroffene im Weg der Parteianfechtung durch erfolgreichen Rechtsmittelgebrauch durchsetzt [1]). Wir haben uns vielmehr nur noch zu beschäftigen mit derjenigen Aufhebung und Abänderung von Verwaltungsakten, die auf Selbstanfechtung seitens des Staats beruht, nur also mit der Aufhebung von Amtswegen. Im einzelnen kommen als Anfechtungsgründe zunächst materielle Gründe, nämlich Anfechtung wegen Täuschung (§ 40), wegen Irrtums (§ 41), wegen Gesetzwidrigkeit (§ 42), sodann auch Anfechtungsgründe formeller Art wegen Verletzung von Verfahrensvorschriften (§ 43) in Betracht. Außerdem aber gibt es eine Reihe von Verwaltungsakten, die grundsätzlich jeder Anfechtung, sowohl des Betroffenen wie der Behörde, entzogen sind [2]).

* * *

Die letztgenannten Verwaltungsakte bezeichnen wir als Formalakte.

I. Wort und Begriff ist in Literatur und Rechtsprechung nicht unbekannt [3]). Freilich ist das Wort denen, die es gebraucht haben, oft nichts als eine klangvolle schöne Bezeichnung gewesen, mit der sie einen greifbaren Begriff nicht verbunden haben. Das wesentliche des Formalakts liegt in zwei Momenten, die man als formelles und materielles Kriterium betrachten kann. In der ersten Beziehung kommt in Frage, daß der Akt in bestimmter Weise streng formalisiert ist; es gibt keinen formlosen Formalakt; und davon hat er auch seinen Namen bekommen. Außerdem aber muß man als materielles Kriterium noch verlangen, daß er nicht nur dem freien Widerruf, sondern auch dem Widerruf kraft Anfechtung entzogen ist, — d. h. mindestens grundsätzlich entzogen ist; eine Ausnahme nach Art der Restitutionsklage der CPO. und St.PO. infolge einer Reaktion des materiellen Rechts gegen das formale Recht, das materiell krasses Unrecht ist, oder nach Art der Nichtigkeitsklage wegen formeller Verfahrensmängel scheint nach dem Wesen des Formalakts nicht unbedingt ausgeschlossen; dieses materielle Kriterium ist das, was man gewöhnlich als materielle Rechtskraft bezeichnet [4]).

---

[1]) S. o. S. 324. Darüber, in wie weit gleichwohl Bestimmungen über die Parteianfechtung herangezogen werden können, s. o. S. 324, 325.

[2]) Soweit nur eine Anfechtung seitens des Betroffenen ausgeschlossen ist, wurde davon schon oben in § 32 gehandelt.

[3]) OVG. **13**, **408**. Seydel **I**. 275; **284**, **285**. Preuß **394**, **397**. Eger **II**. 336, 339. Layer **267**, **269**.

[4]) Vgl. o. S. **67**, **74**.

II. Die Anwendungsfälle des Begriffs decken sich nicht vollständig, aber doch großenteils mit denen des Begriffs der actus legitimi, der von Natur aus bedingungsfeindlichen Geschäfte, von denen wir in der Lehre von den Nebenbestimmungen gesprochen haben. Es besteht ein unverkennbarer Zusammenhang zwischen Formalakt und actus legitimus: jeder Formalakt ist auch actus legitimus. Im einzelnen kommen als Hauptfälle des Begriffs in Betracht.

Vor allem die Urteile. Sie sind nicht nur der Anfechtung durch den Richter schlechthin, sondern nach Eintritt der Rechtskraft ebenso der Anfechtung durch die Parteien, zu denen auch der Staatsanwalt zu rechnen ist, entzogen, vorbehaltlich einer ganz ausnahmsweisen nachträglichen Anfechtung im Wege des Wiederaufnahmeverfahrens. Daß insbesondere die letztere dem Richter selbst nicht zusteht, erklärt sich aus der Natur des als Parteiprozesses gedachten Verfahrens und aus dem Grundsatz iudex ne procedat ex officio.

Bernatzik hat den Nachweis versucht, daß die gleiche Unabänderlichkeit wie den Urteilen allen materiellen Entscheidungen zukommen, auch soweit sie bloß von Verwaltungsbehörden ausgehen. Otto Mayer [5]) hat wenigstens die Steuerveranlagung als eine bindende Feststellung, die nur im Fall der Steuerhinterziehung, also ähnlich den Restitutionsgründen des Prozesses, von der Behörde angefochten werden könne, anerkannt und sie mit dem Strafurteil verglichen; er hat sich dabei auf das pr. Gesetz v. 18. Juni 1840 §§ 6, 10 berufen. — Man muß zugeben, daß nach dem Gesetz den Feststellungen, auch wenn sie nicht in der Form des Urteils ergehen, der Charakter von Formalakten zugesprochen werden kann und soweit sie in besonders förmlicher Weise anderweitig ausgestaltet sind, auch vielfach zugesprochen worden ist. Das gilt z. B. von den Entscheidungen der Oberersatzkommissionen, denen der „Charakter von entgiltigen gerichtlichen Urteilen" zukommt [6]), von der Katasterfeststellung nach Quartier-Leistungs-G. 6 [7]), von der Entscheidung der Verwaltungsbehörden im Fall KVG. 58 [8]). Man muß weiter insbesondere Otto Mayer zugeben, daß gerade auch die Steuerveranlagungen, wie schon das genannte preußische Gesetz zeigt, vielfach als Formalakte ausgestaltet sind. — Aber von vorn herein kann man das weder bezüglich der Feststellungen im allgemeinen noch bezüglich der Veranlagungen annehmen. Insbesondere hinsichtlich der letzteren ist zu bemerken, daß es kaum ein Gebiet gibt, wo die Gesetzgebung so prinziplos verfahren ist, wie hinsichtlich der Abänderlichkeit von Steuerveranlagungen; zum Teil kennt sie in der Tat nur eine Abänderung wegen Hinterziehung, zum Teil nur eine solche wegen Irrtums, d. h. wegen nachträglichen Bekanntwerdens neuer Tatsachen und Beweise, zum Teil aber auch eine Abänderung wegen Unrichtigkeiten schlechthin. Man greife zum Beweis dieser Ansicht irgend eine Steuergesetzgebung, etwa die württembergische heraus, und vergleiche miteinander Grund-St.

---

[5]) I. 419 f.

[6]) Laband **IV**. **143**. Erl. d. P. Min. d. I. u. d. Kr.Min. vom 31. VII. 94 bei Reger **15**, 102, des P. Kr.Min. v. 29. I. 95 bei Reger **16**, 220.

[7]) Vgl. § 6 III, IV Quart.Leistungs-G.

[8]) Vgl. RG. **36**, 168. OVG in Arb.Vers. **20**, 333.

G. Art. 12, Art. 70f, Art. 80, Art. 81f., Art. 104, Ges. v. 15. Dezember 1899 Art. 24, Kap.St.G. Art. 25, Eink.St.G. Art. 56, 72, 81, Ums.St.G. Art. 28, Erbsch.St.G. Art. 36, Weinst.G. Art. 19, Bier-St.G. Art. 41. Übrigens hat auch preuß. Eink.St.G. 85 die Nachholung von Steuern im Fall nachträglichen Bekanntwerdens von neuen Beweisen anerkannt. Allgemeine Grundsätze lassen sich also auf diesem Gebiet nicht aufstellen. Auf eine eingehendere Untersuchung verzichten wir, da es sich empfehlen dürfte, sie im Zusammenhang mit einer Untersuchung über die Entscheidungen insgesamt, namentlich auch über die Urteile vorzunehmen, was aber über den gezogenen Rahmen unserer Erörterungen hinausgeht.

Dagegen besteht kein Bedenken, die rechtsverleihenden Rentenfeststellungsbescheide des Arbeiterversicherungsrechts als Formalakte anzuerkennen, zumal sie den Urteilen offenbar nahe verwandt sind [8a]).

Ferner muß als Formalakt jedenfalls nach preußischem Recht [9]) der Enteignungsbeschluß angesehen werden. Seine Ähnlichkeit mit dem Urteil ist unverkennbar und z. B. im P. Enteign.G. 33^2 ausdrücklich hervorgehoben: er „steht dem Erkenntnisse eines Gerichts gleich". Demgemäß ist er nicht nur für den Betroffenen mit keinem Rechtsmittel anfechtbar [10]), sondern auch der Anfechtung durch die verfügende Behörde wie durch die Aufsichtsbehörde [11]) entzogen.

Formalakt ist nach der herrschenden Meinung, die besonders in der berühmten Entscheidung des Oberverwaltungsgerichts vom 23. Juni 1886 [12]) niedergelegt und in der Entscheidung vom 1. Juni 1894 [13]) bestätigt wurde, auch die Naturalisation, der die Aufnahme gleich steht. Eine Rücknahme soll hier auch dann unzulässig sein, wenn der Akt den gesetzlichen Vorschriften zuwider ergangen ist. Unbestritten ist das freilich nicht. Namentlich hat Rauchalles [14]) mit beachtenswerten Gründen gegen diese Auffassung angekämpft, indem er sich dabei auf die allgemeinen Grundsätze beruft, die wir eben als Anfechtung bezeichnen.

Wie die Naturalisation, so wird man auch ihr Gegenstück, die Entlassung aus dem Staatsverband, zu behandeln haben. Es ist daher folgerichtig, wenn Seydel [15]) auch sie als Formalakt auffaßt.

Derselbe Schriftsteller [16]) stellt der Naturalisation ferner die Heimatverleihung gleich, indem er sagt: „sie kann nachträglich nicht wegen mangelnder Voraussetzungen zurückgezogen werden". Freilich begründet er das etwas oberflächlich lediglich damit, daß „das Gesetz die Möglichkeit hiezu nicht eröffnet"; festzustellen wäre zunächst doch

---

8a) Vgl. Isenbart 431, RVA. **1894** (S.) 159, Z. 389.

9) Über das sächsische Recht vgl. S. Enteign.G. 36, 76^1, 83^1.

10) Eger **II.** 482, 342; Bähr-Langerhans 97; Arnold 73.

11) Eger a. a. O. 342 und die dort genannte Entscheidung d. pr. M. f. H. v. 8. Sept. 1878. Vgl. auch das o. S. 365 (3) genannte Zitat aus Eger.

12) OVG. **13**, 408.

13) OVG. **27**, 410.

14) S. 24.

15) Seydel **I.** 284, 285.

16) Seydel **I.** 65; vgl. auch 71.

wohl noch gewesen, ob das Gesetz, indem es eine Anfechtung nicht besonders vorsah, diese damit überhaupt ausschließen oder aber bloß die Regelung dieses Punktes der Praxis nach den allgemeinen Grundsätzen über Anfechtung überlassen wollte.

Endlich mögen aus dem Konkursrecht noch zwei Akte erwähnt werden, die offensichtlich in ihrer Wirkung dem rechtskräftigen Urteil gleichgestellt werden sollen. Ausdrücklich ausgesprochen ist das in KO. 145^{II} bezüglich der Eintragungen in die Konkurstabelle. Gleiches ist aber auch anzunehmen bezüglich der Bestätigung eines Zwangsvergleichs [17]).

Wenn Brauchitsch [18]) dagegen den Satz aufstellt, daß nach Gewährung der Wiedereinsetzung in den vorigen Stand die Fristversäumnis nicht mehr geltend gemacht werden könne, so darf dies m. E. jedenfalls nicht auf die Fälle bezogen werden, in denen nach ALVG. 52^{II} die Wiedereinsetzung unzulässig war. In solchen Fällen wird vielmehr eine Anfechtung wegen Gesetzwidrigkeit zu gestatten sein, da die Wiedereinsetzung als Formalakt schon um deswillen nicht angesehen werden kann, weil sie nicht formbedürftig ist.

III. Nachdem wir das vorhandene Rechtsinstitut durch diese Beispiele uns etwas näher gebracht und veranschaulicht haben, kehren wir noch einmal zu der Frage nach seinem Wesen, die wir vorhin nur ziemlich allgemein beantwortet haben, zurück und fragen: sind die Formalakte schlechthin anfechtungsunfähig?

1. Die Gesetze geben uns zum großen Teil eine verneinende Antwort. In weitem Umfang sehen wir, daß eine Wiederaufnahme des Verfahrens auch gegen rechtskräftige Urteile sowohl wegen formeller wie wegen materieller Mängel durch Nichtigkeits- oder Restitutions-Klagen [19]), vereinzelt aus besondern Gründen wie im Strafprozeß nur wegen materieller Mängel zulässig ist. Ebenso finden diese Bestimmungen über Nichtigkeits- und Restitutionsklage auch auf die Rentenfeststellungsbescheide gemäß Gew.Unf.VG. 84, Inv.VG. 119 Anwendung.

2. Es fragt sich, wie die Rechtslage dort ist, wo die Gesetze schweigen.

Literatur und Praxis schwanken. Walter Jellinek [20]) will im Zweifel die Bestimmungen der CPO. auch auf andere Urteile anwenden. Das gleiche wird mit Recht von der herrschenden Meinung [21]) auch für die Formalakte des Konkursrechts angenommen. Dagegen lehnt Eger [22]) bezüglich des Enteignungsbeschlusses die Restitutionsklage ab, und ebenso will das Oberverwaltungsgericht [23]) von irgend einem Rechtsbehelf gegen eine Naturalisation nichts wissen [23]).

---

[17]) Vgl. KO. 189 und Jäger 781.

[18]) Brauchitsch I. 72.

[19]) Vgl. die Zusammenstellung bei Walter Jellinek 131.

[20]) a. a. O. 145.

[21]) Vgl. bezüglich der Eintragung in die Konkurstabelle Jäger 682 und dort Genannte, bezüglich der Bestätigung des Zwangsvergleishs Jäger 782.

[22]) Eger II. 342; freilich nur, weil die enteignete Sache zur res extra commercium geworden sei, was nicht allgemein richtig; dagegen will er eine etwas merkwürdige Klage auf Entschädigung zulassen.

[23]) OVG. 18, 408.

Unsere Stellung kann kaum zweifelhaft sein.

Zuzugeben ist, daß für die Gültigkeit des Formalakts die Richtigkeit seiner Voraussetzungen unerheblich ist; es gilt hier keine Anfechtung wegen bloßer Gesetzeswidrigkeit, so wenig wie beim rechtskräftigen Urteil. Auch die Anfechtung wegen Irrtums muß man bei ihnen ausschließen, ebenso wie beim rechtskräftigen Urteil.

Dagegen muß man grundsätzlich eine Anfechtung wegen wesentlicher Verfahrensmängeln nach Art der Nichtigkeitsklage und eine Anfechtung mindestens wegen Betrugs und sonstiger strafbarer Handlungen im Umfang der bürgerlichen Restitutionsklage [24]), wenn auch vielleicht keine Anfechtung wegen objektiver Täuschung, zulassen. Es ist ein ganz unhaltbarer Satz, wenn das Oberverwaltungsgericht [25]) gesagt hat, der dolus bilde einen Rücknahmegrund nur im Falle spezieller gesetzlicher Bestimmungen wie Gew.O. 53. Es muß vielmehr eine allgemeine exceptio doli im öffentlichen Recht anerkannt werden, und es lassen sich sowohl in der Gesetzgebung [26]) wie in der Wissenschaft [27]) zahlreiche Ansätze zu dieser Erkenntnis feststellen. Vor allem mag auf eins hingewiesen werden: schon vor der Novelle zum Unfallversicherungsgesetz waren durch die Praxis nicht nur für die Änderung der Veranlagung auf Grund unrichtiger Angaben des Unternehmers Grundsätze entsprechend den von Gew.Unf.V.G. 49^{IV3}, 101 jetzt positiv anerkannten ausgebildet[28]), sondern es war auch die Wiederaufnahme des Verfahrens in Rentenfeststellungssachen aus Gründen der zivilprozessualischen Wiederaufnahme zugelassen worden, obschon das argumentum e contrario aus Inv.VG. 119 (früher 82) ja nahe genug gelegen hätte [29]). Gerade die Entwickelung des Arbeiterversicherungs-

[24]) CPO. 580, Z. 1—5. Z. 6 u. 7 beruhen auf bloßen Billigkeitserwägungen und werden durch die Erwägungen, die sich auf Z. 1—5 beziehen nicht gedeckt. Vgl. Bernatzik 319, 320. Im Ergebnis bezüglich Z. 7 ebenso Walter Jellinek 159. Doch gilt dies natürlich immer nur mit dem Vorbehalt, daß nicht die Auslegung im Einzelfall ein anderes ergibt; so läßt RG. **37**, 386 gegen die Eintragung in die Konkurstabelle Restitution aus dem Grund von CPO 580 Z. 7 zu, was zu billigen sein wird, da KO 145 die Eintragung einem rechtskräftigen Erkenntnis gleichstellt.

[25]) OVG. **13**, 408. Vgl. aber neuerdings treffend OVG. **52**, 302, bes. S. 309 über Chikane.

[26]) Vor allem in den zahlreichen Fällen von Restitutionsklagen; s. o. Anm. 19. Vgl. ferner u. S. 371 f. u. o. S. 329, 330. Vgl. auch Württ. Umsatz-St.G., wonach bedingte Kaufgeschäfte dann zu besteuern sind, wenn „nach den Umständen anzunehmen ist, daß der Eintritt oder Nichteintritt der Bedingung zu dem Zwecke der Umgehung der Steuerpflicht herbeigeführt ist“. Kais. Berg-V. f. d. Schutzgeb. 38^{II}. — Unter diesem Gesichtspunkt wird man auch die Entscheidung RVA. **1899**, **445** Z. 722 halten können, in der ausgesprochen ist, daß die Versicherungsanstalt die Rechtskraft eines ablehnenden Bescheids, dessen Anfechtung durch Berufung im Einverständnis mit ihr, nämlich weil sie dem Beschiedenen einen anderen Bescheid geben zu wollen erklärte, unterblieben war, in einem späteren Feststellungsverfahren nicht zu ungunsten des Rentenwerbers geltend machen dürfe.

[27]) Mayer I. 306. Tezner in A. ö. R. **9**, 369. Rosin II. 422. Rauchalles 24. Vgl. auch o. S. 330 (3).

[28]) Vgl. Rosin I. 760. — Verfehlt Wödke, Unf.VG. S. 332.

[29]) Vgl. über den früheren auf der Praxis des Reichsversicherungsamts beruhenden Zustand Frankenberg im A. ö. R. **14**, 218, 219 und die dort genannten Entscheidungen, z. B. RVA. **1895**, 251, Z. 1457; 253, Z. 1459; 255, Z. 1460.

rechts, wo die Novellen zum großen Teil nur Rechtssätze positiv anerkannt haben, die schon vorher nach allgemeinen Grundsätzen Geltung hatten, ist in der Frage nach der Anfechtbarkeit der Formalakte ebenso wie überhaupt für die Lehre von der Anfechtbarkeit unendlich lehrreich. Wer nicht reine Buchstabeninterpretation treiben will, wer sich nicht der Erkenntnis der großen leitenden Grundgedanken des öffentlichen Rechts verschließen will, wer einen allgemeinen Teil des öffentlichen Rechts überhaupt als ein wissenschaftlich und praktisch Wertvolles ansieht, der muß zu dem Ergebnis kommen, daß auch die übrigen Formalakte außer den Urteilen mindestens im gleichen Umfang wie diese der Anfechtung unterliegen, namentlich der Anfechtung wegen dolus. Im Vergleich zu der großzügigen Rechtsprechung des Reichsversicherungsamts erscheint die ältere Rechtsprechung des Oberverwaltungsgerichts recht engherzig, wenn es für das Verwaltungsstreitverfahren die Möglichkeit einer Nichtigkeitsklage lediglich wegen Mangels einer diesbezüglichen ausdrücklichen Gesetzesbestimmung verneinte [30]), so daß erst der Gesetzgeber durch Schaffung des § 70 VGG., des jetzigen § 100 ALVG. in der Novelle vom 2. August 1880 zu Hilfe kommen mußte.

Freilich gilt diese Anwendbarkeit der CPO. nur als Grundsatz, der Ausnahmen erleiden kann. — Die Ausnahmen können zunächst in der Richtung stattfinden, daß nicht die Bestimmungen der CPO., sondern die der St.PO. zur Anwendung zu bringen sind. Ob das letztere als das gebotene erscheint, muß im Weg der Einzelauslegung festgestellt werden unter besonderer Prüfung der Frage, ob der zur Untersuchung stehende Verwaltungsakt mehr dem Strafurteil oder mehr den sonstigen Formalakten verwandt ist. Von diesem Gesichtspunkt aus hat man beispielsweise gegenüber den Entscheidungen der Oberersatzkommissionen eine Wiederaufnahme des Verfahrens nur nach Maßnahme der strafprozessualen Wiederaufnahmegründe für zulässig erachtet [31]). — Ausnahmen können aber auch in der Richtung vorkommen, daß der allmächtige Gesetzgeber eine Wiederaufnahme des Verfahrens, sei es schlechthin, sei es nur bezüglich der Nichtigkeitsklage, ausdrücklich ausschließt. So ist im 4. Buch der St.PO. offensichtlich die Wiederaufnahme des Verfahrens erschöpfend geregelt und dabei durch Nichterwähnung die Nichtigkeitsklage wegen formeller Mängel ausgeschlossen. Ob man aber auch mit dem Bundesamt für Heimatwesen [32]) annehmen darf, daß durch Unterst.Wohn.G. 51 die Wiederaufnahme des Verfahrens „ausdrücklich" für unzulässig erklärt werde, kann mindestens recht zweifelhaft sein; es kann zweifelhaft sein schon um deswillen, weil der § 51 überhaupt nur von den Entscheidungen des Bundesamts, nicht aber von denen der Unterinstanz, also etwa des preußischen Bezirksausschusses nach Zust.G 39^{II} spricht; und selbst bezüglich der Entscheidungen des Bundesamts kann man die Worte, daß gegen sie „ein weiteres Rechtsmittel nicht zulässig" sei, ohne Zwang dahin auslegen, daß reguläre „Rechtsmittel" gegen die Erkenntnisse dieser In-

[30]) OVG. **2**, 447; **3**, 46; **4**, 364. Vgl. o. S. 230.

[31]) Erl. d. P. Min. d. I. u. d. Kr.Min. v. 31. VII. 94 bei Reger **15**, 102.

[32]) BAHW. **14**, 123. Zustimmend Walter Jellinek **145**.

stanz nicht mehr gegeben sein sollen, während die Frage der irregulären Wiederaufnahme des Verfahrens, die ja auch im Sinn der CPO. oder der St.PO. gar kein „Rechtsmittel“ darstellt, gar nicht berührt, vielmehr der Entscheidung nach allgemeinen Grundsätzen überlassen bleiben sollte.

* * *

Soweit ein Verwaltungsakt nicht zu den Formalakten gehört, unterliegt er der Anfechtung in erheblich stärkerem Maße. Es ist selbstverständlich, daß auch er beim Vorliegen der Gründe der zivilprozessualen Nichtigkeits- oder Restitutionsklage angefochten werden kann, da er natürlich nicht widerstandsfähiger sein kann als der hochgradig widerstandsfähige Formalakt [33]); es erscheint darum durchaus zulässig, in zweifelhaften praktischen Einzelfällen, wo diese Wiederaufnahmegründe vorliegen, sich auf sie zur Rechtfertigung der Anfechtung zu berufen. Aber notwendig ist es nicht, und eine prinzipielle Untersuchung wird keineswegs bei dieser Rechtfertigung Halt machen dürfen, sondern wird erörtern müssen, aus welchen andern Gründen noch außerdem hier eine Anfechtung möglich ist.

§ 40.

β) Die Anfechtung wegen Täuschung und sonstiger rechtswidriger Beeinflussung des Verwaltungsakts.

Da ist zunächst die Anfechtung wegen Täuschung, die in zahlreichen Fällen sowohl beim Gesetzgeber wie in Wissenschaft und Praxis Anerkennung gefunden hat.

I. Wenn wir das Wort Täuschung gewählt haben, so wollen wir damit ausdrücken, daß es sich nicht um eine „arglistige Täuschung“ im Sinn von BGB. 123, also nicht um einen Betrug zu handeln braucht. Erforderlich ist nur, daß der Verwaltungsakt durch objektiv unrichtige Angaben des Antragstellers hervorgerufen ist. Das ist namentlich im Unfallversicherungsrecht für den Fall Gew.Unf.VG. $49^{\mathrm{IV}\,3}$ treffend hervorgehoben worden [1]). Ein Unterschied zwischen objektiver und „arglistiger“ subjektiver Täuschung wird überhaupt im öffentlichen Recht grundsätzlich zu leugnen sein. Eine Ausnahme ist nur anzuerkennen für die eben erörterten Formalakte, bei denen ja auch nicht einmal der Betrug schlechthin genügt, sondern nur die strafbare Handlung als Restitutionsgrund in Betracht kommt. Wenn dagegen auch bei den gewöhnlichen Verwaltungsakten nur von „Betrug“ gesprochen wird [2]), so ist das zu eng. Ihre innere Rechtfertigung findet auch die Anfechtung wegen objektiver Täuschung in dem Grundsatz der exceptio doli; es ist zwar nicht dolos, objektiv unrichtige Angaben zu machen, derartiges kann sehr entschuldbarer Weise vorkommen; aber es ist dolos, Rechte oder rechtliche Vorteile zu beanspruchen, die man

---

[33]) Ähnlich Walter Jellinek 159.

[1]) Gräf 150.

[2]) Mayer I. 306.

auf Grund solcher unrichtigen Angaben erlangt hat; hiermit hängt zusammen, daß diese Anfechtung grundsätzlich nur gegenüber demjenigen, der die Täuschung selbst verursacht hat, zulässig ist, gegenüber dem Rechtsnachfolger aber wohl nur in so weit, als er davon wußte[2a]), natürlich all das vorbehaltlich der Anfechtung wegen schlichter Gesetzwidrigkeit. Immer aber muß es sich handeln um eine Täuschung über wesentliche Tatsachen, d. h. über solche, die bestimmend gewesen sind für die Vornahme des anzufechtenden Verwaltungsakts[3]).

II. Was die sachliche Tragweite dieses Anfechtungsgrunds anlangt, so berechtigt er nicht nur zu einer Anfechtung wegen Gesetzwidrigkeit, sondern auch zu einer solchen wegen Zweckwidrigkeit. Hat die Behörde in dem ihr zustehenden freien Ermessen nur um deswillen gefehlt, weil sie auf unrichtige Angaben des Antragstellers angewiesen war, so erscheint sie befugt, das zwar nicht rechtswidrige, aber doch zweckwidrige Geschäft anzufechten.

III. Der Grundsatz, den wir hiernach als einen allgemeinen, für alle Verwaltungsakte mit Ausnahme der Formalakte geltenden betrachten, ist in zahlreichen Einzelfällen anerkannt worden.

1. Die Gesetze erwähnen häufig[4]) die Widerruflichkeit von Verwaltungsakten, die auf Grund „unrichtiger" Nachweise oder Angaben ergangen sind. Von Betrug, Erschleichung oder in ähnlichen Wendungen, nach denen eine arglistische Täuschung zu fordern wäre, reden meist nur die Verordnungen.

Unter den letzteren kommt vor allem die badische Verordnung vom 31. August 1884 wieder in Betracht. Sie läßt in § 43 Z. 2 den Widerruf uneingeschränkt zu, „wenn eine erteilte Bewilligung oder Genehmigung erschlichen wurde". Man wird aber wohl nicht fehl gehen mit der Annahme, daß die Verordnung sich den Unterschied zwischen objektiv und subjektiv unwahren Nachweisen nicht klar gemacht und bei der „Erschleichung" eben an unrichtige Nachweise schlechthin, die ja freilich in der Regel gleichzeitig subjektiv unwahr sein werden, gedacht hat. Jedenfalls aber verdient diese Verordnung Beachtung, weil sie die Bedeutung der Täuschung für die Anfechtungslehre ganz allgemein anerkannt hat.

In Einzelfällen ist gleiches vor allem für die Polizeierlaubnisse geschehen.

Hierher gehört namentlich Gew.O. 53^{I}, eine Bestimmung, die in wesentlich gleichem Wortlaut sich bereits im älteren Landesrecht vorfindet[5]). — Approbationen und die in §§ 30, 30a, 32, 33, 34, 36 genannten Gewerbeerlaubnisse, denen sonstige Gewerbeerlaubnisse, z. B. auch die landesrechtlich[6]) geregelten, zweifellos in dieser Hinsicht gleichzu-

[2a]) Vgl Mayer I 306 und 306 (28).

[3]) Vgl. OVG. 4, 289 und Gew.O. 53, wo die Rede ist nur von der Unrichtigkeit solcher Nachweise, „auf deren Grund" der Verwaltungsakt vorgenommen worden ist.

[4]) Walter Jellinek 160 übertreibt also etwas, wenn er es so darstellt, als sei die alsbald zu erwähnende Badische Verordnung v. 31. VIII. 84 die einzige hier zu nennende Gesetzesnorm.

[5]) Vgl. z. B. B. Ges. d. Gewerbswesen betr. v. 30. I. 68, Art. 12^{III}.

[6]) Vgl. die Verweisung in § 5 pr. G. v. 17. Mai 1853.

stellen sind, „können" zurückgenommen werden, „wenn die Unrichtigkeit der Nachweise dargetan wird, auf Grund deren solche erteilt worden sind". In den meisten Fällen wird es sich um Fälschung von Prüfungszeugnissen, um den Nachweis, daß der Kandidat die Prüfungsarbeiten nicht selbst gefertigt hat, um Fälschung der Leumundszeugnisse [7]), also um Fälle arglistiger Täuschung handeln. Aber nötig ist die Arglist nicht. Es rechtfertigt die Rücknahme der Erlaubnis auch, wenn eine Behörde dem Erlaubniswerber irrtümlich ein Zeugnis über das Fehlen der in Gew.O. 33 Z. 1 genannten Hinderungsgründe ausgestellt hat [8]); es bedarf überhaupt nur des Vorliegens objektiver Täuschung [9]). — Gew.O. 53^{I} spricht allerdings nur von Personalkonzessionen, dagegen nicht von den Real-(Anlage-)Konzessionen. Bezüglich der letzteren scheint Gew.O. nur ein Benützungsverbot gegen Entschädigung gemäß § 51 zu kennen. Indes ist Gew.O. 51 m. E. nicht erschöpfend und schließt daher die entsprechende Anwendung des § 53 nicht aus. Man muß nämlich drei Fälle unterscheiden: entweder die Anlage ist überhaupt nicht erlaubt worden; oder aber sie ist ordnungswidrig erlaubt worden, insbesondere auf grund von Unterlagen, bei denen wesentliche Umstände verschwiegen oder die Behörden getäuscht wurden; oder endlich sie ist ordnungsgemäß erlaubt worden. Diese drei Fälle finden sich auch in der Tat in dem S. Gew.G. vom 15. Oktober 1861 §§ 31, 42, 30 scharf unterschieden in der Weise, daß in jedem der drei Fälle das Polizeiverbot andere Rechtsfolgen hatte; nur im dritten Fall (§ 30) war Entschädigung zu zahlen. Diese in dem Sächsischen Gesetz ausdrücklich ausgesprochenen Grundsätze bildeten vor der Gewerbeordnung gemeines deutsches Recht [9a]), obwohl sie in den übrigen Gesetzen, namentlich der preußischen Gew.O. 69 nicht ausdrücklich anerkannt waren. Wenn sie dann in der RGew.O. keine Aufnahme gefunden haben, so liegt dies nur daran, daß diese einfach die preußischen Bestimmungen übernahm; wie für das preußische, muß daher aber jetzt auch für das Reichsrecht die hervorgehobene Unterscheidung als maßgebend betrachtet werden.

Ganz ebenso ist die Sachlage bei Bauerlaubnissen. Auch hier ist die übliche Formulierung die, daß die Erlaubnis stets, auch aus bloßer Zweckwidrigkeit, widerruflich ist, wenn sie „auf Grund unrichtiger Pläne und Angaben" erteilt worden ist. Von der badischen Bauordnung sprachen wir schon [10]). Ebenso drücken sich z. B. die bayrische Bauordnung vom 31. Juli 1890 § 76^{III}, die hessische Bau-O. Art. 66^{II} und die V. d. pr. M. d. i. A. v. 22. August 1880 über allgemeine Grundsätze für den Erlaß von Bauordnungen Kap. 3 § 5 aus, nur daß hier unter Verkennung des Instituts der Nichtigkeit und seines Unterschieds von der Anfechtung durch Widerruf gesagt wird, die Erlaubnis „gilt

---

[7]) Landmann I. 472. Nelken I. 541.

[8]) Landmann a. a. O. OVG. vom 2. VI. 86 in VBl. 7, 353. BVGH. 10, 382.

[9]) OVG. v. 19. III. 06 bei Reger 27, 521.

[9a]) So faßt F. F. Mayer 145 (3) sie offenbar auf.

[10]) S. o. S. 359.

als nicht erteilt", — wozu Münchgesang [11]) ziemlich naiv hinzufügt: „oder kann zurückgenommen werden".

Bezüglich einer Fähigkeitsverleihung, nämlich der Verleihung der Rechtsfähigkeit, ergibt sich aus BGB. 43$^{\text{II III IV}}$ der Grundsatz, daß eine juristische Person, die durch unrichtige Angaben ihrer Satzungen über den von ihr verfolgten Zweck die Rechtsfähigkeit erlangt hat, diese Fähigkeit wieder verlieren soll.

Auch für die auf Schaffung von Rechtsverhältnissen gerichteten Verwaltungsakte ist der Widerruf wegen Täuschung anerkannt. — Nach österreichischem Recht ist Erfordernis für die Anstellung im Staatsdienst das Nichtvorhandensein gewisser Verwandtschafts- und Schwägerschaftsverhältnisse zwischen zwei bei einer Behörde angestellten Personen [12]). Wie aber ist es, wenn trotzdem die Anstellung erfolgt ist, obschon solche Verhältnisse bestanden? Die Anstellung ist nicht nichtig; aber „ein Beamter, welcher diese Anzeige [von bestehenden Hinderungsgründen] in seinem Gesuche [um Anstellung] zu machen unterlassen sollte, hat, falls er die verlangte Anstellung erhalten hätte, es sich selbst zuzuschreiben, wenn seine Versetzung ... erfolgt" [13]). — Ähnlich sagt § 4 a. E. der östr. Amts-Instr. f. d. Bez.-Ämter v. 17. März 1855 [14]) von der Anstellung bescholtener Personen, die nach dem Gesetz nicht angestellt werden dürfen: „Sollte es einer solchen Person gelingen, sich in den Staatsdienst einzuschleichen, so ist dieselbe unverzüglich zu entlassen, sobald das ihr entgegenstehende Hindernis entdeckt wird". Bei dem „Einschleichen" ist vermutlich an dasselbe gedacht, was die vorhin genannte badische Verordnung unter „Erschleichung" verstanden hat.

Auch für Feststellungen ist unser Grundsatz anerkannt. So z. B. in Gew.Unf.VG. 49$^{\text{IV}3}$, wonach die Veranlagung geändert werden „kann", „wenn die vorige Veranlagung auf unrichtigen Angaben des Betriebsunternehmers beruht"; daß objektiv unrichtige Angaben genügen [15]), haben wir schon vorhin hervorgehoben. Von gleicher Art ist die Bestimmung in Gew.Unf.VG. 101^{II}, wonach die Feststellung des an die Berufsgenossenschaft zu zahlenden Beitrags geändert werden kann, wenn sich die Unrichtigkeit einer Lohnnachweisung ergibt.

2. Literatur und Praxis haben auch in anderen, gesetzlich nicht ausdrücklich normierten Fällen gleiche Grundsätze anerkannt, meist freilich, ebenso wie die badische Verordnung, eine zu enge Fassung gewählt, indem sie nur die arglistige Täuschung ins Auge gefaßt haben.

So hat Walter Jellinek [16]) allgemein für die nicht frei widerruflichen „Rechtsgeschäfte zugunsten des Untertans" den Satz aufgestellt, daß das erschlichene Rechtsgeschäft nicht nur unter den Voraussetzungen einer strafbaren Handlung wie bei der zivilprozessualen

---

[11]) S. 392 (75).
[12]) Mayrhofer I. 202.
[13]) Mehrere Verordnungen a. a. O. 203.
[14]) Östr. RGB. Nr. 52.
[15]) Gräf 150. Vgl. o. S. 371.
[16]) Walter Jellinek 159.

Restitutionsklage, sondern im Zweifel bei jeder arglistigen Beeinflussung der Behörde dem Widerruf ausgesetzt sei.

Für die Polizeierlaubnisse hat Otto Mayer [17]) die Widerruflichkeit wegen Betrugs allgemein zugelassen. Schenkel [18]) hat Widerruf des Zeugnisses nach Gew.O. 31, das in 53 nicht genannt ist, anerkannt wenn es „auf Grund erschlichener Nachweise" erteilt war. Nelken [19]) hat im Anschluß an eine Entscheidung des Württ. Verwaltungsgerichtshofs vom 11. Februar 1885 [20]) angenommen, daß eine unter falschem Namen erschlichene Gewerbeerlaubnis „nichtig" sei; in Wahrheit handelt es sich hier nicht um unser Institut der echten Nichtigkeit, sondern es kommt der Widerruf wegen Täuschung in Frage, indem die Behörde auf Grund der Angabe des A, er sei B, sich lediglich darüber schlüssig gemacht hat, ob gegen den B Gründe der Erlaubnisversagung vorlägen. F. F. Mayer[21]) hat richtig angenommen, daß die Grundsätze über Widerruf von Gewerbeerlaubnissen, jedenfalls hinsichtlich der sog. „Ungültigkeitserklärung" wegen unrichtiger Nachweise auch auf Wasserbenützungserlaubnisse zur Anwendung gelangen.

Bezüglich der Rechtsverleihungen ist die Anfechtung wegen Täuschung insbesondere im Recht der Titel und Orden zur Sprache gekommen. Hubrich [22]) hat sich hier auf einen „allgemeinen für Verwaltungsakte geltenden Grundsatz" berufen, nach dem „die Instanz, von welcher der Verwaltungsakt ausgegangen, wegen . . . Betrugs, der dabei obwaltete, den Verwaltungsakt wieder zurücknehmen kann". Auch Laband [23]) meint: „Die Regeln über die Anfechtung von Rechtsgeschäften wegen . . . Betrugs werden analoge, sachgemäße Anwendung finden können". Beide Schriftsteller haben freilich Betrug und Täuschung verwechselt; bei Laband findet sich außerdem eine ausgesprochene Neigung zur Anwendung des BGB. im öffentlichen Recht, was nicht unbedenklich ist, da hierdurch der Unterschied zwischen Betrug und Täuschung gänzlich verwischt wird und da außerdem Laband dadurch bezüglich der Irrtumslehre auf eine falsche Fährte gebracht wird, wie wir noch sehen werden [24]). Immerhin sind diese Auffassungen, wenn auch etwas ungenau, so doch wesentlich richtiger als die von Arndt [25]), der von seinem an sich zu billigenden Standpunkt, daß Titel im Verwaltungsweg nicht frei entzogen werden können, zu der verfehlten Folgerung kommt, daß eine Fakultät den Doktortitel wegen gefälschter Papiere überhaupt nur dann entziehen könne, wenn sie sich dieses Recht in ihren Statuten, wie wir sagen würden: rechtsgeschäftlich, vorbehalten habe.

Auch für die Verwaltungsakte, die Rechtsverhältnisse schaffen, gelten unsere Grundsätze. — So war es in der älteren preußi-

---

17) I. 306.
18) I. 208.
19) I. 547 (45).
20) Bei Reger 7, 357. Vgl. Schicker I. 44.
21) S. 252.
22) Im A. ö. R. **22**, 361, 362. Vgl. auch bei Gruchot **49**, 824.
23) In DJZ. **12**, 207.
24) Vgl. u. S. 381, 378 (4).
25) In DJZ. **12**, **344**.

schen Praxis durchweg üblich, daß Naturalisationsurkunden, die infolge unrichtiger Angaben erteilt worden waren, annuliert oder wieder aufgehoben [26]), d. h. angefochten wurden. — Gleiches würde man mit Rauchalles [27]) auch für das moderne Recht noch anzunehmen haben, wenn man nicht mit der herrschenden Meinung, die Naturalisation als einen Formalakt anerkennen will, der infolgedessen nur in ganz beschränkter Weise der Anfechtung unterliegt. — Für die Aufnahme in den Gemeindebürgerverband hat schon F.F. Mayer [28]) die „Nichtigerklärung", d. h. Anfechtung „wegen falscher Urkunden und Zeugnisse hinsichtlich der gesetzlichen Aufnahmebedingungen" zugelassen. — Auf die Amtserschleichung will auch das Reichsgericht unsere Grundsätze anwenden[29]).

Anfechtbar ist auch der erschlichene Rechtsverzicht, insbesondere die erschlichene Begnadigung. Anderer Meinung bezüglich der letzteren ist Walter Jellinek[30]), der dies damit begründet, daß „die Zurücknahme der Begnadigung ... mit einer erneuten Bestrafung" gleichbedeutend wäre. Aber diese Gleichbedeutung würde doch nur gelten bezüglich der vollgültigen, nicht mangelhaften, Begnadigung, und deshalb haben wir selbst vorhin [31]) mit einer ganz ähnlichen Begründung die Behauptung, daß ein Verzicht nicht frei widerruflich sei, zu rechtfertigen gesucht. Aber davon ganz verschieden ist doch die andere Frage, ob nicht nach allgemeinen Grundsätzen eine Anfechtung möglich ist. Die Verneinung dieser Möglichkeit ist bei Jellinek um so auffälliger, als er sich dadurch mit dem in Widerspruch setzt, was er selbst kurz vorher [32]) so schön über das Verhältnis von Gew.O. 35^{IV} zum Widerruf der Untersagung kraft Anfechtung auseinandergesetzt hat; hier meint er mit Recht, trotz Gew.O. 35^{VI} [33]) sei die Aufhebung der Gewerbeuntersagung auch vor Ablauf der in dieser Bestimmung vorgesehenen Jahresfrist dann zulässig, wenn die Untersagung auf einem Irrtum beruht habe; wollte Jellinek auch in diesem Fall die gleiche Beweisführung wie im Fall der erschlichenen Begnadigung anwenden, so mußte er hingegen sich selbst widersprechend sagen: „die Rücknahme der Untersagung kraft Anfechtung sei Neugestattung des Gewerbebetriebs nach Gew.O. 35^{VI}, unterliege also der Fristbestimmung von 35^{VI}, sei also erst nach Ablauf eines Jahres zulässig". Nur von einem Gesichtspunkt aus läßt sich Jellineks Meinung bezüglich der erschlichenen Begnadigung verteidigen; wenn man sie nämlich als contrarius actus des von ihr aufgehobenen, genauer gesprochen: des von ihr für nicht vollstreckbar erklärten Urteils und damit als Formalakt auf-

[26]) Vgl. Cahn 482 (*).
[27]) S. 18 f.
[28]) S. 352.
[29]) Vgl. RG. bei Bolze 11, 302. Die Entscheidung selbst ist übrigens verfehlt, einerseits übersieht sie die Nichtigkeit wegen Unmöglichkeit, vgl. o. S. 239 (52); andererseits will sie in unzulässig verallgemeinernder Weise die privatrechtlichen Irrtumsgrundsätze auch auf das öffentliche Recht übernehmen.
[30]) Walter Jellinek 166.
[31]) S. o. S. 351.
[32]) Walter Jellinek 155, 156.
[33]) Walter Jellinek a. a. O. spricht von Abs. 5, meint aber Abs. 6; er hat eine veraltete Ausgabe benutzt und übersehen, daß durch die Novelle von 1907 ein neuer Absatz 5 eingeschoben worden ist.

fassen will; tut man das, so unterliegt sie der Anfechtung nur unter den Voraussetzungen der Restitutionsklage, also nicht wegen jeder Täuschung, sondern nur wegen strafbaren Betrugs.

* * *

Außer der Täuschung kommen als rechtswidrige Beeinflussung von Verwaltungsakten noch Zwang und Bestechung in Frage. Wenn die Anfechtung wegen Täuschung eine Erweiterung der für die Formalakte geltenden Bestimmungen von CPO. 580 Z. 1—3 darstellt, ist die Anfechtung wegen Zwangs und Bestechung die Erweiterung der für Formalakte geltenden Bestimmung von CPO. 580 Z. 4, 5. Man wird kein Bedenken tragen, die Lehre von Otto Mayer, daß die Polizeierlaubnis, die durch Zwang oder Bestechung erlangt sei, widerrufen werden könne [34]), auf die Verwaltungsakte überhaupt auszudehnen. Auch hier wird man grundsätzlich die Anfechtung gegenüber dem Rechtsnachfolger auszuschließen haben [35]).

§ 41.

γ) Die Anfechtung wegen Irrtums.

In vielen Fällen sehen die Gesetze eine Anfechtung wegen Irrtums [1]) vor, d. h. wegen nachträglichen Bekanntwerdens des Mangels der erforderlichen Voraussetzungen.

I. Über die Bedeutung dieses Anfechtungsgrundes können wir im allgemeinen folgende Feststellungen treffen.

1. Es muß sich handeln um das Bekanntwerden des Mangels „erforderlicher" Voraussetzungen. Damit meinen wir den Irrtum über obligatorische Hinderungsgründe, also über solche Gründe, aus denen die Behörde, wenn sie ihr früher bekannt gewesen wären, den Geschäftsabschluß hätte verweigern müssen, nicht etwa bloß hätte verweigern können.

Jedenfalls als Grundsatz muß betont werden, daß nur solche obligatorischen Hinderungs-, insbesondere Versagungsgründe den Widerruf rechtfertigen. Fakultativer Versagungsgründe dagegen verschweigt sich die Behörde, wenn sie dieselben nicht alsbald geltend macht. Auch wenn sie diese Gründe nicht gekannt hat, so hätte sie, vom bereits erörterten Fall der Täuschung abgesehen, sie gemäß der Untersuchungsmaxime, die das hier allein in Frage kommende engere Gebiet des eigentlichen Verwaltungsrechts beherrscht, doch jedenfalls kennen müssen; es ist ihre Schuld, wenn das nicht der Fall war; jedenfalls ist kein Grund einzusehen, weshalb der Betroffene unter solchem Mangel behördlicher Aufmerksamkeit leiden sollte.

---

[34]) Mayer I 306. Wegen des Zwangs vgl. auch o. S. 298, 299.

[35]) Vgl. o. S. 372.

[1]) Die umfassende Untersuchung von Walsmann im A. c. P. **102**, 1—214 über den „Irrtum im Prozeßrecht" berücksichtigt nur die nichtamtlichen Prozeßhandlungen, ist daher im folgenden nicht verwertbar; übrigens scheint mir ihre Methode nicht einwandfrei.

Indes kommen von diesem Grundsatz Ausnahmen vor. Ohne besondere gesetzliche Grundlage kann eine solche Ausnahme in den wenigen Fällen anerkannt werden, wo der zu widerrufende Verwaltungsakt dem Betroffenen Verpflichtungen, Belastungen oder Beschränkungen auferlegt, gleichwohl aber ausnahmsweise nicht frei widerruflich ist wie die gewerblichen Untersagungen etwa im Fall Gew.O. 35^{VI}; hier fällt das aus der Untersuchungsmaxime hergeleitete Bedenken wegen ungerechtfertigter Nachsicht gegenüber der behördlichen Unachtsamkeit zu ungunsten des Betroffenen weg; man wird hier darum auch wegen jedes Irrtums den Widerruf zulassen können, und es ist darum zu billigen, wenn Walter Jellinek [2]) sagt, der § 35^{VI} Gew.O. hindere die Aufhebung des untersagenden Bescheides nicht, „sofern der Bescheid auf einem Tatsachenirrtum beruht". Von diesen besonders gearteten Fällen abgesehen aber wird man eine Anfechtung wegen fakultativer Hinderungsgründe eines Verwaltungsakts nur dort gestatten dürfen, wo das Gesetz selbst in dieser Richtung Ausnahmen vorsieht; wo das nicht der Fall ist, darf man die Ausnahmen nicht in das Gesetz hineintragen.

Anwendungen dieses Grundsatzes sind nicht selten. – Besonders häufig bietet der error in persona Beispiele für die Bedeutung unseres Grundsatzes. Auf ihm beruht es, wenn Bernatzik [3]) darauf hinweist, daß die Verleihung eines höheren Dienstpostens, auch wenn sie auf einem Versehen oder Irrtum beruht, nicht widerruflich ist. Ebenso ist unser Grundsatz anerkannt worden, als einmal einem Gerichtssekretär statt einem Rechtsanwalt der eigentlich für diesen bestimmte Justizratstitel verliehen und nachher auch bis an sein seliges Ende belassen wurde; diese Belassung war gar nicht so merkwürdig, wie sie Braun [4]) vorgekommen ist. In beiden erwähnten Fällen war eben keinerlei Anfechtungsgrund vorhanden; eine Täuschung lag nicht vor, eine Gesetzwidrigkeit aber auch nicht, da es keinen Rechtssatz gibt, der verbietet, einem rechtlich befähigten, wenn auch tatsächlich nicht hervorragenden Beamten einen höheren Dienstposten oder einem Gerichtsschreiber den Titel Justizrat zu verleihen; es handelte sich nur um eine falsche Anwendung des freien Ermessens, um eine Zweckwidrigkeit. Anders wäre es gewesen, wenn man den Gerichtsschreiber zum Amtsrichter ernannt hätte. Noch weniger zweifelhaft ist folgender sehr scherzhafte Rechtsfall, den man sich aus einem Kaisermanöver erzählt: ein Reserveoffizier, zur blauen Partei gehörig, wünschte eine technische Neuerung, die aber während des Manövers nur bei der roten Partei zur Verwendung kam, aus eigener Anschauung kennen zu lernen und ritt bei günstiger Gelegenheit zu diesem Zweck trotz des Kriegszustandes zu einer kleinen Abteilung der roten Partei hinüber; ein böser Zufall wollte es, daß er bei der Befriedigung seines Wissensdurstes vom obersten Kriegsherrn überrascht wurde; er empfing eine angemessene kaiserliche Kritik seines total

---

2) S. 156.

3) S. 291 (37).

4) Im A. ö. R. **16**, **544** (57). Auch Laband in DJZ. **12**, **207** will in Fällen der „Namensverwechselung oder eines anderen Irrtums in der Person" Widerruf zulassen. Vgl. u. S. 381.

unkriegsmäßigen Verhaltens, wurde außer Gefecht gesetzt und bekam den Befehl, sich vorläufig, bis das weitere sich finden werde, dem kaiserlichen Gefolge anzuschließen; bald danach schrieb ein Adjutant die Namen sämtlicher Herren des Gefolges auf, darunter auch den des betrübt mitreitenden Reserveoffiziers; als einige Zeit später diese sämtlichen Herren in üblicher Weise dekoriert wurden, erhielt auch er statt des erwarteten, doch in Vergessenheit geratenen, Stubenarrests seinen Orden, den er noch heute mit Stolz trägt und mit um so größerem Stolz tragen darf, da die Verleihung weder auf Täuschung noch auf Gesetzwidrigkeit, sondern höchstens auf einem Irrtum in persona, vielleicht sogar nur auf einem Irrtum im Motiv beruht, daher keinesfalls rückgängig gemacht werden kann. — Vom gleichen Gesichtspunkt aus kann man auch folgende Entscheidung des bayrischen Verwaltungsgerichtshofs [5]) billigen. Die Witwe K., in Pottenstein heimatberechtigt, hatte beim Stadtmagistrat Bamberg die unentgeltliche Verleihung des Heimatrechts beantragt mit dem Vorbringen, daß sie während 10 Jahren ununterbrochen als Aushelferin und Tagelöhnerin in Bamberg beschäftigt gewesen sei und daß sie während dieser Zeit Armenunterstützung weder beansprucht noch erhalten habe; der Magistrat wandte sich an den Armenpflegschaftsrat Pottenstein mit dem Ersuchen „um Bekanntgabe des Betrages der in den verflossenen Jahren an die Taglöhnerswitwe . . . etwa gewährten Armenunterstützungen"; als der Rat mitteilte, solche Unterstützungen seien weder gezahlt noch begehrt worden, entsprach der Magistrat Bamberg dem Antrag der K. Später teilte der Magistrat Pottenstein aber mit, daß ein Sohn der K. schon mehrere Jahre auf Rechnung der Armenpflege Pottenstein sich im Taubstummeninstitut befinde. Darauf nahm der Magistrat Bamberg die Heimatverleihung zurück. Das Gericht aber erklärt dies für unzulässig und den Irrtum für unerheblich. Da der Art. 8 des damaligen Heimatsgesetzes vom 16. April 1868 der Stadtgemeinde Bamberg die Heimatverleihung in solchem Fall nicht untersagte, also eine Anfechtung wegen Gesetzwidrigkeit jedenfalls nicht in Frage kommen konnte, so wird die Entscheidung des Gerichtshofs zu billigen sein, wofern man nicht etwa den Tatbestand der objektiven wesentlichen Täuschung in dem vorhin [6]) erörterten Sinn, sondern nur, wie das Gericht tut, einfachen Irrtum annehmen will. — Verkannt ist unser Grundsatz dagegen in folgender Entscheidung des Oberverwaltungsgerichts [7]). Der Kläger hatte zu einem bestimmten Umbau seines Hauses Polizeierlaubnis beantragt und erhalten. Die Erlaubnis wurde später aber widerrufen mit der Begründung: die Behörde habe bei der Erteilung nicht gewußt, daß ein Umbau der fraglichen Art nach der Rechtsprechung des Oberverwaltungsgerichts als ein Umbau über die Fluchtlinie hinaus angesehen werde und somit nach Fluchtlinien-G. 11 verboten werden könne. Das Oberverwaltungsgericht ließ diesen Widerruf zu. Das ist nicht zu billigen. Auch wenn feststeht, daß die Polizei die Erlaubnis nur deshalb erteilt hat, weil sie nach einer irrtümlichen Rechtsauf-

---

[5]) BVGH. **6**, 29.
[6]) S. o. S. 371, 372.
[7]) OVG. **40**, 377.

fassung sie überhaupt nicht glaubte versagen zu können und weil sie deshalb gar nicht geprüft hat, ob eine Veranlassung zu der nach Fluchtlinien-G. 11 möglichen Ausnahmebewilligung vorlag, ja selbst, wenn feststünde, daß sie bei richtiger Rechtskenntnis unter keinen Umständen die Bauerlaubnis erteilt hätte, so hatte sie sich doch jedenfalls des lediglich fakultativen Versagungsgrundes bereits verschwiegen und konnte ihn daher nicht nachträglich als Widerrufsgrund ausspielen. — Mindestens zu wenig berücksichtigt ist unser Grundsatz ferner in einer Entscheidung des bayrischen Verwaltungsgerichtshofs [8]). Eine Behörde hatte erklärt, sie halte einen geltend gemachten Gebührenanspruch nicht mehr aufrecht. Man kann hier zweifelhaft sein, ob in dieser Erklärung überhaupt ein Verzicht zu erblicken ist. Tut man das aber, dann ist es unerheblich, ob die Behörde zu diesem Verzicht nur durch die irrtümliche Auffassung veranlaßt wurde, es stünde ihr ein Anspruch gegen den Betroffenen überhaupt nicht zu; erkennt sie nachher diesen Irrtum, so kann sie ihren Verzicht nicht mehr wegen dieses bloßen Irrtums an sich widerrufen, sondern nur dann, wenn entweder Täuschung vorlag oder wenn der Verzicht gegen das Gesetz verstieß. Der bayrische Verwaltungsgerichtshof hat sich daher die Entscheidung der Widerrufkeitsfrage doch etwas zu leicht gemacht.

2. Es muß sich weiter handeln um einen Irrtum über Tatsachen, da nur Tatsachen als erforderliche „Voraussetzungen" angesehen werden können.

Eine bloße Änderung in der subjektiven Beurteilung vorhandener Tatsachen genügt nicht. Das wird wichtig für die Auslegung z. B. von Gew.O. 33a. Nach Absatz 2 Z. 1 „ist" die Erlaubnis an Schauspielunternehmer zu versagen, „wenn gegen den Nachsuchenden Tatsachen vorliegen, welche die Annahme rechtfertigen, daß die beabsichtigten Veranstaltungen den Gesetzen oder guten Sitten zuwiderlaufen werden". Absatz 3 fährt dann fort: „Aus den unter Ziffer 1 angeführten Gründen kann die Erlaubnis zurückgenommen . . . werden." Schenkel [9]) bemerkt hierzu mit Recht, daß, da Gew.O. 53 nicht Anwendung finde, nicht nötig sei, daß die Tatsachen erst nach Erteilung der Erlaubnis eingetreten seien. Aber er verlangt andererseits, daß die Behörde sie nicht etwa im Zeitpunkt der Erlaubniserteilung schon gekannt hat. Der Grund für diese Beschränkung liegt in unserem Grundsatz. Ließe man nämlich einen Widerruf auch dann zu, wenn die Behörde die Tatsachen schon gekannt hat, so ließe man eben einen Widerruf wegen geänderter Auffassung zu; indem die Behörde die Erlaubnis trotz Kenntnis der Tatsachen erteilte, sagte sie, daß diese die in § 33a bezeichnete Annahme nicht rechtfertigen; indem sie die Erlaubnis deswegen zurücknimmt, sagte sie aber, daß die Tatsachen die Annahme doch rechtfertigen.

Anders ist es natürlich, wenn die Behörde, die einen Verwaltungsakt zuerst als gesetzmäßig ansah, nachher zu der Überzeugung kommt,

---

[8]) BVGH. **26**, 189.

[9]) I. 264. Ebenso Schicker I. 157. Nelken I. 634. — Vgl. auch V. d. S. Min. d. I. v. 21. I. 97 bei Reger **17**, 249: Kein Widerruf der Schankerlaubnis wegen unrichtiger Beurteilung der Bedürfnisfrage in der Unterinstanz.

er sei gesetzwidrig und ihn darum zurücknimmt. Das ist dann kein Widerruf wegen subjektiven Irrtums, sondern, die Richtigkeit der neuen behördlichen Auffassung vorausgesetzt, Widerruf wegen objektiver Gesetzwidrigkeit, auf die daher die in § 42 darzustellenden Grundsätze anzuwenden sind.

3. Es fragt sich noch, ob man die Anfechtung wegen Irrtums als allgemeinen Grundsatz anerkennen darf, der auch ohne gesetzliche Grundlage Geltung hat. Für die Anfechtung wegen Täuschung haben wir die entsprechende Frage bejaht, für die Anfechtung wegen Irrtums müssen wir sie verneinen. Verwaltungsakte unterliegen der Anfechtung wegen Irrtums aus ähnlichen Gründen nicht, aus denen der Testator sein Testament nicht wegen Irrtums anfechten kann, nämlich deswegen, weil ein solcher Anfechtungsgrund nicht nötig ist: das Testament kann nach Willkür widerufen werden, der Verwaltungsakt, wie wir nachher sehen werden, wegen Gesetzwidrigkeit schlechthin; daneben ist dann für eine besondere Anfechtung wegen Irrtums, die ja beim Verwaltungsakt auch nur die Gesetzwidrigkeit, nicht die Zweckwidrigkeit geltend machen kann [10]), kein Raum mehr. Mit dieser Erkenntnis fallen auch all die Auffassungen in sich zusammen, die bewußt [11]) oder unbewußt [12]) ein allgemeines Anfechtungsrecht wegen Irrtums daraus ableiten wollen, daß im BGB. sich ein solches Recht finde; denn hierbei ist eben die völlige Verschiedenartigkeit zwischen öffentlichem und privatem Recht in der Frage der Anfechtbarkeit übersehen [13]). Bestätigt wird unsere Auffassung dadurch, daß die badische Verordnung in § 43 für das Einschreiten von amtswegen den Irrtum gar nicht als Abänderungsgrund erwähnt; das ist keine Auslassung und kein Versehen, sondern wohl begründet.

4. Hiernach können wir über das Verhältnis der Anfechtung wegen Irrtums zur Anfechtung wegen Gesetzwidrigkeit folgende Sätze aufstellen.

Die Anfechtung wegen Irrtums ist ein selbständiges Institut neben der Anfechtung wegen Gesetzwidrigkeit in so weit, als sie eine Anfechtung wegen Zweckwidrigkeit gestattet. Denn hier kann das andere Institut nicht helfen.

Soweit sie aber ebenfalls nur die Gesetzwidrigkeit geltend machen kann, ist ein doppeltes Verhältnis denkbar.

Entweder sie soll ein Ersatzinstitut sein, das die Anfechtung wegen bloßer Gesetzeswidrigkeit ausschließen soll.

Oder aber es handelt sich nur um einen der zahlreichen Fälle, wo der Gesetzgeber sich ungenau ausgedrückt hat, wo er Anfechtung wegen Gesetzwidrigkeit meinte, aber Anfechtung wegen Irrtums sagte, weil

---

[10]) S. o. S. 377.

[11]) So namentlich Laband in DJZ. **12**, 207 [vgl. o. S. 378 (4)]; Preuß 401. — Bezüglich nichtamtlicher publizistischer Willenserklärungen ebenso Adm. Justiz-Entsch. d. S. Min. d. I. v. 20. XII. 99 bei Fischer **21**, 133, SOVG. **5**, 140; doch findet sich im sächsischen Recht im Bau-G. 2II² eine gesetzliche Grundlage für die Übertragbarkeit.

[12]) So Hubrich in A. ö. R. **22**, 361, 362.

[13]) Dagegen mit Recht bereits Bernatzik 290 (37), der sich allerdings leider bewußt nur auf einige Andeutungen beschränkt hat. Vgl. auch Klein 28.

er gar nicht an die Möglichkeit dachte, daß eine Behörde trotz Kenntnis des Mangels der gesetzlichen Voraussetzungen das gesetzwidrige Geschäft vornehmen könne.

Welcher der beiden Fälle jeweils vorliegt, ist nach allgemeinen Auslegungsregeln für den einzelnen Fall zu entscheiden. Allgemein läßt sich sagen: Je weiter die Gesetzestechnik fortschreitet und im fraglichen Gesetz schon fortgeschritten ist, um so seltener werden entweder die Bestimmungen über Anfechtung wegen Irrtums, die nur äußerlich so erscheinen, oder aber die Anfechtbarkeit wegen Gesetzeswidrigkeit selbst. Ferner wird man anzunehmen haben, daß jedenfalls dort, wo das Gesetz nur einen beschränkten Nachweis des Irrtums gestattet [14]), ein bewußter Ausschluß der Anfechtung wegen bloßer Gesetzeswidrigkeit beabsichtigt ist. Gleiches wird man dort anzunehmen haben, wo aus sonstigen Gründen feststeht, daß der Gesetzgeber den Widerruf besonders eng begrenzen will; von diesem Gesichtspunkt aus ist es zu billigen, wenn die zivilprozessuale Literatur und Praxis im Fall CPO. 927 eine Aufhebung des Arrests zwar nicht bloß wegen veränderter Umstände, sondern auch wegen geänderter Kenntnis, dagegen nicht wegen bloßer Gesetzwidrigkeit ohne neues Vorbringen für statthaft erklärt [15]). Endlich wird man im allgemeinen anzunehmen haben, daß die Formel „Widerruf wegen Tatsachen, die nachträglich bekannt werden" einen bewußten Ausschluß der Anfechtung wegen Gesetzwidrigkeit enthalten soll, wie das Oberverwaltungsgericht auch in der Tat bezüglich der alsbald zu erwähnenden jagdrechtlichen Bestimmungen entschieden hat [16]); anders verhält es sich dagegen mit der Formel: „wenn sich ergibt, daß die Voraussetzungen fehlten"; hier geht man wohl nicht irre mit der Annahme, daß mit dieser Formel nur gesagt sein soll: „wenn sich dies ergibt, sei es auf Grund neu bekannt gewordener Tatsachen, sei es auf Grund besserer Prüfung der bekannt gewesenen".

II. Die Gesetze kennen die Anfechtung wegen Irrtums in zwei Anwendungsformen.

1. Die erste kann man als die normale Irrtumsanfechtung bezeichnen. Sie bedarf keiner weiteren Erläuterung. Es genügt zu ihrer Begründung der einfache Nachweis, daß die Behörde sich geirrt hat, daß ihr der Mangel der in Frage stehenden Voraussetzungen oder das Vorhandensein der Hinderungsgründe nicht bekannt war.

Besonders häufig begegnen wir Bestimmungen dieser Art im Recht der Polizeierlaubnisse.

Gew.O. 44a^{IV} gestattet Widerruf der Erlaubnis, wenn „eine der . . . [obligatorischen] Voraussetzungen zur Zeit der Erteilung derselben vorhanden gewesen, der Behörde aber unbekannt geblieben . . . ist".

[14]) S. u. unter II. 2.

[15]) Vgl. Gaupp - Stein II. 802, 803 und die Angaben daselbst 802 (4), z. B. RG. 24, 368.

[16]) OVG. 35, 326. A. M. bezüglich der obligatorischen Versagungsgründe (vgl. u. S. 383) Stelling 438, 439; 161, 162; vgl. u. S. 395.

[17]) Landmann I. 414.

Gew.O. 58 gestattet mit der gleichen Formulierung das gleiche bei obligatorischen und gewissen fakultativen Voraussetzungen.

An sich müßte er ebenso Anwendung finden im Fall Gew.O. 43; doch wird man vielleicht mit Rücksicht auf die Entstehungsgeschichte des § 43 von dieser Anwendung Abstand zu nehmen haben [17]); im Regierungsentwurf nämlich war, ebenso wie bezüglich der Erteilung und Versagung des Legitimationsscheins, so auch bezüglich seiner Zurücknahme auf die Vorschriften der §§ 57f., Bezug genommen der Reichstag aber strich die Bezugnahme auf diese Widerrufsvorschriften, und gegenüber dieser unzweideutigen Willensäußerung des Gesetzgebers wird die Wissenschaft das, was sie an sich aus allgemeinen Grundsätzen ableiten könnte, zurückstellen und sich mit der Feststellung begnügen müssen, daß durch jene Streichung die Bestimmungen über die Erlaubnisversagung nach Gew.O. 43^{II}, 57 eine ganz andere Bedeutung bekommen haben, als sie für den Fall des § 57 besitzen: sie sind zu bloßen instruktionellen Vorschriften geworden, deren Verletzung eine Verletzung der Amtspflicht, aber nicht eine Verletzung des Gesetzes darstellt.

Östr. Gew.O. 57 gestattet Erlaubniswiderruf, „wenn bei einem Gewerbetreibenden der ursprüngliche und noch fortdauernde Mangel eines der gesetzlichen Erfordernisse des selbständigen Gewerbsbetriebes nachträglich zum Vorschein kommt“. Diese Bestimmung findet auch auf sonstige Gewerbeerlaubnisse Anwendung, z. B. auf die Genehmigung zum Verkauf periodischer Druckschriften nach Östr. Novelle zum Preßgesetz vom 9. Juli 1894 § 2^{III}.

Die Jagdgesetze enthalten ziemlich gleichlautend Bestimmungen wie pr. Jagd-O. 36: „Wenn Tatsachen, welche die Versagung des Jagdscheins rechtfertigen, erst nach Erteilung des Jagdscheins . . zur Kenntnis der Behörde gelangen, so muß . . . [bei obligatorischen] und kann . . . [bei fakultativen Versagungsgründen] der Jagdschein . . . für ungültig erklärt . . . werden“. Gleichartige Bestimmungen enthalten Bayr. G. v. 30. März 1850 Art. 20, Bad. Jagd-G. in der Fassung der Bek. v. 6. November 1886 § 15. Auch die österreichischen Landesgesetze stehen auf gleichem Standpunkt [18]). Man kann hier von gemeinem deutschen Jagdrecht sprechen, und es ist verfehlt, wenn Männer [19]) für das Jagdrecht der Pfalz behauptet, die Jagdkarte sei mangels entsprechender Vorschriften über den Widerruf unwiderruflich; die Frage kann nur sein, ob nicht statt der sonst geltenden Anfechtung wegen Irrtums die gewöhnliche Anfechtung wegen Gesetzeswidrigkeit Platz greift. Das Bemerkenswerte an dieser ganzen Gesetzgebung ist die

---

[18]) Vgl. die Übersicht bei Mayrhofer **VI.** 382, 383. — Von der Eigentümlichkeit des hessischen Rechts, das hier Nichtigkeit des Jagdscheins annimmt, haben wir schon gesprochen; s. o. S. 240. — Dagegen spricht Württemb. JagdG. v. 27. Oktober 1855 art. 55 davon, daß die Jagdkarte zurückzunehmen ist, wenn einer der Hinderungsgründe nachträglich „eintritt“; also wegen Wegfalls der Voraussetzungen; doch wird man unbedenklich auf diesen Wortlaut die o. S. 357 f. dargestellten Auslegungsgrundsätze anzuwenden haben, so daß die genannte Bestimmung also durchaus dem gemeinen deutschen Jagdrecht entspricht.

[19]) S. 149.

Berücksichtigung der fakultativen Versagungsgründe und die obligatorische Natur des Widerrufs.

Von Flaggen-G. 13^{II2} haben wir schon [20]) gesprochen und auch bereits hervorgehoben, daß der Widerruf nicht nur in Frage kommt, wenn „sich ergibt", daß die Voraussetzungen des § 9 nicht erfüllt sind. Vielmehr muß der Widerruf auch auf die des § 2 bezogen werden.

Die Bestimmung von P. Quellenschutz-G. 18^{I} hat die Besonderheit, daß sie einen Wideruf wegen unrichtiger Würdigung der Tatsachen vorsieht. Sie besagt: „Stellt sich heraus, daß durch eine genehmigte . . Arbeit die Quelle gefährdet wird, so kann . . . der Beginn oder die Fortsetzung der Arbeit untersagt oder ihre Zulässigkeit von einer bestimmten Art deı Ausführung abhängig gemacht werden". Diese „Untersagung" oder „Abhängigmachung" ist natürlich juristisch genommen nichts anderes als ein Widerruf oder eine Einschränkung der „Genehmigung" oder besser gesagt: der Erlaubnis.

Ähnlichen Normen wie im Recht der Polizeierlaubnisse begegnen wir auch bei den Rechtsverhältnisse schaffenden Verwaltungsakten.

Von Gew.Ger.G. 21^{I} und Kaufm.GG. 15^{II} war schon die Rede [21]). Danach „ist" von seinem Amt ein Mitglied des Gerichts zu entheben, „hinsichtlich dessen . . . [obligatorische Unfähigkeitsgründe] bekannt werden". Die Anfechtung wegen bloßer Gesetzeswidrigkeit soll dadurch schwerlich ausgeschlossen werden. Auch wenn die zuständige Behörde, die ja übrigens die Mitgliedschaft gar nicht geschaffen hat, den Gewählten trotz Kenntnis der Ausschließungsgründe zunächst gewähren ließe, bliebe sie doch immer noch zur Enthebung berechtigt wie verpflichtet.

Von ähnlicher Art sind die ebenfalls schon [21]) erwähnten Bestimmungen der Gew.O. 94b und der P.Kr.O. 113^{III}.

Eine etwas eingehendere Betrachtung verdienen die Vorschriften der Rechtsanwaltsordnung §§ 21, 22 verbunden mit §§ 1, 5, 6, über den Widerruf der Zulassung zur Rechtsanwaltschaft. Nach § 1 „kann" zur Rechtsanwaltschaft nur zugelassen werden, wer die Befähigung zum Richteramt besitzt. Nach § 5 „muß" die Zulassung versagt werden aus einer Reihe von Gründen, die unter 6 Ziffern aufgezählt werden; von ihnen haben die in Ziffer 1, 2 und 3 genannten die Eigentümlichkeit, daß sie in objektiver Weise ganz exakt festgestellt werden können, nämlich Unfähigkeit zur Bekleidung öffentlicher Ämter infolge Strafurteils, Ausschließung von der Rechtsanwaltschaft durch ehrengerichtliches Urteil und Beschränkung in der Vermögensverwaltung durch gerichtliche Anordnung; dagegen haben Ziffer 4—6 die Eigentümlichkeit an sich, daß es sich hier um Dinge handelt, die wie Standesgemäßheit einer Nebenbeschäftigung, Würdigkeit, körperliche und geistige Fähigkeit nicht objektiv in exakter Weise, sondern nur subjektiv nach technischem Ermessen festgestellt werden kann. § 6 endlich besagt, daß aus verschiedenen Gründen die Zulassung versagt

[20]) S. o. S. 358.
[21]) S. o. S. 357, 358.

werden „kann“. § 21 bestimmt dann, daß die Zulassung zurückgenommen werden „muß“, „wenn nach der Zulassung sich ergibt, daß sie in Gemäßheit des § 5 Nr. 1, 2 hätte versagt werden müssen“; § 22 bestimmt, daß die Zulassung zurückgenommen werden „kann“, „wenn der Rechtsanwalt in Folge gerichtlicher Anordnung in der Verfügung über sein Vermögen beschränkt ist“. Von einem Widerruf wegen der Hinderungsgründe aus § 1, § 5 Z. 4—6 sowie § 6 ist keine Rede. Trotzdem darf von den Widerrufsbestimmungen der Rechtsanwaltsordnung behauptet werden, daß sie, weit davon entfernt, gegen die von uns dargestellten Grundsätze zu sprechen, sie im Gegenteil bestätigen. Das gilt offensichtlich zunächst davon, daß die bloß fakultativen Versagungsgründe aus § 6 keine Widerrufsgründe bilden, da sich ja nach unsern früheren Erörterungen eine Behörde durch Nichtgeltendmachung fakultativer Versagungsgründe derselben verschweigt. Auch der Umstand, daß die anscheinend obligatorischen Versagungsgründe aus § 5 Z. 4—6 nachträglich nicht mehr als Widerrufsgründe benutzt werden können, steht im Einklang mit unsern früheren Ausführungen, da ihre Zulassung als Widerrufsgründe bei ihrem der objektiven exakten Feststellung widersprechenden Charakter dazu führen würde, daß ein Widerruf wegen geänderter Auffassung möglich würde. Die 3 Versagungsgründe aus § 5 Z. 1—3 aber, die allein objektiv feststellbar sind, finden wir sämtlich auch als Widerrufsgründe anerkannt, wobei der einzige Unterschied der ist, daß wegen der Gründe aus § 5 Z. 1 und 2 die Anfechtung der Zulassung Rechtspflicht, wegen des Grundes aus § 5 Z. 3 aber bloß Sache des pflichtmäßigen Ermessens ist. Nur in einem Punkt scheint das Gesetz sich mit unsern Grundsätzen in Widerspruch zu setzen, indem es nämlich anscheinend einen Verstoß gegen § 1 als unerheblich betrachtet. So hat auch tatsächlich Walter Jellinek [22]) die Sache aufgefaßt und gemeint, wenn ein ungeprüfter Assessor zur Anwaltschaft zugelassen worden sei, so könne man ihn nur im Fall der Erschleichung im Weg des Disziplinarverfahrens entfernen. Diese Auffassung steht zwar im Einklang mit dem gesetzlichen Wortlaut, scheint mir aber darum doch noch nicht zutreffend zu sein. Meines Erachtens ist das Verhältnis der §§ 21, 22 zu § 1 so aufzufassen, daß §§ 21, 22 unter dem unmittelbaren Einfluß von § 5 entstanden sind, daher nur an die Ver-

---

[22]) S. 164, 165. — Entsprechend meint er S. 165 bezüglich Patentanwalts-G. 2, 7 und allgemein, daß die Normen über das Erfordernis eines gewissen vor der Bestellung zu öffentlichen Funktionen zurückgelegten Alters keine leges perfectae seien. Für die Patentanwälte trifft das zu, da der Gesetzgeber es für zweckmäßig hielt, den zu jungen Patentanwalt von selbst in das erforderliche, ja auch sehr geringe Alter von 25 Jahren hineinwachsen zu lassen. Im übrigen lehrt eine genauere Betrachtung der Bestimmungen des Patentanwaltsgesetzes unter den gleichen Gesichtspunkten wie bei der Rechtsanwaltsordnung (s. o. im Text), daß auch sie unsere Grundsätze mehr bestätigen als widerlegen. — Zu Unrecht beruft sich Walter Jellinek 165 (2) auf RG. Rechtspr. 2, 82 (RG. in Str. 2, 82); vgl. dazu o. S. 219. RG. behandelt nur die Frage, ob ein Beamter, der gesetzwidrig mit zu geringem Alter angestellt wurde, trotzdem Beamter geworden und vom Strafrichter als Beamter zu behandeln ist, also nur die Frage der Nichtigkeit; die Frage dagegen, ob Widerruf kraft Anfechtung durch die Anstellungsbehörde möglich ist, läßt das Gericht offen, scheint aber fast zu ihrer Bejahung zu neigen.

sagungsgründe des § 5, nicht aber an die Grundvoraussetzung des § 1 gedacht haben; sie wollten darum auch die Anfechtung wegen Mangels dieser Voraussetzung überhaupt nicht regeln, haben die Entscheidung dieser Frage vielmehr der Wissenschaft und Praxis nach allgemeinen Grundsätzen überlassen und stehen daher nicht in Widerspruch zu unserer Meinung.

CPO. 121 bestimmt, daß das Armenrecht zu jeder Zeit entzogen werden „kann", wenn „sich ergibt, daß eine Voraussetzung der Bewilligung nicht vorhanden war".

Nicht selten begegnet man dem Irrtum als Anfechtungsgrund auch bei den rechtsbestimmenden Verfügungen. Solche Normen haben Ähnlichkeit mit dem Restitutionsgrund Ziffer 7 CPO. 580.

Von § 4^{II2} Wegebau-Vorausl.G. haben wir schon früher gesprochen[23]).

Namentlich bei den Veranlagungen kommt die Anfechtung wegen Irrtums in Betracht. — So erklärt pr. Eink.St.G. 85 (früher 80) in Abweichung von § 6 des Ges. v. 18. Juni 1840 und anders als Kom. Abg.G. 84, den Steuerpflichtigen zur Entrichtung einer Nachsteuer für „verpflichtet", wenn, „ohne daß eine strafbare Hinterziehung von Steuer stattgefunden hätte, nachträglich neue Tatsachen oder Beweise ermittelt werden, welche eine höhere Veranlagung des Steuerpflichtigen begründen". — Nach Gew.Unf.VG. 101^{II} kann die „Feststellung" des an die Berufsgenossenschaft zu zahlenden Beitrags abgeändert werden, wenn eine im Lauf des Rechnungsjahrs eingetretene Änderung des Betriebs nachträglich bekannt wird.

Eine Irrtumsanfechtung selbst von verwaltungsgerichtlichen Erkenntnissen sieht das bayrische Verwaltungsgerichtsgesetz vom 8. August 1878 in Art. 26^{I} vor, wonach die Wiederaufnahme des Verfahrens schon dann zulässig ist, „wenn glaubhaft dargetan ist, daß eine bei den vorangegangenen Verhandlungen nicht hinreichend bekannt gewesene Tatsache vorliegt, deren Berücksichtigung zu einem von dem früheren abweichenden Endbescheide zu führen geeignet ist" [24]).

2. Die zweite Anwendungsform unseres Rechtsinstituts können wir bezeichnen als Anfechtung mit beschränktem Irrtumsbeweis.

Das Kennzeichnende dieser Anfechtungsform liegt nämlich darin, daß der Beweis des Irrtums nur auf solche Tatsachen gestützt werden kann, die nach Geschäftsabschluß vorgekommen sind und aus denen, wie es meist heißt, der Mangel der vorausgesetzten Erfordernisse erhellt. Manchmal ist der Beweis noch mehr eingeschränkt, indem als solche Tatsachen nur Bestrafungen wegen Berufsübertretungen anerkannt werden. All das hat viel Ähnlichkeit mit dem Widerruf wegen Wegfall der Voraussetzungen. Zuzugeben ist auch, daß durch den Wortlaut der fraglichen Bestimmungen auch dieser Wegfall gedeckt ist. Aber gleichbedeutend ist es damit doch nicht; es kommt vielmehr außerdem der immer vorhanden gewesene Mangel dieser Voraussetzungen in Betracht, wie sich daraus ergibt, daß bei Würdigung der später ein-

---

[23]) S. o. S. 358.

[24]) Vgl. über den ähnlichen Standpunkt der östreichischen Praxis in verwaltungsrechtlichen Feststellungen Mayrhofer I. 1182.

getretenen Tatsachen auch die vor Geschäftsabschluß liegenden mit berücksichtigt werden dürfen [25]). Bemerkenswert ist noch, daß die hierher gehörigen Bestimmungen sich durchweg auf solche Voraussetzungen beziehen, deren Vorhandensein man nicht strikt nach Art eines Rechenexempels bejahen oder verneinen kann, sondern bei denen relative Werturteile, Ermessensfragen, beteiligt sind wie bei „Tauglichkeit", „Zuverlässigkeit", „Unbedenklichkeit", „Fähigkeit" und ähnlichen Bewertungen von Personen oder Sachen.

Die Beispiele für unser Rechtsinstitut finden wir wiederum besonders im Recht der Polizeierlaubnisse.

An erster Stelle verdient Gew.O. 53^{II} genannt zu werden, wonach die daselbst bezeichneten Gewerbeerlaubnisse, abgesehen von dem in 53^{I} geregelten Fall der Täuschung auch dann zurückgenommen werden „können", „wenn aus Handlungen oder Unterlassungen des Inhabers der Mangel derjenigen Eigenschaften, welche bei der Erteilung der Genehmigung . . . . vorausgesetzt werden mußten, klar erhellt". Dazu ist zur bemerken, daß die Worte: vorausgesetzte „Eigenschaften" zu eng sind und darum ausdehnend ausgelegt werden müssen. Von „Eigenschaften" im eigentlichen Sinn kann allerdings nur die Rede sein als von Eigenschaften der Person, nicht von denen etwa des Schanklokals. Man muß aber statt „Eigenschaften" besser „Voraussetzungen" lesen und muß darum auch festhalten an der früher durchaus herrschenden Praxis, die Schankkonzessionen dann für widerruflich erklärte, wenn das Lokal den Erfordernissen von Gew.O. 33 Z. 2 nicht mehr entspricht, besonders wenn der Konzessionsinhaber es unterläßt, die Wirtschaftslokalitäten den genehmigten Plänen gemäß herzustellen oder wenn er erhebliche konzessionswidrige Umbauten an dem Lokal vornimmt oder das Lokal vollständig verlegt oder wenn er es unterläßt, das durch Naturereignisse zerstörte wieder den Konzessionsbedingungen entsprechend herzustellen usw. [26]). Es ist daher kein Fortschritt, wenn das Oberverwaltungsgericht am 3. Mai 1897 [27]) unter Zustimmung von Landmann [28]) die alte Praxis aufgegeben hat und dafür eingetreten ist, daß das Wort Eigenschaften nur auf die Person des Inhabers zu beziehen ist. Der Fortschritt und die Aufgabe der juristischen Wissenschaft wie der juristischen Kunst liegt doch nicht in der Rückkehr zum Wortlaut des Gesetzes, sondern in dem Herausarbeiten der allgemeinen Grundsätze aus der meist zu speziellen Fassung des Einzelrechtssatzes. Mit Recht ist daher der bayrische Verwaltungsgerichtshof noch in seiner Entscheidung vom 30. Mai 1900 [29]) bei der früheren Praxis verblieben, die bezüglich der Rücknahme der Konzessionen zu Privatkrankenanstalten auch in den Motiven der Novelle vom 23. Juli 1897 Anerkennung gefunden hatte [30]).

---

[25]) SOVG. 4, 71.

[26]) Vgl. Landmann I. 477 und die dort genannten zahlreichen Erkenntnisse und Vollzugsvorschriften.

[27]) OVG. 31, 291.

[28]) Landmann I. 477. Ebenso Rohrscheidt 279.

[29]) BVGH. 21, 165, wo übrigens die Frage zu Unrecht als unstreitig bezeichnet wird, während doch in Wahrheit bereits die gegenteilige OVG. Entscheidung von 1897 vorlag.

[30]) Vgl. Landmann I. 473, 474.

Dem § 53^{II} Gew.O. entspricht § 6 des Gesetzes vom 2. Juni 1902, wo es heißt: „Die Erlaubnis zum Gewerbebetrieb muß (!) zurückgenommen werden, wenn aus Handlungen oder Unterlassungen des Inhabers die Unzuverlässigkeit desselben in bezug auf den Gewerbebetrieb klar erhellt. Die Unzuverlässigkeit in bezug auf den Gewerbebetrieb ist (!) stets anzunehmen, wenn der Stellenvermittler wiederholt die festgesetzte Gebührentaxe überschritten oder sich außer den taxmäßigen Gebühren Vergütungen irgend welcher Art . . . hat gewähren oder versprechen lassen, oder wenn er dem Verbote des § 3 zuwidergehandelt". Beachtenswert ist, daß hier die Anfechtung obligatorisch ist.

An sonstigen Beispielen ähnlicher Art aus dem Polizeierlaubnisrecht mögen noch genannt werden: Reichsgesetz vom 27. Juli 1877 § 26, wodurch aber entgegen der pr. A.A. v. 9. August 1899 Z. 37 [31]) und entgegen Nelken [32]) nicht jeder andere Widerrufsgrund, z. B. nicht die Anfechtung wegen gefälschter Zeugnisse, ausgeschlossen ist, P. Berg-G. 75[33]), östr. Sprengmittel-V. v. 2. Juli 1877 § 120^{III}, P. Allgem. Vorschr. f. d. Markscheider vom 21. Dezember 1871 [34]), östr. Waffen-Patent v. 24. Oktober 1852 § 41 verb. m. 17.

In den gleichen Zusammenhang gehört als Beispiel des Widerrufs einer Rechtsverleihung P. Sperr-G. 6^{II}; danach ist die Staatsregierung ermächtigt, die eingestellten Leistungen einzelnen Empfangsberechtigten gegenüber wieder aufzunehmen, wenn sie durch Handlungen die Absicht an den Tag legen, die Gesetze des Staates zu befolgen; verweigern dieselben demnächst den Gesetzen des Staates den Gehorsam, so sind die Leistungen aus Staatsmitteln wieder einzustellen.

§ 42.

d) Die Anfechtung wegen Gesetzwidrigkeit.

In umfassendem Maße gibt es endlich eine Anfechtung wegen Gesetzwidrigkeit.

I. Die Bedeutung dieses Rechtsinstituts ist sehr groß. Es muß behauptet werden, daß im Zweifel jeder Verwaltungsakt wegen jeder materiellen Rechtswidrigkeit anfechtbar ist.

1. Wegen jeder Gesetzwidrigkeit ist der Verwaltungsakt anfechtbar. Die Notwendigkeit dieses Grundsatzes ergibt sich als einfache Folgerung aus der Einschränkung des Instituts der Nichtigkeit im öffentlichen Recht. Im Privatrecht verhindert der Gesetzgeber einen von ihm nicht gewollten Rechtszustand einfach dadurch, daß er dem gesetzwidrigen Rechtsgeschäft die Rechtsfolgen abspricht, es für nichtig erklärt. Im öffentlichen Recht hat er den gleichen Weg nicht eingeschlagen. Wollte er aber nicht bloß die privaten Interessen gegen Rechtswidrigkeit schützen, indem er den Betroffenen die Rechtsmittel gewährte, sondern wollte er gleichzeitig auch die öffentlichen Interessen dagegen schützen, so blieb ihm nichts anderes übrig, als

---

31) IMB. 127.
32) I. 531.
33) Vgl. o. S. 363.
34) IMB. 1872, 9.

entweder einen Staatsanwalt oder sonstigen „Vertreter des öffentlichen Interesses" zu bestellen, der in allen solchen Fällen gleich einer Privatpartei Rechtsmittel einlegen müßte, oder aber es war nötig, da diese Lösung natürlich als allgemeine unendlich zweckwidrig gewesen wäre, der Behörde selbst und ihrer Aufsichtsbehörde ein umfassendes Anfechtungsrecht wegen schlichter Gesetzwidrigkeit zu geben. Andernfalls wären die öffentlichen Interessen schutzlos der Willkür der handelnden Behörde überlassen, das öffentliche Recht à discrétion der Verwaltung gestellt gewesen, was seiner zwingenden Natur völlig widerspräche. Ein Grund, derartiges zuzulassen, lag um so weniger vor, da ja auch die privaten Interessen durch, wenn auch meist befristete, Rechtsmittel geschützt waren; es wäre also der Zustand der gewesen, daß der Untertan gleichzeitig die Möglichkeit gehabt hätte, jede gesetzwidrige Belastung abzuwehren, aber im Genuß jedes gesetzwidrigen Vorteils zu bleiben. Die Anfechtbarkeit wegen schlichter Gesetzwidrigkeit ist somit das Gegenstück zu der mangelnden Nichtigkeit wegen Gesetzwidrigkeit und ihre häufige Anerkennung in Gesetz, Wissenschaft und Praxis daher gleichzeitig eine Bestätigung unserer früher aufgestellten Auffassung, daß, von den wenigen echten Nichtigkeitsfällen abgesehen, es eine Nichtigkeit von Staatsakten nicht gibt.

2. Die Anfechtung ist aber nur wegen Gesetzwidrigkeit zulässig.

Diese Worte deuten den wichtigen Grundsatz an, daß eine Anfechtung wegen bloßer Zweckwidrigkeit nicht stattfindet. Wollte man auch sie zulassen, so hieße das, daß man den Wandel der Auffassung von dem, was zweckmäßig sei, als Anfechtungsgrund zuließe, d. h. nichts anderes, als daß man den freien Widerruf anerkennte, daß man also den Unterschied, der zwischen rechtsschaffenden und sonstigen Verfügungen besteht, einfach wieder aus der Welt schaffte. In Wahrheit können nur diese sonstigen Verfügungen, wie es die badischen Verordnungen von 1864 § 88 Z. 1 und die von 1884 § 43 Z. 1 richtig hervorheben, „schon wegen geänderter oder abweichender Ansicht" widerrufen werden [1]). Als bloße Zweckwidrigkeit ist aber auch der Verstoß gegen nicht gesetzliche, sondern nur interne Verwaltungsvorschriften zu betrachten; daher kann die Bestätigung eines Sparkassenstatuts, die lediglich auf einem solchen Verstoß beruht, nicht kraft Anfechtung zurückgenommen werden [1a]).

Unter Anwendung dieses Grundsatzes werden wir unschwer die richtige Stellung finden insbesondere zu einigen wichtigen Fragen des Polizeierlaubnisrechts.

In einem zur Entscheidung des Oberverwaltungsgerichts [2]) gelangten Rechtsfall war eine Bauerlaubnis erteilt worden lediglich unter Prüfung

---

1) Vgl. Bernatzik 285, 286. — Viel zu weit geht in der Zulassung des Widerrufs wegen Zweckwidrigkeit Tezner in A. ö. R. **9**, 356—369 und Handbuch 229 f. — Anfechtung wegen Zweckwidrigkeit ist grundsätzlich nur mittelbar wegen Täuschung anzuerkennen; vgl. o. S. 372.

1a) A. M. Hubrich bei Gruchot **49**, 809, 810. Zu Unrecht beruft er sich auf Mayer, der im Gegenteil I 305 den im Text vertretenen Standpunkt einnimmt.

2) OVG. **29**, 390.

der bautechnischen Gesichtspunkte; nachträglich prüft die Behörde, aus Anlaß einer anderweitigen Verfügung, die Erlaubnis unter sicherheitspolizeilichen Gesichtspunkten, erkennt, daß die genehmigten Bauten in allzugroßer Nähe einer Sprengstofffabrik liegen, und nimmt daher die Erlaubnis zurück, unter Billigung des Oberverwaltungsgerichts. Meines Erachtens wäre hier zunächst zu prüfen gewesen, ob eine Bauerlaubnis über sämtliche, also auch über sicherheitspolizeiliche Gesichtspunkte befindet. Nur, wenn man diese Frage verneinte, kann meines Erachtens die Behörde sicherheitspolizeiliche Gesichtspunkte nachträglich unter Berufung auf ALR. II 17 § 10 gelten machen, wobei der richtige Weg übrigens auch wohl nicht der Widerruf der Bauerlaubnis, sondern vielmehr ein Benützungsverbot gewesen wäre [3]). Bejaht man dagegen die aufgeworfene Frage, wie man wohl tun muß [4]), dann stellt sich der Widerruf der Erlaubnis dar als ein Widerruf wegen Sinnesänderung, da gesetzliche, insbesondere auch rechtsverordnungsmäßige Vorschriften über die notwendige Entfernung zwischen Wohnhäusern und Sprengstofffabriken nicht vorhanden waren: mit Erteilung der Bauerlaubnis hatte die Baupolizei den Ausspruch getan, daß das zu bauende Gebäude weit genug von der Sprengstofffabrik entfernt sei, und mit dem Widerruf sagt sei nun, daß es nicht genügend entfernt sei. Ein solcher Widerruf wegen Sinnesänderung aber kann nicht als zulässig erachtet werden. Wenn das Oberverwaltungsgericht [5]) demgegenüber meint, daß dem Widerruf wegen Gesetzwidrigkeit auch der Widerruf wegen Zweckwidrigkeit „unter Umständen" gleichzustellen sei, dort nämlich, „wo beim Mangel konkreter Vorschriften die allgemeinen, dem Ermessen der Polizeibehörde als Richtschnur gegebenen Normen des Polizeirechts (§ 10 Tit. 17 T. II ALR.) maßgebend seien und durch offenbar sach- und pflichtwidrige Handhabung im Einzelfalle derartig verletzt würden, daß das öffentliche Interesse eine Remedur unabweisbar erheische", so ist damit die scharfe Grenzlinie zwischen Gesetz- und Zweckwidrigkeit, deren man zur Abgrenzung des verwaltungsrichterlichen Nachprüfungsrechts so dringend bedarf, völlig verwischt, und an die Stelle der objektiv bestimmbaren Gesetzmäßigkeit, die allein Rechtssicherheit gewährleisten kann, wird das schwankende subjektive Ermessen gesetzt. Diese Auffassung des Oberverwaltungsgerichts muß um so mehr abgelehnt werden, da dem allerdings unter Umständen vorhandenen praktischen Bedürfnis nach Beseitigung gemeingefährlicher Erlaubnisse durch ein Einschreiten in Analogie von Gew.O. 51 unter Entschädigung des Erlaubnisinhabers entsprochen werden kann.

Etwas anders gestaltet sich das Verhältnis in dem Fall, der einer schon früher erwähnten Entscheidung des württembergischen Ministeriums des Innern vom 8. März 1902 [6]) zugrunde lag: Eine Schankerlaub-

---

[3]) Vgl. o. S. 328, 329 und insbesondere die treffliche Entscheidung OVG. **22**, 331 (a. a. O. zu Anm. 23).

[4]) Vgl. OVG. **24**, **344**, bes. 349, 350 über den Umfang der Prüfungspflicht der Baupolizei.

[5]) OVG. **29**, 390. Schon in OVG. **24**, **344**, bes. 350, 351 war eine ähnliche Stellungnahme, indes nur sehr vorsichtig, angedeutet worden. Vgl. auch die o. S. 328 (21, 22) genannten Entscheidungen.

[6]) Bei Reger **24**, **44**. Vgl. o. S. 161, 162.

nis war beantragt, aber wegen mangelnden Bedürfnisses abgelehnt worden; in dem Ablehnungsbescheid war gleichzeitig ein relatives Bedürfnis für die nächste Zukunft anerkannt worden mit Rücksicht auf eine Mißernte in Wein und Obst; daraufhin wurde eine befristete Schankerlaubnis erbeten und erteilt. Für die Oberbehörde ergab sich nun später die Frage, ob diese Schankerlaubnis gültig sei oder nicht. Die Kreisregierung nahm, unter Anwendung unseres früher erörterten allgemeinen Grundsatzes über unzulässige Nebenbestimmungen [7], Gültigkeit der Erlaubnis an, indem sie die Befristung als nicht beigefügt erachtete. Das Ministerium aber erklärte die ganze Erlaubnis für „nichtig", d. h. es hob sie kraft Anfechtung auf. Das letztere wird zu billigen sein: denn es war festgestellt, nämlich durch den Ablehnungsbescheid, daß ein Bedürfnis nicht vorlag; wurde die Erlaubnis trotzdem erteilt, so war das gesetzwidrig, nicht bloß zweckwidrig und konnte darum mit Recht angefochten werden.

Als eine weitere Folgerung aus unserem Grundsatz können wir feststellen, daß es außer den Formalakten noch unabänderliche Verwaltungsakte gibt, nämlich in den Fällen, wo und insoweit als die Voraussetzungen des Akts nur in ganz allgemeiner, lediglich nach freiem Ermessen zu konkretisierender Formulierung zusammengefaßt sind. Wie z. B. durch das decretum alienandi in unanfechtbarer Weise das Vorhandensein der iusta causa festgestellt wird [8], so wird das Vorhandensein des öffentlichen oder gemeinen Nutzens einer Wassergenossenschaft nach P. Wass.Gen.G. § 45 durch die Bestätigung des Statuts endgültig festgestellt [9].

3. Nur im Zweifel gelten diese Grundsätze.

Sie können Ausnahmen erleiden zugunsten erweiterter Anfechtung, zugunsten einer Anfechtung wegen Zweckwidrigkeit. Von diesen Fällen haben wir schon oben bei der Anfechtung wegen Irrtums zu sprechen gehabt.

Sie können Ausnahmen auch erleiden zugunsten verengter Anfechtung. Das Hauptbeispiel bilden die Formalakte. Auch haben wir schon betont, daß bei gewissen Akten der Gesetzgeber nur den Irrtum als Anfechtungsgrund gelten lassen will.

Wo aber nicht die Sonderauslegung des einzelnen Gesetzes zu abweichenden Ergebnissen führt, in den meisten Fällen also, wo die Gesetze schweigen, da tritt als allgemeiner Grundsatz die Anfechtung wegen Gesetzwidrigkeit schlechthin in Wirksamkeit.

II. Wir stellen entsprechend unserer bisher geübten Gewohnheit im folgenden wieder eine Reihe von Zeugnissen für die Anerkennung unseres Grundsatzes zusammen. Die Sammlung fällt etwas reichlicher aus als die Sammlungen für die anderen Anfechtungsgründe. Das ist ein äußerliches Anzeichen für die Gemeingültigkeit dieses Anfechtungsgrunds.

---

7) S. o. S. 162 f.

8) Vgl. Kormann 8.

9) Nieberding 207.

1. Die Gesetze erwähnen ihn ebenso bei Erlaubniserteilungen wie bei Rechtsgewährungen wie bei Verleihung von Fähigkeiten wie bei Schaffung von Rechtsverhältnissen wie bei Feststellungen.

Zunächst dürfen wir wieder als allgemeine Anerkennung unseres Grundsatzes die badische Verordnung vom 31. August 1884 § 43 Z. 2 nennen, wo der Widerruf zugelassen wird, „wenn eine erteilte Bewilligung oder Genehmigung . . . im Widerspruch mit einer Vorschrift des Gesetzes . . . erteilt wurde“.

Zahlreich sind die Einzelfälle seiner Anwendung. Hervorgehoben seien folgende Bestimmungen.

Nach bad. G. v. 8. März 1868 § 107 „kann“ die Schließung einer Privatlehranstalt erfolgen, „wenn dieselbe errichtet wurde, ohne daß die gesetzlichen Erfordernisse vorhanden waren“. Die „Schließung“ ist nichts als der Widerruf der allerdings verkappten und in § 104 als Anerkennung bezeichneten Polizeierlaubnis.

Von ähnlicher Art sind die Bestimmungen des elsaß-lothringischen Gesetzes vom 14. Juli 1856 über Erhaltung und Bewirtschaftung der Mineralquellen. Die Bohrungserlaubnis nach Art. 3 darf, wie zwar nicht ausdrücklich in Art. 3 gesagt, wohl aber aus Art. 4 zu folgern ist, dann nicht erteilt werden, wenn der Eigentümer einwendet, daß die Quelle dadurch verringert oder verändert werde. Dementsprechend sieht Art. 4 einen fakultativen Widerruf vor für den Fall, daß festgestellt wird, daß dieser Versagungsgrund vorlag; das Gesetz spricht dabei freilich nicht von Erlaubniswiderruf, sondern von „Verbot“ der Arbeiten, was aber juristisch nichts anderes ist als ein Erlaubniswiderruf.

Krank.VG. 3a kennt eine Befreiung gewisser Personen von der Versicherungspflicht. Die Befreiung darf nach Abs. 1 Z. 2 nur erfolgen, wenn diesen Personen einmal gegen ihren Arbeitgeber ein Rechtsanspruch auf Krankenunterstützung zusteht, wenn weiter diese Unterstützung der von Kr.VG. 6 gleichwertig ist, wenn endlich der Arbeitgeber leistungsfähig ist. Absatz 3 läßt weiter den Widerruf der Befreiung zu, wenn der Arbeitgeber nach Ansicht der Aufsichtsbehörde nicht leistungsfähig ist. Einen Widerruf wegen Mangels der sonstigen Voraussetzungen, namentlich wegen Mangels eines, nur zu Unrecht als vorhanden angenommenen, Rechtsanspruchs kennt also das Gesetz nicht! Wirklich nicht? Aber wenn es schon den Widerruf wegen Mangels der letzten doch mehr nebensächlichen Voraussetzung zuläßt, so muß doch gleiches erst recht gelten von dem viel wichtigeren Rechtsanspruch. Fehlt dieser, so kann der Arbeitnehmer ja nie Ansprüche gegen den Arbeitgeber erheben; fehlt nur die Leistungsfähigkeit, so ist er doch wenigstens gedeckt, wenn der Arbeitgeber eine Millionenerbschaft macht. Indem also das Gesetz nur die Anfechtung wegen mangelnder Leistungsfähigkeit, d. i. wegen Zweckwidrigkeit statuierte, hat es zugleich die Anfechtbarkeit wegen Gesetzwidrigkeit, d. h. wegen Mangels des vorausgesetzten Rechtsanspruchs als selbstverständlich anerkannt.

Auch auf dem Gebiet des sog. gewerblichen Eigentums ist in weitem Umfang, teilweise freilich modifiziert durch das Erfordernis eines Antrags, der Widerruf gesetzwidriger Verwaltungsakte, d. h. solcher, die ein Recht gewährten, obschon es nicht gewährt werden durfte, anerkannt. — Besonders deutlich spricht die Rechtslage aus § 8^{II} des Warenzeichengesetzes, wo es heißt: „Von Amtswegen erfolgt die Löschung, . . . wenn die Eintragung des Warenzeichens hätte versagt werden müssen.“ — Auch im Patentrecht liegen die Verhältnisse ähnlich. Das Patentgesetz vom 7. April 1891 sagt in § 10: „Das Patent wird [nach § 28 freilich nur auf Antrag, der übrigens regelmäßig jedem freisteht,] für nichtig erklärt, wenn sich ergibt, 1) daß der Gegenstand nach §§ 1 und 2 nicht patentfähig war, [2) und 3) daß die Voraussetzungen von § 3 nicht vorlagen]“, also wegen jeder Gesetzwidrigkeit. Ähnlich heißt es im österreichischen Privilegiengesetz vom 15. August 1852 in § 29 unter 1a: „Eine solche Nullitätserklärung kann eintreten, wenn es sich herausstellt, daß die gesetzlichen Erfordernisse zu einem ausschließenden Privilegium nicht vorhanden sind.“ — Das Gebrauchsmustergesetz vom 1. Juni 1891 (§ 6) kann dagegen in diesem Zusammenhang wohl nicht erwähnt werden, da hier gemäß dem Anmeldesystem jede materielle Prüfung der Anmeldung entfällt und die Eintragung daher nicht Rechtsgeschäft, sondern bloße Rechtshandlung ist.

Um den Widerruf eines gesetzwidrig verliehenen Rechts handelt es sich auch Unterkl.Mil.Pens.G. 31, das dem früheren § 100 des alten Pensionsgesetzes eine weitere Fassung gegeben hat, wobei zu betonen ist, daß man auch schon früher, wenn man nicht am Buchstaben haftete, gleiches wie nach dem jetzt ausdrücklich sanktionierten Gesetz hätte annehmen müssen. Im übrigen ist an dieser Bestimmung zweierlei interessant. Einmal die Einschränkung, die sie zugunsten der Urteile macht. Sodann der Umstand, daß eine entsprechende Bestimmung im Mil.Pens.G. f. Offiz. fehlt, obschon beide Gesetze im engen Anschluß aneinander gearbeitet sind. Wer Buchstabenauslegung treiben will, wird schnell mit dem Argumentum e contrario bei der Hand sein. In Wahrheit gilt natürlich gleiches auch für die an Offiziere gemachten Bewilligungen. Aber man hat hier eine ähnliche Bestimmung weggelassen, weil man sie nicht für nötig erachtete. Der Hauptfall, den das Gesetz im Auge hatte, sind offenbar falsche und betrügerische Angaben des Beteiligten. Bei den ruppigen Unteroffizieren hielt man solche Fälle nicht ohne Grund nicht für ganz ausgeschlossen und sah eine Sicherung in § 31 vor; bei den Offizieren dagegen meinte man, daß solches überhaupt nicht vorkommon könne, und ließ daher aus Kourtoisie den § 31 für sie unausgesprochen.

Sehr wichtig und oft anerkannt ist unser Grundsatz für die auf Verleihung der Rechtsfähigkeit gerichteten Verwaltungsakte. Es sei verwiesen auf Gew.O. 97 Z. 1, 100 d^{III}, 104f., Hilfsk.G. 29 Z. 5a, Krank.-VG. 48a, den Rosin [10]) mit Recht auf die Invalidenversicherung ausdehnen will, BGB. 43^{III}. Das sind, was oft übersehen wird, durchaus keine Sondernormen, sondern Anwendungen der Anfechtung wegen Gesetzwidrigkeit. Das einzig besonderliche an ihnen ist, daß sie meist eine vorgängige Mahnung voraussetzen und daß Gew.O. 100d und KVG. 48a den Widerruf durch einen Ergänzungsbeschluß wieder para-

[10]) II. 292.

lysieren, so daß die Folge des Widerrufs, nämlich die Vernichtung der juristischen Person, gar nicht zur Geltung kommt. Aber die Widerruflichkeit an sich war auch Rechtens schon vor den Novellen zum Hilfsk.G. und zum KVG.

Die Rücknahme der Betätigungen von Gemeindebeschlüssen sieht als selbstverständlich im Fall der Gesetzwidrigkeit Bayr. Gem.O. Art. 157^{II} an.

Aus dem Beamtenrecht sei Östr. G. v. 19. April 1872 § 16 genannt, wo ein, übrigens befristeter Widerruf vorgesehen ist für den Fall, daß eine Stelle im Widerspruch mit den Ansprüchen von Militäranwärtern besetzt worden ist. Das entsprechende preußische Gesetz vom 21. Juli 1892 enthält zwar nicht in gleicher Weise eine ausdrückliche Widerrufsnorm; indes betrachtet § 15 den Widerruf wegen Gesetzwidrigkeit als selbstverständlich, wenn er sagt: „Sind bei dem Inkrafttreten dieses Gesetzes Zivilpersonen seit mindestens drei Jahren in Stellen, welche denselben nach dem bisherigen Rechte ohne landesherrliche Verleihung der Berechtigung zu einer Anstellung nicht hätten übertragen werden dürfen, so können (!) die Zivilpersonen in diesen Stellen belassen werden".

Auch bei Feststellungen begegnen wir der Anfechtung wegen Gesetzwidrigkeit. Beamtengesetz 139^{IV} kennt eine „Berichtigung" des Defektenbeschlusses durch die oberste Reichsbehörde; diese Berichtigung ist indes keine Wortberichtigung in dem früher [11]) erörterten Sinn, sondern eine materielle Abänderung kraft Anfechtung; die Literatur legt die Bestimmung dahin aus, daß diese Anfechtung selbst dann noch zulässig ist, wenn der Betroffene den Beschluß im Rechtsweg nicht mehr anfechten kann [12]). Ebenso sieht Bayr. Eink.St.G. Art. 64 eine Anfechtung wegen schlichter Gesetzwidrigkeit für die Veranlagungen vor. Im gleichen Zusammenhang darf die Bestimmung von Gerichtskosten-G. 5 erwähnt werden, wonach die „Berichtigung" eines irrigen Kostenansatzes lediglich zeitlich beschränkt, aber an sich durchaus zulässig ist.

2. Auch in Wissenschaft und Praxis hat man in zahlreichen Fällen unseren Grundsatz anerkannt.

So für die Polizeierlaubnisse im allgemeinen [13]). Dann insbesondere für Gewerbeerlaubnisse [14]), sowie hier nicht die Spezialbestimmungen entgegenstehen. Mit Recht hat man darum im Fall Gew.O. 44a angenommen, daß die Legitimationskarte nicht nur aus den in $44a^{IV}$ ausdrücklich in Bezug genommenen Versagungsgründen, sondern auch dann widerrufen werden kann, wenn sich herausstellt, daß es überhaupt an der Grundvoraussetzung für die Gewährung der Karte gefehlt hat, daß nämlich der Inhaber der Karte nicht Reisender des Antragstellers, sondern selbständiger Gewerbetreibender ist [15]); ebenso läßt es sich von diesem Gesichtspunkt aus rechtfertigen, wenn Schicker [16])

---

[11]) S. o. S. 214, 215.
[12]) Brand 212. Perels-Spilling 256.
[13]) Mayer I. 305. OVG. v. 16. X. 00 in VBl. 22, 513.
[14]) Schenkel I. 351, 440. Vgl. auch RG. 50, 4.
[15]) Landmann I. 431. Rohrscheidt 261. OVG. 22, 323.
[16]) Schicker I. 305.

im Fall Gew.O. 56c einen Wandergewerbeschein für „nichtig", d. h. besser anfechtbar erklärt, wenn er für einen „allein auf Absatz im Wege des Glücksspiels oder der Ausspielung angelegten Betrieb" ausgestellt worden ist; vom gleichen Gesichtspunkt aus muß weiter behauptet werden, daß die Wiederaufnahmeerlaubnis nach Gew.O. 35 dann widerrufen werden kann, wenn sie gesetzwidrigerweise vorzeitig erfolgt ist [17]). Weiter ist unser Grundsatz anerkannt worden für die Bauerlaubnisse und Baubenutzungserlaubnisse [18]), für die Fischereierlaubnisse [19]), für das nach heutigem Recht [20]) ebenfalls eine Erlaubnis darstellende Verehelichungszeugnis nach bayrischem Heimatsrecht [21]). An sich müßte diese Anfechtbarkeit wegen schlichter Gesetzwidrigkeit auch für die Jagdscheine gelten, und insofern ist es nicht unrichtig, wenn Stelling [22]) meint, es sei selbstverständlich, daß der Jagdschein auch dann zurückgenommen werden könne, wenn bei seiner Erteilung das Vorliegen der obligatorischen Versagungsgründe der Behörde bekannt gewesen sei; immerhin muß aber andererseits doch betont werden, daß dieser an sich selbstverständliche Grundsatz dort nicht Platz greift, wo das Gesetz ihn offenbar positiv ausschalten und die Anfechtung wegen schlichter Gesetzwidrigkeit durch die Anfechtung wegen Irrtums ersetzen will; und da dies nach unsern für die Auslegung der Irrtumsnormen im allgemeinen aufgestellten Gesichtspunkten [23]) für die preußische Jagdordnung wohl anzunehmen ist, so werden wir im Ergebnis uns der Rechtsprechung des Oberverwaltungsgerichts [24]) unter Ablehnung der Stellingschen Auffassung anzuschließen haben.

Unser Grundsatz ist ferner anerkannt worden bei den Rechtsverleihungen. So für die Verleihung von Rechten an öffentlichen Sachen [25]) so für die Verleihung von Stiftungsgenüssen [26]). Otto Mayer [27]) hebt ferner hervor, daß an sich auch gleiches gelten müsse für die gesetzwidrige Enteignung; doch greifen hier eben wieder die Grundsätze über den Formalakt Platz. Vom Standpunkt der Anfechtung wegen Gesetzwidrigkeit läßt sich möglicherweise auch die Entscheidung des Kammergerichts [28]) rechtfertigen, nach der die Behörde durch die „Zusicherung", eine Klage auf Betriebsuntersagung nach Gew.O. 35 nicht anstellen zu wollen, keineswegs gehindert wird, die Klage doch zu erheben, falls ihre Voraussetzungen vorliegen; das Er-

---

17) A. M. anscheinend Nelken **I.** 551, wenn er nicht überhaupt diesen Fall übersehen hat.

18) Baltz 110, 111. Roth 305. — OVG. **2**, 355; **24**, **344**; **29**, 390. OVG. v. 25. X. 00 in VBl. **22**, **206**. S. M. d. I. v. 14. April 1900 bei Fischer **21**, 282, 283. Östr. VGH. 399, 400, wo freilich etwas ungenau von „rechtsunwirksamem" Benützungskonsens die Rede ist.

19) Vgl. KG. **2**, 280.

20) Vgl. Oertmann 553, 554.

21) Seydel **III**. 104.

22) S. 438, 439; 161, 162. Vgl. o. S. 382 (16).

23) S. o. S. 382.

24) OVG. **35**, 326. Vgl. o. S. 382 (16).

25) Mayer **II**. 157, verb. m. **I**. 305, 306.

26) F. F. Mayer 399.

27) **II**. 44, 45.

28) KG. bei Reger **28**, 496.

gebnis ist unzweifelhaft richtig, man kann nur in der Begründung schwanken, ob man sie darin finden soll, daß die „Zusicherung" überhaupt kein „rechtliches Versprechen", sondern nur eine unverbindliche „Verheißung" darstellt [29]), oder ob man annehmen soll, daß zwar ein Versprechen vorliegt, daß dieses aber, weil gegen die zur Klageerhebung verpflichtende Norm von Gew.O. 35 verstoßend, durch Widerruf, der natürlich insbesondere in der Klageerhebung selbst liegen könnte, jederzeit angefochten werden kann.

Daß die vorhin erwähnten Bestimmungen über Schließung von Innungen usw. nichts anderes sind als Anwendungsfälle unseres Instituts, hat bereits Otto Mayer [30]) betont.

Daß sonstige Bestätigungen bei Gesetzwidrigkeit widerruflich sind [31]), ergibt sich schon daraus, daß wie allgemein anerkannt ist [32]), durch die Bestätigung eines nicht gültigen Beschlusses dessen Mängel nicht geheilt werden, daher der Widerruf der Genehmigung keine Rechte verletzt.

Mit dieser Auffassung scheint nun freilich im Widerspruch zu stehen die Entscheidung des Oberverwaltungsgerichts vom 2. Dezember 1899 [33]), die bezüglich KVG. 48a den Satz aufgestellt hat: die einem Kassenstatut einmal erteilte Genehmigung kann nicht nachträglich als zu unrecht erfolgt von dem Bezirksausschuß wieder zurückgenommen werden. Es lohnt sich, diese Entscheidung etwas eingehender zu betrachten.

Der ihr zugrunde liegende Rechtsfall war der, daß eine Ortskrankenkasse der Kaufleute für Handlungsgehilfen und Lehrlinge genehmigt worden war, was nach der Rechtsprechung des Oberverwaltungsgerichts [34]) zu KVG. 16 gesetzwidrig war. Der Bezirksausschuß hatte deshalb auf Antrag des Regierungspräsidenten, der ihn auf die gesetzliche Unzulässigkeit der Genehmigung hinwies, die Genehmigung zurückgezogen und hatte das damit begründet: die Genehmigung habe gesetzlich versagt werden müssen und müsse daher, nachdem sich dies erst nachträglich herausgestellt habe, wieder zurückgenommen werden. Dagegen wandte sich nun das Oberverwaltungsgericht.

Bei der kritischen Würdigung dieser Entscheidung werden wir nun allerdings von der Feststellung ausgehen müssen, daß der Bezirksausschuß an sich in ganz zutreffender Weise unseren allgemeinen Grundsatz vom Widerruf kraft Anfechtung wegen Gesetzwidrigkeit angewandt hat. Trotzdem werden wir im Ergebnis dem Oberverwaltungsgericht beitreten müssen und zwar mit Rücksicht auf KVG. 48a. — Nach dieser Bestimmung nämlich ist die Anfechtung der gesetzwidrigen Kassengenehmigung in besonderer Weise ausgestaltet. Sie geschieht

---

[29]) Vgl. o. S. 92, 198.

[30]) **II. 443** (16).

[31]) Vgl. BVGH. bei Reger **28**, 523. Wegen Sparkassenstatutenbestätigung vgl. Hubrich bei Gruchot **19** 808, auch **824**, wo er abweichende Meinungen ablehnt.

[32]) Vgl. o. S. 136.

[33]) OVG. **36**, **395**.

[34]) OVG. **31**, 327.

nicht wie gewöhnlich durch einfachen Widerruf der Bezirksausschußgenehmigung, vielmehr ist das staatliche Anfechtungsrecht auf den Regierungspräsidenten übertragen und zwar wiederum in besonders modifizierter Weise. Freilich bezieht sich § 48a nur auf die Fälle einer teilweisen Anfechtbarkeit, nicht auf die Fälle einer vollständigen, so daß nach ihm nur einzelne Bestimmungen geändert, nicht aber das ganze Statut aufgehoben werden kann [35]). — Die Frage ist nun: was hat zu geschehen, wenn vollständige Anfechtkarbeit vorliegt? Man könnte daran denken, zu sagen: dann greift in Ermangelung von Sonderbestimmungen der allgemeine Grundsatz, also Widerruf kraft Anfechtung wegen Gesetzwidrigkeit, Platz; und auf diesen Standpunkt stellte sich offensichtlich der Bezirksausschuß. Aber es erscheint doch recht zweifelhaft, ob das dem Willen des Gesetzgebers entsprechen würde; man kann im Gegenteil folgern: wenn schon für die teilweise Anfechtung dem Bezirksausschuß das Selbstanfechtungsrecht entzogen ist, so muß es ihm erst recht für die, viel einschneidendere, vollständige Anfechtung entzogen sein. Von diesem Gesichtspunkt aus kann man dann in der Tat mit dem Oberverwaltungsgericht [36]) auf ALVG. 126 zurückgreifen, wonach in solchen Fällen der gegebene Weg die Anfechtungsklage gegen den genehmigenden Beschluß des Bezirksausschusses sein würde. Scharf betont werden muß aber, daß diese Form der Anfechtung gegenüber unserem allgemeinen Grundsatz, daß der gesetzwidrige Verwaltungsakt der Anfechtung unterliegt, nicht einen Widerspruch, sondern lediglich eine Modifikation darstellt.

Auch Verwaltungsakte, die Rechtsverhältnisse begründen, unterliegen dieser Anfechtung wegen Gesetzwidrigkeit. So die Verleihung öffentlicher Unternehmungen [37]), die Naturalisation, wenn man sie nicht als Formalakt anerkennen will [38]), die Bürgerrechtsverleihung [39]), die Beamtenernennung [40]), insbesondere in den Fällen, wo unter Verletzung gesetzlicher Bestimmungen eine Beamtenstelle durch Nichtmilitäranwärter besetzt worden ist [41]).

Endlich ist unser Grundsatz auch anerkannt worden für die nicht frei widerruflichen rechtsvernichtenden Verfügungen. So sind die Entlassung aus der Staatsangehörigkeit [42]) und ihre Aberkennung [43]) nach St.Ang.G. 20 wegen Gesetzwidrigkeit widerruflich, wenn man hier nicht ebenfalls Formalakte annehmen will, was wohl folgerichtig wäre [44]). In diesen Zusammenhang gehört ferner der Widerruf gesetz-

---

35) OVG. v. 19. IX. 04 in VBl. **26**, 939.

36) OVG. **36**, 395.

37) F. F. Mayer 213, 214: es „entsteht durch die rechtsgültig erteilte Konzession .... ein wahres Privatrecht“.

38) S. o. S. 367.

39) BVGH. **10**, 89.

40) F. F. Mayer 78, wo aber die Fälle echter Nichtigkeit wegen Unmöglichkeit nicht ausgeschieden sind.

41) Vgl. die o. S. 219 (13, 14) genannten Entscheidungen.

42) Rauchalles 73.

43) a. a. O. 80. Seydel I. 289.

44) Vgl. Rauchalles 73.

widriger Steuererlasse [45]), soweit hier nicht überhaupt Nichtigkeit wegen absoluter Unzuständigkeit eintritt [46]).

§ 43.

ε) Die Anfechtung wegen Verfahrensmängeln.

Außer aus materiellen Gründen wird man nicht umhin können, auch eine Anfechtung wegen Verfahrensmängeln anzuerkennen.

I. Bei der Betrachtung dieses Anfechtungsgrunds müssen wir zunächst zur Klärung der Sachlage auf eine Besonderheit hinweisen, durch die er sich von den bis jetzt erörterten Anfechtungsgründen unterscheidet. Der Widerruf kann nämlich in zwei Stadien stattfinden und hiernach sind zwei Anfechtungsfälle voneinander zu trennen.

Es kann sich einmal handeln um den Widerruf des Schlußaktes, mit dem das ganze Verfahren endet.

Dieser Fall entspricht den bisher unersuchten Anfechtungsfällen, von denen er sich nur in der causa unterscheidet; während es bisher materiellrechtliche Gründe waren, die zu dem Widerruf führten, sind es hier formellrechtliche Gründe. Hierher gehört beispielsweise der Fall, daß ein Verwaltungsakt, etwa die Erteilung einer Gewerbeerlaubnis, um deswillen angefochten wird, weil sich herausstellt, daß der erforderliche Antrag gefehlt hatte.

Diese Anfechtung unterliegt nun häufig formellen Einschränkungen. — Sie ist vielfach überhaupt nicht einfach von Amtswegen, sondern nur auf Parteibetreiben, also nicht als Selbstanfechtung, sondern nur als Parteianfechtung zulässig, wie namentlich im Zivil- oder Strafprozeß, wo dem urteilenden Gericht selbst das Anfechtungsrecht fehlt. — Außerdem ist es möglich, daß nur gewisse Verfahrensmängel von Amtswegen, andere dagegen lediglich auf Parteibetreiben angefochten werden können. Die ersteren kann man als absolute, die zweiten als relative Anfechtungsgründe bezeichnen. Bei den absoluten Anfechtungsgründen handelt es sich um einen Verstoß gegen absolute Verfahrensvorschriften und es greift hier auch absolute Anfechtbarkeit, insbesondere im Weg der Selbstanfechtung, Platz, wie dies vom Oberverwaltungsgericht [1]) für die Wegeverlegung nach Zust.G. 57 ausgesprochen worden ist. Dagegen handelt es sich bei den relativen Anfechtungsgründen nur um einen Verstoß gegen relative Verfahrensvorschriften, d. h. gegen solche, die lediglich den Schutz bestimmter Personen bezwecken, und es greift bei ihnen nur eine relative, von diesen geschützten Personen geltend zu machende Anfechtbarkeit Platz; dies hat das Oberverwaltungsgericht [2]) für den Fall von P. Ansiedl.G. 16 ausgesprochen, indem es betonte, nur die Geschützten selbst könnten sich darauf berufen, ein anderer dürfe nicht de iure tertii anfechten; dies muß auch von den Behörden gelten, die gleichfalls in solchen Fällen nicht de iure tertii anfechten dürfen.

---

[45]) Mayer I. 431. BVGH. 4, 261.
[46]) Vgl. o. S. 257, 258.
[1]) OVG. 18, 236.
[2]) OVG. 8, 349; 41, 382.

Es kann sich aber auch handeln um den Widerruf einzelner Akte, die sich als Bestandteile des Verfahrens darstellen. Hierher gehört etwa der Widerruf eines Beweisbeschlusses aus dem Grunde, weil ein gesetzlich ausgeschlossener Richter bei ihm mitgewirkt hat. Ein solcher Widerruf einzelner Bestandteile während schwebenden Verfahrens erscheint überall auch von Amtswegen zulässig. Er vollzieht sich in der Weise, daß der mangelhafte Akt einfach wiederholt, z. B. ein Strafverfahren, dem es an einem ordnungsmäßigen Eröffnungsbeschluß mangelt, von neuem begonnen, eine Geschworenenbank, die nicht ordnungsmäßig gebildet war, von neuem gebildet wird usw. Dieser Unterschied des Widerrufs von Verfahrensbestandteilen von dem vorigen Fall eines Widerrufs des Schlußaktes hat nun namentlich in der prozessualen Literatur zu dem Irrtum Anlaß gegeben, als ob es sich hier um eine echte „Nichtigkeit des Verfahrens", um ein iudicium nullum [3]), handele; man verwechselte die Nichtigkeit mit der Möglichkeit der Selbstanfechtung, indem man als Nichtigkeit alles das ansah, zu dessen Beseitigung es nicht erst, wie etwa bei dem das Verfahren beendigenden Urteil, einer Parteianfechtung bedarf [4]).

II. Einer näheren Untersuchung über diese allgemeinen Bemerkungen hinaus bedarf allein der erste Fall, also die Anfechtung des Schlußaktes wegen Mängeln des vorangegangenen Verfahrens.

1. Kaum bestritten werden kann hier der Grundsatz: Verletzung „wesentlicher" Verfahrensvorschriften begründet Anfechtbarkeit. Darauf haben wir schon bei Besprechung der Formalakte hingewiesen [5]). Es ist kein Grund ersichtlich, weswegen die gewöhnlichen Verwaltungsakte unanfechtbarer sein sollten als die Urteile. Auch ist schon bisher in Literatur und Praxis, obgleich die Gesetze in der Frage schweigen, die Zulässigkeit dieses Anfechtungsgrunds anerkannt worden. Schelcher [6]) ist, wie wir in der Lehre von der Nichtigkeit sahen, so weit gegangen, hier echte Nichtigkeit wegen Verfahrensmängeln bezüglich aller Verwaltungsakte zu behaupten. Im übrigen ist die Frage sehr häufig für die Gewerbeerlaubnisse behandelt und hier fast durchweg bejaht worden [7]); auch hier hat man freilich vielfach diesen Anfechtungsgrund mit echten Nichtigkeitsgründen vermengt. Vom Standpunkt der Anfechtbarkeit wegen Verfahrensmängeln aus ist es auch zu billigen, wenn man die Nichtigkeitsklage in Patentsachen auch wegen formeller Mängel bei der Patenterteilung zuläßt, obschon das Gesetz selbst ebenso

[3]) Diesen Ausdruck verwendet z. B. Schmidt 665 f., der aber wohl gar nicht echte Nichtigkeit meint.

[4]) Vgl. o. S. 278 (118). Treffend betont Hellwig II. 83 (19) die Unerheblichkeit des Streits zwischen den Vertretern der sogen., aber nicht wirklichen Nichtigkeit und den Vertretern der Anfechtbarkeit.

[5]) S. o. S. 368 f.

[6]) Gesetz S. 359.

[7]) Mayer I. 305. Schenkel I. 395, 396. Landmann I. 183. Nelken I. 784. Schicker I. 70, 71. — S. M. V. v. 5. IX. 81 bei Reger **2**, 240, v. 21. I. 1897 bei Reger **17**, 249. OVG. **36**, 371. Braunschw. VGH. bei Reger **22**, 303. SOVG. **2**, 104. A. M. Seydel **III**. 417, Kappelmann in VBl. **25**, 2, der sich zu Unrecht auf OVG. **4**, 289 beruft, wo indessen nur gesagt wird, daß bei „Nichtigkeit" wegen Verfahrensmängeln das Verwaltungsstreitverfahren nicht stattfinde. — Vgl. auch BVGH. **28**, 96.

wie die Gew.O. bezüglich der Gewerbeerlaubnisse, nur eine Anfechtung aus materiellen Gründen kennt [8]); von echter Nichtigkeit ist auch hier nicht die Rede [9]). Jedenfalls können wir das eine feststellen, daß grundsätzlich Einigkeit darüber herrscht, daß Verfahrensmängel nicht ohne Einfluß auf den Verwaltungsakt sind und daß sie, soweit überhaupt ein Selbstanfechtungsrecht besteht [10]), auch von Amtswegen geltend gemacht werden können, und zwar selbst dann noch, wenn ein Recht zur Parteianfechtung nicht oder nicht mehr gegeben ist [11]).

2. So einfach nun aber auch der aufgestellte Grundsatz ist, so ergeben sich doch beträchtliche Schwierigkeiten bei seiner Durchführung. Sie liegen in der Frage, welche Vorschriften „wesentlich" sind. Schelcher [12]) hat gemeint, das lasse sich nicht von vornherein bestimmen. Also hat die anfechtende Behörde selbst darüber zu entscheiden! Das ist eine unmögliche Lösung. Wenn im Verwaltungsprozeß vor den Gerichten der Begriff der wesentlichen Verfahrensmängel nicht gesetzlich umschrieben ist [13]), so mag das angehen; das unparteiische Obergericht wird es schon feststellen. Aber für das gewöhnliche Verwaltungsverfahren kann man der Behörde, die selbst Anfechtungspartei ist, eine solche Freiheit nicht einräumen; so, wie sie in materieller Hinsicht an die im Gesetz selbst umschriebenen Anfechtungsgründe gebunden ist und nicht auf Ermessensfragen es abstellen kann, so muß sie auch in formeller Hinsicht an das Gesetz gebunden sein. Treffend hat Walter Jellinek [13a]) insbesondere noch darauf hingewiesen, daß bei der gegenteiligen Annahme es der landesgesetzlichen Willkür unbenommen wäre, in das feste Gefüge der Reichsgesetze, die einen Widerruf nur aus ganz bestimmten Gründen und in möglichst engen Grenzen zulassen wollen wie namentlich die Gewerbeordnung, eine gefährliche Bresche zu reißen. Aber wie? Die Gesetze enthalten doch keine Normen darüber! Nun ja; dann muß man eben noch einmal zur Analogie greifen. Als einziges Gesetz aber, das als Grundlage dieser Analogie dienen könnte, bietet sich uns die CPO., deren Benützung übrigens um so unbedenklicher erscheint, da sie ja auch sonst von unseren Verwaltungsprozeßgesetzen häufig zur analogen Anwendung in Bezug genommen wird [14]).

3. Wir schlagen darum folgende Lösung des Problems vor, deren Mangelhaftigkeit wir nicht unbedingt leugnen wollen, da sie vielleicht manchen Besonderheiten einzelner Verwaltungsverfahren nicht gerecht wird, die aber, trotz dieser Mangelhaftigkeit, uns immer noch besser zu sein scheint als die Willkür der Verwaltung, der sonst Tür

---

8) Vgl. RG. **46**, 175; **50**, 196. Unrichtig in so weit Seligsohn in den Studien zur Förderung usw. 230 ff.; vgl. o. S. 225.

9) A. M. Kohler, Lehrbuch des Patentrechts 166. Vgl. dagegen o. S. 224, 225.

10) Vgl. o. S. 305 f, ferner BVGH. **16**, 85 und zu dieser Entscheidung o. S. 130 (25).

11) Östr. VGH. 4085.

12) Gesetz S. 359.

13) Vgl. ALVG. 94, Z. 2.

13a) S. 163.

14) Auch Walter Jellinek 161 trägt kein Bedenken, ohne weitere Begründung die CPO. analog anzuwenden.

und Tor geöffnet wäre. Zudem ist es ja nicht nur dem Gesetzgeber unbenommen, sondern sogar sehr erwünscht, wenn er im Hinblick auf diese Mangelhaftigkeit selbst eingreift. Im übrigen decken sich die einzelnen Anwendungsfälle, zu denen unser Vorschlag führt, großenteils mit dem, was schon bisher angenommen wurde.

Was nun zunächst die gewöhnlichen Verwaltungsakte anlangt, so scheint uns hier die Analogie der absoluten Revisionsgründe von CPO. 551 das Gebotene und wir glauben hieran auch gegen Walter Jellinek[15]), der auf CPO. 579, d. h. auf die Gründe der Nichtigkeitsklage verweist, festhalten zu sollen. In den wichtigsten Punkten decken sich freilich die Anfechtungsgründe aus CPO. 551 und 579; auch werden wir durch Ausschaltung von 551 Z. 7 uns noch mehr der Auffassung Jellineks nähern; praktisch bedeutsam wird der Unterschied unserer Meinung von der Jellineks darum nur bezüglich 551 Z. 4 und 6; doch scheidet auch hiervon noch Z. 4 aus, da Jellinek hier überhaupt keine Anfechtbarkeit, sondern Nichtigkeit annehmen will. Im einzelnen bedeutet unser Grundsatz:

Anfechtbarkeit liegt vor, wenn die handelnde Behörde nicht ordnungsmäßig besetzt war[16]) (CPO. 551 Z. 1).

Gleiches wird man auch annehmen können, wenn ausgeschlossene oder befangene Beamte mitgewirkt haben (CPO. 551 Z. 2, 3)[17]).

Anfechtbarkeit liegt sicher vor bei Unzuständigkeit[18]), soweit hier nicht sogar, was aber doch keineswegs überall geschieht[19]), nach früher erörterten Grundsätzen Nichtigkeit Platz greift (CPO. 551 Z. 4). So heißt es denn auch in § 43 der Bad. Verordnung vom 31. August 1884, daß ein Widerruf zulässig ist, „wenn eine erteilte Bewilligung oder Genehmigung . . . unzuständigerweise erteilt wurde.“

Ebenso besteht kein Zweifel, wenn eine Partei nicht nach Vorschrift der Gesetze vertreten war[20]). Hierher gehört auch die Anfechtbarkeit wegen mangelnden Antrags[21]) (CPO. 551 Z. 5). Hierher gehört ferner der Mangel des rechtlichen Gehörs, soweit der Nichtgehörte in dem Verfahren eine eigentliche Parteistellung besaß und seine Anhörung nicht, wie namentlich im Fall St.O. 56 Z. 6[22]), bloß instruktionelle und interne Bedeutung hat[23]). Zu beachten ist bei diesem An-

---

15) S. 161.

16) Ebenso Tezner 34. Ebenso auch Walter Jellinek 161 mit Rücksicht auf CPO. 579, Z. 1.

17) Ebenso Walter Jellinek a. a. O. mit Rücksicht auf CPO. 579, Z. 2, 3.

18) Schenkel I. 395, 208. Landmann I. 188. Ebner in VA. **14**, 179. — SOVG. **2**, 104.

19) Das übersehen Walter Jellinek 162 und Kappelmann in VBl. **25**, 2. OVG. v. 2. I. 86, worauf sich Kappelmann bezieht, spricht nur von einem Fall sachlicher Unzuständigkeit. Vgl. im übrigen o. S. 247 f.

20) Ebenso W. Jellinek 161 mit Rücksicht auf CPO. 759, Z. 4. Vgl. den Fall in Bl. f. adm. Pr. **27**, 364.

21) Mayer in A. ö. R. **3**, 64. Rohrscheidt 85. Schicker I. 88. — Vgl. Kohler, Prozeß 120. — Über abweichende Meinungen s. o. S. 275 f. (89, 90, 96, 106).

22) Preuß 384 f. RG. **37**, 225, 241.

23) Vgl. Walter Jellinek 162. OVG. **36**, 371. BVGH. 4, 453, 570. — Braunschw. VGH. bei Reger **22**, 303, wo sich übrigens eine bedenkliche Auffassung des Grundsatzes der Verbindlichkeit findet.

fechtungsgrund die in CPO. 551 Z. 5 gemachte einschränkende Klausel „sofern . . . [die Partei] nicht die Prozeßführung ausdrücklich oder stillschweigend genehmigt hat“[24]); von diesem Gesichtspunkt aus kann man der Entscheidung des österreichischen Verwaltungsgerichtshofs beipflichten, daß der Formmangel eines Antrags wohl zur Versagung nicht aber zum Widerruf einer Konzession berechtige[25]).

Anfechtung wegen Nichtöffentlichkeit des Verfahrens (CPO. 551 Z. 6) kann, wo es nach Lage der Dinge wesentlich erscheint, auch anerkannt werden. Tezner[26]) hat es z. B. angenommen für Gemeindebeschlüsse, die in nicht öffentlicher Sitzung ergangen sind. Gleiches ist anzunehmen für den Fall, daß bei der Patenterteilung das Aufgebotsverfahren nicht stattgefunden hat[27]) oder wenn im Fall Gew.O. 17 oder Gew.O. 25 die vorgeschriebene Bekanntmachung unberechtigterweise unterblieben ist[28]).

Mangel der Gründe (CPO. 551 Z. 7) gestattet dagegen keine Anfechtung von Amtswegen[29]). Soweit solche Gründe vorgeschrieben sind, ist es ausschließlich im Interesse des Betroffenen geschehen, dem es überlassen bleiben muß, seinerseits den Mangel als Anfechtungsgrund geltend zu machen.

Weitere Verfahrensmängel wird man als Anfechtungsgründe nicht gelten lassen dürfen. Insbesondere ist daher Walter Jellinek[30]) beizustimmen, wenn er eine Auffassung bekämpft, die einen Grund zur Konzessionsentziehung in der Tatsache finden will, daß die Unterinstanz die Prüfung der Personal- oder der Lokalfrage überhaupt unterlassen gehabt habe.

Hinsichtlich der Formalakte mag, wie schon früher angedeutet[31]), eine weitere Beschränkung auf die Gründe der Nichtigkeitsklage nach CPO. 579 angezeigt erscheinen. Vielleicht kann man aber auch hier unbedenklich dieselben Grundsätze wie für die sonstigen Verwaltungsakte zur Anwendung bringen. Auf jeden Fall erscheint aber angezeigt, daß man den Anfechtungsgrund aus CPO. 551 Z. 4, Unzuständigkeit der handelnden Behörde, auch auf Formalakte zur Anwendung bringt, da die besonderen Gründe, die dazu geführt haben, bei gerichtlichen Urteilen die Unzuständigkeit zum Revisionsgrund herabzudrücken und sie nicht als Grund zur Nichtigkeitsklage anzuerkennen, bei den verwaltungsbehördlichen Formalakten kaum Platz greifen dürften.

---

24) Vgl. RVA. **1905**, 407, Z. 2098. Vgl. o. S. 296 (76).

25) Östr. VGH. 3615.

26) Tezner 34. A. M. Walter Jellinek 161 mit Rücksicht auf CPO. 579; vgl. aber Anm. 28. Anderer Meinung scheint ferner BVGH. **28**, 11 zu sein; doch ist nicht ganz klar ersichtlich, ob hier nur die Nichtigkeit (vgl. o. S. 278) oder auch die Anfechtbarkeit solcher Gemeindebeschlüsse geleugnet werden soll.

27) Vgl. Kohler, Lehrbuch des Patentrechts 166, der aber von echter Nichtigkeit spricht.

28) V. d. S. Min. d. I. v. 10. VIII. 88 bei Reger **9**, 186. Nelken 375 (13, 17). Schicker I. 88. Walter Jellinek 162 (1) unter Bezugnahme auf CPO. 579, Ziffer 4.

29) Ebenso Walter Jellinek 162 (1) mit Rücksicht auf CPO. 579.

30) S. 162, 163. Er wendet sich dabei gegen SOVG. **2**, 104. Doch hat dieses die bekämpfte Auffassung nur beiläufig gebilligt, indes nicht selbst angewandt. Letzteres ist dagegen geschehen von OLG. Dresden bei Reger **18**, 309.

31) S. o. S. 369.

§ 44.

d) Der Widerruf kraft Verwirkung.

Man wird unbedenklisch sprechen können von einem allgemeinen Rechtsgrundsatz des Inhalts, daß überall dort, wo sich zwei Personen mit gegenseitigen Rechten und Pflichten gegenüberstehen, jede dieser Personen befugt ist, sich von ihren Verpflichtungen zu lösen, wenn die andere ihren Verpflichtungen nicht nachkommt. Dieser Satz entspricht dermaßen unserem Rechtsempfinden, daß ihn kein Recht hat ignorieren können. Wir finden ihn in außerordentlich feiner Ausgestaltung im Privatrecht für die gegenseitigen Verträge in den Bestimmungen von BGB §§ 323—327. Wir finden ihn ebenso, wennschon in minder feiner Ausgestaltung in dem allgemein anerkannten Satz des Völkerrechts [1]): „Bei wechselseitigen Obligationen wird der eine Teil zum Rücktritt berechtigt, wenn der andere Teil die ihm obliegende Leistung nicht macht." Schon diese allgemeine Betrachtung legt den Gedanken nahe, daß wir auch im inneren Staatsrecht den gleichen Grundsatz wiederfinden werden.

* * *

Und in der Tat gibt es ein verwaltungsrechtliches Institut, das wir als eine Anwendung jenes allgemeinen Rechtsgedankens werden ansprechen müssen: es ist der Widerruf kraft Verwirkungsrechts oder, wie wir es kürzer nennen wollen, kraft Verwirkung.

I. Das Kennzeichnende dieses Rechtsinstituts liegt darin, daß es in den Fällen, wo der durch einen Verwaltungsakt Begünstigte die ihm, zugleich mit diesen erteilten Begünstigungen auferlegten, Verpflichtungen nicht erfüllt, die handelnde oder eine an deren Stelle zur Ausübung des Widerrufsrechts zuständige [2]) Behörde dazu befugt, die erteilte Begünstigung durch Widerruf des Verwaltungsakts wieder zu entziehen. Im einzelnen ist hiermit dreierlei gesagt.

Es handelt sich also zunächst um ein Institut, das sich als eine besondere Art des Widerrufs darstellt. Damit werden die Fälle ausgeschieden, in denen die Nichterfüllung gewisser Verpflichtungen ipso jure das Erlöschen der Wirkungen des fraglichen Verwaltungsakts zur Folge hat; von ihnen war schon in der Lehre von den auflösenden Bedingungen die Rede [3]). In den Fällen dagegen, um die es sich jetzt handelt, tritt niemals ipso jure ein solches Erlöschen ein, sondern es bedarf zu dessen Herbeiführung erst noch eines besonderen staatlichen Willensakts, eben des Widerrufs. Was die Frage anlangt, ob die Abgabe dieser Widerrufserklärung fakultativ oder obligatorisch ist, so wird man sich grundsätzlich für das erstere zu entscheiden haben, und zwar aus ähnlichen Erwägungen wie die waren, die uns früher [4]) veranlaßten, grundsätzlich eine Rechtspflicht der Behörde zum Widerruf kraft Anfechtung zu verneinen.

---

[1]) Heilborn bei Kohler II. 1042.
[2]) S. o. S. 307.
[3]) S. o. § 18.
[4]) S. o. S. 306. 307.

Unser Rechtsinstitut greift Platz bei Nichterfüllung der dem Begünstigten auferlegten Verpflichtungen. Fraglich kann hierbei sein, ob diese Nichterfüllung eine schuldhafte gewesen sein muß: beruht unser Rechtsinstitut auf dem Verschuldungs- oder auf dem Verursachungsprinzip? Die Gesetze pflegen zwischen verschuldeter und nicht verschuldeter Nichterfüllung im allgemeinen nicht zu unterscheiden. Daher erscheint es auch im allgemeinen nicht zulässig, daß die Wissenschaft einen solchen Unterschied herauszuarbeiten versucht, so daß wir also als Grundsatz aufzustellen haben: es genügt als Voraussetzung des Widerrufs der objektive Tatbestand der Nichterfüllung. Eine Ausnahme von diesem Grundsatz wird man indes dort anzuerkennen haben, wo der Widerruf des Verwaltungsakts nach der Absicht des Gesetzgebers offenbar als eine Art Nebenstrafe neben der durch die Nichterfüllung der obliegenden Verpflichtungen an sich schon verwirkten Strafe gedacht ist; dies dürfte insbesondere der Fall sein bei der Entziehung persönlicher Polizeierlaubnisse wegen Verstoßes gegen Polizeigebote, und von diesem Gesichtspunkt aus kann man es billigen, wenn das Oberverwaltungsgericht in seiner Entscheidung vom 24. Januar 1889 ausführt: ist in einer Polizeiverordnung bestimmt, daß Omnibusfahrern der Fahrschein entzogen wird, falls sie die Vorschriften über die Höchstzahl der zu befördernden Personen übertreten, so genügt für die Rechtmäßigkeit der Entziehung nicht die bloße Feststellung, daß der Wagen überfüllt war, sondern es ist weiter nötig, daß den Fahrer ein Verschulden trifft. Im übrigen ist häufig eine Mahnung vorgesehen als Voraussetzung des Widerrufs.

Endlich ergibt sich bereits aus unserer Kennzeichnung des behandelten Rechtsinstituts, daß es nur dort Anwendung finden kann, wo der durch den Verwaltungsakt Betroffene einerseits begünstigt, zugleich aber auch andererseits mit gewissen Verpflichtungen belastet ist. — Wenn wir dabei von Begünstigung sprechen, so wählen wir dieses farblose Wort mit Absicht, weil es andeuten soll, daß es sich keineswegs immer um Rechtsverleihungen im echten Sinn zu handeln braucht; auch die bloßen Befugnisse sind Begünstigungen, an die sich unser Rechtsinstitut anknüpfen kann. — Bezüglich der Verpflichtungen ist zu bemerken, daß zwei Möglichkeiten in Betracht kommen können: entweder stehen die Verpflichtungen mit den Begünstigungen in einem inneren Zusammenhang wie in allen den Fällen, wo der Verwaltungsakt ein Rechtsverhältnis schafft [5]) oder aber sie sind ihnen nur mehr äußerlich angehängt wie in den Fällen der Auflage [6]); im ersteren Fall haben wir es also zu tun mit einer Ergänzung der Lehre von den gegenseitigen Rechtsgeschäften [7]), im zweiten Fall mit einer Ergänzung der Lehre von der Auflage. Diese beiden Fälle sollen im folgenden gesondert betrachtet werden.

II. Im Recht der gegenseitigen Rechtsgeschäfte hat unser Grundsatz eine ziemlich mannigfaltige Ausgestaltung gefunden, so daß

[5]) S. o. S. 104 f.
[6]) S. o. §§ 18 f.
[7]) S. o. S. 105.

hier eine allgemeine Lehre kaum mehr geben kann als einen Hinweis auf die Besonderheiten.

1. Sehr wichtig ist das Rechtsinstitut des Widerrufs kraft Verwirkung bei der Verleihung öffentlicher Unternehmungen.

Die Gesetze und ebenso die sogenannten [8]) Privilegien, welche die Verleihung aussprechen, erwähnen hier die Verwirkung häufig.

Insbesondre ist das oft geschehen bezüglich der Eisenbahnkonzessionen. So heißt es in §§ 21, 47 des preußischen Eisenbahngesetzes: „Im Falle der Nichtvollendung [der Bauanlagen] binnen der [vom Minister] bestimmten Zeit bleibt vorbehalten, die Anlage, so wie sie liegt, für Rechnung der Gesellschaft unter der Bedingung zur öffentlichen Versteigerung zu bringen, daß dieselbe von den Ankäufern ausgeführt werde. Es muß jedoch dem Antrage auf Versteigerung die Bestimmung einer schließlichen Frist von sechs Monaten zur Vollendung der Bahn vorangehen" (§ 21); „die erteilte Konzession wird verwirkt und die Bahn mit den Transportmitteln und allem Zubehör für Rechnung der Gesellschaft öffentlich versteigert, wenn diese eine der allgemeinen oder besonderen Bedingungen nicht erfüllt und eine Aufforderung zur Erfüllung binnen einer endlichen Frist von mindestens drei Monaten ohne Erfolg bleibt" (§ 47). In dem bayerischen Gesetz vom 30. Januar 1868 das Gewerbswesen betr. heißt es in Art. 12^{III} von den Eisenbahn- und Dampfschiffahrtsunternehmen ebenso wie von den Kreditkassen und Bankanstalten, daß die Konzession zu diesen Unternehmungen auf bestimmte Zeit eingestellt oder ganz entzogen werden könne, „wenn der Inhaber den Konzessionsbedingungen ganz oder teilweise nicht nachgekommem und deshalb wiederholt amtlich verwarnt worden ist." Das badische Gesetz vom 23. Juni 1900 betr. das Genehmigungsverfahren bei Eisenbahnanlagen sieht in § 9^{I} vor: „Die Genehmigung kann für erloschen erklärt werden, wenn die Ausführung der Bahn oder die Eröffnung des Betriebes nicht innerhalb der in der Genehmigung bestimmten Frist erfolgt." Auch das Schweizer Recht enthält in Art. 28 des Eisenbahngesetzes vom 23. Dezember 1872 Bestimmungen gleicher Art [9]).

Will man in den Kleinbahnkonzessionen nicht gewöhnliche Polizeierlaubnisse, sondern Verleihungen gleich den Eisenbahnkonzessionen erblicken[10]), so hat man in diesem Zusammenhang auch die Bestimmungen der §§ 23, 24 des preußischen Kleinbahngesetzes zu erwähnen, wonach ein Widerruf kraft Verwirkung zulässig ist sowohl dann, wenn die Ausführung des Baus oder die Betriebseröffnung nicht innerhalb der bei der „Genehmigung" bestimmten Frist erfolgt (§ 23), wie auch dann, wenn Bau oder Betrieb ohne genügenden Grund unterbrochen werden oder wenn wiederholt gegen die „Bedingungen" oder sonstige Verpflichtungen „in wesentlicher Beziehung" verstoßen wird (§ 24). Zu bemerken ist dazu noch, daß ein sachlicher Unterschied zwischen der „Rücknahme" in § 24 und dem „für erloschen erklären" in § 23 nicht besteht. Der letztgenannte Ausdruck ist lediglich zurückzuführen auf die Entstehungs-

---

[8]) S. o. S. 120.
[9]) Vgl. dazu Blumer 93.
[10]) S. o. S. 107, 108.

geschichte des Gesetzes, da ursprünglich im Fall des § 23 die Genehmigung ipso jure erlöschen sollte[11]).

Von gleicher Art wie die genannten eisenbahnrechtlichen Bestimmungen ist jedenfalls auch der § 50 des Reichsbankgesetzes, wonach eine im Weg der öffentlichen Klage durchzuführende Rücknahme des Notenprivilegs einer Bank stattfindet, „wenn die Vorschriften der Statuten, des Privilegiums oder des gegenwärtigen Gesetzes über die Deckung für die umlaufenden Noten verletzt worden sind, oder der Notenumlauf die durch Statut, Privilegium oder Gesetz bestimmte Grenze überschritten hat" oder wenn die Bank gewisse andere im Gesetz § 50, Z. 2—4 bezeichnete Bedingungen nicht erfüllt hat oder nicht mehr erfüllt. Beachtenswert ist bei dieser Bestimmung des Reichsbankgesetzes im Unterschied von den eisenbahnrechtlichen Bestimmungen, daß sie eine vorgängige Mahnung für den Widerruf kraft Verwirkung nicht voraussetzt.

Keine andere Natur haben die Bestimmungen der verschiedenen preußischen Wegeordnungen über die Entziehung von Hebungsberechtigungen gegenüber dem leistungsunfähig gewordenen Wegeunterhaltungspflichtigen [12]). So sagt die Wegeordnung für Posen in § 28: „Geraten derartige Verkehrsanstalten wegen Unvermögens des Hebungsberechtigten in Verfall und kann ihre vorschriftsmäßige Unterhaltung nicht durch Übernahme seitens eines leistungsfähigen Dritten oder durch Beschlaglegung auf die Erträge sicher gestellt werden, so kann dem Hebungsberechtigten seine Berechtigung entzogen und können die Anstalten dem nach den Bestimmungen dieses Gesetzes sonst Verpflichteten zur Unterhaltung überwiesen werden. Eine Entschädigung an den Hebungsberechtigten wird nicht gewährt." Gleichartige Bestimmungen finden sich ferner in § 30 der Wegeordnung für Sachsen und § 29 der Wegeordnung für Westpreußen.

Endlich mag noch verwiesen werden auf die Verwirkungsvorbehalte in den einzelnen kolonialen Landkonzessionen[13]). Die Besonderheit, die sich hier findet, besteht darin, daß es hier an einer allgemeinen gesetzlichen Bestimmung oder doch jedenfalls an einer ausdrücklichen Bestimmung des Gesetzgebers fehlt und daß mit ausdrücklichen Worten von der Verwirkung nur in den speziellen rechtsgeschäftlichen Konzessionen selbst die Rede ist. Im einzelnen seien hervorgehoben: Damaralandkonzession[14]) Art. 8, 11^{II}, 18 Z. f., 19^{II}, Konzession für die Siedelungsgesellschaft für Deutsch-Südwestafrika vom 2. März 1896[15]) § 11, Konzession zur Aufsuchung und Gewinnung von Edelsteinen innerhalb des Bezirks von Gibeon in Deutsch-Südwestafrika vom 25. September 1904[16]) §§ 6^{IV}, 8^{II}, 12.

In der Literatur hat bereits Otto Mayer[17]) aus den vorhandenen gesetzlichen Bestimmungen insbesondere des Eisenbahnrechts den rich-

---

[11]) Gleim, Kleinbahngesetz S. 189.

[12]) Über die rechtliche Natur dieser Hebungsrechte mit gegenüberstehender Wegebauverpflichtung s. o. S. 108.

[13]) Über die rechtliche Natur der Landkonzessionen s. o. S. 108.

[14]) Bei Hesse **II.** 224.

[15]) a. a. O. 259.

[16]) a. a. O. 281.

[17]) Mayer **II.** 316.

tigen Schluß der Verallgemeinerung gezogen und als allgemeinen Grundsatz für das Recht der öffentlichen Unternehmungen überhaupt ausgesprochen: „wenn der Beliehene seinen Pflichten tatsächlich nicht nachkommt, das Unternehmen gar nicht herstellt oder den gehörigen Betrieb unterläßt oder sonst wesentliche Konzessionsbedingungen nicht erfüllt, so ist die Behörde berechtigt ihm die Konzession zu entziehen. Die Verleihung wird für verwirkt erklärt." Ebenso wie dieser Auffassung wird auch der weiteren Lehre Mayers beizutreten sein[17]): „Der Ausspruch geschieht nach vorgängiger Mahnung". Wennschon es richtig ist, daß die Gesetze nicht überall eine solche Mahnung als notwendig bezeichnen, so muß doch beachtet werden, daß die Mahnung gerade im Eisenbahnrecht, das unser Rechtsinstitut verhältnismäßig am eingehendsten ausgebildet hat, als gemeinrechtliches Erfordernis anzusehen ist und daß, da die eisenbahnrechtlichen Bestimmungen eben wegen dieser ihrer hervorragenden Bedeutung für die Ausbildung unseres Rechtsinstituts am ehesten der analogen Ausdehnung fähig sind, auch das Erfordernis der Mahnung im Zweifel, d. h. soweit nicht besondere gesetzliche Bestimmungen entgegenstehen, übernommen werden muß; auch die Analogie der privatrechtlichen Bestimmungen, nach denen ebenfalls nicht der objektive Tatbestand der Nichterfüllung der übernommenen Verpflichtungen genügt, sondern ein Verzug des Schuldners verlangt wird[18]), spricht für diese Auffassung. Eine Ausnahme von dem die vorgängige Mahnung erfordernden Grundsatz wird aber wohl dort anzuerkennen sein, wo für die Leistung eine bestimmte Zeit kalendermäßig unzweideutig festgesetzt ist, etwa in der Weise, daß gesagt ist, mit der Eröffnung des Unternehmens müsse spätestens ein halbes Jahr nach Ausstellung der Konzessionsurkunde begonnen werden; denn hier wird man unbedenklich den Satz anwenden können: dies interpellat pro homine. Betrachtet man nun aber in dieser Weise den Widerruf kraft Verwirkung als ein Rechtsinstitut, das ohne weiteres begrifflich mit dem des öffentlichen Unternehmens verbunden ist, so bedarf es, wofern feststeht, daß eine Verleihung sich überhaupt darstellt als die Verleihung eines öffentlichen Unternehmens, keines ausdrücklichen Vorbehalts dieses Widerrufs, was z. B. nicht ohne große, bisher freilich nie genügend gewürdigte Bedeutung für die rechtliche Beurteilung der kolonialen Landkonzessionsfrage ist; die diesbezüglichen ausdrücklichen Vorbehalte begründen nicht etwa das Verwirkungsrecht, sondern sie begrenzen es lediglich, indem sie von vornherein festsetzen, was als „wesentliche" Bedingungen oder „wesentliche" Verletzungen der auferlegten Verpflichtungen angesehen werden soll, daß insbesondere solche Verstöße, auf welche die Verleihungserklärung nicht die Strafe der Verwirkung setzt" nicht als „wesentlich" zu betrachten sind.

2. Wir begegnen dem aufgestellten Grundsatz weiter im Ämterrecht. — Im eigentlichen Beamtenrecht ist das Rechtsinstitut der Disziplinarentlassung in besonderer Weise ausgestaltet worden. Doch handelt es sich auch hier im Grunde um nichts anderes als eben um unseren Widerruf kraft Verwirkung. — Von ähnlicher Art sind auch gewisse für

---

[18]) Vgl. BGB. 326.

Ehrenämter geltende Bestimmungen. Es sei verwiesen auf § 21 III des Gewerbegerichtsgesetzes und § 15 II des Kaufmannsgerichtsgesetzes, wo eine Amtsentsetzung der Gerichtsmitglieder wegen grober Verletzung ihrer Amtspflicht vorgesehen ist. — Noch allgemeiner lauten die den Widerruf kraft Verwirkung gestattenden Klauseln in BGB. 2227, HGB. 147, 295, Ges. v. 4. Dezember 1899 § 16, wo bezüglich der Entlassung der Testamentsvollstrecker und ähnlicher Personen lediglich ein „wichtiger Grund" als Voraussetzung gefordert wird. — Im ganzen kennzeichnen sich alle hierher gehörigen Bestimmungen durch eine sehr weitherzige, dem Ermessen der Behörde ziemlich viel Spielraum lassende Fassung.

3. In stark abgeschwächter Weise findet sich unser Grundsatz endlich auch in den Bestimmungen über die Ausstoßung aus dem Staatsverband wieder. Es sei hier verwiesen auf St.AG. §§ 20, 22, wonach Deutsche ihrer Staatsangehörigkeit für verlustig erklärt werden können, wenn sie einer Aufforderung zur Rückkehr aus dem Ausland im Fall eines Krieges oder einer Kriegsgefahr oder einer Aufforderung zum Austritt aus fremden Staatsdiensten nicht Folge leisten. Sonstige Pflichtverletzungen, und wären sie von noch so gröblicher Art, berechtigen dagegen nicht zur Entziehung der Staatsangehörigkeit. Diese starke Einschränkung unseres Grundsatzes erklärt sich im übrigen leicht aus der besonderen Rechtsnatur der Staatsangehörigkeit, die bis zu einem gewissen Grade einen character indelibilis an sich trägt und von der es überhaupt zweifelhaft ist, ob sie an sich, d. h. ohne daß zugleich eine neue Staatsangehörigkeit erworben wird, mit völkerrechtlicher Wirkung entzogen werden kann [19]).

III. Außer bei den gegenseitigen Rechtsgeschäften, die schon begrifflich Verpflichtungen des Begünstigten voraussetzen, kann ein Widerruf kraft Verwirkung noch bei denjenigen insbesondere konstitutiven Verfügungen in Frage kommen, die mit Auflagen verbunden sind. Dabei macht es grundsätzlich keinen Unterschied, ob es sich um echte rechtsgeschäftliche oder um unechte gesetzliche Auflagen handelt.

1. Die Gesetze erkennen auch hier unseren Grundsatz ebenso wie sonst zumeist bei anderen Punkten nur gelegentlich in Einzelbestimmungen an.

So gibt es eine Entziehung von Rechten wegen nicht erfüllter Verpflichtungen. — § 11 des Patentgesetzes bestimmt: „Das Patent kann nach Ablauf von drei Jahren . . . . zurückgenommen werden: 1) wenn der Patentinhaber es unterläßt, im Inlande die Erfindung in angemessenem Umfange zur Ausführung zu bringen oder doch alles zu tun, was erforderlich ist, um diese Ausführung zu sichern; 2) wenn im öffentlichen Interesse die Erteilung der Erlaubnis zur Benutzung der Erfindung an andere geboten erscheint, der Patentinhaber aber gleichwohl sich weigert, diese Erlaubnis gegen angemessene Vergütung und genügende Sicherstellung zu erteilen." Einer ähnlichen Bestimmung begegnen wir im Östreich. Priv.G. vom 15. August 1852 § 29 unter 1 b. — In § 65 p. Berg.G. ist vorgesehen, daß dem Bergwerkseigentümer sein Bergwerkseigentum entzogen werden kann, wenn er trotz Aufforderung

---

[19]) Vgl. Grabowski in VA. 12, 232 ff., bes. 241.

des Oberbergamts in einem Fall, in dem der Betriebseinstellung überwiegende Gründe des öffentlichen Wohls entgegenstehen, den Betrieb fortzuführen unterläßt. Ebenso kennt das bayrische BergG. in Art. 66, 195, 192, eine Entziehung des Bergwerkeigentums wegen nicht erfüllter Verpflichtungen. — In den gleichen Zusammenhang ist zu stellen § 12^{IV} des sächsischen Enteignungsgesetzes, wonach bei Nichterfüllung der dort genannten Verpflichtungen eine Entziehung des Enteignungsrechtes möglich ist [20]). Es heißt daselbst: „Dem Unternehmer kann (!) das Enteignungsrecht durch die Verleihungsbehörde wieder entzogen werden, wenn er die ihm nachträglich auferlegte Sicherheitsleistung oder Erhöhung der Sicherheit nicht innerhalb der vorgeschriebenen Frist bewirkt, wenn er wiederholt (!) einen Termin oder eine Frist im Verfahren versäumt oder seine sonstigen Obliegenheiten ungeachtet der Erinnerung (!) der Enteignungsbehörde nicht oder nicht gehörig erfüllt oder wenn er nach Vollziehung der Enteignung die Ausführung des Unternehmens so lässig betreibt, daß eine bestimmungsgemäße Verwendung der enteigneten Gegenstände innerhalb angemessener Zeit nicht erwartet werden kann." — Übrigens haben alle diese genannten Bestimmungen eine offensichtliche Verwandtschaft mit den Bestimmungen über die Verwirkung der Rechte eines öffentlichen Unternehmens. Die durch sie betroffenen Rechte werden gerade durch sie des Charakters als reiner Rechte fast schon entkleidet und den Verleihungen öffentlicher Unternehmungen angenähert [21]).

Besondere Beachtung verdienen die Bestimmungen der Wassergesetze, da sie nicht nur die gesetzlichen Verpflichtungen berücksichtigen wie die eben besprochenen Normen, sondern auch die rechtsgeschäftlich durch echte Auflagen begründeten. Sie beziehen sich teils auf Wasserkonzessionen, denen der Charakter von Rechtsverleihungen zukommt, teils auf solche, die sich als bloße Erlaubnisse darstellen. — Hierher gehört Bad. Wasser-G. § 44^{I}, wonach ein Widerruf kraft Verwirkung bei Konzessionen an öffentlichen Gewässern möglich ist, „wenn der Unternehmer wiederholt wesentliche Bedingungen der Genehmigung nicht eingehalten hat". — Das württembergische Wassergesetz Art. 27^{II} kennt einen derartigen Widerruf nicht in gleicher Ausdehnung, sondern nur bei wiederholter und gröblicher Zuwiderhandlung wider die gestellten Auflagen bei gewissen Erlaubnissen, nämlich in den Fällen des Art. 23, Abs. 1 und 5, dagegen nicht in den Fällen der Art. 23^{II}, 25. — Das Österreichische Wassergesetz sieht in § 28^{II} vor: „Das Erlöschen des erteilten Benutzungsrechtes kann auch dann ausgesprochen werden, wenn die festgesetzte Entschädigung nicht gehörig an den Bezugsberechtigten abgeführt wird". — Der preußische Wassergesetzentwurf sah bei der rechtsbegründenden Verleihung in § 91 vor, daß sie „für erloschen erklärt", d. h. widerrufen werden könne, wenn der Beliehene die für Erfüllung von Auflagen oder für die Ausführung des Unternehmens gesetzten Fristen nicht innehält.

Gleichartigen Bestimmungen begegnen wir auch im Recht der Erlaubnisse.

---

[20]) Das P. Enteign.G. 41 sieht in solchen Fällen ein ipso jure Erlöschen vor.
[21]) Vgl. o. S. 108.

So heißt es im Versicherungsaufsichtsgesetz vom 12. Mai 1901 § 67: „Handelt eine Unternehmung fortgesetzt den ihr nach Maßgabe der Gesetze oder des genehmigten Geschäftsplans obliegenden Pflichten zuwider . . . ., so ist die Aufsichtsbehörde befugt, den Geschäftstrieb . . . . zu untersagen“, d. h. natürlich: die Erlaubnis des § 4 zu widerrufen. Die preußische Ministerialverfügung vom 25. April 1904 bestimmt in Erneuerung einer Verfügung vom 2. Oktober 1875: falls die Auflage bezüglich Unzulässigkeit von Geldgewinnen seitens des Lotterieunternehmers nicht befolgt wird, so soll der fernere Verkauf der Lose polizeilich verhindert, d. h. doch: die Lotterieerlaubnis widerrufen werden. Noch deutlicher tritt dieser Grundsatz des Widerrufs kraft Verwirkung in der preußischen Ministerialverfügung vom 5. September 1904 hervor, in der es unter Ziffer 11 a. E. heißt: „Auch bleibt für den Fall der Verletzung der Bedingungen [d. h. der Auflagen] die Entziehung der Lotteriegenehmigung vorbehalten“.

Die bayrische Baderordnung vom 24. Juni 1884 sagt in § 9: „Badern, welche ihre Befugnisse überschreiten oder den ihnen obliegenden Verpflichtungen zuwider handeln, kann . . . . die Berechtigung zur Führung des Titels ‚Bader‘ entzogen werden“, d. h. die darin enthaltene, auf Grund einer Approbation erlangte Polizeierlaubnis kann widerrufen werden.

Im Unterrichtsrecht begegnen wir häufig gleichartigen Bestimmungen. — Nach dem hessischen Gesetz vom 16. Juni 1874 Art. 28 bedürfen Privatunterrichtsanstalten der Genehmigung, genauer gesprochen der Erlaubnis; der Widerruf dieser Erlaubnis ist nach Absatz 2 des genannten Artikels zulässig „bei beharrlicher Nichtbeachtung der Anordnungen und Anforderungen der Aufsichtsbehörde“. — Von gleicher Art ist die Bestimmung in § 13 der bayrischen Verordnung vom 18. April 1873 die Errichtung und Leitung von Erziehungs- und Unterrichtsanstalten betreffend, wo es heißt: „Im Falle der Nichtbeachtung der von der zuständigen Behörde gegebenen Weisungen . . . kann diese Behörde die polizeiliche Bewilligung für verwirkt erklären“. — Zweifelhaft mag es erscheinen, ob man in diesem Zusammenhang auch § 13 des preußischen Vorbildungsgesetzes erwähnen darf. Nach § 6 ist das theologische Studium möglich auch in gewissen Anstalten, wenn der Kultusminister anerkennt, daß dieses Studium das Universitätsstudium zu ersetzen geeignet sei. Will man in dieser Erklärung lediglich eine polizeiliche Erlaubnis sehen, so hat der folgende § 13, der einen Widerruf der Anerkennung wegen Nichtbeachtung der gesetzlichen oder behördlichen Anordnungen vorsieht, den gleichen Charakter wie die vorhin genannten Bestimmungen über die Erlaubnis von Privaterziehungsanstalten. Richtiger dürfte es allerdings wohl sein, die „Anerkennung“, da sie ja doch die Vorzugsstellung einer öffentlichen Unterrichtsanstalt in gewisser Weise begründet, der Verleihung eines öffentlichen Unternehmens gleichzuachten, so daß der genannte § 13 also bei den vorhin erwähnten Bestimmungen über die Verwirkung öffentlicher Unternehmungen nachzutragen wäre.

Auch die Bestimmungen über den Widerruf von Schiffahrtspatenten gehören in diesem Zusammenhang. So heißt es im Art. 20 der Rev.

Rheinschiffahrts-Akte vom 17. Oktober 1868: „Die Zurücknahme des Patents muß erfolgen, wenn ein Schiffer wegen [wiederholter gewisser Delikte, besonders gegen das Eigentum usw.] bestraft worden ist." Ähnliche Bestimmungen finden sich in der Elbschiffahrts-Additional-Akte vom 13. April 1844 § 13 III, in der Neckarschiffahrts-Ordnung vom 1. Juli 1842 Art. 43, in der Donauschiffahrts-Akte vom 7. November 1857 Art. 17 II.

Endlich mag noch verwiesen werden auf § 24 des österreichischen Vereinsgesetzes vom 26. November 1852, wo gesagt wird: „Die Auflösung eines Vereins . . [d. h. natürlich der Widerruf der Erlaubnis des § 1] ist von den politischen Behörden von Amts wegen zu veranlassen, . . . c) wenn die Bedingungen, auf deren Vernachlässigung die Zurücknahme oder das Erlöschen der Bewilligung ausdrücklich vorausbestimmt wurde, in der Sache oder in der Zeit ohne einer erwirkten Fristerweiterung nicht gehörig erfüllt wurden."

2. Auch in Literatur und Rechtsprechung ist wiederholt ein Widerruf kraft Verwirkung in solchen Fällen anerkannt worden, in denen ausdrückliche gesetzliche Vorschriften fehlten.

Bezüglich der Rechtsverleihung an öffentlichen Sachen hat Otto Mayer [22]) ganz allgemein den Grundsatz aufgestellt: wenn der Beliehene die ihm durch den Verleihungsakt auferlegten Verpflichtungen nicht erfüllt, so gibt das der Behörde „die Befugnis, es [nämlich das Recht des Beliehenen] für verwirkt zu erklären und demgemäß die Zurücknahme der Verleihung auszusprechen". Bezüglich der Genehmigung von Überfahrtsanstalten, also einer Wasserkonzession, hat Pözl [23]) bemerkt, daß ein Zuwiderhandeln gegen die „Bewilligungsbedingungen" „zur Entziehung der Bewilligung Grund geben kann". Mayrhofer [24]) spricht im Fall der Unmöglichkeit der Erfüllung von Auflagen bei Wasserkonzessionen allerdings von einem „Erlöschen" der Konzessionsverleihung; es erscheint aber zweifelhaft, ob er dabei wirklich ein echtes Erlöschen gemeint oder nicht vielmehr lediglich in ungenauer Ausdrucksweise von einem „für erloschen erklären" gesprochen hat. Wenig klar ist auch das, was Schenkel [25]) von dem Fall sagt, daß der Unternehmer einer Wasseranlage in der Genehmigung für verpflichtet erklärt worden ist, zur Verhütung gewisser zu besorgender Nachteile bestimmte Vorrichtungen an fremden Grundstücken anzubringen; Schenkel bemerkt dazu ganz richtig, daß dadurch dem Unternehmer nicht etwa die Ermächtigung gegeben werde zu „solchen Eingriffen in die Vermögensmacht Dritter", daß er vielmehr versuchen muß, durch gütliche Einigung mit den Beteiligten oder sonstwie sich jene Befugnis zu verschaffen; dann aber fährt Schenkel fort: „gelingt ihm dies nicht, so kann das genehmigte Unternehmen nicht ausgeführt werden, es sei denn, daß nachträglich eine Änderung der bezüglichen Auflagen genehmigt wird"; es ist nicht klar, ob damit gesagt sein soll, daß die Genehmigung in solchem Fall ohne weiteres hinfällig

---

22) Mayer II. 161.
23) Pözl 78.
24) Mayrhofer V. 1211 (1) und 1210, 1211.
25) Schenkel, Wasserrecht 375.

wird, oder nur, daß dadurch ein Widerrufsgrund geschaffen wird; nur das letztere erscheint meines Erachtens richtig. Von den Auflagen bei den rechtsverleihenden Akten der staatlichen Ehrenhoheit und des staatlichen Unterstützungswesens sagt Tezner zutreffend, wenn auch etwas unbestimmt [26]): „das Zuwiderhandeln des Begünstigten gegen den Inhalt des Modus begründet hier in der Regel die Befugnis des Staates auf Zurücknahme der verliehenen Auszeichnung, auf obrigkeitlichen Befehl zur Rückstellung der gewährten Unterstützung". Von diesem Gesichtspunkt aus rechtfertigt sich auch die Behauptung von Eger [27]), daß, wenn der Unternehmer den Antrag gemäß § 18 Enteignungsgesetzes zu stellen verzögere, das Enteignungsrecht für verwirkt erklärt werden könne; es handelt sich hier eben um einen Widerruf kraft Verwirkung wegen Nichterfüllung der konzessionsmäßigen, nämlich in der Verleihung liegenden Verpflichtung zur Antragsstellung, d. h. zur Geltendmachung des Enteignungsrechts.

Auch bei Erlaubniserteilungen ist wiederholt sowohl im allgemeinen wie für einzelne Fälle anerkannt worden, daß die Nichterfüllung von Auflagen die Behörde zum Widerruf der Erlaubnis ermächtigt [28]).

3. Es fragt sich noch, ob und in wie weit sich aus den erörterten Einzelfällen ein allgemeiner Grundsatz des Inhalts ableiten läßt, daß die Nichterfüllung von Auflagen einen Widerruf kraft Verwirkung begründet. Im Recht der gegenseitigen Rechtsgeschäfte haben wir kein Bedenken getragen, einen derartigen Grundsatz aufzustellen; im Recht der Auflage dagegen müssen wir etwas vorsichtiger zu Werke gehen.

Betrachten wir zunächst die echten rechtsgeschäftlichen Auflagen, so müssen wir da zwei Fälle unterscheiden [29]): der eine und zugleich der Normalfall, von dem wir ausgehen müssen, ist der, daß die Auflage erzwungen werden kann: der andere Fall dagegen ist der, daß eine Durchführung der Auflage nicht mehr oder doch mindestens nicht mit Sicherheit möglich ist.

Im ersten Fall, also im Fall der Erfüllbarkeit der Auflage erscheint bei Nichterfüllung der Auflage, wie sich schon aus deren früher [30]) gekennzeichnetem Wesen ergibt, als das Gebotene die Anwendung von Zwangsmaßnahmen zur Erzwingung der Auflage: der Begünstigte behält in solchem Fall die Begünstigungen aus dem in Frage kommenden konstitutiven Verwaltungsakt, kann aber zur Erfüllung seiner Pflichten zwangsweise verhalten werden [31]).

Im zweiten Fall dagegen würde, wenn die Auflage lediglich ein Zwangsrecht gebe, das wenig nützen. Soll sie also überhaupt einen Sinn haben, so wird man, da ein Verwaltungsakt natürlich stets so ausgelegt werden muß, wie er eben einen Sinn ergibt, jede Auflage dahin auslegen müssen,

---

[26]) Tezner in A. ö. R. **9**, 356.

[27]) Eger **II**. 74.

[28]) Mayer **I**. 299. Bad. VGH. vom 10. V. 06 in Z. f. bad. V. **38**, 227, 228. OVG. **39**, 35. Minder klar Baltz 167 (8).

[29]) Gut unterschieden bei Mayrhofer **V**. 1211 (1), auch bei Bad. VGH. a. a. O.

[30]) S. o. S. 138.

[31]) Ebenso Mayrhofer a. a. O. Vgl. auch Bad. VGH. a. a. O.

daß die Behörde sich für den Fall der Undurchführbarkeit der Auflage den Widerruf des begünstigenden Verwaltungsakts vorbehalten wollte [32]). Eine Ausnahme wird man indes wohl anzuerkennen haben für den Fall, daß die Auflage lediglich im Interesse eines Dritten liegt und dieser die zur Erfüllung der Auflage erforderliche Mitwirkung verweigert. Es ist das Verdienst von Schenkel [33]), auf diesen Fall hingewiesen zu haben; er meint, daß dann die Behörde von der Bedingung entbinden könne. Aber dann wäre dieser Fall ja gar nicht anders behandelt als der gewöhnliche Fall, bei dem es sich um Auflagen im öffentlichen Interesse handelt und in dem ein solches Recht der Behörde, bei Unmöglichkeit der Auflageerfüllung von derselben zu entbinden, auch kaum einem Zweifel unterliegen kann. Man wird daher wohl über Schenkel hinausgehen und annehmen müssen, daß in den bezeichneten Sonderfällen die Auflage ipso jure erlischt.

Hiernach ist also das Verhältnis der Auflagen zu dem Widerruf kraft Verwirkung dahin zu kennzeichnen, daß bei ihnen zwar nicht wie bei den gegenseitigen Rechtsgeschäften ein primäres, von vornherein bestehendes Recht des Widerrufs wegen nicht erfüllter Verpflichtungen besteht, daß aber ein sekundäres, subsidiäres Recht dieser Art für den Fall der Unausführbarkeit der Auflage gegeben ist. Hiermit steht übrigens auch die vorhin zitierte Auffassung von Otto Mayer [34]) nicht im Widerspruch; zwar stellt er, wie wir sahen, zunächst ganz allgemein den Grundsatz auf, daß die Nichterfüllung der Auflagen bei Rechtsverleihungen an öffentlichen Sachen zum Widerruf berechtige; doch schränkt er dies nachher selbst dahin ein [35]): „sie [nämlich die Verpflichtungen des Beliehenen] können immer geraden Wegs erzwungen werden; der Verwirkungsausspruch steht nur für den äußersten Fall dahinter“; das scheint sich mit dem zu decken, was hier über den bloß subsidiären Charakter des Verwirkungswiderrufs gesagt wurde.

Als unrichtig muß dagegen von dem hier eingenommenen Standpunkt aus folgende Entscheidung des Oberwaltungsgerichts bezeichnet werden [36]) Ein Wandergewerbeschein war erteilt worden, obschon der fakultative Versagungsgrund von Gew.O. 57b Z. 4 vorhanden und der Behörde auch bekannt war; in dem bezüglichen Beschluss des Bezirksausschusses war indes zugleich ausgesprochen, es solle dem Erlaubniswerber aufgegeben werden, seinen Sohn nunmehr nicht mehr auf Reisen mitzunehmen und für einen regelmäßigen Schulbesuch Sorge zu tragen. Wegen Nichterfüllung dieser Auflage wurde die Entziehung des Scheins beantragt und vom Vorderrichter auch antragsgemäß ausgesprochen. Das Oberverwaltungsgericht aber meint: selbst wenn, was sich aus den Akten nicht ergebe

---

[32]) Ebenso unter dem gleichen Gesichtspunkt der Willensauslegung Bad. VGH. a. a. O. — Mayrhofer a. a. O. spricht in diesem Fall von Erlöschen der Konzession; vgl. hierüber aber oben zu Anm. 24.

[33]) Wasserrecht 375, 376.

[34]) S. o. S. 411 zu Anm. 22.

[35]) Mayer II. 162 (17). Etwas abweichend seine Stellung bezüglich der Auflagen bei Erlaubnissen; a. a. O. I. 299, 300.

[36]) OVG. 13, 343, bes. 346, 347. Vgl. über diese Entscheidung auch o. S. 360.

diese Auflage dem Erlaubniswerber bekannt gemacht worden sei, könne doch nicht davon die Rede sein, daß der Mangel erst nach der Erteilung des Scheins eingetreten sei. Das letztere ist nun freilich unzweifelhaft richtig, und infolgedessen konnte ein auf die ausdrückliche Bestimmung von Gew.O. 58 gestützter Widerruf allerdings nicht in Frage kommen. Aber zu untersuchen war, ob nicht aus dem allgemeinen Recht der Auflage heraus ein in Gew.O. 58 zwar nicht vorgesehener, aber doch wohl auch nicht ausgeschlossener Widerrufsgrund hergeleitet werden konnte; es hätte daher richtigerweise Zurückverweisung in die Vorinstanz stattfinden müssen, um festzustellen, ob die Auflage dem Erlaubniswerber tatsächlich kundgegeben und ihm gegenüber also gemäß dem Grundsatz der Empfangsbedürftigkeit wirksam geworden war.

Wie steht es nun mit den unechten gesetzlichen Auflagen?

Grundsätzlich wird man kein Bedenken tragen dürfen, für sie das Gleiche anzunehmen wie für die echten Auflagen. Darüber, daß sie in erster Linie Zwangsnormen sind und daher ihre Durchführung in erster Linie durch Zwangsanwendung zu sichern ist, kann ein Zweifel überhaupt nicht auftauchen. Daß aber subsidiär hinter dieser Zwangsanwendung auch der Widerruf kraft Verwirkung steht, muß ebenfalls aus ähnlichen Erwägungen wie bezüglich der unechten Auflagen angenommen werden; auch hier ist in Betracht zu ziehen, daß andernfalls die Auflage, wenn sie unmöglich geworden wäre, keinen Sinn geben würde; hinzu kommt die Erwägung, daß es doch ein etwas absonderliches Ergebnis wäre, wenn gesetzliche Auflagen minder stark wären als rechtsgeschäftliche Auflagen; auch der Umstand, daß die vorhin beigezogenen gesetzlichen Bestimmungen, die ausdrücklich einen Widerruf wegen nicht erfüllter Auflagen normieren, einen Unterschied zwischen beiden Arten von Auflagen grundsätzlich verneinen, spricht für unsere Auffassung.

Indes müssen gewisse Ausnahmen von diesem Grundsatz anerkannt werden. — In den Fällen nämlich, in denen das Gesetz die Nichterfüllung bstimmter Verpflichtungen mit Strafe und zwar mit krimineller Strafe wie bei den Gewerbeübertretungen bedroht, muß angenommen werden, daß diese Strafe der einzige Rechtsnachteil sein soll, den das Gesetz kennt; wie sie also, jedenfalls nach der zurzeit noch herrschenden Meinung[37]) grundsätzlich die Anwendung von Verwaltungszwang ausschließt, so schließt sie erst recht die Anwendung des Widerrufs aus. Bestätigt wird diese Auffassung durch einen Blick auf Gew.O. 148 Z. 7 c, 58, 57 Z. 3. Das Zuwiderhandeln gegen die in § 148 Z. 7 c bezeichneten, an sich übrigens rechtsgeschäftlichen, aber durch die Blankettbestimmung des genannten Paragraphen den gesetzlichen Auflagen gleichgestellten „Beschränkungen" zieht weder das Erlöschen der Gewerbeerlaubnis nach sich, noch gestattet es ohne weiteres deren Widerruf, es bewirkt vielmehr lediglich die Strafbarkeit des Zuwiderhandelnden, und erst eine wiederholte Bestrafung ermöglicht nach §§ 58, 57 b Z. 3 diesen Widerruf. — Fraglich kann es scheinen, ob auch die Nichterfüllung von vermögens-

---

[37]) OVG. 23, 384; vgl. aber auch OVG. 52, 302, wo S. 310 bereits die Neigung angedeutet wird, den früheren Standpunkt aufzugeben. Thoma I. 246, 247 hält dagegen entschieden an der bislang herrschenden Auffassung fest.

rechtlichen Leistungen wie namentlich die Nichterfüllung von Gebührenpflichten in gleicher Weise wie der Vorstoß gegen Strafrechtsnormen des Schutzes der Widerruflichkeit entbehrt. So nimmt man allerdings an, daß die Nichtbezahlung der Jagdscheingebühr diesen weder nichtig noch auch nur widerruflich macht [38]; indes erklärt sich dies ganz ungezwungen aus der Tatsache, daß in der preußischen Jagdordnung die Widerrufsgründe gesetzlich in durchaus erschöpfender Weise geregelt sind und der Widerruf wegen Nichtzahlung der Gebühr durch Nichterwähnung gesetzlich ausgeschlossen ist; für die Normierung eines allgemeinen Grundsatzes ist das aber unerheblich, und da sonstige Gründe, aus denen die Nichterfüllung vermögensrechtlicher Verpflichtungen anders zu behandeln wäre als die Nichterfüllung anderer Verpflichtungen, sich nicht erkennen lassen, muß es hier bei dem vorhin aufgestellten Grundsatz sein Bewenden haben.

---

[38]) Ebner in VA. **14**, 183, 184; OVG. **31**, 242.

Verzeichnis der benutzten Literatur.

Abraham, Der Thronverzicht. Berlin 1906.
Affolter, System des badischen Verwaltungsrechts. Karlsruhe 1904.
Arndt, Das Verordnungsrecht des Deutschen Reichs. Berlin 1884. (Zitiert: Verordnungsrecht).
— Das Staatsrecht des Deutschen Reichs. Berlin 1901.
— Allgemeines Berggesetz für die preußischen Staaten. 6. Aufl. Leipzig 1909. (Zitiert: Berggesetz).
Arnold, Großherzogl. Hess. Enteignungsgesetz vom 26. VII. 1884. Darmstadt 1885.
Arnstedt, Das preußische Polizeirecht. Berlin 1905.
Bähr-Langerhans, Das Gesetz über die Enteignung. 2. Ausg. Berlin 1878.
Baltz[1]), Preußisches Baupolizeirecht. 3. Aufl. Berlin 1905.
Bendix, Das preußische Gesetz über die Enteignung. Düsseldorf 1888.
Bennecke-Beling, Lehrbuch des Deutschen Reichs-Strafprozeßrechts. Breslau 1900.
Bernatzik, Rechtsprechung und materielle Rechtskraft. Wien 1880.
Binding, Grundriß des Deutschen Strafprozeßrechts. 4. Aufl. Leipzig 1900.
Biermann, Polizei und Privatrecht in Preußen. Berlin 1897.
v. Bitter, Handwörterbuch der Preußischen Verwaltung. Leipzig 1906.
Blumer, Handbuch des Schweizerischen Bundesstaatsrechtes. 2. Auflage von Morel. Basel 1880—1887.
Bolze, Die Praxis des Reichsgerichts in Zivilsachen. Leipzig 1892 f.
Born, Das preußische Baupolizeirecht. Berlin 1902.
Bornhak, Preußisches Verwaltungsrecht. Freiburg 1888—1890.
Brand, Reichsbeamten-Gesetz. Berlin 1902.
v. Brauchitsch, Die neuen preußischen Verwaltungsgesetze (I. 20 Aufl., II. 18 Aufl, III, IV. 15 Aufl., V. 8 Aufl., VI. 4 Aufl.). Berlin.
Braun u. Weber, Das Verfassungs- und Verwaltungsrecht des Großherzogtums Hessen. Darmstadt 1894.
Brinz, Lehrbuch der Pandekten. 2. Aufl. Erlangen 1873—1892.
Brockhausen, Vereinigung und Trennung von Gemeinden Wien 1893.
Buchenberger, Handbuch des Badischen Fischereirechts. 2. Aufl. Karlsruhe 1903.
Bülow, Geständnisrecht. Freiburg 1899.
Cahn, Das Reichsgesetz über die Erwerbung und den Verlust der Reichs- und Staatsangehörigkeit. 2. Aufl. Berlin 1896.
Caspar, Preußisches Versammlungs- und Vereinsrecht. Berlin 1894.
Crome, System des deutschen bürgerlichen Rechts I—IV. Tübingen u. Leipzig 1900—1908.
Dantscher v. Kollesberg, Die politischen Rechte der Untertanen. Wien 1888—1894.
Danz, Die Auslegung der Rechtsgeschäfte. 2. Aufl. Jena 1906.
— Dasselbe. 1. Auflage. Jena 1897.

[1]) Die 4. Aufl., herausgegeben von Graf v. Westarp, (Berlin 1910) konnte nicht mehr berücksichtigt werden.

Dernburg, Das bürgerliche Recht. 3. Aufl. Halle 1903—1907.
Diez, Über die rechtliche Natur der Grundstückszusammenlegung. Berlin 1893.
Ebert-Dudek-Lindemann, Das Reichsgesetz über die Angelegenheiten der freiwilligen Gerichtsbarkeit 2. Aufl. Breslau 1908.
Eger, Das Gesetz über die Enteignung von Grundeigentum. 2. Aufl. Breslau 1902.
— Handbuch des Preußischen Eisenbahnrechts. Breslau 1889—1896. (Zitiert: Eisenbahnrecht.)
— Das Reichsgesetz über den Unterstützungswohnsitz. 4. Aufl. Breslau 1900. (Zitiert: Unt.-Wohns.-Ges.)
Eltzbacher, Handlungsfähigkeit I. Berlin 1903.
Endemann, Lehrbuch des bürgerlichen Rechts, Bd. I (9. Aufl.) II, III (3/5 Aufl.). Berlin 1899/03.
Entwurf eines preußischen Wassergesetzes samt Begründung. Amtl. Ausgabe. Berlin 1894.
Fleiner, Über die Umbildung zivilrechtlicher Institute durch das öffentliche Recht. Tübingen 1906.
Freund, Die Rechtsverhältnisse der öffentlichen Anleihen. Berlin 1907.
Freund, Ismar, Die Regentschaft nach preußischem Staatsrecht. (Zitiert Freund Regentschaft). Breslau 1903.
Friedel, Die polizeiliche Strafverfügung. Berlin 1905.
Friedrichs, Das Gesetz vom 2. Juli 1875. 4. Aufl. von v. Strauss und Torney. Berlin 1899.
v. Frisch, Der Thronverzicht. Tübingen 1906.
Fritsch, Die Eisenbahnen. Berlin 1906.
Fuchs, Reichsgesetz über die freiwillige Gerichtsbarkeit. Leipzig 1900.
Fuchs, Das badische Enteignungsgesetz vom 26. VI. 1889. Tübingen und Leipzig 1901. (Zitiert: Enteignungsrecht.)
Fuisting, Die preußischen direkten Steuern. I (7. Aufl.), II (2. Aufl.), III (3. Aufl.). Berlin 1906—1907.
Gareis, Allgemeines Staatsrecht. Freiburg 1883.
Gaupp-Stein, Die Zivilprozeßordnung für das deutsche Reich. 8/9. Aufl. Tübingen 1908.
Germershausen, Das Wegerecht und die Wegeverwaltung in Preußen. 3. Aufl. Berlin 1907.
Gierke, Deutsches Privatrecht. Leipzig 1895 - 1905.
— Die Genossenschafts-Theorie und die deutsche Rechtsprechung. Berlin 1887. (Zitiert: Theorie.)
Gleim, Recht der Eisenbahnen in Preußen. Berlin 1893.
— Das Gesetz über Kleinbahnen und private Anschlußbahnen. 4. Aufl. Berlin 1907. (Zitiert Kleinb.-G.)
Gönner, Der Staatsdienst. Landshut 1808.
Gräf, Die Unfallversicherungs-Gesetze. 4. Aufl. Berlin 1904.
Hänel, Deutsches Staatsrecht. Leipzig 1892.
Hahn, Das Hilfskassengesetz. Berlin 1896.
Handbuch der Unfallversicherung. 3. Aufl. Berlin 1909.
Hartmann, Das bayerische Gesetz über Zwangsabtretung. Würzburg 1879.
Hatschek, Das Interpellationsrecht. Leipzig 1909.
Havenstein, Die Zollgesetzgebung des Reichs. 2. Aufl. Berlin 1906.
Heinitz, Kommentar zum preußischen Stempelsteuergesetz. 3. Aufl. Berlin 1909.
Hellwig, Lehrbuch des Zivilprozeßrechts. Leipzig 1903—1909.
Herrfurth, Das gesamte preußische Etats-, Kassen- und Rechnungswesen. 4. Aufl. Berlin 1905.
Hesse, Die Landfrage und die Frage der Rechtsgültigkeit der Konzessionen in Südwestafrika. Jena 1906.
Hinschius, Die preußischen Kirchengesetze des Jahres 1873. Berlin 1873. (Zitiert: Kirchengesetz 1873.)
— Die preußischen Kirchengesetze der Jahre 1874 und 1875. Berlin 1875. (Zitiert: Kirchengesetze 1874, 1875.)
— Das preußische Kirchengesetz vom 14. Juli 1880. Berlin 1881. (Zitiert: Kirchengesetz 1880.)

Hinschius, Die preußischen Kirchengesetze betreffend Abänderungen der kirchenpolitischen Gesetze. Berlin 1887. (Zitiert: Kirchengesetz 1887.)
Huber, Die Wassergesetze Elsaß-Lothringens. Neue Ausgabe. Mannheim 1882.
Hue de Grais, Heer und Kriegsflotte. Berlin 1904.
Illing-Kautz, Handbuch für preußische Verwaltungsbeamte. 9. Aufl. Berlin 1905–1908.
Isay, Die Willenserklärung im Tatbestande des Rechtsgeschäfts. 1899.
Isenbart und Spielhagen, Das Invalidenversicherungs-Gesetz. 2. Aufl. Berlin 1903.
Jäckel, Das Reichsgesetz über die Zwangsversteigerung und die Zwangsverwaltung. 2. Aufl. Berlin 1904.
Jäger, Kommentar zur Konkursordnung. 2. Aufl. Berlin 1904.
Jakob und Fecht, Das Gesetz für Elsaß-Lothringen betreffend Wasserbenützung und Wasserschutz vom 2. Juli 1891. Straßburg 1892.
Jastrow, Gesetz über die freiwillige Gerichtsbarkeit. 4. Aufl. Berlin 1906.
Georg Jellinek, System der subjektiven öffentlichen Rechte. 2. Aufl. Tübingen 1905.
— Gesetz und Verordnung Freiburg 1887. (Zitiert: Gesetz und Verordnung.)
Walter Jellinek, Der fehlerhafte Staatsakt und seine Wirkungen. Tübingen 1908.
v. Kahr, Kommentar zur bayerischen Gemeindeordnung. München 1896–1898.
v. Kamptz und Delius, Die Rechtsprechung des Reichs- und Kammergerichts auf den Gebieten des öffentlichen Rechtes. Berlin 1906, 1907.
Kautz und Appelius, Preußisches Kommunalbeamtenrecht. Berlin 1900.
Kisch, Beiträge zur Urteilslehre. (Festschr. für A. S. Schultze.) Leipzig 1903.
Klein, Die schuldhafte Parteihandlung. Wien 1885.
Klemm, Die Gesetze über die direkten Steuern im Königreich Bayern. München 1900.
Klöß, Das deutsche Wasserrecht. Halle 1908.
Koch, Allgemeines Landrecht. 8. Aufl. Berlin u. Leipzig 1884–1886.
v. König, Handbuch des deutschen Konsularwesens. 7. Ausg. Berlin 1909.
Koffka, Kommentar zum Gesetz über die Enteignung von Grundeigentum. Berlin 1905.
Kohler, Der Prozeß als Rechtsverhältnis. Mannheim 1888.
— Lehrbuch des bürgerlichen Rechts. Berlin 1904–1906. (Zitiert: Bürg. R.)
— Lehrbuch des Patentrechts. Mannheim und Leipzig. o. J. (1908.) (Zitiert: Lehrbuch des Patentrechts.)
— Enzyklopädie der Rechtswissenschaft. Leipzig 1904. (Zitiert: I, II.)
Kormann, Die kirchenrechtlichen Veräußerungsbeschränkungen. Stuttgart 1907.
Kotze, Fischereigesetzgebung im Preußischen Staate. Leipzig 1900.
Kuntze, Der Gesamtakt. (Festgabe für O. Müller.) Leipzig 1892.
Kunze, Das Jagdscheingesetz. Berlin 1891.
Kunze und Kautz, Die Rechtsgrundsätze des Königlich Preußischen Oberverwaltungsgerichts. 4. Aufl. Berlin 1905.
Laband, Das Staatsrecht des Deutschen Reichs. 4. Aufl. Freiburg 1901.
v. Landmann-Rohmer, Kommentar zur Gewerbe-Ordnung. 5. Auflage. München 1907.
Layer, Prinzipien des Enteignungsrechts. Leipzig 1902.
Ledermann, Die Städteordnung. Berlin 1902.
Leidig, Preußisches Stadtrecht. Berlin 1891.
Leonhard, Der Allgemeine Teil des Bürgerlichen Gesetzbuchs. Berlin 1900.
Leuthold, Sächsisches Verwaltungsrecht. Leipzig 1878.
Löning, Lehrbuch des Deutschen Verwaltungsrechts. Leipzig 1884.
— Die Haftung des Staates aus rechtswidrigen Handlungen seiner Beamten. Frankfurt 1849. (Zitiert: Haftung.)
Löwe, Die Strafprozeßordnung für das Deutsche Reich. 12. Aufl. von Hellweg. Berlin 1907.
Maenner, Das Jagdrecht der Pfalz. Kirchheimbolanden 1892–1902.
Manigk, Das Anwendungsgebiet der Vorschriften für die Rechtsgeschäfte. Breslau 1901.
— Willenserklärung und Willensgeschäft. Berlin 1907. (Zitiert: Willenserklärung.)

F. F. Mayer, Grundsätze des Verwaltungsrechts. Tübingen 1862.
Otto Mayer, Theorie des Französischen Verwaltungsrechts. Straßburg 1886. (Zitiert: Theorie.)
— Deutsches Verwaltungsrecht. Leipzig 1895.
E. Meier, Über den Abschluß von Staatsverträgen. Leipzig 1874.
Menzel, Die Arbeiterversicherung nach österreichischem Recht. Leipzig 1893.
Merkel, Kriminalistische Abhandlungen. Leipzig 1867.
Meyer, Lehrbuch des Deutschen Staatsrechtes. 6. Aufl. bearb. von Anschütz. Leipzig 1905. (Zitiert: St.R.)
— Lehrbuch des Deutschen Verwaltungsrechts [1]. 2. Aufl. Leipzig 1893—1894. (Zitiert: VR.)
— Das Recht der Expropriation. Leipzig 1868. (Zitiert: Expropriation.)
— Der Staat und die erworbenen Rechte. Leipzig 1895. (Zitiert: Erworbene Rechte.)
Michel, Absolute Nichtigkeit von Zivil- und Strafurteilen. Diss. Jena 1906.
Motive zum Entwurfe eines BGB. Berlin 1888.
Münchgesang, Das Bauwesen. Berlin 1904.
Näf, Das Wasserrecht in Baden. Lahr 1883.
Nelken, Das Gewerberecht in Preußen. Berlin 1906.
Nieberding, Wasserrecht und Wasserpolizei im Preußischen Staate. 2. Aufl. von Frank. Breslau 1889.
Nieder, Wassergesetz für Württemberg. Ellwangen 1902.
Nippold, Kompetenzfragen. Leipzig 1892. (Erg.-Heft zum Bd. 2 des Sächsischen Archivs für Bürgerliches Recht.)
Nussbaum, Die freiwillige Gerichtsbarkeit. Berlin 1900.
— Die Prozeßhandlungen. München 1900. (Zitiert: Prozeßhandlungen.)
Olshausen, Kommentar zum Strafgesetzbuch für das Deutsche Reich. 8. Aufl. Berlin 1905—1906.
Opet und v. Blume, Das Familienrecht des Bürgerlichen Gesetzbuchs. Berlin 1906.
Oppenhof, Die Rechtsprechung des Königl. Obertribunals in Strafsachen. Berlin 1861 f.
Örtmann, Bayerisches Landesprivatrecht. Halle 1903.
Ötker, Konkursrechtliche Grundbegriffe. Stuttgart 1891.
Parey, Preußisches Verwaltungsrecht. Berlin 1887.
Perels und Spilling, Das Reichsbeamtengesetz. Berlin 1906.
Peyrer, Das Österreichische Wasserrecht. 3. Aufl. Wien.
Pfaff, Die Allgemeine Bauordnung für das Großherzogtum Hessen. Mainz 1883—1895.
v. Philippovitsch, Gesetze über die direkten Steuern. (Aus Rosins Handbibliothek Badischer Gesetze.) Freiburg 1888.
Pözl, Die Bayerischen Wassergesetze vom 28. V. 1852. Erlangen 1880.
Pohl, Handbuch des Staats- und Verwaltungsrechts für das Königreich Bayern. München 1900.
Prazak, Das Enteignungsrecht. Prag 1877.
— Wasserrechtliche Kompetenzfragen. Prag 1892. (Zitiert: Kompetenzfragen.)
Preuß, Städtisches Amtsrecht. Berlin 1902.
Randa, Das österreichische Wasserrecht. 3. Aufl. Prag 1891.
Rauchalles, Das Gesetz über die Erwerbung und den Verlust der Staatsangehörigkeit. Ansbach 1901.
Rauck, Berggesetz für das Königreich Bayern. München 1900.
Regelberger, Pandekten I. Leipzig 1893.
Rehm, Die rechtliche Natur der Gewerbekonzession. München 1889.
Reuss, Die bayerischen Wassergesetze. 2. Ausg. Ansbach 1890.
v. Rheinbaben, Die preußischen Disziplinargesetze. Berlin 1904.
v. Rönne-Zorn, Das Staatsrecht der preußischen Monarchie. 4. Aufl. Leipzig 1881—1899.
v. Rohland, Zur Theorie und Praxis des deutschen Enteignungsrechtes. Leipzig 1895.

[1] Die 3. Aufl., herausgeb. v. Dochow (Leipzig 1910, Bd. I), konnte nicht mehr berücksichtigt werden.

Rohrscheidt, Die Gewerbe-Ordnung für das deutsche Reich. Leipzig 1901.
Rosegger, Petitionen, Bitten und Beschwerden. Berlin 1908.
Rosin, Das Recht der öffentlichen Genossenschaft. Freiburg 1888. (Zitiert: Genossenschaft).
— Das Polizeiverordnungsrecht in Preußen. 2. Aufl. Berlin 1895.
— Das Recht der Arbeiterversicherung 1883. Berlin 1906. (Zitiert: I, II.)
Roth, Badische Landesbauordnung. Karlsruhe 1907.
Rüttimann, Rechtsgutachten über die rechtliche Natur der Eisenbahnkonzessionen. Zürich 1870.
Rumpelt, Allgemeines Baugesetz für das Königreich Sachsen. 3. Aufl. Leipzig 1904.
v. Salis, Schweizerisches Bundesrecht. Bern 1891—1893.
v. Sarwey, Das öffentliche Recht und die Verwaltungs-Rechtspflege. Tübingen 1880.
Schelcher, Sächsisches Enteignungsrecht. Leipzig 1903. (Zitiert: Gesetz.)
— Rechtswirkungen der Enteignung. Freiberg 1893.
Schenkel, Die deutsche Gewerbeordnung. 2. Aufl. Karlsruhe 1892—1894.
— Das badische Wasserrecht. 2. Aufl. Karlsruhe 1902. (Zitiert: Wasserrecht.)
Schepp, Das öffentliche Recht im BGB. Freiburg 1899.
Schicker, Die Gewerbeordnung. 4. Aufl. Stuttgart 1901.
Schmidt, Lehrbuch des deutschen Zivilprozessrechts. 2. Aufl. Leipzig 1906.
Schmidt, Familienrecht: Die bürgerliche Ehe. München 1907. (Zitiert: Familienrecht.)
Schneider, Treu und Glauben im Zivilprozesse. München 1903.
Schön, Das Recht der Kommunalverbände in Preußen. Leipzig 1897.
Schollenberger, Grundriß des Staats- und Verwaltungsrechts der Schweiz. Kantone. II. III. Zürich 1898, 1899.
Schulze, Das preußische Staatsrecht. 2. Aufl. Leipzig 1888—1890.
Schumm, Das Steuerrecht im Königreich Württemberg. Stuttgart 1905.
Schwartz, Die Verfassungsurkunde für den preußischen Staat. 2. Ausgabe. Breslau 1898.
Seckel, Die Gestaltungs-Rechte (in der Festgabe der jurist. Gesellschaft zu Berlin für Koch.) Berlin 1903.
Seiler, Die rechtliche Natur der Eisenbahnkonzession. Zürich 1888.
Seligmann, Begriff des Gesetzes. 1886.
Seuffert, Deutsches Konkursprozeßrecht. Leipzig 1899.
v. Seydel, Bayerisches Staatsrecht. 2. Aufl. Freiburg und Leipzig 18 6.
— Staatsrechtliche und politische Abhandlung. Freiburg und Leipzig 1893. (Zitiert: Abhandlungen.)
Seydel, Das Gesetz über die Enteignung von Grundeigentum. 3. Aufl. Berlin 1903. (Zitiert: Enteign.-Gesetz)
v. Sicherer, Personenstand und Eheschließung in Deutschland. Erlangen 1879.
Simon, Das preußische Staatsrecht. Breslau 1844.
Steidle, Reichsmilitärgesetz. 1898.
Steinitz, Dispensationsbegriff. (H. 4 und 5 d. Abhandlgen. v. Brie.) Breslau 1900—1901.
Stelling, Die Hannoverschen Jagdgesetze. Hannover 1905.
v. Stengel, Wörterbuch (s. Wörterbuch).
— Lehrbuch des deutschen Verwaltungsrechts. Stuttgart 1886.
Stenglein, Appelius und Kleinfeller, Die strafrechtlichen Nebengesetze. 3. Aufl. Berlin 1903.
Stier-Somlo, Die Einwirkung des bürgerlichen Rechts auf das preußisch-deutsche Verwaltungsrecht. Lief. 1. Berlin 1900.
Stoerk, Der Zustimmungsvertrag. Berlin 1904.
Struckmann-Koch, Die Civilprozeßordnung für das Deutsche Reich. 8. Aufl. Berlin 1901.
Studien zur Förderung des gewerblichen Rechtsschutzes. Josef Kohler als Festgabe zum 60. Geburtstage zugeeignet von deutschen Praktikern. Berlin 1909.
Strutz, Besteuerung des Gewerbebetriebs usw. Berlin 1897.
Süpfle, Das badische Enteignungsrecht. Karlsruhe 1903.

Tezner, Handbuch des österreichischen Administrativverfahrens. Wien 1896.
— Das österreichische Gesetz über das Vereinsrecht. Wien 1907. (Zitiert: Vereinsrecht.)
— Die deutschen Theorien der Verwaltungsrechtspflege. Berlin 1901. (Zitiert: Theorien.
Thoma, Der Polizeibefehl im badischen Recht I. Tübingen 1906.
Triepel, Völkerrecht und Landesrecht. Leipzig 1899.
Trutter, Über prozessualische Rechtsgeschäfte. München 1890.
Ulbrich, Lehrbuch des österreichischen Verwaltungsrechts. Wien 1904.
Wach, Handbuch des deutschen Zivilprozessrechts I. Leipzig 1883.
Wahle, Das allgemeine Berggesetz für das Königreich Sachsen. Freiburg 1891.
Walz, Das badische Ortsstraßenrecht. Heidelberg 1900.
Weinand, Preußische Baugesetze und Verordnungen. 2 Aufl. Berlin 1901.
Westhoff, Bergbau, Grundbesitz und preußisches Recht. Berlin 1904.
Weyl, Lehrbuch des Reichsversicherungsrechts. Leipzig 1894.
Wiesinger, Das Vereinszollgesetz. Ansbach 1896.
Woedtke, Krankenversicherungsgesetz. 5. Aufl. Berlin 1896. (Zitiert: Kr.V.G.)
— Gewerbeunfallversicherungs-Gesetz. 5. Aufl. Berlin 1901. (Zitiert: Gew. Unf.V.G.)
Wörterbuch des deutschen Verwaltungsrechts, herausgegeben v. Stengel. Freiburg 1889—1897. (Zitiert: „WB“ oder „bei Stengel“.)
Zitelmann, Irrtum und Rechtsgeschäft. Leipzig 1879.
Zorn, Das Staatsrecht des deutschen Reichs. 2. Aufl. Berlin und Leipzig 1895 bis 1897.

Abkürzungen.

Die vorstehend genannten Schriften sind, soweit nichts anderes bemerkt, nur mit dem Namen ihrer Verfasser bezeichnet; Beiträge in Zeitschriften und Sammelwerken mit deren Beifügung.

* * *

A. c. P. = Archiv für die zivilistische Praxis. Tübingen.
Annalen = Annalen des Deutschen Reichs für Gesetzgebung, Verwaltung und Volkswirtschaft. München.
Annalen d. S. Ob. App. G. = Annalen des Königlich Sächsischen Ober-Appellationsgerichts zu Dresden. Leipzig.
A. ö. R. = Archiv für öffentliches Recht. Berlin.
Arbeiterversorgung = Die Arbeiterversorgung. Grunewald-Berlin.
BAHW. = Entscheidungen des Bundesamtes für das Heimatwesen. Bearbeitet und herausgegeben von Wohlers. Berlin.
Bd. Annalen = Annalen der Großherzoglich Badischen Gerichte. Mannheim.
Bd. VGH. = Badischer Verwaltungsgerichtshof.
Bl. f. adm. Pr. = Blätter für administrative Praxis. München.
B. ob. LG. = Bayerisches oberstes Landesgericht.
BVGH. = Sammlung von Entscheidungen des Königlich Bayerischen Verwaltungsgerichtshofes. München.
DJZ. = Deutsche Juristenzeitung. Berlin.
Fischer = Fischers Zeitschrift für Praxis und Gesetzgebung der Verwaltung. Leipzig.
Gerichtssaal = Der Gerichtssaal. Stuttgart.
Goltdammer = Goltdammers Archiv für Strafrecht und Strafprozeß. Berlin.
Gruchot = Gruchots Beiträge zur Erläuterung des deutschen Rechts. Berlin.
Grünhut = Grünhuts Zeitschrift für Privat- und öffentliches Recht. Wien.

J. ö. R. = Jahrbuch des öffentlichen Rechts. Herausgegeben von Jellinek, Laband, Piloty. Tübingen 1907 f.
Jur. W. = Juristische Wochenschrift. Berlin.
JVR. = Jahrbuch des Verwaltungsrechts. Herausgegeben von Stier-Somlo. Berlin.
KG. = Jahrbuch für Entscheidungen des Kammergerichts. Berlin.
Ob. App. G. = Ober-Appellationsgericht.
Ob. Trib. = Entscheidungen des Kgl. Geheimen Obertribunals. Berlin.
Östr. RG. = Hye v. Glunek, Sammlung der nach gepflogener öffentlicher Verhandlung geschöpften Erkenntnisse des Kaiserlich-Königlich Österreichischen Reichsgerichtes. Wien 1874 ff.
Öst. VGH. = v. Budwinski, Erkenntnisse des Kaiserlich-Königlichen Verwaltungsgerichtshofes. Wien.
OVG. 1) mit Band- und Seitenzahl ohne weiteren Zusatz (OVG **10**, 29) = Entscheidungen des Königlich Preußischen Oberverwaltungsgerichts. Berlin. 2) sonst = Preußisches Oberverwaltungsgericht.
OVG. in St. = Entscheidungen des Königlich Preußischen Oberverwaltungsgerichts in Staatssteuersachen. Berlin.
R. d. OLG. = Die Rechtsprechung der Oberlandesgerichte auf dem Gebiete des Zivilrechts.
Recht = Das Recht. München.
Reger = Entscheidungen der Gerichte und Verwaltungsbehörden aus dem Gebiete des Verwaltungs- und Polizeistrafrechts. München.
RG. 1) mit Band- und Seitenzahl ohne weiteren Zusatz (RG **11**, 26) = Entscheidungen des Reichsgerichts in Zivilsachen. Leipzig. 2) sonst = Reichsgericht.
RG. in Str. = Entscheidungen des Reichsgerichts in Strafsachen. Leipzig.
RG. Rechtspr. = Rechtsprechung des Deutschen Reichsgerichts in Strafsachen. München und Leipzig.
RVA. = Amtliche Nachrichten des Reichsversicherungsamts. Berlin.
Soweit Sonderausgabe gemeint ist, wird RVA. (S) zitiert.
Seuffert = Seufferts Archiv für Entscheidungen des obersten Gerichts. München.
SOVG. = Jahrbücher des Königlich Sächsischen Oberverwaltungsgerichts. Leipzig.
Striethorst = Striethorsts Archiv für Rechtsfälle des Königl. Obertribunals. Berlin.
VA. = Verwaltungsarchiv. Berlin.
VBl. = Preußisches Verwaltungsblatt. Berlin.
ZCP. = Zeitschrift für deutschen Zivilprozeß. Berlin.
Z. f. bd. V. = Zeitschrift für Badische Verwaltung und Verwaltungsrechtspflege. Heidelberg.
Z. f. ges. Str.RW. = Zeitschrift für die gesamte Strafrechtswissenschaft. Berlin.
WB. s. unter Literaturverzeichnis bei „Wörterbuch".

* * *

I. 304. (2) = Band I, S. 304, Anm. 2.
FGG. $18I_2$ = FGG. § 18, Absatz 1, Satz 2.